192

SPORT UND FITNESS
رِياضَة
وَلَياقَة بَدَنيَّة

224

وَقت الفراغ

250

KÖRPER UND GESUNDHEIT
جِسْم وَصِحَّة

280

NOTFÄLLE
حالات الطَّوارِئ

290

ERDE UND NATUR
الأَرْض وَ
ا لطَّبيعَة

334

ZAHLEN UND MASSE
الأَعْداد
وَالأَوْزان

346
DIE WICHTIG-STEN SÄTZE
DIE VERBEN
الجمل الأكثر أهمية
الأفْعال

394
INDEX
الفهرس

MENSCHEN - ناس 14

DIE FAMILIE - العائِلَة 16
- Der Stammbaum - شَجَرَةُ العائِلَة 16

BEZIEHUNGEN - عَلاقات 18
- Familie und Lebensphasen - العائِلَة و مَراحِلُ الحَياة 18
- Begrüßen und verabschieden - تَرْحيب وَ تَوْديع 19

EREIGNISSE IM LEBEN - أَحْداثٌ في الحَياة 20
- Feste - اِحْتِفالات 20
- Wendepunkte - نُقاطُ تَحَوُّل 21

MENSCHEN BESCHREIBEN - وَصْفُ النَّاس 22
- Das Gesicht - الوَجْه 22
- Das Haar - الشَّعْر 23
- Die äußere Erscheinung - المَظْهَر الخارِجي 24
- Gefühle und Persönlichkeit - المَشاعِر وَ صِفات الشَّخْصِيَّة 25

DIE KLEIDUNG - المَلابِس 27
- Babysachen - حاجاتُ الرَّضيع 27
- Unisex-Kleidung - مَلابِس لِكِلا الجِنْسَيْن 28
- Herrenkleidung - المَلابِس الرِّجالِيَّة 29
- Damenkleidung - المَلابِس النِّسائِيَّة 30
- Accessoires - كَمالِيَّات 32
- Schuhe und Lederwaren - أَحْذِية وَسِلَع جِلْدِيَّة 33

DIE KÖRPERPFLEGE - العِنايَة بالجِسْم 34

SCHMINKSACHEN - أَدَواتُ التَّجْميل 35

ZU HAUSE - في البَيْت 36

DIE WOHNUNG - الشَّقَة 38

DAS HAUS - المَنْزِل 40
- Der Eingang - المَدْخَل 41
- Das Wohnzimmer - حُجرة الجُلوس 42
- Das Esszimmer - غُرْفة الأكل 43
- Die Küche - المَطْبَخ 44
- Küchengeräte - أَجْهِزَة المَطْبَخ 45
- Koch- und Backutensilien - وَالخَبْز 46
- Das Schlafzimmer - غُرْفَة النَّوم 49
- Das Kinderzimmer - غُرْفَة الأطفال 50
- Das Jugendzimmer - غُرْفَة الشَّباب 51
- Das Arbeitszimmer - غُرْفَة المَكْتَب 52
- Das Badezimmer - الحَمَّام 53
- Sanitäre Anlagen - الصَّرْف الصِّحي 54
- Im Badezimmer - في الحَمَّام 55
- Die Waschküche - غُرْفَة الغَسيل 56
- Reinigungsartikel - أَدوات التَّنْظيف 57
- Die Heimwerkstatt - وَرْشَة المَنْزِل 58
- Renovieren - تَجْديد البَيْت 61
- Strom und Heizung - الكَهْرُباء وَالتَّدفِئة 62

DER GARTEN - الحَديقَة 63
- Gartengeräte - أَجْهِزَة الحَديقَة 64
- Die Gartenarbeit - أَعْمال الحَديقَة 65

ESSEN UND TRINKEN - الأكْل والشُرْب 66

TIERISCHE PRODUKTE - مُنْتَجات حَيَوانِيَّة 68
- Fleisch - لَحم 68
- Geflügel - دواجِن 69
- Fisch - سَمَك 70
- Meeresfrüchte - ثِمار البَحْر 71
- Milchprodukte und Eier - مُنْتَجات الألْبان والبَيْض 72

GEMÜSE - خُضار 74
- Wurzelgemüse - خُضار جَذْرِيَّة 75
- Blattgemüse - خُضار وَرَقيَّة 76
- Fruchtgemüse - خُضار مُثْمِرَة 77
- Hülsenfrüchte - بُقول 78

OBST - فاكِهَة 79
- Beeren und Steinobst - العِنَبيَّات والفاكِهَة ذات النَّواة 79
- Exotische Früchte - ثِمار نادِرَة 80
- Zitrusfrüchte und Melonen - الحَمْضِيَّات والبَطيخ 81
- Nüsse und Trockenobst - المُكَسَّرات والفَواكِه المُجَفَّفة 82

KRÄUTER UND GEWÜRZE - الأَعْشاب والتَّوابِل 83
- Kräuter - أَعْشاب 83
- Gewürze - تَوابِل 84
- Würzmittel und Soßen - تَوابِل وصَلْصات 85

GETREIDE UND MEHL - الحُبوب والدَّقيق 86
- Brot - خُبْز 88
- Brotaufstriche - دُهون الخُبْز 89
- Kuchen und Gebäck - الكَعْك والمُعَجَّنات 90

DESSERTS UND SÜßSPEISEN - الحَلَوِيَّات 91

GETRÄNKE - المَشْروبات 92
Erfrischungsgetränke - مَشْروبات مُنْعِشَة 92
Heißgetränke - مَشْروبات ساخِنَة 93
Alkoholische Getränke - مَشْروبات كُحوليَّة 94

KOCHEN - الطَبْخ
Zubereitung - التَّحْضير 95

GERICHTE UND MAHLZEITEN - أَصْناف الطَّعام والوَجَبات اليَومِيَّة 96
Das Frühstück - الإفْطار 96
Snacks und Knabbereien - التَّسالي والمُقَرْمَشات 98
Das Fastfood - المَأكولات السَّريعَة 99
Hauptmahlzeit - وَجْبَة الطَّعام الرَئيسِيَّة 100
Im Restaurant - في المَطْعَم 101
Geschirr und Besteck - الأواني وأدَوات المائدة 102

DIE ERNÄHRUNG - التَّغْذِيَة 103

UNTERWEGS - في الطَّريق 104

STRAßEN UND VERKEHR - الشَّوارِع وَالمواصَلات 106
Verkehrsschilder - إشارات الطَّريق 108

DAS AUTO - السَّيَّارَة 109
Autotypen - أنْواع السَّيَّارات 109
Das Auto - Außenansicht - مِنَ الخارِج 110
Das Auto - Innenausstattung - مِنَ الدَّاخِل 112
Die Tankstelle - مَحَطَّة البِنْزين 113

DER BUS - الحافِلَة 115

DAS MOTORRAD - الدَّراجَة النَّارِيَّة 116

DAS FAHRRAD - الدَّراجَة الهَوائِيَّة 118

DAS LASTKRAFTFAHRZEUG - الشَّاحِنات 120

WEITERE FAHRZEUGE - سَيَّاراتٌ أُخْرى 121

DER ZUG - القِطار 122
Am Bahnhof - في مَحَطَّة القِطار 123

DAS FLUGZEUG - الطَّائِرَة 124
Im Flugzeug - في الطَّائِرَة 125
Am Flughafen - في المَطار 126

DAS SCHIFF - السَّفينَة 128
Der Hafen - في الميناء 129

IN DER STADT - في المَدينَة 130

DIE INNENSTADT - وَسَط المَدينَة 132
Gebäude in der Innenstadt - أَبْنِيَة في وَسَط المَدينَة 134
Auf der Straße - عَلى الطَّريق 135
Das Hotel - الفُنْدُق 136
Die Bank - البَنْك 138

EINKAUFEN - تَسَوُّق
Läden und Geschäfte - مَحَلَّات وَمَتاجِر 140
Das Einkaufszentrum - مَركَز تَسَوُّق 142
Das Kaufhaus - مَتْجَر مَتَعَدِّد الأَقْسام 143
Der Supermarkt - السوبَر ماركِيت 144
Der Kiosk - الكِشْك 146

CAFÉS UND BARS - مَقاهي وبارات 147

SEHENSWÜRDIGKEITEN - مَعالِم سِياحيَّة 148

DIE ARCHITEKTUR - الهَنْدَسَة المِعْمارِيَّة 149

PARK UND SPIELPLATZ - الحَدائِق العامَّة وَمَلاعِب الأَطْفال 150

BILDUNG UND BERUF - تَعليم وَمِهَن 152

DIE SCHULE - المَدْرَسَة 154
Das Klassenzimmer - في الصَّف 155
Die Schulfächer - مَواد الدِّراسَة 156
Im Labor - في المُخْتَبَر 158
In der Pause - في الإسْتِراحَة 160
Die Sporthalle - صالَة الرِّياضَة 161

DIE UNIVERSITÄT - الجامِعَة 162

DIE ARBEITSWELT - مَجال العَمَل 165
Die Bewerbung - طَلَب العَمَل 165
Berufe - مِهَن 166
Das Organigramm - مُخَطَّط الهَيْكَل التَّنْظيمي 170

DAS BÜRO - المَكْتَب 172
Büromöbel - أثاث المَكْتَب 172
Der Bürobedarf - لَوازِم المَكْتَب 173
Der Besprechungsraum - غُرْفَة الإجْتِماعات 174
Der Büroalltag - الحَياة المَكْتَبِيَّة 175

KOMMUNIKATION - اِتِّصالات 176

DER COMPUTER - الكومْبيوتَر 178
Der Desktop-Computer - سَطْح المَكْتَب 178
Hardware und Zubehör - الأَجْهِزَة وَالمُلْحَقات 179
Am Computer arbeiten - العَمَل بالكمْبيوتَر 180
Das Internet - الانْتَرنِت 182
Mobile Endgeräte - الأَجْهِزَة المَحْمولَة 183

DAS TELEFON - الهاتِف 184

DIE MEDIEN - وَسائِل الإِعْلام 185
Das Fernsehen - التِّلْفاز 185
Das Radio - الرَّاديو 187
Die Printmedien - وَسائِل الإِعلام المَطْبوعَة 188

DIE POST - البَريد 190

SPORT UND FITNESS - رِياضَة وَلَياقَة بَدَنيَّة 192

BALLSPORTARTEN - رِياضات الكُرَة
Der Fußball - كُرَة القَدَم 194
Der Handball - كُرَة اليَد 197
Der Volleyball - كُرَة الطّائِرَة 198
Der Basketball - كُرَة السَّلَّة 199

WEITERE BALLSPORTARTEN - رِياضات كُرَة أُخْرى 200

BALLSPORTARTEN MIT SCHLÄGERN - أَلْعاب المَضْرَب 201
Das Badminton - كُرَة الرِّيشَة 201
Das Tennis - التنس 202
Das Tischtennis - تِنِس الطّاوِلَة 203

DAS GOLF - الجُولْف 204

DIE LEICHTATHLETIK - أَلْعاب القِوى 206

DAS TURNEN - الجُمْباز 207

DER WASSERSPORT - رِياضات الماء 208
Das Schwimmen - السِّباحَة 208
Das Segeln - إِبْحار شِراعي 210
Das Tauchen - الغَوْص 211
Das Surfen - رُكوب الأَمْواج 212

DER KAMPFSPORT - فُنون القِتال 213

DER REITSPORT - رُكوب الخَيْل 214

DAS ANGELN - صَيْد السَّمَك 216

DER WINTERSPORT - رِياضات شَتَوِيَّة 218

SONSTIGE SPORTARTEN - رِياضات أُخْرى 220

DIE FITNESS - اللَّياقَة البَدَنيَّة 222

FREIZEIT - وَقْت الفَراغ 224

DAS THEATER - المَسْرَح 226

DIE MUSIK - الموسيقى
Das Orchester - الأوركِسْترا 228
Die Musikinstrumente - الآلات الموسيقيَّة 229
Das Konzert - الحَفْلَة الموسيقيَّة 232
Musik hören - سَماع الموسيقى 233

HOBBYS - هِوايات 234
Kunst und Basteln - الفَن وَ الأَشْغال اليَدَوِيَّة 235
Nähen und Stricken - الخِياطَة والحِياكَة 238
Das Kino - السِّينَما 241
Fotografieren - التَّصْوير 242
Spiele - أَلْعاب 244

FERIEN - العُطَل 246
Am Strand - عَلى الشّاطِئ 246
Das Zelten - التَّخْييم 248

KÖRPER UND GESUNDHEIT - جِسْم وَصِحَّة 250

DER KÖRPER - الجِسْم 252
Die Hand und der Fuß - اليَد والقَدَم 254
Der Kopf - الرَّأس 255
Die Muskeln - العَضَلات 256
Das Skelett - الهَيْكَل العَظْمي 257
Die inneren Organe - الأَعْضاء الدّاخِليَّة 258
Die Körpersysteme - أَجْهِزَة الجِسْم 259
Die Geschlechtsorgane - الأَعْضاء الجِنْسيَّة 260

SCHWANGERSCHAFT UND GEBURT - الحَمْل والوِلادَة 262

DER ARZTBESUCH - زِيارَة الطَّبيب 264

SYMPTOME UND KRANKHEITEN - الأَعْراض وَالأَمْراض 265

BEHINDERUNGEN - الإِعاقات 268

VERLETZUNGEN - الإِصابات 269

BEIM ZAHNARZT - عِنْدَ طَبيب الأَسْنان 270

BEIM AUGENOPTIKER - عِنْدَ أَخِصَّائي النَّظّارات 272
IM KRANKENHAUS - في المُسْتَشْفى 273
Die Chirurgie - الجِراحَة 274
Die Unfallstation - جَناح الحَوادِث 275
DIE APOTHEKE - الصَّيْدَليَّة 276
DIE ALTERNATIVMEDIZIN - الطِّب البَديل 278
WELLNESS - اِسْتِجْمام 279

NOTFÄLLE - حالات الطَّوارِئ 280

ERSTE HILFE - إسْعافات أَوليَّة 282
DIE POLIZEI - الشُّرْطَة 284
DIE FEUERWEHR - الإطْفاء 286
IN DEN BERGEN - في الجِبال 287
DAS MEER - البَحْر 288
WEITERE NOTSITUATIONEN - حالات طارِئَة أُخْرى 289

ERDE UND NATUR - الأَرْض وَ الطَّبيعَة 290

DER WELTRAUM - الفَضاء 292
DIE ERDE - الكَوكَب الأَرْضي 295
DIE WELTKARTE - خارِطَة العالَم 297
UN-MITGLIEDSSTAATEN - دوَل الأُمَم المَتحِدَة 299
Europa - أوروبا 299
Nord- und Mittelamerika - شَمال وَوَسَط أَمْريكا 302
Südamerika - أَمْريكا الجَنوبيَّة 303
Afrika - أفريقيا 304
Asien - آسْيا 307
Ozeanien - أوقْيانوسْيا 310
Internationale Organisationen - المُنَظَّمات الدُّوَليَّة 311
DAS WETTER - الطَّقْس 312
Naturkatastrophen - الكَوارِث الطَّبيعيَّة 314
DIE LANDSCHAFT - الطَّبيعَة 315

STEINE UND MINERALIEN - الأَحْجار وَالمَعادِن 317
Edel- und Halbedelsteine - الأَحْجار الكَريمَة وَشِبْه الكَريمَة 318
PFLANZEN - نَباتات 319
Bäume - أَشْجار 319
Wildpflanzen - نَباتات بَرْيَّة 320
Zierblumen - نَباتات الزِّينَة 321
Gartenpflanzen - نَباتات الحَديقَة 323
TIERE - حَيَوانات 324
Säugetiere - ثَدييات 324
Vögel - طُيور 328
Reptilien und Amphibien - زَواحِف وَبَرْمائيَّات 330
Fische - أَسْماك 331
Insekten und Spinnen - حَشَرات وَعَناكِب 332

ZAHLEN UND MASSE - الأَعْداد وَالأَوْزان 334

DIE ZAHLEN - الأَعْداد 336
Die Kardinalzahlen - الأَعْداد الأَساسيَّة 336
Die Ordinalzahlen - الأَعْداد التَّرْتيبيَّة 337
Die Bruchzahlen - الكُسور 338
Weitere Zahlwörter - أَسْماء أَعْداد أُخْرى 339
DIE ZEIT - الوَقْت 340
Die Uhrzeit - السَّاعَة 340
Tag und Nacht - النَّهار واللَّيْل 342
Der Kalender - التَّقْويم 343
MAßE - كُتْلَة 344
DAS GEWICHT - الوَزْن 345
DIE WÄHRUNG - العُمْلَة 345

DIE WICHTIGSTEN SÄTZE - الجمل الأكثر أهمية 346

DIE VERBEN - الأفْعال 351

INDEX DEUTSCH - فِهْرِس الأَلْماني 394

INDEX ARABISCH - فِهْرِس العَرَبي 437

LEICHTER LERNEN MIT BILDERN– WARUM IST DAS SO?

Liebe Leserin, lieber Leser,

wie wichtig die Bedeutung von Bildern ist, wenn es um das Merken von Begriffen geht, wissen wir seit Jahren aus der Lernpsychologie. Kennen Sie das? Wenn Sie ein Bild zu einem Wort sehen, bleibt das Wort viel schneller im Gedächtnis haften, als wenn es nur geschrieben dasteht. Und wenn es darum geht, in einer fremden Sprache Wortschatz nicht nur nachzuschlagen, sondern auch zu verstehen und ihn sich zu merken, unterstützen die Bilder Sie dabei, sich die Wörter schneller und besser einzuprägen. Das hat ganz einfache Gründe:

→ ***Bilder wirken schneller und direkter als reiner Text.*** *Schon als kleine Kinder denken wir in Bildern und können sie ganz intuitiv entschlüsseln, interpretieren und aufnehmen. Sind Bilder mit Wörtern verknüpft, bilden sie eine Einheit, die unser Gehirn mit hoher Effizienz verarbeitet und abspeichert.*

→ ***Bilder erleichtern und unterstützen das Verständnis.*** *Sie vermitteln Zusammenhänge und liefern uns deutlich mehr Informationen als nur Text alleine.*

→ ***Bilder sind emotional.*** *Sie wecken unser Interesse, steigern unsere Motivation und bleiben besser im Gedächtnis haften als einzelne Wörter.*

→ ***Bilder machen Freude.*** *Wo viel Text abschreckt, sorgen Bilder dafür, dass uns das Lernen Spaß macht, und wir bleiben länger bei der Sache.*

Gesehen, verstanden und schon gemerkt – so leicht kann das visuelle Lernen sein. Überzeugen Sie sich selbst!

Ihre

PONS-Redaktion

بِالصُّوَرِ يَسْهُلُ التَّعَلُّم. ما تَعْليلُ ذَلِك؟

عَزيزي القارِئ:

أَهَمِيَّةُ الصُّوَرِ عِنْدَما يَتَعَلَقُ الأَمْرُ بِحِفْظِ المُصْطَلَحاتِ هُوَ أَمْرٌ أَثْبَتَتْهُ مِنْذُ سَنَواتٍ سيكولوجْيَة التَّعَلُّم. هَلْ مَرَرْتَ يوماً ما بِمِثْلِ المُوقِفِ التَّالي؟ عِنْدَما تَرَى صُورَةً تُعَبِّرُ عَنْ كَلِمَةٍ ما بِجانِبِ الكَلِمَة، تَبْقى هَذِهِ الكَلِمَةُ بِسُرْعَةٍ أَكْثَر فِي ذاكِرَتِكَ مِمَا لَو كَانَت الكَلِمَة مَكْتوبَةً وَحَسْب. و بِناءَ عَلى ذَلِك إذا كُنْتَ مُهْتَماً لَيْسَ فَقَط بِالبَحْثِ عَن مَعانِي مُفْرَدَاتٍ أَجْنَبِيَّةٍ جَديدَةٍ وَإنَّما أَيْضاً بِفَهْمِ هَذِه الكَلِماتِ الجَديدَةِ وحِفْظِها، فَهُنا سَتُساعِدُكَ الصُّوَرُ كَثيراً عَلى حِفْظِ هَذِهِ الكَلِماتِ بِشَكْلٍ أَسْرَعٍ وَأَفْضَلٍ.
وَلِهَذا أَسْبابٌ بَسيطَةٌ جِدّاً:

- ← **الصُّوَرتُؤَثِّرُ بِشَكْلٍ أَسْرَعِ وَأَكْثَرُ مُباشَرَةً مِن نَصٍّ عادِيّ:** مُنْذُ نُعومَةِ أَظْفارِنا وَنَحْنُ نُفَكِّرُ بِأُسْلُوبٍ تَصْويرِيّ وَنَسْتَطيعُ اِسْتِقْبال الصُّوَرِ و فَك رُموزِها وَتَفْسيرَها بِشَكْلٍ عَفويّ تَماماً، وَلِذَلِك عِنْدَما تَرْتَبِطُ الصُّوَرُ بِالكَلِمات فِإنَّها تُشَكِّلُ مَعَها وِحْدَةً مُتَجانِسَةً يَسْهُلُ عَلى أَدْمِغَتِنا مُعالَجَتَها وَتَخْزينَها بِكَفاءَةْ عالِيَة.

- ← **الصُّوَرتُسَهِّلُ عَمَلِيَةَ التفاهم:** فَهِيَ تنقل لَنا علاقات وَتُوَفِرُ لَنا بِلاشَك مَعْلوماتٍ أَكْثَر مِن النَّصِّ لِوَحْدِهِ.

- ← **الصُّوَرتُحَرِّكُ عَواطِفَنا:** فَهِيَ تُثيرُ اِهتِمامَنا وَتُشَجِعَنا وتَبقى في ذاكِرَتِنا أكثّر مِن الكَلِماتِ المُجَرَّدَة.

- ← **الصُّوَرُ تُمْتِعُنا:** بَيْنَما قَد تُصيبُنا النُّصوصُ الطَويلَةُ بِالمَلَل تُسْلينا الصَّوَرُ وَتُساعِدُ عَلى مُتابَعَتِنا لِلمَوضوع لِمُدَّةٍ أَطْوَل.

رُؤْيَة، فَهْم، وَمِن ثُمَّ حِفْظ. هَكَذا وَبِكُلِّ سُهولَة يُمْكِنُ أَن يَحْدُثَ التَعَلُّمُ البَصَري. جرِّب بِنَفْسِك!

مَعَ تَحِيَّات
قِسم التَحرير في PONS

SO ARBEITEN SIE EFFIZIENT MIT DEM BILDWÖRTERBUCH

die Erdbeere
فَراوْلَة
farāwlah

die Himbeere
توت أَحْمَر
tūt aḥmar

die Brombeere
توت أَسْوَد
tūt aswad

die Heidelbeere
عِنَب أَحْراش
ʿinab aḥrāsh

Ganz gleich, ob Sie erst anfangen, eine Fremdsprache zu erlernen, oder ob Sie bereits über gute Sprachkenntnisse verfügen: Dieses Wörterbuch ist Ihr idealer Begleiter. Für jede Sprache decken rund 8.000 Begriffe alle Bereiche des Alltags ab und die Kombination von Wort und Bild ermöglicht Ihnen, Wörter schnell nachzuschlagen, zu übersetzen und sich mühelos einzuprägen. Hier die wichtigsten Tipps, wie Sie den größten Nutzen aus diesem Wörterbuch ziehen:

سَواءً كُنْتَ قَدْ بَدَأْتَ بِتَعَلُّم لُغَةٍ أَجْنَبِيَّةٍ، أَو كانَت لَدَيك بِالفِعْلِ مَهارات لُغَوِيَّةٌ جَيِّدَةٌ : هَذا القاموس هُوَ رَفيقُك المِثاليّ. 8000 مُصْطَلَح في كُل لُغَة تُغَطي جَميع مَجالات الحَياة اليَومِيَّة . كَما يُتيحُ لَك رَبْطُ الكَلِمات بِالصُّوَر سُرْعَةً في البَحْثِ عَنِ الكَلِماتِ وَتَرجَمَتُها وَحِفْظُها بِكُلِ سُهولَةٍ. وَهُنا أَهَم النَّصائِح لِلاِسْتِفادَةِ القُصْوى مِن هَذا القاموس:

Wörter im Zusammenhang lernen

Wörter werden schneller gemerkt, wenn man sie im Kontext lernt. Aus diesem Grund ist dieses Wörterbuch nach Themenfeldern aus dem Alltagsleben gegliedert. Ganz gleich, in welches Thema Sie eintauchen – ob Einkaufen, Kleidung, Lebensmittel oder Familie – betrachten Sie beim Lernen das Thema als Ganzes und versuchen Sie, möglichst viele Wörter aus dem Themenbereich aufzunehmen. Sie werden erstaunt sein, wie viel Wortschatz Sie sich in kürzester Zeit merken können.

تَعَلَّم الكَلِماتِ في سِياقِها الموضوعي

يَتِم حِفْظُ الكَلِماتِ بِشَكْلٍ أَسْرَع عِنْدَما يَتِمُّ تَعَلُّمَها في سِياقِ مَوضوعٍ ما. لِهَذا السَّبَب تَمَّ تَرتيب هَذا القاموس حَسَبَ موضوعاتِ الحَياةِ اليَومِيَّة. بِغضِ النَّظَرِ عَنِ المَوضوع الَّذي تَتَناوَلَهُ الآن – سَواء كان التَّسَوُّق، أَو المَلابِس، أَو الطَّعام أَو العائِلَة – تَعامَل مَع المَوضوع كَكُل وَحاوِل أَن تَتَعَلَّمَ أَكْثَر ما يُمكِنُ مِن الكَلِماتِ المُتَعَلِّقَةِ بِالمَوضوع. سَتُدَهَشُ مِن كَمِّ الكَلِماتِ الجَديدَةِ الَّتي إِسْتَطَعْتَ تَعَلُّمَها في فَتْرَةٍ قَصيرَةٍ.

هَكَذا تَسْتَخْدِمُ هَذا القاموس بِكَفاءَة

Herzlichen Glückwunsch!	tahanīyal-qalbīyah!	تَهانيَّ القَلْبيَّة!
Alles Gute zum Geburtstag!	kullu ʿāmin wa-anta bi-khair	كُلَّ عامٍ وَأَنْتَ بِخَيْر
Um wie viel Uhr?	fī ayyati sāʿah?	في أَيَّةِ ساعَة؟
Um sieben Uhr.	fī as-sāʿah as-sābiʿah	في السَّاعَةِ السَّابِعَة.
Guten Appetit!	bi-hanāʾ wash-shifāʾ!	بِالهَناء و الشِّفاء!
Zum Wohl!	bi-ṣiḥḥatik!	بِصِحَّتِك!

① ②

Die wichtigsten Schlüsselsätze auf einen Blick

Ob in der Fremdsprache nach der Uhrzeit fragen, oder zum Geburtstag gratulieren: In den 13 thematisch sortierten Kapiteln finden Sie neben der reinen Wort-Bild-Zuordnung die wichtigsten Sätze für die häufigsten Situationen ①. Prägen Sie sich diese Schlüsselsätze gut ein und schon haben Sie den Grundstein für eine erfolgreiche Kommunikation gelegt.

العِباراتُ الرَّئيسيَّة الأَكْثَرُ أَهميَّةً في لَمْحَة

سَواءً أَرَدْتَ السُّؤالَ عَنِ الوَقْتِ بِاللُّغَةِ الأَجْنَبيَّةِ أَو أَرَدْتَ التَهْنِئَةَ بِعيدِ الميلادِ: في فُصولِ الكِتابِ الثَّلاثَةَ عَشَر المُرَتَبَةِ بِحَسَبِ مَوضوعاتِها سَتَجِدُ إِلى جانِبِ الكَلِماتِ المقْتَرِنَةِ بِالصُّوَرِ أَهمَّ العِباراتِ الرَّئيسيَّةِ لِمَواقِفِ الحَياة اليوميَّة الأَكْثَرِ شُيوعاً ①. اِحْفَظْ هَذِهِ الكَلِماتِ بِشَكْلٍ جَيِّدٍ وبِهَذا تَكونُ قد وَضَعْتَ عَلى الفورحَجَرَ الأَساسِ لِمُحادَثَةٍ ناجِحَةٍ.

Richtig aussprechen

Damit Sie jedes Wort richtig aussprechen, haben wir alle Wörter und Sätze nach dem Standard der American Library Association (ALA) transkribiert ②. Eine Übersicht über die Umschrift finden Sie bequem auf der letzten Seite des Buches. Für eine leichtere Aussprache sind die so genannten Sonnenbuchstaben beim arabischen Artikel angepasst. Auch bei Wortverbindungen orientiert sich die Transkription an der standardsprachlichen Aussprache. Bei Fremdwörtern sind lange Vokale ausnahmsweise ohne Längenstrich transkribiert, weil die Aussprache der Vokale regional schwankt.

أُنْطُق نُطْقاً صَحيحاً

حَتَّى تَتَمَكَّنَ مِن نُطْقِ كُلِّ كَلِمَةٍ نُطْقاً صَحيحاً، قُمْنا بِكِتابَةِ كُلِّ الكَلِماتِ وَالعِباراتِ وُفْقاً لِطَريقَةِ جمعية المكتبات الأمريكية (ALA) ②. يمكنك أن تجد لمحة عامة عن هَذِهِ الطَّريقَةَ بِكُل بَساطَة على الصَّفْحَةِ الأخيرَةِ مِنَ الكِتابِ. مُراعاةً لِسُهولَةِ النُّطْقِ تَمت كِتابَةُ الأَحْرُفِ الشَّمْسيَّةِ كَما تُلْفَظُ بَعْدَ (ال) التَعْريف. عِنْدَ كِتابَةِ الكَلِماتِ الأَجْنَبيَّة باللُّغَةِ العَربيّةِ تَمَّ إِسْتِسْنائِيّاً الاِسْتِغْناء عَنِ الخَط فَوْقَ حُروفِ العِلَّة نَظَراً لِأَنَّ لَفْظَ هَذِه الكَلِمات يَبْقَى أَجْنَبِيّاً.

INDEX DEUTSCH -
فِهْرِس الأَلْماني **394**

INDEX ARABISCH -
فِهْرِس العَرَبي **437**

③

glutenfrei
خالي مِن الغلوتين
khālī min al-ghlūtīn

laktosefrei
خالي مِن اللّاكْتوز
khālī min al-laktūz

④

Schnell übersetzen

Wenn es einfach schnell gehen muss, schlagen Sie im Anhang im Stichwortverzeichnis die richtige Übersetzung nach ③. Dort ist jedes Stichwort in Deutsch und Arabisch in alphabetischer Reihenfolge aufgeführt und im Nu gefunden.

تَرْجَمَةٌ سَريعَةٌ

إذا اِضْطَرَرْتَ لِلتَرْجَمَةِ السَّريعَةِ فَيُمْكُنُكَ أَنْ تَبْحَثَ عَنِ التَّرْجَمَةِ الصَّحيحَةِ لِكَلِمَةٍ ما مُباشَرَةً في فَهْرَسِ الكَلِماتِ في المُلْحَقِ ③، حيْثُ كُتِبَت كُلُّ كَلِمَةٍ بِاللُّغَةِ الأَلْمانيَّةِ وَ بِاللُّغَةِ العَرَبيَّةِ وَبِحَسَبِ تَرْتيبِها الأَبْجَديِّ لِتَجِدَها بِسُرْعَةٍ.

Für den Notfall

Bilder sind eine universelle Sprache, die von allen Kulturen verstanden werden. Sollten Ihnen doch mal die Worte fehlen, zeigen Sie einfach auf das entsprechende Bild ④. Ob im Hotel, Restaurant oder auf der Straße – so können Sie sich überall auf der Welt ganz ohne Sprache verständigen.

في حالَةِ الطَّوارِئ

الصُّوَرُ هِيَ لُغَةٌ عالَميَّةٌ تَفْهَمُها كُلُّ الشُّعوبِ بِمُخْتَلَفِ ثَقافاتِها. إذا لَمْ تَخْطُر عَلى بَالِكَ في إحْدى المَواقِف كَلِمَةً ما، فَما عَليكَ إِلَّا أَنْ تُشيرَ إِلى الصُّورَةِ المُناسِبَةِ ④. سَواءً كانَ ذَلِكَ في الفُنْدُقِ، أَو في المَطْعَمِ أَو عَلى الطَّريقِ – وَبِذَلِك تَتَمَكَّنُ مِنَ التَّواصُل في أَيِّ مَكانٍ حَوْلَ العالَمِ مِنْ دونِ لُغَةٍ.

Noch mehr Sprache

Für die ersten Schritte in der fremden Sprache liefern Ihnen die Extras im Anhang des Bildwörterbuchs praktische Unterstützung: Mit den wichtigsten Sätzen auf Deutsch und auf Arabisch sind Sie für den gelungenen Einstieg in die Fremdsprache gewappnet. Und wenn es darum geht, eigene Sätze zu bilden, hilft Ihnen unsere ausführliche Verbliste, wo Sie auch abstrakte Verben, die sich nicht abbilden lassen, nachschlagen und übersetzen können.

لُغة أكثر وأكثر

أثناء خطواتكم الأولى في اللغة الأجنبية، تجدون مساعدة عملية في الإضافات الموجودة في مُلحق القاموس المُصوّر، والتي تزوّدكم فيها أهم الجمل بالألمانية والعربية بالأدوات الضرورية للنجاح في بداية تعلمكم اللغة. أما إذا ما أردتم تكوين جمل خاصة بكم، فستساعدكم في ذلك قائمة الأفعال الضافية المُترجمة والتي تشمل أيضا أفعالا مجرّدة لا يمكن تصويرها.

die **Bankkauffrau**
مُوَظَّفَة بَنْك
muwaẓẓafat bank

der **Lehrer**
مُعَلِّم
muʿallim

die **Ingenieurin**
مُهَنْدِسَة
muhandisah

der **Kellner**
نادِل
nādil

Das sollten Sie noch wissen

Die Stichwörter in diesem Wörterbuch stehen immer in der Einzahl, es sei denn sie werden in der Regel nur in der Pluralform verwendet.
Die Grundform der arabischen Verben ist die 3. Person Singular Vergangenheit.

مِنَ المُهِم أَنْ تَعْلَم أَيْضاً

أَنَّ الكَلِماتِ في هَذا القاموس هِيَ دائِماً فِي صيغَةِ المُفْرَدِ، إِلّا إِذا كانَت الكَلِمَةُ تُسْتَخْدَم عادَةً في صيغَةِ الجَمْع فَقَط.
الأَفْعالُ العَرَبِيَّةُ تُكْتَبُ بِحالَةِ المَصْدَرِ في صيغَةِ الماضي لِلمُفْرَدِ المُذَكَّرِ الغائِبِ.

Es war uns wichtig, bei Funktions- und Berufsbezeichnungen Männer und Frauen gleichermaßen und gleichberechtigt zu berücksichtigen. Da wir aber aus Platzgründen nicht immer beide Geschlechter gleichzeitig abbilden können, haben wir uns immer für eines entscheiden müssen. Dabei orientiert sich das Geschlecht des Worts immer am Geschlecht der abgebildeten Figur.
Da die arabische Schrift von rechts nach links läuft, beginnt der arabische Index ganz am Ende des Buches.

لَقَد حَرَصْنا فِي هَذا الكِتاب في مَوضوعِ الوَظائِف وَالمِهَن أَنْ نولِيَ عِنايَتَنا لِلرِّجال وَلِلنِّساءَ عَلى قَدَم المُساواةِ، ولكن نظراً لِضيقِ المَكان تَعَذَّرَ عَلَينا وَضْعُ صُورَتين لِكلا الجِنسَين لِلتَعبير عَن كُلِّ مِهْنَةٍ وَاكْتَفَيْنا بِصورَةٍ واحِدَةٍ لِأَحَدِ الجِنْسَين، وَفي هَذِهِ الحالة يَتْبَعُ جِنْسُ الكَلِمَة لِجِنْسِ الشَّخْصِ في الصُورَةِ.

بِما أَن اللُّغَةَ العَرَبِيَّةَ تُكْتَبُ مِنَ اليَمينِ إِلى اليَسار، يَبْدَأ فَهْرَسُ الكَلِماتِ العَرَبِيَّةِ مِن نِهايَةِ الكِتاب.

MENSCHEN

ناس

DIE FAMILIE - العائِلَة

Der Stammbaum - شَجَرَةُ العائِلَة

der Schwiegervater
حَم
ḥam

die Schwiegermutter
حَماة
ḥamāh

die Schwägerin
زَوْجَة أخ
zawjat akh

der Schwager
أخو زَوْج
akhū zawj

der Ehemann
زَوْج
zawj

die Ehefrau
زَوْجَة
zawjah

der Schwiegersohn
زَوْجُ اِبْنَة
zawju ibnah

die Tochter
اِبْنَة
ibnah

der Sohn
اِبْن
ibn

der Enkel
حَفيد
ḥafīd

die Enkelin
حَفيدَة
ḥafīdah

KOMMUNI-KATION

اِتِّصالات

DER COMPUTER - الكومْبيوتَر

Der Desktop-Computer - حاسوب مَكْتَبي

der Desktop-Computer
حاسوب مَكْتَبي
ḥāsūb maktabi

der Ein/Aus-Schalter
زر تَشْغيل/إطْفاء
zir tashghīl/iṭfā'

die USB-Schnittstelle
USB مَنْفَذ
manfadh USB

das CD/DVD-Laufwerk
مُحَرِّك قُرْص مَضْغوط/قُرْص رَقمي
muḥarrik qurṣ maḍghūṭ/qurṣ raqmī

das Computergehäuse
صُنْدوق الكُمْبيوتَر
ṣundūq al-kumbyūtar

das Scrollrad
عَجَلَة تَدوير
'ajalt tadwīr

die Tastatur
لَوْحَة مَفاتيح
lawḥat mafātīḥ

der Bildschirm
شاشَة
shāshah

die Maus
فَأْرَة
fa'rah

die Tastatur
لَوْحَة مَفاتيح
lawḥat mafātīḥ

die Escapetaste
مِفْتاح هُروب
miftāḥ hurūb

die Tabulatortaste
مِفْتاح تاب
miftāḥ tāb

die Feststelltaste
مِفْتاح كابس لوك
miftāḥ kābs luk

die Rücklöschtaste
مِفْتاح مَحي
miftāḥ maḥī

die Eingabetaste
مِفْتاح إدْخال
miftāḥ dukhūl

die Umschalttaste
مِفْتاح تَغْيير
miftāḥ taghīīr

die Steuerungstaste
مِفتاح كونترول
miftāḥ kuntrul

die Leertaste
مِفْتاح مَسافَة
miftāḥ masāfah

DIE FAMILIE - العائِلَة

Der Stammbaum - شَجَرَةُ العائِلَة

der Großvater
جَد
jad

die Großmutter
جَدَّة
jaddah

die Mutter
أمّ
umm

der Vater
أب
ab

die Tante
عَمَّة
ʿammah

der Onkel
عَمّ
ʿamm

die Schwester
أُخْت
ukht

der Bruder
أخ
akh

die Cousine
اِبْنَة عَمَّ/ة
ibnat ʿamm/ah

die Nichte
اِبْنَة أخ/أخت
ibnat akh

der Neffe
اِبْن أخ/أخت
ibn akh

der/die Verwandte	aqārib	أقارِب
die Großeltern	jadd wa jaddah	جَدّ وَجَدَّة
die Eltern	wālidān	والِدان
das Ehepaar	zawjān	زَوْجان
die Tante	khālah	(mütterlicherseits) خالَة
ledig	ʿāzib	عازِب
verheiratet	mutazawwij	مُتَزَوِّج
geschieden	muṭallaq	مُطَلَّق
verlobt	makhṭūb	مَخْطوب
verwitwet	armal	أرْمَل
der Onkel	khāl	(mütterlicherseits) خال

BEZIEHUNGEN - عَلاقات

Familie und Lebensphasen - العائِلَة و مَراحِلُ الحَياة

das Baby
رَضيع
raḍīʿ

das Kind
طِفْل
ṭifl

Herr ...
سَيِّد
sayyid

der Mann
رَجُل
rajul

die Jugendliche
شابَّة
shābbah

die Zwillinge
تَوْأم
tawʾam

die Frau
اِمْرَأة
imraʾah

Frau ...
سَيِّدَة
sayyidah

der/die Bekannte
مَعْرِفَة
maʿrifah

der Junge
وَلَد
walad

das Mädchen
بِنْت
bint

die Freunde
أَصْدِقاء
aṣdiqāʾ

das Paar
زَوْجان
zawjān

die Freundin
صَديقَة
ṣadīqah

der Freund
صَديق
ṣadīq

der Erwachsene	bāligh	بالِغ
der Patenonkel	ʿarrāb	عَرّاب
die Patentante	ʿarrāba	عَرّابَة
der Stiefvater	zawj um	زَوْج أم
die Stiefmutter	zawjat ab	زَوْجَة أب
der Stiefbruder	akh ghair shaqīq	أَخ غَيْر شَقيق
die Stiefschwester	ukht ghair shaqīqa	أُخْت غَيْر شَقيقَة
der Nachbar	jār	جار
die Nachbarin	jārah	جارَة

BEZIEHUNGEN - عَلاقات

Begrüßen und verabschieden - تَرْحيب وَ تَوْديع

jemanden vorstellen
عَرَّفَ (عَلى)
ʿarrafa (ʿalā)

jemanden begrüßen
رَحَّبَ (بِ)
raḥḥaba (bi)

sich die Hand geben
صافَحَ
ṣāfaḥa

sich verbeugen
اِنْحَنى
inḥanā

sich umarmen
عانَقَ
ʿānaqa

lachen
ضَحِكَ
ḍaḥika

weinen
بَكَى
bakā

sich verabschieden
وَدَّعَ
waddaʿa

einen Knicks machen
اِنْحَنى
inḥanā

winken
لَوَّحَ
lawwaḥa

jemandem einen Kuss geben
أَعْطى قُبْلَة
aʿṭā qublah

jemanden anrufen
اِتَّصَلَ (بِ)
ittaṣala (bi)

Hallo!	marḥabā!	مَرْحَبا!
Guten Morgen!	ṣabāḥul-khair!	صَباحُ الخَيْر!
Guten Abend!	masāʾul-khair!	مَساءُ الخَيْر!
Wie heißt du?	ma-smuk?	ما اسْمُكَ؟
Wie heißen Sie?	ma-smu ḥaḍratik?	ما اسْمُ حَضْرَتِك؟
Ich heiße ...	ismī ...	اِسْمي ...
Herzlich willkommen!	ahlan wa-sahlan!	أَهْلاً وَسَهْلاً!
Tschüss!	wadaʿan!	وَداعاً!
Auf Wiedersehen!	ilāl-liqāʾ!	إلَى اللِّقاء!

das kleine Geschenk
هَدِيَّة صَغيرَة
hadīyah ṣaghīrah

EREIGNISSE IM LEBEN - أَحْداثُ في الحَياة

Feste - اِحْتِفالات

die Hochzeit
زَفاف
zafāf

der Geburtstag
يَوْمُ الميلاد
yawmul-mīlād

das Weihnachten
عيدُ ميلادِ المَسيح
ʿīdu mīlādil-masīḥ

der Valentinstag
عِيدُ الحُب
ʿīdul-ḥub

das Thanksgiving
عيدُ الشُّكْر
ʿīdush-shukr

das Halloween
عيدُ الهالووين
ʿīdul-hāluwīn

der/das Silvester
عيْد رَأْسِ السَّنَة
ʿīd raʾsis-sanah

das Ostern
عيدُ الفِصْح
ʿīdul-fiṣḥ

die Hanukkah
عيدُ التَّدشين
ʿīdut-tadshīn

das Wesakfest
عيدُ ميلاد بوذا
ʿīdu mīlād būdhā

das Ramadanfest
عيدُ الفِطْر
ʿīdul-fiṭr

das chinesische Neujahr
رَأْسُ السَّنَةِ الصِّينيَّة
raʾsis-sanaṣ-ṣīniyyah

der Karneval
كَرْنَفال
karnavāl

das Passah	ʿīd alfiṣḥ lil-yahūd	عيدُ الفِصْح لِلْيَهود
die Feier	ḥafl	حَفْل
der Hochzeitstag	dhikrā yawmuz-zawaj	ذِكْرى يَومُ الزَّواج
der Feiertag	yawm ʿuṭlah	يَوْم عُطْلَة
der Muttertag	ʿīdul-'umm	عيدُ الأمّ
der Vatertag	ʿīdul-ab	عيدُ الآب
die Taufe	taʿmīd	تَعميد
Herzlichen Glückwunsch!	tahānīyal-qalbīyah!	تَهانيَّ القَلْبيَّة!
Alles Gute zum Geburtstag!	kullu ʿāmin wa-anta bi-khair!	كُلُّ عامٍ وَأَنْتَ بِخَيْر!

EREIGNISSE IM LEBEN - أَحْداثُ في الحَياة

Wendepunkte - نُقاطُ تَحَوُّل

die Geburt
وِلادَة
wilādah

der Kindergarten
رَوْضَةُ أَطْفال
rawḍatul-aṭfāl

die Einschulung
دُخول إِلى المَدْرَسَة
dukhūl ilāl-madrasah

der Schulabschlussball
حَفْلَة تَخَرُّج مِنَ المَدْرَسَة
ḥaflatu takharruj minal-madrasah

der Studienabschluss
تَخَرُّج مِنَ الجامِعَة
takharruj minal-jāmiʿah

der Berufseinstieg
دُخول في مَجال العَمل
dukhūl fī majālil-ʿamal

sich verlieben
وَقَعَ في الحُب
waqaʿa fīl-ḥub

sich verloben
خَطَبَ
khaṭaba

heiraten
تَزَوَّجَ
tazawwaja

die Schwangerschaft
حَمْل
ḥaml

umziehen
اِنْتَقَلَ
intaqala

in Rente gehen
تَقاعَدَ
taqāʿada

die Beerdigung
دَفْن
dafn

volljährig werden	balagha	بَلَغَ
jemandem einen Heiratsantrag machen	ṭalabal-yad	طَلَبَ اليَد
das Brautkleid	fustān zafāf	فُسْتان زَفاف
die Braut	ʿarūs	عَروس
der Bräutigam	ʿarīs	عَريس
eine Familie gründen	kawwana ʿāʾilah	كَوَّنَ عائِلَة
die Scheidung	ṭalāq	طَلاق
sich scheiden lassen	ṭallaqa	طَلَّقَ
sterben	māta	ماتَ

MENSCHEN BESCHREIBEN - وَصْفُ النَّاس

Das Gesicht - الوَجْه

eine Grimasse schneiden
قَلَّصَ وَجْهَهُ
qallaṣa wajhahu

die Haut	jild	جِلْد
die Falte	tajʿīdah	تَجْعيدَة
das Muttermal	shāmah	شامَة
das Grübchen	ghammāzah	غَمازَة
die Sommersprossen	namash	نَمَش
der Pickel	batharah	بَثْرَة

MENSCHEN BESCHREIBEN - وَصْفُ النَّاس

Das Haar - الشَّعْر

rothaarig
أَحْمَرُ الشَّعْر
aḥmarush-shaʿr

gewellt
مُمَوَّج
mumawwaj

der Dutt
كَعْكَة شَعْر
kaʿkatu shaʿr

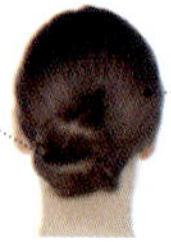

brünett
بُنِيُّ الشَّعْر
bunīyush-shaʿr

der Kurzhaarschnitt
قَصَّة شَعْر قَصيرَة
qaṣat shaʿr qaṣīrah

grau meliert
مُخْتَلِط بالشَّيْب
mukhtaliṭ bish-shayb

die Perücke
شَعْر مُسْتَعار
shaʿr mustaʿār

der Stufenschnitt
قَصَّة شَعْر مُتَدَرِّجَة
qaṣat shaʿr mutadarrijah

der Pony
غُرَّة
ghurrah

die Strähnchen
خُصَل
khuṣal

die Bobfrisur
قَصَّةُ بوب
qaṣatu bub

glatt
أَمْلَس
amlas

blond
أَشْقَر
ashqar

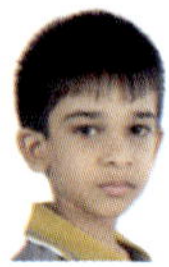

dunkel
غامِق
ghāmiq

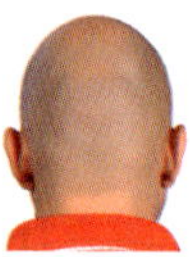

die Glatze
صَلْعَة
ṣalʿah

der Pferdeschwanz
ذَيْل حِصان
dhayl ḥiṣān

lockig
مُجَعَّد
mujaʿʿad

der Zopf
ضَفيرَة
ḍafīrah

MENSCHEN BESCHREIBEN - وَصْفُ النَّاس

Die äußere Erscheinung - المَظْهَر الخارِجي

der Bart
لِحْيَة
liḥyah

der Schnurrbart
شارب
shārib

jung
صَغير السِّن
ṣaghīrus-sin

alt
مُسِنّ
musinn

muskulös
مَفْتول العَضَلات
maftūlul-ʿaḍalāt

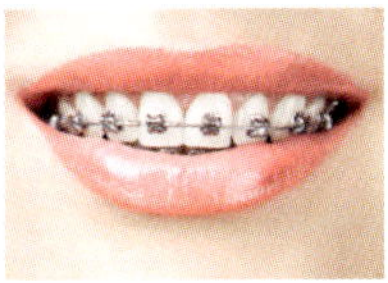

die Zahnspange
تَقْويم أسْنان
taqwīm asnān

blass
شاحِب
shāḥib

sonnengebräunt
مُسْمَر بالشَّمس
musmar bish-shams

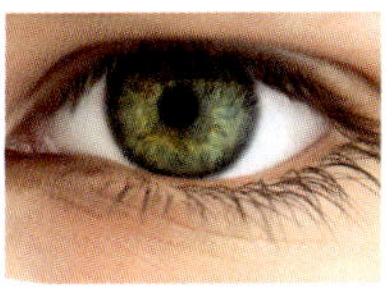

die grünen Augen
عُيون خَضْراء
ʿuyūn khaḍrāʾ

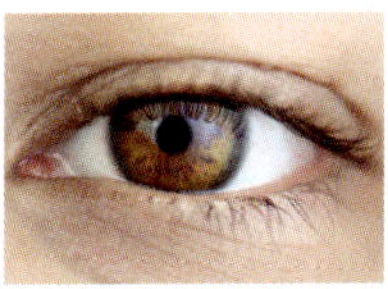

die braunen Augen
عُيون بُنيَّة
ʿuyūn bunnīyah

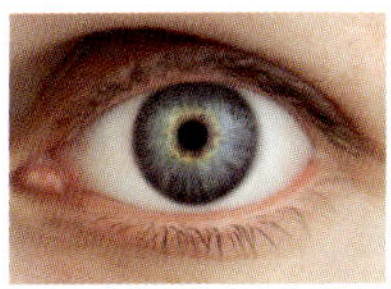

die grauen Augen
عُيون رَماديَّة
ʿuyūn ramādīyah

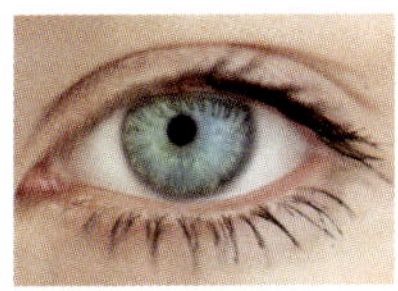

die blauen Augen
عُيون زَرْقاء
ʿuyūn zarqāʾ

attraktiv	jadhdhāb	جَذَّاب
hübsch	jamīl	جَميل
hässlich	qabīḥ	قَبيح
schön	jamīl	جَميل
schlank	naḥīf	نَحيف
dick	samīn	سَمين
groß	ṭawīl	طَويل
klein	qaṣīr	قَصير
die Narbe	nadabah	نَدَبة

MENSCHEN BESCHREIBEN - وَصْفُ النَّاس

Gefühle und Persönlichkeit - المَشاعِر وَ صِفات الشَّخْصِيَّة

glücklich
سَعيد
saʿīd

stolz
فَخور
fakhūr

überrascht
مُنْدَهِش
mundahish

aufgeregt
مَنْفَعِل
munfaʿil

verlegen
مُحْرَج
muḥraj

verwirrt
مُرْتَبِك
murtabik

schüchtern
خَجول
khajūl

nachdenklich
مَشْغولُ الفِكْر
mashghūlul-fikr

neugierig
فُضولي
fuḍūlī

niedlich
ظَريف
ẓarīf

verliebt
عاشِق
ʿāshiq

selbstbewusst
واثِق مِن نَفْسِه
wathiq min nafsih

offen	munfatiḥ	مُنْفَتِح
tolerant	mutasāmiḥ	مُتَسامِح
geduldig	ṣabūr	صَبور
freundlich	wadūd	وَدود
sympathisch	khafīfuẓ-ẓil	خَفيف الظِل
nett	laṭīf	لَطيف
lächeln	ibtasama	اِبْتَسَمَ
Ich bin verärgert/froh/traurig.	anā mutaḍāyiq/fariḥ/ḥazīn.	أنا مَتَضايِق/فَرِح/حَزين.

MENSCHEN BESCHREIBEN - وَصْفُ النَّاس

Gefühle und Persönlichkeit - المَشاعِر وَ صِفات الشَّخْصِيَّة

traurig
حَزين
ḥazīn

gestresst
مُجْهَد
mujhad

verärgert
مُتَضايِق
mutaḍāyiq

wütend
غاضِب
ghāḍib

eifersüchtig
غَيُّور
ghayyūr

verängstigt
خائِف
khā'if

nervös
مُتَوَتِّر
mutawattir

müde
مُتْعَب
mut'ab

angeekelt
مُشْمَئِز
mushma'iz

dickköpfig
عَنيد
'anīd

gelangweilt
ضَجِر
ḍajir

sauer
غاضِب
ghāḍib

die Stirn runzeln	qaṭṭabal-jabīn	قَطَّبَ الجَبين
unsympathisch	thaqīluẓ-ẓil	ثَقيلُ الظِل
verzweifelt	ya'is	يائِس
neidisch	ḥasūd	حَسود
ungeduldig	'ajūl	عَجول
arrogant	mutakabbir	مُتَكَبِّر
intolerant	ghayr mutasamiḥ	غَيْر مُتَسامِح
sensibel	ḥassas	حَسَّاس

DIE KLEIDUNG - المَلابِس

Babysachen - حاجاتُ الرَّضيع

die Stoffwindel
حِفاض قُماشي
ḥifāḍ qumāshi

die Wegwerfwindel
حِفاض لِمَرَّة واحِدَة
ḥifaḍ li-marrah waḥidah

der Body
قَميص داخِلي
qamīṣ dākhilī

der Schneeanzug
لِباس ثَلْج
libās thalj

der Babyschlafsack
لِحاف بشَكْل كيس
liḥāf bishakl kīs

die Rassel
خَشْخاشَة
khashkhāshah

der Strampler
لِباس رَضيع
libās raḍīʿ

der Babyfäustling
قُفَّاز رَضيع
quffāz raḍīʿ

die Mütze
قُبَّعَة صوفِيَّة
qubbaʿah ṣūfīyah

das Babyschühchen
حِذاء رَضيع
ḥidhaʾ raḍīʿ

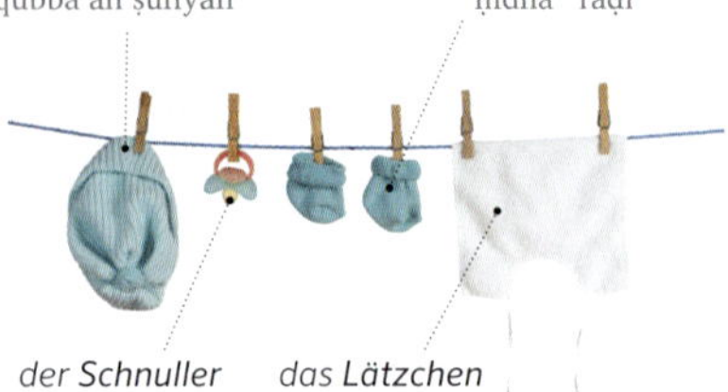

der Schnuller
مَصَّاصَة
maṣṣāṣah

das Lätzchen
مَرْيَلَة
maryalah

der Sonnenhut
قُبَّعَة شَمْس
qubbaʿat shams

das Söckchen
جَوارِب صَغيرَة
jawārib ṣaghīrah

das Latzhöschen
بَنْطَلون بحَمَّالات
banṭalūn bi-ḥammālāt

die Babydecke
غِطاء رَضيع
ghiṭāʾ raḍīʿ

die Biobaumwolle	qutun ṭabīʿī	قُطْن طَبيعي
aus Kunstfaser	alyāf ṣināʿīyah	أَلياف صِناعِيَّة

DIE KLEIDUNG - المَلابس

Unisex-Kleidung - مَلابِس لِكِلا الجِنْسَيْن

der Trainingsanzug
بَدلَة تَدريب
badlat tadrīb

der Kapuzenpullover
كَنْزَة بِقُبَّعَة
kanzah bi-quḃbaʿah

der Turnschuh
حِذاء رياضي
ḥizāʾ riyaḍī

der Schlafanzug
بيجامَة
bijāmah

der Hausschuh
شِبْشِب
shibshib

der Bademantel
بُرْنُس حَمَّام
burnus ḥammām

der Wintermantel
مِعْطَف شَتَوي
miʿṭaf shatawī

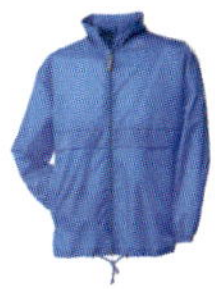

die Regenjacke
سُتْرَة مَطَر
sutrat maṭar

die Schneehose
بَنْطَلون ثَلْج
banṭalūn thalj

Könnte ich das mal anprobieren?	hal yumkinunī an ujariba hādhā?	هِل يُمْكِنُني أَن أُجَرِّبَ هَذا؟
Haben Sie das auch eine Nummer größer/kleiner?	hal ladayka hādhā bi-maqāsin akbar/aṣghar?	هَلْ لَديْكَ هَذا بِمَقاسٍ أَكْبَر/أَصْغَر؟
eng/weit	ḍayyiq/wāsiʿ	ضَيِّق/واسِع
kurz/lang	qaṣīr/ṭawīl	قَصير/طَويل
klein/groß	ṣaghīr/kabīr	صَغير/كَبير
Das passt gut, ich nehme es.	hādhā maqāsuhu munasib, saʾākhudhuh.	هَذا مَقاسُهُ مُناسِب، سَآخُذُه.
mit kurzen/langen Ärmeln	bi-ʾakmām qaṣīrah/ṭawīlah	بِأَكْمام قَصيرَة/طَويلَة
der Knopf	zir	زِر
das Knopfloch	ʿurwah	عُرْوَة

DIE KLEIDUNG - المَلابِس

Herrenkleidung - المَلابِس الرِّجالِيَّة

das T-Shirt
تي شيرت
tī shirt

das Polohemd
كَنْزَة بِقَبَّة
kanzah bi-qabbah

der Rollkragenpullover
كَنْزَة بِقَبَّة عالِيَة
kanzah bi-qabbah ʿāliyah

die Weste
صِدْرِيَّة
ṣidrīyah

der Pullunder
كَنْزَة
kanzah

die Fliege
بابيُون
babiyūn

der Anzug
بَدْلَة
badlah

der Kragen
ياقَة
yāqah

die Krawatte
رَبْطَة عُنُق
rabṭat ʿunuq

das Hemd
قَميص
qamīṣ

der/das Sakko
جاكيت
jākīt

die Hose
بَنْطَلون
banṭalūn

die kurze Hose
شورْت
shurt

die Boxershorts
شورْت داخِلي
shurt dākhilī

die Unterhose
لِباس داخِلي
libās dākhilī

die Badehose
شورْت سِباحَة
shurt sibāḥah

DIE KLEIDUNG - المَلابِس

Damenkleidung - المَلابِس النِّسائِيَّة

der Strumpf
جَوْرَب
jawrab

die Strumpfhose
بَنْطَلون جَوْرَبي
banṭalūn jawrabī

die Leggings
بنْطَلون مطَّاطي
banṭalūn maṭṭāṭī

der Slip
لِباس داخِلي لِلْنِساء
libās dākhilī lin-nisā'

der Bikini
بيكيني
bikīnī

der Badeanzug
لِباس سِباحَة
libās sibāḥah

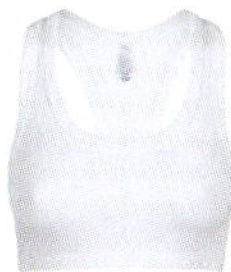

der Sport-BH
حَمالَة صَدْر رياضيَّة
ḥammālat ṣadr riyāḍīyah

der Büstenhalter/der BH
حَمالَة صَدْر
hammālat ṣadr

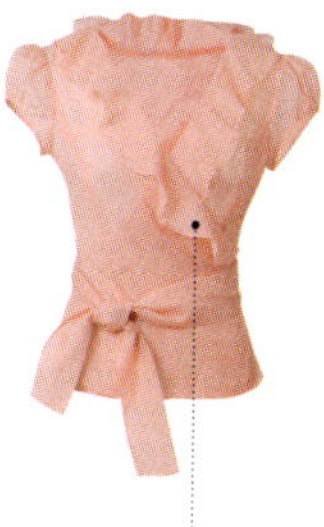

die Rüsche
كَشْكَشِة
kashkashah

die Umstandsmode	muḍah lil-ḥawāmil	موضَة لِلحَوامِل
die Naht	darza	دَرْزَة
der Ärmel	kum	كُم
die Seide	ḥarīr	حَرير
die Spitze	tantanah	تَنْتَنَة
die Größe	maqās	مَقاس
der Ausschnitt	fatḥatur-raqabah	فَتْحَة الرَّقَبَة
trägerlos	bilā ḥammālāt	بلا حَمَّالات
tailliert	mukassam	مُكَسَّم
leger	ʿamalī	عَمَلي
schick	anīq	أنيق
bequem	murīḥ	مُريح
mit Stretchanteil	yaḥtawī juz' maṭṭāṭī	يَحْتوي جُزْء مَطاطي
modisch	ʿalāl-muḍah	عَلى الموضَة

DIE KLEIDUNG - المَلابِس

Damenkleidung - المَلابِس النِّسائِيَّة

die Schleife
رَبْطَة
rabṭah

das Kleid
فُسْتان
fustān

das Trägertop
كَنْزَة بِحَمَّالات
kanzah biḥammālāt

die Bluse
بُلوزَة
bulūzah

das Schulterpolster
كَتَّافِيَّة
kattāfīyah

der Blazer
جاكيت
jākīt

das Oberteil
كَنْزَة بلا أَكْمام
kanzah bilā akmām

die Jeans
جينْز
jīnz

die Stiefelette
جَزْمَة قَصيرَة
jazmah qaṣīrah

die Strickjacke
سُتْرَة صُوْفِيَّة
sutrah ṣūfīyah

der Rock
تَنُّورَة
tannūrah

die Shorts
شورْت
shurt

die Röhrenhose
بَنْطَلون أُسْطواني
banṭalūn usṭuwānī

die Schlaghose
بَنْطَلون واسِعُ القَدَمَيْن
banṭalūn wāsiʿul-qadamayn

die leicht ausgestellte Hose
بَنْطَلون واسِع قَليلاً
banṭalūn wāsiʿ qalīlan

DIE KLEIDUNG - المَلابِس

Accessoires - كَمالِيَّات

der Sonnenhut
قُبَّعَة شَمْسِيَّة
qubbaʿah shamsīyah

der Hut
قُبَّعَة
qubbaʿah

die Brille
نَظَّارَة
naẓẓārah

die Sonnenbrille
نَظَّارَة شَمْسِيَّة
naẓẓārah shamsīyah

der Rucksack
حَقيبَةُ ظَهْر
ḥaqībat ẓahr

die Krawattennadel
مِشْبَك رَبطَة العُنُق
mishbak rabṭat al-ʿunuq

der Regenschirm
مِظَلَّة
miẓalla

die Uhr
ساعَة
sāʿa

die Hosenträger
حَمَّالَة بَنْطَلون
ḥammālat banṭalūn

der Ring
خاتِم
khātim

der Handschuh
قُفَّاز
quffāz

die Mütze
قُبَّعَة صوفِيَّة
qubbaʿah ṣūfīyah

der Schal
وِشاح
wishāḥ

der Ohrring
حَلَق
ḥalaq

die Halskette
عِقْد
ʿiqd

der Manschettenknopf
زر كُم مَعْدَني
zir kum maʿdanī

der Reißverschluss	saḥḥāb	سَحَّاب
die Handytasche	ḥaqībat mubāyl	حَقيبَة موبايل
die Reisetasche	ḥaqībat safar	حَقيبَة سَفَر
der Koffer	shanṭat safar	شَنْطَة سَفَر

DIE KLEIDUNG - المَلابِس

Schuhe und Lederwaren - أَحْذِية وَسِلَع جِلْدِيَّة

der Pumps
حِذاء بِكَعْب عالِي
ḥidhāʾ bi-kaʿb ʿālī

die Sandale
صَنْدَل
ṣandal

der Ballerina
حِذاء ذو كَعْب مُسَطَّح
ḥidhāʾ thū kaʿb musaṭṭaḥ

der Gummistiefel
جَزْمَة مَطّاطِيَّة
jazma maṭṭāṭyyah

der Flip-Flop®
شِبْشِب شاطِئ
shibshib shāṭiʾ

der hohe Stiefel
جَزْمَة عالِيَة
jazmah ʿālīyah

die Handtasche
حَقيبَة يَد
ḥaqībat yad

das Portemonnaie
مِحْفَظَة نُقود
miḥfaẓat nuqūd

die Brieftasche
مِحْفَظَة
miḥfaẓah

die Aktentasche
حَقيبَة وَثائِق
ḥaqībat wathāʾiq

der Gürtel
حِزام
ḥizām

die Lederjacke
سُتْرَة جِلْدِيَّة
sutrah jildīyah

der Schnürschuh
حِذاء بِرِباط
ḥidhāʾ bi-ribāṭ

der Wanderstiefel
حِذاء مَشي
ḥidhāʾ mashī

die Socke
جَوْرَب
jawrab

der Schnürsenkel	ribāṭ ḥidhāʾ	رِباط حِذاء
der Keilabsatz	kaʿb ʿarīḍ	كَعْب عَريض
der Absatz	kaʿb	كَعْب
die Sohle	naʿl	نَعْل
der Riemen	ḥizām	حِزام
die Schnalle	baklah	بَكْلَة

die Trekkingsandale
صَنْدَل رِحْلات
ṣandal riḥlāt

der Turnschuh
حِذاء رِياضي
ḥidhāʾ riyāḍī

DIE KÖRPERPFLEGE - العِنايَة بالجِسْم

die Zahnpasta
مَعْجون أَسْنان
maʿjūn asnān

das Parfüm
عِطْر
ʿiṭr

das Deo
مُزيل عَرَق
muzīlu ʿaraq

die Gesichtscreme
كريم وَجْه
krīm wajh

der Kamm
مِشْط
misht

das Duschgel
شامْبو الجِسم
shāmbūl-jism

das Shampoo
شامْبو
shāmbū

die Spülung
بَلْسَم
balsam

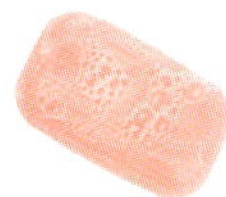

die Seife
صابون
ṣābūn

die Haarbürste
فُرْشاة شَعْر
furshāt shaʿr

die Sonnencreme
كْريم واقي مِن الشَّمْس
krīm waqī min-ash-shams

der Kulturbeutel
حَقيبَة أَدوات
ḥaqībat adawāt

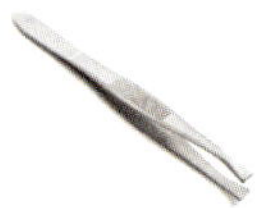

die Pinzette
مِلْقَط
milqaṭ

die Nagelschere
مِقَص أَظافِر
miqaṣ aẓāfir

die Nagelfeile
مِبْرَد أَظافِر
mibrad aẓāfir

die Haarspange
مِشْبَك شَعْر
mishbak shaʿr

die Feuchtigkeitscreme	krīm tarṭīb	كريم تَرْطيب
sich die Augenbrauen zupfen	azāla shaʿr al-ḥājib	أَزال شَعْر الحَاجِب
die Enthaarung	izālat ash-shaʿr	إِزالَة الشَّعْر
der Nagellackentferner	muzīl ṭilāʾ al-aẓāfir	مُزيل طِلاء الأَظافِر
das Haarprodukt	muntaj lish-shaʿr	مُنْتَج لِلْشَعْر
sich die Haare föhnen	jaffafa shaʿrahu	جَفَّفَ شَعْرَهُ
sich die Haare glätten	mallasa shaʿrahu	مَلَّسَ شَعْرَهُ
der/das Haargummi	maṭāṭat shaʿr	مَطاطَة شَعْر

SCHMINKSACHEN - أَدَوَاتُ التَّجْمِيل

die Grundierung
كريم أساس
krīm asās

der Lippenstift
أَحْمَر شِفاه
aḥmar shifāh

die Abdeckcreme
كريم تَغْطيَة لِلْوَجْه
krīm taghṭīyah lil-wajh

die Wimperntusche
مَسْكَرَة
maskara

der Spiegel
مِرْآة
mirʾāh

die Farbpalette
مَجْموعَة أَلْوان
majmūʿat alwān

der Lidschatten
ظِل عُيون
ẓil ʿuyūn

die Puderdose
عُلْبَة بُودْرَة
ʿulbat būdrah

der Nagellack
طِلاء أظافِر
ṭilāʾ aẓāfir

der Bronzer
مُسَمِّر
musammir

das Rouge
أَحْمَر خُدود
aḥmar khudūd

der Kajalstift	qalam kuḥl	قَلَم كُحْل
der/das Lipgloss	mulammiʿ shifāh	مُلَمِّع شِفاه
die Wimpernzange	makbas rumūsh	مَكْبَس رُموش

ZU HAUSE

فِي الْبَيْت

DIE WOHNUNG - الشَّقَة

der Hausschlüssel
مِفْتاح البَيْت
miftāḥ al-bayt

die Sprechanlage
هاتِف داخِلي
hātif dākhilī

die Hausnummer
رَقَم البَيْت
raqam al-bayt

die Türklingel
جَرَس الباب
jaras al-bāb

das Türschloss
قِفْل الباب
qifl al-bāb

der Fußabtreter
سِجَّادَة الباب
sijjādat al-bāb

der Briefkasten
صَنْدوق بَريد
ṣandūq barīd

das Einfamilienhaus
مَنْزِل لِعائِلَة واحِدَة
manzil liʿāʾilah wāḥiđah

das Doppelhaus
مَنْزِل لِعائِلَتَيْن
manzil liʿāʾilatáyn

das Reihenhaus
مَنْزِل مُلْتَصِق
manzil multaṣiq

das Mehrfamilienhaus
عِمارَة
ʿimārah

der Bungalow
مَنْزِل مِن طابق واحِد
manzil mín ṭābiq wāḥid

der Schirmständer
حامِل مِظَلّات
ḥāmil miẓallāt

die Eigentumswohnung	shaqqah tamlīk	شَقَّة تَمليك
die Mietwohnung	shaqqah ījār	شَقَّة إيجار
der Hof	bahū	بَهو
das Eigentum	milkīyah	مِلْكِيَّة
das Grundstück	arḍ ʿaqār	أَرْض عَقار
der Anbau	bināʾ mulḥaq	بِناء مُلحَق
zu verkaufen	lil-bayʿ	لِلْبَيْع

DIE WOHNUNG - الشَّقَة

der Dachboden
سَقيفَة
saqīfah

der Keller
قَبو
qabū

der Flur
مَمَر
mamar

der Aufzug
مِصْعَد
miṣʿad

der Grundriss
مُخَطَّط
mukhaṭṭaṭ

die Garage
مِرآب
mir'āb

der Carport
مَوقِف سَيَّارَة
mawqif sayyarah

der Altbau
بناء قَديم
binā' kadīm

der Hausmeister
بَوَّاب
bawwāb

die Wendeltreppe
دَرَج لَوْلَبي
daraj lawlabī

der Rauchmelder
كاشِف دُخان
kashif dukhān

das Treppenhaus
بَيْت الدَّرَج
bayt ad-daraj

mieten	ista'jara	اِسْتَأجَرَ
die Miete	ījār	إيجار
vermieten	ajjara	أجَّرَ
der Vermieter	mu'ajjir	مؤَجِّر
der Mieter	musta'jir	مُسْتَأجِر
die Mieterin	musta'jirah	مُسْتَأجِرة
die Kaution	mablagh ḍamān	مَبْلَغ ضَمان

der Mietvertrag
عَقْد إيجار
ʿaqd ījār

DAS HAUS - المَنْزِل

das Dachfenster
نافِذة سَقْف
nāfidhat saqf

der Schornstein
مَدْخَنَة
madkhana

die Dachrinne
مِزْراب
mizrāb

der Dachziegel
قَرْميد
qarmīd

die Dachgaube
نافِذة بارِزَة من سَقْف مائِل
nāfidhah bārizah min-saqf māʾil

der erste Stock
طابق أَوَّل
ṭābiq awwal

das Dach
سَقْف
saqf

der Balkon
شُرْفَة
shurfah

die Türschwelle
عَتَبَة البَيْت
ʿatabat al-bayt

die Haustür
باب البَيْت
bāb al-bayt

das Fenster
نافِذَة
nāfidha

das Erdgeschoss
طابق أَرْضي
ṭābiq arḍī

die Terrasse
تِرَّاس
tirrās

das Einzelhaus	bayt munfarid	بَيْت مُنْفَرِد
der Neubau	bināʾ jadīd	بِناء جَديد
die Dreizimmerwohnung	shaqqa thalāth ghuraf	شَقَة ثَلاث غُرَف
möbliert	mafrūsh	مَفْروش
das Stockwerk	ṭābiq	طابِق
der Eigentümer	mālik	مالِك
die Eigentümerin	mālika	مالِكَة

DAS HAUS - المَنْزِل

Der Eingang - المَدْخَل

die Diele
رواق رُدْهَة
riwāq rudhah

der Spiegel
مِرْآة
mirʾāh

der Sessel
كَنَبَة مُفْرَدَة
kanabah mufradah

der Ablagetisch
طاوِلَة جانِبِيَّة
ṭāwilah jānibīyah

die Wohnungstür
باب الشَّقَّة
bāb ash-shaqqah

der Garderoben-ständer
شَمَّاعَة
shammāʿah

der Schirmständer
حامِل مِظَلَّات
ḥāmil miẓallāt

das Treppengeländer
دَرابْزِيْن الدَّرَج
darābzīn ad-daraj

die Treppe
دَرَج
daraj

der Treppenabsatz
بَسْطَة دَرَج
basṭat daraj

die Treppenstufe
دَرَجات
darajāt

das Schlüsselbrett
عَلَّاقَة مَفاتيح
ʿallāqat mafātīḥ

der Kleiderhaken
مِشْجَب
mishjab

der Kleiderbügel
عَلَّاقَة ثِياب
ʿallāqat thiyāb

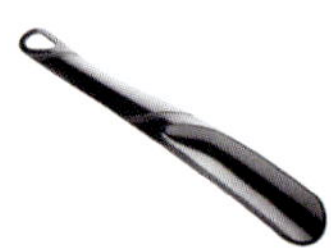

der Schuhlöffel
لَبِّيسَة حِذاء
labbīsat ḥidhāʾ

DAS HAUS - المَنْزِل

Das Wohnzimmer - حُجرة الجُلوس

der Spiegel
mir'āh مِرْآة

der Ventilator
mirwaḥah مِرْوَحَة

der Bilderrahmen
iṭār ṣuwwar إِطار صوَّر

der Vorhang
sitārah سِتارة

die Decke
saqf سَقْف

das Gemälde
lawḥah fanīyah لَوْحَة فَنيَّة

das Sofa
أَريكَة
arīkah

die Lampe
مِصْباح
miṣbāḥ

das Sofakissen
مِخَدَّة
mikhaddah

der Beistellschrank
خِزانَة جانِبية
khizānah jānibīyah

der Kaminsims
رَف مِدْفَئِة الحَطَب
raf midfa'at al-ḥaṭab

der gepolsterte Hocker
مَقْعَد صَغير مُنَجَّد
maqʿad ṣaghīr munajjad

der Teppichboden
سِجَّادَة
sijjādah

der Kamin
مِدْفَئِة حَطَب
murāsilah ṣaḥafīyah

der Sessel
كَنَبة مُفْرَدَة
kanabah mufradah

der Couchtisch
طاوِلَة غُرفَة الجُلوس
ṭāwilat ghurfat al-julūs

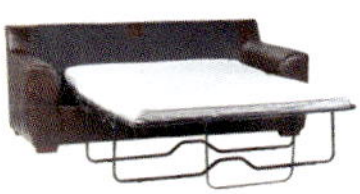

die Schlafcouch
أَريكَة سَرير
arīkat sarīr

die Vitrine
خِزانَة بواجِهَة زُجاجيَّة
khizānah bi-wājihah zujājīyah

die Fernsehbank
طاولَة تِلفاز
ṭāwilat tilfāz

das Bücherregal
مَكْتَبَة
maktabah

DAS HAUS - المَنْزِل

Das Esszimmer - غُرْفَة الأكل

das Rollo
سِتار على بَكَرة
sitār ʿalā bakarah

der Kronleuchter
ثُرَيَّا
thurayyā

die Vitrine
خِزانَة بِواجِهَة زُجاجِيَّة
khizānah bi-wājihah zujājīyah

die Zimmerpflanze
نَبْتَة مَنْزِلِيَّة
nabtah manzilīyah

das Fensterbrett
حافَة نافِذة
ḥāfat nāfidhah

der Tischläufer
غَطاء طاوِلَة
ghiṭāʾ ṭāwilah

die Kerze
شَمْعَة
shamʿah

der Stuhl
كُرسي
kursī

der Esstisch
طاوِلَة طَعام
ṭāwilat ṭaʿām

die Tischdekoration
زينَة الطاوِلَة
zīnat aṭ-ṭāwilah

der Holzboden
أرْضِيَّة خَشَبِيَّة
arḍīyah khashabīyah

die Blumenvase
مَزْهَرِيَّة
mazharīyah

die Anrichte
بوفيه جانبي
būfeh jānibī

die Wanduhr
ساعَة حائِط
sāʿah ḥāʾiṭ

der Hochstuhl
كُرسي طَعام لِلأَطْفال
kursī ṭaʿām lilʾaṭfāl

DAS HAUS - المَنْزِل

Die Küche - المَطْبَخ

die Einbauküche
مَطْبَخ مُجَهَّز
maṭbakh mujahhaz

die Einbauleuchte
مِصْباح مَرَكَّب
miṣbāḥ murakkab

die Dunstabzugshaube
شَفَّاط بُخار
shaffāṭ bukhār

die Arbeitsplatte
مَكان تَحْضير الطَّعام
makān taḥḍīr aṭṭaʿām

der Hängeschrank
خِزانَة مُعَلَّقَة
khizāna muʿallaqah

der Backofenschalter
مُفْتاح المَوقِد
miftāḥ al-mawqid

der Herd
مَوقِد
mawqid

der Backofen
فُرْن
furn

das Spülbecken
حَوْض
ḥawḍ

der Küchenhocker
مَقْعَد مَطْبَخ
maqʿad maṭbakh

die Schublade
دُرْج
durj

der Kühlschrank
ثَلَّاجَة
thallājah

die Frühstückstheke
طاوِلَة فُطور
ṭāwilat-fuṭūr

die Spülmaschine
غَسَّالَة صُحون
ghassālat ṣuḥūn

der Gefrierschrank
مُجَمِّد
mujammid

das Geschirrtuch
فوطَة مَطبَخ
fūṭat maṭbakh

der Mülleimer	sallat qumāmah	سَلَّة قُمامَة
die Mülltrennung	faṣl al-qumāmah	فَصْل القُمامَة
die Verpackung	tahglīf	تَغليف
das Altglas	zujāj qadīm	زُجاج قَديم
den Ofen vorheizen	ḥamma al-furn musbaqan	حَمَّى الفُرن مُسْبَقاً
die Spülmaschine laufen lassen	shaghghala ghassālat as-ṣuḥūn	شَغَّلَ غَسَّالَة الصُّحون
das Essen auftauen	fakka tajmīd aṭ-ṭaʿām	فَكَّ تَجميد الطَّعام

DAS HAUS - المَنْزِل

Küchengeräte - أَجْهِزَة المَطْبَخ

der Pürierstab
هَرَّاسَة كَهْرُبائِيَّة
harrāsah kahrubāʾīyah

der Mixer
خَلَّاط
khallāṭ

die Küchenmaschine
ماكينَة المَطْبَخ
mākīnat al-maṭbakh

die Mikrowelle
فُرْن ميكروويف
furn mikrūwyf

das Handrührgerät
خَفَّاق كَهْرُبائي
khaffāq kahrubāʾī

der Wasserkocher
غَلَّايَة ماء
ghallāyat māʾ

das Waffeleisen
شَوَّايَة وافِل
shawwāyat wāfil

der Elektrogrill
شَوَّايَة كَهْرُبائِيَّة
shawwāyah kahrubāʾīyah

der Toaster
مَحْمَصَة خُبْز
maḥmaṣat khubz

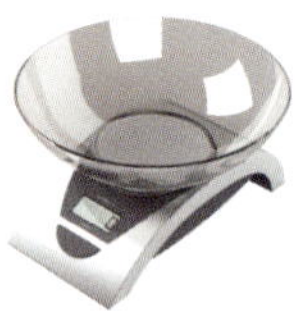
die Küchenwaage
ميزان مَطْبَخ
mīzān maṭbakh

der Schnellkochtopf
قِدْر ضَغْط
qidr ḍaghṭ

der Sandwichgrill
شَوَّايَة سَنْدويْش
shawwāyat sandwīsh

die Kaffeemaschine
ماكينَة قَهْوَة
mākīnat qahwah

der Dampfgarer
طاهي طَعام بالبُخار
ṭāhī ṭaʿām bilbukhār

der Raclettegrill
شَوَّايَة راكْليت
shawwāyat raklīt

der Reiskocher
طاهي أَرُز
ṭāhī aruz

DAS HAUS - المَنْزِل

Koch- und Backutensilien - أَدَواتُ الطَبْخ وَالخَبْز

der Küchenwecker
مُنَبِّه مَطْبَخ
munabbih maṭbakh

das Ausstechförmchen
قَوالِب تَقْطيع كَعْك
qawālib taqṭīʿ kaʿk

das Küchenpapier
مَناديل مَطبَخ
manādīl maṭbakh

die Schürze
مَرْيَلَة
maryalah

das Muffinförmchen
قَوالِب خَبْز المافينز
qawālib khabz al-māfīnz

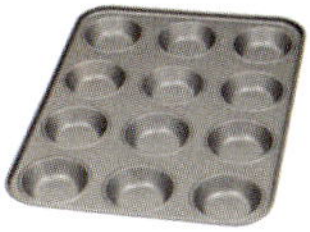

die Törtchenform
صينيَّة قَوالِب الكَعْك
ṣīnīyat qawālib al-kaʿk

die Springform
صينيَّة كَعْك
ṣīnīyat kaʿk

das Backblech
صينيَّة خَبْز
ṣīnīyat khabz

der Messerschärfer
مِبرَد سَكاكين
mibrad sakākīn

das Teigrad
دَرَّاجَة عَجين
darrājat al-ʿajīn

der Topfhandschuh
قُفَّاز فُرْن
quffāz furn

das Tablett
صينِيَّة
ṣīnīyah

die Sanduhr
ساعَة رَمْلِيَّة
sāʿah ramlīyah

der Gefrierbeutel	kīs tajmīd aṭ-ṭaʿām	كيس تَجْميد الطَّعام
der Spritzbeutel	kīs tazyīn al-muʿajjanāt	كيس تَزْيين المُعَجَّنات
das Backpapier	waraq khabz	وَرَق خَبْز
die Frischhaltefolie	nāylun ḥifẓ al-maʾkūlāt	نايْلون حِفْظ المأكولات
der Putzlappen	mamsaḥah	مَمْسَحَة
die Alufolie	waraq alaminyūm	وَرَق ألَمِنيوم
die Rührschüssel	wiʿāʾ khalṭ	وِعاء خَلْط

DAS HAUS - المَنْزل

Koch- und Backutensilien - أَدواتُ الطَبْخ وَالخَبْز

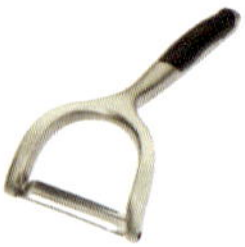

der Schäler
قَشَّارَة
qashshārah

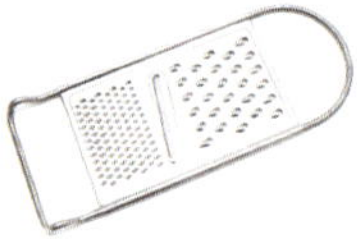

die Reibe
مِبْشَرَة
mibsharah

das Hackmesser
ساطور
sāṭūr

das Küchenmesser
سِكين مَطْبَخ
sikīn maṭbakh

das Küchensieb
مِنْخَل
minkhal

das Abtropfsieb
مِصْفاة
miṣfāh

der Kartoffelstampfer
هَرَّاسَة بَطاطا
harrāsat baṭāṭā

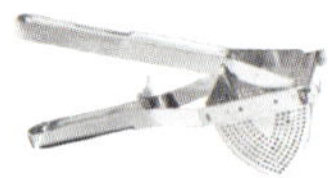

die Knoblauchpresse
هَرَّاسَة ثُوم
harrāsat thūm

die Schöpfkelle
مِغْرَفَة
mighrafah

der Schneebesen
خَفَّاقَة
khaffāqah

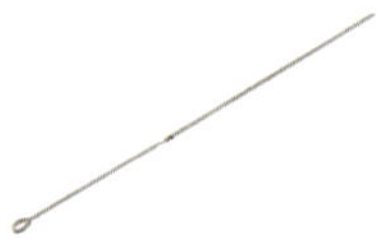

der Spieß
سيخ
sīkh

der Dosenöffner
فَتَّاحَة عُلَب
fattāḥat ʿulab

der Mörser	hāwin	هاوِن
der Stößel	yad al-hāwin	يَد الهاوِن
der Fleischklopfer	miṭraqat laḥm	مِطْرَقَة لَحْم
der Eierschneider	qaṭṭāʿat bayḍ	قَطَّاعَة بَيْض
der Eisportionierer	mihgrafat āys krīm	مِغْرَفَة آيس كريم
die Thermoskanne®	tirmus	تِرْمُس
der Spüllappen	mimsaḥat jalī	مِمسَحَة جَلي

das Schneidebrett
لَوْح تَقْطيع
lawḥ taqṭīʿ

DAS HAUS - المَنْزِل

Koch- und Backutensilien - أَدَواتُ الطَبْخ وَالخَبْز

der Korkenzieher
فَتَّاحَة سَدَّادات
fattāḥat saddādāt

der Backpinsel
فُرْشاة مُعَجَّنات
furshāt muʿajjanāt

das Nudelholz
مِرْقاق عَجين
mirqāq ʿajīn

der Pfannenwender
مِلْعَقَة تَقْليب
milʿaqat taqlīb

die Küchenzange
مِلْقَط
milqaṭ

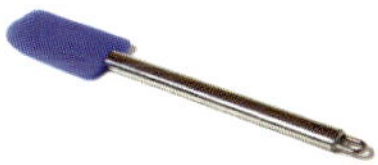

der Teigschaber
مِقْشَطَة مَطاطِيَّة
miqshaṭah maṭṭāṭīyah

der Servierlöffel
مِلْعَقَة تَقديم
milʿqat taqdīm

der Kochlöffel
مِلْعَقَة خَشَبِيَّة
milʿaqa khashabīyah

die Bratpfanne
مِقْلاة
miqlāh

der Wok
مِقْلاة ووك
miqlāt wuk

der Kochtopf
قِدْر طَهي
qidr ṭahī

der Schmortopf
قِدْر طَهي
qidr ṭahī

das Auflaufförmchen
وِعاء فُرْن صَغير
wiʿāʾ furn ṣaghīr

die Bratengabel	shawkat ṭahī	شَوكَة طَهي
der Untersetzer	qāʿidat qidr	قاعِدَة قِدْر
die Grillpfanne	miqlāt lish-shiwāʾ	مِقْلاة لِلْشِواء
der Messbecher	kūb qiyās	كوب قِياس
der Trichter	qimʿ	قِمْع
der Messlöffel	milʿaqat qiyās	مِلْعَقَة قِياس
der Flaschenöffner	fattāḥat zujājāt	فَتَّاحَة زُجاجات

DAS HAUS - المَنْزِل

Das Schlafzimmer - غُرْفَةَ النَّوم

der Kleiderschrank	khizānat malābis	خِزانَة مَلابِس
der Wecker	munabbih	مُنَبِّه
den Wecker stellen	ḍabaṭa al-munabbih	ضَبَطَ المُنَبِّه
die Wärmflasche	qirbat mā' sākhin	قِرْبَة ماء ساخِن
die Heizdecke	baṭṭānīyah kahrubā'īyah	بَطّانِيَّة كَهْرُبائِيَّة
die Tagesdecke	ghiṭā' khafīf	غِطاء خَفيف
die Schlafbrille	naẓẓārat nawm	نَظّارَة نَوْم

DAS HAUS - المَنْزِل

Das Kinderzimmer - غُرْفَة الأطفال

der Ball
كُرَة
kurah

die Puppe
دَمْيَة
dumya

die Wickeltasche
حَقيبَة تَغْيير
ḥaqībat taghīr

der Kinderwagen
عَرَبَة أطْفال
ʿarabat aṭfāl

das Babyfon®
جِهاز مُراقَبَة الطِّفْل
jihāz murāqabat aṭ-ṭifl

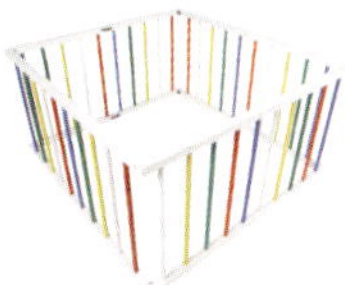

der Laufstall
مَلْعَب بِقُضْبان مُتَنَقِّل
malʿab bi-quḍbān mutanaqqil

das Gitterbettchen
سَرير رَضيع بِقُضْبان
sarīr raḍīʿ bi-quḍbān

die Flauschdecke
بَطّانيَّة صوفيَّة ناعِمَة
baṭṭānīyah ṣūfīyah nāʿimah

das Mobile
لَعْبَة مُتَحَرِّكَة
luʿbah mutaḥarrikah

der Gitterstab
قَضيب
qaḍīb

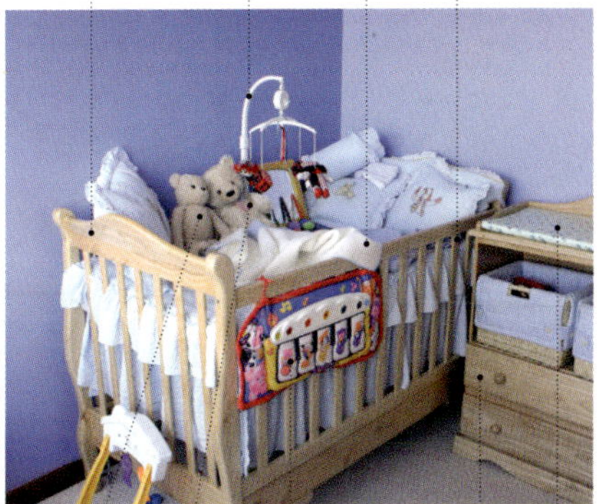

der Teddy
دُمْيَة دُب
dumyat dub

der Wickeltisch
طاوِلَة تَغْيير
ṭāwilat taghyīr

das Kuscheltier
لُعْبَة مُحَبَّبَة
luʿba muḥabbabah

das Spielzeug
لُعْبَة
luʿbah

die Wickelauflage
وِسادَة تَغْيير
wisādat taghyīr

das Töpfchen
مَبْوَلَة
mabwalah

die Babytragetasche
مَهْد
mahd

der Schulranzen
حَقيبَة مَدْرَسَة
ḥaqībat madrasah

das Bauklötzchen
مُكَعَّبات
mukaʿʿabāt

DAS HAUS - المَنْزِل

Das Jugendzimmer - غَرْفَةَ الشَّباب

das Etagenbett	sarīr bi-ṭābiqayn	سَرِير بِطابِقَيْن
der Albtraum	kābūs	كابوس
tief schlafen	nāma biʿumq	نامَ بِعُمْق
wach sein	mustayqiẓ	مُسْتَيْقِظ
träumen	ḥalama	حَلَمَ
aufstehen	qāma	قامَ

schlafen	nāma	نامَ
einschlafen	ʿafā	غَفَا
schnarchen	shakhkhara	شَخَّرَ
aufwachen	istayqaẓa	إِسْتَيْقَظَ
ausschlafen	shabiʿa nawman	شَبِعَ نَوْماً
das Bett machen	rattaba as-sarīr	رَتَّبَ السَّرِير
ins Bett gehen	dhahaba ʾilā-as-sarīr	ذَهَبَ إلى السَّرِير

DAS HAUS - المَنْزِل

Das Arbeitszimmer - غُرْفَة المَكْتَب

der Bilderrahmen
إطار
iṭār

die Verandatür
باب الشُرْفَة
bābush-shurfah

der Bücherschrank
مَكْتَبة
maktabah

die Zimmerpflanze
نَبْتَة مَنْزِلِيَّة
nabtah manzilīyah

das Foto
صورَة
ṣūrah

das Tageslicht
ضَوْء نَهار
ḍaw' nahār

der/das Laptop
كُمْبيوتَر مَحْمول
lāb twb

die Rückenlehne
مِسنَد ظَهْر
misnad ẓahr

der Sessel
مَقْعَد بِزِراعَيْن
maqʿad bizirāʿayn

der Schreibtisch
مَكْتَب
maktab

der Rollcontainer
وِحْدَة أَدْراج على عَجَلات
wiḥdat adrāj ʿalā ʿajalāt

der Drehstuhl
كُرْسي دَوّار
kursī dawwār

die Armlehne
مِسنَد ذِراع
misnad dhirāʿ

die Unterlage	wathīqah	وَثيقَة
die Steuererklärung	bayān ḍarībī	بَيان ضَريبي
arbeiten	ʿamila	عَمِلَ
sich konzentrieren	rakkaza	رَكَّزَ
die Überstunde	waqt iḍāfī	وَقْت إضافي
eine Pause machen	akhadha istirāḥah	أَخَذَ إِسْتِراحَة
selbstständig sein	mustaqil biʿamalih	مُسْتَقِل بِعَمَلِه

DAS HAUS - المَنْزِل

Das Badezimmer - الحَمَّام

der Spiegel
مِرْآة
mirʾāh

das Waschbecken
حَوْض غَسْل
ḥawḍ ghasl

der Seifenspender
مُوَزِّع صابون
mūwazziʿ ṣābūn

der Waschbecken-unterschrank
خِزانَة تَحْت الحَوض
khizānah taḥt al-ḥawḍ

die Duschkabine
كابينَة دُش
kabīnat dush

die Dusche
دُش
dush

der Handtuchhalter
حامِل المِنْشَفَة
ḥāmil al-minshafa

das Handtuch
مِنْشَفَة يَد
minshafat yad

der Wasserhahn
حَنَفِيَّة
ḥanafiyyah

die Badewanne
حَوض اِسْتِحْمام
ḥawḍ istiḥmām

die Toilette
مِرْحاض
mirḥāḍ

die Toilettenspülung
شَطْف المِرْحاض
shaṭf al-mirḥāḍ

der Spülkasten
خَزان ماءالشَّطْف
kazān māʾ ash-shaṭf

auf die Toilette gehen
ذَهَبَ إِلى المِرْحاض
dhahaba ʾilāl-mirḥāḍ

der Toilettendeckel
غِطاء المِرْحاض
ghiṭāʾ al-mirḥāḍ

die Toilettenbrille
مَقْعَدُ المِرْحاض
maqʿd al-mirḥāḍ

die Kloschüssel
حَوْض المِرْحاض
ḥawḍ al-mirḥāḍ

die Klobürste
فُرْشاة مِرْحاض
furshāt mirḥāḍ

das Toilettenpapier
وَرق مِرْحاض
waraq mirḥāḍ

der Raumduft
مُعَطِّر جَو
muʿaṭṭir jaw

der Klostein
مُنَظِّف مِرْحاض
munaẓẓif mirḥāḍ

DAS HAUS - المَنْزِل

Sanitäre Anlagen - الصَّرْف الصِّحي

der Elektroboiler
سَخَّان كَهْرُبائِي
sakhkhān kahrubā'ī

das Gas-Wandheizgerät
سَخَّان غاز حائِطي
sakhkhān Ghāz ḥā'ṭī

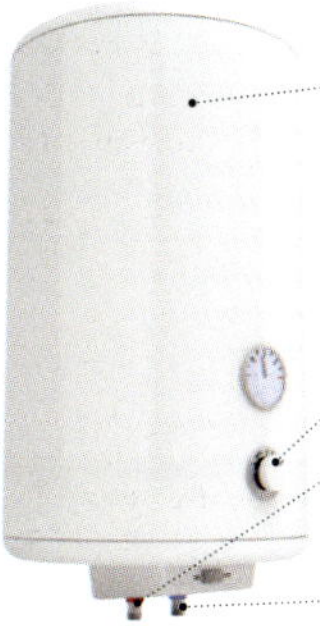

der Behälter
خَزّان
khazzān

das Thermostat
تِرموسْتات
tirmūstāt

der Warmwasser-ablauf
مَخْرَج الماء السّاخِن
makhraj al-mā' as-sākhin

der Kaltwasserzulauf
مَدخَل الماء البارِد
madkhal al-mā' al-bārid

das Sicherheitsventil
صَمام أمان
ṣammām amān

der Regler
مُنَظِم
munaẓẓim

der Überlauf
مَخْرَج الفائِض
makhraj al-fā'iḍ

das Waschbecken
حَوْض غَسْل
ḥawḍ ghasl

die Zuleitung
ماسورَة إمْداد
māsūrat imdād

der Absperrhahn
صَمام إيقاف
ṣammām 'iqāf

der Abfluss
مَصْرِف
maṣrif

der Siphon
كوع
kūʿ

der Spülkasten
خَزان ماءالشَّطْف
khazzān mā'ush-shaṭf

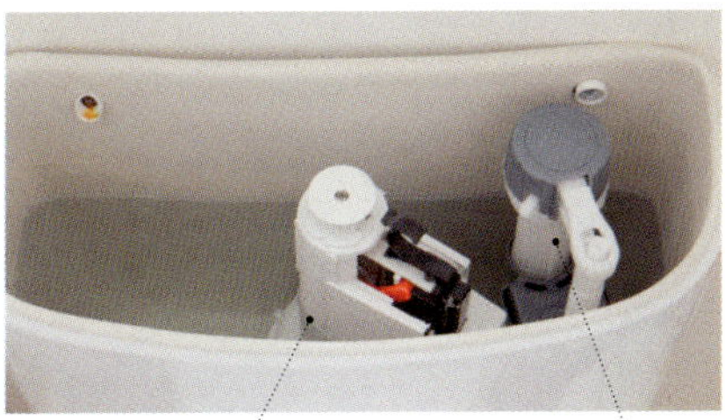

die Heberglocke
رافِعَة
rāfiʿah

der Überlauf
مَخْرَج الفائِض
makhraj al-fā'iḍ

DAS HAUS - المَنْزِل

Im Badezimmer - في الَحَمَّام

das Wattepad
قُطْن طبِّي
quṭn ṭibī

der Duschschwamm
ليفَة اِسْتِحْمام
līfat istiḥmām

der Lockenstab
مُمَوج شَعْر
mumawij shaʿr

das Glätteisen
مُمَلِس شَعْر
mumalis shaʿr

der Rasierapparat
ماكينَة حِلاقَة كَهْرُبائِيَّة
makīnat ḥilāqah kahrubāˈiyya

das Schwammtuch
قِطْعَة قِماش اِسْفَنْجِيَّة
qiṭʿat qumāsh ˈisfanjīyah

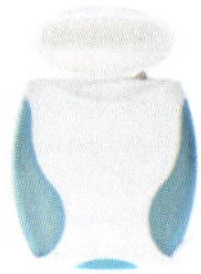

die Zahnseide
خَيْط تَنْظيف الأَسْنان
khayṭ tanẓīf al-asnān

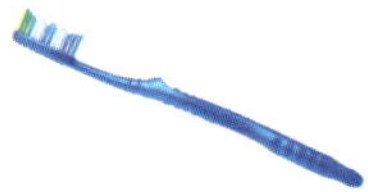

die Zahnbürste
فُرْشاة أَسْنان
furshāt asnān

das Taschentuch
مَنْديل وَرقي
mindīl waraqī

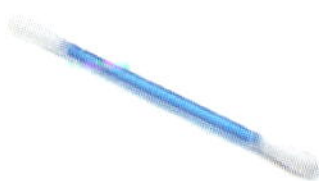

das Wattestäbchen
نكَّاشات تَنْظيف الآذان
nakkāshāt tanẓīf al-ādhān

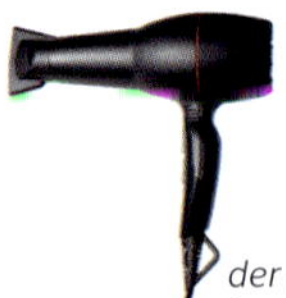

der Föhn
مُجَفِّف شَعْر
mujaffif shaʿr

der Rasierschaum
رَغْوَة حِلاقَة
raghwat ḥilāqah

der Waschlappen	qimāshah lil-ghasl	قِماشَة لِلْغَسْل
das Mundwasser	ghusūl al-fam	غَسول الفَم
sich rasieren	ḥalaqa	حَلَقَ
sich schminken	waḍʿa mākyāj ʿalā wajhih	وَضَعَ ماكْياج على وَجْهه
sich die Zähne putzen	farshā asnānah	فَرْشي أَسْنانَه
das Rasierwasser	kūlūnya	كُولونْيا
der Duschkopf	ra's ad-dush	رَأس الدُّش
der Duschvorhang	sitārat ad-dush	سِتارَة الدُّش
die Badematte	sijjādat ḥammām	سِجَّادَة حَمَّام
sich waschen	ightasala	إغْتَسَلَ
baden	taḥamma	تَحَمَّمَ
den Hahn auf-/zudrehen	fataḥa/aghlaqa al-ḥanafīya	فَتَحَ/أَغْلَقَ الحَنَفيَّة
duschen	akhadha dush	أَخَذَ دُش

der Rasierer
ماكيْنَة حِلاقَة يَدَوِيَّة
makīnat ḥilāqah yadawīyah

DAS HAUS - المَنْزِل

Die Waschküche - غُرْفَة الغَسيلَ

der Wäschekorb
سَلَّة غسيل
sallat ghasīl

die zusammengelegte Wäsche
غَسيل مَطْوي
ghasīl maṭwī

die Waschmaschine
غَسَّالَة
ghassālah

die Waschmittelkammer
حُجْرة مَسْحوق الغَسيل
ḥujrat masḥūq al-ghasīl

der Frontlader
باب غَسَّالَة أَمامي
bāb ghassālah amāmī

die Wäscheleine
حَبْل غَسيل
ḥabl ghasīl

die Wäscheklammer
مِلْقَط غَسيل
milqaṭ ghasīl

der Fleckenentferner
مُزيل بُقَع
muzīl albuqaʿ

der Weichspüler
مُطَرِّي غَسيل
muṭrrī ghasīl

das Bleichmittel
مُبَيِّض
mubayyiḍ

das Waschpulver
مَسْحوق غَسيل
masḥūq ghasīl

das Bügeleisen
مِكْواة
mikwāh

das Bügelbrett
طاوِلَة كَوي
ṭāwilat kawī

die Waschmaschine füllen	mala'a al-ghassālah	مَلَأَ الغَسَّالَة
die Wäsche waschen	ghasala al-ghasīl	غَسَلَ الغَسيل
der Wäscheständer	manṣab ghasīl	مَنْصب غسيل
der Wäschetrockner	mujaffifat ghasīl	مُجَفِّفَة غسيل
der Schmutzwäschekorb	salat ghasīl muttasikh	سَلَّة غسيل مُتَّسِخ
die Wäsche zum Trocknen aufhängen	nashara al-ghasīl	نَشَرَ الغَسيل
bügeln	kawa	كَوى

DAS HAUS - المَنْزِل

Reinigungsartikel - أدَواتَ التَّنْظيف

das Reinigungsmittel
مُنَظِّف
munaẓẓif

das Spülmittel
سائِل جَلي
sā'il jalī

die Bürste
فُرشاة مِرْحاض
furshāt mirḥāḍ

die Sprühflasche
بَخّاخَة
bakhkhākhah

der Gummiwischer
مِمْسَحَة زُجاج
mimsaḥat zujāj

die Kehrschaufel
مِجْرَفَة
mijrafah

der Handfeger
فُرْشاة
furshāh

der Wischmopp
مِمْسَحَة أَرْض
mimsaḥat arḍ

der Schwamm
إِسْفَنْجَة
isfanjah

der Gummihandschuh
قُفّاز مَطاطي
quffāz maṭṭāṭī

der Eimer
دَلو
dalū

der WC-Reiniger
مُنَظِّف مِرْحاض
munaẓẓif mirḥāḍ

schrubben	faraka	فَرَكَ
fegen	kannasa	كَنَّسَ
polieren	lammaʿa	لَمَّعَ
putzen	naẓẓafa	نَظَّفَ
abwischen	masaḥa	مَسَحَ
der Staubsauger	miknasah kahrubā'īyah	مِكْنَسَة كَهْرُبائِيَّة
der Staubwedel	minfaḍat ghubār	مِنْفَضَة غُبار

die Wurzelbürste
فُرْشاة لِفَرْك الأَرْض
furshāt lifark al-arḍ

DAS HAUS - المَنْزِل

Die Heimwerkstatt - وَرْشَة المَنْزِل

die Handsäge
مِنْشار يَدَوي
minshār yadawī

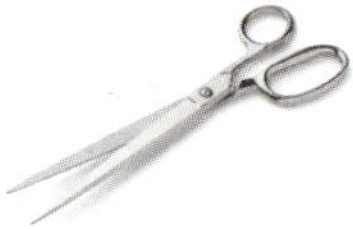

die Schere
مِقَص
miqaṣ

die Schraube
بُرْغي
burghī

die Mutter
عَزَقَة
ʿazaqah

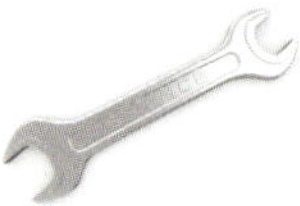

der Schrauben-schlüssel
مِفْتاح بَراغي
miftāḥ barāghī

der Holzhammer
مِطْرَقَة خَشَبِيَّة
miṭraqah khashabīyah

die Rohrzange
كَماشَة أَنابيب
kammāshat anabīb

das Maßband
شَريط قِياس
sharīṭ qiyās

der Nagel
مِسمار
mismār

der Hammer
مِطْرَقَة
miṭraqah

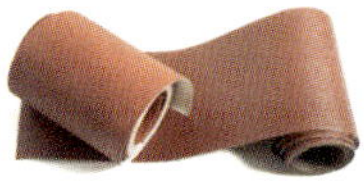

das Schleifpapier
وَرَق زُجاج
waraq zujāj

die Wasserwaage
ميزان زِئْبَقي
mizān taswiya mā'ī

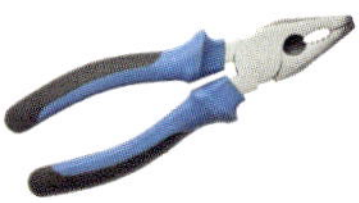

die Kombizange
بينْسَة
bīnsah

der Schraubenzieher
مِفَك بَراغي
mifak barāghī

die Bügelsäge
مِنْشار مُقَوَّص
minshār muqawwaṣ

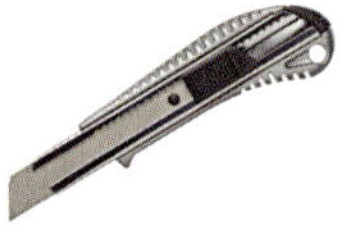

das Teppichmesser
مِشْرَط سِجّاد
mishraṭ sajjād

DAS HAUS - المَنْزِل

Die Heimwerkstatt - وَرْشَة المَنْزِل

der Akkubohrer
مِثْقاب بَطّارِيَّة
mithqāb bi-baṭṭārīah

der Akku
بَطّارِيَّة
baṭṭārīyah

der Bohrer
مِثْقاب
mithqāb

der Elektrobohrer
مِثْقاب كَهْرُبائي
mithqāb kahrubāʾī

das Stemmeisen	izmīl khashab	إِزْميل خَشَب
die Nietenzange	kammashat barāshīm	كَماشَة بَراشِيم
der Seitenschneider	qāṭiʿat aslāk	قاطِعَة أَسْلاك
das Sägeblatt	naṣl minshār	نَصْل مِنشار
schrauben	shadda al-burghī	شَدَّ البُرْغي
löten	lahama	لَحَمَ
messen	qāsa	قاسَ
sägen	nashara	نَشَرَ
schneiden	qaṭṭaʿa	قَطَّعَ
bohren	thaqaba	ثَقَبَ
hämmern	daqqa	دَقَّ
feilen	barada	بَرَدَ
ausstemmen	ḥafara	حَفَرَ بِالإِزْميل
nieten	barshama	بَرْشَمَ
streichen	ṭalā	طَلى
hobeln	najara	نَجَرَ

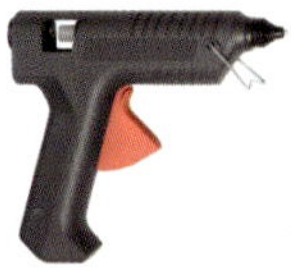

die Klebepistole
مُسَدَّس غِراء
musaddas ghirāʾ

die Stichsäge
مِنْشار تَخْريم
minshār takhrīm

der Bandschleifer
مُصَنْفِرَة
muṣanfarah

die Kreissäge
مِنْشار دائِري
minshār dāʾirī

DAS HAUS - المَنْزِل

Die Heimwerkstatt - وَرْشَة المَنْزِل

der Müllbeutel
كيس قِمامَة
kīs qumāmah

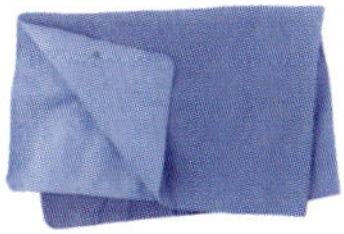

das Mikrofasertuch
قُماشَة مِيكروفازَر
qumāsha mikrū fāzar

der Dichtstoff
مادَّة مانِعَة لِلتَّسَرُّب
mādah māniʿa lit-tasarrub

die Kartuschenpistole
مُسَدَّس خَرطوش
musaddas kharṭūsh

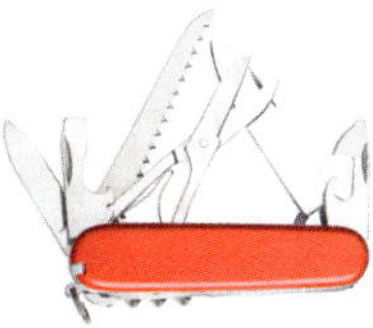

das Taschenmesser
سِكِّين جَيْب
sikkīn jayb

der Werkzeugkasten
صُنْدوق العُدَّة
ṣundūq adawāt al-ʿuddah

die Werkbank
طاوِلَة عُدَّة
ṭāwilat ʿuddah

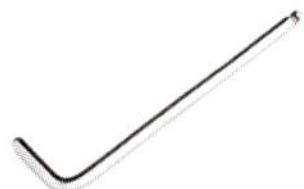

der Inbusschlüssel
مِفْتاح مُسَدَّسي
miftāḥ musaddasī

der Besen
مِكْنَسَة
miknasah

die Schutzbrille
نَظّارَة واقيَّة
naẓẓārah wāqīyah

der Lötkolben
جِهازلَحْم كَهْرُبائي
jihāz laḥm kahrubāʾī

das Lötzinn
قَضيب قَصدير لِلِلِحام
qaḍīb qaṣdīr lil-liḥām

die Spanplatte	khashab maḍghūṭ	خَشَب مَضْغوط
der Lack	warnīsh	وَرْنيش
das Metall	maʿdan	مَعْدَن
der rostfreie Stahl	stanlis stīl	ستانلِس سْتيل
der Kunststoff	blāstīk	بلاسْتيك
der Draht	silk	سِلْك
das Holzbrett	lawḥ khashabī	لَوْح خَشَبي

DAS HAUS - المَنْزِل

Renovieren - تَجْديدَ البَيْت

der Acryllack
طِلاء زَيَّاتي
ṭilāʾ zayyātī

der Flachpinsel
فُرْشاة مُسَطَّحَة
furshāt musaṭṭḥah

die Farbwanne
صينِيَّة طِلاء
ṣīnīyat ṭilāʾ

das Verdünnungsmittel
مَادَّة مُمَيِّعَة
mādah mumayyiʿah

der/die Spachtel
مِكْشَطَة
mikshaṭah

der Farbroller
بَكَرَة طِلاء
bakarat ṭilāʾ

der Handwerker
حِرَفي
ḥirafī

die Leiter
سَلَّم
sullam

die Latzhose
أفارول عَمَل
afārūl ʿamal

die Farbdose
عُلْبَة طِلاء
ʿulbat ṭilāʾ

tapezieren
أَلْصَقَ وَرَق الحائِط
alṣaqa waraq al-ḥāʾiṭ

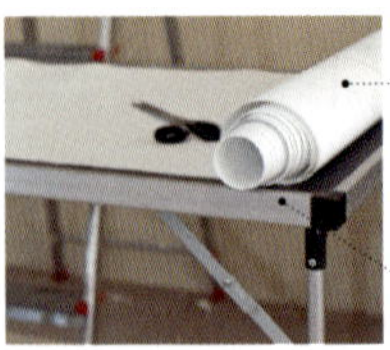

die Tapetenrolle
لُفافَة مِن وَرَق الحائِط
lufāfa min waraq al-ḥāʾiṭ

der Tapeziertisch
طاولَة لَصْق وَرَق الحائِط
ṭāwilat laṣq waraq al-ḥāʾiṭ

die Farbe
لَوْن
lawn

das Abdeckband
شَريط واقي
sharīṭ wāqī

kacheln	rakaba balāṭ	رَكَبَ بَلاط
verputzen	ṭayyana	طَيَّن
spachteln	maʿjana	مَعْجَنَ
die Tapete entfernen	nazaʿa waraq al- ḥāʾiṭ	نَزَعَ وَرَق الحائِط
die Abdeckfolie	ghiṭāʾ wāqī	غِطاء واقي
das Lösungsmittel	mādda muzībah	مادَّة مُذيبَة
das Versiegelungsmittel	mādda ʿāzila	مادَّة عازِلة

das Farbmuster
عَيِّنَة مِن الأَلْوان
ʿaiyyinah min al-alwān

DAS HAUS - المَنْزِل

Strom und Heizung - الكَهْرُباء وَالتّدفِئة

der Stromzähler
عَدّاد كَهْرُباء
ʿaddād kahrubāʾ

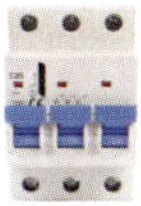

die Sicherung
مِفْتاح أمان
miftāḥ amān

der Heizkörper
مِشْعاع
mishʿāʿ

der Kaminofen
مِدْفَئَة حَطَب
midfaʾat ḥaṭab

der Stecker
قابس
qābis

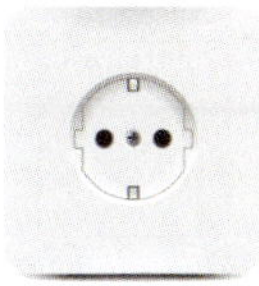

die Steckdose
مِقْبَس
miqbas

die Energiesparlampe
مِصْباح
miṣbāḥ

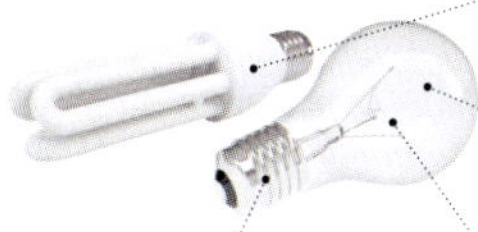

die Glühbirne
لَمْبَة
lambah

der Lampensockel
قاعِدَة المِصْباح
qāʿidat al-miṣbāḥ

der Glühfaden
فَتيلَة
fatīlah

das Verlängerungskabel
كابل تَمْديد
kābil tamdīd

der Schalter
مِفْتاح
miftāḥ

die Mehrfachsteckdose
مِقْبَس مُتَعَدِّد
miqbas mutaʿaddid

der Luftkanal	unbūb hawāʾ	أُنبوب هَواء
die Heizung anschalten/ausschalten	fataḥa/aghlaqa al-tadfiʾah	فَتَحَ/أَغْلَقَ التَّدفِئَة
das Stromnetz	shabakah kahrubāʾīyah	شَبَكَة كَهْرُبائِيَّة
die Stromstärke	shiddat at-tayyār	شِدَّة التَّيّار
die Spannung	juhd at-tayyār	جُهْد التَّيّار
die Solarheizung	tadfiʾah biṭ-ṭāqah ash-shamsīyah	تَدْفِئَة بِالطّاقَة الشَّمسِيَّة
die Zentralheizung	tadfiʾa markazīyah	تَدْفِئَة مَرْكَزِيَّة
die Fußbodenheizung	tadfiʾah taḥt al-balāṭ	تَدْفِئَة تَحْت البَلاط
der Sicherungskasten	ṣundūq al-mafātīḥ	صُنْدوق المَفاتيح
die Leitung	khaṭ kahrubāʾī	خَط كَهْرُبائي
das Ampere	ambyr	أَمْبير
das Watt	waṭ	واط
das Volt	fūlt	فولْت
der Adapter	waṣlah	وَصْلَة
die Erdung	taʾrīḍ	تأريض

DER GARTEN - الحَديقَة

die Terrasse
تِرَّاس
tirrās

der Gartenteich
بِرْكَة ماء
birkat mā'

der Gartenweg
مَمَر
mamar

der Gemüsegarten
حَديقَة خُضْراوات
ḥadīqat khuḍrāwāt

die Küchenkräuter
أَعْشاب مَنْزِلِيَّة
aʿshāb manzilīyah

das Gewächshaus
بَيْت بلاستيكي
bayt blāstīkī

das Gartenhaus
بَيْت خَشَبي صَغير
bayt khashabī ṣaghīr

das Blumenbeet
حَوْض زُهور
ḥawḍ zuhūr

die Gartenbank
مَقْعَد حَديقَة
maqʿad ḥadīqah

die Gartenmöbel
أَثاث حَديقَة
athāth ḥadīqah

die Gartenmauer
حائِط حَديقَة
ḥā'iṭ ḥadīqah

der Dachgarten
حَديقَة على السَّطح
ḥadīqah ʿalā-aṣ-saṭḥ

der Komposter
سَماد
samād

der Steingarten
حَديقَة حَجَرِيَّة
ḥadīqah ḥajarīyah

der Gartenzaun
سور حَديقَة
sūr ḥadīqah

die Hecke
سِياج عُشْبي
siyāj ʿushbī

DER GARTEN - الحَديقَة

Gartengeräte - أَجْهِزَة الحَديقَة

die Rosenschere
مِقَص زُهور
miqaṣ zuhūr

der Gartenschlauch
خُرْطوم رَي
khurṭūm ray

die Topfpflanze
نَبتَة إصِّيص
nabt at iṣīṣ

der Handrechen
مِشْط يَدَوي
mishṭ yadawī

die Blumenkelle
مِجْرَفَة زُهور
mijafat zuhūr

die Gießkanne
مِرَش سَقي
mirash saqī

der Gartenhandschuh
قُفّاز حَديقَة
quffāz ḥadīqah

der Laubrechen
مِشْط لَم الوَرَق
mishṭ lam al-waraq

der Spaten
مِجْراف
mijrāf

der Rasenmäher
جَزّازَة عُشْب
jazzāt ʿushb

der Rasentrimmer
آلِة جَز عُشْب
āla jaz ʿushb

der Rechen
مِشْط
mishṭ

die Mistgabel
مِذْراة
midhrāh

die Schubkarre
نَقّالَة
naqqālah

die Heckenschere
مِقَص سَّياج
miqaṣ siyāj

die Hacke
مِجْرَفَة
mijrafah

der Rasensprenger
مِرَش
mirash

DER GARTEN - الحَديقة

Die Gartenarbeit - أَعْمال الحَديقَة

Rollrasen verlegen
مَدَّ بِساط العُشْب
madda bisāṭ al-ʿushb

den Rasen sprengen
سَقَى العُشْب
saqā al-ʿushb

das Laub rechen
لَمَّ وَرَق الشَّجَر
lamma waraq ash-shajar

pflanzen
زَرَعَ
zaraʿa

stutzen
شَذَّبَ
shadhdhaba

den Rasen mähen
جَزَّ العُشْب
jazza al-ʿushb

Unkraut jäten
أَزالَ الأَعْشاب الضَّارَّة
azāla al-ʾaʿshāb aḍ-ḍārah

umgraben
حَرَثَ
ḥaratha

zurückschneiden
قَلَّمَ
qallama

pflücken
قَطَفَ ثِمار
qaṭfa thimār

säen
بَذَرَ
badhara

spritzen
رَشَّ
rashsha

düngen	sammada	سَمَّدَ
ernten	janā	جَنَى
züchten	rabbā	رَبَّى
gießen	saqā	سَقَى
der Sämling	shatlah	شَتْلَة
der Dünger	samād	سَماد
der Unkrautvernichter	mubīd al-aʿshāb ad-ḍārah	مُبيد الأَعْشاب الضَّارَة

eintopfen
زَرَعَ في أَصيص
zaraʿa fī- ʾaṣīṣ

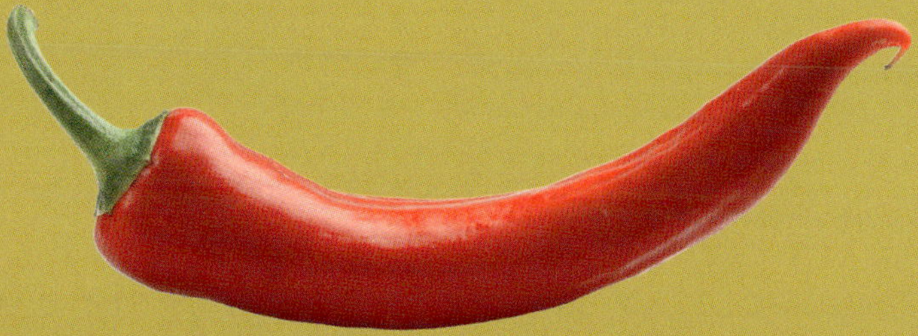

ESSEN UND TRINKEN

الأَكْل وَالشُّرْب

TIERISCHE PRODUKTE - مُنْتَجات حَيَوانِيَّة

Fleisch - لَحَم

das Lammfleisch
لَحْم غَنَم
laḥm ghanam

das Rindfleisch
لَحْم بَقَر
laḥm baqar

das Steak
شَريحَة لَحْم
sharīḥat laḥm

das Schweinefleisch
لَحْم خِنْزير
laḥm khinzīr

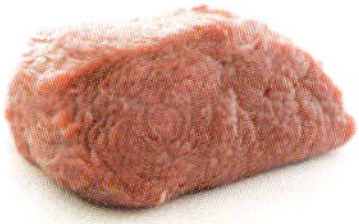

das Filet
فيليه
fīlyh

das Kalbfleisch
لَحْم عِجْل
laḥm ʿijl

die Keule
فَخْذ
fakhdh

das Kotelett
شَريحَة كوتْليت
sharīḥah kutlyt

die Leber
كَبد
kabid

die Niere
كِلْيَة
kilyah

das Kaninchen
أرْنَب
arnab

der Schinken
لَحْم فَخْذ خِنْزير
laḥm fakhdh khinzīr

das Hackfleisch
لَحْم مَفْروم
laḥm mafrūm

die Wurst
سُجْق
sujuq

der Aufschnitt
لَحْم مَطْبوخ
laḥm maṭbūkh

die Salami
سُجْق مُدَخَّن
sujuq mudakhkhan

TIERISCHE PRODUKTE - مُنْتَجات حَيَوانِيَّة

Geflügel - دواجِن

das Hähnchen
دَجاجَة
dajājah

der Schenkel
ورْك
wirk

die Brust
صَدْر
ṣadr

der Flügel
جَناح
janāḥ

die Hähnchenkeule
فَخْذ
fakhdh

die Ente
بَطَّة
baṭṭah

das Entenfleisch
بَطَّة
baṭṭah

die Gans
وَزَّة
wazzah

das Gänsefleisch
وَزَّة
wazzah

die Wachtel
سَمَّان
sammān

das Wachtelfleisch
سَمَّان
sammān

die Pute
ديك رومي
dīk rūmī

das Putenfleisch
لَحْم ديك رومي
laḥm dīk rūmī

das Bioprodukt	muntaj ʿuḍwī	مُنْتَج عُضْوي
die Innereien	mukhallafāt	مُخَلَّفات
mariniert	mutabbal	مَتَبَّل
geräuchert	mudakhkhan	مُدَخَّن
braten	qalā	قَلى
schmoren	ḥammara	حَمَّرَ
grillen	shawā	شَوا

aus Freilandhaltung
طَليق في المَراعي
ṭalīq fī al-marāʿī

TIERISCHE PRODUKTE - مُنْتَجات حَيَوانِيَّة

Fisch - سَمَك

die Forelle
سَلمون مُرَقَّط
salamūn muraqqaṭ

der Karpfen
سَمَك شَبُّوط
samak shabbūṭ

der Zander
سَمَك زَنْدَر
samak zandar

der Seeteufel
سَمَك الضَّفادِع
samak al-ḍafādiʿ

die Makrele
سَمَك إسْقُمْري
samak isqumrī

die Seezunge
سَمَك موسى
samak mūsā

die Sardine
سَرْدين
sardīn

die Scholle
سَمَك موسى
samak mūsā

der Aal
سَمَك ثُعْبان الماء
samak thuʿbān almāʾ

der Thunfisch
تونة
ṭūna

der Kabeljau
سَمَك البَكَلاه
samak al-baklāh

der Seebarsch
سَمَك البَكَلاه
samak al-baklāh

der Lachs
سَلمون
salamūn

der Heilbutt
سَمَك مُفَلْطَح
samak mufalṭaḥ

der Fischrogen
بَيْض سَمَك
bayḍ samak

das Fischsteak
شَريحَة سَمَك
sharīḥat samak

TIERISCHE PRODUKTE - مُنْتَجات حَيَوانِيَّة

Meeresfrüchte - ثِمار البَحْر

die Garnele
جَمْبَري
jambarī

der Hummer
جَراد البَحْر
jarād al-baḥr

der Krebs
سَرَطان
saraṭān

der Flusskrebs
سَرَطان النَهْر
saraṭān an-nahr

die Miesmuschel
بَلَح البَحْر
balaḥ al-baḥr

die Kammmuschel
مَحار مَرْوَحي
maḥār marwaḥī

die Venusmuschel
حَلَزون صَدَفي
ḥalazūn ṣadafī

die Herzmuschel
دَحْريج
daḥrīj

die Auster
مَحار
maḥār

der Tintenfisch
حَبَّار
ḥabbār

der Krake
أَخْطَبوط
akhṭabūṭ

der Räucherfisch
سَمَك مُدَخَّن
samak mudakhkhan

geräuchert	mudakhkhan	مُدَخَّن
einen Fisch entgräten	azāla ḥasak as-samak	أَزال حَسَك السَّمَك
die Gräte	ḥasakah	حَسَكَة
die Schuppe	ḥarāshif	حَراشِف
abschuppen	azāla al-ḥarāshif	أَزال الحَراشِف
tiefgefroren	mujammad	مَجَمَّد
frisch	ṭāzaj	طازَج

der Dosenfisch
سَمَك مُعَلَّب
samak muʿallab

TIERISCHE PRODUKTE - مُنْتَجات حَيَوانِيَّة

Milchprodukte und Eier - مُنْتَجات الألْبان والبَيْض

die Sahne
قِشْدَة
qishdah

die Milch
حَليب
ḥalīb

der Hüttenkäse
جُبْن قَريش
jubn qarīsh

der Ziegenkäse
جُبْنَة ماعِز
jubnat māʿiz

der Quark
لَبَن
laban

der Joghurt
لَبَن
laban

der Brie
جَبْنَة بري
jubnat barī

der Gorgonzola
جُبْنَة جورجونْزولا
jubnat jūrjūnzūlā

der Feta
جَبْنَة فيتا
jubnat fītta

das Hühnerei
بَيْضَة دَجاجَة
bayḍat dajājah

die Eierschale
قِشْرَة بَيْضَة
qishrat bayḍah

das Eiweiß
بَياض بَيْض
bayāḍ bayḍ

das Eigelb
صَفار بَيْض
ṣafār bayḍ

das Wachtelei
بَيْضَة سَمَّان
bayḍat sammān

das Gänseei
بَيْضَة وَزَّة
bayḍat wazzah

TIERISCHE PRODUKTE - مُنْتَجات حَيَوانِيَّة

Milchprodukte und Eier - مُنْتَجات الألْبان والبَيْض

der Eierkarton
صَفَد بَيْض
ṣafad bayḍ

die Butter
زُبْدَة
zubdah

der Parmesan
جُبْنَة برمازان
jubnat barmāzān

der Emmentaler
جُبْنَة إيمِنتالار
jubnat ʾīmntālār

der Cheddar
جُبْنَة شيدَر
jubnat shidar

der Raclettekäse
جُبْنَة راكْليت
jubnat rāklit

der Camembert
جُبْنَة كاميمبيرت
jubnat kāmīmbyrt

der Gouda
جُبْنَة غاودا
jubnat ghāwdā

der Mozzarella
جُبْنَة موزاريلا
jubnat mūzārīlā

der geriebene Käse
جُبْن مَبْشور
jubn mabshūr

die Buttermilch
حَليب بالزُبْدَة
ḥalīb biz-zubda

der Frischkäse
جُبْن طازَج
jubn ṭāzaj

die Kuhmilch	ḥalīb baqar	حَليب بَقَر
die Ziegenmilch	ḥalīb māʿiz	حَليب ماعِز
die Sojamilch	ḥalīb ṣūyā	حَليب صويا
homogenisiert	mutajānis	مُتَجانِس
pasteurisiert	mubastar	مُبَسْتَر
fettarm	qalīl ad-dasam	قَليل الدَّسَم
die Vollmilch	kāmil ad-dasam	كامِل الدَّسَم

die Kondensmilch
حَليب مُكَثَّف
ḥalīb mukaththaf

GEMÜSE - خُضار

die/der Trüffel
كَمَأَة
kam'a

der Champignon
فِطْر
fiṭr

der Steinpilz
فِطْر حَجَري
fiṭr ḥajarī

der Pfifferling
فِطْر
fiṭr

der Spargel
هَلْيون
halyūn

der Kohlrabi
كُرُنْب
kurunb

der Rhabarber
راوَنْد
rāwand

der Mangold
سِلْق
silq

der Fenchel
شومَر
shūmar

der/die Stangensellerie
كَرَفْس
karafs

die Artischocke
أَرضي شوكي
arḍī shawkī

die Kresse
رَشاد
rashād

die Brunnenkresse
جَرجير الماء
jarjīr al-mā'

das Blatt	waraqah	وَرَقَة
der Strunk	sāq	ساق
das Herz	qalb	قَلْب
die Spitze	ra's	رَأس
das gedämpfte Gemüse	khuḍār maṭbūkha bil-bukhār	خُضار مَطْبوخَة بالبُخار
aus biologischem Anbau	mazrū' 'uḍwīyan	مَزْروع عُضْوِيّاً
aus heimischer Produktion	maḥallī al-intāj	مَحَلّي الإنْتاج

GEMÜSE - خُضار

Wurzelgemüse - خُضار جَذْرِيَّة

die Süßkartoffel
بَطاطا حُلْوَة
baṭāṭā ḥulwah

die Karotte
جَزَر
jazar

die Kartoffel
بَطاطا
baṭāṭā

die Schalotte
كُرَّاث أَنْدَلُسي
kurāth andalusī

die rote Zwiebel
بَصَل أَحْمَر
baṣal aḥmar

die Pastinake
فِجْل أَبْيَض
fijl abyaḍ

der Knoblauch
ثوم
thūm

die Rübe
لِفْت
lift

die Zwiebel
بَصَل
baṣal

das Radieschen
فِجْل
fijl

die Frühlingszwiebel
بَصَل أَخْضَر
baṣal akhḍar

die Rote Bete
شَوَنْدَر
shawandar

die Knoblauchzehe	sin thūm	سِن ثوم
die Knoblauchknolle	ra's thūm	رَأس ثوم
die Wurzel	jadhr	جَذَر
bitter	mur	مُر
roh	nayī'	نَيِّئ
scharf	ḥār	حار
festkochend	baṭāṭā lis-salq	بَطاطا لِلسَّلْق

der Lauch
كُرَّاث
kurāth

GEMÜSE - خُضار

Blattgemüse - خُضار وَرَقيَّة

der Brokkoli
بروكولي
brūkūlī

der Rotkohl
مَلْفوف أَحْمَر
malfūf aḥmar

der Wirsing
كُرُنْب مَلْفوف
kurunb malfūf

der Rosenkohl
كُرُنْب بروكْسل
kurunb brūksl

der Blumenkohl
زَهْرَة
zahrah

der Weißkohl
مَلْفوف
malfūf

der Kopfsalat
خَس أَفْرَنْجي
khas afranjī

der Eisbergsalat
خَس ايزْبيرغ
khas īzbyrgh

der Römersalat
خَس روماني
khas rūmāmī

der/die Chicorée
هِنْدِباء
hindibā'

der Feldsalat
بَقْلَة
baqlah

der Spinat
سَبانِخ
sabānikh

der Rucola
جَرْجير
jarjīr

der Endiviensalat
خَس الهِنْدَب
khas al-hindab

GEMÜSE - خُضار

Fruchtgemüse - خُضار مُثْمِرَة

der/die Paprika
فُلَيْفُلَة
fulayfulah

die Zucchini
كوسا
kūsā

Melanzani

die Aubergine
باذِنْجان
bādhinjān

die Tomate
طَماطِم
ṭamāṭim

die Kirschtomate
طَماطِم صَغيرة
ṭamāṭim ṣaghīrah

die Olive
زَيْتونَة
zaytūnah

die Okraschote
بامِيَة
bāmyah

die Chilischote
فُلْفُل حار
fulful ḥār

die Avocado
أفوكادو
afūkādū

die Gurke
خِيار
khiyār

der Kürbis
قَرْع عَسَلي
qarʿ ʿasalī

der Butternusskürbis
قَرْع جَوْز
qarʿ jawz

schälen	qashshara	قَشَّرَ
schneiden	qaṭṭaʿa	قَطَّعَ
roh	nayīʾ	نَيِّئ
gekocht	maṭbūkh	مَطْبوخ
das Püree	harsa	هَرْسة
püriert	mahrūs	مَهْروس
braten	ḥammara	حَمَّرَ

der Mais
ذُرَة
dhurah

GEMÜSE - خُضار

Hülsenfrüchte - بُقول

die grüne Linse
عَدَس أَخْضَر
ʿadas akhḍar

die Ackerbohne
فاصولياء بَيْضاء عَريضَة
fāṣūlyāˈ bayḍāˈ ʿarīḍah

die schwarze Bohne
فاصولْياء سَوداء
fāṣūlyāˈ sawdāˈ

die Gartenerbse
بازِلّاء خَضْراء
bāzillāˈ khaḍrāˈ

die Kichererbse
حُمُّص
ḥummuṣ

die rote Linse
عَدَس أَحْمَر
ʿadas aḥmar

die grüne Bohne
فاصولْياء خَضْراء
fāṣūlyāˈ khaḍrāˈ

die Zuckererbse
بازِلّاء خَضْراء حُلْوَة
bāzillāˈ khaḍrāˈ hulwah

die Kidneybohne
فاصولْياء حَمْراء
faṣūlyāˈ ḥamrāˈ

die Limabohne
فاصولْياء بَيْضاء صَغيرَة
faṣūlyāˈ bayḍāˈ ṣaghīrah

die Tellerlinse
عَدَس بُنّي
ʿadas bunnī

die Hülse	qishrah	قِشْرَة
der Kern	lub	لُب
die Schote	qarn	قَرْن
der Samen	buzūr	بُذور
die Sojasprossen	barāʿim ṣūyā	بَراعِم صويا
die Sojabohne	fūl ṣūyā	فول صويا
die Schwarzaugenbohne	lūbyā	لوبْيا

OBST - فاكِهَة

Beeren und Steinobst - العِنَبيَّات والفَاكِهَة ذات النَّواة

die Erdbeere
فَراوْلَة
farāwlah

die Brombeere
توت أَسْوَد
tūt aswad

die Himbeere
توت أَحْمَر
tūt aḥmar

die Heidelbeere
عِنَب أَحْراش
ʿinab aḥrāsh

die roten Johannisbeeren
كِشْمِش أَحْمَر
kishmish aḥmar

die schwarzen Johannisbeeren
كِشْمِش أَسوَد
kishmish aswad

die Weintraube
عِنَب
ʿinab

die Stachelbeere
كِشْمِش شائِك
kishmish shā'k

die Preiselbeere
عِنَب الثَّوْر
ʿinab ath-thawr

die Kirsche
كَرَز
karaz

die Holunderbeere
خَمان
khamān

der Pfirsich
دُرَّاق
durrāq

die Nektarine
دُرَّاق أَمْلَس
durrāq amlas

die Pflaume
خَوخ
khawkh

die Aprikose
مِشْمِش
mishmish

der Apfel
تُفاح
tufāḥ

die Birne
إجاص
ijāṣ

die Quitte
سَفَرْجَل
safarjal

OBST - فاكِهَة

Exotische Früchte - ثِمار نادِرَة

die Feige
تِيْن
tīn

die Birnenmelone
بَطيخَة الإجاص
baṭṭīkhat al-ijāṣ

die Physalis
حَرَنْكَش
ḥarankash

die Litschi
ليتْشي
litshī

die Sternfrucht
فاكِهَة النَّجْمَة
fākihat an-najmah

die Ananasguave
جَوّافَة الأناناس
jawwāfat al-ˈanānās

die Papaya
بابايا
bābāyā

die Cherimoya
شيريمويا
shīrimūyā

die Passionsfrucht
ثَمَرَة الآلام
thamarat al-ˈālām

die Mangostanfrucht
مانْغوستين
mānghūstīn

der Granatapfel
رُمّان
rummān

die Kiwano
كيوانو
kīwānū

die Rambutan
رامبوتان
rāmbūtān

die Pitahaya
فاكِهَة التِّنين
fākihat at-tinīn

die Ananas
أناناس
anānās

die Guave
جَوّافَة
jawwāfah

die Banane
مَوز
mawz

die Kiwi
كيوي
kīwī

die Mango
مانْجا
mānjā

die Kokosnuss
جَوز هِنْد
jawz hind

OBST - فاكِهَة

Zitrusfrüchte und Melonen - الحَمْضِيَّات والبَطيخ

die Orange
بُرْتُقال
burtuqāl

die Limette
لَيْمون أَخْضَر
laymūn akhḍar

geschält
مُقَشَّر
muqashshar

die Clementine
كَرَمَنْتينَة
karamantīna

die Grapefruit
كْريْب فْروْت
kryb frūt

die Zitrone
لَيمون
laymūn

der Schnitz
حُز
ḥuz

die Schale
قِشْرَة
qishrah

die Zuckermelone
شَمَّام
shammām

die Honigmelone
شَمام عَسَلي
shammām ʿasalī

die Wassermelone
بَطيخ أَحْمَر
baṭṭīkh aḥmar

die Blutorange
بُرْتُقال أَحْمَر
burtuqāl aḥmar

kernlos	bilā buzūr	بِلا بُذور
saftig	malīʾ bil-ʿaṣīr	مَليئ بِالعَصير
knackig	muqarmashah	مُقَرْمَشَة
sauer	ḥāmiḍ	حامِض
reif	nāḍij	ناضِج
frisch	ṭāzaj	طازَج
faulig	mutaʿaffin	مُتَعَفِّن

die Kumquat
كومكْوات
kūmkwāt

OBST - فاكِهَة

Nüsse und Trockenobst - المُكَسَّرات والفَواكِه المُجَفَّفَة

der Cashewkern
كاجو
kājw

die Mandel
لَوز
lawz

die Kastanie
كَسْتَنَاء
kastanāʾ

die Walnuss
جَوز
jawz

die Haselnuss
بُنْدُق
bunduq

die Erdnuss
فول سوداني
fūl sūdānī

die Pekannuss
جَوز بيكان
jawz bīkān

die Macadamianuss
بُنْدُق المَكاداميا
bunduq al-makādāmyā

der Pinienkern
صَنَوبَر
ṣanawbar

die Rosine
زَبيب
zabīb

die Sultanine
كِشْمِش
kishmish

die Backpflaume
خَوخ مُجَفَّف
khawkh mujaffaf

die Dattel
بَلَح
balaḥ

die Paranuss	bunduq barāzīlī	بُنْدُق برازيلي
die Pistazie	fustuq ḥalabī	فُسْتُق حَلَبي
geröstet	muḥammaṣ	مُحَمَّص
gesalzen	mumallaḥ	مُمَلَّح
der Nussknacker	kassārat jawz	كَسَّارَة جَوز
die Nussschale	qishrah	قِشْرَة
eine Nuss knacken	kassara	كَسَّرَ

KRÄUTER UND GEWÜRZE - الأَعْشاب والتَّوابِل

Kräuter - أَعْشاب

der Lavendel
خُزامى
khuzāmā

der Estragon
طَرْخون
ṭarkhūn

der Oregano
زَعْتَر بَرِّي
zaʿtar barrī

das/der Liebstöckel
كاشِم
kāshim

der Salbei
مَرْيَمِيَّة
maryamīyah

die Minze
نَعْناع
naʿnāʿ

der Majoran
مَرْدَقوش
mardaqūsh

der Rosmarin
إِكْليل الجَبَل
iklīl al-jabal

das Basilikum
رَيْحان
rayḥān

die Petersilie
بَقْدونِس
baqdūnis

der Thymian
زَعْتَر
zaʿtar

der Koriander
كِزْبَرَة
kizbara

der Schnittlauch
ثوم مُعَمِّر
thūm muʿammir

der Fenchel
شومَر
shūmar

der Dill
شَبَت
shabat

die Zitronenmelisse
مَلِّيْسَة
mallīsah

KRÄUTER UND GEWÜRZE - الأَعْشاب والتَّوابِل

Gewürze - تَوابِل

der Sternanis
يانْسون نَجْمي
yānsūn najmī

das Lorbeerblatt
وَرَق غار
waraq ghār

der Koriander
كِزْبَرَة يابِسَة
kizbarah yābisah

die Zimtrinde
أَعْواد قِرفَة
aʿwād qifah

die Kurkuma
كُرْكُم
kurkum

das Currypulver
كاري
kārī

der Paprika
فُلْفُل حُلو
fulful ḥulū

der Pfeffer
فُلْفُل أَسْوَد
fulful aswad

die Muskatnuss
جَوز الطِّيب
jawz aṭ-ṭīb

der/das Kardamom
حَب هال
ḥab hāl

die Nelken
قُرُنْفُل
qurunful

der Ingwer
زَنْجَبيل
zanjabīl

die Chiliflocken
رَقائِق فُلْفُل حار
raqā'iq fulful ḥār

die Chilischote
قَرْن فُلْفُل حار
qarn fulful ḥār

der Fenchel
شومَر
shūmar

das Garam masala
غارام ماسالا
ghārām māsālā

KRÄUTER UND GEWÜRZE - الأَعْشاب والتَّوابِل

Würzmittel und Soßen - تَوابِل وصَلْصات

der Essig
خَل
khal

das Olivenöl
زَيْت زَيْتون
zayt zaytūn

der Pfeffer
فُلْفُل
fulful

das Salz
مِلْح
milḥ

die Pfeffermühle
طاحونَة فُلْفُل
ṭāḥūnat fulful

die Salsa
صَلْصَة
ṣalṣah

der/das Ketchup
كَتْشَب
katshab

der Senf
خَرْدَل
khardal

die Mayonnaise
مايونيز
māyūnīz

zerstoßen	saḥaqa	سَحَقَ
gemahlen	maṭḥūn	مَطْحون
geraspelt	mabrūsh	مَبْروش
der Salzstreuer	mamlaḥah	مَمْلَحَة
die Salatsoße	ṣalṣat salaṭah	صَلْصَة سَلَطَة
würzen	tabbala	تَبَّلَ
marinieren	tabbala biṣ-ṣalṣah	تَبَّل بالصَّلْصَة

die Sojasoße
صَلْصَة صَويا
ṣalṣat ṣūyā

GETREIDE UND MEHL - الحُبوب والدَّقيق

der Dinkel
حِنْطَة
ḥinṭah

die Kürbiskerne
بُزور قَرْع
buzūr qarʿ

die Sonnenblumen-kerne
بُزور عَباد الشَّمس
buzūr ʿabbād ash-shams

die Quinoa
كينْوا
kīnwā

der Wildreis
أَرُز بَرِّي
aruz barrī

der Hafer
شوفان
shūfān

die Gerste
شَعير
shaʿīr

der Naturreis
أَرَز بُنِّي
aruz bunnī

der Mais
ذُرَة
dhurah

die Hirse
دُخْن
dukhn

der Weizen
قَمْح
qamḥ

der/das Couscous
كُسْكُس
kuskus

der Buchweizen
حِنْطَة سَوْداء
ḥinṭah sawdāʾ

der Basmatireis
أَرُز باسْماتي
aruz bāsmātī

der Bulgur
بُرْغُل
burghul

der Reis
أَرُز
aruz

GETREIDE UND MEHL - الحُبوب والدَّقيق

die Penne
مَعْكَرونَة بيني
maʿkarūnah bīnī

die Spaghetti
سْباغيتي
sbāghīttī

die Tagliatelle
مَعْكَرونَة تاغليافيلا
maʿkarūnah tāghlīyāfīlā

die Ravioli
رافْيولي
rāfyūlī

die Fusilli
مَعْكَرونَة فوسيلي
maʿkarūnah fūsīlī

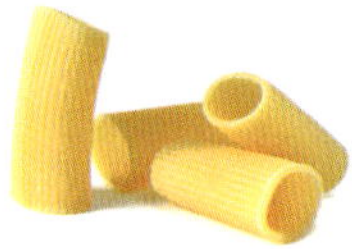

die Rigatoni
مَعْكَرونَة ريجاتوني
maʿkarūnah rījātūnī

die Tortellini
تورتوليني
tūrtūlīnī

das Weizenmehl
دَقيق أَبْيَض
daqīq abyaḍ

das Maismehl
دَقيق ذُرَة
daqīq dhurah

die Hefe
خَميرَة
khamīrah

der Teig
عَجين
ʿajīn

das Backpulver	khamīrahat al-khubz	خَميرَة الخُبْز
das Roggenmehl	daqīq al-jāwdār	دَقيق الجاودار
das Vollkornmehl	daqīq min ḥubūb kāmilah	دَقيق مِن حُبوب كامِلَة
sieben	gharbala	غَرْبَلَ
kneten	ʿajana	عَجَنَ
verrühren	khalaṭa	خَلَطَ
backen	khabaza	خَبَزَ

die Reisnudeln
مَعْكَرونَة الأَرُز
maʿkarūnah al-aruz

GETREIDE UND MEHL - الحُبوب والدَّقيق

Brot - خُبْز

die Brezel
خُبْز مُملَّح
khubz mumallaḥ

das Croissant
كرواسان
kruwassān

das/die Baguette
خُبْز بكيت
khubz bakīt

das Schwarzbrot
خُبْز أَسْوَد
khubz aswad

das Weißbrot
خُبْز أَبْيَض
khubz abyaḍ

das Vollkornbrot
خُبْز مِن حُبوب كامِلَة
khubz min ḥubūb kāmilah

das Mehrkornbrot
خُبْز بحبوب مُتَعَدِّدَة
khubz biḥubūb mutaʿaddidah

das Graubrot
خُبْز أَسْمَر
khubz asmar

das Fladenbrot
خُبْز عَرَبي
khubz ʿarabī

die Tortilla
خُبْز تورتيلا
khubz tūrtīlā

das Toastbrot
خُبْز توست
khubz tust

das Sauerteigbrot
خُبْز عجين مَخَمَّر
khubz ʿajīn mukhammar

das Brötchen
خُبز سَنْدويش صَغير
khubz sandwīsh ṣaghīr

der Bagel
خُبْز عِبْري
khubz ʿibrī

das belegte Brötchen
سَنْدويش صَغير
sandwīsh ṣaghīr

das Knäckebrot
خُبْز مَجَفَّف سويدي
khubz mujaffaf suwydī

GETREIDE UND MEHL - الحُبوب والدَّقيق

Brotaufstriche - دُهون الخُبْز

das Glas
إناء
inā'

der Honig
عَسَل
ʿasal

der Waldhonig
عَسَل بَرِّي
ʿasal barrī

der flüssige Honig
عَسَل سائِل
ʿasal sā'il

der Zitronenaufstrich
دَهْنَة لَيْمون
dahnat laymūn

die Konfitüre
مُرَبَّى
murabbā

die Marmelade
مُرَبَّى
murabbā

der Ahornsirup
شَراب قَيْقَب
shrāb qayqab

die Erdnussbutter
زُبْدَة فُسْتُق العَبيد
zubdat fustuq al-ʿabīd

der Schokoladen-aufstrich
دَهْنَة شوكولاتَة
dahnat shūkūlātah

die Margarine
سَمْن صِناعي نَباتي
samn ṣināʿī nabātīn

der Laib
خُبْز كامِل
khubz kāmil

die Scheibe
شَريحَة
sharīḥah

das Paniermehl
دَقيق بُقْسُمات
daqīq basqmāt

das Sandwich
سَنْدويش
sandwīsh

GETREIDE UND MEHL - الحُبوب والدَّقيق

Kuchen und Gebäck - الكَعْك والمُعَجَّنات

der Käsekuchen
كَعْكَة جُبْن
kaʿkat jubn

die Schokoladentorte
كَعْكَة شوكولاتَة
kaʿkat shūkūlātah

der Muffin
كَعْكَة مافِن
kaʿkat māfin

die Makrone
حَلْوى باللَّوز
ḥalwā bil-lawz

der Lebkuchen
حَلْوى زَنْجَبيل
ḥalwā zanjabīl

das Biskuit
أَصابع بَسْكَويت إسْفَنْجِيَّة
aṣābiʿ baskwīt isfanjīyah

der Berliner
حَلْوى بِرْلينَر
ḥalwā brlīnar

der Gugelhupf
كَعْكَة
kaʿkah

die Obsttorte
فَطيرَة فاكِهَة
faṭīrat fākihah

die Schwarzwälder Kirschtorte
كَعْكَة الغابات السَّوداء
kaʿkat al-ghābāt as-sawdāʾ

der Zwetschgenkuchen
فَطيرَة خَوْخ
faṭīrat khawkh

die Linzer Torte
فَطيرَة لينز
faṭīrat līnz

das Marmeladentörtchen
فطائِر مُرَبَّى صَغيرَة
faṭāʾir murabbā ṣaghīrah

das Marzipan	ḥalwā lwz	حَلْوى لَوْز
der Geburtstagskuchen	kaʿkat ʿīd milād	كَعْكَة عيد ميلاد
die Geburtstagskerze	shamʿat ʿīd milād	شَمْعَة عيد ميلاد
die Kuchendekoration	zīnat al-kaʿkah	زينَة الكَعْكَة
das Gebäck	muʿajjanāt	مُعَجَّنات
das Eclair	ḥalwā iklīr	حَلْوى إكلير
das Baiser	marīnj	مَرينج

DESSERTS UND SÜẞSPEISEN - الحَلَوِيَّات

der Apfelstrudel
فَطيرَة تُفَّاح
faṭīrat tuffāḥ

das Tiramisu
حَلْوى تيراميسو
ḥalwā tīrāmīsū

die Eiscreme
آيس كريم
āys krīm

die Eiskugel
كُرَة آيس كريم
kurat āys krīm

die Eiswaffel
بوري آيس كريم
būrī āys krīm

der Pfannkuchen
فَطيرَة
faṭīrah

die Crêpe
حَلْوى كْرب
ḥalwa krib

der Eisbecher
كَأْس آيس كريم
ka's āys krīm

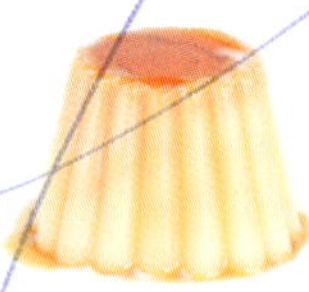

der Karamellpudding
كريم كارامِل
krīm kārāmil

die Mousse
كريمَة موس
krymah mūs

die Schlagsahne
كْريمَة مَخْفوقَة
krymah makhfūqah

die Crème brûlée
حَلْوى برولِه
ḥalwā brūlih

die Panna cotta
حَلْوى باناكوتا
ḥalwā bānākūtā

der Wackelpudding
جيلِه
jīlih

der Obstsalat
سَلَطَة فاكِهَة
salaṭat fākihah

GETRÄNKE - المَشْروبات

Erfrischungsgetränke - مَشْروبات مُنْعِشَة

das Wasser
ماء
māʾ

das Tonicwater
ماء تونِك
māʾ tūnik

der Orangensaft
عَصير بُرْتُقال
ʿṣīr burtuqāl

der Tomatensaft
عَصير طَماطِم
ʿṣīr ṭamāṭim

das alkoholfreie Bier
بيرَة خالِيَة مِن الكُحول
bīrah khālīyah min al-kuḥūl

der Karottensaft
عَصير جَزَر
ʿṣīr jazar

die/das Cola
كولا
kulā

die Limonade
ليموناضَة
līmūnāḍah

der Eiskaffee
ايس كوفيه قَهْوَة مُثَلَّجَة
āys kufyeh qahwah muthallajah

die Eisschokolade
شَراب شوكولاتَة بارِدَة
sharāb shūkūlātah bāridah

der Eistee
ايس تي شاي مُثَلَّج
āys tī shāy muthallaj

die Apfelschorle
عَصير تُفَّاح مع صودا
ʿṣīr tufāḥ maʿ ṣūdā

der Milchshake
كوكتيل حَليب
kuktyl ḥalīb

die Saftpresse	ʿaṣṣārah	عَصَّارَة
der frisch gepresste Grapefruitsaft	ʿaṣīr jryb frūt ṭāzaj	عَصير جريب فروت طازَج
das Tafelwasser	māʾ muʿabbaʾ	ماء مُعَبَّأ
das Leitungswasser	māʾ min a-ṣṣunbūr	ماء مِن الصُّنْبور
das Mineralwasser mit Kohlensäure	māʾ maʿdanī maʿ ṣūdā	ماء مَعْدَني مع صودا
das stille Mineralwasser	māʾ maʿdanī bidūn ṣūdā	ماء مَعْدَني بِدون صودا
der Apfelsaft	ʿaṣīr tuffāḥ	عَصير تُفَّاح

GETRÄNKE - المَشْروبات

Heißgetränke - مَشْروبات ساخِنَة

der Espresso
قَهْوَة إِسْبْريسو
qahwah isbrisu

die Kaffeebohnen
حُبوب قَهْوَة
ḥubūb qahwah

der Amaretto
بِسْكْويت أماريتو
biskwīt amārītū

der Kaffee zum Mitnehmen
قَهْوَة عالماشي
qahwah ʿalmāshī

der Deckel
غِطاء
ghiṭāʾ

der Becher
كوب
kūb

der Milchschaum
رَغْوَة حَليب
raghwat ḥalīb

der Teebeutel
ظَرْف شاي
ẓarf shāy

die Teeblätter
أَوْراق شاي
awrāq shāy

die Teekanne
إبْريق شاي
ibrīq shāī

der Schwarztee
شاي أَسْوَد
shāy aswad

der/die Latte macchiato
لاته ميشياتو
lātih mīshīyātū

der Kaffee
قَهْوَة
qahwah

der Cappuccino
كابَتْشينو
kābatshīnū

der Milchkaffee
قَهْوَة بالحَليب
qahwah bil-ḥalīb

der Minztee
شاي نَعْناع
shāy naʿnāʿ

der Kamillentee
شاي بابونِج
shāy bābūnij

der Kräutertee
شاي أَعْشاب
shāy aʿshāb

der Glühwein
نَبيذ ساخِن
nabīdh sākhin

GETRÄNKE - المَشْروبات

Alkoholische Getränke - مَشْروبات كُحولِيَّة

der Cocktail
كوتيل
kuktīl

die Sangria
نَبيذ سانجريا
nabīdh sānjirīyā

mit Eis
مَع ثَلْج
maʿ thalj

der Whisky
ويسْكي
wiskī

der Gin Tonic
جِن تونِك
jin tūnik

der Rum
رُم
rum

das Bier
بيرَة
bīrah

das Pils
بِلز
bilz

das dunkle Bier
بيرَة داكِنَة
bīrah dākinah

der Wodka
فودكا
fūdkā

der Roséwein
نَبيذ وَرْدي
nabīdh wardī

der Weißwein
نَبيذ أَبْيَض
nabīdh abyaḍ

der Rotwein
نَبيذ أَحْمَر
nabīdh aḥmar

der Sekt
مَشْروب كُحولي
mashrūb kuḥūlī

der Tequila
تيكيلا
tīkīlā

der Weinbrand	brāndī	بْرانْدي
der Schnaps	shnābs	شنابْس
der Sherry	shirī	شيري
der Likör	līkūr	ليكور
der Cidre	nabīdh tuffāḥ	نَبيذ تُفّاح
die Weinschorle	nabīdh maʿ ṣudā	نَبيذ مَع صودا
das Hefeweizen	bīrat qamḥ	بيرَة قَمْح
der Champagner	shāmbānyā	شامْبانْيا

KOCHEN - الطَبْخ

Zubereitung - التَّحْضير

schälen
قَشَّرَ
qashshara

schneiden
قَطَّعَ
qaṭṭaʿa

schlagen
خَفَقَ
khafaqa

reiben
بَشَرَ
bashara

zerstoßen
سَحَقَ
saḥaqa

glasieren
دَهَنَ
dahana

sieben
غَرْبَلَ
gharbala

stampfen
هَرَسَ
harasa

klopfen
دَقَّ
daqqa

ausrollen
فَرَدَ
farada

salzen
مَلَّحَ
mallaḥa

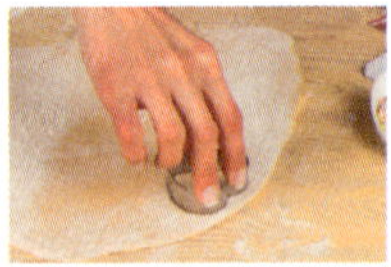

ausstechen
قَطَّعَ بالقالِب
qaṭṭaʿa bil-qālib

rösten	ḥammaṣṣa	حَمَّصَ
kochen	ṭabakha	طَبَخَ
köcheln lassen	ṭahā ʿalā nār hādiʾah	طَها على نار هادِئَة
grillen	shawā	شَوى
anbraten	ḥammara	حَمَّرَ
braten	ḥammara	حَمَّرَ
frittieren	qalā	قَلى

streuen
رَشَّ
rashsha

GERICHTE UND MAHLZEITEN - أَصْناف الطَّعام والوَجَبات اليَومِيَّة

Das Frühstück - الإِفْطار

die Butter
زُبْدَة
zubdah

die Frühstücksflocken
كُورْن فليْكس
kurn fliks

das Croissant
كرواسان
kruwassān

die Cornflakes
كُورْن فليْكس
kurn fliks

der Früchtejoghurt
لَبَن بالفَواكِه
laban bil-fawākih

das frische Obst
فاكِهَة طازَجَة
fākihah ṭāzajah

der Müsliriegel
أَصابِع موسْلي
aṣābiʿ mūslī

die Weizenkeime
بُذور قَمْح
budhūr qamḥ

GERICHTE UND MAHLZEITEN - أَصْناف الطَّعام والوَجَبات اليَومِيَّة

Das Frühstück - الإِفْطار

das Toastbrot
خُبْز توست
khubz tust

die gegrillte Tomate
طَماطِم مَشْوِيَّة
ṭamāṭim mashwīyah

die gebackenen Bohnen
فاصولْياء مَطْهوَّة بالفُرْن
fāṣūlyāʾ maṭhūwah bil-furn

die Rösti
روستي
rūstī

die Blutwurst
سُجْق الدَّم
sujuq ad-dam

der Speck
لَحْم خَنْزير مُمَلَّح
laḥm khinzīr mumallaḥ

die Pilze
فُطْر
fuṭr

die Wurst
سُجْق
sujuq

das Spiegelei
بيْضَة مَقْلِيَّة
bayḍah maqlīyah

das Rührei
بَيْض مَخْفوق
bayḍ makhfūq

das Omelett
عِجَة بَيْض
ʿijjat bayḍ

armer Ritter
خُبْز فَرنْسي مُحَمَّص
khubz faransī muḥammaṣ

die Waffel
وافِل
wāfil

der Pfannkuchen
فَطيرَة بان كيك
faṭīrat bān kyk

der Haferbrei
شوفان مَطْبوخ
shūfān maṭbūkh

der Fruchtshake
كوكتيل فاكِهَة
kuktyl fākihah

die heiße Schokolade
شوكولاتَة ساخِنَة
shūkūlātah sākhinah

GERICHTE UND MAHLZEITEN - أَصْناف الطَّعام والوَجَبات اليَومِيَّة

Snacks und Knabbereien - التَّسالي والمُقَرْمَشات

die Chips
شيبْس
shībs

die Salzbrezel
بَسْكوت مالِح
baskūt māliḥ

das Popcorn
فوشار
fushār

der/das Bonbon
سَكاكِر
sakākir

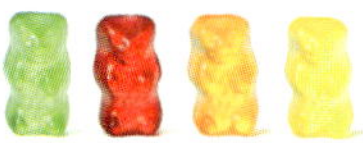

das Gummibärchen
حَلوى جيلاتين
ḥalwā jīlātīn

die Lakritze
عِرْق سوس
ʿirq sūs

der/das Kaugummi
لِبان
libān

der Lutscher
مَصَّاصَة
maṣṣāṣah

die weiße Schokolade
شوكولاتَة بَيْضاء
shūkūlātah bayḍā'

der Schokoriegel
إصْبَع شوكولاتَة
iṣbʿ shūkūlātah

die Zartbitter-schokolade
شوكولاتَة مُرَّة
shūkūlātah murrah

die Milchschokolade
شوكولاتَة بالحَليب
shūkūlātah bil-ḥalīb

der Eislutscher
مَصَّاصَة مُثَلَّجَة
maṣṣāṣah muthallajah

der Frozen Yogurt
لَبَن مُثَلَّج
laban muthallaj

der Keks
بِسْكويت
biskwīt

die Praline
قِطْعَة شوكولاتَة
qiṭʿat shūkūlātah

GERICHTE UND MAHLZEITEN - أَصْناف الطَّعام والوَجَبات اليَومِيَّة

Das Fastfood - المَأْكولات السَّريعَة

das Stück Pizza
قِطْعَة بيتْزا
qiṭʿat bītzā

die Pizza
بيتْزا
bītzā

der Hamburger
هَمْبُرْغَر
hamburghar

die Pommes frites
بَطاطا مَقْلِيَّة
baṭāṭā maqlīyah

die Tortilla-Chips
رَقائِق تورْتيلا
raqāʾiq tūrtīlā

der Taco
تاكو
tākū

die gebratenen Nudeln
مَعْكَرونَة مَقْلِيَّة
maʿkarūnah maqlīyah

das Sushi
سُوشي
sūshī

der/das Hot Dog
سَنْدويشَة سُجُق
sandwīshat sujuq

der Döner
شاورما
shawirmā

der Wrap
سَنْدويش بِخُبْز مَكْسيكي
sandwīsh bi-khubz maksīkī

der Fisch mit Pommes
سَمَك مَعَ بَطاطا مَقْلِيَّة
samak maʿ baṭāṭā maqlīyah

Eine Portion Pommes rot-weiß, bitte.	wajbat baṭāṭā maʿ katshab wa-mayūnīz, min faḍlik.	وَجْبَة بَطاطا مَعَ كَتْشَب ومايونيز، مِن فَضْلِك.
klein/mittelgroß/groß	ṣaghīr/mutawassiṭ/kabīr	صَغير /مُتَوَسِّط/كَبير
süß	ḥulū	حُلو
salzig	māliḥ	مالِح
der Lieferservice	khidmat tawaṣīl	خِدْمَة تَوصيل
bestellen	ṭalaba	طَلَبَ
liefern	waṣṣala	وَصَّلَ

das Nugget
قِطَع دَجاج مَقْلِيَّة
qiṭaʿ dajāj maqlīyah

GERICHTE UND MAHLZEITEN - أَصْناف الطَّعام والوَجَبات اليومِيَّة

Hauptmahlzeit - وَجْبَة الطَّعام الرَئيسِيَّة

die Suppe
حِساء
ḥisāʾ

die Frikadelle
كُفْتَة
kuftah

das Steak
شَريحَة لَحْم
sharīḥat laḥm

der Beilagensalat
سَلَطَة مَع الطَّعام
ṣalṣah maʿaṭ-ṭaʿām

die Kartoffelspalten
بَطاطا مَقْلِيَّة
baṭāṭā maqlīyah

die Lasagne
لازانِيَه
lāzaniyah

die Spaghetti Bolognese
سْباكيتي بِصَلْصَة بولونيز
sbākytī bi-ṣalṣat bulunīz

das Brathähnchen
دَجاج مَقْلي
dajāj maqlī

das panierte Schnitzel
اِسْكالوب
iskālūb

die Bratkartoffeln
بَطاطا مُحَمَّرَة
baṭāṭā muḥmmarah

der Eintopf
طَعام مَطْهو بِالمَرَق
ṭaʿām maṭhū bil-maraq

der Auflauf
طَعام مَطْهو بِالفُرْن
ṭaʿām maṭhū bil-furn

die Pastete
فَطيرَة
faṭīrah

die Quiche
فَطيرَة فَرَنْسِيَّة
faṭīrah faransīyah

das Curry
كاري
kārī

GERICHTE UND MAHLZEITEN - أَصْناف الطَّعام والوَجَبات اليَومِيَّة

Im Restaurant - في المَطْعَم

① *der Gast*
ضَيْف
ḍayf

② *der Kellner*
نادِل
nādil

③ *der Tisch für zwei Personen*
طاوِلَة لِشَخْصَيْن
ṭāwilah li-shakhṣayn

④ *das Rotweinglas*
كأس نَبيذ أَحْمَر
kaˈs nabīth aḥmar

⑤ *die Speisekarte*
قائِمَة الطَّعام
qāˈmat aṭ-ṭaʿām

⑥ *die Bestellung*
طَلَب
ṭalab

die Vorspeise
مُقَبِّلات
muqabbilāt

der Nachtisch
طَبَق تَحْلِيَة
ṭabaq taḥlīyah

die Beilage
طَبَق جانِبي
ṭabaq jānibī

das Hauptgericht
طَبَق رَئيسي
ṭabaq raˈīsī

die Suppe
حِساء
ḥisāˈ

der Aperitif
شَراب فاتِح شَهِيَّة
sharāb fatiḥ shahīyah

der/das Sorbet
مُثَلَّج سوربيه
muthallaj surbyh

der Salat
سَلَطَة
salaṭah

der Käseteller
صَحْن جُبْن
ṣaḥn jubn

der Kaffee
قَهْوَة
qahwah

der Likör
ليكور
līkūr

das Käsemesser
سِكينَة جُبْن
sikkīnat jubn

das Stäbchen
أَعْواد الطَعام
aʿwad ṭaʿām

GERICHTE UND MAHLZEITEN - أصْناف الطَّعام والوَجَبات اليَومِيَّة

Geschirr und Besteck - الأواني وأدَوات المائدة

die Serviette
مِنْديل مائِدَة
mindīl māʾidah

der Brotteller
صَحْن خُبْز
ṣaḥn khubz

die Gabel
شَوكَة
shawkah

die Tischdecke
غِطاء مائِدَة
ghiṭāʾ māʾidah

der Essteller
صَحْن
ṣaḥn

das Wasserglas
كَأْس ماء
kaʾs māʾ

das Weinglas
كَأْس نَبيذ
kaʾs nābīz

der Dessertlöffel
مِلْعَقَة حَلْوى
milʿaqat ḥalwā

der Suppenlöffel
مِلْعَقَة حِساء
milʿaqat ḥisāʾ

das Messer
سِكّين
sikkīn

die Schüssel
زِبْدِيَّة
zibdīyah

die Karaffe
إبْريق
ibrīq

das Steakmesser
سِكّين تَقْطيع اللَّحْم
sikkīn taqṭīʿ al-laḥm

der Zahnstocher
نَكّاشَة أسْنان
nakkāshat asnān

Könnten Sie uns bitte die Weinkarte bringen?	aḥḍir lana qāʾimat an-nabīth, min faḍlik.	أَحْضِر لَنا قائِمَة النَّبيذ، مِن فَضْلِك.
Guten Appetit!	bi-hanāʾ wash-shifāʾ!	بِالهَناء والشِّفاء!
Zum Wohl!	bi-ṣiḥḥatik!	بِصِحَّتِك!
Als Vorspeise/Hauptgericht/Nachtisch nehme ich …	kaṭabaq muqabbilāt/kaṭabaq raʾīsī/ kaṭbaq taḥlīyah saʾākhuz…	كَطَبَق مُقَبِّلات/كَطَبَق رَئيسي/ كَطَبَق تَحْلِيَة، سَآخُذ...
Ich hätte gerne die Rechnung, bitte.	urīd an adfaʿ, min faḍlik.	أُريد أن أدْفَع، مِن فَضْلِك.
die Bezahlung	dafaʿa	دَفْع
das Trinkgeld	baqshīsh	بَقْشيش

DIE ERNÄHRUNG – التَّغْذِيَة

das Fett
دُهْن
duhn

der Zucker
سُكَّر
sukkar

das Kohlenhydrat
كَرْبوهيدْرات
karbuhīdrāt

das Eiweiß
بْروتين
brutīn

ohne Eier
خالي مِن البَيْض
khālī min al-bayḍ

zuckerfrei
خالي مِن السُّكَّر
khālī min as-sukkar

glutenfrei
خالي مِن الغلوتين
khālī min al-ghlūtīn

laktosefrei
خالي مِن اللَّاكْتوز
khālī min al-laktūz

die Ballaststoffe
أَلْياف غِذائِيَّة
alyāf ghizāʾīyah

das Cholesterin
كولِسترول
kulistrūl

vegetarisch
نَباتِي
nabatī

vegan
نَباتِي صَرْف
nabatī ṣarf

die Lebensmittelintoleranz	ḥasāsīyah min al-aṭʿimah	حَساسِيَّة مِن الأَطْعِمَة
die Fruktose	sukkar al-fākihah	سُكَّر الفاكِهَة
die Glukose	sukkar al-ʿinab	سُكَّر العِنَب
das Natrium	sudyum	صودْيوم
die Kalorien	suʿrāt ḥarārīyah	سُعْرات حَرارِيَّة
die gesunde Ernährung	taghthīyah ṣiḥīyah	تَغْذِيَة صِحِّيَّة
fasten	sāma	صامَ

die Diät
حِمْيَة
ḥimyah

UNTERWEGS

في الطَّريق

STRASSEN UND VERKEHR – الشّوارِع وَالمواصَلات

① *die Straßenlaterne*
مِصْباح طَريق
miṣbāḥ ṭarīq

② *die Einbahnstraße*
شارِع باتِّجاه واحِد
shāriʿ bit-tijāh wāḥid

③ *die Fußgängerampel*
إشارَة مُرور لِلْمُشاة
ishārat murūr lil-mushāh

④ *der Bürgersteig*
رَصيف
raṣīf

⑤ *der Bordstein*
أحْجار حَافَة الرَّصيف
aḥjār ḥāfat ar-raṣīf

⑥ *die Ampel*
إشارَة مُرور
ishārat murūr

⑦ *das geparkte Auto*
سيَّارَة مَصْفوفَة
sayyārah maṣfūfah

⑧ *die Fahrspur*
حارَة
ḥārah

⑨ *die Straßenmarkierung*
عَلامات الطَّريق
ʿalāmāt aṭ-ṭarīq

⑩ *der Rinnstein*
مِزْراب
mizrāb

der Tunnel
نَفَق
nafaq

der Parkscheinautomat
جهاز تَذاكِر الصَّف الآلي
jihāz tathākir aṣ-ṣaf al-ālī

der Fahrradweg
طَريق دَرَّاجات
ṭarīq darrājāt

der Behindertenparkplatz
مَوقِف مُعاقين
mawqif muʿāqīn

die Brücke
جِسْر
jisr

der Kreisverkehr
دَوَّار
dawwār

der Zebrastreifen
مَعْبَر مُشاة
maʿbar mushāh

die Notrufsäule
هاتِف طَوارئ
hātif ṭawāriʾ

STRASSEN UND VERKEHR - الشّوارِع وَالمواصَلات

das Autobahnkreuz
تَقاطُع طُرُق
taqāṭuʿ ṭuruq

die Autobahn
طَريق سَريع
ṭarīq sarīʿ

der Berufsverkehr
اِزْدِحام الْعَمَل
izdiḥām al-ʿamal

① der Mittelstreifen
حارَة وُسْطى
ḥārah wusṭā

② die Überholspur
حارَة تَجاوُز
ḥārah tajāwuz

③ die Überführung
طَريق عُلْوي
ṭarīq ʿulwī

④ die Kurve
مُنْعَطَف
munʿaṭaf

⑤ die Unterführung
مَمَر سُفْلي
mamar suflī

⑥ die Einfahrt
مَدْخَل
madkhal

⑦ die Ausfahrt
مَخْرَج
makhraj

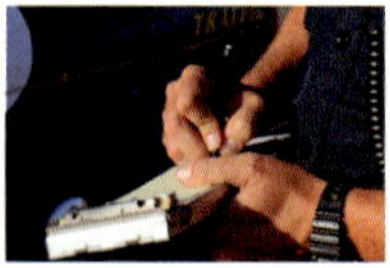

der Verkehrspolizist
شُرْطي مُرور
shurṭī murūr

der Strafzettel
مُخالَفَة سَيْر
mukhālafat sayr

die Mautstelle
بَوّابَة الرُّسوم
bawwābat ar-rusūm

abschleppen
سَحَبَ سَيّارَة
saḥaba sayyārah

die Kreuzung	taqāṭuʿ	تَقاطُع
die Vorfahrt	afḍalīyat murūr	أَفْضَلِيَّة مُرور
die Geschwindigkeitsüberschreitung	tajāwuz surʿah	تَجاوُز سُرْعَة
anhalten	tawaqqafa	تَوَقَّفَ
der Standstreifen	ḥārah tawaqquf	حارَة تَوَقُّف
die Raststätte	istirāḥah	اِسْتِراحَة
die Entfernungstafel	lawḥat masāfāt	لَوْحَة مَسافات

der Stau
اِزْدِحام
izdiḥām

STRASSEN UND VERKEHR - الشّوارِع وَالمواصَلات

Verkehrsschilder - إِشارات الطَّريق

Einfahrt verboten
مَمْنوع الدَّخول
mamnūʿ ad-dukhūl

das Halteverbot
مَمْنوع التَّوَقُّف
mamnūʿ at-tawaqquf

die Baustelle
أَعْمال إِصلاح
aʿmāl iṣlāḥ

der Tunnel
نَفَق
nafaq

das Parkverbot
مَمْنوع صَف السَّيَّارات
mamnūʿ ṣaf as-sayyārāt

der Stau
اِزْدِحام
izdiḥām

das Gefälle
اِنْحِدار
inḥidār

der Kreisverkehr
دَوَّار
dawwār

die Geschwindigkeits-begrenzung
تحديد السُّرْعَة
taḥdīd as-surʿah

Vorfahrt gewähren!
ضَمان أَفْضَلِيَّة المُرور!
ḍamān afḍalīyyat al-murūr!

die Einbahnstraße
شارِع باتِّجاه واحِد
shāriʿ bit-tijāh wāḥid

der Gegenverkehr
سَيْر مُعاكِس
sayr muʿākis

Einbiegen nach rechts verboten
مَمْنوع الاِنْعِطاف لِلْيَمين
mamnūʿ al-inʿiṭāf lil-yamīn

Einbiegen nach links verboten
مَمْنوع الاِنْعِطاف لِلْيَسار
mamnūʿ al-inʿiṭāf lil-yasār

Wenden verboten
مَمْنوع الدَّوَران
mamnūʿ ad-dawarān

die Schnee- oder Eisglätte
ثَلْج وَصَقيع
thalj wa ṣaqīʿ

DAS AUTO - السَّيَّارَة

Autotypen - أَنْواع السَّيَّارات

die Stretchlimousine
ليموزين
līmūzīn

das Cabrio
سَيَّارَة مَكْشوفَة
sayyārah makshūfah

die Fließhecklimousine
سَيَّارَة بدون صُنْدوق
sayyārat bidūn ṣandūq

der Sportwagen
سَيَّارَة رياضيَّة
sayyārah riyāḍiyah

der Kleinstwagen
سَيَّارَة صَغيرَة جدّاً
sayyārah ṣaghīrah jiddan

der Kleinwagen
سَيَّارَة صَغيرَة
sayyārah ṣaghīrah

der Oldtimer
سَيَّارَة عَتيقَة
sayyārah ʿatīqah

die Limousine
سَيَّارَة صالون
sayyārat ṣālūn

der Kombiwagen
سَيَّارَة إسْتَيْشِن
sayyārah istayshin

der Pick-up
شاحِنَة بيك آب
shāḥinat bīk āb

der Kleintransporter
سَيَّارَة نَقْل صَغيرَة
sayyārat naqil ṣaghīrah

die Klimaanlage	mukayyif hawāʾ	مُكَيِّف هَواء
die Automatikschaltung	autūmātīk	أوتوماتيك
die Handschaltung	taghyīr yadawī	تَغْيير يَدَوي
die Zündung	tashghīl	تَشْغيل
zweitürig	bi-bābayn	ببابَيْن
dreitürig	bi-thalāthat abwāb	بِثَلاثَة أبْواب
viertürig	bi-arbaʿat abwāb	بِأَرْبَعَة أبْواب

der Geländewagen
سَيَّارَة جَبَلِيَّة
sayyārat jabalīah

DAS AUTO - السَّيَّارَة

Das Auto - Außenansicht - مِنَ الخارِج

die Beifahrerseite
جِهَة المُرافِق
jihat al-murāfiq

das Dach
سَقْف
saqf

die Windschutzscheibe
زُجاج أَمامي
zujāj amāmī

die Fahrerseite
جِهَة السَّائِق
jihat as-sāʾiq

die Begrenzungsleuchte
ضَوْء جانِبي
ḍawʾ jānibī

der Rückspiegel
مِرْآة رُؤيَة خَلْفيَّة
mirʾāt ruʾyah khalfīyah

die Blinkleuchte
ضَوْء غَمَّاز
ḍawʾ ghammāz

das Rad
عَجَلَة
ʿajalah

der Scheibenwischer
مَسَّاحَة زُجاج
massāḥat zujāj

der Kühlergrill
مُبَرِّد
mubarrid

die Stoßstange
مِصَدّ
miṣadd

das Nummernschild
لَوْحَة رَقَم السَّيَّارَة
lawḥat raqam as-sayyārah

das Markenemblem
شِعار ماركَة السَّيَّارَة
shiʿār markat as-sayyārah

der Nebelscheinwerfer
ضَوْء ضَباب
ḍawʾ ḍabāb

das Reifenprofil
تضاريس الإطار
taḍārīs al-ʾiṭār

der Ölmessstab	miqyās az-zayt	مِقْياس الزَّيْت
der Luftfilter	filtar hawāʾ	فِلْتَر هَواء
der Bremsflüssigkeitsbehälter	wiʿāʾ sāʾil al-farmalah	وِعاء سائِل الفَرْمَلَة
die Antenne	hawāʾī	هَوائي
die Radaufhängung	ḥāmil darrājah	حامِل دَرَّاجَة
das Abblendlicht	ḍawʾ khāfit	ضَوْء خافِت
das Fernlicht	ḍawʾ ʿālī	ضَوْء عالي

DAS AUTO - السَّيَّارَة

Das Auto - Außenansicht - مِنَ الخارِج

① *der Seitenspiegel*
مِرْآة جانِبِيَّة
mir'āt jānibīyah

② *die B-Säule*
دَعامَة وُسْطى
daʿāmah wusṭā

③ *der Kofferraum*
مَكان الأَمْتِعَة
makān al-amtiʿah

④ *die Heckscheibe*
زُجاج خَلْفي
zujāj khalfī

⑤ *die Motorhaube*
غِطاء مُحَرِّك
ghiṭā' muḥarrik

⑥ *das Seitenfenster*
نافِذَة جانِبِيَّة
nāfidhah jānibīyah

⑦ *die Autotür*
باب سَيَّارَة
bāb sayyārah

⑧ *die Radkappe*
غِطاء عَجَلَة
ghiṭā' ʿajalah

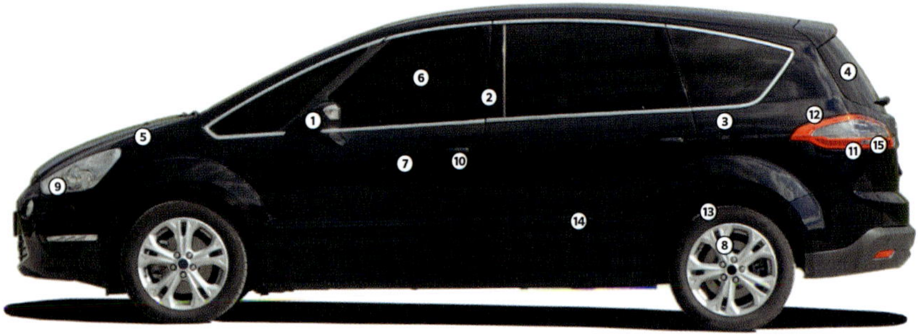

⑨ *der Scheinwerfer*
كَشَّاف
kashshāf

⑩ *der Türgriff*
مِقْبَض باب
miqbaḍ bāb

⑪ *die Bremsleuchte*
ضَوْء الفَرْمَلَة
ḍaw' al-farmalah

⑫ *die Rückleuchte*
ضَوْء خَلْفي
ḍaw' khalfī

⑬ *der Reifen*
إطار مَطَّاطي
iṭār maṭṭāṭī

⑭ *die Seitenschutzleiste*
شَريط حِمايَة جانِبِيَّة
sharīṭ ḥimāya jānibīyyah

⑮ *der Rückfahrscheinwerfer*
كَشَّاف الرَّجوع لِلْخَلْف
kashshāf ar-rujūʿ lil-khalf

der Motor	muḥarrik	مُحَرِّك
der Benzintank	khazzān waqūd	خَزَّان وَقود
das Getriebe	ṣandūq at-turūs	صَنْدوق التُروس
der Kühler	mubarrid khazzān mā'	جِهاز تَبْريد
der Ventilator	mirwaḥah	مِرْوَحَة
die Batterie	baṭṭāriyah	بَطَّارِيَّة
das Auspuffrohr	māsūrat ʿādim	ماسورَة عادِم

die Felge
طَوْق مَعْدَني
ṭawq maʿdanī

DAS AUTO - السَّيَّارَة

Das Auto – Innenausstattung - مِنَ الدَّاخِل

① der Seitenspiegel
مِرْآة جانِبِيَّة
mir'āt jānibīyah

② das Lenkrad
عَجَلَة قِيادَة
ʿajalat qiyādah

③ das Armaturenbrett
لَوْحَة قِيادَة
lawḥat qijādah

④ der Türöffner
مِقْبَض الباب
miqbaḍ al-bāb

⑤ der Fahrersitz
مَقْعَدالسَّائِق
maqʿad as-sā'iq

⑥ die Mittelkonsole
حامِلَة مَرْكَزِيَّة
ḥāmilah markazījah

⑦ die Handbremse
فَرامِل اليَد
farāmil al-yad

⑧ der Heizungsregler
مُنَظِّم تَدْفِئَة
munaẓẓim tadfi'ah

⑨ das Handschuhfach
صُنْدوق التابْلوه
ṣundūq at-tāblūh

⑩ der Schalthebel
ذِراع تَعْشيق
dhirāʿ taʿshīq

⑪ der Beifahrersitz
مَقْعَد المُرافِق
maqʿad al-murāfiq

der Warnblinkschalter
مِفْتاح ضَوْء التَّحْذير
miftāḥ ḍaw' at-taḥdhīr

die Stereoanlage
جِهازسْتيريو
jihāẓ stīryo

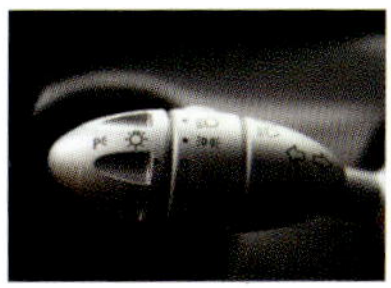

der Blinkerhebel
ذِراع الضَّوء الغَمَّاز
dhirāʿ aḍ-ḍaw' al-ghammāz

der Zigaretten-anzünder
وَلَّاعَة سَجائِر
wallaʿat sajā'ir

das Navigationsgerät
جِهاز مِلاحَة
jihāẓ milāḥah

die Fußstütze	masnad al-qadamayn	مَسْنَد القَدَمين
das Kupplungspedal	dawwāsat dibiryāj	دَوَّاسَة دِبْرِياج
das Bremspedal	dawwāsat farāmil	دَوَّاسَة فَرامِل
das Gaspedal	dawwāsat surʿah	دَوَّاسَة سُرْعَة
der Sicherheitsgurt	ḥizām amān	حِزام أمان
die Kopfstütze	masnad ra's	مَسْنَد رَأس
der Airbag	kīs hawā'	كيس هَواء

DAS AUTO - السَّيَّارَة

Die Tankstelle - مَحطَّة البِنْزين

die Preisanzeige
مؤَشِّر السِّعْر
mu'ashshir as-si'r

die Literanzeige
مؤَشِّر كَمِّيَّة الوَقود
mu'ashshir kammīyat al-waqūd

der Feuerlöscher
طَفَّايَة حَريق
ṭaffāyat ḥarīq

die Zapfsäule
مِضَخَّة بِنْزين
miḍakhat binzīn

das Reifenfüllgerät
جهاز نَفْخ الإطارات
jihāz nafkh al-'iṭārāt

das Rauchverbot
مَمْنوع التَّدْخين
mamnū' at-tadkhīn

das Benzin
بنزين
binzīn

der Diesel
ديزل
dīzil

bleifrei
خالي مِن الرَّصاص
khālī min ar-raṣāṣ

verbleit
مُحْتَوي عَلى الرَّصاص
muḥtawī 'lār-raṣāṣ

der Zapfschlauch
خَرْطوم تَعْبِئَة
kharūm ta'bi'ah

die Zapfpistole
مُسَدَّس تَعْبِئَة
musaddas ta'bi'ah

der Tankdeckel
غِطاء خَزان الوَقود
ghiṭā' khazān al-waqūd

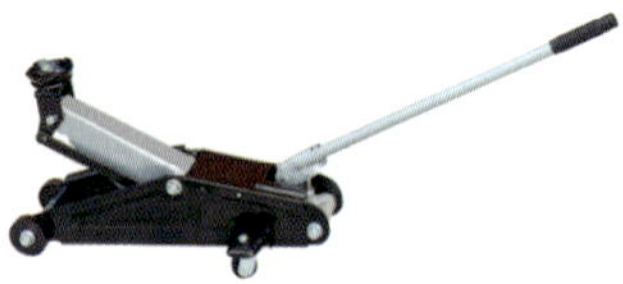

der Wagenheber
رافِعَة
rāfi'ah

(das) Öl wechseln	baddala az-zayt	بَدَّلَ الزَّيْت
der Reifendruck	ḍaghṭ al-iṭār	ضَغْط الإطار
der Keilriemen	ḥizām mirwaḥah	حِزام مِرْوَحَة
die Lichtmaschine	muwallid	موَلِّد
der Sommerreifen	'ajalāt ṣayfīyah	عَجَلات صَيْفِيَّة
der Winterreifen	'ajalāt shatawīyah	عَجَلات شَتَويَّة
der Allwetterreifen	'ajalāt li-kul ṭaqs	عَجَلات لِكُل طَقْس
die Schneekette	silsilat thalj	سِلْسِلَة ثَلْج

tanken
عَبأَ بِنْزين
'abba'a binzīn

DAS AUTO - السَّيَّارَة

Die Tankstelle - مَحَطَّة البِنْزين

① die Tankanzeige
مؤشّر وَقود
mu'ashshir waqūd

② die Tankleuchte
ضَوْء خَزَّان الوَقود
ḍaw' hkazzān al-waqūd

③ der/das Tachometer
'addād surʿah عَدَّاد سُرْعَة

④ die Geschwindigkeit
surʿah سُرْعَة

⑤ der Kilometerstand
miqyās masāfāt مِقْياس مَسافات

⑥ der Drehzahlmesser
عَدَّاد الدَّورات
ʿaddād ad-dawrāt

⑦ die Kühlmitteltemperaturanzeige
مؤشّر حَرارة المُبَرِّد
mu'ashshir ḥarārat al-mubarrid

den Reifen wechseln
غَيَّرَ العَجَلَة
ghayyara al-ʿajalah

der Radmutternschlüssel
مِفْتاح عَزَقات العَجَلَة
miftāḥ ʿazaqāt al-ʿajalah

das Reserverad
عَجَلَة اِحْتِيَّاطِيَّة
ʿajalah iḥttiyāṭīyah

die Reifenpanne
عَطَب بالعَجَلَة
ʿaṭab bil-ʿajalah

der Verkehrsunfall	ḥādith sayyārah	حادِث سَيَّارَة
Ich habe eine Panne.	ḥadatha ʿaṭab lisayyāratī.	حَدَثَ عَطَب لِسَيَّارَتي.
Könnten Sie bitte den Pannendienst anrufen?	hal tastaṭīʿu al-'itiṣāl bi-khidmat aṣ-ṣiyānah?	هَل تَسْتَطيعُ الاتِّصال بِخِدْمَة الصِّيانَة؟
Der Motor springt nicht an.	muḥarrik as-sayyārah lā yaʿmal.	مُحَرِّك السَّيارَة لا يَعْمَل.
das Starthilfekabel	kabl musāʿadat tashghīl	كَبْل مُساعَدَة تَشْغيل
der Ersatzreifen	ʿajalah badīlah	عَجلَة بَديلَة
Könnten Sie mir beim Reifenwechseln helfen?	hal yumkin an tusāʿidunī fī taghyir al-ʿajalah?	هَل تَسْتَطيع مُساعَدَتي في تَغْيير العَجَلَة؟

DER BUS – الحافِلَة

der Doppeldecker
حافِلَة مِن طابقَيْن
ḥāfilah min ṭābiqīn

die Liniennummer
رَقَم خَط السَّيْر
raqam khaṭ as-sayr

das Fahrziel
وُجْهَة السَّفَر
wujhat as-safar

der Reisebus
حافِلَة سَفَر
ḥāfilat safar

die Automatiktür
باب أوتوماتيكي
bāb awtūmātīkī

der Gepäckraum
مَخْزَن الأَمْتِعَة
makhzan al-amtiʿah

die Bushaltestelle
مَوْقِف حافِلَة
mawqif ḥāfilah

der Fahrplan
جَدْوَل المَواعيد
jadwal al-mawāʿid

das Wartehäuschen
مأوى الحافِلات
maʾwā al-ḥāfilāt

der Schulbus
حافِلَة مَدْرَسيَّة
ḥāfilah madrasīyah

der Halteknopf
زر
zir

der Busbahnhof	maḥaṭṭat ḥāfilāt	مَحَطَّة حافِلات
der Linienbus	ḥāfilat naql	حافِلَة نَقْل
der Kleinbus	ḥāfilah ṣaghīrah	حافِلَة صَغيرَة
die Monatskarte	tadhkirah shahrīyah	تَذْكِرَة شَهْريَّة
der Fahrpreis	ujrat rukūb al-ḥāfilah	أُجْرَة رُكوب الحافِلَة
die Fahrkarte	tadhkirat rukūb al-ḥāfilah	تَذْكِرَة رُكوب الحافِلَة
der Fahrkartenautomat	jihāz tadhākir ālī	جِهاز تَذاكِر آلي

die Halteschlaufe
شَريطَة تَمَسُّك
sharīṭat tamassuk

DAS MOTORRAD – الدَّراجَة النَّاريَّة

die Rennmaschine
دَرَّاجة سِباق
darrājaht sibāq

das Cockpit
قَمرَة القيَّادَة
qamarat al-qiyyādah

der Kupplungshebel
ذِراع دِبرِياج
dhirāʿ dibiryāj

der Lenkergriff
مِقْبَض القِيادَة
miqbaḍ al-qiyādah

der Fahrersitz
مِقْعَد السَّائِق
miqʿad as-sāʾq

der Rückspiegel
دَرَّاجَة سِباق
mirʾāt khalfiyah

der Soziussitz
مِقْعَد إضافي
miqʿad iḍāfiī

das Schutzblech
واقي مِن الطِّين
wāqī min aṭ-ṭīn

der Seitenständer
مَسْنَد جانِبي
masnad jānibī

die Fußraste
مَسْنَد قَدَمَيْن
masnad qadamayn

die Rückleuchte
ضَوْء خَلْفي
ḍawʾ khalfī

das Getriebe
صُنْدوق تُروس
ṣundūq turūs

der Fußschalthebel
دَوَّاسَة تَشْغيل
dawwāsat tashghīl

die Radaufhängung
آليَّة تَعْليق
āliyat taʿlīq

der Motorroller
سكوتَر
skūtar

das Quad
دَرَّاجة بأَرْبَع عَجَلات
darrājah bi-arbaʿ ʿajalāt

das Geländemotorrad
دَرَّاجة لِلْطُرُق الوَعِرَة
darrājah liṭ-ṭuruq al-waʿirah

der Chopper
تشوبَر
tshūbar

DAS MOTORRAD - الدَّراجَة النَّاريَّة

der Motorradhelm
خوذَة دَرَّاجَة
khūdhat darrājah

die Lederjacke
سُتْرَة جِلْديَّة
sutrah jildīyah

die Motorradkombi
مَلابِس جِلْديَّة
malābis jildīyah

der Lederhandschuh
قُفازات جِلْديَّة
quffāzāt jildīyah

das Visier
قِناع واقي
qinā' wāqī

der Lufteinlass
مَدْخَل هَواء
madkhal hawā'

der Reflektorstreifen
شَريط عاكِس
sharīṭ 'ākis

der Tachometer
عَدّاد سُرْعَة
'addād sur'ah

der Lenker
مِقْوَد
miqwad

der Tankdeckel
غِطاء الخَزَّان
ghiṭā' al-khazzān

der Benzintank
خَزَّان بِنْزين
khazzān binzīn

der Blinker
ضَوء غَمَّاز
ḍaw' ghammaz

der Bremshebel für die Vorderradbremse
ذِراع فَرامِل العَجَلات الأَماميَّة
dhirā' farāmil ah-'ajalāt al-amāmīyah

der Gasdrehgriff
قَبْضَة الوَقود
qabḍat al-waqūd

das Motorradgespann
دَراجَة ناريَّة بِمَقْطورَة
darrājah nārīyah bi-maqṭūrah

der Tourer
دَراجَة ناريَّة سِياحيَّة
darrājah nārīyah siyāḥīyah

der Beiwagen
عَرَبَة إِضافيَّة
'arabah iḍāfīyah

DAS FAHRRAD - الدَّراجَة الهَوائِيَّة

der Schalthebel	dhirāʿ taghyyir at-taʿshīq	ذِراع تَغْيير التَعشيق
der Bremshebel	dhirāʿ al-farāmil	ذِراع الفَرامِل
die Luftpumpe	miḍakhkhat hawāʾ	مِضَخَّة هَواء
der Fahrradhelm	khūdhat darrājah	خوذَة دَرَّاجَة
der Dynamo	muwallid kahrubāʾī	مُوَلِّد كَهْرُبائي
in die Pedale treten	dawwasa ad-dawwāsāt	دَوَّسَ الدَّواسات
bremsen	farmala	فَرْمَلَ
in einen höheren/niedrigeren Gang schalten	ghayyara litirs aʿlā\adnā	غَيَّرَ لِتِرْس أَعْلى/أَدْنى
Radfahren lernen	taʿallama rukūb ad-darājah	تَعَلَّمَ رُكوب الدَّراجَة
einen Fahrradschlauch flicken	raqqaʿa al-iṭār ad-dākhilī	رَقَّعَ الإِطار الدَّاخِلي

DAS FAHRRAD - الدَّراجَة الهَوائِيَّة

der Kindersitz
مَقْعَد أَطْفال
maqʿad aṭfāl

das Einrad
دَرَّاجَة بِعَجَلَة واحِدَة
darrājahah bi-ʿajalah wāḥidah

das Tandem
دَرَّاجَة لِراكِبَيْن
darrājah li-rākibayn

das BMX-Rad
دَرَّاجَة بي إم إكس
darrājaht bī ˈim ˈiks

das Rennrad
دَرَّاجَة سِباق
darrājaht sibāq

das Tourenfahrrad
دَرَّاجَة تِجْوال
darrājaht tijwāl

das Mountainbike
دَرَّاجَة جِبَلِيَّة
darrājaht jibalīyah

das Elektrofahrrad
دَرَّاجَة كَهْرُبائِيَّة
darrājahah kahrubāˈīyah

das Liegerad
دَرَّاجَة اِسْتِلْقاء
darrājaht istilqāˈ

das Dreirad
دَرَّاجَة بِثَلاث عَجَلات
darrājaht bi-thalāth ʿajalāt

das Fahrradschloss
قِفْل دَرَّاجَة
qifl darrājah

das Flickzeug
عُدَّة تَرْقيع
ʿuddat tarqīʿ

das Leihfahrrad
دَرَّاجَة لِلاِسْتِعارَة
darrājaht li-lˈistiʿārah

der Kinderanhänger
مَقْطورَة أَطْفال
maqṭūrat aṭfāl

die Satteltasche
حَقيبَة سَرْج
ḥaqībat sarj

der Fahrradständer
مَصَف دَراجات
maṣaf darājāt

DAS LASTKRAFTFAHRZEUG – الشَّاحِنات

der Sattelschlepper
جَرار نِصْف المَقْطورَة
jarār niṣf al-maqṭūrah

die Kühlerhaube
غِطاء المُحَرَّك
ghiṭāʾ al-muḥarrik

der Kühlergrill
شَبَكَة المُبَرِّد
shabakat al-mubarrid

der Scheinwerfer
مِصْباح أَمامي
miṣbāḥ amāmī

der Stoßfänger
مِصَدّ
miṣadd

die Windschutzscheibe
زُجاج أَمامي
zujāj amāmī

die Trittstufe
دَرَجَة صُعود
darajat ṣuʿūd

der Kraftstofftank
خَزّان وَقود
khazzān waqūd

das Auspuffrohr
مِدْخَنَة العادِم
midkhanat al-ʿādim

die Schlafkabine
مَقْصورَة نَوم
maqṣūrat nawm

das Lufthorn
قَرْن هَواء
qarn hawāʾ

der Stauraum
مَكان تَخْزين
makān takhzīn

der Autotransporter
ناقِلَة سَيّارات
nāqilat sayyārāt

die Schneefräse
سَيّارَة إزاحَة الثَّلْج
sayyārat izāḥat ath-thalj

die Straßenkehr-maschine
سَيّارَة كَنْس الطَريق
sayyārat kans aṭ-ṭarīq

der Müllwagen
سَيّارَة قُمامَة
sayyārat qumāmah

der Tankwagen
شاحِنَة نَقْل صَهْريجِيَّة
shāḥinat naql ṣihrījīyah

der Sattelzug
قاطِرَة وَمَقْطورَة
qāṭirah wa maqṭūrah

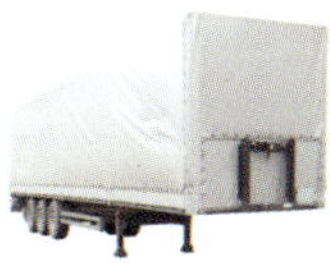

der Auflieger
مَقْطورَة
maqṭūrah

der Flachbettauflieger
شاحِنَة حَمْل مَقْطورَة
shāḥinat ḥaml maqṭūrah

WEITERE FAHRZEUGE - سَيَّاراتٌ أُخْرى

der Bagger
حَفَّارَة
ḥaffārah

der Radlader
جَرَّافَة
jarrāfah

der Betonmischer
خَلَّاط إِسْمَنْت
khallāṭ ismant

der Kipper
قَلَّاب
qallāb

der Wohnwagen
عَرَبَة كارافان
ʿarabat kārāfān

das Wohnmobil
سَيَّارَة مَنْزِل مُتَنَقِّل
sayyārat manzil mutanaqqil

der Gabelstapler
رافِعَة ذات شَوْكَة
rāfiʿah dhāt shawkah

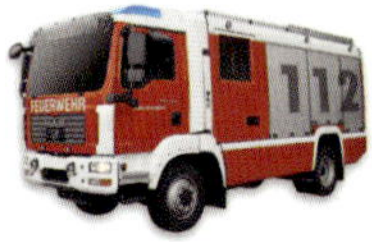

das Feuerwehr-fahrzeug
سَيَّارَة إِطْفاء
sayyārat iṭfāʾ

der Anhänger
مَقْطورَة
maqṭūrah

der Traktor
جَرَّار
jarrār

der Polizeiwagen
سَيَّارَة شُرْطَة
sayyārat shurṭah

das Taxi
تاكْسي
tāksī

der Abschleppwagen
سَيَّارَة سَحْب سَيَّارات
sayyārat saḥb sayyārāt

der Fahrzeugkran
رافِعَة
rāfiʿah

der Taxistand
مَحَطَّة تاكْسي
maḥaṭṭat tāksī

ein Taxi herbeiwinken
أَشارَ لِتاكِسي
ashāra li-tāksī

DER ZUG - القِطار

der Zug
قِطار
qiṭār

der Führerstand
مَكان السَّائِق
makān as-sā'iq

das Kleinabteil
مَقْصورَة صَغيرَة
maqṣūrah ṣaghīrah

die Gepäckablage
رَف أَمْتِعَة
raf amtiʿah

die Schiene
سِكَّة
sikkah

der Waggon
عَرْبَة
ʿarabah

die Armlehne
مَسْنَد ذِراع
masnad dhirāʿ

der Sitz
مَقْعَد
maqʿad

die Kopflehne
مَسْنَد رَأس
masnad ra's

der Güterzug
قِطار بَضائِع
qiṭār baḍā'iʿ

die Straßenbahn
تِرام
tirām

die U-Bahn
قِطار أَنْفاق
qiṭār anfāq

die Einschienenbahn
قِطار على قَضيب أُحادي
qiṭār ʿalā qaḍīb uḥādī

die Dampflok
قِطار بُخاري
qiṭār bukhārī

der Hochgeschwindigkeitszug	qiṭār ʿālī as-surʿah	قِطار عالي السُّرْعَة
das Großraumabteil	maqṣūrah kabīrah	مَقْصورَة كَبيرَة
die Oberleitung	aslāk hawā'iyah	أسلاك هَوائِيَّة
die erste Klasse	darajah ūlā	دَرَجَة أولى
die zweite Klasse	darajah thāniyah	دَرَجَة ثانِيَة
der Klapptisch	ṭāwilah qābilah liṭ-ṭay	طاوِلَة قابِلَة لِلْطَّي
die Sitzplatzreservierung	ḥajz maqʿad	حَجْز مَقْعَد

DER ZUG - القِطار

Am Bahnhof - في مَحَطَّة القِطار

der Bahnsteig
رَصيف
raṣīf

einsteigen
رَكِبَ
rakiba

aussteigen
نَزَلَ
nazala

das Geländer
سور
sūr

die Gleisnummer
رَقْم الرَّصيف
raqm ar-raṣīf

der Wegweiser
لَوْحَة إرْشادات
lawḥat irshādāt

der Reisende
مُسافِر
musāfir

die Rolltreppe
دَرَج مُتَحَرِّك
daraj mutaḥarrik

die Bahnhofshalle
بَهو المَحَطَة
bahū al-maḥaṭṭah

der Fahrkartenschalter
شُبَّاك تَذاكِر
shubbāk tadhākir

der Fahrkarten-automat
جِهاز تَذاكِر آلي
jihāz tadhākir ālī

die Schaffnerin
مُفَتِّشَة تَذاكِر
mufattishat tadhākir

die Verspätung	ta'khīr	تَأخير
pünktlich	fīl-waqt al-muḥaddad	في الوَقْت المُحَدَّد
umsteigen	ghayyara	غَيَّرَ
schwarzfahren	rakiba bidūn tadhkarah	رَكِبَ بِدون تَذْكَرَة
Eine einfache Fahrt nach ..., bitte.	tadhkirat dhahāb ilā ..., min faḍlik.	تَذكِرَة ذهاب إلى...،مِن فَضْلِك.
hin und zurück	dhahāb wa iyāb	ذَهاب وَإياب
Ist dieser Platz noch frei?	hal hadhāl-makān fārigh?	هَل هَذا المَكان فارِغ؟

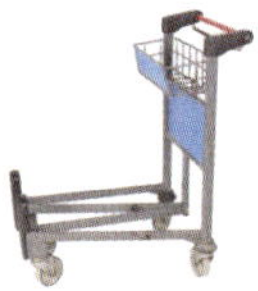

der Kofferkuli
عَرَبَة الأَمْتِعَة
ʿarabat al-amtiʿah

DAS FLUGZEUG - الطَّائِرَة

das Verkehrsflugzeug
طائِرَة رُكَّاب
ṭāʾirat rukkāb

das Fenster
نافِذَة
nāfidhah

der Rumpf
جِسْم الطَّائِرَة
jism aṭ-ṭāʾirah

der Bug
مُقَدِّمَة
muqaddimah

das Heck
ذَيْل
dhayl

die Tragfläche
جَناح
janāḥ

die Flugzeugtür
باب الطَّائِرَة
bāb aṭ-ṭāʾirah

das Seitenleitwerk
ذَيْل تَوازُن أُفُقي
dhayl tawāzun ufuqī

der Gepäckraum
مَخْزَن أَمْتِعَة
makhzan amtiʿah

das Fahrwerk
أَجْهِزَة هُبوط
ajhizat hubūṭ

das Cockpit
مَقْصورَة قِيادَة الطائِرَة
maqṣūrat qiyādat aṭ-ṭāʾirah

das Höhenleitwerk
ذَيْل تَوازُن عامودي
dhayl tawāzun ʿāmūdī

das Querruder
مُوازِن الطائِرَة
mūwāzin aṭ-ṭāʾirah

das Triebwerk
مُحَرِّك
muḥarrik

das Bugfahrwerk
عَجَلات هُبوط أَمامِيَّة
ʿajalāt hubūṭ amāmīyah

der Windsack
مُؤَشِّر اِتْجاه الرِّياح
muʾashshir itijāh ar-riyāḥ

Ihr Flug ist jetzt zum Einsteigen bereit.	ṭāʾiratuka jāhizah lil-ʾiqlāʿ.	طائِرَتُك جاهِزَة لِلإِقْلاع.
die Fluggesellschaft	sharikat ṭayarān	شَرِكَة طَيَران
der Pilot	ṭayyār	طَيَّار
die Pilotin	ṭayyārah	طَيَّارَة
die erste Klasse	darajah ūlā	دَرَجَة أُولى
die Businessklasse	darajat rijāl aʿmāl	دَرَجَة رِجال أَعْمال
die Economyklasse	darajah siyāhīyah	دَرَجَة سِياحِيَّة

DAS FLUGZEUG - الطَّائِرَة

Im Flugzeug - في الطَّائِرَة

die Sicherheits-anweisung
تَعْليمات سَلامَة
taʿlīmāt salāmah

die Flugbegleiterin
مُضيفَة
muḍīfah

der Sitzplatz
مَقْعَد
maqʿad

das Gepäckfach
دُرْج أَمْتِعَة
durj amtiʿah

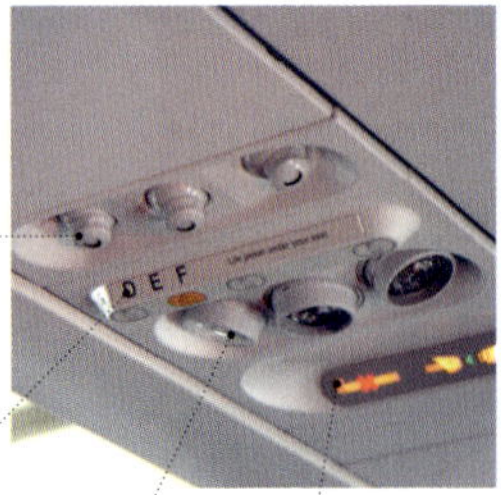

die Luftdüse
مَنْفَث هَواء
manfath hawā'

die Sitznummer
رَقَم مَقْعَد
raqam maqʿad

der Nichtraucherflug
رِحْلَة غَير مُدَخِنين
riḥlat ghayr mudakhinīn

die Leselampe
مِصْباح قِراءَة
miṣbāḥ qirā'ah

das Handgepäck
حَقائِب يَد
ḥaqā'ib yad

der Gang
مَمَر
mamar

der Notausgang
مَخْرَج طَوارِئ
makhraj ṭawāri'

der Sitzabstand
مَسافَة بَيْن المقاعِد
masāfah bayn al-maqāʿid

die Sitzreihe	ṣaf maqāʿid	صَف مَقاعِد
der Sicherheitsgurt	ḥizām amān	حِزام أمان
sich anschnallen	waḍaʿa ḥizām al-amān	وَضَعَ حِزام الأمان
die Start- und Landebahn	mudarraj	مُدَرَّج
fliegen	ṭāra	طارَ
starten	aqlaʿa	أَقْلَعَ
landen	habaṭa	هَبَطَ
die Turbulenzen	iḍṭirābāt	اِضْطِرابات
die Notlandung	hubūṭ iḍṭirārī	هُبوط اِضْطِراري
die Sauerstoffmaske	qināʿ uksijīn	قِناع أوكْسِجين

der Bildschirm für das Bordprogramm
شاشَة
shāshah

DAS FLUGZEUG - الطَّائِرَة

Am Flughafen - في المَطار

der Check-in-Automat
جهاز تِسْجيل آلي
jihāz tasjīl ālī

der Check-in-Schalter
شُبَّاك تَسْجيل
shubbāk tasjīl

die Bordkarte
تَصْريح رُكوب
taṣrīḥ rukūb

der Reisepass
جَواز سَفَر
jawāz safar

die Ankunft
وُصول
wuṣūl

der Abflug
إقْلاع
iqlā'

das Terminal
مَحَطَّة
maḥaṭṭah

der Zoll
جَمارك
jamārik

die Sicherheitskontrolle
تَفْتيش أَمْني
taftīsh amnī

die Ticketkontrolle
فَحْص التَّذاكِر
faḥṣ at-tadhākir

der Duty-free-Laden
مَتْجَر سوق حُرَّة
matjar sūq ḥurrah

die Fluggasttreppe
دَرَج المُسافِرين
daraj al-musāfirīn

der Flugsteig
بَوابَة
bawwābah

die Fluggastbrücke
جِسر عُبور المُسافِرين
jisr 'ubūr al-musāfirīn

der Kontrollturm
بُرْج تَحَكُم
burj taḥakum

der Fluglotse
مُراقِب الحَرَكَة الجَويَّة
murāqib al-ḥarakah al-jawīyah

DAS FLUGZEUG - الطَّائِرَة

Am Flughafen - في المَطار

① *die Anzeigetafel*
شاشَة مَعْلومات
shāshat maʿlūmāt

② *das Reiseziel*
مَقْصَد الرِّحْلَة
maqṣad ar-riḥlah

der Langstreckenflug
رِحْلَة طَيَران طَويلَة
riḥlat ṭayarān ṭawīlah

der Auslandsflug
رِحْلَة طَيَران دُوَلِيَّة
riḥlat ṭayarān dawlīyah

der Inlandsflug
رِحْلَة طَيَران داخِلِيَّة
riḥlat ṭayarān dākhilīyah

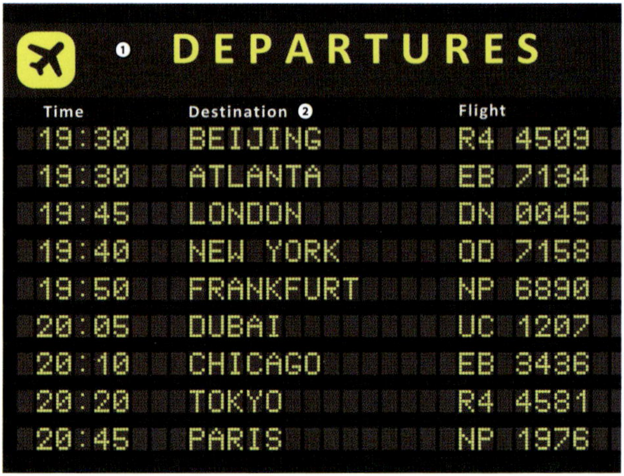

der Rollkoffer
حَقيبَة بِعَجَلات
ḥaqībah biʿajalāt

das Übergepäck
وَزْن زائِد
wazn zāʾid

das Gepäckband
شَريط تَسْيير الأَمْتِعَة
sharīṭ tasyīr al-amtiʿah

der Fahrsteig
مَمْشى مُتَحَرِّك
mamsha mutaḥarrik

die Zwischenlandung	hubūṭ istirāḥah	هُبوط اِسْتِراحَة
einen Flug buchen	ḥajz riḥlah	حَجَزَ رِحْلَة
der/das Online-Check-in	tasjīl bil-intarnit	تَسْجيل بالإِنْتَرْنِت
die Buchungsnummer	raqam ḥajz	رَقَم حَجْز
das Visum	fīzā	فيزا
die Gepäckkontrolle	taftīsh amtiʿah	تَفْتيش أَمْتِعَة
der Währungsumtausch	ṣirāfat ʿumlah	صِرافَة عُمْلَة

der Rucksack
حَقيبَة ظَهْر
ḥaqībat ẓahr

DAS SCHIFF - ا لسَّفينَة

das Kreuzfahrtschiff
سَفينَة سِياحيَّة
safīnah siyāḥīyah

die Radarantenne
هَوائي رادار
hawāʾī rādār

das Deck
سَطْح
saṭḥ

die Kabine
مَقْصورَة
maqṣūrah

der Schornstein
مَدْخَنَة
madkhanah

die Funkantenne
هَوائي رادْيو
hawāʾī rādyū

die Backbordseite
جانِب أَيْسَر
jānib aysar

der Rumpf
جِسْم
jism

das Bullauge
نافِذَة
nāfidhah

die Steuerbordseite
جانِب أَيْمَن
jānib ayman

der Bug
مُقَدِّمَة السَّفينَة
maqaddimat as-safīnah

das Rettungsboot
قارِب نَجاة
qārib najāt

der Bugwulst
بُروز
burūz

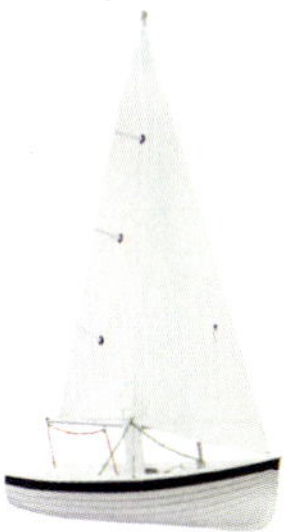

das Segelboot
مَرْكَبَة شِراعيَّة
markabah shirāʿīyah

die Motorjacht
يَخْت
yakht

das Motorboot
قارب سريع
qārib sarīʿ

der Katamaran
كاتامَران
kātāmrān

DAS SCHIFF - السَّفينَة

Der Hafen - في الميناء

der Containerhafen
ميناء حاويات بَضائِع
mīnā' ḥāwiyāt baḍā'i'

das Containerlager
مُسْتَوْدَع حاويات
mustawda' ḥāwiyāt

die Fracht
بَضائِع
baḍā'i'

der Kai
رَصيف
raṣīf

der Kran
ونْش
winsh

das Containerschiff
سَفينَة حاويات
safīnat ḥāwiyāt

der Leuchtturm
مَنارَة
manārah

die Vertäuung
مَرْسى
marsā

der Poller
مَرْبَط حِبال
marbaṭ ḥibāl

die Boje
عَوّامَة
'awwāmah

den Anker werfen/lichten	rasā/abḥara	رَسا/أبْحَرَ
die Küstenwache	ḥaras sawāḥil	حَرَس سَواحِل
anlegen	ḥāzā ar-raṣīf	حاذى الرَّصيف
auslaufen	abḥara	أبْحَرَ
an Bord gehen	ṣa'ada	صَعَدَ
von Bord gehen	nazala	نَزَلَ
das U-Boot	ghawwāṣah	غَوّاصَة

die Fähre
عَبّارَة
'abbārah

IN DER STADT

فِي المَدِينَة

DIE INNENSTADT – وَسَط المَدينَة

die Vorstadt ضاحِيَة ḍāḥīyah

die Brücke جِسْر jisr

der Fluss نَهْر nahr

die Straße شارِع shāriʿ

das Geschäftsviertel مَنْطِقَة تِجارِيَّة minṭaqah tijārīyah

der Fernsehturm بُرْج تِلفاز burj tilfāz

der Wohnblock مُجَمَّع شُقَق mujammaʿ shuqaq

der Dom كَتِدْرائِيَّة katidrāʾīyah

der Gehweg طَرِيق مُشاة ṭarīq mushāh

die Altstadt مَدينَة قَديمَة madīnah qadīmah

der Turm بُرْج burj

die Straßenbeleuchtung إضاءَة شَوارِع iḍāʾat shawāriʿ

die Seitenstraße شارِع جانِبي shāriʿ jānibī

der Boulevard جادَّة jāddah

die Treppe دَرَج daraj

die Gasse حارَة ḥārah

DIE INNENSTADT - وَسَط المَدينَة

Die Bank - البَنْك

der Geldschein
عُمْلَة وَرَقيَّة
ʿumlah waraqīyah

die Münze
عُمْلَة مَعْدَنيَّة
ʿumlah maʿdanīyah

die Währung
عُمْلَة
ʿumlah

das Wertpapier
أوراق ماليَّة
awrāq mālīyah

der Wechselkurs
سِعْر الصَّرْف
siʿr aṣ-ṣarf

das Bankschließfach
صُنْدوق وَدائِع
ṣundūq wadāʾiʿ

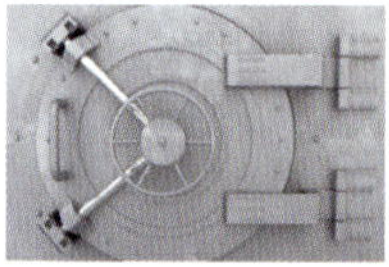

der Tresor
خَزْنَة
khaznah

die Kreditkarte
بِطاقَة اِئْتِمان
biṭāqat iʾtimān

die Börse
بورْصَة
būrṣah

der Börsenkurs
سِعْر السُّوق
siʿr as-sūq

der Finanzberater
مُسْتَشار مالي
mustashār mālī

die Rechnung
فاتورَة
fātūrah

Könnten Sie mir das bitte wechseln?	hal yumkinuka an taṣrif lī?	هَل يُمْكِنُكَ أن تَصْرِف لي؟
Wie ist der aktuelle Wechselkurs?	mā siʿr aṣ-ṣarf al-yawm?	ما سِعْرُ الصَّرْف اليَوْم؟
Ich möchte gerne ein Konto eröffnen.	aurīd an aftaḥa ḥisāban.	أُريد أن أَفْتَحَ حِساباً.
der Betrag	mablagh	مَبْلَغ
der Reisescheck	shīk siyāḥī	شيك سِياحي
das Eigenkapital	raʾs al-māl	رَأْس المال
die Provision	ʿumūlah	عُمولَة
die Wechselstube	maktab ṣirāfah	مَكْتَب صِرافَة

der Überweisungs-schein
إشْعار تَحْويل
ishʿār taḥwīl

EINKAUFEN - تَسَوُّق

Läden und Geschäfte - مَحلّات وَمَتاجِر

der Markt
سوق
sūq

der Marktstand
بَسْطَة
basṭah

das Schaufenster
واجِهَة
wājihah

die Tierhandlung
مَتْجَر حَيَوانات أَليفَة
matjar ḥaywānāt alīfah

der Gemüseladen
مَحَل خَضْراوات
maḥal khaḍrāwāt

die Metzgerei
مَحَل جِزارَة
maḥal jizārah

die Bäckerei
مَخْبَز
makhbaz

die Konditorei
مَحَل حَلَواني
maḥal ḥalawānī

der Supermarkt
سوبَرمارْكيت
sūbbar mārket

das Fischgeschäft
مَحل بَيْع سَمَك
maḥal bayʿ samak

die Weinhandlung
مَتْجَر بَيْع خُمور
matjar bayʿ khumūr

der Blumenladen
مَحل بَيْع زُهور
maḥal bayʿ zuhūr

das Lebensmittel-geschäft
مَحَل بقالَة
maḥal biqālah

der Bioladen
مَحَل مُنْتَجات عُضْوِيَّة
maḥal muntajāt ʿuḍwīyah

das Schreibwaren-geschäft
مَتْجَربَيْع قُرطاسيَّة
matjar bayʿ qurṭāsīyah

der Tante-Emma-Laden
مَتْجَرصَغير
matjar ṣaghīr

EINKAUFEN - تَسَوُّق

Läden und Geschäfte - مَحَلّات وَمَتاجِر

der Buchladen
مَكْتَبَة
maktabah

die Drogerie
مَحَل مُسْتَحْضَرات نَظافَة وَ تَجْميل
maḥal mustaḥḍarāt naẓāfah wa tajmīl

die Boutique
بوتيك
būtīk

der Antiquitätenladen
مَتْجَر أَنْتيكات
matjar antīkāt

der Spielzeugladen
مَتْجَر أَلْعاب
matjar alʿāb

das Juweliergeschäft
مَحَل مُجَوهَرات
maḥal mujawharāt

das Möbelgeschäft
مَتْجَر أَثاث
matjar athāth

der Elektrofachmarkt
مَتْجَر أَدَوات كَهْرُبائِيَّة
matjar adawāt kahrubāʾīyah

das Schuhgeschäft
مَحَل بَيْع أَحْذِيَة
maḥal bayʿ aḥdhiyah

der Friseursalon
صالون حِلاقَة
ṣālūn ḥilāqah

die Schneiderei
مَحَل خِياطَة
maḥal khiyāṭah

die Parfümerie
مَتْجَر عُطور
matjar ʿuṭūr

der Baumarkt
مَتْجَر أَدَوات بِناء
matjar adawāt bināʾ

der Geschenkeladen
مَتْجَر هَدايا
matjar hadāyā

die Apotheke
صَيْدَلِيَّة
ṣaydalīyah

der Optiker
بائِع نَظّارات
bāiʿ naẓẓārāt

EINKAUFEN - تَسَوُّق

Das Einkaufszentrum - مَركَز تَسَوُّق

der Lichthof
رُدْهَة
rudha

die zweite Etage
طابِق ثاني
ṭābiq thānī

die erste Etage
طابِق أَوَّل
ṭābiq awwal

das Geschäft
مَتْجَر
matjar

die Rolltreppe
دَرَج مُتَحَرِّك
daraj mutaḥarrik

das Erdgeschoss
طابِق أَرْضي
ṭābiq arḍī

die Verkäuferin
بائِعَة
bā'iʿah

der Food Court
قاعَة الطَّعام
qāʿat aṭ-ṭʿām

die Umkleidekabine
غُرْفَة تَجْرِبَة مَلابِس
ghurfat tajrubat malābis

der Parkplatz
مَوْقِف سَيّارات
mawqif sayyārāt

der Wickelraum
غُرْفَة تَغْيير حِفاضات
ghurfat taghiīr ḥifāḍāt

der Kundendienst	khidmat zabā'in	خِدْمَة زَبائِن
der Lageplan	kharīṭat mawqiʿ	خَريطَة مَوقِع
der Sicherheitsdienst	khidmat amn	خِدْمَة أَمْن
Könnten Sie mir bitte ... zeigen?	hal yumkinuka an turīnī ..., min faḍlik?	هَل يُمكِنُكَ أن تُريني ...، مِن فَضْلِك؟
Wie viel kostet es?	bikam hadhā?	بِكَم هَذا؟
Kann ich das bitte umtauschen?	hal yumkinunī istibdāl hadhā?	هَل يُمكِنُني اِسْتِبْدال هَذا؟
der Ausverkauf	tanzilāt	تَنْزيلات

EINKAUFEN - تَسَوُّق

Das Kaufhaus - مَتْجَر مَتَعدِّد الأَقْسام

die Schaufensterpuppe
دُمْيَة عَرْض
dumyat ʿarḍ

die Einkaufstüte
كيس تَسَوُّق
kīs tasawwuq

die Taschenabteilung
قِسْم حَقائِب
qism ḥaqā'ib

der Imbissbereich
مَنْطِقَة وَجَبات خَفيفَة
manṭiqat wajabāt khafīfah

die Sportabteilung
قِسْم رِياضَة
qism riyāḍah

die Kurzwaren
مُسْتَلْزَمات مَلابِس
mustalzamāt malābis

die Unterwäsche
مَلابِس داخِلِيَّة
malābis dākhilīyah

die Kosmetikabteilung
قِسْم تَجْميل
qism tajmīl

die Herrenabteilung
قِسْم رِجال
qism rijāl

die Damenabteilung
قِسْم نِساء
qism nisā'

die Kinderabteilung
قِسم أَطْفال
qism aṭfāl

die Schuhabteilung
قِسْم أَحْذِيَّة
qism aḥdhiyah

die Lebensmittelabteilung
قِسْم غِذاء
qism ghidhā'

die Multimedia-Abteilung
قِسْم اِلْكِتْرونِيّات
qism ilkitrunīyat

die Heimtextilienabteilung
قِسْم أَقْمِشَة مَنْزِلِيَّة
qism aqmishah manzilīyah

die Schreibwarenabteilung
قِسْم قُرْطاسِيَّة
qism qurṭāsīyah

EINKAUFEN - تَسَوُّق

Der Supermarkt - السوبَر مارکِيت

der Kassierer
أمين صُنْدوق
amīn ṣundūq

die Kundin
زَبونَة
zabūnah

die Ware
بضاعَة
biḍāʿah

das Warentransport-band
شَريط تَسيير البَضائِع
sharīṭ tasyyīr al baḍā'iʿ

das Warenregal
رَف بَضائِع
raf baḍā'iʿ

der Einkaufswagen
عَرَبَة تَسَوُّق
ʿarabat tasawwuq

die Kasse
صُنْدوق مُحاسَبَة
ṣundūq muḥasābah

der Scanner
جِهاز مَسح
jihāz masḥ

die Käsetheke
طاوِلَة بَيْع جُبْن
ṭawilat bayʿ jubn

die Fleischtheke
طاوِلَة بَيْع لَحْم
ṭawilat bayʿ laḥm

die Einkaufsliste
قائِمَة مُشْتَرَيات
qā'imat mushtarayāt

der Gang
مَمَر
mamar

der Einkaufskorb
سَلَّة
sallah

1 865342 69003

der Strichcode
شيفْرَة خَيْطيَّة
shīfrah khayṭīyah

das Sonderangebot
عَرْض خاص
ʿarḍ khāṣ

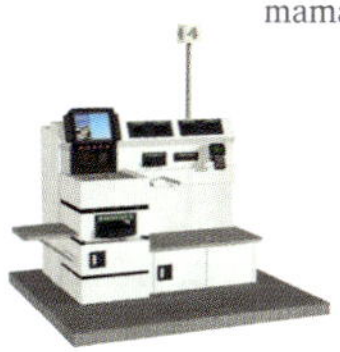

die Selbstbedienungs-kasse
صُنْدوق مُحاسَبَة ذاتي
ṣundūq muḥasābah dhātī

EINKAUFEN - تَسَوُّق

Der Supermarkt - السوبَر مارکِيت

das Kühlregal
رَف بَرّاد
raf barrād

die Milchprodukte
مُنْتَجات أَلْبان
muntajāt albān

die Tiefkühlkost
أَغْذِيَّة
aghdhiyah

das Obst und Gemüse
خُضار وَفواكِه
khuḍār wa fawākih

das Fleisch und Geflügel
لُحوم وَدَواجِن
luḥūm wa dawājin

die Konserven
مُعَلَّبات
muʿallabāt

die Feinkost
مأكولات فاخِرَة
maʾkūlāt fākhirah

der Kassenzettel
فاتورَة
fātūrah

die Babyartikel
مُسْتَلْزَمات رُضَّع
mustalzamāt ruḍḍaʿ

die Frühstücksflocken
رَقائِق إِفْطار
raqāʾiq ifṭār

die Backwaren
مُنْتَجات مَخْبَز
muntajāt makhbaz

die Fischtheke
طاوِلَة بَيْع سَمَك
ṭāwilat bayʿ samak

die Getränke	mashrūbāt	مَشْروبات
die Süßigkeiten	ḥalawiyyāt	حَلَوِيّات
das Tierfutter	aṭʿimat ḥaywānāt	أَطْعِمَة حَيَوانات
die Bioprodukte	muntajāt ʿuḍwīyah	مُنْتَجات عُضْوِيَّة
bezahlen	dafaʿ	دَفَعَ
der Preis	thaman	ثَمَن
das Preisschild	lāʾiḥat ath-thaman	لائِحَة الثَّمَن

die Reinigungsmittel
مَواد تَنْظيف
mawād tanẓīf

EINKAUFEN - تَسَوُّق

Der Kiosk - الكِشْك

die Zeitung
جَريدَة
jarīdah

die Zeitschrift
مَجَلّات
majallāt

das Notizbuch
دَفْتَر
daftar

der/das Comic
قِصَّة مُصَوَّرَة
qiṣṣah muṣawwarah

das Zeitschriftenregal
رَف مَجَلّات
raf majallāt

die Grußkarte
بطاقَة تَهْنِئَة
biṭāqat tahni'ah

der Lottoschein
تَذْكَرَة يانَصيب
tadhkarat yānaṣīb

das Buch
كِتاب
kitāb

der/das Kaugummi
لِبان
libān

der/das Pfefferminz-bonbon
سَكاكِر بالنَّعْناع
sakākir bin-naʿnāʿ

der Schokoriegel
إصْبَع شوكولاتَة
iṣbaʿ shūkūlātah

der Tabak
تَبْغ
tabgh

die Zigarette
سَجائِر
sajā'ir

die Pfeife
غَلْيون
ghalyūn

das Feuerzeug
وَلّاعَة
wallāʿah

die Zigarre
سيجار
sījār

CAFÉS UND BARS - مَقاهي وبارات

das Straßencafé
مَقْهى عَلى رَصيف
maqhā ʿalā raṣīf

die Sonnenterrasse
مَقْهى على تِراس
maqhā ʿalā tirās

die Theke
طاوِلَة الطَّلَب
ṭāwilat aṭ-ṭalab

die Kaffeemaschine
ماكينَة قَهْوَة
mākīnat qahwah

das Tablett
صينيَّة
ṣīnīyah

der Zapfhahn
صُنْبور بيرَة
ṣunbūr bīrah

der Barkeeper
نادِل
nādil

der Barista
قَهْوَجي
qahwajī

der Barhocker
مَقْعَد بار
maqʿad bār

der Korkenzieher
نَزَّاعَة سَدَّادات
nazzāʿat saddādāt

der Cocktailshaker
خَضاضَة كوكْتيل
khaḍāḍat kuktyl

der Weinkühler
دَلو تَبريد النَّبيذ
dalū tabrīd an-nabīdh

etwas auf Rechnung setzen	waḍaʿa shayʾan ʿalā al-fāturah	وَضَعَ شَيْئاً عَلى الفاتورَة
die Rechnung übernehmen	dafaʿa al-fāturah	دَفَعَ الفاتورَة
Wo sind bitte die Toiletten?	ayna dawrāt al-miyāh, min faḍlik?	أَيْنَ دَورات المِياه، مِن فَضْلِك؟
Ich hätte gern ...	aurīd…	أُريد...
Bitte ein Glas ...	kaʾs…, min faḍlik.	كَأس...،مِن فَضْلِك.
Bitte eine Tasse ...	finjān…, min faḍlik.	فِنْجانُ...، مِن فَضْلِك.

der Aschenbecher
طَفايَة سَجائِر
ṭafāyat sajāʾir

SEHENSWÜRDIGKEITEN – مَعالِم سِياحيَّة

der Stadtplan
خَريطَة مَدينَة
kharīṭat madīnah

die Touristeninformation
مَعْلومات سِياحِيَة
maʿlūmāt siāḥīyah

der Reiseführer
دَليل سِياحي
dalīl siyāḥī

das Souvenir
تِذْكار
tidhkār

die Stadtbesichtigung
مُشاهَدَة مَدينَة
mushāhadat madīnah

die Stadtrundfahrt
جَولَة في مَدينَة
jawlah fī madīnah

die Flussfahrt
رِحْلَة نَهْرِيَّة
riḥlah nahrīyah

das Aquarium
حَوض سَمَك
ḥawḍ samak

die Aussichtsplattform
مِنَصَّة عَرْض
minaṣṣat ʿarḍ

die Ausstellung
مَعْرَض
maʿraḍ

der Straßenmusiker
مُوسيقي شوارِع
mūsīqī shawāriʿ

der Straßenkünstler
فَنان شَوارِع
fanān shawāriʿ

die Warteschlange
صَف اِنْتِظار
ṣaf intiẓār

der Fremdenführer	murshid siyāḥī	مُرْشِد سِياحي
der Ausflug	riḥlah	رِحلَة
die Öffnungszeiten	awqāt dawām	أوقات دَوام
geöffnet	maftūḥ	مَفْتوح
geschlossen	mughlaq	مُغْلَق
das Eintrittsgeld	rasm dukhūl	رِسْم دُخول
die Ermäßigung	takhfīḍ	تَخْفيض

DIE ARCHITEKTUR – الهَنْدَسَة المِعْمارِيَّة

klassizistisch
كلاسيكي مُحَدَّث
klāsīkī muḥaddath

gotisch
قوطي
qūṭī

barock
باروك
bāruk

romanisch
رومانسكي
rūmānskī

die Renaissance
طِراز النَّهْضَة
ṭirāz an-nahḍah

der/das Art déco
آرت ديكو
ārt dīku

der Jugendstil
آرت نوفو
ārt nūfū

das Rokoko
روكوكو
rukuku

das Bauhaus
باوهاوس
bāw hāws

die Säule
عامود
ʿāmūd

der Bogen
قَوس
qaws

die Kuppel
قُبَّة
qubbah

die Fassade	wājihah	واجِهَة
der Flügel	janāḥ	جَناح
das Grabmal	ḍarīḥ	ضَريح
der Innenhof	bahū dākhilī	بَهو داخِلي
die Stadtmauer	sūr madīnah	سور مَدينَة
die Katakomben	sarādīb mawtā	سَراديب مَوتى
die Gedenkstätte	naṣb tidhkārī	نَصْب تِذْكاري

das Wahrzeichen
مَعْلَم
maʿlam

PARK UND SPIELPLATZ - الحَدائِق العامَّة وَملاعِب الأَطْفال

der Kurpark
حَديقَة اِسْتِجْمام
ḥadīqat istijmām

① der Pavillon
بافيليون
bāfīliūn

② der Fußweg
مَمر مُشاة
mamar mushāt

③ die Liegewiese
مَرْج
marj

die Gartenanlage
مُتَنَزَّه
mutanazzah

④ der Brunnen
بِئْر
biʾr

⑤ die Parkbank
مَقْعَد حَديقَة
maqʿad ḥadīqah

der botanische Garten
حَديقَة نَباتيَّة
ḥadīqah nabātīyah

der Schlosspark
حَديقَة قَصْر
ḥadīqat qaṣr

der Landschaftspark
حَديقَة طَبيعيَّة
ḥadīqah ṭabīʿīyah

der See
بُحَيْرَة
buḥayrah

der Nationalpark
مُتَنَزَّه وَطَني
mutanazzah waṭanī

der Bergpark
حَديقَة جَبَليَّة
ḥadīqah jabalīyah

der Zoo
حَديقَة حَيَوانات
ḥadīqat ḥaywānāt

der Wildpark
حَديقَة حَيَوانات سَفاري
ḥadīqat ḥaywānāt safārī

PARK UND SPIELPLATZ – الحَدائِق العامَّة وَمَلاعِب الأَطْفال

der Spielplatz
مَلْعَب أَطْفال
malʿab aṭfāl

① das Klettergerüst
جِهاز تَسَلُّق
jihāz tasalluq

② die Rutsche
زِحْليقَة
ziḥlyqah

③ die Schaukel
أَرْجوحَة
urjūḥah

④ die Wippe
لُعْبَة تَوازُن
luʿbat tawāzun

der Sandkasten
صُنْدوق رَمْل
ṣundūq raml

das Hangelgerüst
جِهاز تَعَلُّق
jihāz taʿalluq

der Irrgarten
حَديقَة مَتاهَة
ḥadīqat matāhah

der Vergnügungspark
حَديقَة مَلاهي
ḥadīqat malāhī

der Grillplatz
مَكان الشِواء
makān ash-shiwā'

das Picknick
نُزْهَة
nuzhah

spazieren gehen
تَمَشَّى
tamashsha

das Slacklining
تَوازُن على حَبْل
tawāzana ʿalā ḥabl

joggen
رَكَضَ
rakaḍa

das Planschbecken
حَوض لَعِب بالماء
ḥawḍ laʿb bil-mā'

BILDUNG UND BERUF

تَعليم وَمِهَن

DIE SCHULE - المَدْرَسَة

der Kindergarten
رَوْضَة أَطْفال
rawḍat aṭfāl

die Vorschule
صَف تَحْضيري
ṣaf taḥḍīrī

die Grundschule
مَدْرَسَة اِبْتِدائيَّة
madrasah ibtidā'īyah

die weiterführende Schule
مَدْرَسَة إِعْداديَّة
madrasah iʿdādīyah

das Gymnasium
مَدْرَسَة ثانَويَّة
madrasah thānawīyah

die Klasse
صَف
ṣaf

die Prüfung
اِمْتِحان
imtiḥān

die Aula
قاعَة اِحْتِفالات
qāʿit iḥtifālāt

der Computerraum
غُرْفَة كُمْبيوتَر
ghurfat kumbyūtar

die Schulleiterin
مُديرَة مَدْرَسَة
mudīrat madrasah

die Lehrerin
مُعَلِّمَة
muʿallimah

der Sportplatz
مَلْعَب رياضي
malʿab riyāḍī

die Schuluniform
زَي مدْرَسي
zay madrasī

der Aufsatz	maqāl	مَقال
die Klassenarbeit	faḥṣ	فَحْص
die Note	darajah	دَرَجَة
der mittlere Schulabschluss	shahādat dirāsah iʿdādīyah	شَهادة دِراسَة إِعْداديَّة
die Privatschule	madrasah khāṣṣah	مَدْرَسَة خاصَّة
das Abitur	shahādat dirāsah thānawīyah	شَهادة دِراسَة ثانَويَّة
das Internat	intarnit	اِنْتَرْنِت

DIE SCHULE - المَدْرَسَة

Das Klassenzimmer - في الصَّف

das Lehrerpult
طاوِلَة مُعَلِّم
ṭāwilat muʿallim

die Tafel
سَبُّورَة
sabbūrah

der Schüler
تِلْميذ
tilmīdh

die Schülerin
تِلْميذَة
tilmīdhah

der Winkelmesser
مَنْقَلَة
minqalah

der Bleistift
قَلَم رَصاص
qalam raṣāṣ

das Schulheft
دَفْتَر مَدْرَسي
daftar madrasī

das Federmäppchen
مِقْلَمَة
miqlamah

das Zeichendreieck
مُثَلَّث لِلْرَسْم
muthallath lir-rasm

das Lineal
مِسْطَرَة
masṭarah

die Schultasche	shanṭat madrasah	شَنْطَة مَدْرَسَة
das Wörterbuch	qāmūs	قاموس
die Nachhilfe	dars taqwīyah	دَرْس تَقْوِيَّة
die Kreide	ṭabāshīr	طَباشير
das Schulbuch	kitāb madrasī	كِتاب مَدْرَسي
der Füller	qalam ḥibr	قَلَم حِبْر
der Marker	qalam taʿlīm	قَلَم تَعْليم

der Taschenrechner
آلَة حاسِبَة
ālah ḥāsibah

DIE SCHULE - المَدْرَسَة

Die Schulfächer - مَواد الدِّراسَة

die Biologie
عِلْم الأَحْياء
ʿilm al-aḥyāʾ

die Mathematik
رياضِيات
riyāḍiyāt

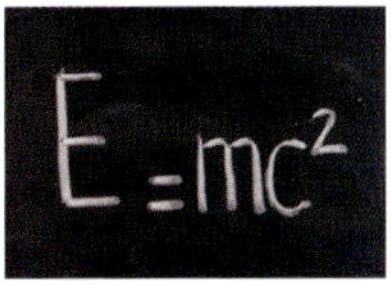

die Physik
فيزْياء
fīzyāʾ

die Chemie
كيمْياء
kīmyāʾ

der Religionsunterricht
حِصَّة تَرْبيَّة دينيَّة
ḥiṣṣat tarbiyah dīnīyah

der Ethikunterricht
حِصَّة تَرْبيَّة أَخْلاقيَّة
ḥiṣṣat tarbiyah akhlāqīyah

die Kunst
فَن
fan

die Erdkunde
جُغْرافيا
jughrāfiyā

die Fremdsprachen
لُغات أَجْنَبيَّة
lughāt ajnabīyah

die Geschichte
تاريخ
tārīkh

der Sport
رياضَة
riyāḍiyāt

die Musik
موسيقَى
musīqā

das Drama
دْراما
drāmā

die Informatik
عُلوم كُمْبيوتَر
ʿulūm kumbyūtar

der Werkunterricht
حِصّة أَشْغال يَدَويَّة
ḥiṣṣat ashghāl yadawīyah

die Gemeinschaftskunde
عُلوم اِجْتِماعيَّة
ʿulūm ijtimāʿīyah

DIE SCHULE - المَدْرَسَة

Die Schulfächer - مَواد الدِّراسَة

das Technische Zeichnen
رَسْم هَنْدَسي
rasm handasī

die Hauswirtschaft
اِقْتِصاد
iqtiṣād

schreiben
كَتَبَ
kataba

rechnen
حَسَبَ
ḥasaba

buchstabieren
تَهَجَّأَ
tahajja'a

lesen
قَرَأَ
qara'a

sich melden
شارَكَ
shāraka

die Klassenfahrt
رِحْلَة مَدْرسيَّة
riḥlah madrasīyah

der Stundenplan
جَدْوَل مَواعيد الحِصَص
jadwal mawāʿīd al-ḥiṣaṣ

der Abschlussball
حَفْلَة تَخَرُّج مِن المَدْرَسَة
ḥaflat takharruj min al-madrasah

die Hausaufgabe
واجِب مَدْرَسي
wājib madrasī

das Sportfest
حَفْل رِياضي
ḥafl riyāḍī

zeichnen	rasama	رَسَمَ
zählen	ʿadda	عَدَّ
die Übung	tamrīn	تَمْرين
der Elternabend	ijtimāʿ ahl masā'ī	اِجْتِماع أَهْل مَسائي
das Zeugnis	shahādah	شَهادَة
der Lehrplan	manhaj dirāsah	مَنْهَج دِراسَة
das Schulfach	māddat dirāsah	مادَّة دِراسَة

die Ferien
عَطْلَة
ʿuṭlah

DIE SCHULE - المَدْرَسَة

Im Labor - في المَخْتَبَر

der Versuch
تَجْرُبَة
tajrubah

die Schutzbrille
نَظّارَة واقيَّة
naẓẓārah wāqīyah

der Kittel
مَرْيَلَة
maryalah

das Reagenzglas
أَنْبوبَة اِخْتِبار
anbūbat ikhtibār

der Chemikalienhandschuh
قُفاز مَواد كيماويَّة
qufāz mawād kimāwīyah

die Laborausrüstung
مُعِدّات مَخْتَبَر
muʿaddāt mukhtabar

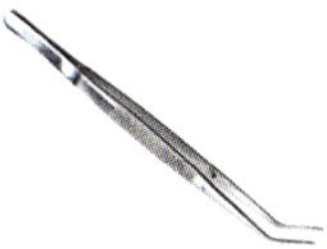

die Pinzette
مِلْقَط
milqaṭ

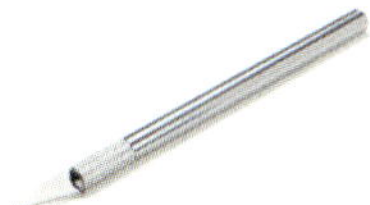

das Skalpell
مِشْرَط
mishraṭ

die Lupe
عَدَسَة مُكَبِّرَة
ʿadasah mukabbirah

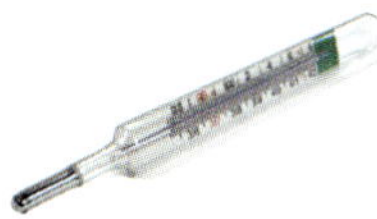

das Thermometer
مِقْياس حَرارَة
miqyās ḥarārah

die Laborwaage
ميزان مَخْبَري
mizān makhbarī

die Stoppuhr
ساعَة تَوْقيف
sāʿat tawqīf

der Magnet
مِغْناطيس
mighnāṭīs

die Batterie
بَطّارِيَّة
baṭṭārīyah

DIE SCHULE - المَدْرَسَة

Im Labor - في المَخْتَبَر

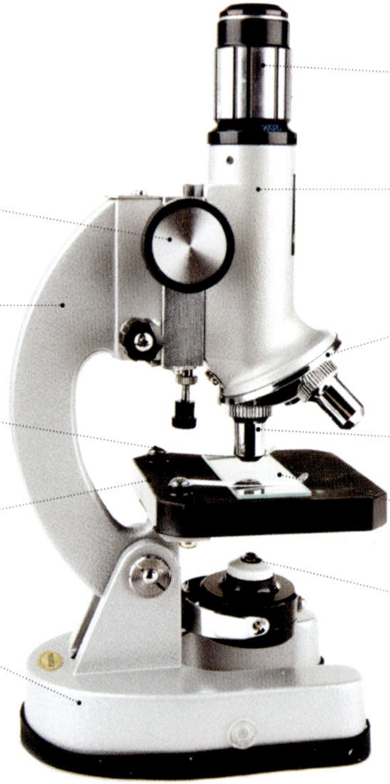

das Mikroskop
مِجْهَر
mijhar

das Einstellrad
عَجَلَة تَعْيين
ʿamjalat taʿyīn

das Stativ
حامِل
ḥāmil

die Objektklemme
مِشْبَك تَثْبيت
mishbak tathbīt

der Objekttisch
مِنَصَّة
minaṣṣah

der Fuß
قاعِدَة
qāʿidah

das Okular
عَدَسَة عَيْنيَّة
ʿadasah ʿaynīyah

der Tubus
أُنْبوب
unbūb

der Objektivrevolver
مُصَوِّب عَدَسات
muṣawwib ʿadasāt

das Objektiv
عَدَسَة
ʿadasah

der Objektträger
شَريحَة زُجاجيَّة
sharīḥah zujājīyah

die Lampe
مِصْباح
miṣbāḥ

die Pipette
مِرْشَفَة
mirshaqah

die Petrischale
طَبَق زُجاجي
ṭabaq zujājī

das Drahtnetz
شَبَكَة أَسْلاك
shabakat aslāk

der Dreifuß
حامِل ثُلاثي قَوائِم
ḥāmil thulāthī qawāʾim

der Bunsenbrenner
مَوقِد بنْزن
mawqid binzn

DIE SCHULE - المَدْرَسَة

In der Pause - في الاِسْتِراحَة

die Mittagspause
اِسْتِراحَة الظَّهيرَة
istirāḥat aẓ-ẓahīrah

das Tablett
صينيَّة
ṣīnīyah

die Butterbrotdose
عُلْبَة طَعام
ʿulbat ṭaʿām

das Pausenbrot
طَعام اِسْتِراحَة
ṭaʿām istirāḥah

die Schulglocke
جَرَس مَدْرَسَة
jaras madrasah

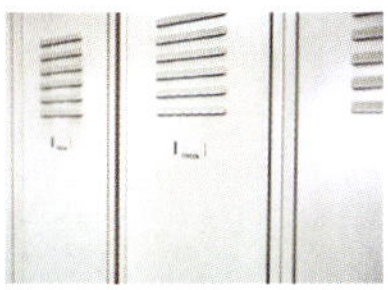

der Spind
خِزانَة
khizānah

die Pause
اِسْتِراحَة
istirāḥah

der Schulhof
باحَة مَدْرَسَة
bāḥat madrasah

Himmel und Hölle spielen
لَعِبَ لُعْبَة قَفْز
laʿiba luʿbat qafz

der Speisesaal
صالَة طَعام
ṣālat ṭaʿām

das Lunchpaket
صُنْدوق غَداء
ṣundūq ghadāʾ

die Essensausgabe
توزيع طَعام
tawzīʿ ṭaʿām

DIE SCHULE - المَدْرَسَة

Die Sporthalle - صالَة الرِّياضَة

der Volleyball
كُرَة طائِرَة
kurah ṭāʾirah

der Basketball
كُرَة سَلَّة
kurat sallah

der Handball
كُرَة يَد
kurat yad

der Fußball
كُرَة قَدَم
kurat qadam

der Baseball
كُرَة بيسْبول
kurah bisbul

der Federball
كُرَة ريشَة
kurat rīshah

der Tennisball
كُرَة تنِس
kurat tinis

der Football
كُرَة قَدَم أَمْريكيَّة
kurat qadam amirkīyah

der Puck
قُرْص لُعْبَة الهوكي
qurṣ luʿbat al-hukī

der Basketballkorb
سَلَّة كُرَة السَّلَّة
sallat kurat as-sallah

die Sprossenwand
حائِط ذو عَوارِض
ḥāʾiṭ dhū ʿawāriḍ

das Korbbrett
لَوْحَة خَلْفيَّة
lawḥah khalfīyah

die Strickleiter
سَلَّم حَبْل
sullam ḥabl

das Trampolin
تْرامْبولين
trāmbūlīn

die Ringe
حَلَقات
ḥalaqāt

das Springseil
حَبْل قَفْز
ḥabl qafz

DIE UNIVERSITÄT - الجامِعَة

der Campus
حَرَم الجامِعَة
ḥaram al-jāmiʿah

der Hörsaal
قاعَة مُحاضَرات
qāʿat muḥāḍarāt

die Politikwissenschaft
عُلوم سِياسيَّة
ʿulūm siyāsīyah

die Kunstgeschichte
تاريخ الفُنون
tārīkh al-funūn

die Rechtswissenschaft
حُقوق
ḥuqūq

die Betriebswirtschaftslehre
إدارَة أَعْمال
idārat aʿmāl

die Geisteswissenschaften
عُلوم إِنْسانيَّة
ʿulūm insānīyah

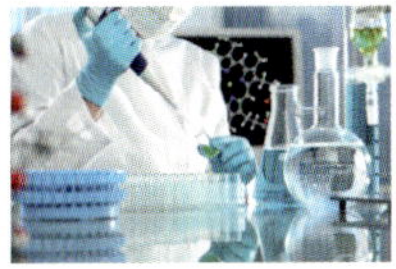

die Naturwissenschaften
عُلوم طَبيعيَّة
ʿulūm ṭabīʿīyah

das Ingenieurwesen
هَنْدَسَة
handasah

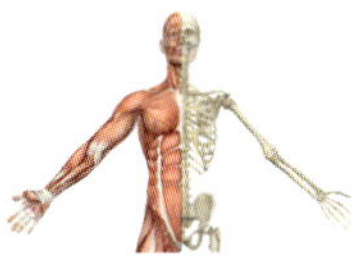

die Medizin
طِب
ṭib

die Pädagogik
تَربِيَة
tarbiyah

der Professor
بْروفيسور
brufisur

die Dozentin
مُحاضِر
muḥāḍir

das Diplom	diblum	دِبْلوم
der Bachelor	bakālurius	بَكالوريوس
der Master	māstar	ماستَر
die Dissertation	auṭrūḥat baḥth ʿilmī	أُطْروحَة بَحْث عِلْمي
die Promotion	dukturah	دُكْتوراه
die Habilitation	taʾhīl li-darajat brufisur	تَأْهيل لِدَرَجَة بْروفيسور
die Forschung	buḥūth ʿilmīyah	بُحوث عِلْميَّة
das Forschungsinstitut	maʿhad buḥūth ʿilmīyah	مَعْهَد بُحوث عِلْميَّة

DIE UNIVERSITÄT - الجامِعَة

ein Referat halten
أَلْقى مُحاضَرَة
alqā muḥāḍarah

das Seminar
حَلَقَة دِراسيَّة
ḥalaqah dirāsīyah

die Vorlesung
مُحاضَرَة
muḥāḍarah

die Klausur
اِمْتِحان
imtiḥān

der Lesesaal
قاعَة مُحاضَرات
qāʿat muḥāḍarāt

die Ausleihe
إسْتِعارَة
istiʿārah

das Bücherregal
رَف كُتُب
raf kutub

die mündliche Prüfung
اِمْتِحان شَفَهي
imtiḥān shafahī

sein Studium abschließen
تَخَرَّجَ مِن الجامِعَة
takharraja min al-jāmiʿah

das Studenten-wohnheim
سَكَن جامِعي
sakan jāmiʿī

die Mensa
مَطْعَم الجامِعَة
maṭʿam al- jāmiʿah

die Bibliothek
مَكْتَبَة
maktabah

der Student
طالِب
ṭālib

der Bibliothekar	amīn maktabah	أَمين مَكْتَبَة
die Bibliothekarin	amīnat maktabah	أَمينَة مَكْتَبَة
der Bibliotheksausweis	biṭāqat maktabah	بِطاقَة مَكْتَبَة
ausleihen	istaʿāra	اِسْتَعارَ
verlängern	maddada	مَدَّدَ
vorbestellen	ḥajaza	حَجَزَ
das Rückgabedatum	tārīhk al-irjāʿ	تاريخ الإِرْجاع

DIE UNIVERSITÄT - الجامِعَة

die Lerngruppe
مَجْموعَة تَعَلُّم
majmūʿat taʿallum

lernen
تَعَلَّمَ
taʿallama

das Praxissemester
فَصْل عَمَلي
faṣl ʿamalī

das Praktikum
تَطبيق عَمَلي
taṭbīq ʿamalī

das Volontariat
تَدْريب
tadrīb

das freie Jahr
سَنَة عَمَل تَطَوُّعي
sanah ʿamal taṭawwuʿī

jobben
عَمِلَ
ʿamila

das schwarze Brett
لَوْح إعلانات
lawḥ iʿlānāt

die Ausbildung
تَعْليم مِهْنَة
taʿlīm mihnah

die Berufsfachschule
مَدْرَسَة مِهَنِيَّة
madrasah mihanīyah

die Kunsthochschule
كُلِيَّة فُنون
kulīyat funūn

die Musikhochschule
كُلِيَّة موسيقى
kulīyat mūsīqā

die Akademie für darstellende Künste
أكاديميَّة فُنون مَسْرَحيَّة
akādīmīyat funūn masraḥīyah

der Studentenausweis	biṭāqah jāmiʿīyah	بِطاقَة جامِعيَّة
der Kurs	dawrah	دَوْرَة
das Semester	faṣl dirāsī	فَصْل دِراسي
der Fachbereich	qism	قِسْم
die Hausarbeit	wājib manzalī	واجِب مَنْزِلي
der Hochschulabschluss	shahādah jāmiʿīyah	شَهادَة جامِعيَّة
das Stipendium	minḥah jāmiʿīyah	مِنْحَة جامِعيَّة

DIE ARBEITSWELT - مَجال العَمَل

Die Bewerbung - طَلَب العَمَل

das Bewerbungsgespräch
مُقابَلَة تَرَشُّح لِلْعَمَل
muqābalat tarashshuḥ lil-ʿamal

die Personalreferentin
مَنْدوبَة شُؤون العامِلين
mandūbat shuʾūn al-ʿāmilīn

der Lebenslauf
سيرَة ذاتيَّة
sīrah dhātīyah

die Bewerbungsunterlagen
مُسْتَنَدات تَرَشُّح لِلْعَمَل
mustanadat tarashshuḥ lil-ʿamal

die Bewerberin
مُرَشَّحَة لِلْعَمَل
murashshaḥah lil-ʿamal

die Stellenanzeige
إعْلان عَن وَظيفَة
iʿlān ʿan waẓīfah

die Zeitarbeit
عَمَل مُؤَقَت
ʿamila muʾaqqat

die Festanstellung
تَوظيف ثابِت
tawẓīf thābit

die Karriere
سَيْر الحَياة المِهَنيَّة
sayr al-ḥayāt al-mihanīyah

sich um eine Stelle bewerben	rashshaḥa nafsahu li-ʿamal	رَشَّحَ نَفْسَه لِعَمَل
die Arbeitsbedingungen	shurūṭ al-ʿamal	شُروط العَمَل
die Schichtarbeit	ʿamila bit-tanāwub	عَمَل بِالتَّناوُب
die Teilzeit	niṣf dawām	نِصْف دَوام
die Vollzeit	dawām kāmil	دَوام كامِل
die Qualifikation	muʾahilāt	مُؤَهِّلات
die Berufserfahrung	khibraht ʿamal	خِبْرَة عَمَل

jemanden einstellen
وَظَّفَ شَخْصاً
waẓẓafa shakhṣan

DIE ARBEITSWELT - مَجال العَمَل

Berufe - مِهَن

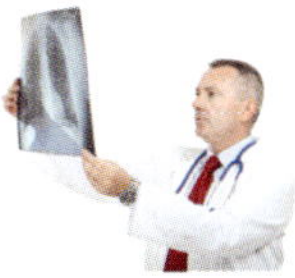

der Arzt
طَبيب
ṭabīb

der Chirurg
جَرَّاح
jarrāḥ

der Krankenpfleger
مُمَرِّض
mumarriḍ

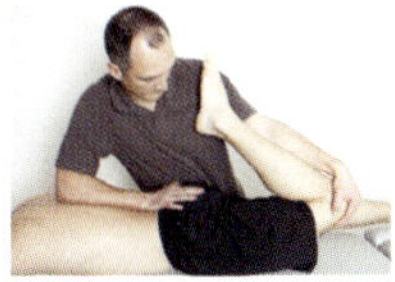

der Physiotherapeut
مُعالِج فيزيائي
muʿālij fīzyā'ī

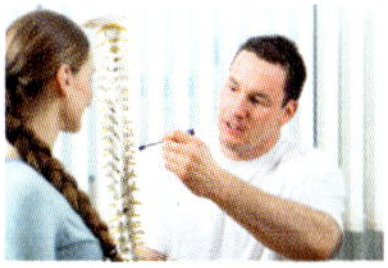

der Orthopäde
طَبيب عَظْمِيَّة
ṭabīb ʿaẓmīyah

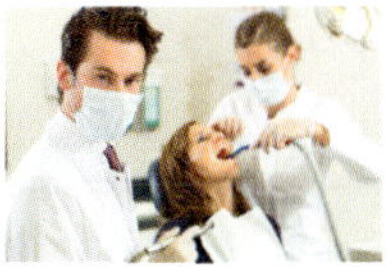

der Zahnarzt
طَبيب أَسْنان
ṭabīb asnān

die Psychologin
طَبيب نَفْسي
ṭabīb nafsī

die Apothekerin
صَيْدَلِيَّة
ṣaydalīyah

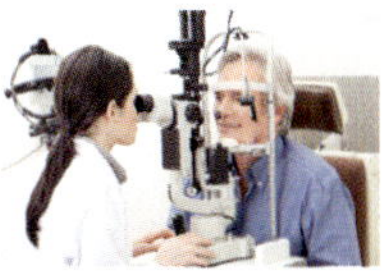

die Optikerin
أَخِصَّائي نَظَّارات
akhiṣṣā'ī naẓẓārāt

der Tierarzt
طَبيب بَيْطَري
ṭabīb bayṭarī

die Empfangsdame
مُوَظَّفَة اِسْتِقْبال
muwaẓẓafat istiqbāl

der Rechtsanwalt
مُحامي
muḥāmī

die Richterin
قاضِيَة
qāḍiyah

der Wirtschaftsprüfer
مُحاسِب
muḥāsib

die Unternehmens-
beraterin
مُسْتَشار أَعْمال
mustashār aʿmāl

der Informatiker
خَبير كُمْبيوتَر
khabīr kumbyūtar

DIE ARBEITSWELT - مَجال العَمَل

Berufe - مِهَن

der Architekt
مُهَنْدِس مِعْماري
muhandis miʿmārī

die Ingenieurin
مُهَنْدِسَة
muhandisah

der Schreiner
نَجّار
najjār

der Elektriker
كَهْرُبائي
kahrubāʾī

der Klempner
سَبّاك
sabbāk

der Dachdecker
بَنّاء أَسْقُف
bannāʾ asquf

der Maler
دَهّان
dahhān

der Müllmann
عامِل قُمامَة
ʿāmil qumāmah

die Kfz-Mechanikerin
ميكانيكي سَيّارات
mīkānīkī sayyārāt

der Landwirt
مُزارِع
muzāriʿ

die Soldatin
جُنْدِيَّة
jundīyyah

die Briefträgerin
ساعِيَّة بَريد
sāʿīyat barīd

der Bauarbeiter
عامِل بناء
ʿāmil bināʾ

der Gebäudereiniger
عامِل تَنْظيف
ʿāmil tanẓīf

der Landschafts-gärtner
بُسْتاني أَراضي عامِة
bustānī arāḍī ʿāmah

der Fischer
صَيّاد سَمَك
ṣayyād samak

DIE ARBEITSWELT - مَجال العَمَل

Berufe - مِهَن

der Pilot
طَيَّار
ṭayyār

die Flugbegleiterin
مُضيفَة طَيَران
muḍīfat ṭayarān

der Koch
طَبَّاخ
ṭabbākh

der Kellner
نادِل
nādil

der Bäcker
خَبَّاز
khabbāz

die Metzgerin
جَزَّارَة
jazzārah

der Verkäufer
بائِع
bāʾiʿ

die Friseurin
حَلَّاقَة
ḥallāqah

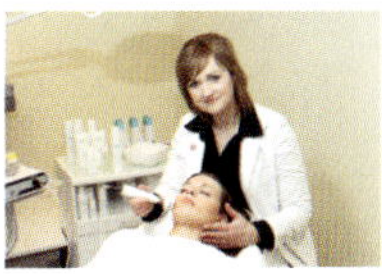

die Kosmetikerin
خَبيرَة تَجْميل
khabīrat tajmīl

der Gärtner
بُسْتاني
bustānī

die Immobilien-maklerin
سِمْسار عَقارات
simsār ʿaqārāt

die Bürokauffrau
مُديرَة مَكْتَب
mudīrat maktab

der Sanitäter
مُساعِدَة طِبِّيَة
musāʿididah ṭibbīyah

der Busfahrer
سائِق حافِلَة
sāʾiq ḥāfilah

der Taxifahrer
سائِق تاكْسي
sāʾiq tāksī

der Paketzusteller
مُوَصِّل طُرود
muwaṣṣil ṭurūd

DIE ARBEITSWELT - مَجال العَمَل

Berufe - مِهَن

die Journalistin
صَحَفِيَّة
saḥafīyah

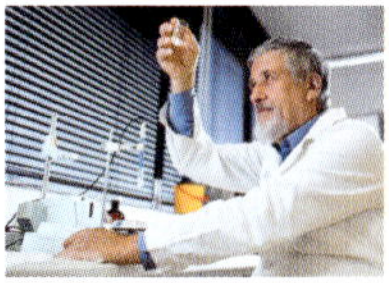

der Wissenschaftler
عالِم
ʿālim

die Grafikerin
مُصَمِّمَة جْرافيك
muṣammimat jrāfīk

der Profisportler
رِياضي مُحْتَرِف
riyāḍī muḥtarif

die Moderatorin
مُقَدِّمَة بَرامِج
muqaddimat barāmij

die Schauspielerin
مُمَثِّلَة
mumaththilah

die Sängerin
مُغَنِّيَة
mughannīyah

der Tänzer
راقِص
rāqiṣ

die Kunstmalerin
رَسّامَة
rassāmah

der Fotograf
مُصَوِّر
muṣawwir

die Musikerin
موسيقِيَّة
mūsīqīyah

die Schneiderin
خَيّاطَة
khayyāṭah

der Bildhauer
نَحّات
naḥḥāt

die Bankkauffrau
مُوَظَّفَة بَنْك
muwaẓẓafat bank

der Bibliothekar
أَمين مَكْتَبَة
amīn maktabah

der Lehrer
مُعَلِّم
muʿallim

DIE ARBEITSWELT - مَجال العَمَل

Das Organigramm - مُخَطَّط الهَيْكَل التَّنْظيمي

das Sekretariat
سِكْريتارْيَة
sikritāryah

der kaufmännische Bereich
قِسْم تِجاري
qism tijārī

die kaufmännische Leitung
إدارَة الشُّؤون التِّجارِيَّة
idārat ash-shu'ūn at-tijārīyah

die IT-Leitung
إدارَة تِقَنِيَّة المَعْلومات
idārat tiqanīyat al-maʿlūmāt

die Buchhaltung
قِسم الحِسابات qism al-ḥisābāt

das Controlling
مُراقَبَة murāqabah

die Zweigstelle
فَرْع
firʿ

der Manager
مُدير
mudīr

das primäre Geschäftsfeld
مَجال العَمَل الرَّئيسي
majāl al-ʿamal ar-ra'īsī

die Geschäftsführung
إدارَة عامَّة
idārah ʿāmmah

das Team
فَريق عَمَل farīq ʿamal

die Teamleitung
إدارَة فَريق العَمَل
idārat farīq al-ʿamal

der Angestellte
مَوَظَّف muwaẓẓaf

das sekundäre Geschäftsfeld
مَجال عَمَل ثانَوي
majāl ʿamal thānawī

die Geschäftsführung
إدارَة عامَّة
idārah ʿāmmah

die Aktiengesellschaft (AG)	sharikat musāhamah	شَرِكَة مُساهَمَة
der Aktionär/die Aktionärin	musāhimah مُساهِمَة	musāhim مُساهِم
die Gesellschaft mit beschränkter Haftung (GmbH)	sharikah maḥdūdat al-mas'ūlīyah	شَرِكَة مَحْدودَة المَسْؤولِيَّة
die GmbH & Co. KG	sharikah taḍāmunīyah maḥdūdat	شَرِكَة تِضامُنيَّة مَحْدودَة
die Kommanditgesellschaft (KG)	sharikah maḥdūdah	شَرْكَة مَحْدودَة
die offene Handelsgesellschaft (OHG)	sharikat tijārah ḥurrah	شَرِكَة تِجارَة حُرَّة
der Konzern	majmūʿat sharikāt	مَجْموعَة شَرِكات

der Vorstand
مَجْلِس إدارَة
majlis idārah

der Gesellschafter
شَريك
sharīk

die Geschäftsführung
إدارَة عامَّة
idārah ʿāmah

die stellvertretende Geschäftsführung
نِيابَة الإدارَة العامَّة
niyābat al-ʾidārah al-ʿāmah

der Prokurist
وَكيل
wakīl

die Personalabteilung
قِسْم العامِلين
qism al-ʿāmilīn

die Personalleitung
إدارَة شُؤون العامِلين
idārat shuʾūn al-ʿāmilīn

die Rechtsabteilung
قِسْم الشُّؤون القانونيَّة
qism ash-shuʾūn al-qānūnīyah

die Marketingabteilung
قِسْم التَّسْويق
qism at taswīq

die Marketingleitung
إدارَة قِسْم التَّسْويق
idārat qism at-taswīq

die PR-Abteilung
قِسْم العَلاقات العامَّة
qism al-ʿalaqāt al-ʿāmmah

der Vertrieb
مَبيعات
mabīʿat

die Vertriebsleitung
إدارَة المَبيعات
idārat al-mabīʿāt

das Key-Account-Management
إدارَة الحِسابات الرَّئيسيَّة
idārat al-ḥisābat ar-raīsīyah

der Außendienst
عَمَل مَيْداني
ʿamal maydanīyah

der Innendienst
عَمَل مَكْتَبي
ʿamal maktabī

der Kundendienst
خِدْمَة عُمَلاء
khidmat ʿumalāʾ

die Kundenakquise
اِكْتِساب عُمَلاء
iktisāb ʿumalāʾ

die Produktion
إنْتاج
intāj

die Produktionsleitung
إدارَة الإنْتاج
idārat al-intāj

der Betriebsrat
مَجْلِس العُمال
majlis al-ʿumāl

DAS BÜRO - المَكْتَب

Büromöbel - أَثاث المَكْتَب

der Arbeitsplatz
مَكان عَمَل
makān ʿamal

die Ablage
سَلَّة
sallah

die Schublade
دُرْج
durj

die Büromöbel
أَثاث مَكْتَب
athāth maktab

der Schreibtisch
مَكْتَب
maktab

die Schreibunterlage
قاعِدَة لِلْكِتابَة
qāʿidah lil-kitābah

der Bürostuhl
كُرْسي مَكْتَب
kursī maktab

der Safe
خَزْنَة
khaznah

der Aktenschrank
خِزانَة مُصَنَّفات
khizānat muṣannafāt

der Wasserspender
مُوَزِّع ماء
muwazziʿ māʾ

die Schreibtischlampe
مِصْباح مَكْتَب
miṣbāḥ maktab

die Pinnwand
لَوْح إِعْلانات
lawḥ iʿlānāt

der Papierkorb
سَلَّة نِفايات
sallat nifāyāt

der Terminkalender	mufakarat mawāʿīd	مُفَكِّرَة مَواعيد
die Akte	malaf	مَلَف
der Aktenvernichter	jihāz itlāf waraq	جِهاز إِتْلاف وَرَق
das Postfach	ṣundūq barīd	صُنْدوق بَريد
der Termin	mawʿid	مَوْعِد
die Hauspost	barīd dākhilī	بَريد داخِلي
die Teeküche	maṭbakh	مَطْبَخ

DAS BÜRO - المَكْتَب

Der Bürobedarf - لَوازِم المَكْتَب

die Schere
مِقَص
miqaṣ

der Textmarker
قَلَم تَعْليم
qalam taʿlīm

der Stiftehalter
حامِل أَقْلام
ḥāmil aqlām

das Notizbuch
دَفْتَر مُلاحَظات
daftar mulāḥaẓāt

die Haftnotiz
وَرَق مُلاحَظات لاصِق
waraq mulāḥaẓāt lāṣiq

der Haftstreifen
قُصاصات تَعْليم
quṣāṣāt taʿlīm

der Bleistift
قَلَم رَصاص
qalam raṣāṣ

der Bleistiftspitzer
بَرّايَة
barrāyah

der Radiergummi
مِمْحاة
mimḥāt

der Kugelschreiber
قَلَم حِبْر جاف
qalam ḥibr jāf

die Büroklammer
مِشْبَك وَرَق
mishbak waraq

die Reißzwecke
دَبابيس تَعْليق
dabābīs taʿlīq

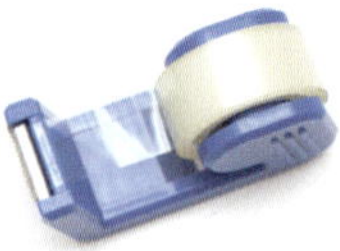

der Tesafilm®
شَريط لاصِق
sharīṭ lāṣiq

der Tacker
خَرّازَة
kharrāzah

der Locher
ثَقّابَة
thaqqābah

das Hängeregister
مُصَنَّف قابِل لِلْتَعْليق
muṣannaf qābil lit-taʿlīq

der Briefumschlag
ظَرْف
ẓarf

das Tipp-Ex®
لاصِق تَصحيح
lāṣiq taṣḥīḥ

der Ordner
مُصَنَّف
muṣannaf

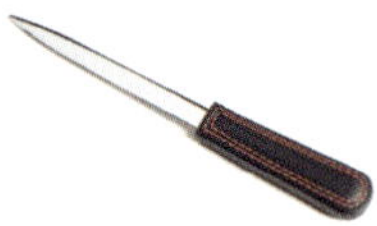

der Brieföffner
سِكّين فَتْح رَسائِل
sikkīn fatḥ rasāʾil

DAS BÜRO - المَكْتَب

Der Besprechungsraum - غُرْفَة الاِجْتِماعات

die Sitzung
جَلْسَة
jalsah

der Teamleiter
قائِد فَريق
qāʾid farīq

der Teilnehmer
مُشْتَرِك
mushtarik

die Tagesordnung
جَدْوَل أَعْمال
jadwal aʿmāl

protokollieren
تَسْجيل وَقائِع
tasjīl waqāʾiʿ

der Besprechungstisch
طاوِلَة اِجْتِماعات
ṭāwilat ijtimāʿāt

die Präsentation
عَرْض
ʿarḍ

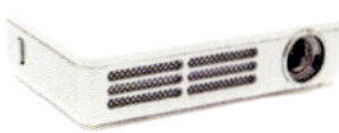

der Beamer
جِهاز إِسْقاط فيدْيو
jihāz isqāṭ fīdyū

das Balkendiagramm
رَسْم بَياني
rasm bayānī

das Tortendiagramm
مُخَطَّط دائِري
mukhaṭṭaṭ dāʾirī

die Folie
رُقاقَة
ruqāqah

organisieren	naẓẓama	نَظَّمَ
die Besprechung	ijtimāʿ	اِجْتِماع
der Bericht	taqrīr	تَقْرير
der Vertrag	ʿaqd	عَقْد
der Geschäftsmann	rajul aʿmāl	رَجُل أَعْمال
die Geschäftsfrau	sayyidat aʿmāl	سَيِّدَة أَعْمال
die Geschäftsreise	riḥlat ʿamal	رِحْلَة عَمَل

DAS BÜRO - المَكْتَب

Der Büroalltag - الحَياة المَكْتَبيَّة

der *Arbeitgeber*
صاحِب العَمَل
ṣāḥib al-ʿamal

① die *Assistentin*
مُساعِدَة
musāʿidah

② der *Kollege*
زَميل
zamīl

③ der *Arbeitnehmer*
عامِل
ʿāmil

④ die *Kollegin*
زَميلَة
zamīlah

⑤ die *Managerin*
مُديرَة
mudīrah

⑥ der *Chef*
رَئيس
raʾīs

die *Visitenkarte*
بطاقَة عَمَل
biṭāqah ʿamal

entlassen werden
أُقيلَ
uqīla

das *Personal*
عامِلون
ʿāmilūn

die *Elternzeit*
إجازَة تَرْبيَّة طِفْل
ijāzat tarbiyat ṭifl

die *Vertretung*	tamthīl	تَمْثيل
der *Jahresurlaub*	ijāzah sanawīyah	إجازَة سَنَويَّة
das *Gehalt*	murattab	مُرَتَّب
die *Beförderung*	tarqīyah	تَرْقيَة
seine Stelle kündigen	istaqāla min ʿamalih	اِسْتَقالَ مِن عَمَلِه
verdienen	kasiba	كَسِبَ
in Rente gehen	taqāʿada	تَقاعَدَ

der *Mutterschafts-urlaub*
إجازَة أُمومَة
ijāzat umūmah

DER COMPUTER - الكومْبيوتَر

Hardware und Zubehör - الأَجْهِزَة وَالمُلْحَقات

der Lautsprecher
مُكَبِّر صَوْت
mukabbir ṣawt

der/das Laptop
كُمْبيوتَر مَحْمول
kumbyūtar maḥmūl

das Stromkabel
كَبْل كَهْرُباء
kabl kahrubā'

die Laptoptasche
حَقيبَة كُمْبيوتَر مَحْمول
ḥarībat kumbyūtar maḥmūl

der Prozessor
مُعالِج
muʿālij

die (externe) Festplatte
قُرْص صَلْب خارِجي
qurṣ ṣalb khārijī

der Arbeitsspeicher
ذاكِرَة كُمْبيوتَر
dhākirat kumbyūtar

die Webcam
كاميرا ويب
kāmirā wib

die CD-ROM
قُرْص مَضْغوط
qurṣ maḍghūṭ

der USB-Stick
موصِل USB
mūṣil USB

der Scanner
ماسِحَة
māsiḥah

der Tintenstrahldrucker
طابِعَة نافِثَة لِلْحِبْر
ṭābiʿah nāfithah lil-ḥibr

der Laserdrucker
طابِعَة ليزَر
ṭābiʿat līzar

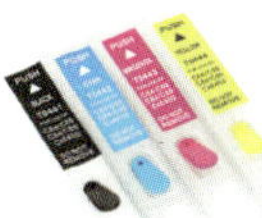

die Tintenpatrone
مَحْبَرَة
maḥbarah

die Tonerkartusche
خَرْطوشَة حِبْر
kharūshat ḥibr

das Mauspad
قاعِدَة لِلْفَأْرَة
qaʿidah lil-fa'rah

DER COMPUTER - الكومْبيوتَر

Am Computer arbeiten - العَمَل بالكُمْبيوتَر

tippen
كَتَبَ
kataba

klicken
نَقَرَ
naqara

scrollen
دَحْرَجَ
daḥraja

ausschneiden
قَصَّ
qaṣṣa

kopieren
نَسَخَ
nasakha

einfügen
أَضافَ
aḍāfa

eine Datei ausdrucken
طَبَعَ مَلَف
ṭabaʿa malaf

speichern
خَزَّنَ
khazzana

eine Datei öffnen
فَتَحَ مَلَف
fataḥa malaf

löschen
مَحا
maḥā

der Ordner
مُصَنَّف
muṣannaf

der Papierkorb
سَلَّة مُهْمَلات
sallat muhmalāt

suchen
بَحَثَ
baḥatha

eingeben	adkhala	أَدْخَلَ
eine Datei verschieben	azāḥa malaf	أَزاح مَلَف
eine Sicherungskopie erstellen	ʿamila nuskhah iḥtiyāṭīyah	عَمِلَ نُسْخَة اِحْتِياطيَّة
markieren	ʿallama	عَلَّمَ
sich einloggen	sajjala ad-dukhūl	سَجَّلَ الدُّخول
sich ausloggen	sajjala al-khurūj	سَجَّلَ الخُروج
der Neustart	iʿādat tashghīl	إِعادَة تَشْغيل

DER COMPUTER - الكومْبيوتَر

Am Computer arbeiten - العَمَل بالكُمْبيوتَر

rückgängig machen
أَلْغى
alghā

wiederherstellen
أَعادَ
aʿāda

die Einstellungen
إعْدادات
iʿdādāt

die Schriftart
نَوْع الخَط
nawʿ al-khaṭ

die Fehlermeldung
تَبليغ عَن خَطَأ
tablīgh ʿan khaṭaʾ

der Mauszeiger
مُؤَشِّر الفَأْرَة
muʾashshir al-faʾrah

die Sanduhr
ساعَة رَمْلِيَّة
sāʿah ramlīyah

der Lautstärkeregler
مُنَظِّم صَوْت
munaẓẓim ṣawt

ein Fenster minimieren
تَصْغير نافِذَة
taṣghīr nāfidhah

eine DVD auswerfen
أَخْرَجَ قُرْص رَقَمي
akhraja qurṣ raqamī

den Rechner hochfahren
شَغَّلَ الكُمْبيوتَر
shaghghala al-kumbyūtar

den Rechner herunterfahren
أَغْلَقَ الكُمْبيوتَر
aghlaqa al-kumbyūtar

die Datei	malaf	مَلَف
das Programm	barnāmaj	بَرْنامَج
der Scrollbalken	sharīṭ tamrīr	شَريط تَمْرير
ein Programm installieren	rakkaba barnāmaj	رَكَّبَ بَرْنامَج
ein Programm deinstallieren	alghā barnāmaj	أَلْغى بَرْنامَج
das Betriebssystem	niẓām tashghīl	نَظام تَشْغيل
der Fortschrittsbalken	sharīṭ taqaddum	شَريط تَقَدُّم

das Fenster
نافِذَة
nāfidhah

DER COMPUTER - الكومْبيوتَر

Das Internet - الانْتِرنِت

das WLAN
واي فاي
wāy fāy

der Router
راوتَر
rāwtar

das LAN-Kabel
كَبْل لان
kabl lān

der Browser
مُسْتَعْرِض ويب
mustaʿriḍ wib

das Lesezeichen
إشارَة مَرْجِعيَّة
ishārat marjiʿīah

der Download
تَحْميل
taḥmīl

die Nachricht
رِسالَة
risālah

die Social Media
وَسائِل إعلام اِجْتِماعيَّة
wasāʾil iʿlām ijtimāʿīyah

der Online-Einkauf
تَبَضُّع بالانْتَرْنِت
tabaḍḍuʿ bil-intarnit

die Verschlüsselung
تَشْفير
tashfīr

die E-Mail-Adresse
عُنْوان بَريد اِلِكْتْروني
ʿunwān barīd ilkitrūnī

der Anhang
مُلْحَق
mulḥaq

eine Mail weiterleiten
تَمْرير رِسالَة
tamrīr risālah

senden	arsala	أَرْسَلَ
empfangen	istaqbala	اِسْتَقْبَلَ
das Benutzerkonto	ḥisāb shakhṣī	حِساب شَخْصي
der Posteingang	barīd wārid	بَريد وارِد
der Postausgang	barīd ṣādir	بَريد صادِر
die Spammail	barīd ghayr marghūb fīh	بَريد غَيْر مَرْغوب فيه
im Internet surfen	taṣaffaḥa al-intarnit	تَصَفَّحَ الانْتَرنِت

DER COMPUTER - الكومْبيوتَر

Mobile Endgeräte - الأَجْهِزَة المَحْمولَة

der Tablet-Computer
كُمْبيوتَر لَوْحي
kumbyūtar lawḥī

der E-Book-Reader
قارِئ كُتُب اِلْكِتْروني
qāri' kutub ilkitrūnī

der MP3-Player
جِهاز اِم بي ثْري
jihāz 'im bī thrī

das Bluetooth®-Headset
سَمَّاعَة بْلوتوث
sammā'at blūtūth

die App
تَطْبيق
taṭbīq

die SIM-Karte
شَريحَة SIM
sharīḥah SIM

die Handytasche
حَقيبَة هاتِف جَوَّال
ḥaqībat hātif jawwāl

das Handy
هاتِف جَوَّال
hātif jawwāl

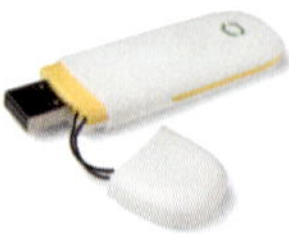

der Surfstick
مُسَيِّر خَلْيَوي
musayyir khalyawi

wischen
مَسَحَ
masaḥa

die SMS
رِسالَة نَصِّيَة قَصيرَة
risālah naṣṣīyah qaṣīrah

das Smartphone
هاتِف ذَكي
hātif dhakī

der Touchscreen
شاشَة لَمْس
shāshat lams

der Datenspeicher	mukhzzin bayānāt	مُخَزِّن بَيانات
das Funkloch	makān khārij at-taghṭīyah	مَكان خارِج التَّغْطِيَة
die Flatrate	si'r muwaḥḥad	سِعْر مُوَحَّد
die Prepaidkarte	biṭāqah musbaqat ad-dafr'	بِطاقَة مُسْبَقَة الدَّفْع
das Guthaben	raṣīd	رَصيد
der Klingelton	rannah	رَنَّة
der Akku	baṭṭārīyah	بَطَّارِيَّة

DAS TELEFON - الهاتِف

das Display
شاشَة عَرْض
shāshat ʿarḍ

das Telefonbuch
دَليل هاتِف
dalīl hātif

der Anrufbeantworter
جِهاز الرَّد عَلى المُكالَمات
jihāz ar-rad ʿalā al-mukālamāt

das Tastenfeld
لَوْحَة مَفاتيح
lawḥat mafātīḥ

der Telefonhörer
سَمَّاعَة هاتِف
sammāʿat hātif

das Kabel
كَبْل
kabl

das schnurlose Telefon
هاتِف لاسِلْكي
hātif lāsilkī

der Hörer
سَمَّاعَة هاتِف
sammāʿat hātif

abheben
رَدَّ (عَلى)
radda (ʿalā)

auflegen
قَطَعَ اِتِّصال
qaṭʿa ittiṣāl

die Basisstation
قاعِدَة ثابِتَة
qāʿidah thābitah

der Kopfhörer
سَمَّاعَة
sammāʿah

das Mikrofon
ميكْروفون
mīkrufun

das Faxgerät
جِهاز فاكْس
jihāz fāks

jemanden anrufen	ittaṣṣala bi-shakhṣin mā	اتَّصَلَ بِشَخْصٍ ما
wählen	ṭalaba raqaman	طَلَبَ رَقَماً
klingeln	ranna	رَنَّ
Ich möchte bitte … sprechen.	aurīdu an ukallima … min faḍlik.	أُرِيدُ أَن أُكَلِّمَ...مِن فَضْلِك.
Entschuldigung, ich habe mich verwählt.	ʿudhran akhṭaʾtu al-ittiṣāl.	عُذْراً، أَخْطَأْتُ الاتِّصال.
Bitte hinterlassen Sie eine Nachricht nach dem Signalton.	yurjā tark risālah baʿd samāʿ aṣ-ṣāfirah.	يُرْجى تَرْك رِسالَة بَعْدَ سَماعِ الصَّافِرَة.
Können Sie mich bitte zurückrufen?	hal yumkinuka al-ittiṣāl bī marrah ukhrā?	هَل يُمْكِنُكَ الاتِّصال بي مَرَّة أُخْرى؟

DIE MEDIEN - وَسائِل الإِعْلام

Das Fernsehen - التِّلْفاز

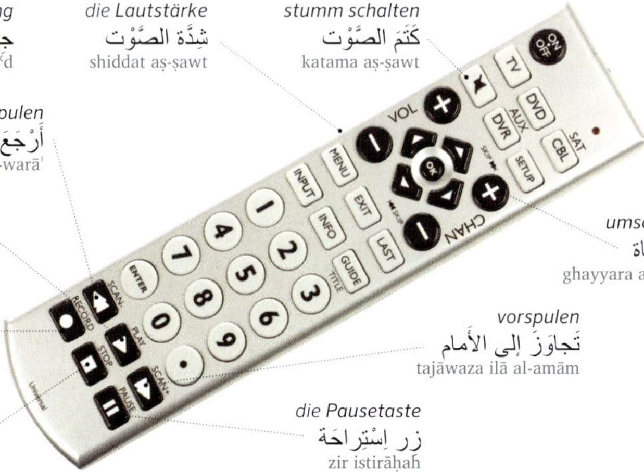

die Fernbedienung
جِهاز تَحَكُّم عَن بُعْد
jihāz taḥakkum ʿan buʿd

die Lautstärke
شِدَّة الصَّوْت
shiddat aṣ-ṣawt

stumm schalten
كَتَمَ الصَّوْت
katama aṣ-ṣawt

zurückspulen
أَرْجَعَ إِلى الوَراء
arjaʿa ilā al-warāʾ

abspielen
شَغَّل
shaghghala

umschalten
غَيَّرَ القَناة
ghayyara al-qanāh

aufnehmen
سَجَّلَ
sajjala

vorspulen
تَجاوَزَ إِلى الأَمام
tajāwaza ilā al-amām

die Stopptaste
زِر إِيْقاف
zir īqāf

die Pausetaste
زِر اِسْتِراحَة
zir istirāḥah

der DVD-Player
جِهاز دي في دي
jihāz dī fī dī

das Videospiel
لُعْبَة فيديو
luʿbat fīdiu

der Fernseher
تِلْفاز
tilfāz

der Digitalempfänger
جِهاز اِسْتِقْبال رَقَمي
jihāz istiqbāl raqamī

die DVD
دي في دي
dī fī dī

das Kabelfernsehen	bath ʿabr kabl	بَث عَبْر كَبْل
das Free-TV	bath majjanī	بَث مَجاني
das Bezahlfernsehen	dafʿ qabla kul mushāhadah	دَفْع قَبل كُل مُشاهَدَة
fernsehen	shāhada tilfāz	شاهَدَ تِلْفاز
die Fernsehserie	musalsal tilfizyūnī	مُسَلْسَل تِلفِزْيوني
zappen	qallaba qanawāt	قَلَّبَ قَنوات
die Folge	ḥalaqah	حَلَقَة

die Satellitenschüssel
طَبَق اِسْتِقْبال فَضائِيّات
ṭabaq istiqbāl faḍāʾīyāt

DIE MEDIEN - وَسائِل الإِعْلام

Das Fernsehen - التِّلْفاز

das Set
تَصْميم مَنْظَر العَرْض
taṣmīm manẓar al-ʿarḍ

das Interview
مُقابَلَة
muqābalah

der Interviewpartner
شَريك في حِوار
sharīk fī ḥiwār

der Teleprompter®
شاشَة تَلْقين
shāshat talqīn

die Nachrichtensprecherin
مُذيعَة أَخْبار
mudhīʿat akhbār

die Nachrichten
أَخْبار
akhbār

die Reporterin
مُراسِلَة صَحَفِيَّة
murāsilah ṣaḥafīyah

das Mikrofon
ميكْروفون
mīkrufun

die Szene
مَشْهَد
mashhad

der Schauspieler
مُمَثِّل
mumaththil

die Livesendung
بَث حَي وَ مُباشَر
bath ḥay wa mubāshar

das Publikum
جُمْهور
jumhūr

die Klappe
كْلاكْيت
klakit

der Dokumentarfilm	film wathāʾiqī	فيلْم وَثائِقي
die Talkshow	barnāmaj ḥiwārī	بَرْنامَج حِواري
die Reportage	taqrīr	تَقْرير
die Quizshow	barnāmaj musābaqāt	بَرْنامَج مُسابَقات
der Moderator	muqaddim barāmaj	مُقَدِّم بَرامَج
die Moderatorin	muqaddimat barāmij	مُقَدِّمَة بَرامِج
der Teilnehmer	mushtarik	مُشْتَرِك

DIE MEDIEN - وَسائِل الإِعْلام

Das Radio - الرَّاديو

der DJ
دي جي
dī jī

die Tonaufnahme
تَسْجيل صَوْت
tasjīl ṣawt

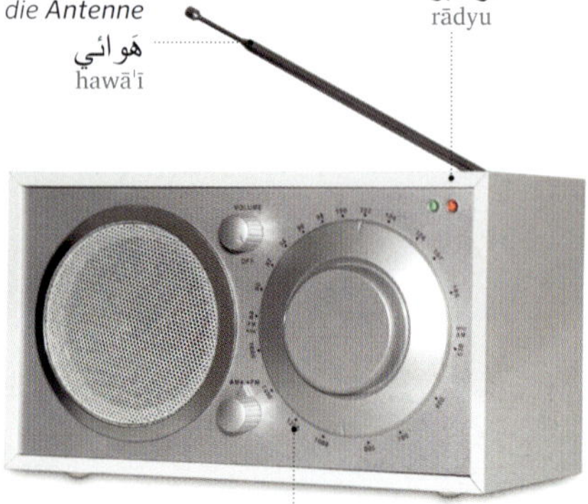

das Radio
راْديو
rādyu

die Antenne
هَوائي
hawāʾī

die Frequenz
تَرَدُّد
taraddud

der Radiosender
بَرْنامَج إِذاعي
barnāmaj idhāʿī

der Wetterbericht
حالَة الطَّقْس
ḥālat aṭ-ṭaqs

die Verkehrsnachrichten
أَخْبار حَرَكَة المَرور
akhbār ḥarakat al-murūr

die Hitparade
لائِحَة أَشْهَر الأغاني
lāʾiḥat ashhar al-aghānī

das Hörspiel
مُسَلْسَل إذاعي
musalsal idhāʿī

die Liveaufzeichnung
تَسْجيل حَي وَ مُباشَر
tasjīl ḥay wa mubāshar

die Sendung	barnāmaj	بَرْنامَج
der Berichterstatter	murāsil ṣaḥafī	مُراسِل صَحَفي
die Berichterstatterin	murāsililah ṣaḥafīyah	مُراسِلَة صَحَفيَّة
der Werbespot	iʿlān tijārī	إِعْلان تِجاري
senden	baththa	بَثَّ
die Langwelle	mawjah ṭawīlah	مَوْجَة طَويلَة
die Kurzwelle	mawjah qaṣīrah	مَوْجَة قَصيرَة

DIE MEDIEN - وَسائِل الإِعْلام

Die Printmedien - وَسائِل الإِعلام المَطْبوعَة

die Zeitung
صَحيفَة
ṣaḥīfah

das Tabloidformat
أَبْعاد الصَّحيفَة
abʿād aṣ-ṣaḥīfah

das Bild
صورَة
ṣūrah

der Artikel
مَقالَة
maqālah

die Titelseite
صَفْحَة رَئيسيَّة
ṣafḥah raʾīsīyah

die Schlagzeile
عُنْوان رَئيسي
ʿunwān raʾīsī

der Vorspann
مُقَدِّمَة
muqaddimah

die Zeitungsspalte
عامود صَحيفَة
ʿāmūd ṣaḥīfah

die großformatige Zeitung
صَحيفَة كَبيرَة الأَبْعاد
ṣḥīfah kabīrat al-abʿād

der Stellenmarkt
سُوْق عَمَل
sūq ʿamal

der Werbeprospekt
نَشْرَة تَرْويج مَبيعات
nashrat tarwīj mabīʿāt

die Anzeige
إعْلان
iʿlān

das Abonnement
اِشْتِراك
ishtirāk

der Leitartikel	maqālah iftitāḥīyah	مَقالَة اِفْتِتاحيَّة
die Todesanzeige	iʿlān wafīyāt	إعْلان وَفِيات
die Boulevardzeitung	ṣaḥīfah shaʿbīyah	صَحيفَة شَعْبيَّة
die Wochenzeitung	ṣaḥīfah usbūʿīyah	صَحيفَة أُسْبوعيَّة
die Tageszeitung	ṣaḥīfah yawmīyah	صَحيفَة يَوْميَّة
die Kolumne	ʿāmūd	عامود
die Beilage	mulḥaq	مَلْحَق

DIE MEDIEN - وَسائِل الإِعْلام

Die Printmedien - وَسائِل الإِعلام المَطْبوعَة

das gebundene Buch
كِتاب مُغَلَّف
kitāb mughallaf

der Einband
غِلاف كِتاب
ghilāf kitāb

der Buchdeckel
وَجْه كِتاب
wajh kitāb

der Buchrücken
مِحْوَر كِتاب
miḥwar kitāb

der Schutzumschlag
غِلاف واقي
ghilāf wāqī

das Taschenbuch
كِتاب جَيْب
kitāb jayb

die Seite
صَفْحَة
ṣafḥah

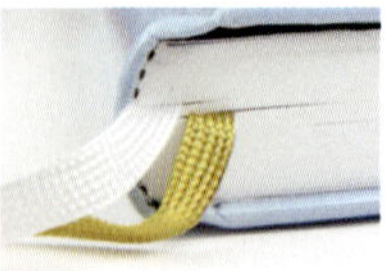

das Lesebändchen
عَلامَة قِراءَة
ʿalāmat qirāʾah

in einem Buch blättern
تَصَفَّحَ كِتاب
taṣaffaḥa kitāb

das Sachbuch
كِتاب غَيْر روائي
kitāb ghayr riwāʾī

der Roman
رِوايَة
riwāyah

die Seitenzahl	ʿadad ṣafḥāt	عَدَد صَفْحات
der Index	fahras	فَهْرَس
das Kinderbuch	kitāb aṭfāl	كِتاب أَطْفال
die Erzählliteratur	adab riwāʾī	أَدَب رِوائي
die Sachliteratur	adab ghayr riwāʾī	أَدَب غَير رِوائي
das Inhaltsverzeichnis	muḥtawayāt	مُحْتَوَيات
das Kapitel	faṣl	فَصْل

der Bildband
كِتاب مُصَوَّر
kitāb muṣawwar

DIE POST - البَريد

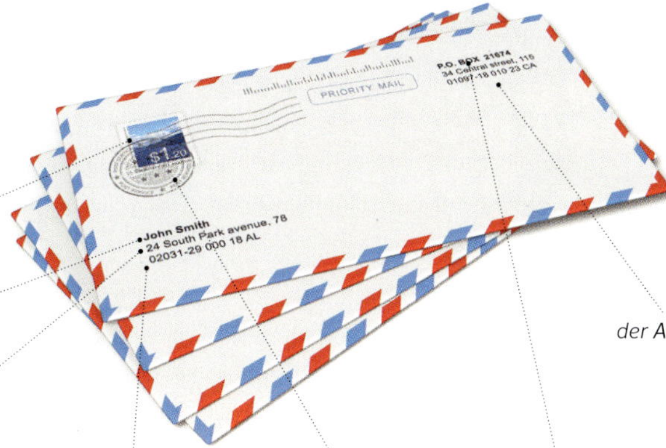

der Briefumschlag
ظَرْف بَريدي
ẓarf barīdī

die Briefmarke
طابِع بَريدي
ṭābaʿ barīdī

der Empfänger
مُتَلَقّي
mutalaqqī

die Adresse
عُنْوان
ʿunwān

der Absender
مُرْسَل
mursil

die Postleitzahl
رَمْز بَريدي
ramz barīdī

der Poststempel
خَتْم بَريدي
khatm barīdī

das Postfach
رَمْز صنْدوق البَريد
ramz ṣundūq al-barīd

die Postkarte
بطاقة بَريديَّة
biṭāah barīdīyah

die Empfangsbestätigung unterschreiben
وَقَعَ إقْرار بالاِسْتِلام
waqqaʿ iqrār bil-istilām

der Briefkasten
صنْدوق بَريد
ṣundūq barīd

einen Brief einwerfen
ألْقى رسالَة في صُنْدوق البَريد
alqā risālah fī ṣundūq al-barīd

das Paket
طَرْد بَريدي
ṭard barīdī

der Brief	risālah	رِسالَة
der Eilbrief	risālah mustaʿjilah	رِسالَة مُسْتَعْجِلَة
portofrei	barīd madfūʿ	بَريد مَدْفوع
einen Brief erhalten	talaqqā risālah	تَلَقّى رِسالَة
einen Brief beantworten	ajāba ʿalā risālah	أجابَ عَلى رِسالَة
jemandem einen Brief schicken	arsala risālah li-shakhṣ mā	أَرْسَلَ رِسالَة لِشَخْصٍ ما
das Einschreiben	barīd musajjal	بَريد مُسَجَّل

DIE POST - البَريد

das Klebeband
شَريط لاصِق
sharīṭ lāṣiq

die Styroporflocken
رَقائِق بوليسْترين
raqā'iq bulīstrīn

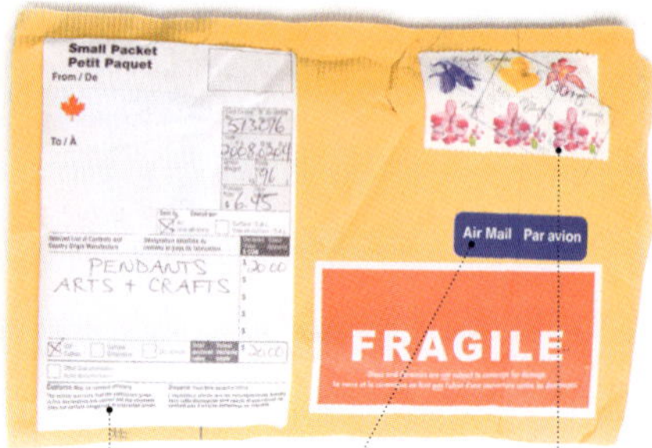

das Päckchen
طَرْد صَغير
ṭard ṣaghīr

per Luftpost
بِالْبَريد الجَوِّي
bil-barīd al-jawwī

das Porto
ثَمَن الطَّوابِع
thaman aṭ-ṭawābiʿ

zerbrechlich
قابِل لِلْكَسْر
qābil lil-kasr

vor Nässe schützen
حَمى مِن الرُّطوبَة
ḥamā min ar-ruṭūbah

oben
جانِب عُلْوي
jānib ʿulwī

die Zustellung
تَسْليم
taslīm

liefern	awṣala	أَوْصَلَ
versandkostenfrei	shaḥn majānī	شَحْن مَجاني
das Gewicht	wazana	وَزْن
die Waage	mīzān	ميزان
der Hausbriefkasten	ṣundūq barīd manzilī	صُنْدوق بَريد مَنْزِلي
die Postanweisung	ḥiwālah barīdīyah	حِوالَة بَريدِيَّة
Nicht knicken!	lā tathnī!	لا تَثْني!

der Kurierdienst
خِدْمَة تَوصيل
khidmat tawṣīl

SPORT UND FITNESS

رِيَاضَة وَلَيَاقَة بَدَنِيَّة

BALLSPORTARTEN - رِياضات الكُرَة

Der Fußball - كُرَة القَدَم

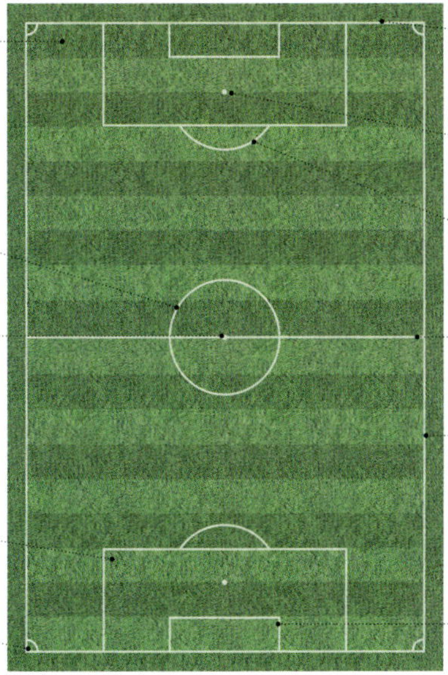

das Spielfeld
أَرْض المَلْعَب
arḍ al-malʿab

die Torlinie
خَط مَرمى
khaṭ marmā

der Elfmeterpunkt
نُقْطَة مُنْتَصَف المَرْمى
nuqṭat ḍarbat al-jazāʾ

der Teilkreis am Strafraum
قَوْس مَنْطِقَة الجَزاء
qaws manṭiqat al-jazāʾ

der Mittelkreis
دائِرَة الوَسَط
dāʾirah al-wasaṭ

der Anstoßpunkt
نُقْطَة نِصْف خَط الوَسَط
nuqṭat niṣf khaṭ al-wasaṭ

die Mittellinie
خَط وَسَط
khaṭ wasaṭ

die Seitenlinie
خَط تَماس
khaṭ tamās

der Strafraum
مَنْطِقَة جَزاء
manṭiqat jazāʾ

der Eckbogen
قَوْس زاوِيَة
qaws zawiyah

der Torraum
مَنْطِقَة مَرْمى
manṭiqat marmā

das Stadion
مَلْعَب
malʿab

die Zuschauertribüne
مُدَرَّج
mudarraj

die Zuschauer
مُتَفَرِّجون
mutafarrijūn

der Platzverweis
طَرْد
ṭard

die rote Karte
بطاقة حَمراء
biṭāqah ḥamrāʾ

der Schiedsrichter
حَكَم
ḥakam

BALLSPORTARTEN - رياضات الكُرَة

Der Fußball - كُرَة القَدَم

die Mannschaftsaufstellung
تَشْكيلَة فَريق
tashkīlat farīq

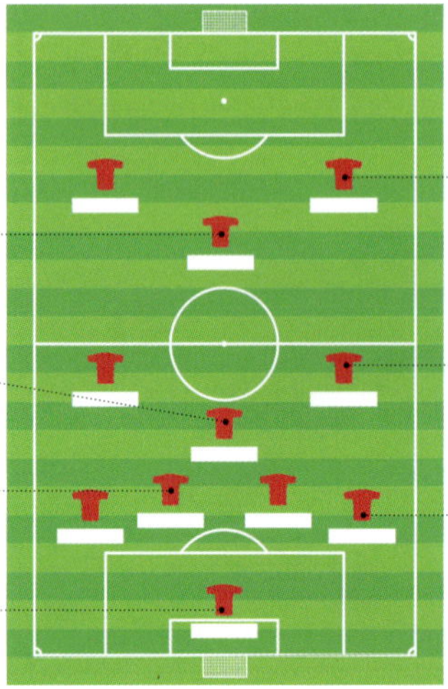

der Außenstürmer
مُهاجِم جَناح
muhājim janāḥ

der Mittelstürmer
مُهاجِم
muhājim

der Libero
مُدافِع قَشّاش
mudāʿ qashshāsh

der Mittelfeldspieler
لاعِب خَط وَسَط
lāʿib khaṭ wasaṭ

der Innenverteidiger
مُدافِع داخِلي
mudāfiʿ dākhilī

der Außenverteidiger
مُدافِع خارِجي
mudāfiʿ khārijī

der Torwart
حارِس مَرْمى
ḥāris marmā

angreifen
هاجَمَ
hājama

der Eckstoß
ضَرْبَة رُكْنيَّة
ḍarbah ruknīyah

der Freistoß
ضَرْبَة حُرَّة
ḍarbah ḥurrah

der Einwurf
رَمْيَة تَماس
ramyat tamās

die Liga	dawrī	دَوْري
die erste Liga	dawrī awwal	دَوْري أَوَّل
die Meisterschaft	buṭūlah	بُطولَة
der Pokal	ka'as	كَأس
die gelbe Karte	biṭāqah ṣafrā'	بِطاقَة صَفْراء
das Foul	fāul	فاول
die Verteidigung	difāʿ	دِفاع

das Tor
هَدَف
hadaf

BALLSPORTARTEN - رِياضات الكُرَة

Der Fußball - كُرَة القَدَم

der Fußball
كُرَة قَدَم
kurat qadam

der Fußballschuh
حِذاء كُرَة قَدَم
ḥidhāʾ kurat qadam

der Stollen
مَسامير
masāmīr

das Trikot
زَي كُرَّة قَدَم
zay kurat qadam

die Hose
شورْت
shurt

der Schienbeinschoner
واقي السَّاق
wākī as-sāq

der Stutzen
جَوارِب
jawārib

den Ball halten
مَسَكَ الكُرَة
masak al-kurah

das Tornetz
شِباك
shibāk

der Torpfosten
قائِمَة مَرمَى
qāʾimat marmā

der Torwarthandschuh
قُفازات حارِس مَرْمى
quffāzāt ḥāris marmā

schießen
سَدَّد
saddada

die Querlatte	ʿāriḍah	عارِضَة
das Unentschieden	taʿādul	تَعادُل
die Verlängerung	tamdīd	تَمْديد
der Elfmeter	ḍarbat jazāʾ	ضَرْبَة جَزاء
das Abseits	tasallul	تَسَلُّل
köpfen	ḍaraba bir-raʾs	ضَرْب بالرَّأس
kicken	rakala	رَكَلَ

BALLSPORTARTEN - رياضات الكُرَة

Der Handball - كُرَة اليَد

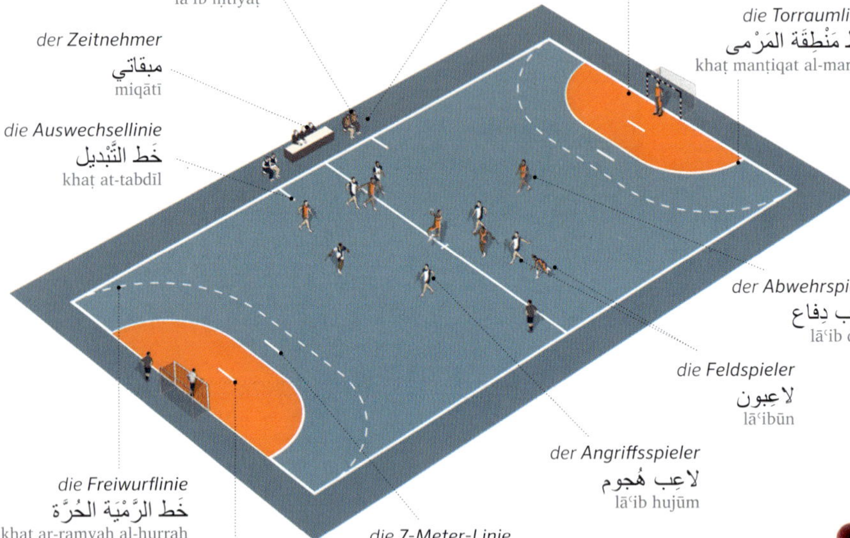

der Sprungwurf
رَمْيَة قَفْز
ramyat qafz

der linke Flügel	janāḥ aysar	جَناح أَيْسَر
der rechte Flügel	janāḥ ayman	جَناح أَيْمَن
der Schlagwurf	ramya biyad wāḥidah	رَمْيَة بِيَد واحِدَة
die Disqualifikation	istibʿād	اِسْتِبْعاد
die Auszeit	waqt mustaqtaʿ	وَقْت مُسْتَقْطَع
die Verwarnung	indhār	إِنْذار
der Siebenmeter	7 mitr	7متر

BALLSPORTARTEN - رِياضات الكُرَة

Der Volleyball - كُرَة الطَّائِرَة

die Angriffszone
مَنْطِقَة هُجوم
minṭaqat hujūm

der Außenangreifer
مُهاجِم جَناح
muhājim janāḥ

der Mittelangreifer
مُهاجِم خَط وَسَط
muhājim khaṭ wasaṭ

die Verteidigungszone
مَنْطِقَة دِفاعيَّة
minṭaqah difāʿīyah

der Libero
مُدافِع قَشّاش
mudāʿ qashshāsh

die Grundlinie
خَط رَئيسي
khaṭ raʾīsī

der Abwehrspieler
لاعِب دِفاع
lāʿib difāʿ

die Seitenlinie
خَط جانِبي
khaṭ jānibī

der Linienrichter
حَكَم الخُطوط
ḥakam al-khuṭūṭ

die Netzkante
حافَة الشَّبَكَة
ḥāfat ash-shabakah

das Netz
شَبَكَة
shabakah

die Angriffslinie
خَط هُجوم
khaṭ hujūm

der Freiraum
مَنْطِقَة حُرَّة
minṭaqah ḥurrah

die Reservebank
مَقْعَد اِحْتِياط
maqʿad iḥtiyāṭ

der Beachvolleyball
كُرَة يَد الشَّاطِئ
kurat yad ash-shāṭiʾ

schmettern
ضَرَبَ بِعُنُف
ḍaraba biʿunf

blocken
سَدَّ
sadda

der Aufschlag
ضَرْبَة إرْسال
ḍarbat irsāl

baggern
أَعَدَّ الكُرَة مِن السُّقوط
aʿdda al-kurah min as-suqūṭ

pritschen
أَعَدَّ الكُرَة مِن فوق الرأس
aʿdda al-kurah min fawq ar-raʾs

die Hechtabwehr
ضَرْبَة دِفاع
ḍarbat difāʿ

BALLSPORTARTEN - رياضات الكُرَة

Der Basketball - كُرَة السَّلَة

die Seitenlinie
خَط جانِبي
khaṭ jānibī

die Drei-Punkte-Linie
خَط النِّقاط الثَّلاث
khaṭ an-niqāṭ ath-thalāth

die begrenzte Zone
مَنْطِقَة مَحْظورَة
manṭiqah maḥẓūrah

die Grundlinie
خَط القاعِدَة
khaṭ al-qāʿidah

im Aus sein
كان خارِج الحُدود
kāna khārij al-ḥudūd

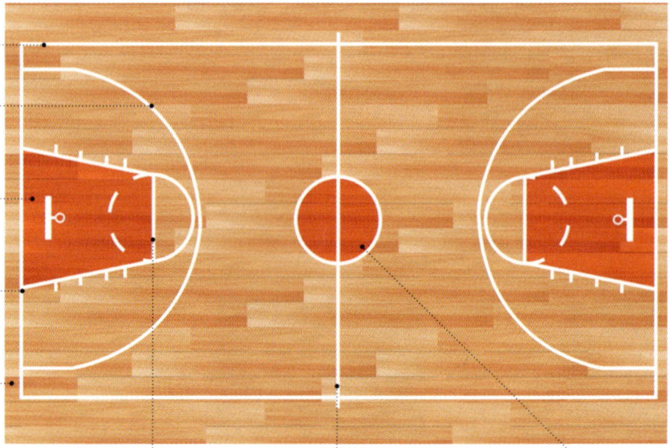

die Freiwurflinie
خَط الرَّمْيَة الحُرَّة
khaṭ ar-ramya al-ḥurrah

die Mittellinie
خَط وَسَط
khaṭ wasaṭ

der Mittelkreis
دائِرَة وَسَط
dāʾirat wasaṭ

der Dunk
كَبْس الكُرَة مِن الأَعلى
kabasa al-kurah min al-aʿlā

das Korbbrett
لَوْحَة خَلْفيَّة
lawḥah khalfīyah

der Korbring
طَوْق السَّلَّة
ṭawq as-sallah

das Netz
شَبَكَة
shabakah

der Korb
سَلَّة
sallah

das Doppeldribbling	tanṭīṭ muzdawaj	تَنْطيط مُزْدَوَج
der Rebound	irtidād	اِرْتِداد
der Sprungball	kurat qafz	كُرَة قَفْز
fangen	amsaka	أَمْسَكَ
werfen	ramā	رَمى
zielen	ṣawwaba	صَوَّبَ
decken	lāṣaqa	لاصَقَ

WEITERE BALLSPORTARTEN – رِياضات كُرَة أُخْرى

das Hockey
هوكي
hukī

das Eishockey
هوكي جَليد
hukī jalīd

der Hockeyschläger
عَصا هوكي
ʿaṣā hukī

der Puck
قُرْص
qurṣ

der Softball
كُرَة لَيِّنَة
kurah laīynah

der Baseball
بيسْبول
bīsbul

der Baseballschläger
عَصا بيسْبول
ʿṣā bīsbul

der Baseballhandschuh
قُفاز بيسْبول
qufāz bīsbul

der American Football
كُرَة قَدَم أَمْريكيَّة
kurat qadam amrīkīyah

das Rugby
رَجْبي
rajbī

das Kricket
كْريكْيت
krīkit

das Schlagholz
مَضْرَب خَشَبي
maḍrab khashabī

die Trillerpfeife
صَفَّارَة
ṣaffārah

die Mannschaft	farīq	فَريق
der Sieger	fāʾiz	فائِز
der Verlierer	khāsir	خاسِر
der Weltmeister	baṭal al-ʿālam	بَطَل العالَم
das Turnier	musābaqah	مُسابَقَة
der Spielstand	natījah mabdaʾīah	نَتيجَة مَبْدَئيَّة
der Trainer	mudarrib	مُدَرِّب
die Trainerin	mudarribah	مُدَرِّبَة

BALLSPORTARTEN MIT SCHLÄGERN - أَلْعاب المَضْرَب

Das Badminton - كُرَة الرِّيشَة

der Badmintonplatz
مَلْعَب كُرَة الرِّيشَة
malʿab kurat ar-rīshah

das linke Aufschlagfeld
مَنْطِقَة إرْسال يُسْرى
manṭiqat irsāl yusrā

das rechte Aufschlagfeld
مَنْطِقَة إرْسال يُمْنى
manṭiqat irsāl yumnā

die hintere Aufschlaglinie Einzel
خَط إرسال خَلْفي مُزْدَوَج
khaṭ irsāl khalfī muzdawaj

die hintere Aufschlaglinie Doppel
خَط إرسال خَلْفي مُنْفَرِد
khaṭ irsāl khalfī munfarid

die vordere Aufschlaglinie
خَط إرْسال أمامي
khaṭ irsāl amāmī

die Seitenlinie Doppel
خَط جانِبي مُزْدَوَج
khaṭ jānibī muzdawaj

die Seitenlinie Einzel
خَط جانِبي مُنْفَرِد
khaṭ jānibī munfarid

die Mittellinie
خَط وَسَط
khaṭ wasaṭ

das Squash
سكواش
skwātsh

der Racquetball
كُرَة الرّاح
kurat ar-rāḥ

der Badmintonschläger
مَضْرَب كَرَة الرِّيشَة
maḍrab kurat ar-rīshah

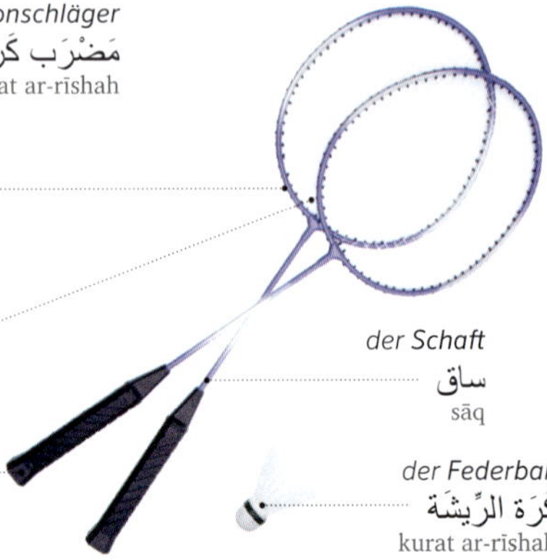

der Rahmen
إطار
iṭār

die Bespannung
أوْتار
awtār

der Schaft
ساق
sāq

der Griff
مِقْبَض
miqbaḍ

der Federball
كَرَة الرِّيشَة
kurat ar-rīshah

BALLSPORTARTEN MIT SCHLÄGERN - أَلْعاب المَضْرَب

Das Tennis - التنس

der Balljunge
صَبي جَمْع الكُرات
ṣabī jamʿ al-kurāt

die Grundlinie
خَط القاعِدَة
khaṭ al-qāʿidah

die Aufschlaglinie
خَط إِرْسال
khaṭ irsāl

das Halbfeld
نِصْف المَيدان
niṣf al-maydān

die Seitenlinie für das Einzelspiel
خَط جانِبي لِلَّعِب الفَرْدي
khaṭ jānibī lil-laʿib al-fardī

die Seitenlinie für das Doppelspiel
خَط جانِبي لِلَّعِب الزَّوجي
khaṭ jānibī lil-laʿib az-zawjī

die Aufschlagmittellinie
خَط الإِرْسال الأَوْسَط
khaṭ al-irsāl al-awsaṭ

das Netz
شَبَكَة
shabakah

der Tennisball
كُرَة التِّنِس
kurat at-tinis

der Tennisschläger
مَضْرَب كُرَة التِّنِس
maḍrab kurat at-tinis

die Vorhand
ضَرْبَة أَمامِيَّة
ḍarbah amāmīyah

die Rückhand	ḍarbah khalfīyah	ضَرْبَة خَلْفِيَّة
das Einzel	mubārat fardīyah	مُباراة فَرْدِيَّة
das Doppel	mubārat zawjīyah	مُباراة زَوْجِيَّة
der/das Tiebreak	shawṭ kasr at-taʿādul	شَوْط كَسْر التَّعادُل
der Einstand	taʿādul	تَعادُل
der Fehler	khaṭaʾ	خَطَأ
das Ass	ḍarbat irsāl rābiḥah	ضَرْبَة إِرْسال رابِحَة
der Satz	majmūʿah	مَجْموعَة
der Schiedsrichter	ḥakam	حَكَم
die Schiedsrichterin	ḥākaimah	حاكِمَة
der Linienrichter	ḥakam al-khuṭūṭ	حَكَم الخُطوط

BALLSPORTARTEN MIT SCHLÄGERN - أَلْعاب المَضْرَب

Das Tischtennis - تِنِس الطَّاوِلَة

der Tischtennistisch
تِنِس الطَّاوِلَة
tinis aṭ-ṭāwilah

die Netzoberkante
حافَة الشَّبَكَة العُليا
ḥāfat ash-shabakah al-ʿulyā

der Netzhalter
حامِل الشَّبَكَة
ḥāmil ashs-habakah

die Seitenlinie
خَط جانِبي
khaṭ jānibī

das Netz
شَبَكَة
shabakah

die Maschen
عُيون الشَّبَكَة
ʿuyūn ash-shabakah

die Grundlinie
خَط القاعِدَة
khaṭ al-qāʿidah

die Mittellinie
خَط وَسَط
khaṭ wasaṭ

der Tischtennisschläger
مَضْرَب كُرَة تِنِس الطَّاوِلَة
maḍrab kurat tinis aṭ-ṭāwilah

die Schlagfläche
وَجْه المَضْرَب
wajh al-maḍrad

der Belag
غِطاء
ghiṭāʾ

der Tischtennisball
كُرَة تِنِس الطَّاوِلَة
kurat tinis aṭ-ṭāwilah

der Griff
مَقْبَض
maqbaḍ

der Penholdergriff
قَبْضَة حامِل القَلَم
qabḍat ḥāmil al-qalam

der Shakehandgriff
قَبْضَة المُصافَحَة
qabḍat al-muṣāfaḥah

DAS GOLF - الجُولْف

der Golfplatz
مَلْعَب جُولْف
malʿab julf

das Wasserhindernis
عائِق مائي
ʿāʾiq māʾī

der Bunker
عائِق رَمْلي
ʿāʾiq ramlī

das Fairway
مَمَر
mamar

das Rough
مَنْطِقَة غَيْر مَقْصوصَة
manṭiqah ghayr maqṣūṣah

der Abschlag
مَنْطِقَة بِدايَة
manṭiqat bidayah

die Haltung
وَضْعيَّة الجِسْم
waḍʿīyat al-jism

einlochen
أَسْقَطَ في حُفْرَة
asqaṭa fī ḥufrah

die Fahne
عَلَم
ʿalam

das Tee
قاعِدَة كُرَة الجُولْف
qāʿidat kurat al-julf

der Golfball
كُرَة جُولْف
kurat al-julf

das Loch
حُفْرَة
ḥufrah

das Grün
مَنْطِقَة خَضْراء حَوْلَ الحفْرَة
manṭiqah khaḍrāʾ ḥawla al-ḥufrah

DAS GOLF - الجُولْف

die Golfschläger
مَضارِب جُولْف
maḍārib julf

das Holz
مَضْرَب خَشَب
maḍrab khashab

das Eisen
مَضْرَب حَديد
maḍrab ḥadīd

der Wedge
مَضْرَب إسْفين
maḍrab isfīn

der Putter
مَضْرَب مُسْقِط
maḍrab musqiṭ

die Golftasche
حَقيبَة مَضارِب
ḥaqībat maḍārib

driven
سَيَّرَ
sayyar

der Golfspieler
لاعِب جُولْف
lāʿib julf

der Caddie
حمَّال مُعِدات
ḥammāl muʿidāt

der Golftrolley
عَرَبَة جُولْف
ʿaraat julf

der Durchschwung
ضَرْبَة طَويلَة
ḍarbah ṭawīla

schwingen	arjaḥa	أَرْجَحَ
chippen	dafaʿa ʿan qurb	دَفَعَ عَن قُرْب
das Par	sawīyah	سَويَّة
das Birdie	taḥta as-sawīyah	تَحْت السَّويَّة
das Bogey	fawqa as-sawīyah	فَوْق السَّويَّة
das Handicap	muʿādalah	مُعادَلَة
das Hole-in-one	isqāṭ bi-ḍarbah wāḥidah	إسْقاط بِضَرْبَة واحِدَة

das Golfcart
مَرْكَبَة جُولْف
markabat julf

DIE LEICHTATHLETIK – أَلْعاب القِوى

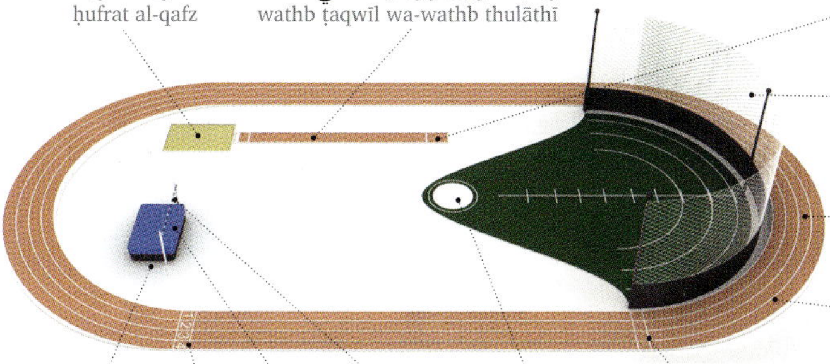

der Sprint
عَدو
ʿadū

der Startblock
كُتْلَة البِدايَة
kutlat al-bidāyah

der Hürdenlauf
وَثْب حَواجِز
wathb ḥawājiz

die Hürde
حاجِز
ḥājiz

der Stabhochsprung
قَفْز بالزّانَة
qafz biz-zānah

der Staffellauf	sibāq tatābuʿ	سِباق تَتابُع
der Stab	zānah	زانة
einen Rekord brechen	ḥaṭṭama raqm qiyāsī	حَطَّم رَقم قِياسي
der Marathon	mārāthun	ماراثون
der Speerwurf	ramı ar-rumḥ	رَمي الرُّمْح
die Stoppuhr	sāʿat tawqīf	ساعَة توقيف
die Startpistole	musaddas al-inṭilāq	مُسَدَّس الاِنْطِلاق

DAS TURNEN – الجُمْباز

das Reck
عارِضَة تَوازُن
ʿāriḍat tawāzun

der/das Spagat
فَرْشَخَة
farshakhah

der Handstand
وقوف عَلى اليَدَيْن
wuqūf ʿalā al-yadayn

der Sprungtisch
مِنَصَّة قَفْز
minaṣṣat qafz

der Schwebebalken
عُقْلَة
ʿuqlah

die Ringe
حَلَق
ḥalaq

das Pauschenpferd
حِصان المَقابِض
ḥiṣān al-maqābiḍ

der Barren
المُتَوازي
al-mutawāzī

der Stufenbarren
المُتَوازي مُخْتَلِف الارْتِفاع
al-mutawṣī mukhtalif al-irtifāʿ

das Bodenturnen
جُمْباز أَرْضي
jumbāz arḍī

die Turnhalle
صالَة تَدْريب
ṣālat tadrīb

der Turnanzug
بَدْلَة تَدْريب
badlat tadrīb

die Magnesia
طَبْشور
ṭabshūr

die Turnerin
لاعِبَة جُمْباز
lāʿibat jumbāz

das Gold	dhahab	ذَهَب
das Silber	fiḍḍah	فِضَّة
die Bronze	brunz	برونْز
die Medaille	mīdālīyah	ميداليَّة
der Wettkampf	musābaqa	مُسابَقَة
der Salto	tashaqlub	تَشَقْلُب
der Aufgang	irtifāʿ	اِرْتِفاع

DER WASSERSPORT - رِياضات الماء

Das Schwimmen - السَّباحَة

das Wettkampfbecken
حَوْض المُسابَقَة
ḥawḍ al-musābaqah

① der Wendehinweis für Rückenschwimmer
إشارَة الدَّوران لِسَبَّاحَي الظَّهْر
ishārat ad-dawārān li-sabbāḥī aẓ-ẓahr

② die Bahn
حارَة
ḥārah

③ das Ziel
هَدَف
hadaf

④ die Linie
خَط
khaṭ

⑤ das Wasser
ماء
māʾ

⑥ der Startblock
كُتْلَة البدايَة
kutlat al-bidāyah

⑦ die Schwimmleine
خَط السِّباحَة
khaṭ as-sibāḥah

die Wende
دَوَران
dawarān

der Armzug
حَرَكَة ذِراع
ḥarakat dhirāʿ

das Rückenschwimmen
سِباحَة ظَهْر
sibāḥat ẓahr

das Brustschwimmen
سِباحَة صَدْر
sibāḥat ṣadr

kraulen
سِباحَة حُرَّة
sibāḥah ḥurrah

das Schmetterlingsschwimmen
سِباحَة فَراشَة
sibāḥat farāshah

der Startsprung
قَفْزَة البدايَة
qafzat al-bidāyah

der Fehlstart
بدايَة خاطِئَة
bidāyah khāṭiʾah

DER WASSERSPORT - رياضات الماء

Das Schwimmen - اَلسَّباحَة

der Wasserball
كُرَة الماء
kurat al-māʾ

springen
غَطَس
ghaṭasa

das Kunstspringen
لاعِبَة قَفْز
lāʿibat qafz

das Synchronschwimmen
سِباحَة مُتَزامِنَة
sibāḥah mutazāminah

der Schwimmflügel
فَواشات ذِراع
fawāshāt dhirāʿ

der Schwimmring
طارَة سِباحَة
ṭārat sibāḥah

das Schwimmerbecken
حَوض سَبَّاحين
ḥawḍ sabbāḥīn

das Nichtschwimmer-
becken
حَوض غَيْرالسَّبَّاحين
ḥawḍ ghayr as-sabbāḥīn

die Schwimmweste
صِدْرِيَّة سِباحَة
ṣidrīyat sibāḥah

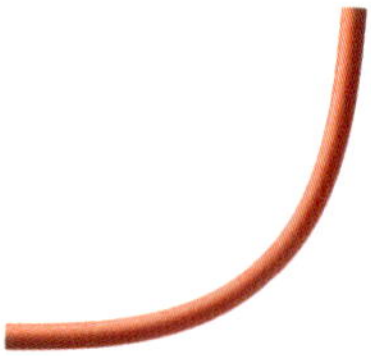

die Schwimmnudel
قَضيب سِباحَة مُتَحَرِّك
qaḍīb sibāḥah mutaḥarrik

die Schwimmerin
سَبَّاحَة
sabbāḥah

die Badekappe
قُبعَة سِباحَة
qubaʿat sibāḥah

der Schwimmanzug
بَدْلَة سِباحَة
badlat sibāḥah

die Schwimmbrille
نَظارَة سِباحَة
naẓārat sibāḥah

schwimmen	sabaḥa	سَبَح
das Sprungbrett	minaṣṣat qafz	مِنَصَّة قَفْز
der Sprungturm	burj qafz	بُرْج قَفْز
das Schwimmbrett	lawḥ sibāḥah	لَوْح سِباحَة
der Bademeister	munqidh	مُنْقِذ
die Bademeisterin	munqidhah	مُنْقِذَة
der Wasserpark	masbaḥ tarfīhī	مَسْبَح تَرفيهي

DER WASSERSPORT - رِياضات الماء

Das Segeln - إِبْحار شِراعي

der Mast
سارِيَة
sāriyah

die Takelage
حِبال تَثْبيت
ḥibāl tathbīt

das Großsegel
شِراع رئيسي
shirāʿ raʾīsī

die Fock
شِراع أمامي
shirāʿ amāmī

der Bug
مُقَدِّمَة
muqaddimah

der Rumpf
هَيْكَل
haykal

das Heck
مُؤَخِّرَة
muʾakhkhirah

der Rettungsring
طارَة إِنْقاذ
ṭārat inqādh

die Leuchtrakete
شُعْلَة ضَوئيَّة
shuʿlah ḍawʾīyah

der Segler
بَحّار شِراعي
baḥḥār shirāʿī

der Baum
عارِضَة
ʿāriḍah

das Cockpit
مَقْصورَة قِيادَة
maqṣūrat qiyādah

die Pinne
ذِراع الدَّفَة
dhirāʿ ad-daffah

der Seegang	irtifāʿ al-mawj	اِرْتِفاع المَوْج
der Wind	rīḥ	ريح
die Meeresströmung	tayyār baḥrī	تَيَّار بَحْري
der Anker	marsāt	مَرْساة
die Crew	ṭāqam milāḥah	طاقَم مِلاحَة
das Ruder	daffah	دَفَّة
kentern	inqalaba	اِنْقَلَبَ
der Jachthafen	mīnāʾ yukhūt	ميناء يُخوت
das Rettungsboot	qārib najāh	قارِب نَجاة
der Katamaran	kātāmārān	كاتاماران

DER WASSERSPORT - رياضات الماء

Das Tauchen - الَغَوْص

der Tauchanzug
بَدْلَة غَوْص
badlat ghawṣ

die Druckluftflasche
زُجاجَة هَواء مَضْغوط
zujājat hawāˈ maḍghūṭ

der Lungenautomat
مُنَظِّم تَنَفُّس
munaẓẓim tanafus

die Taschenlampe
مِصْباح جَيْب
miṣbāḥ jayb

der Tiefenmesser
مِقْياس عُمْق
miqyās ʿumq

die Schwimmflosse
زَعْنَفَة سِباحَة
zaʿnafat sibāḥah

der Tauchstiefel
جَزْمَة غَوْص
jazmat ghawṣ

der Schnorchel
أُنْبوب هَواء
aunbūb hawāˈ

die Tauchmaske
قِناع غَوْص
qināʿ ghawṣ

das Finimeter
مِقْياس ضَغْط
miqyās ḍaght

der/das Kajak
كاياك
kāyāk

das Doppelpaddel
مِجْداف مُزْدَوَج
mijdāf muzdawaj

der Kanadier
كانو كَنَدي
kānū kanadī

das Stechpaddel
مِجْداف كانو
mijdāf kānū

der Sitz
مَقْعَد
maqʿad

der Vordersteven
مُقَدِّمَة القارِب
muqaddimat al-qārib

das Heck
مُؤَخِّرَة
muˈakhkhirah

der Bug
مُقَدِّمَة
muqaddimah

der Bootsrumpf
هَيْكَل القارِب
haykal al-qārib

der Achtersteven
مُؤَخِّرَة القارِب
muˈakhkharat al-qārib

DER WASSERSPORT - رِياضات الماء

Das Surfen - رُكوب الأَمْواج

surfen
رَكوب الأَمْواج
rakūb al-amwāj

das Surfbrett
لَوْح رُكوب الأمْواج
lawḥ rakūb al-amwāj

der Surfer
راكِب أَمْواج
rākib amwāj

die Welle
مَوْجَة
mawjah

das Windsurfen
رُكوب أَمْواج شِراعي
rukūb amwāj shirāʿī

das Schothorn
مُؤَخِرَة شِراع
muʾakhirah shirāʿ

das Segel
شِراع
shirāʿ

der Mast
سارِيَة
sārīyah

der Windsurfer
راكِب أَمْواج شِراعي
rākib amwāj shirāʿī

das Paddelbrett
لَوْح
lawḥ

das Kitesurfen
تَزَلُّج بِالشَّد مِن طائِرَة شِراعِيَّة
tazalluj bi-shshad min ṭāʾrah shirāʿīyah

das Bodyboarden
رُكوب الأمواج بِالتَمَدُّد
rukūb amwāj bit-tamaddud

das Wakeboarden
تَزَلُّج بِالشَّد مِن قارِب
tazalluj bi-shshad min qārib

der Jetski®
تَزَلُّج بِمَرْكَب نَفّاث
tazalluj bi-markab naffāth

das Wasserski
تَزَلُّج عَلى الماء
tazalluj ʿalā al-māʾ

das Rudern
تَجْديف
tajdīf

das Rafting
رُكوب الأَمْواج بِالطَّوّافَة
rukūb amwāj biṭ-ṭawāfah

DER KAMPFSPORT – فُنون القِتال

das Karate
كَراتيه
karātih

das Aikido
أَيْكيدو
aykīdu

das Kendo
كينْدو
kīndu

das Taekwondo
تيكوَنْدو
tīkuandu

der schwarze Gürtel
حِزام أَسْوَد
ḥizām aswad

das Judo
جيْدو
jīdu

das Kung-Fu
كونْفو
kunfū

das Kickboxen
مُلاكَمَة بالأَرْجُل
mulākamah bil-arjul

das Ringen
مُصارَعَة
muṣāraʿah

das Boxen
مُلاكَمَة
mulākamah

der Sandsack
كيس رَملي لِلْتَدْريب
kīs ramlī lil-tadrīb

der Boxball
كُرَة لِلْمُلاكَمَة
kurah lil-mulākamah

der Kopfschutz
واقي رَأْس
wāqī ra's

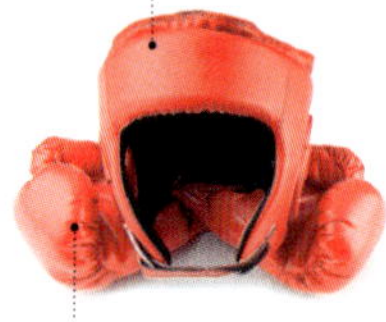

der Boxhandschuh
قُفاز مُلاكَمَة
qufāz mulākamah

der Mundschutz	wāqī fam	واقي فَم
der Knock-out	akhraja	أَخْرَجَ
die Selbstverteidigung	difāʿ ʿan an-nafs	دِفاع عَن النَّفْس
das Tai-Chi	tāy shī	تاي تْشي
das Jiu-Jitsu	jīu jītsū	جيو جيتسو
die Capoeira	kābuyrā	كابويرا
das Wing Chun	wīnj tshūn	وينغ تْشون

DER REITSPORT – رُكوب الخَيْل

der Reithelm
قُبَعَة رُكوب
quba'at rukūb

die Reiterin
فارِسَة
fārisah

der Sattel
سَرْج
sarj

die Reithose
بِنْطال رُكوب
binṭāl rukūb

die Mähne
عُرْف
'urf

das Pferd
حِصان
ḥiṣān

der Stirnriemen
طَوْق الجَبْهَة
ṭawq al-anf

das Zaumzeug
لِجام
lijām

der Nasenriemen
طَوْق الأَنْف
ṭawq al-jabhah

die Kandare
شَكيمَة
shakīmah

der Zügel
عِنان
'aiān

der Steigbügel
رِكاب
rikāb

der Sattelgurt
حِزام سَرْج
ḥizām sarj

der Huf
حافِر
ḥāfir

der Sprung
قَفْز
qafz

der Hinterzwiesel
قَرْبوس مُؤَخِّرَة السَّرْج
qarbūs mu'akhkhirat as-sarj

der Reitstietel
جَزْمَة رُكوب
jazmat rukūb

der Vorderzwiesel
قَرْبوس مُقَدِّمَة السَّرْج
qarbūs muqaddimat as-sarj

DER REITSPORT - رُكوب الخَيْل

das Pferderennen
سِباق خُيول
sibāq khuyul

das Rennpferd
حِصان سِباق
ḥiṣān sibāq

der Jockey
فارس سِباق خُيول
faris sibāq khuy̆ul

das Dressurreiten
تَرْويض
tarwīḍ

der Ausritt
تَجَوُّل بالحِصان
tajawwul bil-ḥiṣān

der Trabrennsport
سِباق الخَبَب
sibāq al-khabab

das Jagdrennen
سِباق حَوائِل
sibāq ḥawāʾil

ohne Sattel reiten
رَكِبَ بلا سَرْج
rakiba bi-la sarj

der Stall
إسْطَبْل
iṣṭabl

der/das Rodeo
روديو
rudyu

das Polo
بولو
bulu

das Springreiten
قَفْز بالخَيْل
qafz al-khayl

das Hufeisen	ḥadwa	حَذْوَة
die Reitgerte	ʿaṣā rukūb	عَصا رُكوب
die Koppel	mazraʿah tarwīḍ	مَزْرَعَة تَرْويض
der Kanter	tabahktur	تَبَخْتُر
der Galopp	hazb	هَذْب
der Schritt	mashī	مَشي
das Trabrennen	khabab	خَبَب

der Pferdepfleger
راعي خَيْل
rāʿī khayl

DAS ANGELN – صَيْد السَّمَك

der Angler
صَيَّاد
ṣayyād

die Angel
صِنَّارَة
ṣinnārah

die Angelrute
قَصَبَة صِنَّارَة
qaṣabat ṣinnārah

die Anglerweste
صِدْرِيَّة صَيَّاد
ṣidrīyat ṣayyād

einen Fisch fangen
صاد سَمَكَة
ṣāda samakah

der Unterfangkescher
شَبَكَة صَيْد
shabakat ṣayd

der Watstiefel
جَزْمَة خَوض
jazmat khawḍ

die Angelausrüstung
مُعِدَّات صَيْد
muʿadāt ṣayd

die Angelschnur
خَيْط صَيْد
khayṭ ṣayd

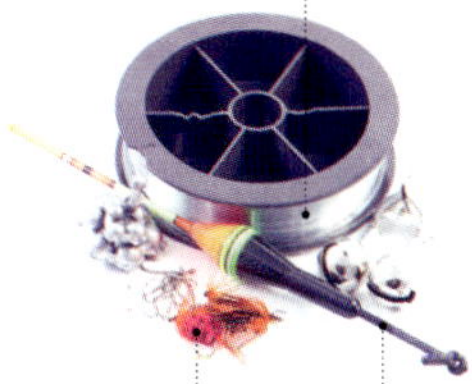

die Kunstfliege
ذُبابَة اِصْطِناعيَّة
dhubābah iṣṭināʿīyah

die Pose
طَوافَة
ṭawāfah

der Angelhaken
خَطَّاف صِنارَة
khaṭṭāf a-ṣṣanārah

die Öse
عَيْن
ʿayn

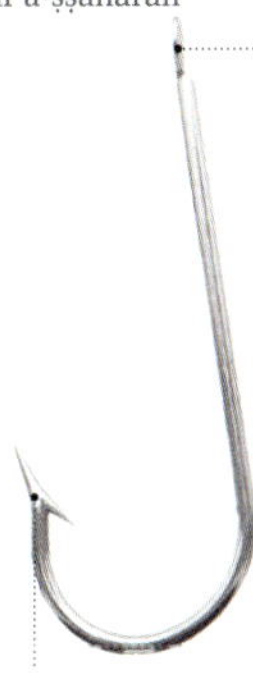

der Widerhaken
خَطَّاف مَعْقوف
khaṭṭaf maʿqūf

die Spule
بَكَرَة
bakarah

die Angelrolle
عَجَلَة صِنَّارَة
ʿajalat ṣinnārah

die Kurbel
ذِراع تَدْوير
dhirnāʿ dadwīr

DAS ANGELN – صَيْد السَّمَك

das Brandungsangeln
صَيْد مِنَ الشَّاطِئ
ṣayd min ash-shāṭiʾ

mit dem Netz fangen
اِصْطادَ بِشَبَكَة
iṣṭāda bi-shabakah

das Hochseeangeln
صَيْد في أَعْماق البَحْر
ṣayd fī aʿmāq al-baḥr

das Süßwasserangeln
صَيْد في ماء حُلْو
ṣayd fī māʾ ḥulū

das Speerfischen
صَيْد بالرُّمْح
ṣayd bir-rumḥ

einholen
سَحَبَ لِلْخارِج
saḥaba lil-khārij

das Fliegenfischen
صَيْد بِذُباب اِصْطِناعي
ṣayd bi-dhubāb iṣṭināʿī

fangen
صادَ
ṣāda

freilassen
أَطْلَقَ سَراح
aṭlaqa sarāḥ

der Köder
طُعْم
ṭuʿm

der Fang
صَيْد
ṣayd

die Hummerfalle
مَصْيَدَة جَراد البَحْر
maṣyadat jarād al-baḥr

der Angelschein	taṣrīḥ ṣayd	تَصْريح صَيْد
anbeißen	ʿaḍḍa	عَضَّ
der Fischkorb	sallat samak	سَلَّة سَمَك
der Erdspeer	ḥāmil aṣ-ṣinnārah	حامِل الصِّنارَة
der Wobbler	ṭuʿm ṣināʿī	طُعْم صِناعي
die Harpune	rumḥ li-ṣayd al-ḥitān	رُمْح لِصَيْد الحيتان
die Angel auswerfen	ramā aṣ-ṣanārah	رَمى الصِّنارَة

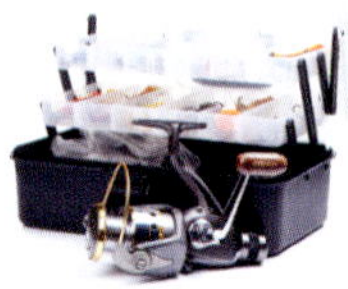

der Spinnerkasten
صُنْدوق عِدَّة
ṣundūq ʿuddah

DER WINTERSPORT - رِياضَات شَتويَّة

der Sturzhelm
قُبَعَة واقِيَة
qubaʿa wāqiyah

der Pulverschnee
ثَلْج ناعِم
thalj nāʿim

der Stockteller
قاعِدَة العَصَا
qāʿidat al-ʿaṣā

der Skistock
عَصا تَزَلُّج
ʿaṣā tazalluj

der Skianzug
بَدْلَة تَزَلُّج
badlat tazalluj

die Seilbahn
تَلْفريك
talfrīk

die Spitze
طَرَف
ṭaraf

der Ski
مِزْلاج
mizlāj

der Skistiefel
جَزْمَة تَزَلُّج
jazmat tazalluj

die Skipiste
مَسار تَزَلُّج
masār tazalluj

die Kante
حافَة
ḥāfah

der Skiläufer
مُتَزَلِّج
mutazallij

der Slalom
تَزَلُّج مُتَعَرِّج
tazalluj mutaʿarrij

der Abfahrtslauf
تَزَلُّج نَحْوَ الاَسْفَل
tazalluj naḥwa al-asfal

das Skispringen
قَفْز تَزَلُّجي
qafz tazallujī

abseits der Piste
خارِج طَريق التَّزَلُّج
khārij ṭarīq al-tazalluj

der Skihang
مُنْحَدَر تَزَلُّج
munḥadar tazalluj

das Biathlon
ثُنائيَّة الرِّمايَة وَ التَّزَلُّج لِمَسافات بَعيدة
riyāḍat rimāyah wa tazalluj

der Langlauf
تَزَلُّج لِمَسافات طَويلَة
tazalluj li-masāfāt ṭawīlah

die Langlaufloipe
مَسار تَزَلُّج مُجَهَّز
masār tazalluj mujahhaz

DER WINTERSPORT - رِياضَات شَتَويَّة

die Skibrille
نَظّارات واقيَة
naẓẓārāt wāqīyah

der Snowboardfahrer
مُتَزَلِّج عَلى لَوْح
mutazallij ʿalā lawḥ

das Snowboard
لَوْح الثَّلْج
lawḥ ath-thalj

die Bindung
مُثَبِّت
muthabbit

die Halfpipe
أُسْطُوانَة نِصْف دائِريَّة
isṭuwānah niṣf daʾirīyah

das Rail
عائِق
ʿāʾiq

Schlitten fahren
رَكِبَ زَلَّاقَة
rakiba zallāqah

das Rennrodeln
زَحافات ثَلْجيَّة
aḥafāt thaljīyah

der Bobsport
تَزَلُّج في زَلَّاجَة جَماعيَّة
tazalluj fi-zallajah jamāʿīyah

das Curling
كيرلِنْج
kirlinj

Schlittschuh laufen
تَزَلُّج عَلى الجَليد
tazalluj ʿalā al-jalīd

der Eisschnelllauf
تَزَلُّج سُريع
tazalluj surīʿ

das Skifahren	tazalluj ʿalā al-thalj	تَزَلُّج عَلى الثَّلْج
das Snowboarding	tazalluj bi-lawḥ ath-thalj	تَزَلُّج بِلَوْح الثَّلْج
der Winter-Fünfkampf	sibāq al-khumāsī ash-shatawī	سِباق الخُماسي الشَّتَوي
der Freistil	tazalluj ḥur	تَزَلُّج حُر
das Schneeschuhwandern	tajawwul bi-ʾaḥdhiyat ath-thalj	تَجَوُّل بِأَحْذيَّة الثَّلْج
das Hundeschlittenfahren	tazalluj bi-musāʿadat kilāb	تَزَلُّج بِمُساعَدَة كِلاب
das Après-Ski	mā baʿda at-tazalluj	مابَعْدَ التَّزَلُّج
die Skihütte	funduq tazalluj	فُنْدُق تَزَلُّج

der Eiskunstlauf
تَزَلُّج فَنّي عَلى الجَليد
tazalluj fannī ʿalā al-jalīd

SONSTIGE SPORTARTEN – رِياضات أُخْرى

das Klettern
تَسَلُّق
tasalluq

das Wandern
تَجَوُّل عَلى الجِبال
tajawwul ʿalā al-jibāl

der Radsport
رياضَة دَراجَة
riyāḍat darājah

das Mountainbiken
رُكوب دَراجَة جَبَلِيَّة
rukūb darājah jabalīyah

das Abseilen
هُبوط بِحَبْل مُثَبَّت
hubūṭ bi-ḥabil muthabbat

das Bungeespringen
قَفْز بَنْجي
qafz banjī

das Drachenfliegen
طَيَران شِراعي
ṭayarān shirāʿī

das Fallschirmspringen
قَفْز بِالمَظَلَّة
qafz bil-miẓallah

das Rallyefahren
سِباق الطُّرُق الوَعِرَة
sibāq aṭ-ṭuruq al-waʿirah

die Formel 1®
سِباق الفورمولا وان
sibāq al-fwrmūlā wān

das Motocross
سِباق موتو كروس
sibāq mutu krus

das Motorradrennen
سِباق دَرّاجات نارِيَّة
sibāq ddarājāt narīyah

das Skateboardfahren
رُكوب سكيت بورد
rukūb skit burd

das Longboardfahren
رُكوب لَوح بِعَجَلات
rukūb lawḥ bi-ʿajalāt

das Inlineskaten
تَزَلُّج بالعَجَلات
tazalluj bil-ʿajalāt

das Offroadfahren
سِباق سَيّارات جَبَلي
sibāq jabalī

SONSTIGE SPORTARTEN - رِياضات أُخْرى

das Fechten
مُبارَزَة
mubārazah

das Bowling
بولينج
bulīnj

das Bogenschießen
رَمي بِالقَوْس وَ السَّهْم
ramī bil-qaws wa as-sahm

die Jagd
صَيْد
ṣayd

das Darts
لُعْبَة الرَّشْق بالسِّهام
luʿbat ar-rashq bis-sihām

das Poolbillard
بِلْياردو
bilyārdū

das Snooker
سنوكَر
snūkar

das Lacrosse
لاكْروس
lākrus

die rhythmische Sportgymnastik
جُمْباز إيقاعي
jumbāz īqāʿī

das Frisbee®
فْريسبس
frīsbs

das Triathlon
سِباق ثُلاثي
sibāq thulāthī

der Australian Football
كُرَة القَدَم الأُسْترالِيَّة
kurat al-qadam al-usturālīyah

die/das Boule
بول
būl

das Ballett
باليه
bālyh

das Krocket
كروكيت
krukit

der/das Parkour
بارْكور
bārkūr

DIE FITNESS - اللَّياقَة البَدَنيَّة

das Fitnessstudio
نادي لَياقَة بَدَنيَّة
nādī layāqah badanīyah

die Langhantel
أَثْقال طَويلَة
athqāl ṭawīlah

die Gewichtsscheibe
ثِقَل
thiql

die Bank
مِقْعَد
miqʿad

das Krafttraining
تَدْريب قُوَة
tadrīb qūah

die Bizepsübung
تَمْرين عَضَلَة الذِّراع
tamrīn ʿaḍalat adh-dhirāʿ

die Kurzhantel
أَثْقال قَصيرَة
athqāl qaṣīrah

das Bankdrücken
تَمْرين الضَّغْط عَلى المِقْعَد
tamrīn aḍ-ḍaghiṭ ʿalā al-maqʿad

das Ergometer
جِهاز قِياس قُدْرَة الجِسْم
jihāz qiyyās qudrat al-jism

der Crosstrainer
جِهاز تَمْرين شامِل
jihāz tamrīn shāmil

trainieren
تَدَرَّب
tadarraba

der Fitnessball
كُرَة تَمْرين
kurat tamrīn

die Matte
حَصيرَة
ḥaṣīrah

das Laufband
جِهاز مَشي
jihāz mashī

das Rudergerät
جِهاز تَجْديف
jihāz tjdīf

DIE FITNESS - اللِّياقَة البَدَنِيَّة

der Ausfallschritt
تَمْرين سُقوط لِلأَمام
tamrīn suqūṭ lil-ʾamām

die Rumpfbeuge
تَمْرين اِنْحِناء إِلى الأَمام
tamrīn inḥināʾ lil-ʾamām

der Liegestütz
تَمْرين الضَّغْط
tamrīn aḍ-ḍaghṭ

der Sit-up
تَمْرين المَعِدَة
tamrīn al-maʿidah

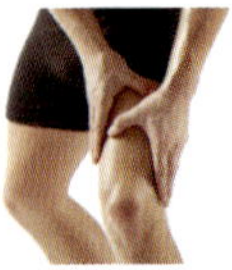

der Muskelkater
تَشَنُّج عَضَلي
tashannuj ʿaḍalī

der Klimmzug
تَدْريب على عارِضَة أُفُقِيَّة
tadrīb ʿalā ʿāriḍah ufuqīah

die Kniebeuge
تَمْرين قُرْفُصاء
tamrīn qurfuṣāʾ

das Pilates
تَمارين بيلاتْس
tamārīn bīlāts

das Spinning®
تَدْريب جَماعِي عَلى دَرَّاجات ثابِتَة
tadrīb jamāʿī alā darrājāt thābitah

die Pulsuhr
ساعَة نَبْض
sāʿat nabḍ

das Aerobic
تَدْريبات رِياضِيَّة إِيقاعِيَّة
tadrībāt riyāḍīah īqāʿīyah

das Steppbrett
دَرَجَة لِلتَّدْريب
darajat lil-tadrīb

der Turnschuh
حِذاء تَمْرين
ḥizāʾ tamrīn

sich aufwärmen	sakhana ʿaḍalātah	سَخَّنَ عَضَلاتَه
das Zirkeltraining	tadrīb mutasalsil	تَدْريب مُتَسَلْسِل
das Bodypump	miḍkhkhat jism	مِضَخَّة جِسْم
die Sauna	sāwnā	ساوْنا
die Umkleidekabine	kābīnnat tabdīl malābis	كابِينَة تَبديل مَلابِس
die Dehnung	mad	مَد

FREIZEIT

وَقْت الفَراغ

DAS THEATER - المَسْرَح

① der Balkon
شُرْفَة
shurfah

② der zweite Rang
دَوْر عُلْوي
dawr ʿulwī

③ die Loge
مَقْصورَة
maqṣūrah

④ der erste Rang
شُرْفَة دائِرِيَّة
shurfah dāʾirīyah

⑤ die Sitzreihe
صَف مَقاعِد
ṣaf maqāʿid

⑥ die Kulisse
كَواليس
kawālīs

⑦ die Bühne
خَشَبَة مَسْرَح
khashabat masraḥ

⑧ das Foyer
رُدْهَة
rudhah

⑨ das Parkett
مَقاعِد أَمامِيَّة
maqāʿ amāmīah

⑩ der Sitzplatz
مَقْعَد
maqʿad

⑪ der Vorhang
سِتارَة
sitārah

das Varieté
عَرْض موسيقي مُتَنَوِّع
ʿarḍ mūsīqī mutanawwiʿ

das Freilufttheater
مَسْرَح مَكْشوف
masraḥ makshūf

das Ballett
باليه
bālyh

die Aufführung
عَرْض
ʿarḍ

der Zauberkünstler
ساحِر
sāḥir

der Komiker
فَنَّان هَزْلي
fannān hazlī

die Tragödie
تْراجيدْيا
trājīdiā

die Komödie
كوميدْيا
kumīdiā

DAS THEATER - المَسْرَح

das Theaterstück
مَسْرَحِيَّة
masraḥīyah

① das Bühnenbild
ديكُور مَسْرَح
dīkur masraḥ

② die Besetzung
شَخْصِيات العَرْض
shakhṣiyāt al-ʿarḍ

③ das Theaterkostüm
زَي مَسْرَح
zay masraḥ

④ der Applaus
تَصْفيق
taṣfīq

⑤ das Publikum
جُمْهور
jumhūr

die Probe
بْروفَة
brufah

⑥ der Schauspieler
مُمَثِّل
mumaththil

⑦ die Schauspielerin
مُمَثِّلَة
mumaththilah

⑧ der Regisseur
مُخْرِج
mukhraj

die Premiere	ʿarḍ iftitāḥ	عَرْض اِفْتِتاح
die Pause	istirāḥah	اِسْتِراحَة
das Programm	barnāmaj	بَرْنامَج
die Generalprobe	brufah qabl al-iftitāḥ	بْروفَة قَبْل الاِفْتِتاح
die Platzanweiserin	dalīlah	دَليلَة
die Theaterkasse	shubāk qaṭʿ at-tadhākir	شُباك قَطْع التَّذاكِر
die Eintrittskarte	tadhkarat dukhūl	تَذْكَرَة دُخول

die Künstlergarderobe
غُرْفَة تَبْديل مَلابِس المُمَثِّلين
ghurfat tabdīl malābis al-mumaththilīn

DIE MUSIK - الموسيقى

Das Orchester - الأوركيسْترا

das Sinfonieorchester
أوركِسْترا سيِنْفونيَّة
urkistrā sīmfunīyah

der Gong
ناقوس
nāqūs

die kleine Trommel
طَبْل صَغير
ṭabl ṣaghīr

die große Trommel
طَبل كَبير
ṭabl kabīr

die Pauke
طَبْلَة
ṭablah

das Xylophon
كسيلْوفْون
ksīlufun

die Röhrenglocken
أَجْراس أَنْبوبيَّة
ajrās unbūbīyah

das Dirigentenpult
مِنَصَّة قائِد الأوركِسْترا
minaṣṣat qāʾid al-ʾurkistrā

der Notenständer
حامِل النُّوتَة المُوسيقيَّة
ḥāmil a-nnutah al-mūsīqīyah

der Dirigent
قائِد أوركِسْترا
qāʾid ʾurkistrā

der Taktstock
عَصا قِيادَة
ʿaṣā qiyādah

die Solistin
عازِف مُنْفَرِد
ʿāzif munfarid

die Opernsängerin
مُغَنِيَة أوبرا
mughaniyat ʾubirā

die Noten
نوتَة موسيقيَّة
nutah musīqīyah

die Ouvertüre	mūsīqā iftitāḥīyah	موسيقى اِفْتِتاحيَّة
das Quartett	mūsīqā rubāʿīyah	موسيقي رُباعيَّة
die Sonate	qiṭʿah mūsīqīyah	قِطْعَة موسيقيَّة
die Tonhöhe	ṭabaqat aṣ-ṣawt	طَبَقَة الصَّوْت
ein Instrument stimmen	ḍabṭ ālah mūsīqīah	ضَبَطَ آلَة موسيقيَّة
der Chor	kurāl	كورال
die Oper	ubirā	أوبِرا

DIE MUSIK - الموسيقى

Die Musikinstrumente - الآلات الموسيقيَّة

das Cello
تشيلو
tshīlu

der Bogen
قَوْس
qaws

die Geige
كَمان
kamān

die akustische Gitarre
جيتار صَوْتي
jitār ṣawtī

die Harfe
قيثارَة
qīthārah

die elektrische Gitarre
جيتار كَهْرُبائي
jitār kahrubāʾī

die Bassgitarre
جيتار بْيس
jitār bīs

die Tuba
توبا
tūbā

die Posaune
ترْومبْون
trumbun

das Fagott
باسْون
bāsun

die Oboe
أوبْوا
uburā

das Horn
بوق فَرَنْسي
būq faransī

die Trompete
بوق
būq

die Pikkoloflöte
بيكْولْو
bīkulu

das Saxofon
ساكْسافْون
sāksāfun

die Klarinette
كلارينْيت
klākrīnīt

die Querflöte
ناي
nāy

DIE MUSIK - الموسيقى

Die Musikinstrumente - الآلات الموسيقيَّة

das Tamburin
رِق
riq

das Becken
صَنَج
ṣanj

die/das Hi-Hat
هيت هات
hīt hāt

das Schlagzeug
مَجْموعَة طُبول
majmūʿat ṭubūl

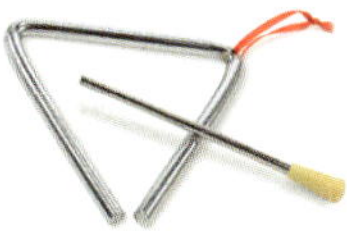

die/der/das Triangel
آلَة مُثَلَّث
ālat muthallath

die Rassel
خَشْخاشَة ماراكس
khashkhāshat mārāks

die Bongos
طَبول بُونجُو
ṭubūl bunju

die Kesselpauke
طَبْلَة
ṭablah

die Kastagnetten
كاسْتانيت
kāstānīt

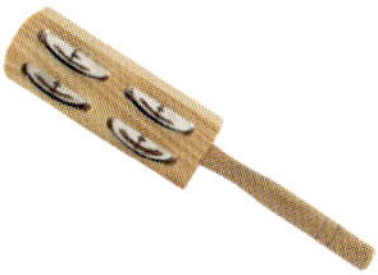

die Schellenrassel
خَشْخاشَة سَريعَة
khashkhāshat sarīʿah

die Panflöte
ناي بان
nāī bān

der Schlagzeugstock
عود الطَّبْل
ʿūd aṭ-ṭabl

die Mundharmonika
هارمُونيكا
hārmūnīkā

der Dudelsack
مِزْمار القِرْبَة
mizmār al-qurbah

das Akkordeon
أكُورديُون
akurdyun

der Flügel
بيانو
biyānū

DIE MUSIK – الموسيقى

die Notation
تَدْوين موسيقي
tadwīn mūsīqī

der Violinschlüssel
مِفْتاح «صَول»
miftāḥ „ṣul“

die Notenlinie
خَط موسيقي
khaṭ mūsīqī

der Bassschlüssel
مِفْتاح «فا»
miftāḥ „fā“

das Vorzeichen
دَليل مَقام
dalīl maqām

die Taktangabe
نَوع الإيقاع
nawʿ al-īqāʿ

die Note
عَلامَة موسيقيَّة
ʿalāmah mūsīqīyah

das Kreuz
عَلامَة رَفْع
ʿalāmat rafʿ

der Taktstrich
حاجِز الإيقاع
ḥājiz al-īqāʿ

die klassische Musik
موسيقى كْلاسيكيَّة
mūsīqā klāsīkīyah

das Heavy Metal
موسيقى صاخِبَة
mūsīqā ṣākhibah

der Rap
راب
rāb

der Hip-Hop
هيب هوب
hīb hub

die Popmusik	bub	بوب
die Countrymusik	rīfīyah amrīkīyah	ريفيَّة أَمْريكيَّة
die Indie-Musik	indī	إنْدي
der Blues	blūz	بْلوز
der/das Techno	tīshnu	تيشْنو
der Soul	mūsīqā hādi'ah	موسيقى هادِئَة
die Disko	dīsku	ديسْكو

der Jazz
جاز
jāz

der Rock
روك
ruk

DIE MUSIK - الموسيقى

Das Konzert - الحَفْلَة الموسيقيَّة

das Rockkonzert
حَفْل موسيقى الرُّوك
ḥafl mūsīqā ar-ruk

① *der Scheinwerfer*
كَشّاف
kashshāf

② *das Mikrofon*
ميكْروفون
mīkrufun

③ *die Band*
فِرْقَة موسيقيَّة
firqah mūsīqīyah

④ *der Bassist*
عازف بيس
ʿāzif bys

⑤ *der Verstärker*
مُكَبِّر صَوْت
mukabbir ṣawt

⑥ *der Gitarrist*
عازف جيتار
ʿāzif jītār

⑦ *der Schlagzeuger*
طَبّال
ṭabbāl

⑧ *der Frontmann*
مُطْرِب رَئيسي
muṭrib raʾīsī

die Konzerthalle
قاعَة حَفَلات موسيقيَّة
qāʿat ḥafalāt mūsīqīyah

die Fans
مُعْجَبون
muʿjabūn

das Musikfestival
حَفْل موسيقي
ḥafl mūsīqī

der DJ
دي جي
dī jī

das Mischpult
جِهاز مَزْج الأَلْحان
jihāz mazj al-alḥān

singen	ghannā	غَنَّى
mitsingen	ghannā maʿ	غَنَّى مَع
pfeifen	ṣaaffara	صَفَّرَ
die Zugabe	mazīd	مَزيد
der/das Rave	raqiṣ ṣākhib	راقِص صاخِب
das Lied	aughnīyah	أُغْنيَّة
der Liedtext	naṣ aughnīyah	نَص أُغْنيَّة

DIE MUSIK - الموسيقى

Musik hören - سَماع الموسيقى

die Stereoanlage
سْتيريو
stīryu

der MP3-Player
جِهاز إم بي ثري
jihāz ʾim bī thrī

der CD-Spieler
جهاز سي دي
jihāz sī dī

der Lautstärkeregler
مُنَظِّم الصَّوْت
munaẓẓim aṣ-ṣawt

die Lautsprecherbox
عُلْبَة الصُّوْت
ʿulbat aṣ-ṣawt

die Schallplatte
أُسْطوانَة موسيقيَّة
ʾusṭuānah mūsīqīyah

der Plattenspieler
مُشَغِّل
mushaghghil

die USB-Schnittstelle
مَنْفَذ USB
manfadh USB

das Radio
راديو
rādyu

das Gesangstück	qiṭʿah ghināʾīyah	قِطْعَة غِنائيَّة
die Komposition	taʾlīf mūsīqī	تَأْليف موسيقي
das Instrumentalstück	qiṭʿah mūsīqīyah	قِطْعَة موسيقيَّة
akustisch	samʿī	سَمْعي
der Refrain	faqarah mutakarrirah	فَقَرَة مُتَكَرِّرَة
die Melodie	laḥn	لَحْن
die Kassette	kāsit	كاسْيت

der Kopfhörer
سَمَّاعة الرَّأْس
sammāʿat ar-raʾs

HOBBYS - هِوايات

gravieren
نَقَشَ
naqasha

schnitzen
حَفَرَ بالخَشَب
ḥafara bil-khashab

Briefmarken sammeln
جَمَعَ طَوابِع
jamaʿ ṭawābiʿ

die Modelleisenbahn
نَموذَج قِطار
namūdhaj qiṭār

modellieren
شَكَّلَ
shakkala

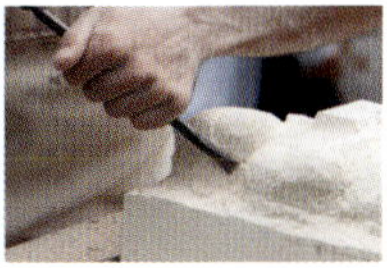

die Bildhauerei
نَحْت
naḥt

töpfern
صَنَعَ خَزَف
ṣanaʿa khazaf

Mosaik legen
رَكَّبَ فُسَيْفَساء
rakaba fusayfusāʾ

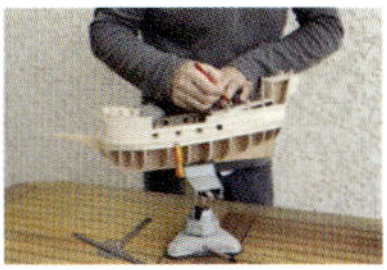

der Modellbau
صِناعَة نَماذِج
ṣināʿat namādhij

Schmuck herstellen
صِناعَة مُجَوهَرات
ṣināʿat mujawharāt

lesen
قَرَأَ
qaraʾa

kochen
طَبَخَ
ṭabakha

gärtnern
عَمِلَ في الحَديقَة
ʿamila fī al-ḥadīqah

das Origami	ṭaī al-waraq	طَي الوَرَق
das Scrapbooking	ṣammama kitāb ṣuwar	صَمَّمَ كِتاب صوَر
Möbel restaurieren	tarmīm athāth	تَرْميم أَثاث
im Chor singen	ghanā fī jawqah	غَنَى في جَوْقَة
Filme drehen	ṣanaʿa aflām	صَنَعَ أَفْلام
Vögel beobachten	rāqaba aṭ-ṭuyūr	راقَبَ الطُّيور
das kreative Schreiben	kitābah ibdāʿīyah	كِتابَة إِبْداعيَّة

HOBBYS - هِوايات

Kunst und Basteln - الفَن وَ الأَشْغال اليَدَويَّة

der Buntstift
قَلَم تَلْوين
qalam talwīn

die Wasserfarbe
لَوْن مائي
lawn mā'ī

der Wachsmalstift
قَلَم تَلْوين شَمْع
qalam tawīn shamᶜ

die Lackfarbe
طِلاء
ṭilā'

die Ölkreide
طَباشير زَيْتيَّة
ṭabāshīr zaytīyah

die Kreide
طَباشير
ṭabāshīr

die Ölfarbe
لَوْن زَيْتي
lawn zaytī

die Acrylfarbe
لَوْن أَكْريلي
lawn akrīlī

die Pastellkreide
باسْتيل
bāstīl

der Filzstift
قَلَم تَخْطيط
qalam takhaṭīṭ

die Tusche
حِبْر
ḥibr

die Zeichenkohle
فَحْم تَلْوين
faḥm talwīn

die Gouache
أَلوان جواش
alwān jawāsh

der Klebstoff
مادَّة تَلْصيق
mādat talṣīq

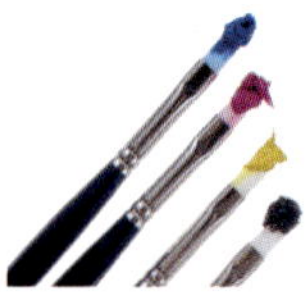

der Pinsel
ريشَة
rīshah

die Palette
لَوْحَة أَلْوان
lawḥat alwān

HOBBYS - هِوايات

Kunst und Basteln - الفَن وَ الأَشْغال اليَدَويَّة

die Aquarellmalerei
رَسْم مائي
rasm māʾī

die Ölmalerei
رَسْم زَيْتي
rasm zaytī

die Collage
لَوحَة حائِط
lawḥat ḥāʾṭ

die Wandmalerei
رَسْم عَلى الحائِط
rasm ʿalā al-ḥāʾṭ

die Tuschezeichnung
رَسْم بالرِّيشَة
rasm bir-rīshah

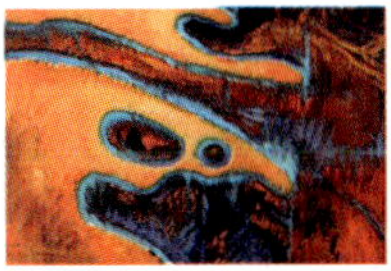

die abstrakte Malerei
رَسْم تَجْريدي
rasm tajrīdī

die Landschaftsmalerei
رَسْم الطَّبيعَة
rasm aṭ-ṭabīʿah

die Porträtmalerei
رَسْم أَشْخاص
rasm ashkhāṣ

die Bleistiftzeichnung
رَسْم بِقَلَم رَصاص
rasm bi-qalam raṣāṣ

das Stillleben
طَبيعَة صامِتَة
ṭabīʿah ṣāmitah

das Graffiti
جْرافيتي
jrāfītī

der Siebdruck
طِباعَة بالشَّاشَة الحَريريَّة
ṭibāʿah bish-shāshah al-ḥarīrīyah

die Skizze
رَسْم تَخْطيطي
rasm takhṭīṭī

die Aktmalerei
فَن عاري
fan ʿārī

die Leinwand
قُماش لِلْرَّسْم
qumāsh lir-rasm

der Karton
وَرَق مُقَوَّى
waraq muqawwā

HOBBYS - هِوايات

Kunst und Basteln - الفَن وَ الأَشْغال اليَدَويَّة

die Farbe
لَوْن
lawn

das Schwarz
aswad أَسْوَد

das Schwarzbraun
bunnī ghāmiq بُنِّي غامِق

das Hellbraun
bunnī fātiḥ بُنِّي فاتِح

das Smaragdgrün
zumurrudī زُمُرُّدي

das Gelbgrün
akhḍar fātiḥ أَخْضَر فاتِح

das Blau
azraq أَزْرَق

das Violett
banafsajī بَنَفْسَجي

das Blutrot
qurmuzī قُرْمُزي

das Rosa
wardī وَرْدي

das Gelborange
aṣfar burtuqālī أَصْفَر بُرْتُقالي

das Orange
burtuqālī بُرْتُقالي

das Hellgelb
aṣfar fātiḥ أَصْفَر فاتِح

das Grau
ramādī رَمادي

das Braun
bunnī بُنِّي

das Olivgrün
zaytī زَيْتي

das Grün
akhḍar أَخْضَر

das Cyan
samāwī سَماوي

das Dunkelblau
azraq ghāmiq أَزْرَق غامِق

das Lila
laylakī لَيْلَكي

das Pink
zahrī زَهْري

das Rot
aḥmar أَحْمَر

das Ocker
amghar أَمْغَر

das Gelb
aṣfar أَصْفَر

das Weiß
abyaḍ أَبْيَض

HOBBYS - هِوايات

Nähen und Stricken - الخِياطَة والحِياكَة

der Kopf
رَأس
ra'ʾs

der Fadenhebel
رافِعَة الخَيْط
rāfiʿat al-khayṭ

die Fadenführung
مُوَجِّه الخَيْط
muwajjih al-khayṭ

der Garnrollenstift
حامِل البَكَرَة
ḥāmil al-bakarah

die Nähmaschine
ماكينَة خِيَّاطَة
mākīnat khiyāṭah

der Spuler
بَكَرَة الخَيْط
bakarat al-khayṭ

der Stichbreitenwähler
مُحدِّد عَرْض الدَّرْز
muḥaddid ʿarḍ ad-dardh

das Handrad
عَجَلَة تَوازُن
ʿajalat tawāzun

der Stichwähler
مُحدِّد نُوع الدَّرز
muḥaddid nawʿ ad-dardh

die Rückwärtsnähtaste
مِفْتاح الخِياطَة لِلوَراء
miftāḥ al-khiyāṭah lil-warāʾ

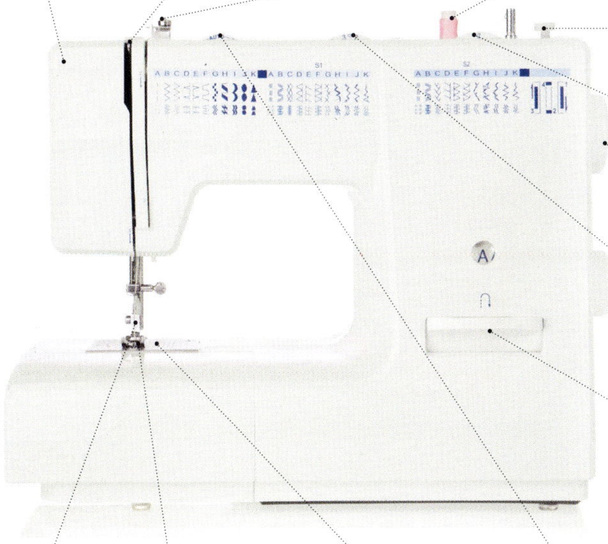

die Nadel
إِبْرَة
ibrah

der Nähfuß
قَدم الخِياطَة
qadam al-khiyāṭah

die Stichplatte
صَحْن الإِبْرَة
ṣaḥn al-ʾibrah

der Nähfußdruckregler
مُحَدِّد ضَغْط قَدَم الخِياطَة
muḥaddid ḍaghṭ qadam al-khiyāṭah

die Overlock
ماكينَة حِياكَة
mākīnat ḥiyākah

das Maßband
شَريط قِياس
sharīṭ qiyās

die Spule
بَكَرَة
bakarah

das Nähgarn
خَيْط
khayṭ

HOBBYS - هِوايات

Nähen und Stricken - الخِياطَة والحِياكَة

die Schneiderpuppe
دُمْيَة خَيَّاط
dumyat khayyāṭ

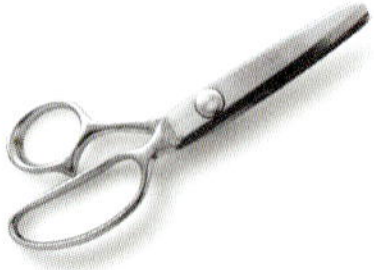

die Schere
مِقَص
miqaṣ

das Nähkästchen
عُلْبَة خِياطَة
ʿulbat khiyāṭah

das Nadelkissen
مَدْبَسَة
madbasah

das Schnittmuster
نَموذَج قَصَّة
namūdhaj qaṣṣah

die Nähnadel
إبْرَة خِياطَة
ibrat khiyāṭah

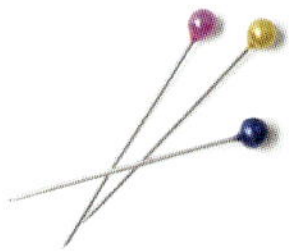

die Stecknadel
دَبُّوس
dabbūs

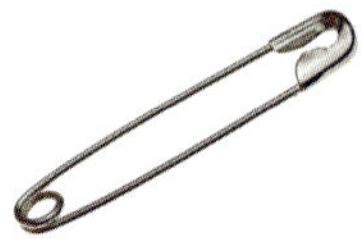

die Sicherheitsnadel
شَكَّالَة
shakkālah

der Stoff
قُماش
qumāsh

der Knopf
زر
zir

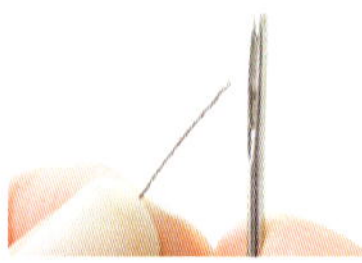

einen Faden einfädeln
يُدْخِل خَيْط بالإبْرَة
yudkhil khiyāṭ bil-ibrah

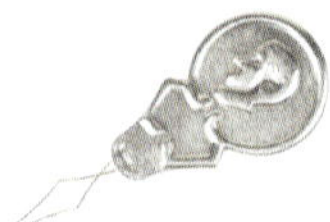

der Einfädler
مُدْخِل خَيْط
mudkhil khiyāṭ

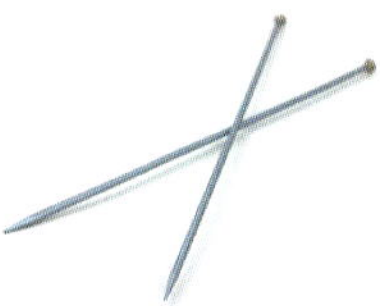

die Stricknadel
إبْرَة حِياكَة
ibrat ḥibākah

die Wolle
صوف
ṣūf

der Fingerhut
كُشْتبان
kushtbān

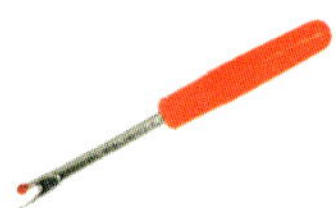

der Nahtauftrenner
مُزيل دَروز
muzīl durūz

HOBBYS - هِوايات

Nähen und Stricken - الخِياطَة والحِياكَة

nähen
خَيَّطَ
khiyāṭ

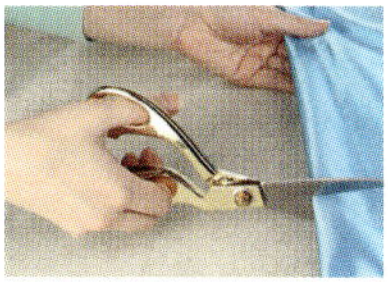

schneiden
قَصَّ
qaṣṣa

das Patchwork
تَرقيع
tarqīᶜ

häkeln
حَبَكَ صوف
ḥabaka ṣūf

der Kreuzstich
كرْوس ستْيتِش
krūs stītsh

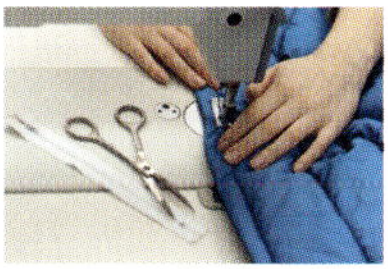

wattieren
بَطَّنَ بالقُطْن
baṭṭana bil-quṭn

stricken
حِباكَة
ḥibākah

stopfen
رَتَّق
rattaqa

weben
نَسَجَ
nasaja

Spitze klöppeln
صُنْع دانْتيل
ṣunᶜ dāntyl

einen Teppich knüpfen
نِسْج سِجّاد
nisj sijjād

der Reißverschluss
سَحّاب
saḥḥāb

auftrennen
فَتَق
fatqa

sticken	ṭarraza	طَرَّزَ
das Leinen	kittān	كِتّان
die Seide	ḥarīr	حَرير
das Nylon®	nāylwn	نايْلون
die Baumwolle	quṭn	قُطْن
der Stich	gharzah	غَرْزَة
heften	sarraja	سَرَّجَ

HOBBYS - هِوايات

Das Kino - السَّينَما

der Kinosaal
صالَة سينَما
ṣālat sīnamā

die Snackbar
مَقْصَف وَجَبات خَفيفَة
maqṣaf wajabāt khafīfah

① die Kinoleinwand
شاشَة سينَما
shāshat sīnamā

② die Sitzreihe
صَف مَقاعِد
ṣaf maqāʿid

das Getränk
شَراب
sharāb

das Popcorn
فُشار
fushār

die Kinokasse
شُباك تَذاكِر
shubāk tadhākir

die Komödie
فيلْم فُكاهي
fīlm fukāhī

der Horrorfilm
فيلْم رُعْب
fīlm ruʿb

der Liebesfilm
فيلْم غَرامي
fīlm gharāmī

der Zeichentrickfilm	fīlm rusūm mutaḥarrikah	فيلْم رُسوم مُتَحَرِّكَة
die Voraufführung	ʿarḍ musbaq	عَرْض مُسْبَق
das Filmplakat	iʿlān fīlm	إعلان فيلْم
die Premiere	awwal ʿarḍ	أَوَّل عَرْض
der Thriller	fīlm ithārah	فيلْم إثارَة
der Sciencefictionfilm	fīlm khayāl ʿilmī	فيلْم خَيال عِلْمي
jugendfrei	masmūḥ lil-murāhiqīn	مَسْموح لِلمُراهِقين

der 3D-Film
فيلْم ثُلاثي الأَبْعاد
fīlm thulāthī al-abʿād

HOBBYS - هِوايات

Fotografieren - التَّصْوير

die Programmwählscheibe
قُرْص تَحْديد البَرْنامَج
qurṣ taḥdīd al-barnāmaj

die Spiegelreflexkamera
كاميرا عاكِسَة
kāmīrā ʿākisah

der Blitzschuh
قاعِدَة الفْلاش
qāʿidat al-flāsh

der (ausklappbare) Blitz
فْلاش
flāsh

der/das Zoom
تَكْبير
takbīr

das Objektiv
عَدَسَة
ʿadasah

der Auslöser
زر إلْتِقاط الصُّورَة
zir iltiqāṭ aṣ-ṣūrah

das Kameragehäuse
جِسْم الكاميرا
jism al-kāmīrā

der Blendenregler
مُنَظِّم فَتْحَة العَدَسَة
munaẓẓim fatḥat al-ʿadash

das Selbstauslöser-Lichtsignal
مُؤَشِّر تَصوير ذاتي
muʾashshir taṣwīr dhātī

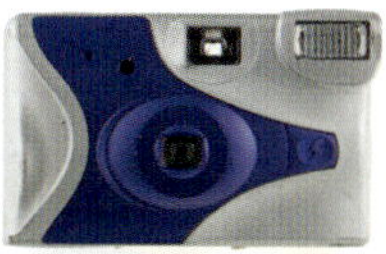

die Einwegkamera
كاميرا أُحاديَّة الاِسْتِخْدام
kāmīrā uḥādīyat al-istikhdām

die Sofortbildkamera
كاميرا فوريَّة
kāmīrā fawrīyah

die Analogkamera
كاميرا أنالوج
kāmīrā analūj

die Digitalkamera
كاميرا رَقَميَّة
kāmīrā raqamīyah

das Stativ
حامِل ثُلاثي
ḥāmil thulāthī

der Aufsteckblitz
فْلاش مُنْفَصِل
flāsh munfaṣil

der Filter
فِلْتَر
filtar

der Objektivdeckel
غِطاء العَدَسَة
ghiṭāʾ al-ʿadasah

HOBBYS - هِوايات

Fotografieren - التَّصْوير

der Film
فيلْم
fīlm

das Fotostudio
اِسْتودْيو تَصْوير
istūdyū taṣwīr

ein Foto machen
صَوَّرَ صورَة
ṣawwara ṣūrah

die Bildbearbeitung
مُعالَجَة صورَة
muʿālajat ṣūrah

die Compact-Flash-Karte
بطاقَة فلاش مُدْمَج
biṭāqat flash mudmaj

sich fotografieren lassen
تَصَوَّرَ
taṣawwara

die Kameratasche
حَقيبَة كاميرا
ḥaqībat kāmīrahā

die Dunkelkammer
غُرْفَة مُظْلِمَة
ghurfah muẓlimah

die Speicherkarte
بطاقَة ذاكِرَة
biṭāqat dhākirah

unscharf
خارِج البُؤْرَة
khārij al-buʾrah

überbelichtet
مُضاءَة أَكْثَر مِنَ اللُزوم
miḍāʾah akthar min al-luzūm

unterbelichtet
مُضاءَة أَقَل مِنَ اللُزوم
miḍāʾah aqal min al-luzūm

das Hochformat	bishakl ʿāmūdī	بِشَكْل عامودي
das Querformat	bishakl ufuqī	بِشَكْل أُفُقي
die Vergrößerung	takbīr	تَكْبير
der Rote-Augen-Effekt	taʾthīr al-ʿayn al-ḥamrāʾ	تأثير العين الحمراء
matt	ghayr lāmiʿ	غَيْر لامِع
glänzend	lāmiʿ	لامِع
das Fotoalbum	albūm ṣuwar	أَلْبوم صُوَر

der digitale Bilderrahmen
إِطار صورَة رَقَمي
iṭār ṣūrah raqmaī

HOBBYS - هِوايات

Spiele - أَلْعاب

die Spielkarte
وَرَقَة لَعِب
waraqat laʿib

das Karo
ديناري
dīnārī

das Pik
بَسْتوني
bastūnī

das Herz
قَلْب
qalb

das Kreuz
اِسْباتي
isbātī

das Ass
أَص
āṣ

der Joker
جوكَر
jūkar

der König
مَلِك
malik

die Dame
بِنْت
bint

der Bube
شَب
shab

die Karten mischen
خَلَطَ الأَوراق
khalaṭa al-awrāq

geben
وَزَّعَ
wazzaʿa

das Blatt
وَرَقَة لَعِب
waraqat laʿib

Poker spielen
لَعِبَ بوكَر
laʿib būkar

der Dominostein
حَجَر دومينو
ḥajar dūmīnū

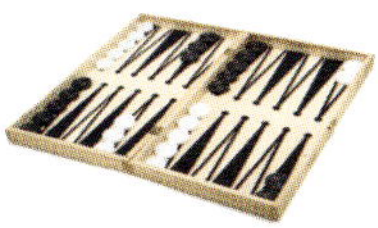

das Backgammon
طاوِلَة الزَّهْر
ṭāwilat zahr

das Damespiel
دامَّة
dāmmah

das Puzzle
بازِل
bāzil

HOBBYS - هِوايات

Spiele - أَلْعاب

das Schach
شَطَرَنْج
shaṭranj

der König
مَلِك
malik

die Dame
وَزير
wazīr

der Läufer
فيل
fīl

der Springer
حِصان
ḥiṣān

der Turm
قَلْعَة
qalʿah

der Bauer
جُنْدي
jundī

das weiße Feld
حَقْل أَبْيَض
ḥaql abyaḍ

das Schachbrett
لَوْحَة شَطَرَنْج
lawḥat shaṭranj

das schwarze Feld
حَقْل أَسْوَد
ḥaql aswad

der Zug
حَرَكَة
ḥarakah

das Brettspiel
لُعْبَة أَلْواح
luʿbat alwāḥ

das Monopoly®
مونوبولي
munubulī

das Mensch ärgere dich nicht®
بَرْجيس
barjīs

würfeln	ramā az-zahr	رَمَى الزَّهْر
das Glück	ḥaẓ	حَظ
das Pech	sūʾ ḥaẓ	سوء حَظ
Wer ist dran?	dawr man?	دَوْر مَن؟
Du bist dran.	dawruk.	دَوْرُك.
gewinnen	rabiḥa	رَبِحَ
verlieren	khasira	خَسِرَ

das Jenga®
جينجا
jīnjā

der Würfel
زَهْر
zahr

FERIEN - العُطَل

Am Strand - عَلى الشَّاطِئ

der Strand
شاطِئ
shāṭi'

die Stranddüne
كوخ شاطِئ
kūkh shāṭi'

der Sonnenuntergang
غُروب الشَّمْس
ghurūb ash-shams

das Meer
بَحْر
baḥr

der Strandkorb
مَقْعَد شاطِئ
maʿad shāṭi'

der Sand
رَمْل
raml

die Küste
ساحِل
sāḥil

die Strandpromenade
كُورنيش الشَّاطِئ
kurnysh ash-shāṭi'

der Liegestuhl
كُرْسي شاطِئ
kursī shāṭi'

der Wasserball
كُرَة شاطِئ
kurat shāṭi'

das Strandtuch
مِنْشَفَة شاطِئ
minshafat shāṭi'

die Kinderschaufel
مِغْرَفَة أَطْفال
mighrafat aṭfāl

der Flip-Flop®
شِبْشِب شاطِئ
shibshib shāṭi'

der Eimer
دَلو
dalū

FERIEN - العُطَل

Am Strand - عَلى الشَّاطِئ

der Sonnenschirm
مِظَلَّة شَمْس
miẓalat shams

der Steinstrand
شاطِئ حَجَري
shāṭi' ḥajarī

die Strandmuschel
مَقْعَد شاطِئ كَصَدَفَة
maqʿad shāṭi' kaṣadafah

die Sandburg
قَلْعَة رَمْليَّة
qalʿah ramlīyah

der Seetang
عَشْب بَحْري
ʿushb baḥrī

die Sonnencreme
كْريم واقي مِن الشَّمْس
krīm wāqī min ash-shams

das Strandresort
مَنْتَجع الشَّاطِئ
muntajaʿ ash-shaṭi'

der Steg
جِسْر عُبور
jisr ʿubūr

das Kreuzworträtsel
كَلِمات مُتَقاطِعَة
kalimāt mutaqāṭiʿah

das Sudoku
سودوكو
sūdūkū

das Strandhäuschen
بَيْت شاطِئ صَغير
bayt shāṭi' ṣaghīr

die Strandbar
مَقْهى شاطِئ
maqhā shāṭi'

die Ebbe	mad	مَد
die Flut	jadhr	جَذر
die Strömung	tadafuq	تَدَفُق
das Strandgut	ḥuṭām safīnah	حُطام سَفينَة
schnorcheln	unbūb tanaffus	أُنبوب تَنَفُّس
der Sonnenbrand	ḥurūq shams	حُروق شَمْس
die Brandung	rukūb amwāj	رُكوب أَمْواج

sich sonnen
تَشَمَّس
tashammus

FERIEN - العُطَل

Das Zelten - التَّخْييم

das Wohnmobil
سَيَّارَة مَنْزِل مُتَنَقِّل
sayārat manzil mutanaqqil

der Wohnwagen
عَرَبَة كارافان
ʿarabat kārāfān

der Campingbus
حافِلَة تَخْييم
ḥāfilat takhyīm

das Indianerzelt
خَيْمَة الهُنود الحُمْر
khaymat al-hunūd al-ḥumr

der Campingstuhl
كُرْسي تَخْييم
kursī takhyīm

der Gasbrenner
مَوْقِد غاز
mawqid ghāz

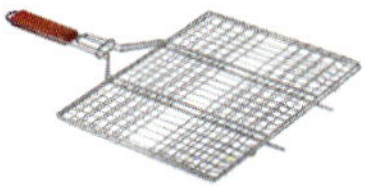

der Grillrost
مَنْصَب شِواء
manṣab shiwāʾ

die Lagerfeuerstelle
مَوْضِع نار المُخَيْيَم
mawḍiʿ nār al-mukhayyam

der Campingplatz
مَكان تَخْييم
makān takhyīm

das Zelt
خَيْمَة
khaymah

der Zeltplatz
مَكان الخَيْمَة
makān al-khaymah

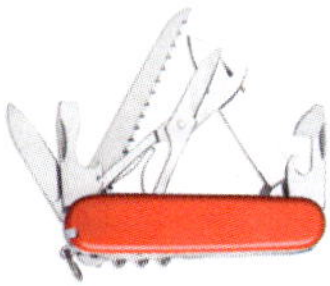

das Taschenmesser
سِكّين جَيْب
sikkīn jayb

die Hängematte
أُرْجوحَة شَبَكِيَّة
urjūḥah shabakīyah

die Gasflasche	qinīnat ghāz	قِنينَة غاز
das Propangas	ghāz brūbān	غاز بروبان
die Stirnlampe	miṣāḥ ʿalā ar-raʾs	مِصْباح عَلى الرَّأس
der Stromanschluss	muwaṣṣil ṭāqah	مَوَصِّل طاقَة
die Duschen und Toiletten	ḥammāmāt wa-marāḥīḍ	حَمامات وَمَراحيض
der Feueranzünder	muwalliʿ nār	مُوَلِّع نار
die Holzkohle	faḥm	فَحْم
der/das Insektenspray	bakhākh ṭārid lil-ḥasharāt	بَخّاخ طارِد لِلحَشَرات

FERIEN - العُطَل

Das Zelten - التَّخْييم

der Schlafsack
كيس نَوْم
kīs nawm

das Außenzelt
خَيْمَة خارجيَّة
khaymah khārijīyah

das Innenzelt
خَيْمَة داخِليَّة
khaymah dākhilīyah

der Zelteingang
مَدْخَل خَيْمَة
madkhal khaymah

die Zeltstange
عَمود خَيْمَة
ʿamūd khaymah

der Zeltboden
أَرْض الخَيْمَة
arḍ al-khaymah

der Reißverschluss
سَحَّاب
saḥḥāb

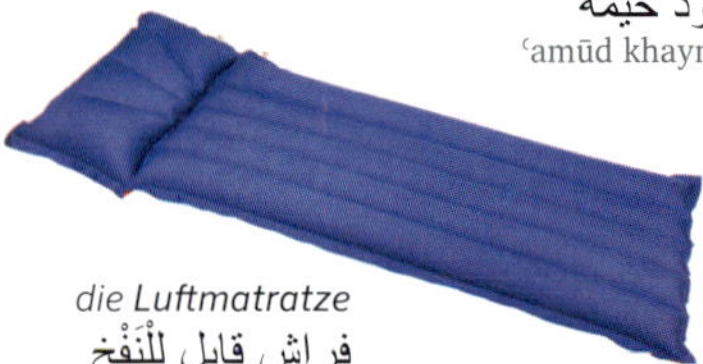

die Luftmatratze
فِراش قابل لِلْنَفْخ
firāsh qābil lin-nafkh

der Rucksack
حَقيبَة ظَهْر
ḥaqībat ẓahr

die Isomatte
فِراش قابل لِلَّف
firāsh qābil lil-laf

der Trekkingstock
عَصا مَشي
ʿaṣā mashī

der Wanderschuh
حِذاء مَشي
ḥidhāʾ mashī

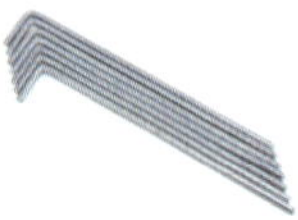

der Hering
وَتَد
watad

die Taschenlampe
مِصْباح جَيْب
miṣbāḥ jayb

die Petroleumlampe	miṣbāḥ kīrūsīn	مِصْباح كيروسين
die Luftpumpe	miḍakhkhat hawāʾ	مِضَخَّة هَواء
die Campingtoilette	mirḥāḍ mukhayyam	مِرْحاض مُخَيَّم
die Entsorgungsstation	markaz nifāyāt	مَرْكَز نِفايات
die Regenhaut®	wāqīṭ min al-maṭar	واقي مِن المَطَر
die Thermowäsche	malābis dākhilīyah ḥarārīyah	مَلابِس داخِلِيَّة حَرارِيَّة
das Moskitonetz	shabakat ḥimāyah min al-ḥasharāt	شَبَكَة حِمايَة مِن الحَشَرات
ein Zelt aufschlagen	naṣaba khaymah	نَصَبَ خَيْمَة

der Wasserkanister
حاوِيَة ماء
ḥāwiyat māʾ

KÖRPER UND GESUNDHEIT

جِسْم وَصِحَّة

DER KÖRPER - الجِسْم

der Mann
رَجُل
rajul

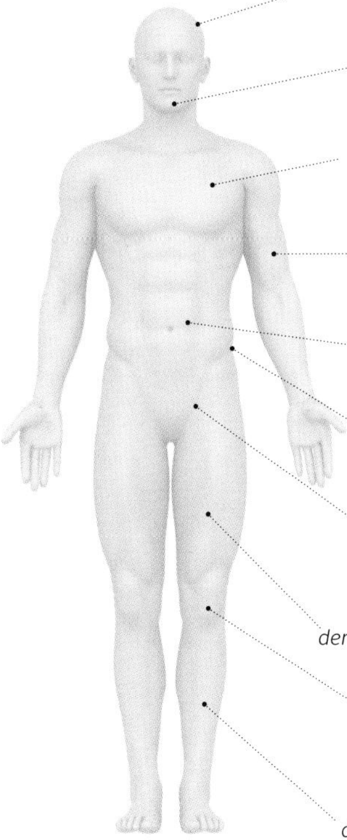

der Kopf
رَأس
raʾs

das Kinn
ذَقْن
dhaqn

der Brustkorb
قَفَص صَدْري
qafaṣ ṣadrī

der Arm
ذِراع
dhirāʿ

der Bauch
بَطْن
baṭn

die Hüfte
وِرْك
wirk

die Leiste
مَغْبَن
maghban

der Oberschenkel
فَخْذ
fakhdh

das Knie
رُكْبَة
rukbah

das Schienbein
قَصَبَة السّاق
qaṣabat as-sāq

die Frau
اِمْرَأَة
imraʾah

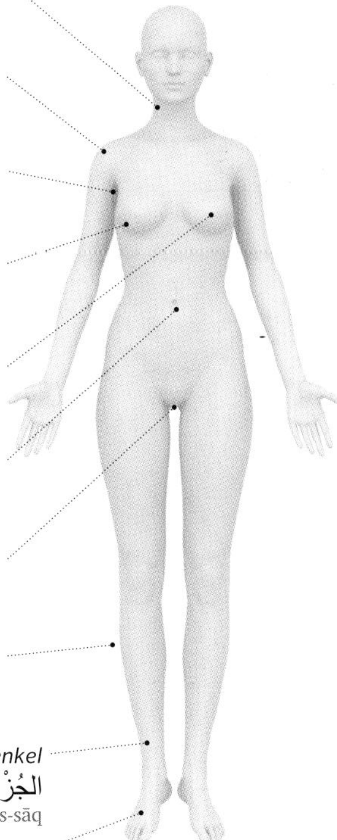

der Hals
رَقَبَة
raqabah

die Schulter
كَتِف
katif

die Achselhöhle
إبْط
ibiṭ

die Brust
ثَدي
thadī

die Brustwarze
حَلَمَة
ḥalamah

der Bauchnabel
سُرَّة
surrah

die Schamgegend
مِنْطَقَة العانَة
minṭaqat al-ʿānah

das Bein
ساق
sāq

der Unterschenkel
الجُزْء السُّفْلي مِن السّاق
al-juzʾ as-suflī min as-sāq

der Fuß
رِجْل
rijl

DER KÖRPER - الجِسْم

die Frau
اِمْرَأة
imra'ah

der Mann
رَجُل
rajul

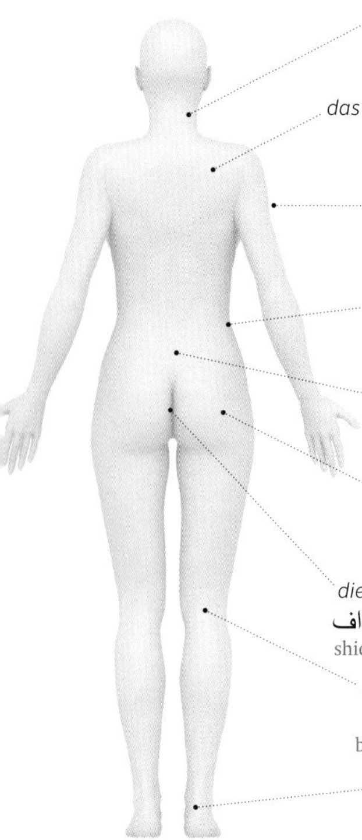

der Nacken
عُنْق
ʿunuq

das Schulterblatt
لَوْح الكَتِف
lawḥ al-katif

der Arm
ذِراع
dhirāʿ

die Taille
خِصْر
khiṣr

die Lende
أَسْفَل الظَّهْر
asfal aẓ-ẓahr

das Gesäß
رَدْف
radf

die Gesäßspalte
شِق بَيْن الأَرْداف
shiq bayn al-ardāf

die Kniekehle
باطِن الرُّكْبَة
bāṭin ar-rukbah

die Ferse
عَقِب
ʿaqib

der Oberarm
عَضُد
ʿaḍud

der Ellbogen
كوع
kūʿ

der Unterarm
ساعِد
sāʿid

der Rücken
ظَهْر
ẓahr

das Handgelenk
مِفْصَل اليَد
mifṣal al-yad

die Hand
يَد
yad

die Gesäßbacke
رَدْف
radf

die Wade
بَطَّة الرِّجْل
baṭṭat ar-rijl

der Knöchel
كاحِل
kāḥil

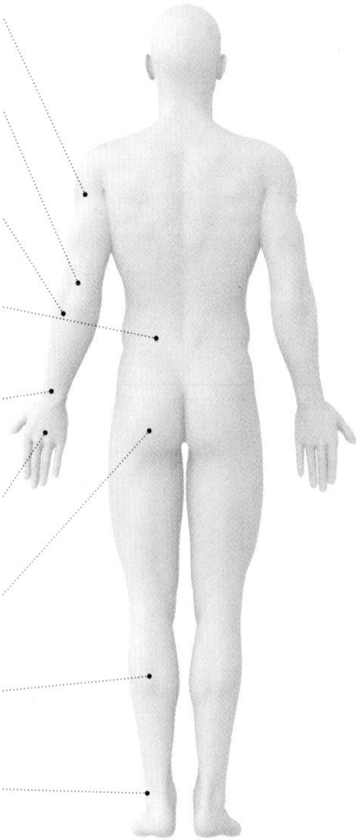

DER KÖRPER - الجِسْم

Die Hand und der Fuß - اليَد والقَدَم

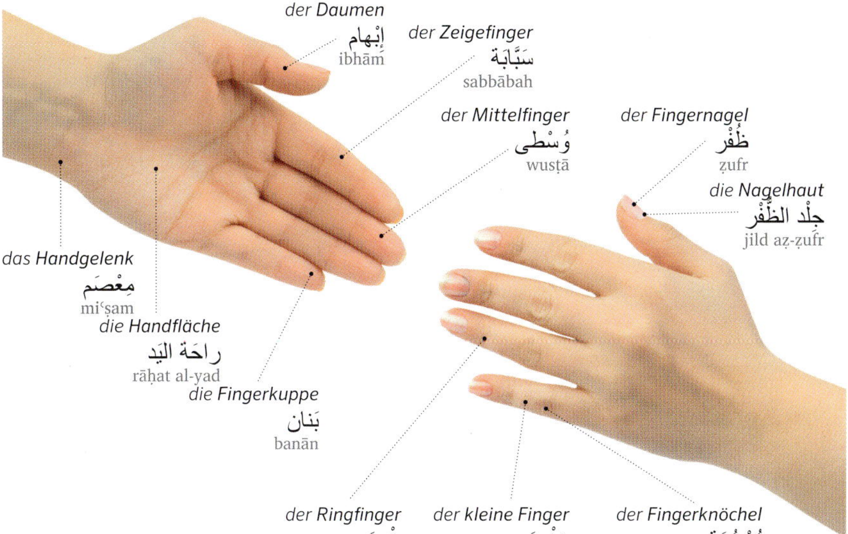

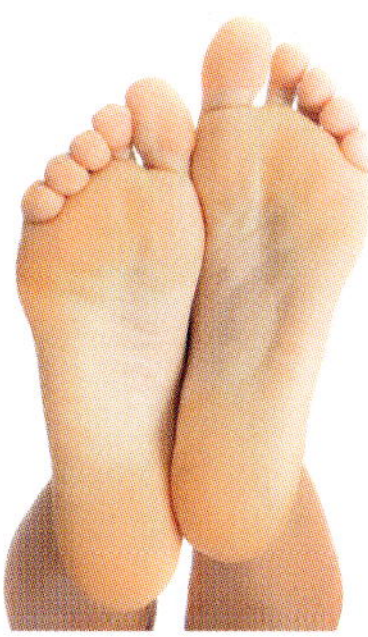

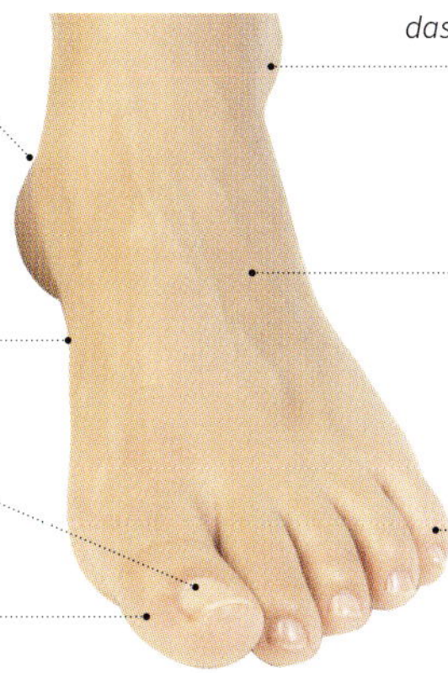

DER KÖRPER - الجِسْم

Der Kopf - الرَّأْس

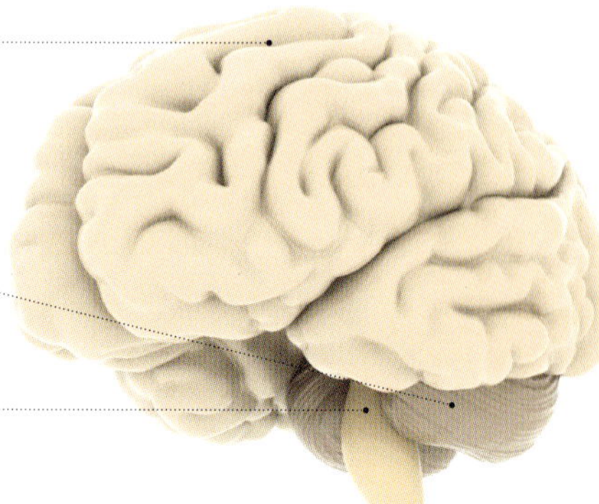

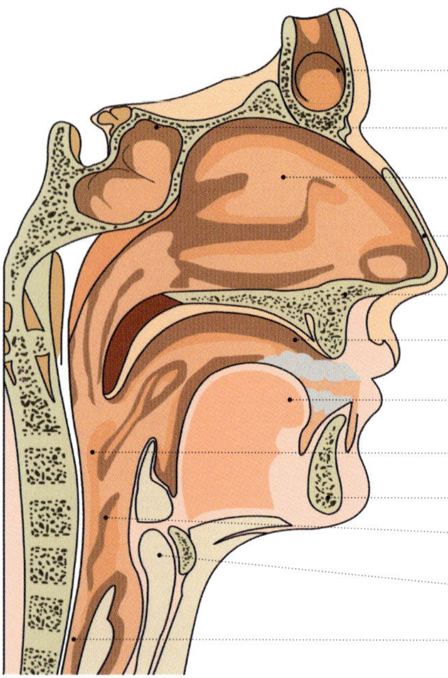

DER KÖRPER - الجِسْم

Die Muskeln - العَضَلات

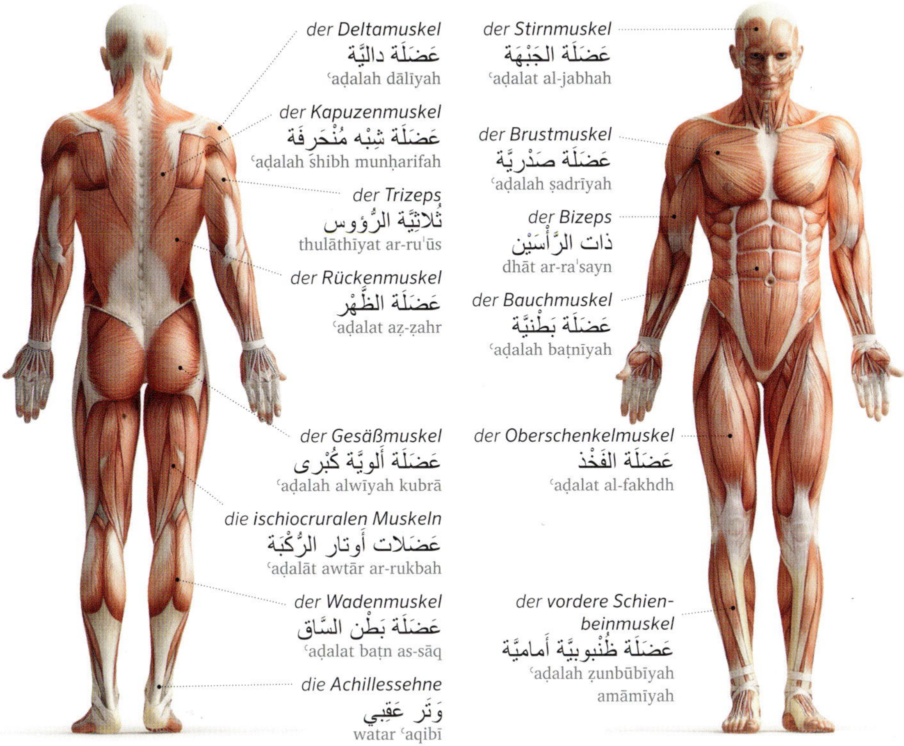

DER KÖRPER - الجِسْم

Das Skelett - الهَيْكَل العَظْمي

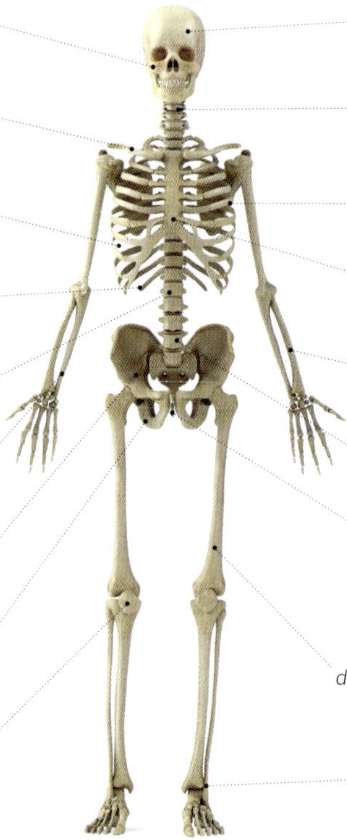

DER KÖRPER - الجِسْم

Die inneren Organe - الأعْضاء الدَّاخِلِيَّة

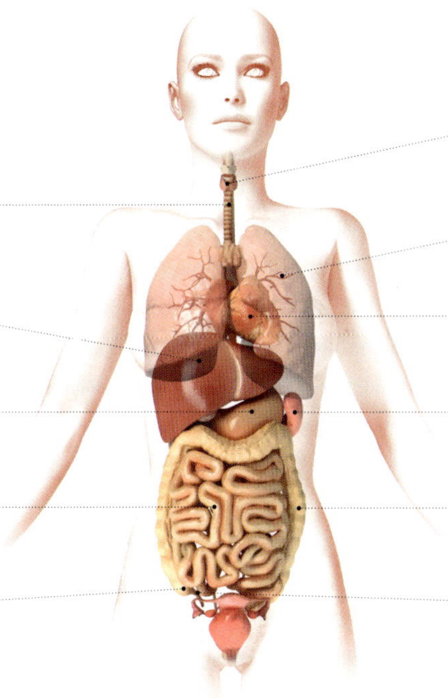

die Niere	kilyah	كِلْيَة
die Bauchspeicheldrüse	bankiryās	بَنْكِرْياس
die Gallenblase	marārah	مَرارَة
das Zwerchfell	ḥijāb ḥājiz	حِجاب حاجِز
das Gewebe	ansijah	أَنْسِجَة
die Sehne	watar	وَتَر
die Drüse	ghuddah	غُدَّة
der Knorpel	ghuḍrūf	غُضْروف

DER KÖRPER - الجِسْم

Die Körpersysteme - أَجْهِزَة الجِسْم

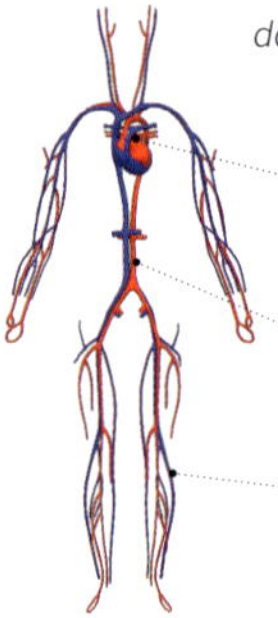

das Herz-Kreislauf-System
جهاز الدَّوَران
jihāz ad-dawarān

das Herz
قَلْب
qalb

die Arterie
شَرَيان
sharayān

die Vene
وَريد
warīd

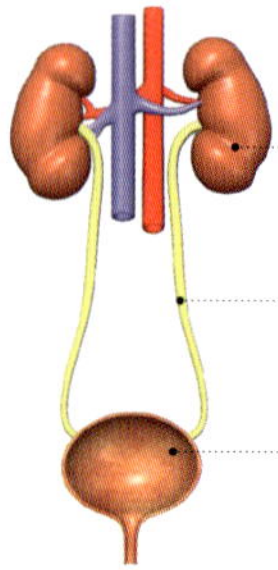

das Harnsystem
جِهاز بَولي
jihāz bawlī

die Niere
كِلْيَة
kilyah

der Harnleiter
حالِب
ḥālib

die Harnblase
مَثانَة
mathānah

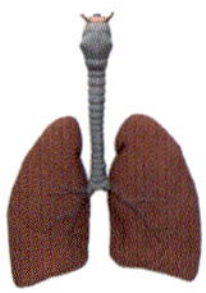

das Atmungssystem
جِهاز تَنَفُّسي
jihāz tanaffusī

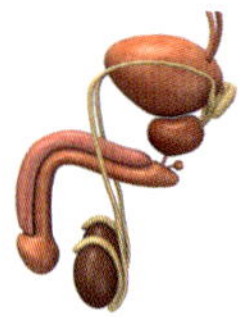

das männliche Fortpflanzungssystem
جِهاز التَّكاثُر الذَّكَري
jihāz at-takāthur adh-dhakarī

das Verdauungssystem
جِهاز هَضْمي
jihāz haḍmī

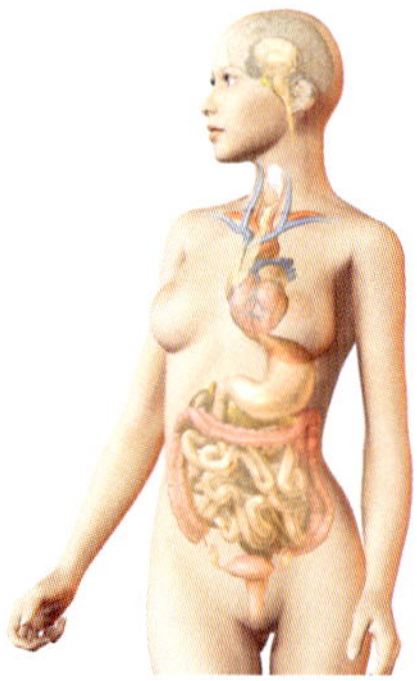

das endokrine System
جِهاز الغُدَد الصُّم
jihāz al-ghudad aṣ-ṣum

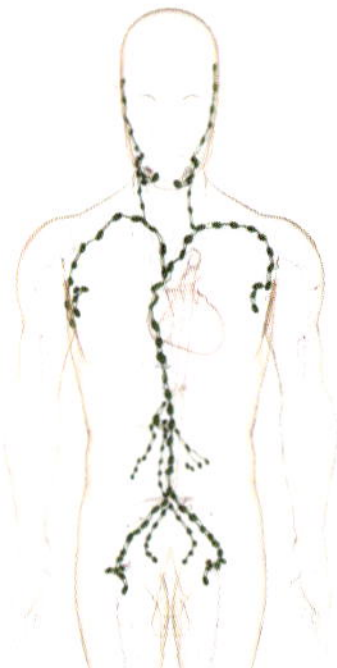

das lymphatische System
جِهاز لَمْفاوي
jihāz lamfāwī

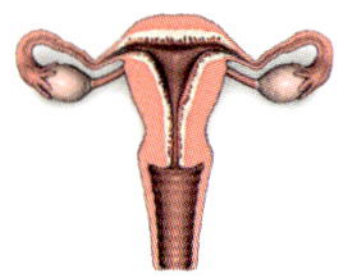

das weibliche Fortpflanzungssystem
جِهاز التَّكاثُر الأَنْثَوي
jihāz at-takāthur al-unthawī

das Nervensystem	jihāz ʿaṣabī	جِهاز عَصَبي
der Blutkreislauf	dawrān ad-dam	دَوَران الدَّم
der Tastsinn	ḥāssat lams	حاسَّة لَمْس
der Sehsinn	ḥāssat baṣar	حاسَّة بَصَر
der Hörsinn	ḥāssat samʿ	حاسَّة سَمَع
der Geruchssinn	ḥāssat sham	حاسَّة شَم
der Geschmackssinn	ḥāssat tadhawwuq	حاسَّة تَذَوُّق

DER KÖRPER - الجِسْم

Die Geschlechtsorgane - الأَعْضاء الجِنْسِيَّة

die männlichen Geschlechtsorgane
جِهاز تَكاثُر ذَكَري
jihāz takāthur dhakarī

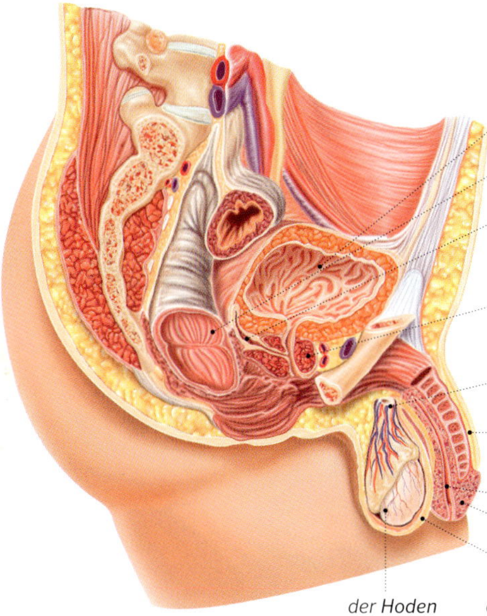

die *Erektion*	intiṣāb	اِنْتِصاب
die *Beschneidung*	khitān	خِتان
der *Samenerguss*	qadhf	قَذْف
potent/impotent	qadir/ʿājiz	قادِر/عاجِز
das *Hormon*	hurmun	هُرْمون
der *Geschlechtsverkehr*	jimāʿ	جِماع
die *Geschlechtskrankheit*	maraḍ jinsī	مَرَض جِنْسي

DER KÖRPER - الجِسْم
Die Geschlechtsorgane - الأَعْضاء الجِنْسِيَّة

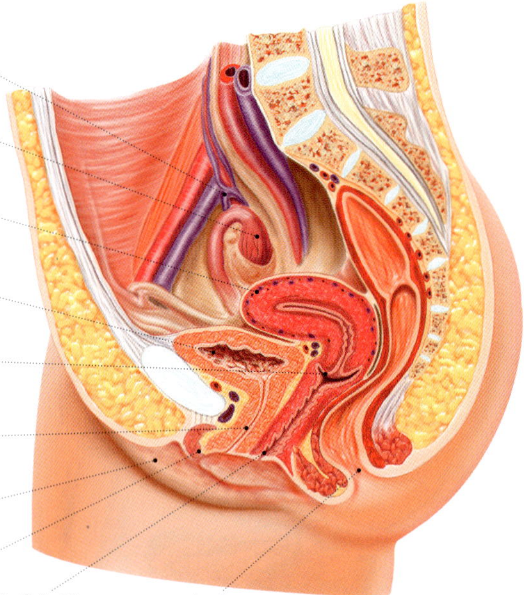

die Spirale	lawlab	لَوْلَب
das Diaphragma	wāqī unthawī	واقي أُنْثَوي
die Empfängnisverhütung	mānīʿ ḥaml	مانِع حَمْل
der Eisprung	ibāḍah	إباضَة
die Menstruation	ḥayḍ	حَيْض
steril/fruchtbar	khaṣīb/ʿaqīm	خَصيب/عَقيم
der Schwangerschaftsabbruch	ijhāḍ	إِجْهاض

SCHWANGERSCHAFT UND GEBURT – الحَمْل والوِلادَة

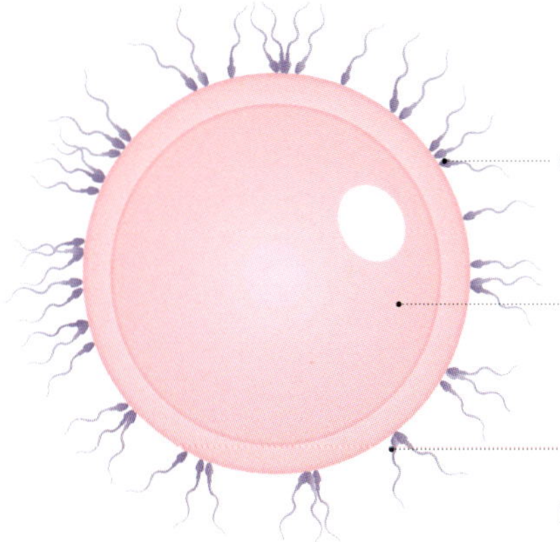

die Empfängnis
إِخْصاب
ikhṣāb

die Befruchtung
تَلْقيح
talqīḥ

die Eizelle
بُوَيْضَة
buwayḍah

das Spermium
حَيَوان مَنَوي
ḥayawān manawī

die Ultraschallaufnahme
صورَة بِالمَوجات فَوْق الصَّوْتيَّة
ṣūrah bil-mawjāt fawq aṣ-ṣawtīyah

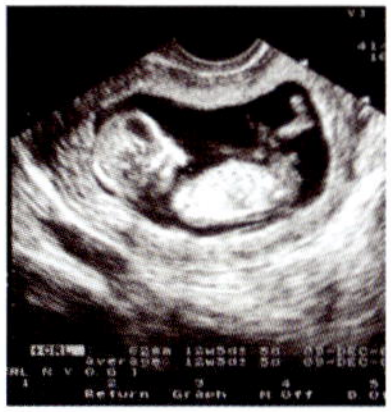

der/das Embryo
جَنين
janīn

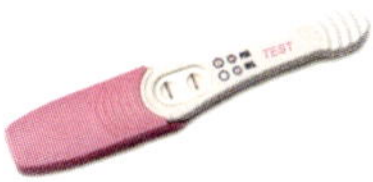

der Schwangerschaftstest
فَحْص حَمْل
faḥṣ ḥaml

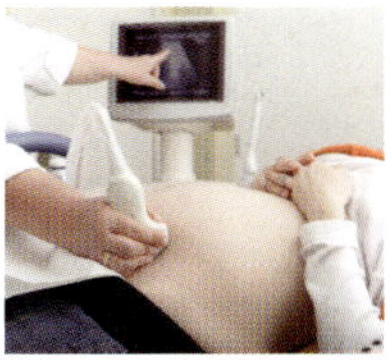

die Ultraschalluntersuchung
تَصْوير بِالمَوجات فَوْق الصَّوْتيَّة
taṣwīr bil-mawjāt fawq aṣ-ṣawtīyah

die Hebamme
قابِلَة
qābilah

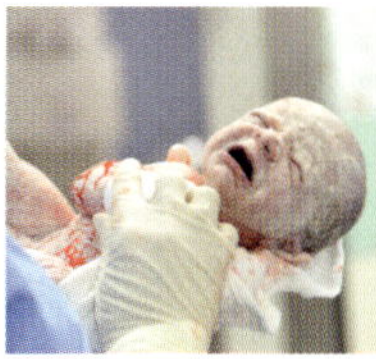

die Geburt
وِلادَة
wilādah

schwanger	ḥāmil	حامِل
die Wehen	ṭalq	طَلْق
pressen	ḍaghaṭa	ضَغَطَ
die Nabelschnur	ḥabl as-surah	حَبْل السُّرَّة
die Plazenta	mashīmah	مَشيمَة
das Fruchtwasser	sāʾil manawī	سائِل سَلَوي
die Fruchtblase	kīs salawī	كيس سَلَوي

SCHWANGERSCHAFT UND GEBURT – الحَمْل والوِلادَة

das Fläschchen
زُجاجَة رضاعَة
zujājat riḍāʿah

der Messlöffel
مِلْعَقَة قِياس
milʿaqat qiyās

das Milchpulver
حَليب بودْرَة
ḥalīb budrah

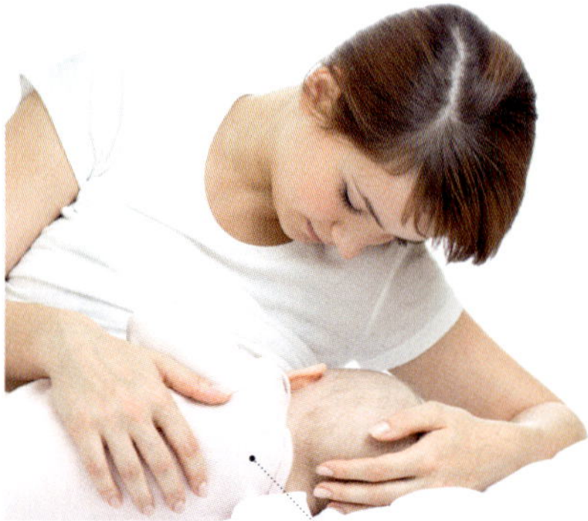

stillen
أَرْضَعَت
arḍaʿat

der Säugling
رَضيع
raḍīʿ

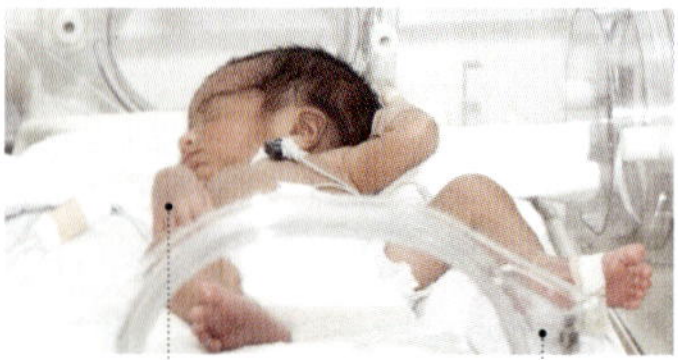

das Frühchen
خِدْج
khidj

der Brutkasten
حاضِنَة صِناعيَّة
ḥāḍinah ṣināʿīyah

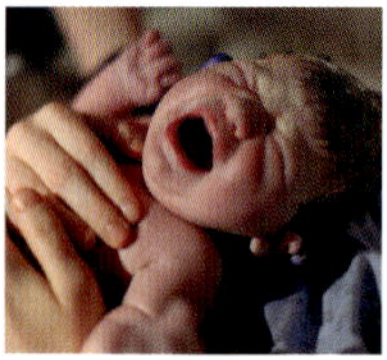

das Neugeborene
حَديث الوِلادَة
ḥadīth al-wilādah

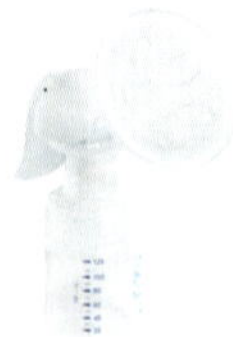

die Milchpumpe
مِضَخَّة ثَدي
miḍakhat thadī

der Kreißsaal	ghurfat al-wilādah	غُرْفَة الوِلادَة
der Kaiserschnitt	wilādah qayṣarīyah	وِلادَة قَيْصَريَّة
die Frühgeburt	wilādah mubakkirah	وِلادَة مُبَكِّرَة
die Fehlgeburt	ijhāḍ tilqāʾī	إِجْهاض تِلْقائي
die eineiigen Zwillinge	tawʾam ḥaqīqī	تَوْأَم حَقيقي
die zweieiigen Zwillinge	tawʾam ghayr ḥaqīqī	تَوْأَم غَيْر حَقيقي
die Impfung	talqīḥ	تَلْقيح

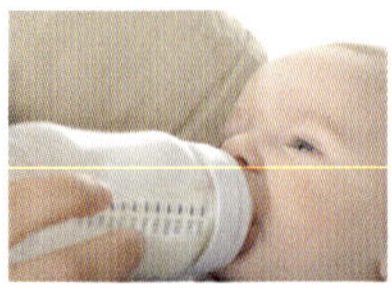

mit der Flasche füttern
أَطْعَمَ بِزُجاجَة رضاعَة
aṭʿama bi-zujājat riḍāʿah

DER ARZTBESUCH – زِيارَة الطَّبيب

den Blutdruck messen
قاسَ ضَغْط الدَّم
qāsa ḍaghṭ ad-dam

das Wartezimmer
غُرْفَة اِنْتِظار
ghurfat intiẓār

das Rezept
وَصْفَة
waṣfah

die Ärztin
طَبيبَة
ṭabībah

die Patientin
مَريضَة
marīḍah

die Manschette
سِوار
siwār

das Sprechzimmer
غُرْفَة مُعايَنَة
ghurfat muʿāyanah

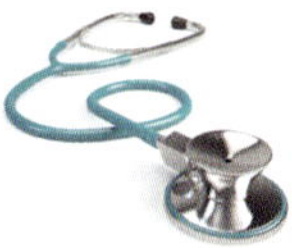

das Stethoskop
سَمّاعَة
sammāʿah

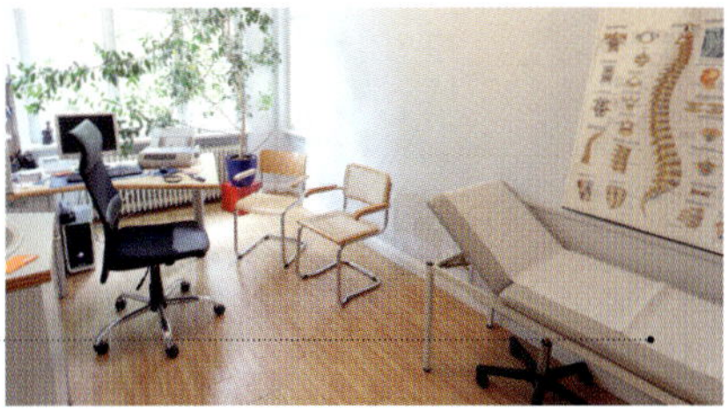

die Untersuchungsliege
طاوِلَة الفَحْص
ṭāwilat al-faḥṣ

das Blutdruckmessgerät
مِقْياس ضَغْط الدَّم
miqyās ḍaghṭ ad-dam

die Sprechstunde	mawāʿīd al-ʿiyādah	مَواعيد العِيادَة
der Termin	mawʿid	مَوْعِد
die Behandlung	muʿālajah	مُعالَجَة
die Diagnose	tashkhīṣ	تِشْخيص
die Überweisung	taḥwīl	تَحْويل
die Ergebnisse	natāʾij	نَتائِج
die Krankenkasse	taʾmīn ṣiḥḥī	تَأْمين صِحِّي

SYMPTOME UND KRANKHEITEN - الأعْراض وَالأمْراض

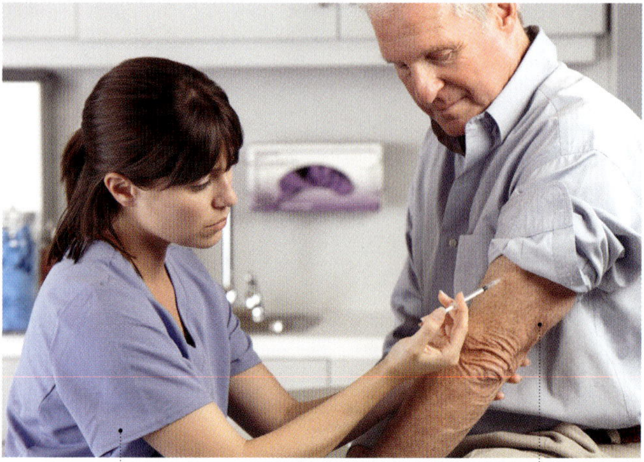

jemandem eine Spritze geben
أَعْطى إِبْرَة
aʿṭā ibrah

eine Spritze bekommen
أَخَذَ إِبْرَة
akhadha ibrah

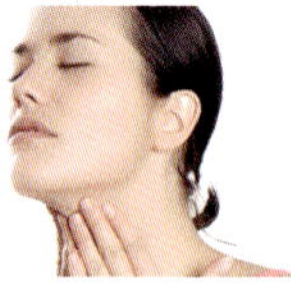

die Halsschmerzen
أَلَم الحَلْق
alam al-ḥalq

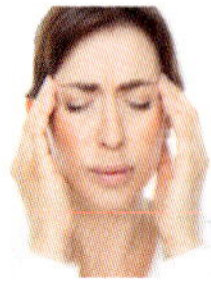

die Kopfschmerzen
صُداع
ṣudāʿ

die Magenschmerzen
أَلَم في المَعِدَة
alam fī al-maʿidah

die Zahnschmerzen
أَلم أَسْنان
alam asnān

das Virus	fayrūs	فَيْروس
der Infekt	ʿadwā	عَدْوى
die Allergie	ḥasāsīyah	حَساسيَّة
der Hautausschlag	ṭafaḥ jildī	طَفْح جِلْدي
das Ekzem	akzīmā	أكْزيما
die Migräne	ṣudāʿ niṣfī	صُداع نِصْفي
das Nasenbluten	nazīf anfī	نَزيف أَنْفي
die Bindehautentzündung	iltihāb al-multaḥimah	اِلْتِهاب المُلْتَحِمَة
die Mittelohrentzündung	iltihāb al-udhun al-wusṭā	اِلْتِهاب الأُذُن الوُسْطى
der Durchfall	ishāl	إِسْهال
die Darmgrippe	iltihāb amʿāʾ	اِلْتِهاب أَمْعاء
die Übelkeit	ghathayān	غَثَيان
der Krampf	tashannuj	تَشَنُّج
die Bronchitis	iltihāb qaṣabāt	اِلْتِهاب قَصَبات
die Blasenentzündung	iltihāb mathānah	اِلْتِهاب مَثانَة

SYMPTOME UND KRANKHEITEN – الأعْراض وَالأمْراض

krank
مَريض
marīḍ

der Schnupfen
رَشْح
rashḥ

der Husten
سُعال
suʿāl

gesund
مُعافى
muʿāfā

die Erkältung
زُكام
zukām

die Grippe
إنْفْلْوَنْزا
infulwanzā

das Niesen
عُطاس
ʿuṭās

das Fieber
حُمَّى
ḥummā

der Heuschnupfen
حَساسيَّة الأنْف
ḥasāsīyat al-anf

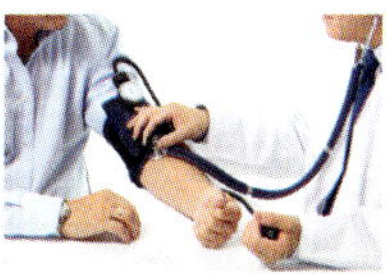

der hohe/niedrige Blutdruck
ضَغْط دَم مُرْتَفِع/ مُنْخَفِض
ḍaghṭ dam murtafiʿ/ munkhafiḍ

die Entzündung	iltihāb	اِلْتِهاب
die Gürtelrose	ḥizām nārī	حِزام ناري
die Mangelerscheinung	maẓāhir naqṣ	مَظاهِر نَقْص
die Blutvergiftung	tasammum ad-dam	تَسَمُّم الدَّم
die Schuppenflechte	maraḍ aṣ-ṣadafīyah	مَرَض الصَّدَفيَّة
die Kinderkrankheit	maraḍ ṭufūlah	مَرَض طُفولَة
die Röteln	ḥaṣbah almānīyah	حَصْبَة ألْمانيَّة
der/das Scharlach	ḥummā qurmuzīyah	حمَّى قُرْمُزيَّة
die Windpocken	jidrī al-māʾ	جِدْري الماء
der Mumps	nikāf	نِكاف
der Keuchhusten	suʿāl dīkī	سُعال ديكي
die Masern	ḥaṣbah	حَصْبَة
die Kinderlähmung	shalal aṭfāl	شَلَل أطْفال
der Wundstarrkrampf	kuzāz	كُزاز
die Tuberkulose	marḍ as-sil	مَرَض السِّل
die Rachitis	kusāḥ	كُساح
die Hirnhautentzündung	iltihāb as-saḥāyā	اِلْتِهاب السَّحايا
die Diphtherie	maraḍ al-khunāq	مَرَض الخُناق

SYMPTOME UND KRANKHEITEN – الأعْراض وَالأمْراض

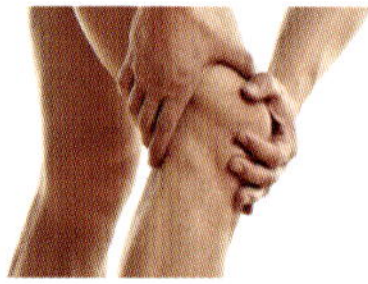

das Rheuma
روماتِزم
rumātizm

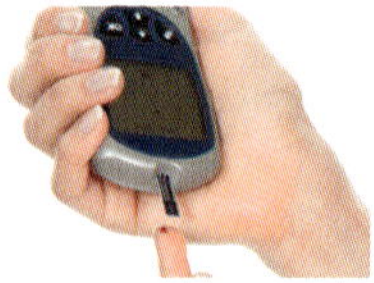

der Diabetes
داء السُّكَري
dāʾ as-sukarī

das Asthma
رَبو
rabū

der Inhalator
جِهاز اِسْتِنْشاق
jihāz istinshāq

die Schlafstörung
أرَق
araq

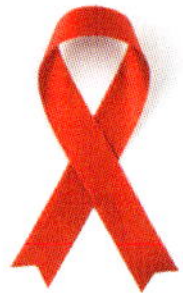

das Aids
ايدْز
iydz

die Atemnot	ḍīq tanaffus	ضيق تَنَفُّس
der Alzheimer	dāʾ az-zahāymar	داء الزَّهايمَر
die Demenz	kharaf	خَرَف
die Parkinsonkrankheit	maraḍ bārkinsun	مَرَض باركِنسون
der Krebs	saraṭān	سَرَطان
das Geschwür	qarḥah	قَرْحَة
die Schilddrüsenkrankheit	maraḍ al-ghddah ad-daraqīyah	مَرَض الغُدَّة الدَّرَقيَّة
der Herzinfarkt	nawbah qalbīyah	نَوبَة قَلْبيَّة
der Schlaganfall	saktah dimāghīyah	سَكْتَة دِماغيَّة
HIV-positiv/negativ	fayrūs al-ʿawaz al-manāʿī al-basharī ījābī/salbī	فَيروس العَوَز المَناعي البَشري إيجابي/سَلْبي
die multiple Sklerose	taṣallub mutaʿaddid	تَصَلُّب مُتَعَدِّد
die Epilepsie	ṣaraʿ	صَرَع
die Depression	iktiʾāb	اِكْتِئاب
die Essstörung	iḍṭirābāt fī al-akl	اِضْطِرابات في الأكْل
die Sucht	idmān	إدْمان

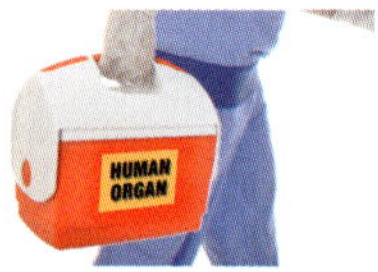

die Transplantation
زِراعَة الأعْضاء
zirāʿat al-aʿḍāʾ

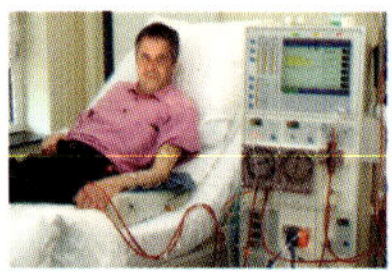

die Dialyse
غَسيل الكِلى
ghasīl al-kilā

BEHINDERUNGEN – الإِعاقات

der Blindenhund
كَلْب مُرافَقَة المَكْفوفين
kalb murāfaqat al-makfūfīn

der Blindenstock
عَصا المَكْفوفين
ʿaṣā al-makfūfīn

der Rollstuhl
كُرْسي مُتَحَرِّك
kursī mutaḥarrik

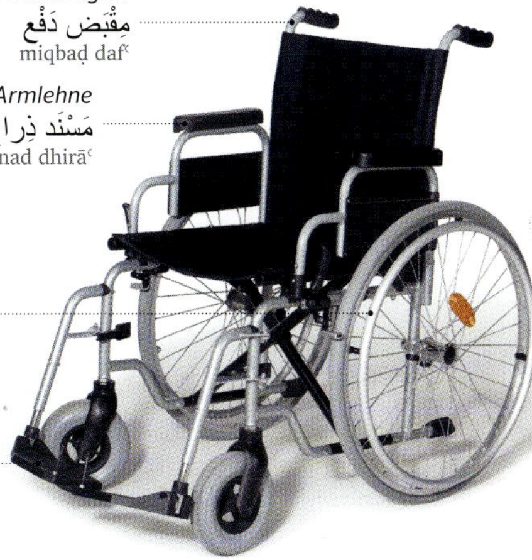

der Schiebegriff
مِقْبَض دَفْع
miqbaḍ dafʿ

die Armlehne
مَسْنَد ذِراع
masnad dhirāʿ

der Greifreifen
عَجَلات تَحْريك الكُرسي
ʿajalāt taḥrīk al-kursī

die Fußstütze
مَسْنَد قَدَم
masnad qadam

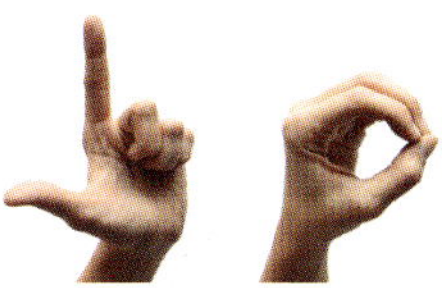

die Gebärdensprache
لُغَة الإِشارَة
lughat al-ishārah

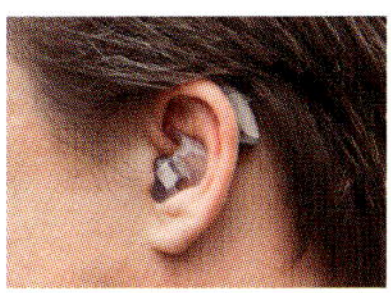

das Hörgerät
سَمَّاعَة أُذن
sammāʿat udhun

der Rollator
مُساعِد لِلمَشي
musāʿid lil-mashī

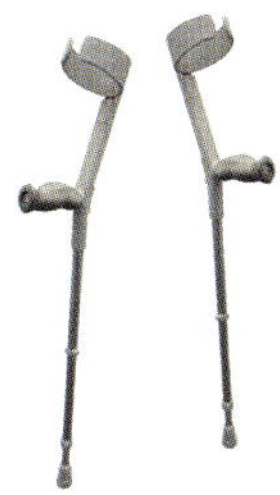

die Krücke
عُكَّاز
ʿukkāz

die Prothese
عُضو اِصْطِناعي
ʿuḍū iṣṭināʿī

gelähmt	mashlūl	مَشْلول
die spastische Lähmung	shalal tashannujī	شَلَل تَشَنُّجي
hinken	ʿaraj	عَرَج
blind	aʿmā	أَعْمى
schwerhörig	thaqīl as-samaʿ	ثَقيل السَّمع
gehörlos	aṣam	أَصَم
behindert	muʿāq	مُعاق

VERLETZUNGEN - الإِصابات

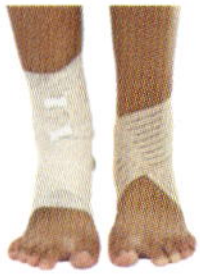

die *Verstauchung*
اِلْتِواء
iltiwāʾ

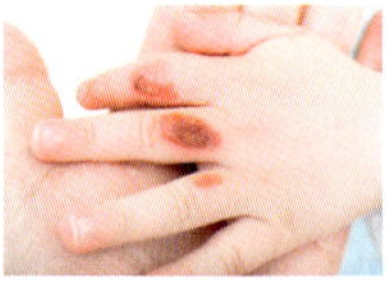

die *Verbrennung*
اِحْتِراق
iḥtirāq

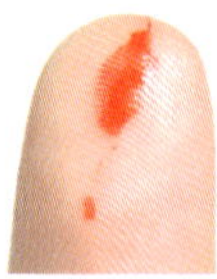

die *Schnittwunde*
جُرْح
jurḥ

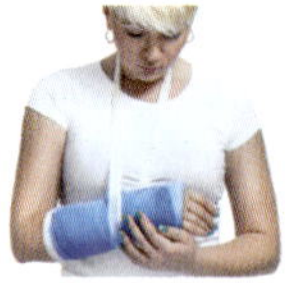

der *Knochenbruch*
كَسْر
kasr

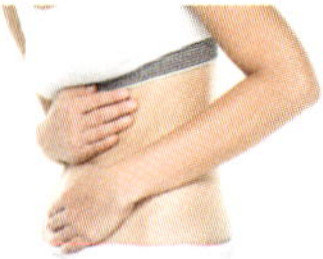

die *Vergiftung*
تَسَمُّم
tasammum

der *Insektenstich*
لَدْغَة حَشَرَة
ladghat ḥasharah

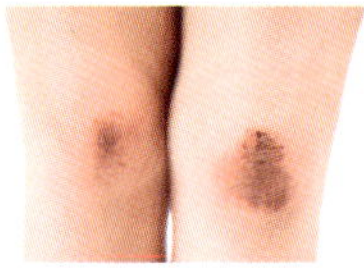

die *Schürfwunde*
خَدْش
khadsh

in Ohnmacht fallen
أُغْمِيَ عَلَيْه
ughmiya ʿalayh

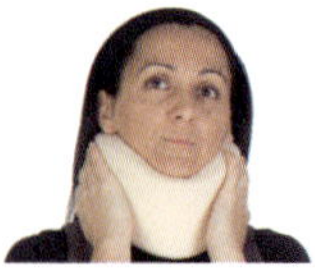

das *Schleudertrauma*
اِلْتِواء الرَّقَبَة
iltiwāʾ ar-raqabah

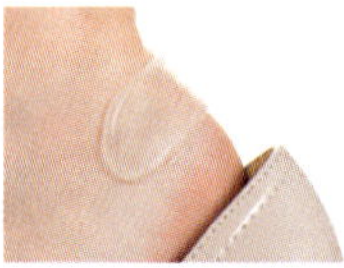

die *Blase*
فُقاعَة جِلْدِيَّة
fuqāʿah jildīyah

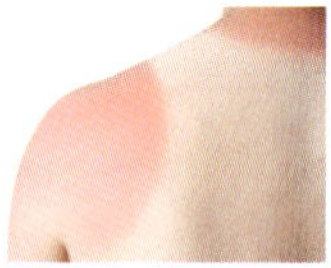

der *Sonnenbrand*
لَفْحَة شَمْس
lafḥat shams

der *Bandscheiben-vorfall*
اِنْزِلاق غُضْروفي
inzilāq ghuḍrūfī

die *Wunde*	jurḥ	جُرْح
die *Brandwunde*	ḥarq	حَرْق
das *Blut*	dam	دَم
bluten	nazafa	نَزَفَ
die *Blutung*	nazīf	نَزيف
die *Gehirnerschütterung*	irtijāj dimāgh	اِرْتِجاج دِماغ
sich den Arm/einen Wirbel ausrenken	malakh dhiraʿahu/ ʿamūdahu al-faqarī	مَلَخَ ذِراعَهُ/ عَمودَهُ الفَقَري
sich den Fuß verstauchen/brechen	lawā/kasara rijlah	لَوى/كَسَرَ رِجْلَه

der *elektrische Schlag*
صَدْمَة كَهْرُبائِيَّة
ṣadmah kahrubāʾīyah

BEIM ZAHNARZT - عِنْدَ طَبيب الأَسْنان

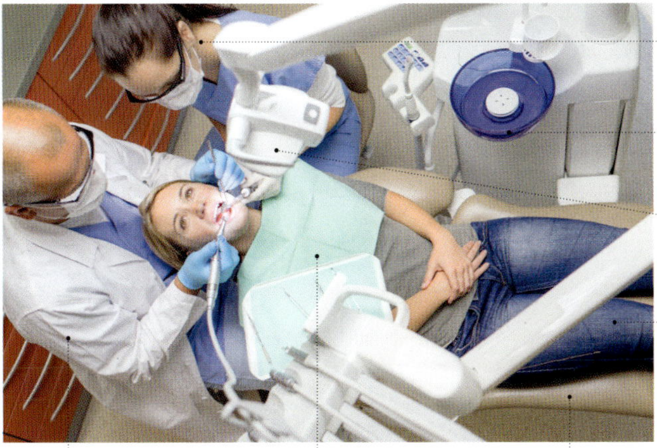

die Zahnarzthelferin
مُساعِدَة طَبيب أَسْنان
musāʿidat ṭabīb asnān

das Mundspülbecken
حَوْض غَسْل الفَم
ḥawḍ ghasl al-fam

die Behandlungslampe
مِصْباح عاكِس
miṣbāḥ ʿākis

die Patientin
مَريضَة
marīḍah

der Zahnarzt
طَبيب أَسْنان
ṭabīb asnān

der Patientenumhang
مَرْيَلَة
maryalah

der Zahnarztstuhl
كُرْسي مُعالَجَة الأَسْنان
kursī muʿālajat al-asnān

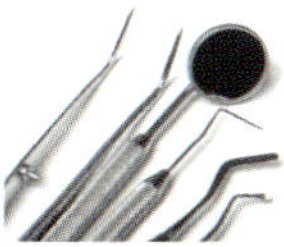

das Zahnarztbesteck
أَدوات طَبيب الأَسْنان
adawā ṭabīb al-asnān

der Mundschutz
واقي فَم
wāqī fam

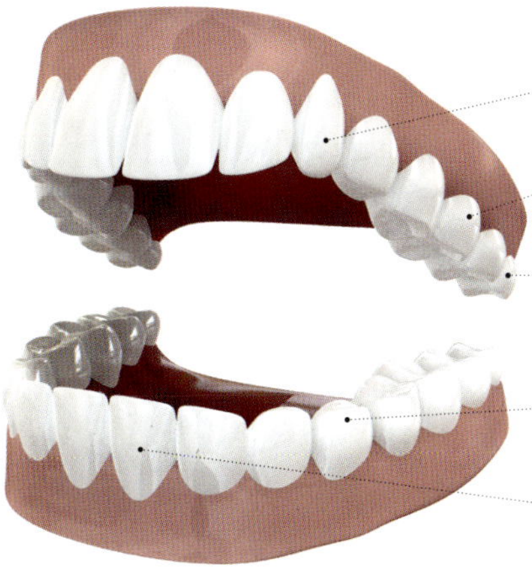

der Eckzahn
ناب
nāb

der hintere Backenzahn
ضِرْس طاحِنَة
ḍirs ṭāḥinah

der Weisheitszahn
ضِرْس العَقْل
ḍirs al-ʿaql

der vordere Backenzahn
ضِرْس ضاحِكَة
ḍirs ḍāḥikah

der Schneidezahn
سِن قاطِع
sin qāṭiʿ

BEIM ZAHNARZT - عِنْدَ طَبيب الأَسْنان

der Zahn
سِن
sin

der Zahnschmelz
ميناء
mīnā'

das Zahnfleisch
لِثَّة
liththah

die Zahnwurzel
جَذْر
jadhr

der Nerv
عَصَب
ʿaṣab

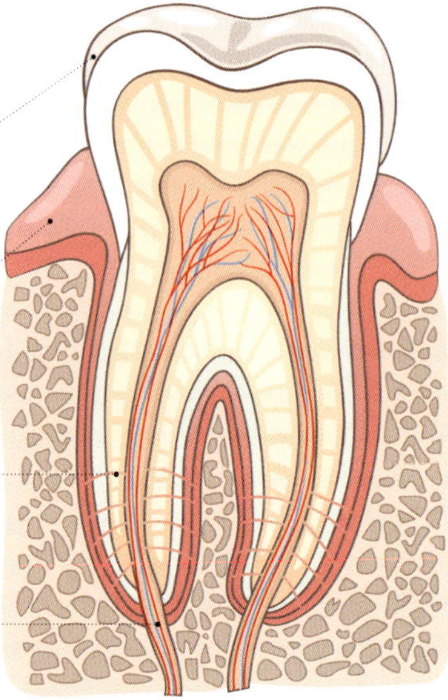

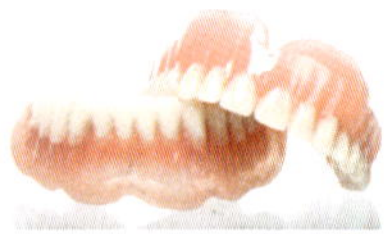

die Zahnprothese
طَقْم أَسْنان
ṭaqm asnān

die Knirscherschiene
واقي حَت الأَسْنان
wāqī ḥat al-asnān

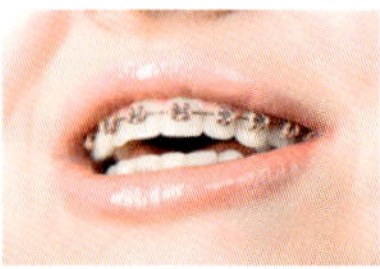

die Zahnspange
قَوْس تَقويم الأَسْنان
qaws taqwīm al-asnān

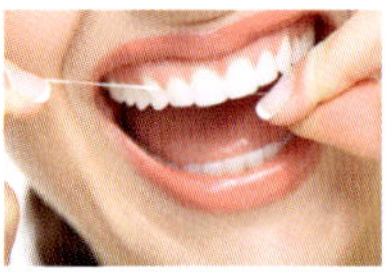

mit Zahnseide reinigen
نَظَّفَ الأَسْنان بِالخَيْط
naẓẓafa al-asnān bil-khayṭ

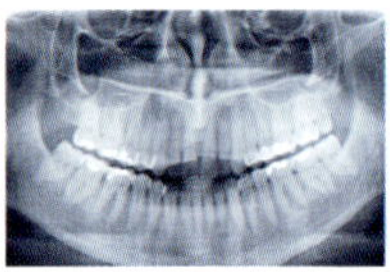

die Röntgenaufnahme
صورَة أَشِعَّة إِكْس
ṣūrat ashiʿʿat iks

die Krone
تاج
tāj

das Implantat	zirāʿat asnān	زِراعَة أَسنان
einen Zahn ziehen	qalʿ sin	قَلْع سِن
die örtliche Betäubung	takhdīr mawḍiʿī	تَخْدير مَوْضِعي
die Mundhygiene	naẓāfat al-fam	نَظافَة الفَم
der Zahnbelag	jīr al-asnān	جير الأسنان
die Karies	tasawwus	تَسَوُّس
die Zahnfüllung	ḥashū	حَشْو

das Mundwasser
غَسول الفَم
ghusūl al-fam

BEIM AUGENOPTIKER – عِنْدَ أَخِصَّائي النَّظَّارات

das Auge
عَيْن
ʿayn

die Pupille
حَدَقَة
ḥadaqah

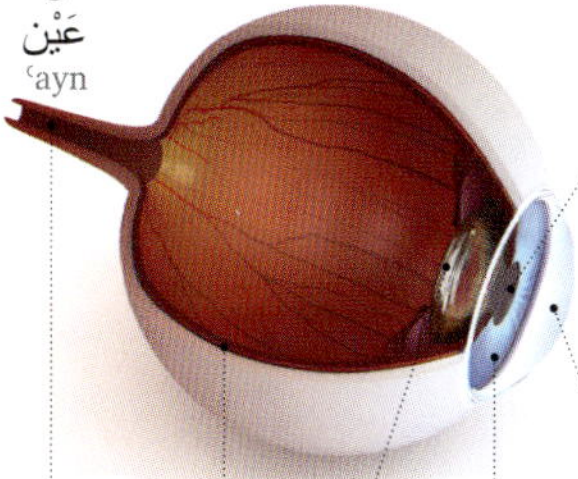

der Sehnerv
عَصَب بَصَري
ʿaṣab baṣarī

die Linse
عَدَسَة
ʿadasah

die Hornhaut
قَرَنيَّة
qarnīyah

die Netzhaut
شَبَكيَّة
shabakīyah

die Iris
قَزَحيَّة
qazaḥīyah

die Brille
نَظَّارَة
naẓẓārah

das Brillengestell
هَيْكَل نَظَّارَة
haykal naẓẓārah

das Brillenglas
عَدَسَة زَجاجيَّة
ʿadasah zujājīyah

der Kontaktlinsenbehälter
عُلْبَة العَدَسات
ʿulbat al-ʿadasāt

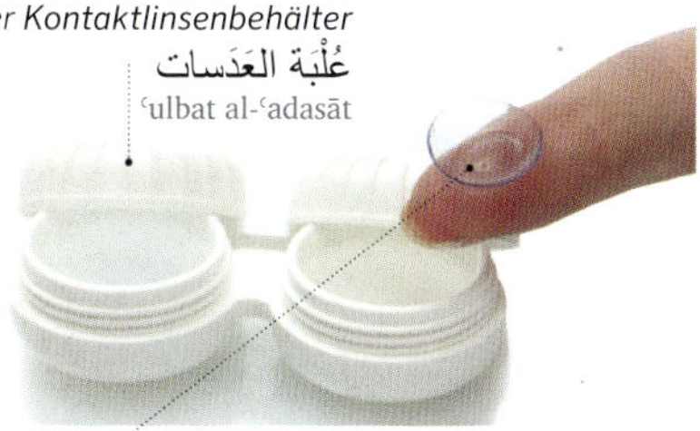

die Kontaktlinse
عَدَسَة لاصِقَة
ʿadasah lāṣiqah

die Optikerin
أَخِصَّائِيَّة نَظَّارات
akhiṣṣāīyat naẓẓārāt

der Sehtest
فَحْص نَظَر
faḥṣ naẓar

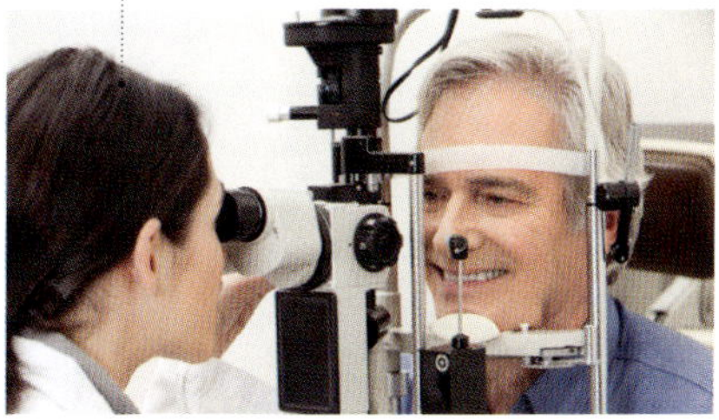

die Augentropfen	qaṭrat ʿayn	قَطْرَة عَيْن
die Lesebrille	naẓẓārat qirā'ah	نَظَّارَة قِراءَة
weitsichtig	buʿd naẓar	بُعْد نَظَر
kurzsichtig	quṣr naẓar	قِصْر نَظَر
die Gleitsichtbrille	naẓẓārah lil-qurb wa al-buʿd	نَظَّارَة لِلقُرْب وَالبُعْد
der graue Star	mā' abyaḍ	ماء أَبْيَض
der grüne Star	mā' azraq	ماء أَزْرَق

IM KRANKENHAUS - في المُسْتَشْفى

das Krankenzimmer
غُرْفَة المَرْضَى
ghurfat al-marḍā

das Einzelzimmer
غُرْفَة مُفْرَدَة
ghurfah mufradah

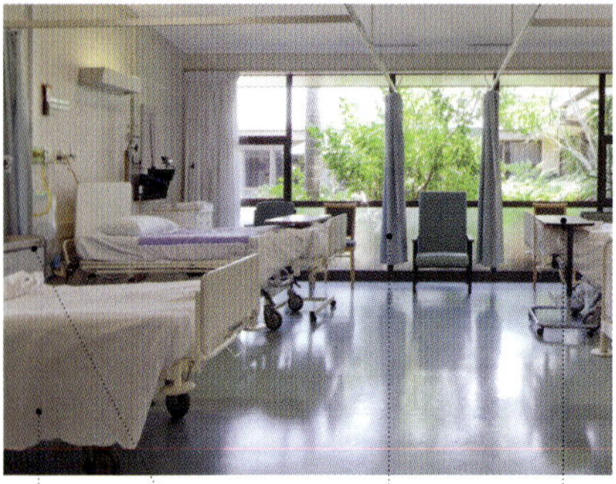

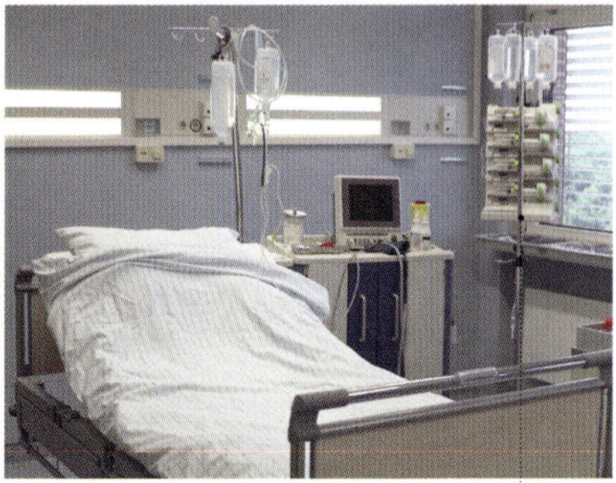

der Nachttisch
طاوِلَة جانِبيَّة
ṭāwilah jānibīyah

der Krankentisch
طاوِلَة المَريض
ṭāwilat al-marīḍ

der Infusionsständer
حامِل سيرون
ḥāmil sīrun

das Krankenhausbett
سَرير مُسْتَشْفى
sarīr mustashfā

der Trennvorhang
سِتار فاصِل
sitār fāṣil

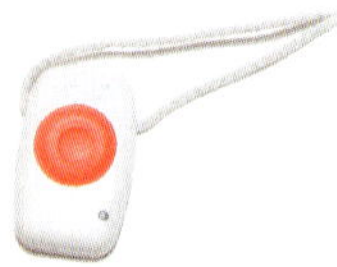

der Notrufknopf
زر طَوارئ
zir ṭawāri'

aufgenommen werden	udkhila lil-ʿilāj	أُدْخِلَ لِلْعِلاج
entlassen werden	sumiḥ lahu bil-khurūj	سُمِحَ لَهُ بِالخُروج
der ambulante Patient	marīḍ khārijī	مَريض خارِجي
der stationäre Patient	marīḍ dākhilī	مَريض داخِلي
die Besuchszeiten	awqāt ziyārah	أَوْقات زِيارَة
die Kinderstation	janāḥ aṭfāl	جَناح أَطْفال
die Neurologie	ṭib al-aʿṣāb	طِب الأَعْصاب
die Onkologie	ṭib as-saraṭān	طِب السَّرَطان
die Orthopädie	ṭib al-ʿiẓām	طِب العِظام
die Kardiologie	ṭib al-qalb	طِب القَلْب
die Gastroenterologie	ṭib al-jihāz al-haḍmī	طِب الجِهاز الهَضْمي
die Gynäkologie	ṭib an-nisā' wat-tawlīd	طِب النِساء وَالتَوليد
die Quarantäne	ḥajr ṣiḥḥī	حَجْر صِحّي

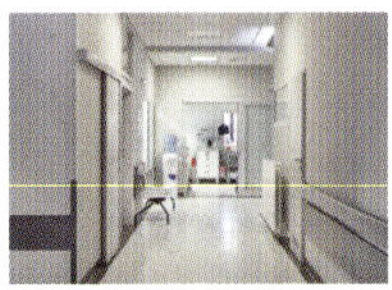

die Station
جَناح
janāḥ

IM KRANKENHAUS - في المُسْتَشْفى

Die Chirurgie - الجِراحَة

die Operation
عَمَلِيَّة
ʿamalīyah

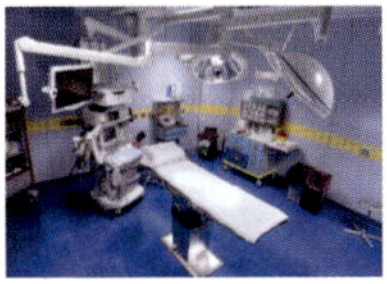

der Operationssaal
غُرْفَة عَمَلِيَّات
ghurfat ʿamalīyāt

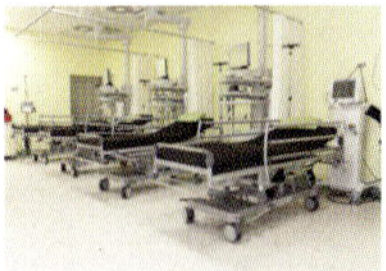

der Aufwachraum
غُرْفَة إِنْعاش
ghurfat inʿāsh

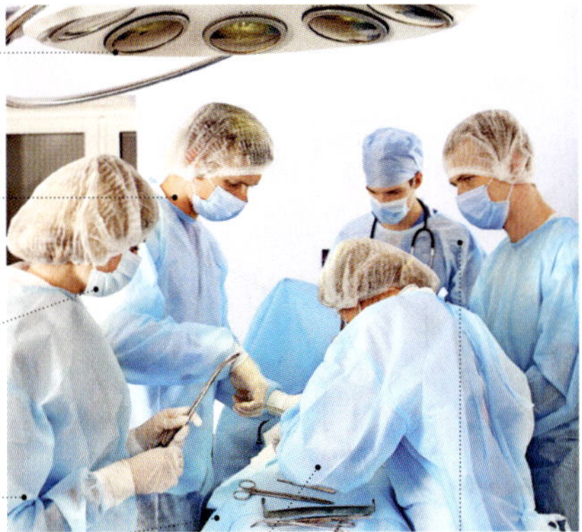

die Operationsleuchte
مِصْباح عَمَلِيَّات
miṣāḥ ʿamaliyāt

der Chirurg
جَرَّاح
jarrāḥ

der Mundschutz
واقي فَم
wāqī fam

die OP-Schwester
مُمَرِّضَة عَمَلِيَّات
mumariḍat ʿamaliyāt

der Operationstisch
طاوِلَة عَمَلِيَّات
ṭāwilat ʿamalīyāt

der OP-Mantel
رِداء عَمَلِيَّات
ridāʾ ʿamalīyāt

der Anästhesist
طَبيب تَخْدير
ṭabīb takhdīr

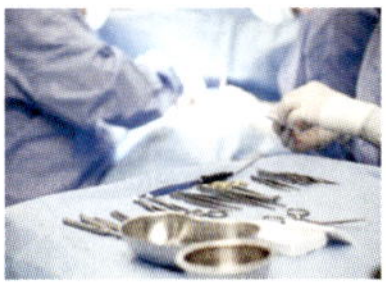

das Operationsbesteck
أَدَوات عَمَلِيَّات
adawāt ʿamalīyāt

die Narbe
نَدَبَة
nadabah

die Fäden
قُطَب
quṭab

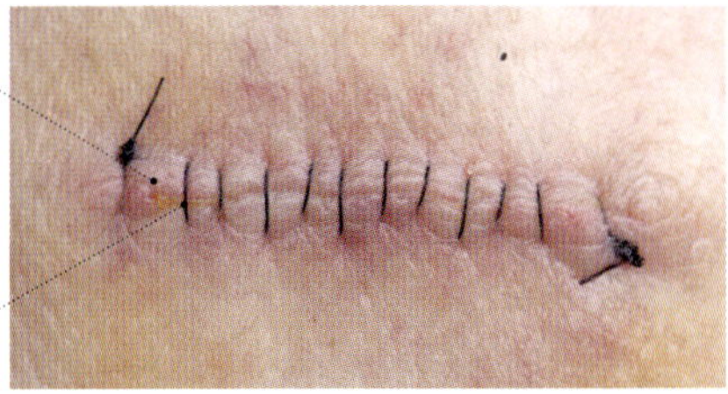

die Lokalanästhesie	takhdīr mawḍiʿī	تَخْدير مَوْضِعي
die Vollnarkose	takhdīr ʿām	تَخْدير عَام
die Rehabilitation	iʿādat taʾhīl	إِعادَة تَأْهيل
die medizinische Nachversorgung	mutābaʿat ar-riʿāyah al-khāṣah	مُتابَعَة الرِّعايَة الطِّبِّيَّة
die Bettruhe	rāḥah fīl-firāsh	راحَة في الفِراش
die Genesung	shifāʾ	شِفاء
tot	mayyt	مَيِّت
der Tod	mawt	مَوْت

IM KRANKENHAUS - في المُسْتَشْفى

Die Unfallstation - جَناح الحَوادِث

die Intensivstation
عنايَة مُرَكَّزَة
ʿināyah murakkazah

die Notaufnahme
غُرْفَة الطَّوارئ
ghurfat aṭ-ṭawāriʾ

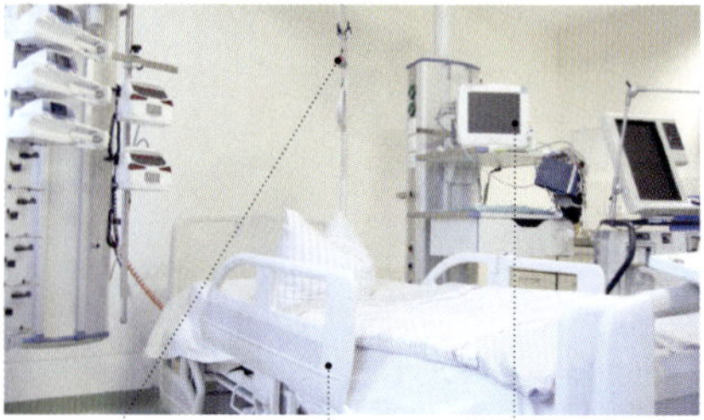

der Rufknopf
زر اِسْتِدْعاء
zir istidʿāʾ

der Herzmonitor
شاشَة مُراقَبَة القَلْب
shāshat murāqabat al-qalb

das Krankenhausbett
سَرير مُسْتَشْفى
sarīr mustashfā

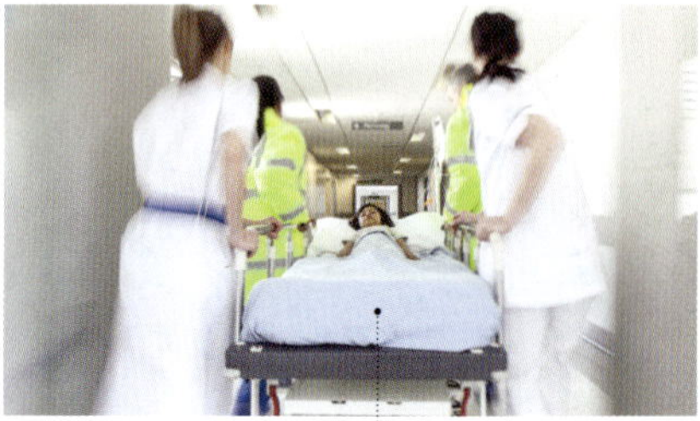

die Fahrtrage
نَقّالَة
naqqālah

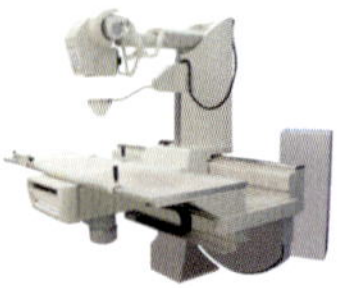

das Röntgengerät
جهاز أَشِعَّة إكْس
jihāz ashiʿʿat iks

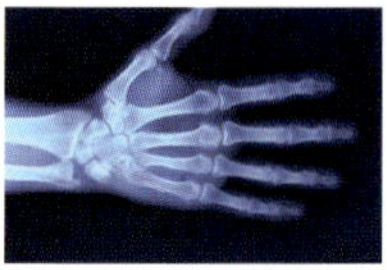

das Röntgenbild
صورَة أَشِعَّة إكْس
ṣūrat ashiʿʿat iks

der Warteraum
غُرْفَة اِنْتِظار
ghurfat intiẓār

die Oberärztin
طَبيبَة مُشْرِفَة
ṭabībah mushrifah

die Computertomografie	taṣwīr maqṭʿī muḥawsab	تَصْوير مَقْطَعي مُحَوْسَب
die Strahlung	ishʿāʿ	إشْعاع
eine Diagnose stellen	ajrā tashkhīṣ	أَجْرى تَشْخيص
das Koma	ghaybūbah	غَيْبوبَة
bewusstlos	ghāʾib ʿan al-waʿī	غائِب عَن الوَعي
die Beatmung	tanaffus ṣināʿī	تَنَفُّس صِناعي
wieder zu Bewusstsein kommen	istaʿāda waʿah	اِسْتَعادَ وَعْيَه
wieder gesund werden	shufiya	شُفِيَ

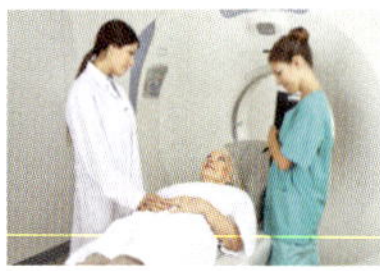

die Kernspintomografie
تَصْوير بالرَّنين المِغْناطيسي
taṣwīr bil-ranīn al-mighnāṭīsī

DIE APOTHEKE - الصَّيْدَلِيَّة

das *Medikament*
دَواء
dawāʾ

die *Kapsel*
كَبْسولَة
kabsūlah

der *Hustensaft*
شَراب سُعال
sharāb suʿāl

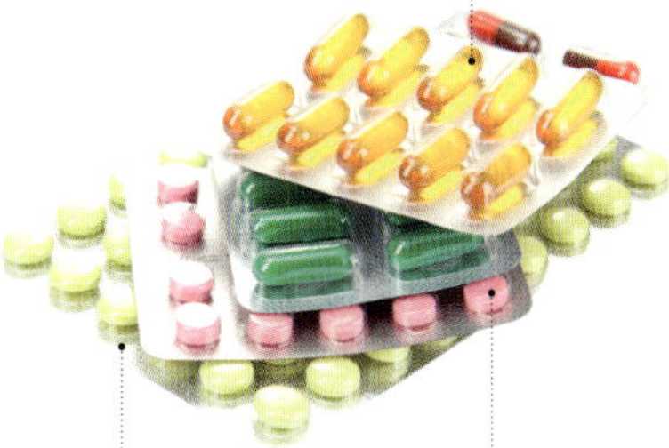

die *Sichtverpackung*
تَغْليف شَفَّاف
taghlīf shaffāf

die *Tablette*
حَبَّة
ḥabah

die *Dosierung*
جُرعَة
jurʿah

der *Messbecher*
كأْس قِياس
kaʾs qiās

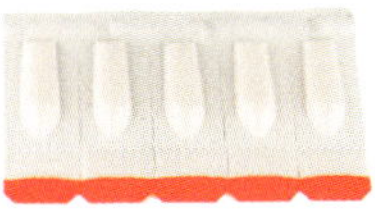

das *Zäpfchen*
تَحْميلَة
taḥmīlah

die *Salbe*
مَرْهَم
marham

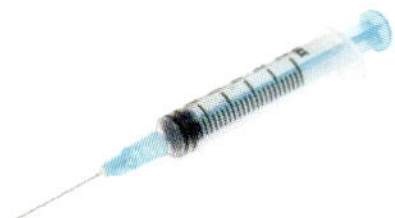

die *Spritze*
إبْرَة
ibrah

die *Apothekerin*
صَيْدَلانيَّة
ṣaydalānīyah

die *Tropfen*
قَطْرَة
qaṭrah

der/das *Spray*
بَخَّاخ
bakhkhākh

die *Vitamintablette*
حَبَّة فتامين
ḥabbat fītāmīn

die *Brausetablette*
قُرْص فَوَّار
qurṣ fawwār

DIE APOTHEKE - الصَّيْدَلِيَّة

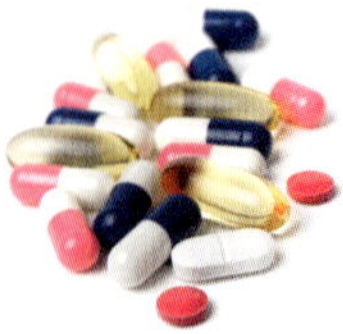

das Nahrungsergänzungsmittel
مُكَمِّل غِذائي
mukammil ghidhāʾī

das Sonnenschutzmittel
واقي مِن الشَّمْس
wāqī min ash-shams

der/das Mückenspray
بَخّاخ حَشَرات
bakhkhākh ḥasharāt

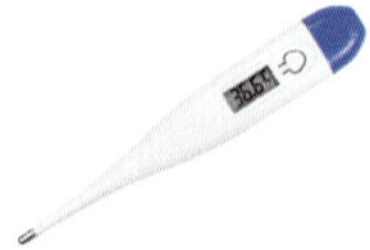

das/der Fieberthermometer
مِقْياس حَرارَة
miqyās ḥarārah

die Nagelfeile
مِبْرَد أَظافِر
mibrad aẓāfir

der Tampon
تامبون
tāmbunū

die Slipeinlage
فوطَة نِسائيَّة
fūṭah nisāīyah

das Feuchttuch
مِنْديل مُبَلَّل
mindīl muballal

der Lippenpflegestift
قَلَم تَرطيب الشِّفاه
qalam tarṭīb ash-shifāh

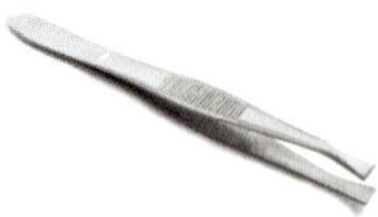

die Pinzette
مِلْقَط
milqaṭ

das Deodorant
مُزيل رائِحَة العَرَق
muzīl rāʾḥat al-ʿaraq

das/der Hustenbonbon
سَكاكِر خاصَّة بالسُّعال
sakākir khāṣah bis-suʿāl

die Nebenwirkung	aʿrāḍ jānibīyah	أَعْراض جانِبيَّة
der Beipackzettel	nashrah	نَشْرَة
die Hautpflege	ʿināyah bil-basharah	عِنايَة بالبَشَرَة
das Schmerzmittel	musakkin alam	مُسَكِّن أَلَم
das Beruhigungsmittel	muhaddiʾ	مُهَدِّئ
die Schlaftablette	ḥabbah munawwimah	حَبَّة مُنَوِّمَة
das Verfallsdatum	tārīkh intihāʾ ṣalāḥīyah	تاريخ اِنْتِهاء صَلاحيَّة

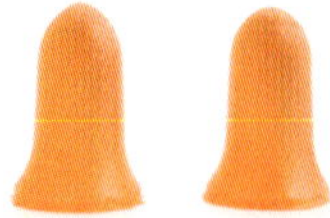

der Ohrstöpsel
سَدّادات أُذُن
saddadāt udhun

DIE ALTERNATIVMEDIZIN – الطِّب البَديل

die Meditation
تَأَمُّل
ta'ammul

das Yoga
يوجا
yūjā

das Tai-Chi
تاي تشي
tāyyshī

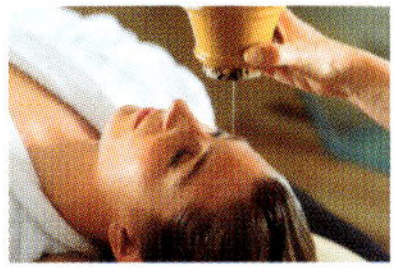

das Ayurveda
أيورفيدا
ayūrfīdā

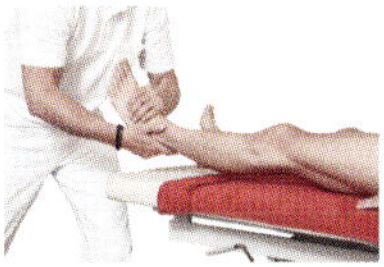

die Osteopathie
تِقَنيَّة تَقْويم العِظام يَدَويّاً
tiqaniyat taqwīm al-ʿiẓām yadawiyan

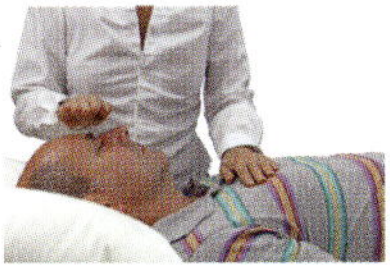

das Reiki
راي كي
rāī kī

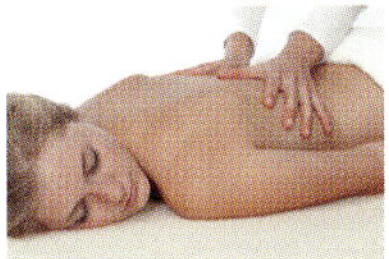

die Massage
تَدْليك
tadlīk

die Hypnose
تَنْويم مِغْناطيسي
tanwīm mighnāṭīsī

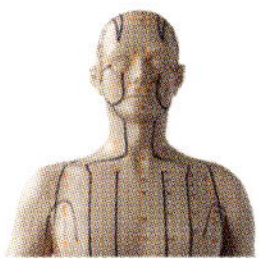

die traditionelle chinesische Medizin
طِب صيني تَقْليدي
ṭib ṣīnī taqlīdī

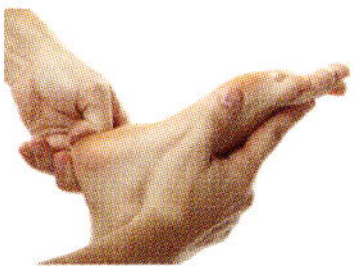

die Fußreflexzonen-massage
تَدْليك القَدَم العِلاجي
tadlīk al-qadam al-ʿilājī

das homöopathische Heilmittel
عِلاج مِثْلي
ʿilāj mithlī

die Kräuterheilkunde
طِب الأَعْشاب
ṭib al-aʿshāb

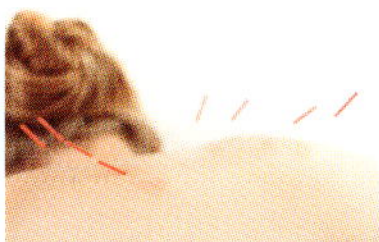

die Akupunktur
وَخْز بالإبَر
wakhz bil-ibar

die Kur	istishfā'	اِسْتِشْفاء
die Palliativmedizin	riʿāyah talṭīfīyah	رِعايَة تَلْطيفيَّة
die Entspannung	istirkhā'	اِسْتِرْخاء
die Entgiftung	izālat as-sumūm	إزالَة السُّموم
die Entziehungskur	muʿālajat idmān	مُعالَجَة إدْمان
die Therapie	ʿilāj	عِلاج
die Lichttherapie	ʿilāj biḍ-ḍaw'	عِلاج بالضَّوْء

WELLNESS - اِسْتِجْمام

die Gesichtsbehandlung
مُعالَجَة الوَجْه
muʿālajat al-wajh

die Kosmetikerin
خَبيرَة تَجْميل
khabīrat tajmīl

die Gesichtsmaske
ماسْك لِلوَجْه
māsk lil-wajh

die Sauna
ساوْنا
sāwnā

der Ofen
فُرْن
furn

die Bank
مَقْعَد
maqʿad

der Kopfkeil
مَسْنَد رَأْس
masnad ra's

der Aufgusskübel
دَلو صَب الماء
dalū ṣab al-mā'

der Ruheraum
غُرْفَة اِسْتِرخاء
ghurfat istirkhā'

das Mineralbad
مُنْتَجع صِحِّي
muntajaʿ ṣiḥḥī

die Maniküre
مانيكيير
mānīkīr

die Pediküre
باديكيير
bādīkīr

die Wachsenthaarung	izālat ash-shaʿr bish-shamʿ	إزالَة الشَّعْر بالشَّمْع
das Dampfbad	ḥammām bukhār	حَمَّام بُخار
das Peeling	taqshīr	تَقْشير
der Teint	basharah	بَشَرَة
Ich habe empfindliche/ trockene Haut.	ladayya basharah ḥassāsah/jāffah.	لَدَيَّ بَشَرَة حَسَّاسَة/جافَّة.
Ich habe fettige/normale Haut.	ladayya basharah ʿādīyah/dihnīyah.	لَدَيَّ بَشَرَة عادِيَّة/دُهْنِيَّة.

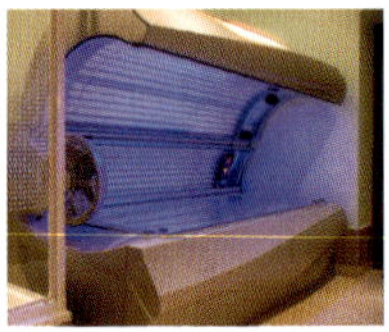

das Solarium
مَقْصورَة تَشَمُّس اِصْطِناعي
maqṣūrat tashammus iṣṭināʿī

NOTFÄLLE

حالات الطَّوارِئ

ERSTE HILFE – إسْعافات أَوليَّة

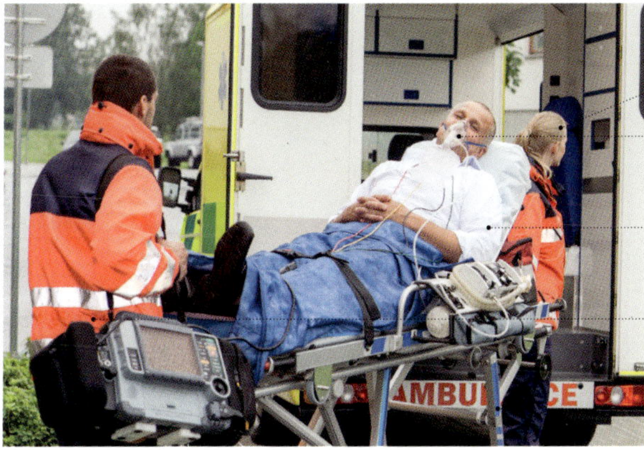

der Rettungswagen
سَيَّارَة إسْعاف
sayyārat isʿāf

die Sanitäterin
مُساعِد طِبِّي
musāʿid ṭibbī

die Sauerstoffmaske
قِناع أوكْسِجين
qināʿ uksijīn

das Unfallopfer
ضَحِيَّة حادِث
ḍaḥiyyat ḥādith

der Sanitäter
مُساعِدَة طِبِّيَة
musāʿididah ṭibbīyah

die Trage
نَقَّالَة
naqqālah

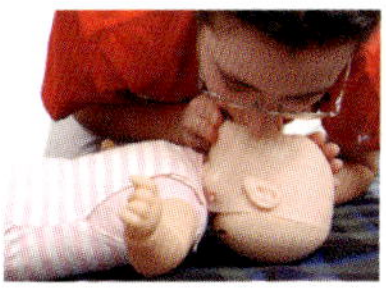

die Mund-zu-Mund-Beatmung
نَفْخ مِن الفَم لِلْفَم
nafkha min al-fam lil-fam

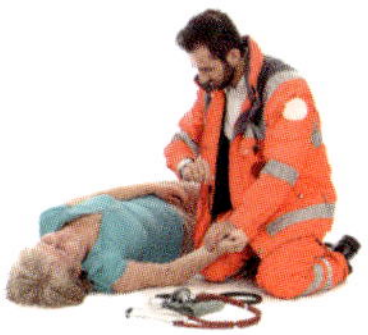

die Pulsmessung
قِياس النَّبْض
qiās an-nabḍ

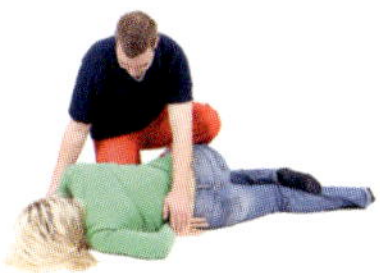

die stabile Seitenlage
وَضْع الإفاقَة
waḍʿ al-ifāqah

der Unfallort
مَكان الحادِث
makān al-ḥādith

der Rettungsdienst
خِدْمَة إسْعاف
khidmat isʿāf

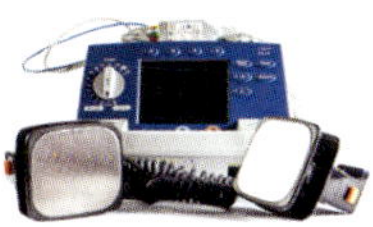

der Defibrillator
جهاز مُزيل الرَّجَفان
jihāz muzīl ar-rajafān

der Unfall	ḥādith	حادِث
die Wiederbelebung	inʿāsh	إنْعاش
die Herzdruckmassage	tadlīk qabī	تَدْليك قَلْبي
der Puls	nabḍ	نَبْض
bewusstlos	ghāib ʿan al-waʿī	غائِب عَن الوَعي
erste Hilfe leisten	qaddama isʿāfāt awwalīyah	قَدَمَ إسْعافات أَوَّلِيَّة
der Notarzt	ṭabīb ṭawāri'	طَبيب طَوارِئ

ERSTE HILFE - إسْعافات أَوليَّة

das Verbandszeug
عِدَّة التَّضْميد
ʿiddat at-taḍmīd

der Verband
ضِمادَة
ḍimādah

das Leukoplast®
لاصِق طِبِّي
lāṣiq ṭibbī

das Pflaster
بلاسْتَر
blāstar

die Verbandschere
مِقَص تَضْميد
miqaṣ taḍmīd

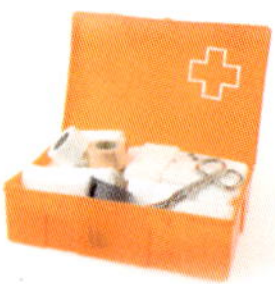

der Erste-Hilfe-Kasten
صُنْدوق اِسْعافات أَوَّليَّة
ṣundūq isʿāfātt awwalīyah

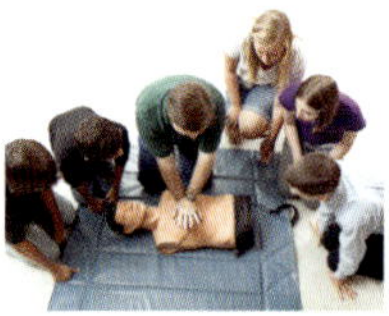

der Erste-Hilfe-Kurs
دَوْرَة اِسْعاف أَوَّلي
dawrat isʿāf awwalī

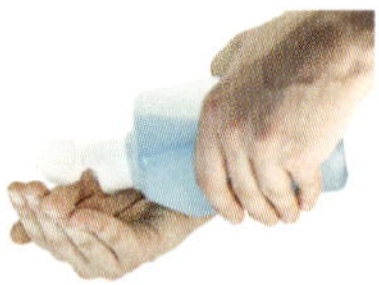

das Desinfektionsmittel
مُطَهِّر
muṭahhir

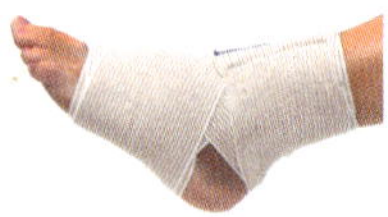

die Bandage
ضِمادَة
ḍimādah

steril	muʿaqqim	مُعَقَّم
überleben	najā	نَجا
traumatisiert	maṣdūm nafsīyan	مَصْدوم نَفْسيًّا
der Schock	ṣadmah	صَدْمَة
die Blutspende	tabarruʿ bid-dam	تَبَرُّع بالدَّم
die Organspende	tabarruʿ bil-aʿḍāʾ	تَبَرُّع بالأَعْضاء
das Adrenalin	adrinālīn	أَدْرينالين

die Mullbinde
شاش طِبِّي
shāsh ṭibbī

DIE POLIZEI - الشُّرْطَة

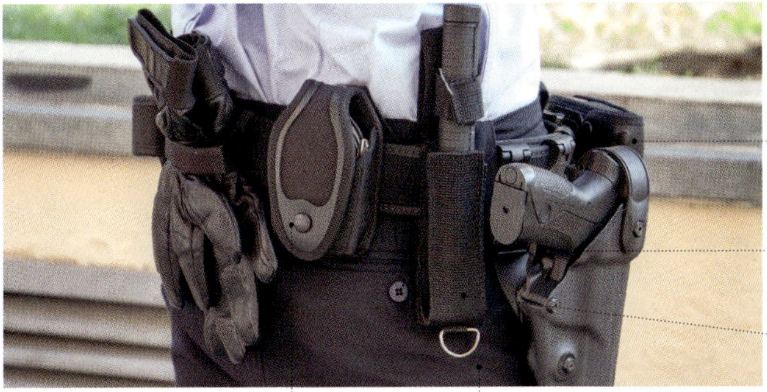

der Dienstgürtel
حِزام الخِدْمَة
ḥizām al-khidmah

das Handfunkgerät
جِهاز لاسِلكي مَحْمول
jihāz lāsilkī maḥmūl

die Pistole
مُسَدَّس
musaddas

der Schlagstock
هِراوَة شُرْطي
hirāwat shurṭī

die Handschellen
أَصْفاد
aṣfād

die Uniform
زَي مُوَحَّد
zay muwaḥḥad

der Fingerabdruck
بَصْمَة الإصبَع
baṣmat al-iṣbaʿ

der Tatort
مَسْرَح الجَريمَة
masraḥ al-jarīmah

die Polizistin
شُرْطيَّة
shurṭīyah

der Polizist
شُرْطي
shurṭī

das Polizeiabzeichen
شارَة الشُّرْطَة
shārat ash-shurṭah

der Zeuge	shāhid	شاهِد
die Zeugin	shāhidah	شاهِدَة
der Verbrecher	mujrim	مُجْرِم
die Verbrecherin	mujrimah	مُجْرِمَة
der Kriminalbeamte	mukhbir	مُخْبِر
der/die Verdächtige	mushtabah fīh	مُشْتَبَه فيه
die Ermittlung	taḥqīq	تَحْقيق

DIE POLIZEI - الشُّرْطَة

das Polizeiauto
سَيَّارَة شُرْطَة
sayyārat shurṭah

die Lichtleiste
شَرِيط عاكِس لِلضَّوْء
sharīṭ ʿākis liḍ-ḍawʾ

das Martinshorn
صَفَّارَة إِنْذار
ṣaffārat indhār

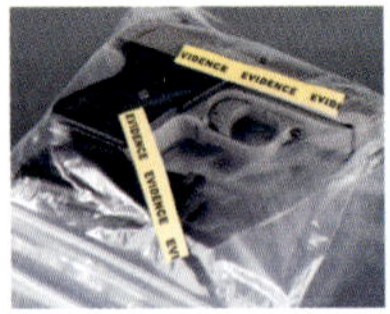

das Beweisstück
دَلِيل
dalīl

das Gefängnis
سِجْن
sijn

der Einbruch
سَطو
saṭū

der Diebstahl
سَرِقَة
sariqah

die Festnahme
اِعْتِقال
iʿtiqāl

die Gewalt
عُنْف
ʿunf

der Raubüberfall
مُداهَمَة سَرِقَة
mudāhamat sariqah

der Taschendiebstahl
نَشْل
nashl

die Entführung
اِخْتِطاف
ikhtiṭāf

die Straftat	jurm	جُرْم
die Körperverletzung	iṣābah jasadīyah	إِصابَة جَسَدِيَّة
die Vergewaltigung	ightiṣāb	اِغْتِصاب
der Mord	qatl	قَتْل
der Überfall	mudāhamah	مُداهَمَة
fliehen	haraba	هَرَبَ
belästigen	azʿaja	أَزْعَجَ

die Polizeiabsperrung
حاجِز شُرْطَة
ḥājiz shurṭah

DIE FEUERWEHR - الإِطْفاء

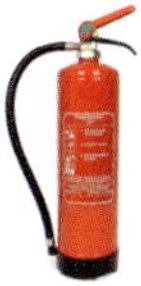

der Feuerlöscher
طَفَّايَة حَريق
ṭaffāyat ḥarīq

der Hydrant
صُنْبور
ṣubūr

der Feuerwehrmann
رَجُل إِطْفاء
rajul iṭfāʾ

das Visier
واقي الوَجْه
wāqī al-wajh

der Feuerwehrhelm
خُوْذَة
khūdhah

die Feuerwehrschutzjacke
سُتْرَة واقِيَة مِن الحَريق
sutrah wāqīyah min al-ḥarīq

der Reflexstreifen
شَريط عاكِس
sharīṭ ʿākis

der Feuerwehrschlauch
خُرطوم إِطْفاء
khurṭūm iṭfāʾ

die Brandbekämpfung
مُكافَحَة الحَريق
mukāfaḥat al-ḥarīq

der Notausgang
مَخْرَج طَوارِئ
makhraj ṭawāriʾ

die Axt
فَأْس
faʾs

der Rauchmelder
جِهاز إِنْذار الدُّخان
jihāz indhār ad-dukhān

die Feuerwache
مَحَطَّة إِطْفائيَّة
maḥṭṭah iṭfāīyah

das Löschfahrzeug
سَيَّارَة إِطْفاء
sayyārat iṭfāʾ

IN DEN BERGEN - في الجِبال

der Helm
خُوذَة
khūdhah

der Karabiner
عَلَّاقَة قابِلَة لِلإِغْلاق
ʿallāqah qābilah lil-ighlāq

das Seil
حَبْل
ḥabl

die Bergwacht
نَجْدَة الجِبال
najdat al-jibāl

der Rettungseinsatz
عَمَلِيَّة إِنْقاذ
ʿamalīyat inqādh

die Einsatzkraft
مُنْقِذ
munqidh

der Rettungsschlitten
زَلَّاجَة إِنْقاذ
zallājat inqādh

das Schneemobil
عَرَبَة ثَلْج
ʿarabat thalj

das Fangnetz
شَبَكَة أَمان
shabakat amān

die Lawine
اِنْهِيار ثَلْجي
inhiyār thaljī

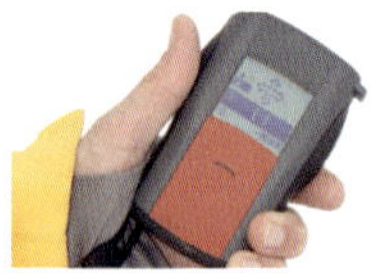

das LVS-Gerät
جِهاز اِسْتِقبال وَإِرْسال
jihāz istiqbāl wa irsāl

der Rettungshund
كَلْب إِنْقاذ
kalb inqādh

der Rettungshubschrauber
طائِرَة إِنْقاذ مَرْوَحِيَّة
ṭāʾirat inqādh mirwaḥīyah

der Lawinenschutz
حِمايَة مِن اِنْهِيار الثَّلْج
ḥimāyah min inhiyār ath-thalj

das Lawinenwarnschild
لَوْحَة تَحْذير مِن اِنْهِيار الثَّلْج
lawḥat taḥdhīr min inhiyār ath-thalj

DAS MEER - البَحْر

die Schwimmweste
سُتْرَة نَجاة
sutrat najāt

der Rettungsring
طارَة إنْقاذ
ṭārat inqādh

der Sammelpunkt
نُقْطَة تَجَمُّع
nuqṭat tajammuʿ

der Sturm
عاصِفَة
ʿāṣifah

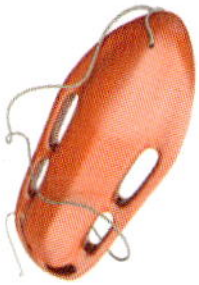

die Rettungsboje
عَوَّامَة
ʿawwāmah

der Rettungsschwimmer
مُنْقِذ
munqidh

der Wachturm
بُرْج مُراقَبَة
birj murāqabah

der Tsunami
تسونامي
tsūnāmī

das Küstenwachboot
قارِب خَفَر السَّواحِل
qārib khafar as-sawāḥil

das Rettungsboot
طارَة إنْقاذ
ṭā'rat inqādh

kentern
إنْقَلَبَ
inqalaba

der Schiffbruch
غَرَق سَفينَة
gharaq safīnah

der/die Vermisste	mafqūdūn	مَفْقودون
das Rettungstau	ḥabl inqādh	حَبْل إنْقاذ
die Wetterbedingungen	ẓurūf jawīyah	ظُروف جَوِيَّة
der Seewetterbericht	tanabbu' bi-'ajwā' al-baḥr	تَنَبُّؤ بِأَجْواء البَحْر
die Suche	baḥth	بَحْث
ertrinken	gharaq	غَرِقَ
die Havarie	ḥādith fī al-baḥr	حادِث في البَحْر
in Seenot geraten	waqaʿ fī ma'ziq baḥrī	وَقَعَ في مأزِق بَحْري

WEITERE NOTSITUATIONEN - حالات طارِئَة أُخْرى

die Explosion
اِنْفِجار
infijār

die Epidemie
وَباء
wabāʾ

die Evakuierung
إِخْلاء
ikhlāʾ

der Bombenalarm
تَحْذير مِن وُجود قُنْبُلَة
taḥdhīr min wujūd qunbulah

die nukleare Katastrophe
كارِثَة ذَرِيَّة
kārithah dharīyah

die Notlandung
هُبوط اِضْطِراري
hubūṭ iḍṭirārī

der Terrorangriff
هُجوم إرهابي
hujūm irhābī

retten
أَنْقَذَ
anqadha

die Notrufnummer
رَقَم طَوارِئ
raqam ṭawāriʾ

die Überwachungskamera
كاميرَة مُراقَبَة
kāmirat murāqabah

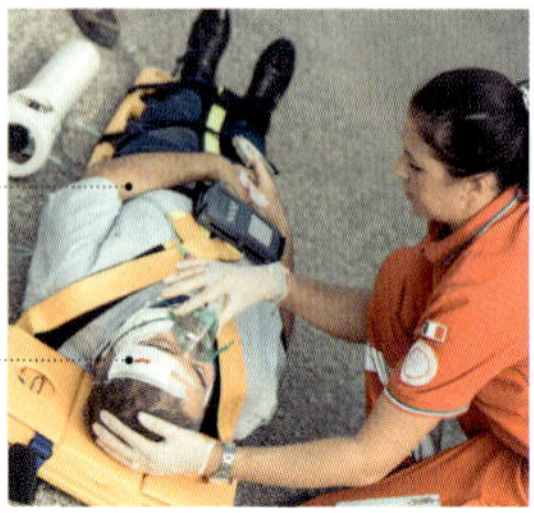

der Verletzte
مُصابون
muṣābūn

die Verletzung
إصابَة
iṣābah

der/die Vermisste	mafqūdūn	مَفْقودون
die Suchmannschaft	farīq baḥth	فَريق بَحْث
Hilfe!	an-najdah!	النَّجْدَة!
Es ist ein Unfall passiert!	laqad waqaʿ ḥādith!	لَقَد وَقَعَ حادِث!
Rufen Sie einen Rettungswagen!	ittaṣala bisayyārat al-isʿāf!	اِتَّصِل بِسَيّارَة الإسْعاف!
Rufen Sie die Polizei!	ittaṣala bish-shurṭah!	اِتَّصِل بِالشُّرْطَة!
Rufen Sie die Feuerwehr!	ittaṣala bil-iṭfāʾ!	اِتَّصِل بِالإطْفاء!

Achtung, Gefahr!
الحَذَر، خَطَر!
al-ḥadhar, khaṭar!

ERDE UND NATUR

الأَرْض وَ الطَّبيعَة

DER WELTRAUM - الفَضاء

das Sonnensystem
النِّظام الشَّمْسي
an-niẓām ash-shamsī

① *die Sonne*
شَمْس
shams

② *der Merkur*
عُطارِد
ʿuṭārid

③ *die Venus*
الزُّهْرَة
az-zuhrah

④ *die Erde*
الأَرْض
al-arḍ

⑤ *der Mars*
المَريخ
al-marīkh

die Mondphasen
أَطْوار القَمَر
aṭwār al-qamar

⑤ *die Mondsichel*
هِلال
hilāl

① *der zunehmende Mond*
أَحْدَب مُتَزايِد
aḥdab mutazāyid

② *der Halbmond*
تَربيع
tarbīʿ

③ *der Vollmond*
بَدْر
badr

④ *der abnehmende Mond*
أَحْدَب مُتَناقِص
aḥdab mutanāqiṣ

DER WELTRAUM - الفَضاء

⑥ *der Jupiter*
المُشْتَري
al-mushtarī

⑦ *der Saturn*
زُحَل
zuḥal

⑧ *der Uranus*
أرانوس
urānūs

⑨ *der Neptun*
نبتون
nibtun

das Raumschiff
سَفينَة فَضاء
safīnat faḍā'

① *der Außentank*
خَزّان وُقود خارجي
khazzān wuqūd khārijī

② *der Booster*
مُعَزِّز
muʿazziz

③ *der Orbiter*
مِكوك فَضائي
misār faḍā'ī

DER WELTRAUM – الفَضاء

die Sonnenfinsternis
كُسوف
kusūf

die Galaxie
مَجَرَّة
majarrah

die Milchstraße
دَرْب التَّبانَة
darb at-tabbānah

der Komet
مُذَنَّب
mudhannab

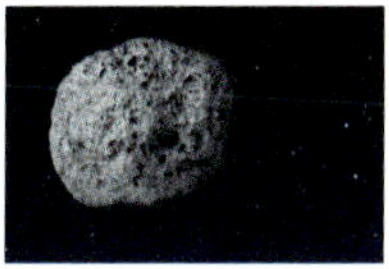

der Asteroid
كُوَيْكِب
kuwaykib

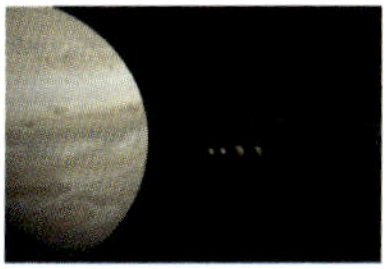

der Planet
كَوْكَب
kawkab

der Meteor
شِهاب
shihāb

das Universum
كَوْن
kawn

der Astronaut
رائِد فَضاء
rāʾid faḍāʾ

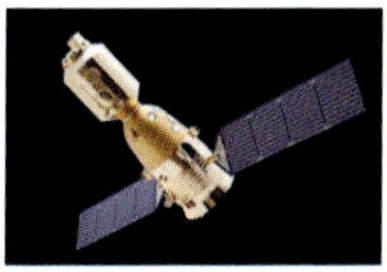

der Satellit
قَمَر صِناعي
qamar ṣināʿī

die Sternwarte
مَرْصَد
marṣad

das Radioteleskop
مِقْراب رادْيَوي
miqrāb rādyawī

der Nebel
سَديم
sadīm

das schwarze Loch	thuqub aswad	ثُقْب أَسْوَد
die Schwerkraft	jādhibīyah arḍīyah	جاذِبِيَّة أَرْضِيَّة
die Umlaufbahn	madār	مَدار
das Lichtjahr	sanah ḍawʾīyah	سَنَة ضَوْئِيَّة
der Stern	najm	نَجْم
die Raumstation	maḥṭṭah faḍāīyah	مَحَطَّة فَضائِيَّة
die Astronomie	ʿilm al-falak	عِلْم الفَلَك

DIE ERDE - الكَوكَب الأَرْضي

① der Nordpol
قُطْب شَمالي
quṭub shamālī

② das Binnenmeer
بَحْر داخِلي
baḥr dākhilī

③ die Halbinsel
شِبْه جَزيرَة
shibh jazīrah

④ die Meerenge
مَضيق
maḍīq

⑤ der Golf
خَليج
khalīj

⑥ der Kontinent
قارَّة
qārrah

⑦ das Meer
بَحْر
baḥr

⑧ das Land
أَرْض
arḍ

⑨ die Gebirgskette
سِلْسِلَة جَبَلِيَّة
silsilah jabalīyah

⑩ der Südpol
قُطْب جَنوبي
quṭub janūbī

⑪ der See
بُحَيْرَة
buḥayrah

⑫ die Insel
جَزيرَة
jazīrah

⑬ die Bucht
خَليج
khalīj

die Atmosphäre	ghilāf jawwī	غِلاف جَوِّي
der Erdmantel	wishāḥ	وِشاح
die Erdkruste	qishrah arḍīyah	قِشْرَة أَرْضِيَّة
der innere Erdkern	nawāt dākhilīyah	نَواة داخِلِيَّة
der äußere Erdkern	nawāt khārijīyah	نَواة خارِجِيَّة
die Platte	ṣafīḥah	صَفيحَة
die Erde	turbah	تُرْبَة

DIE WELTKARTE - خارِطَة العالَم

① *das Nordpolarmeer*
مُحيط مُتَجَمِّد شَمالي
muḥīṭ mutajammid shamālī

⑥ *der Pazifische Ozean*
المُحيط الهادِئ
al-muḥīṭ al-hādiʾ

⑦ *der Atlantische Ozean*
المُحيط الأَطْلَسي
al-muḥīṭ al-aṭlasī

⑧ *der Indische Ozean*
المُحيط الهِنْدي
al-muḥīṭ al-hindī

⑨ *das Arabische Meer*
بَحْر العَرَب
baḥr al-ʿarab

⑩ *das Karibische Meer*
بَحْر الكاريبي
baḥr al-kārībī

⑪ *das Mittelmeer*
البَحْر الأَبْيَض المُتَوَسِّط
al-baḥr al-abyaḍ al-mutawassiṭ

⑫ *die Nordsee*
بَحْر الشَّمال
baḥr ash-shamāl

⑬ *die Ostsee*
بَحْر البَلْطيق
baḥr al-balṭīq

⑭ *das Kaspische Meer*
بَحْر قَزْوين
baḥr qazwīn

⑮ *das Schwarze Meer*
البَحْر الأَسْوَد
al-baḥr al-aswad

⑯ *der Ärmelkanal*
قَناة المانْش
qanāt al-mānsh

⑰ *das Rote Meer*
البَحْر الأَحْمَر
al-baḥr al-aḥmar

⑱ *das Südpolarmeer*
مُحيط مُتَجَمِّد جَنوبي
muḥīṭ mutajammid janūbī

② der Himalaja
جبال الهيمالايا
jibāl al-hīmālāyā

③ die Alpen
جبال الأَلْب
jibāl al-alb

④ die Anden
جبال الأَنْديز
jibāl al-andīz

⑤ die Rocky Mountains
جبال روكي
jibāl rukī

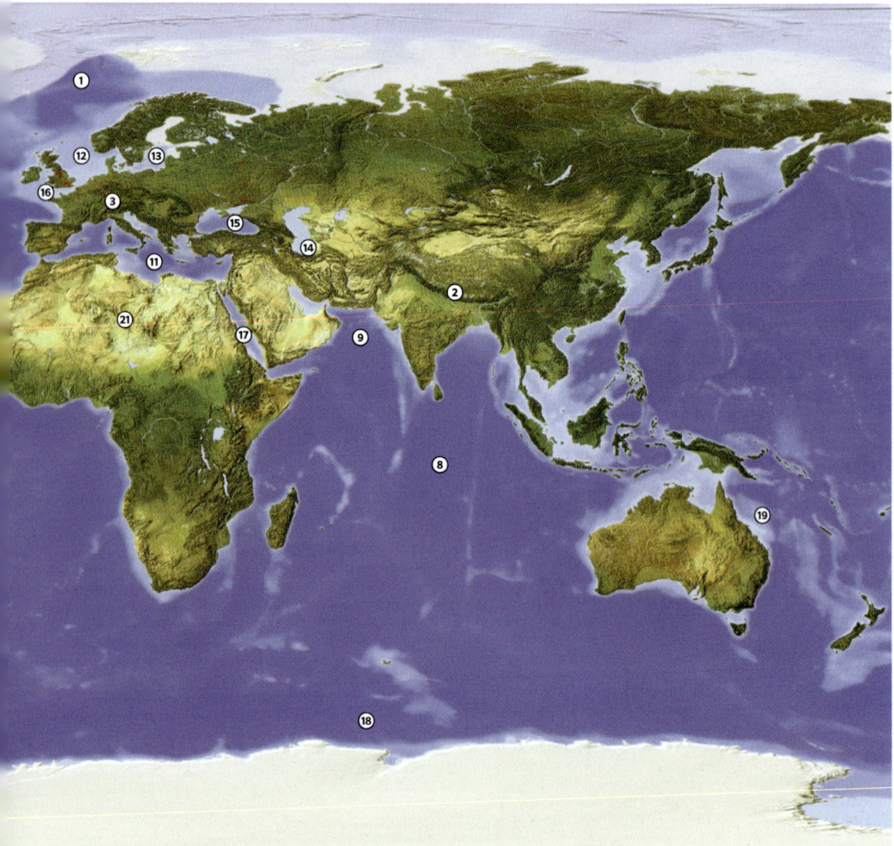

⑲ das Great Barrier Reef
الحَيِّد المَرْجاني العَظيم
alḥayyid al-marjānī al-ʿaẓīm

⑳ Amazonien
مَنطِقَة الأَمازون
minṭaqat al-amāzun

㉑ die Sahara
الصَّحْراء الكُبْرى
aṣ-ṣaḥrāʾ al-kubrā

DIE WELTKARTE - خارِطَة العالَم

die Nordhalbkugel
نِصْف الكُرَة الشَّمالي
niṣf al-kurah ash-shamālī

die Arktis
مَنْطِقَة قُطْبيَّة شَماليَّة
manṭiqah quṭbīyah shimālīyah

der nördliche Wendekreis
مَدار السَّرَطان
madār as-saraṭān

die westliche Hemisphäre
نِصْف الكُرَة الغَرْبي
niṣf al-kurah al-gharbī

die östliche Hemisphäre
نِصْف الكُرَة الشَّرْقي
niṣf al-kurah ash-sharqī

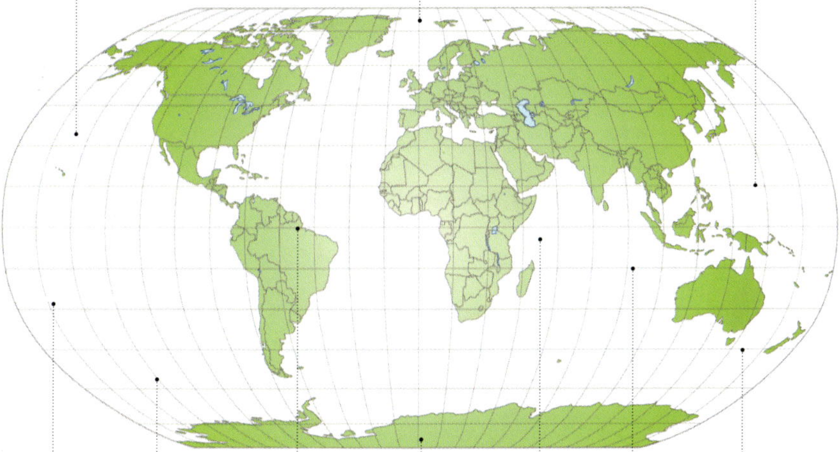

die geografische Länge
خَط طول
khaṭ ṭūl

die Antarktis
مَنْطِقَة قُطْبيَّة جَنوبيَّة
manṭiqah quṭbīyah janūbīyah

die geografische Breite
خَط عَرْض
khaṭ ʿarḍ

die Südhalbkugel
نِصْف الكُرَة الجَنوبي
niṣf al-kurah al-janūbī

der Äquator
خَط الاِسْتِواء
khaṭ al-istiwāʾ

die Tropen
المَنْطِقَة الاِسْتِوائيَّة
al-manṭiqah al-istiwāʾīyah

der südliche Wendekreis
مَدار الجَدي
madār al-jadī

der nördliche Polarkreis	dāʾirah quṭbīyah shamālīyah	دائِرَة قُطْبيَّة شَماليَّة
der südliche Polarkreis	dāʾirah quṭbīyah janūbīyah	دائِرَة قُطْبيَّة جَنوبيَّة
das Land	balad	بَلَد
der Staat	dawlah	دَوْلَة
die Nation	ummah	أُمَّة
das Territorium	iqlīm	إِقْليم

das Fürstentum	imārah	إِمارَة
das Königreich	mamlakah	مَمْلَكَة
die Republik	jumhūrīyah	جُمْهوريَّة
die Kolonie	mustaʿmarah	مُسْتَعْمَرَة
die Provinz	muqāṭaʿah	مُقاطَعَة
die Region	manṭiqah	مَنْطِقَة
die Hauptstadt	ʿāṣimah	عاصِمَة

UN-MITGLIEDSSTAATEN - دوَّل الأُمَم المَتَحِدَة

Europa - أوروبا

Albanien
أَلْبانْيا
albānyā

Andorra
أندورا
andurā

Belgien
بَلْجيكا
baljīkā

Bosnien und Herzegowina
البوسنَة وَالهِرْسِك
al-busnah wa al-hirsik

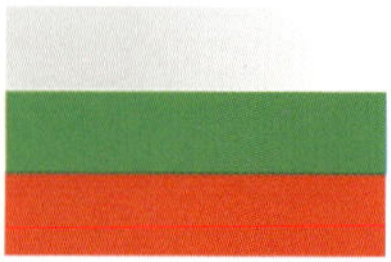

Bulgarien
بُلْغارْيا
bulghāriā

Dänemark
دانِمارْك
dānimārk

Deutschland
أَلْمانْيا
almānyā

die ehemalige jugoslawische Republik Mazedonien
مَقْدونْيا
maqdūnyā

Estland
إسْتونْيا
istunyā

Finnland
فِنْلَنْدَا
finlandā

Frankreich
فَرَنْسا
faransā

Griechenland
اليونان
al-yūnān

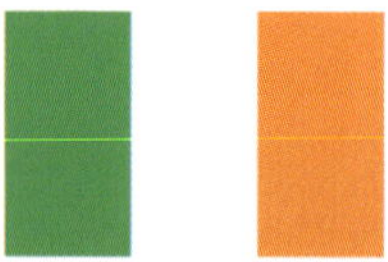

Irland
إيرلَنْدا
īrlandā

Island
آيسلَنْدا
āyslandā

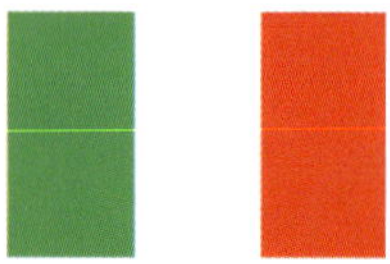

Italien
إيطالْيا
īṭālyā

Kroatien
كرواتْيا
kruātyā

UN-MITGLIEDSSTAATEN - دوَّل الأُمَم المَتَحِدَة

Europa - أوروبا

Lettland
لاتِفيا
lātifyā

Liechtenstein
ليخْتِنشْتاين
likhtinshtāyn

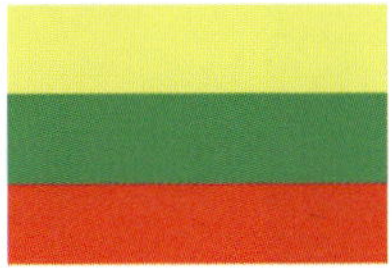

Litauen
لِتوانْيا
litwānyā

Luxemburg
لوكْسمبورغ
lūksimbūrgh

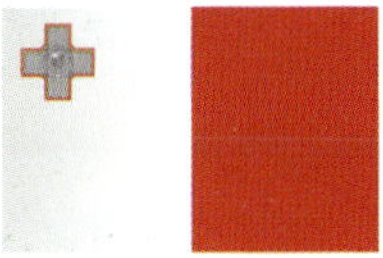

Malta
مالْطا
mālṭā

Moldawien
مولْدافْيا
muldāfyā

Monaco
موناكو
munāku

Montenegro
مونْتينيغْرو
muntīnīghrū

die Niederlande
هولَنْدا
hulandā

Norwegen
النَّرْويج
an-narwij

Österreich
النَّمْسا
an-nimsā

Polen
بولَنْدا
bulandā

Portugal
البُرْتُغال
al-burtughāl

Rumänien
رومانْيا
rūmānyā

Russland
روسْيا
rūsyā

San Marino
سان ماريو
sān māryu

UN-MITGLIEDSSTAATEN - دوَّل الأُمَم المَتَحِدَة

Europa - أوروبا

Schweden
السُّوَيْد
as-suwayd

die Schweiz
سويسْرا
swīsrā

Serbien
صِربْيا
ṣirbyā

die Slowakei
سلوفاكْيا
slufākyā

Slowenien
سلوفينْيا
slufīnyā

Spanien
إسْبانْيا
isbānyā

Tschechien
تشيك
tshīk

die Ukraine
أوكْرانْيا
ukrānyā

Ungarn
المَجَر
al-majar

das Vereinigte Königreich
المَمْلَكَة المُتَّحِدَة
al-mamlakah al-muttaḥidah

Weißrussland
روسْيا البَيْضاء
rūsyā al-bayḍā'

Zypern
قُبْرُص
qubruṣ

Nord- und Mittelamerika - شَمال وَوَسَط أَمْريكا

Antigua und Barbuda
أنْتيغا وَبارْبودا
antīghā wa bārbūdā

die Bahamas
جُزُر البَهاما
juzur al-bahāmā

Barbados
بارْبادوس
bārbādūs

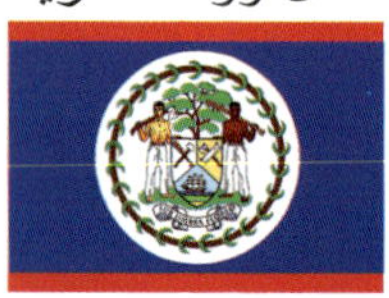

Belize
بليز
blīz

UN-MITGLIEDSSTAATEN - دوَّل الأُمَم المَتَحِدَة

Nord- und Mittelamerika - شَمال وَوَسَط أَمْريكا

Costa Rica
كوستاريكا
kustārīkā

Dominica
دومينيكا
dumīnīkā

die Dominikanische Republik
جُمْهوريَّة الدومينيكان
jumhūrīyat ad-dumīkān

El Salvador
السَلْفادور
al-salfādur

Grenada
جرينادا
hrīnādā

Guatemala
غواتيمالا
ghwātīmālā

Haiti
هايتي
hāītī

Honduras
هنْدوراس
hindurās

Jamaika
جامايْكا
jāmāykā

Kanada
كَنَدا
kanadā

Kuba
كوبا
kūbā

Mexiko
المَكْسيك
al-maksīk

Nicaragua
نيكاراجوا
nīkārājwā

Panama
بَنَما
banamā

St. Kitts und Nevis
سانْت كيتْس ونيفيس
sānt kīts wa nīfīs

St. Lucia
سانْت لوسيا
sānt lūsyā

UN-MITGLIEDSSTAATEN - دوَّل الأُمَم المَتَحِدَة

Nord- und Mittelamerika - شَمال وَوَسَط أَمْريكا

St. Vincent und die Grenadinen
سانْت فنْسِنت والجرينادين
sānt finsint wa al-jirīnādīn

Trinidad und Tobago
ترينيداد وَتوباجو
trīnīdād wa tūbājū

die Vereinigten Staaten
الولايات المُتَحِدَة
al-wilāyāt al-mutaḥidah

Südamerika - أَمْريكا الجَّنوبيَّة

Argentinien
أَرْجَنْتين
arjantīn

Bolivien
بوليفيا
bulīfyā

Brasilien
البَرازيل
al-barāzīl

Chile
شيلي
shīlī

Ecuador
الإكْوادور
al-ikwādur

Guyana
غويانا
ghuyānā

Kolumbien
كولومبيا
kulumbyā

Paraguay
باراغواي
bārāghwāy

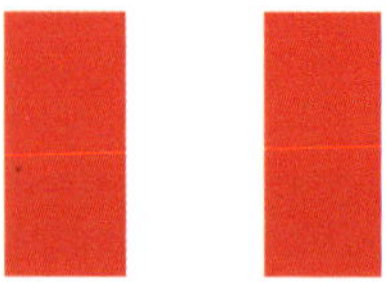

Peru
بيرو
birū

Suriname
سورينام
sūrīnām

Uruguay
الأوروغواي
al-urughwāy

Venezuela
فَنزويلا
fanzwilā

UN-MITGLIEDSSTAATEN - دوَل الأُمَم المَتَحِدَة

Afrika - أَفريقيا

Ägypten
مِصْر
mișr

Algerien
الجَزائِر
al-jazāʾir

Angola
أَنغولا
anghulā

Äquatorialguinea
غينيا الاِسْتِوائيَّة
ghīnyā al-istiwāīyah

Äthiopien
أَثْيوبْيا
athyūbiā

Benin
بينين
binīn

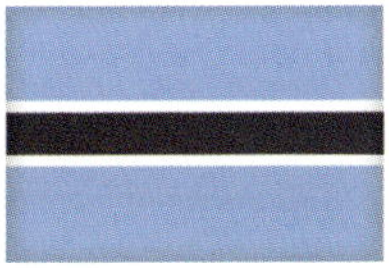

Botswana
بوتسوانا
butswānā

Burkina Faso
بوركينا فاسو
burkīnā fāsū

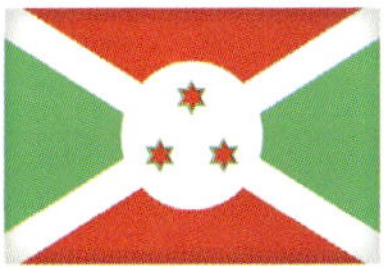

Burundi
بوروِنْدي
burundī

die Demokratische Republik Kongo
جُمْهوريَّة الكونْغو الدّيمُقراطيَّة
jumhūrīyat al-kunghu ad-dīmuqrāṭīyah

Dschibuti
جيبوتي
jībūtī

die Elfenbeinküste
ساحِل العاج
sāḥil al-ʿāj

Eritrea
إريتِريا
iritīryā

Gabun
الغابون
al-ghābun

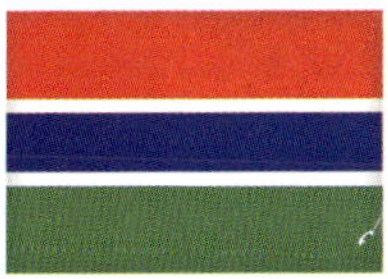

Gambia
غامْبيا
ghāmbyā

Ghana
غانا
ghānā

UN-MITGLIEDSSTAATEN - دوَّل الأُمَم المَتَحِدَة

Afrika - أفريقيا

Guinea
غينيا
ghīnyā

Guinea-Bissau
غينيا بيساو
ghīnyā bīsāu

Kamerun
الكاميرون
al-kāmīrun

Kap Verde
الرَّأس الأَخْضَر
ar-ra's al-akhḍar

Kenia
كينيا
kīnyā

die Komoren
جُزُر القَمَر
juzur al-qamar

Lesotho
ليسوتو
lisutu

Liberia
ليبيريا
lībīryā

Libyen
ليبيا
lībyā

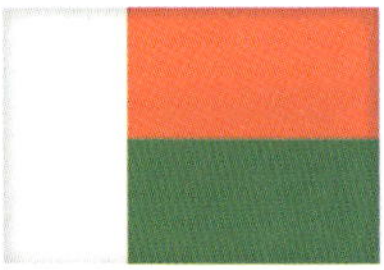

Madagaskar
مَدَغَشْقَر
madaghashqar

Malawi
مالاوي
mālāwī

Mali
مالي
mālī

Mauretanien
موريتانيا
mūrītānyā

Mauritius
موريشيوس
mūrīshyus

Marokko
المَغْرب
al-maghrib

Mosambik
موزامبيق
mūzāmbīq

UN-MITGLIEDSSTAATEN - دوَّل الأُمَم المَتَحِدَة

Afrika - أَفريقيا

Namibia
ناميبيا
nāmībyā

(der) Niger
النِّيجِر
an-nijar

Nigeria
نيجيريا
nijīryā

die Republik Kongo
جُمْهوريَّة الكونْغو
jumhūrīyat al-kunghu

Ruanda
رواندا
ruwāndā

Sambia
زامْبيا
zāmbyā

São Tomé und Príncipe
ساو تومي وَبرينْسيب
sāw tumī wa brīnsīb

(der) Senegal
السِّنْغال
as-sanighāl

die Seychellen
سيشِل
sīshil

Sierra Leone
سيراليون
sīrālyun

Simbabwe
زيمبابوي
zīmbābūi

Somalia
الصُّومال
aṣ ṣūmāl

Südafrika
جَنوب أَفْريقْيا
janūb afrīqyā

der Sudan
السُّودان
as-sūdān

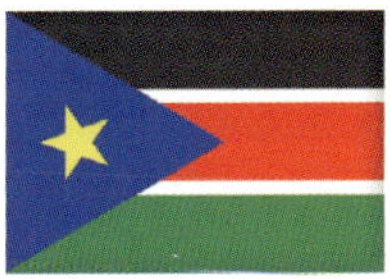

der Südsudan
جَنوب السُّودان
janūb as-sūdān

Swasiland
سوازيلَنْد
swāzīland

UN-MITGLIEDSSTAATEN - دوَّل الأُمَم المَتَحِدَة

Afrika - أَفريقيا

Tansania
تَنْزانيا
tanzānyā

Togo
توغو
tughu

der Tschad
تشاد
tshād

Tunesien
تونِس
tūnis

Uganda
أوغَنْدَة
ughandā

die Zentralafrikanische Republik
جُمْهوريَّة أَفْريقْيا الوُسْطى
jumhūrīyat afrīqyā al-wusṭā

Asien - آسْيا

Afghanistan
أَفْغانِسْتان
afghānistān

Armenien
أَرْمينْيا
armīnyā

Aserbaidschan
أَذْرَبيجان
adhrabījān

Bahrain
البَحْرَين
al-baḥrain

Bangladesch
بَنْغلادِش
banghlādish

Bhutan
بوتان
butān

Brunei
بروناي
brunāi

China
الصِّين
aṣ-ṣīn

UN-MITGLIEDSSTAATEN - دوَّل الأُمَم المَتَحِدَة

Asien - آسْيا

Georgien
جورجيا
jurjyā

Indien
الهِنْد
al-hind

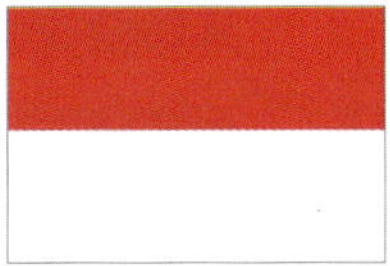

Indonesien
أَنْدونيسيا
andunīsyā

(der) Irak
العِراق
al-ʿirāq

(der) Iran
إيران
īrān

Israel
إسْرائيل
isrāʾīl

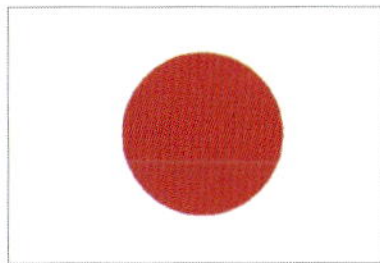

Japan
اليابان
al-yābān

(der) Jemen
اليَمَن
al-yaman

Jordanien
الأُرْدُن
al-urdun

Kambodscha
كَمْبودْيا
kambudyā

Kasachstan
كازاخِسْتان
kāzākhistān

Kirgisistan
قرغيزسْتان
qarghīstān

Kuwait
الكُوَيْت
al-kuwait

Laos
لاوس
lāus

(der) Libanon
لُبْنان
lubnān

Katar
قَطَر
qaṭar

UN-MITGLIEDSSTAATEN - دوَّل الأُمَم المَتَحِدَة

Asien - آسْيا

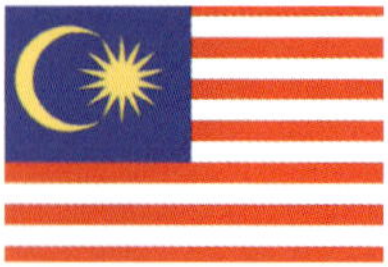

Malaysia
ماليزْيا
mālīzyā

die Malediven
جُزُر المالِديف
juzur al-māldīf

die Mongolei
مَنْغولْيا
manghulyā

Myanmar
بورْما
burmā

Nepal
نيبال
nibāl

Nordkorea
كوريا الشَّماليَّة
kūryā ash-shamālīyah

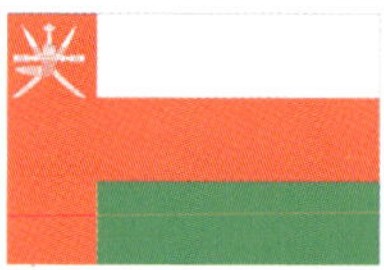

Oman
عُمان
ʿumān

Osttimor
تيمور الشَّرْقيَّة
timūr ash-sharqīyha

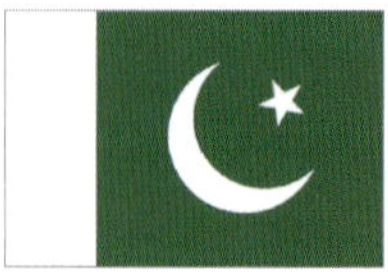

Pakistan
الباكِسْتان
al-bākistān

die Philippinen
الفِليبين
al-filībīn

Saudi-Arabien
السُّعوديَّة
as-suʿūdīyah

Singapur
سِنْغافورَة
singhāfurah

Sri Lanka
سريلانْكا
sirīlānkā

Südkorea
كوريا الجَنوبيَّة
kūryā al-janūbīyah

Syrien
سورْيا
sūryā

Tadschikistan
طاجيكسْتان
ṭājīkstān

UN-MITGLIEDSSTAATEN - دوَّل الأُمَم المَتَحِدَة

Asien - آسْيا

Thailand
تايْلانْدا
tāylāndā

die Türkei
تُرْكِيًا
turkīyā

Turkmenistan
تُركْمانِسْتان
turkmānistān

Usbekistan
أوزبَكسْتان
uzbakstān

die Vereinigten Arabischen Emirate
الإمارات العَربيَّة المُتَّحِدَة
al-imārāt al-ʿarabīyah al-muttaḥidah

Vietnam
فيتْنام
fitnām

Ozeanien - أوقْيانوسْيا

Australien
أُسْترالْيا
ustrālyā

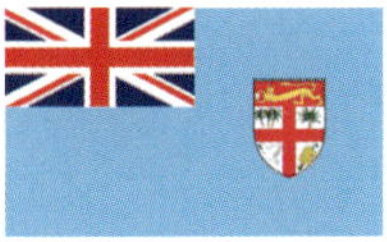

Fidschi
فيجي
fījī

Kiribati
كيريباتي
kīrībātī

die Marshallinseln
جُزُر مارْشال
juzur mārshāl

Mikronesien
ميكرونيزيا
mīkrūnīzyā

Nauru
ناورو
nāwru

Neuseeland
نيوزيلَنْدا
nyuzilandā

Palau
بالاو
bālāu

UN-MITGLIEDSSTAATEN - دوَل الأُمَم المَتَحِدَة

Ozeanien - أوقْيانوسْيا

Papua-Neuguinea
ا غينيا الجَديدة
bābuā ghīnyā al-jadīdah

die Salomonen
جُزُر سُلَيْمان
juzur sulaymān

Samoa
ساموْا
sāmuā

Tonga
تونْغا
tunghā

Tuvalu
توفالو
tufālu

Vanuatu
فانْواتو
fānuwātu

Internationale Organisationen - المُنَظَّمات الدُّوَلِيَّة

die Europäische Union (EU)
الاِتِّحاد الأُوروبي
al-ittiḥād al-urubī

die Vereinten Nationen (UN)
الأُمَم المُتَّحِدَة
al-umam al-muttaḥidah

die Organisation des Nordatlantikvertrags (NATO)
مُنَظَّمَة حِلْف شَمال الأَطْلَسي (النّاتو)
munaẓẓamat ḥilf shamāl al-aṭlasī (an-nātu)

die Afrikanische Union
الاِتِّحاد الأَفْريقي
al-ittiḥād al-afriqī

die Arabische Liga
جامِعَة الدُوَل العَرَبيَّة
jāmiʿat ad-duwal al-ʿarabīyah

die UNESCO
يونِسْكو
yūnisku

das Commonwealth
دوَل الكومُنْولث
duwal al-kūmunwilth

DAS WETTER - الطَّقْس

sonnig
مُشْمِس
mushmis

wolkig
مُلَبَّد بالغُيوم
mulabbad bil-ghuyūm

neblig
ضَبابي
ḍabābī

windig
عاصِف
ʿāṣif

heiß
حار
ḥār

warm
دافِئ
dāfiʾ

kalt
بارد
bārid

bedeckt
غائِم
ghāʾim

vereist
مُتَجَمِّد
mutajammid

verschneit
ثَلجي
thaljī

regnerisch
ماطِر
māṭir

stürmisch
عاصِف
ʿāṣif

feucht
رَطِب
raṭib

die *Temperatur*	ḥarārah	حَرارَة
der *Grad*	darajat ḥarārah	دَرَجَة حَرارَة
Celsius	sīlizyus	سيلْزيوس
Fahrenheit	fāhrinhāyt	فاهرنهايت
die *Wettervorhersage*	nashrah jawīyah	نَشْرَة جَوِيَّة
Wie ist das Wetter?	mā huwa ḥālu aṭ-ṭaqs?	ماهُوَ حالُ الطَّقْس؟
Es ist schön/trüb/nasskalt.	innahu laṭīf/muʿakkar/ bārid raṭib.	إِنَّهُ لَطيف/مُعَكَّر/بارِد رَطب.

DAS WETTER - الطَّقْس

der Regen
مَطَر
maṭar

der Regenbogen
قَوْس قُزَح
qaws quzaḥ

der Sonnenschein
ضَوْء الشَّمْس
ḍawʾ ash-shams

der Wind
ريح
rīḥ

das Gewitter
بَرق وَرَعْد
barq wa raʿd

der Donner
رَعْد
raʿd

der Blitz
بَرْق
barq

der Hagel
بَرَد
bard

der Raureif
صَقيع
ṣaqīʿ

der Schnee
ثَلْج
thalj

der Frost
صَقيع
ṣaqīʿ

das Eis
جَليد
jalīd

die Brise	nasīm	نَسيم
die Windgeschwindigkeit	surʿat ar-riāḥ	سُرْعَة الرِّياح
der Pollenflug	intishār ghubār aṭ-ṭalʿ	إنْتِشار غُبار الطَّلْع
die UV-Strahlen	ashiʿʿah fawq al-banafsajīyah	أَشِعَّة فَوْق البَنَفْسَجِيَّة
der Ozon	uzun	أوزون
die Ozonschicht	ṭabaqat al-uzun	طَبَقَة الأوزون
die Stratosphäre	strātusfīr	ستراتوسْفير
die Troposphäre	trubusfīr	تروبوسْفير

der Smog
ضَبْخان
ḍabakhān

DAS WETTER - الطَّقْس

Naturkatastrophen - الكَوارِث الطَّبيعيَّة

die Dürre
قَحْط
qaḥṭ

der Hurrikan
إعْصار
iʿṣār

der Tornado
زَوْبَعَة
zawbaʿah

der Monsun
رياح مَوْسِميَّة
riāḥ mawsimīah

die Überschwemmung
فَيَضان
fayaḍān

das Erdbeben
هَزَة أَرْضيَّة
hazzah arḍīyah

der Vulkanausbruch
ثَوَران بُرْكاني
thawarān burkānī

der Tsunami
تسونامي
tsunāmī

der Erdrutsch
اِنْهيار أَرْضي
inhiyār arḍī

der Waldbrand
حَريق غابَات
ḥarīq ghābāt

die Hitzewelle
مَوْجَة حَر شَديد
mawjat ḥar shadīd

der Sturm
عاصِفَة
ʿāṣifah

die Lawine
اِنْهيار ثَلْجي
inhiyār thaljī

der Schneesturm
عاصِفَة ثَلْجيَّة
ʿāṣifah thaljīyah

der (tropische) Wirbelsturm
زَوْبَعَة (اِسْتِوائيَّة)
zawbaʿah (istiwāʾīyah)

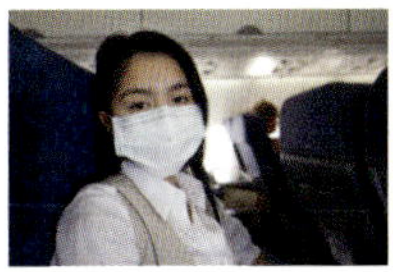

die Pandemie
جائِحَة
jāʾḥah

DIE LANDSCHAFT - الطَّبيعَة

der Berg
جَبَل
jabal

der Gipfel
قِمَّة
qimmah

das Gebirge
سِلْسِلَة جَبَلِيَّة
silsilah jabalīyah

der Wald
غابَة
ghābah

der Berghang
سَفْح جَبَل
safḥ jabal

der See
بَحْر
baḥr

der Felsen
صَخْرَة
ṣakhrah

das Tal
وادي
wādī

der Fluss
نَهْر
nahr

die Flussmündung
مَصَب نَهْر
maṣab nahr

die Höhle
كَهْف
kahf

die Klippe
جُرْف
jurf

die Küste
ساحِل
sāḥil

der Gletscher
نَهْر جَليدي
nahr jalīdī

der Wasserfall
شَلّال
shallāl

DIE LANDSCHAFT - ا لطَّبيعَة

das Plateau
هَضَبَة
haḍabah

der Hügel
تَل
tal

die Ebene
سَهْل
sahl

die Schlucht
مَمَر جَبَلي
mamar jabalī

die Wüste
صَحْراء
ṣaḥrā'

die Wiese
مَرْج
marj

das Feuchtgebiet
مَرعى
marʿā

die Heide
مَرْج
marj

das Grasland
أَرْض عُشْبيَّة
arḍ ʿushbīyah

der Geysir
نَبْع ماء حار
nabʿ mā' ḥār

die Thermalquelle
حَمَّة
ḥammah

der Vulkan
بُرْكان
burkān

die Bucht
خَليج
khalīj

das Korallenriff
شِعاب مُرْجانيَّة
shiʿāb murjānīyah

die Insel
جَزيرَة
jazīrah

der Gebirgsbach
جَدْوَل جَبَلي
jadwal jabalī

STEINE UND MINERALIEN - الأَحْجار وَالمَعادِن

das Eisenerz
خام حَديد
khām ḥadīd

der Sandstein
حَجَر رَمْلي
ḥajar ramlī

der Asphalt
إسْفَلْت
isfalt

der Granit
غرانيت
ghrānīt

der Kalkstein
حَجَر كِلْسي
ḥajar kilsī

die Kreide
طَبْشور
ṭabshūr

die Kohle
فَحْم
faḥm

der Schiefer
أرْدواز
ardwāz

der Marmor
رُخام
rukhām

der Schwefel
كِبْريت
kibrīt

der Grafit
غرافيت
ghrāfīt

das Gold
ذَهَب
dhahab

das Silber
فِضَّة
fiḍḍah

das Kupfer
نُحاس
nuḥās

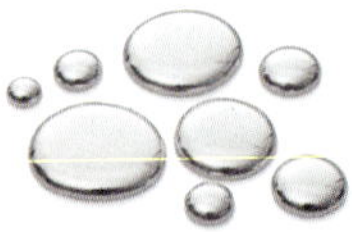

das Quecksilber
زِئْبَق
zi'baq

der Bauxit
بوكْسيت
buksīt

STEINE UND MINERALIEN - الأَحْجار وَالمَعادِن

Edel- und Halbedelsteine - الأَحْجار الكَريمَة وَشِبْه الكَريمَة

der Rubin
ياقوت أَحْمَر
yāqūt aḥmar

der Aquamarin
أَكوامارين
akwāmārīn

der Jade
يَشْب
yashb

der Smaragd
زُمُرُّد
zumurrud

der Saphir
ياقوت أَزْرَق
yāqūt azraq

der Amethyst
أَماتيست
amātīst

der Quarz
مَرو
marū

der Diamant
ماس
mās

der Turmalin
تورْمالين
turmālīn

der Topas
توباز
tubāz

der Granat
عقيق
ʿaqīq

das/der Tigerauge
عَيْن النَّمِر
ʿayn an-namir

der Opal
أوبال
ubāl

der Bernstein
كَهْرَمان
kahramān

der Türkis
فَيْروز
fayrūz

der Rosenquarz
مَرو وَرْدي
marū wardī

der Onyx
عَقيق يَماني
ʿaqīq yamānī

die Perle
لُؤْلُؤَة
luʾluʾ

der Lapislazuli
لازَوَرْد
lāzaward

der Citrin
سيتْرين
sītrīn

PFLANZEN - نَباتات

Bäume - أشجار

die Eiche
سِنْدِيان
sindiyān

das Laub
أَوْراق
awrāq

der Ast
غُصْن
ghuṣn

der Stamm
جِذْع
jadhʿ

die Wurzel
جَذَر
jadhr

die Krone
قِمَّة
qimmah

das Blatt
وَرَقَة
waraqah

die Borke
قِشْرَة
qishrah

die Seitenwurzel
جَذْر فَرْعي
jadhr farʿī

die Pfahlwurzel
جَذْر رَئيسي
gadhr raʾīsī

die Weide
صَفْصاف
ṣafṣāf

die Esche
مُران عالي
murān ʿālī

die Buche
زان
zān

die Ulme
دَرْدار
dardār

die Birke	quḍbān	قُضْبان
der Ahorn	qayqab	قَيْقَب
die Linde	zayzafūn	زَيْزَفون
die Tanne	shawḥ	شَوْح
die Fichte	tanūb	تَنُوب
der Nadelbaum	shajarah ṣanawbarīyah	شَجَرَة صَنوبَريَّة
der immergrüne Baum	shajarah dāʾimat al-khuḍrah	شَجَرَة دائِمَة الخُضْرَة

der Eukalyptus
كينا
kīnā

PFLANZEN - نباتات

Wildpflanzen - نَباتات بَرْيَّة

die Flechte
أَشْنَة
ashanah

das Moos
طُحْلُب
ṭuḥlub

die Distel
نَبات شائِك
nabāt shā'k

der Pilz
فِطْر
fiṭr

die Brennnessel
قُرَّاص
qurrāṣ

der Fingerhut
قُفَّاز الثَّعْلَب
quffāz ath-thaʿlab

der Bärenklau
نَبات الهَرْقَليَّة
nabāt al-harqalīyah

der Löwenzahn
طَرْخَشْقون
ṭarkhashfūn

das Gänseblümchen
بَليس مُعَمِّر
balīs muʿammir

das Heidekraut
خَلَنْج
khalnaj

das Hasenglöckchen
جَريس
jarīs

der Klee
نَفْل
nafl

die Kamille
بابونَج
bābūnij

das Maiglöckchen
زَنْبَق الوادي
zanbaq al-wādī

die Pusteblume
زَهْرَة هِنْدِباء
zahrat hindibā'

die Butterblume
زَهْرَة الحوذان
zahrat al-ḥūzān

PFLANZEN - نَباتات

Zierblumen - نَباتات الزَّينَة

das Schneeglöckchen
زَهْرَة اللَّبَن
zahrat al-laban

der Krokus
زَعْفَران
zaʿfarān

die Seerose
لوتُس
lūtus

der Lavendel
ضَرْم
ḍarm

der Flieder	laylak	لَيْلَك
blühen	azhara	أَزْهَرَ
duften	fāḥa biʿiṭrihi	فاح بِعِطْره
verwelken	dhabula	ذَبُلَ
keimen	nabata	نَبَتَ
die Frühlingsblume	zahrat rabīʿ	زَهْرَة رَبيع
der Nachtblüher	zahrah laylīyah	زَهْرَة لَيْلِيَّة

die Petunie
بيتونْيا
bītūniā

PFLANZEN - نباتات

Zierblumen - نَباتات الزَّينَة

die Nelke
قُرُنْفُل
qurunful

die Primel
زَهْرَة رَبيع
zahrat rabīʿ

die Gerbera
جَربارَة
jarbārah

die Tulpe
توليب
tūlīb

die Narzisse
نَرْجِس
narjis

die Iris
سَوسَن
sawsan

die Chrysantheme
أُقْحوان
uqḥuwān

die Hyazinthe
خُزامى
khuzāmā

die Ringelblume
بَكورية طِبِّيَّة
bakūrya ṭibbīyah

das Stiefmütterchen
بانسي
bānsi

die Orchidee
أوركيد
ūrkīd

der Rosenstrauch
شُجَيْرَة وَرْد
shujayrat ward

die Lilie
زَنْبَق
zanbaq

die Sonnenblume
دوَّار الشَّمس
dawwār ash-shams

die Geranie
زَهرَة إِبْرَة الرَّاعي
zahrat ibrat ar-rāʿī

die Hortensie
زَهْرَة كوب الماء
zahrat kūb al-māʾ

PFLANZEN - نَباتات

Gartenpflanzen - نَباتات الحَديقَة

der/das Efeu
لَبلاب
liblāb

der Obstbaum
شَجَرَة فاكِهَة
shajarat fākihah

die Baumblüte
زَهْرة الشَّجَر
zahrat ash-shajar

der Trieb
بُرْعُم
burʿum

der Formschnitt
فَن قَص الشَّجَر
fan qaṣ ash-shajar

das Unkraut
عُشْبَة ضارَّة
ʿushbah ḍārrah

blühen
أَزْهَرَ
azhara

verwelken
ذَبُلَ
dhabula

die Palme
نَخْلَة
nakhlah

der Rasen
عُشْب
ʿushb

die Blumenwiese
مَرْج زُهور
marj zuhūr

die Mohnblume
خَشْخاش
khashkhāsh

die Kletterpflanze
نَبْتَة مُتَسَلِّقَة
nabtah mutasalliqah

einjährig
سَنَوي
sanawī

zweijährig
يُعَمِّر لِسَنَتين
yuʿammir li-sanatain

mehrjährig
مُعَمِّر
muʿammir

TIERE - حَيَوانات

Säugetiere - ثَدييات

die Ratte
جَرْذ
jardh

der Maulwurf
خُلْد
khuld

die Katze
قِطَّة
qiṭṭah

der Hund
كَلْب
kalb

das Kaninchen
أَرْنَب
arnab

das Meerschweinchen
أَرْنَب هِنْدي
arnab hindī

die Maus
فَأْر
fa'r

der Hamster
هامستَر
hāmstar

die Fledermaus
خُفَّاش
khuffāsh

das Eichhörnchen
سِنْجاب
sinjāb

der Igel
قُنْفُذ
qunfudh

das Frettchen
نِمْس
nims

die Pfote
قَدَم حَيَوان
qadam ḥayawān

das Schnurrhaar	shārib	شارِب
das Fell	farū	فَرو
das Maul	fam	فَم
der Schwanz	dhayl	ذَيْل
das Horn	qarn	قَرْن
die Kralle	makhlab	مَخْلَب
der Huf	ḥāfir	حافِر

TIERE - حَيَوانات

Säugetiere - ثَدييات

der Gepard
فَهْد صَيَّاد
fahd ṣayyād

der Puma
أَسَد الجَبَل
asad al-jabal

der Wolf
ذِئْب
dhiʾb

der Waschbär
راكون
rākūn

das Stinktier
ظَرْبان
ẓaribān

das Erdmännchen
سُرْقاط
surqāṭ

der Leopard
فَهْد
fahd

der Dachs
غرير
gharīr

der Fuchs
ثَعْلَب
thaʿlab

der Jaguar
يَغْوَر
jāghwar

der Löwe
أَسَد
asad

der Tiger
نَمِر
namir

der Bär
دُب
dub

der Eisbär
دُب قُطْبي
dub quṭbī

der Koala
كوالا
kwālā

der Pandabär
دُب بانْدا
dub bāndā

TIERE - حَيَوانات

Säugetiere - ثَدييات

das Schwein
خِنْزير
khinzīr

die Ziege
ماعِز
māʿiz

das Pferd
حِصان
ḥiṣān

die Giraffe
زَرافَة
zarāfah

das Schaf
خَروف
kharūf

das Lama
لاما
lāmā

der Esel
حِمار
ḥimār

das Reh
أَيْل
ayl

das Rentier
رَنَّة
rannah

das Kamel
جَمَل
jamal

die Kuh
بَقَرَة
baqarah

der Stier
ثَوْر
thawr

das Nilpferd
فَرَس النَّهْر
faras an-nahr

das Nashorn
وَحيد القَرْن
waḥīd al-qarn

der Elefant
فيل
fīl

das Zebra
حِمار وَحْشي
ḥimār waḥshī

TIERE - حَيَوانات

Säugetiere - ثَدييات

das Walross
فَظ
faẓ

der Seelöwe
أَسَد البَحْر
asad al-baḥr

der Seehund
فَقْمَة
faqmah

der Delfin
دَلْفين
dalfīn

der Schwertwal
حوت قاتِل
ḥūt qātil

der Otter
قَضاعَة
qaḍāʿah

die Biberratte
كيب
kīb

der Gorilla
غوريلا
ghūrilā

der Orang-Utan
إِنْسان الغابَة
insān al-ghābah

der Gibbon
جيبون
jībun

der Pavian
رَباح
rabāḥ

der Schimpanse
شِمْبانْزي
shimbānzī

das Faultier
دُب كَسْلان
dub kaslān

der Ameisenbär
آكِل النَّمْل
ākil an-naml

das Känguru
كَنْغَر
kanghar

das Jungtier
جَرو الثَّعْلَب
jarū ath-thaʿlab

TIERE - حَيَوانات

Vögel - طُيور

der Specht
نَقّار الخَشَب
naqqār al-khashab

der Spatz
دوري
dūrī

der Kolibri
طَنّان
ṭannān

der Tukan
طوقان
ṭūqān

das Rotkehlchen
أَبو الحِنَّاء الأوروبي
abū al-ḥannāʾ al-urubī

die Schwalbe
سُنونو
sunūnū

der Habicht
باز شَمالي
bāz shamālī

die Taube
حَمامَة
ḥamāmah

der Rabe
غُراب
ghurāb

die Krähe
غُراب
ghurāb

der Fink
حَسُّون
ḥassūn

die Möwe
نَوْرَس
nawras

der Kanarienvogel
كَناري
kanārī

der Schnabel	minqār	مِنْقار
das Küken	ṣūṣ	صوص
der Flügel	janāḥ	جَناح
die Kralle	makhlab	مَخْلَب
die Feder	rīsh	ريش
zwitschern	gharrada	غَرَّدَ
flattern	rafrafa	رَفْرَفَ

TIERE - حَيَوانات

Vögel - طُيور

der Storch
لَقْلَق
laqlaq

der Flamingo
نَحام وَرْدي
naḥām wardī

der Strauß
نَعامَة
naʿāmah

der Adler
نَسْر
nasr

der Pinguin
بَطْريق
baṭrīq

der Kakadu
كاكادو
kākādu

der Papagei
بَبَغاء
babaghā'

die Eule
بُومَة
būmah

der Truthahn
ديك رومي
dīk rūmī

der Schwan
بَجَعَة
bajaʿah

die Gans
أَوَزَة
uwazah

die Ente
بَطَّة
baṭṭah

der Hahn
ديك
dīk

das Huhn
دَجاجَة
dajājah

die Wachtel
سَمان
samān

der Pfau
طاووس
ṭāūs

TIERE - حَيَوانات

Reptilien und Amphibien - زَواحِف وَبَرْمائِيَّات

die Schlange
ثُعْبان
thuʿān

das Krokodil
تِمْساح
timsāḥ

der Alligator
تِمْساح إِسْتِوائي
timsāḥ istiwāʾī

die Eidechse
سِحْلِيَّة
siḥlīyah

das Chamäleon
حِرْباء
ḥirbāʾ

der Leguan
إِغْوانا
ighwānā

die Schildkröte
سُلْحُفاة
sulḥufāt

die Wasserschildkröte
سُلْحُفاة بَحْرِيَّة
sulḥufāt baḥrīyah

der Frosch
ضِفْدَع
ḍifdaʿ

die Kröte
ضِفْدَع الطِّيْن
ḍifdaʿ aṭ-ṭīn

die Kaulquappe
شَرْغوف
sharghūf

der Salamander
سَمَنْدَر
samandar

der Gecko
وَزْغ
wazagh

der Panzer	ṣadafah	صَدَفَة
die Schuppen	ḥarāshif	حَراشِف
das Gift	sam	سَم
der Giftzahn	nāb	ناب
kriechen	zaḥafa	زَحَفَ
zischen	faḥḥa	فَحَّ
quaken	naqnaqa	نَقْنَقَ

TIERE - حَيَوانات

Fische - أَسْماك

der Kugelfisch
سَمَكَة بَخّاخَة
samakah bakhkhākhah

der Hornhecht
سَمَكَة الخَرْمان
samakat al-kharmān

der Piranha
سَمَكَة بيرانا
samakat bīrānā

der Fliegende Fisch
سَمَكَة طائِرَة
samakah ṭā'irah

der Fächerfisch
مَرْلين شِراعي
marlīn shirāʿī

der Rochen
شَفنين
shafnīn

der Weiße Hai
حوت أَبْيَض
ḥūt abyaḍ

der Tigerhai
قِرْش بَبَري
qirsh babarī

der Goldfisch
سَمَك ذَهَبي
samak dhahabī

der Koi
كوي
kuī

der Aal
ثُعْبان الماء
thuʿbān al-mā'

der Wels
سَمَكَة السِّلور
samakat as-silur

der Fischschwarm	sirb samak	سِرْب سَمَك
die Flosse	zaʿnafah	زَعْنَفَة
die Kiemen	khayāshim	خَياشِم
das Tiefseetier	ḥaywān aʿmāq al-baḥr	حَيَوان أَعْماق البَحْر
der Rogen	bayḍ samak	بَيْض سَمَك
der Süßwasserfisch	samakat miāh ʿadhbah	سَمَكَة مِياه عَذْبَة
der Seefisch	samakat baḥr	سَمَكَة بَحْر

das Seepferdchen
فَرَس البَحْر
faras al-baḥr

TIERE - حَيَوانات

Insekten und Spinnen - حَشَرات وَ عَناكِب

der Schmetterling
فَراشَة
farāshah

die Raupe
يَرَقَة
yaraqah

die Puppe
شَرْنَقَة
sharnaqah

der Nachtfalter
عِثَّة
ʿiththah

die Biene
نَحْلَة
naḥlah

die Hummel
نَحْلَة طَنّانَة
naḥlah ṭannānah

die Wespe
دَبُّور
dabbūr

die Hornisse
زَنْبور
zanbūr

die Fliege
ذُبابَة
dhubābah

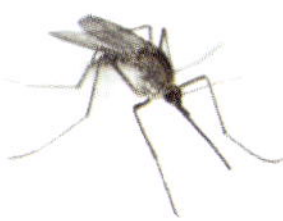

die Stechmücke
بَعوضَة
baʿūḍah

die Zikade
زيز
zīz

der Maikäfer
خُنْفُساء
khunfusāʾ

die Libelle
يَعْسوب
yaʿsūb

die Gottesanbeterin
فَرَس النَّبي
faras an-nabī

die Heuschrecke
جُنْدُب
jundub

die Grille
جُدجُد
judjud

TIERE - حَيَوانات

Insekten und Spinnen - حَشَرات وَ عَناكِب

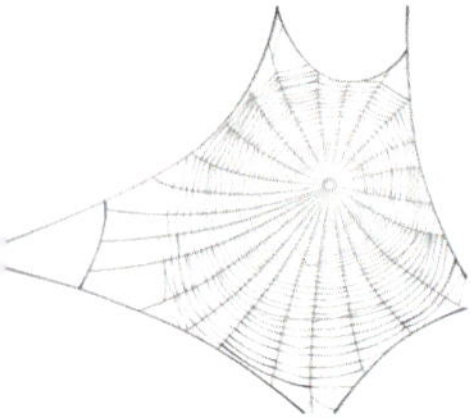

das Spinnennetz
شَبَكَة عَنْكَبوت
sabakat ʿankabūt

die Spinne
عَنْكَبوت
ʿankabūt

der Floh
بَرْغوث
barghūth

die Assel
قَمْل الخَشَب
qaml al-khashab

die Stinkwanze
بَقَّة
baqqah

der Marienkäfer
دَعْسوقَة
daʿsūqah

die Schabe
صَرْصور
ṣarṣūr

der Wasserläufer
بَعوض الماء
baʿūḍ al-māʾ

der Hundertfüßer
أُم أَرْبَعَة وَأَربُعين
um arbaʿah wa arbaʿīn

die Nacktschnecke
بَزَّاق
bazzāq

die Schnecke
حَلَزون
ḥalazūn

der Wurm
دودَة
dūdah

die Termite
نَمْلَة بَيْضاء
namlah bayḍāʾ

die Ameise
نَمْلَة
namlah

die Zecke
قَرَّاد
qarrād

der Skorpion
عَقْرَب
ʿaqrab

ZAHLEN UND MASSE

الأَعْداد وَالأَوْزان

DIE ZAHLEN - الأعْداد

Die Kardinalzahlen - الأَعْداد الأَساسيَّة

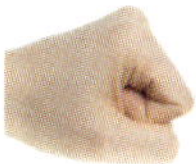

null
صِفْر
ṣifr

eins
واحِد
wāḥid

zwei
اِثْنان
ithnān

drei
ثَلاثَة
thalāthah

vier
أَرْبَعَة
arbaʿah

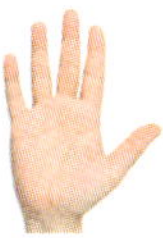

fünf
خَمْسَة
khamsah

sechs
سِتَّة
sittah

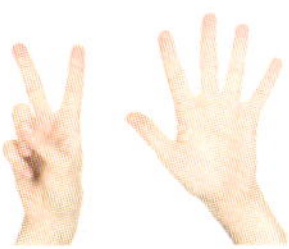

sieben
سَبْعَة
sabʿah

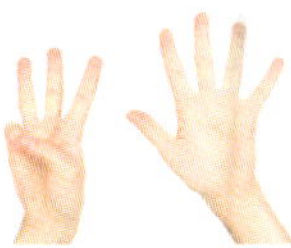

acht
ثَمانِيَة
thamāniyah

neun
تِسْعَة
tisʿah

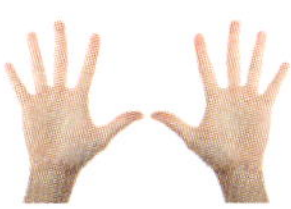

zehn
عَشَرَة
ʿasharah

elf	aḥadah ʿashar	أَحَدَ عَشَر
zwölf	ithnā ʿashar	اِثْنا عَشَر
dreizehn	thalāthta ʿashar	ثَلاثَة عَشَر
vierzehn	arbaʿata ʿashar	أَرْبَعَة عَشَر
fünfzehn	khamsata ʿashar	خَمْسَة عَشَر
sechzehn	sittata ʿashar	سِتَّة عَشَر
siebzehn	sabʿata ʿashar	سَبْعَة عَشَر
achtzehn	thamāniiyata ʿashar	ثَمانِيَة عَشَر
neunzehn	tisʿata ʿashar	تِسْعَة عَشَر
zwanzig	ʿishrūn	عِشْرون
einundzwanzig	wāḥid wa ʿishrūn	واحِد وَعِشْرون
zweiundzwanzig	ithnān wa ʿishrūn	اِثْنان وَعِشْرون
dreiundzwanzig	thalātah wa ʿishrūn	ثَلاثَة وَعِشْرون
dreißig	thalāthūn	ثَلاثون
vierzig	arbaʿūn	أَرْبَعون
fünfzig	khamsūn	خَمْسون
sechzig	sittūn	سِتّون
siebzig	sabʿūn	سَبْعون
achtzig	thamānūn	ثَمانون
neunzig	tisʿūn	تِسْعون
hundert	māʾah	مائَة

DIE ZAHLEN - الأعْداد

zweihundertzweiundzwanzig	mā'atān wa ithnān wa ʿishrūn	مائَتان وَاِثْنان وَ عِشْرون
tausend	alf	أَلْف
zehntausend	ʿashrat ālāf	عَشْرَة آلاف
zwanzigtausend	ʿishrūn alf	عِشْرونَ أَلْف
fünfzigtausend	khamsūn alf	خَمْسونَ أَلْف
fünfundfünfzigtausend	kamsah wa khamsūn alf	خَمْسة وَخَمْسونَ أَلْف
hunderttausend	mā'at alf	مائَة أَلْف
eine Million	milyūn	مِلْيون
eine Milliarde	milyār	مِلْيار
eine Billion	bilyun	بِلْيون

Die Ordinalzahlen - الأَعْداد التَّرْتيبيَّة

erste(r, s)	awwal	أَوَّل
zweite(r, s)	thānī	ثاني
dritte(r, s)	thālith	ثالِث
vierte(r, s)	rābiʿ	رابِع
fünfte(r, s)	khāmis	خامِس
sechste(r, s)	sādis	سادِس
siebte(r, s)	sābiʿ	سابِع
achte(r, s)	thāmin	ثامِن
neunte(r, s)	tasiʿ	تاسِع
zehnte(r, s)	ʿāshir	عاشِر
elfte(r, s)	ḥādī ʿashar	حادي عَشَر
zwölfte(r, s)	thānī ʿashar	ثاني عَشَر
dreizehnte(r, s)	thālith ʿashar	ثالِث عَشَر
vierzehnte(r, s)	rabiʿ ʿashar	رابِع عَشَر
fünfzehnte(r, s)	khāmis ʿashar	خامِس عَشَر
sechzehnte(r, s)	sādis ʿashar	سادِس عَشَر
siebzehnte(r, s)	sābiʿ ʿashar	سابِع عَشَر
achtzehnte(r, s)	thāmin ʿashar	ثامِن عَشَر
neunzehnte(r, s)	tāsiʿ ʿashar	تاسِع عَشَر
zwanzigste(r, s)	al-ʿishrūn	العِشْرونَ
einundzwanzigste(r, s)	al-ḥādī wa al-ʿishrūn	الحادي وَالعِشْرون
zweiundzwanzigste(r, s)	ath-thānī wa al-ʿishrūn	الثّاني وَالعِشْرون

DIE ZAHLEN - الأَعْداد

dreißigste(r, s)	ath-thalāthūn	الثَّلاثون
vierzigste(r, s)	al-arbaʿūn	الأَرْبَعون
fünfzigste(r, s)	al-khamsūn	الخَمْسون
sechzigste(r, s)	as-sittūn	السِّتّون
siebzigste(r, s)	as-sabūn	السَّبْعون
achtzigste(r, s)	ath-thamānūn	الثَّمانون
neunzigste(r, s)	at-tisʿūn	التِّسْعون
hundertste(r, s)	al-mā'ah	المائَة
zweihunderterste(r, s)	al-mi'atān	المِئَتان
zweihundertfünfundzwanzigste(r, s)	al-mi'atān wa al-khān wa al-ʿishrūn	المِئَتان وَالخامِس وَالعِشْرون
dreihundertste(r, s)	ath-thalāthmā'ah	الثَّلاثُمائَة
tausendste(r, s)	al-alf	الأَلْف
zehntausendste(r, s)	al-ʿāshir alf	العاشِر أَلْف
millionste(r, s)	al-milyūn	المِلْيون
zehnmillionste(r, s)	al-ʿāshir milyūn	العاشِر مِليون
vorletzte(r, s)	qabla al-akhīr	قَبلَ الأخير
letzte(r, s)	al-akhīr	الأخير

Die Bruchzahlen - الكُسور

ein halber/ein halbes/eine halbe	niṣf	نِصْف
ein Drittel	thulth	ثُلْث
ein Viertel	rubʿ	رُبْع
ein Fünftel	khums	خُمْس
ein Achtel	thumn	ثُمْن
drei Viertel	thalāthat arbāʿ	ثَلاثَة أَرْباع
zwei Fünftel	khumsayn	خُمْسَيْن
siebeneinhalb	sabʿah wa niṣf	سَبْعَة وَنِصْف
zwei Siebzehntel	ithnān ʿalā sabʿat ʿashar	اِثْنان عَلى سَبْعَة عَشَر
fünf und drei Achtel	khamsah wa thalāthat athmān	خَمْسَة وَثَلاثَة أَثْمان

DIE ZAHLEN - الأَعْداد

Weitere Zahlwörter - أَسْماء أَعْداد أُخْرى

einmal	marrah wāḥidah	مَرَّة واحِدَة
zweimal	marratān	مَرَّتان
dreimal	thalāth marrāt	ثَلاث مَرَّات
viermal	arbaʿ marrāt	أَرْبَعُ مَرَّات
mehrmals	ʿiddat marrāt	عِدَّة مَرَّات
manchmal	aḥyānan	أَحْياناً
niemals	abadan	أَبَدًا
einfach	mithl	مِثْل
doppelt/zweifach	muzdawaj/ḍiʿfayn	مُزْدَوَج/ضِعْفَيْن
dreifach	thalāthat aḍʿāf	ثَلاثَةُ أَضْعاف
vierfach	arbaʿat aḍʿāf	أَرْبَعَةُ أَضْعاف
fünffach	khamsat aḍʿāf	خَمْسَةُ أَضْعاف
sechsfach	sittat aḍʿāf	سِتَّةُ أَضْعاف
mehrfach/ vielfach	mutaʿadid al-aḍʿāf/ kathīr al-ḍʿāf	مُتَعَدِّد الأَضْعاف/ كَثير الأَضْعاف

ein Paar	zawj	زَوْج
ein halbes Dutzend	niṣf dazzīnah	نِصْف دَزِّينَة
ein Dutzend	dazzīnah	دَزِّينَة
ein Gros	aghlabīyah	أَغْلَبِيَّة
ein paar	baʿḍ	بَعْض
wenige	qillah	قِلَّة
einige	baʿḍ	بَعْض
etliche	ʿiddah	عِدَّة
manche	baʿḍ	بَعْض
viele	kathīr	كَثير
beide	kilā	كِلا
sämtliche	kul	كُل
alle	jamīʿ	جَميع
jeder/jede/jedes	kul aḥad	كُل أَحَد

der Taschenrechner
آلَة حاسِبَة
ālah ḥāsibah

die Quadratwurzel
جَذْر تَرْبيعي
jadhr tarbīʿī

das Prozent
نِسْبَة مِئَوِيَّة
nisbah miʾawīya

die Ziffer
رَقَم
raqam

der Dezimalpunkt
فاصِلَة عِشْرِيَّة
fāṣilah ʿishrīyah

dividieren
قَسَّمَ
qassama

multiplizieren
ضَرَبَ
ḍaraba

subtrahieren
طَرَحَ
ṭaraḥa

addieren
جَمَعَ
jamaʿa

ist gleich
يُساوي
yusāwī

DIE ZEIT - الوَقْت

Die Uhrzeit - السَّاعَة

ein Uhr
الواحِدَة
al-wāḥidah

zwei Uhr
الثَّانِيَة
ath-thāniyah

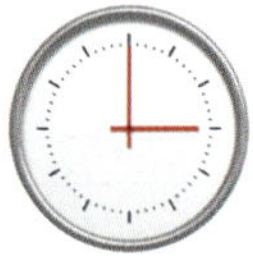

drei Uhr
الثَّالِثَة
ath-thālithah

vier Uhr
الرَّابعَة
ar-rābiʿah

fünf Uhr
الخامِسَة
al-khāmisah

sechs Uhr
السَّادِسَة
as-sādisah

sieben Uhr
السَّابعَة
as-sābiʿah

acht Uhr
الثَّامِنَة
at-thāminah

neun Uhr
التَّاسِعَة
at-tāsiʿah

zehn Uhr
العاشِرَة
al-ʿāshirah

elf Uhr
الحادِيَة عَشْرَة
al-ḥādiyah ʿashrah

zwölf Uhr mittags
الثانِيَة عَشْرَة ظُهْراً
ath-thāniyah ʿashrah ẓuhran

dreizehn Uhr
الثَّالِثَة عَشَرَ
ath-thālithah ʿashar

die Stunde	sāʿah	ساعَة
die Minute	daqīqah	دَقيقَة
eine halbe Stunde	niṣf sāʿah	نِصْف ساعَة
die Sekunde	thāniyah	ثانِيَة
Wie viel Uhr ist es?	kam as-sāʿah al-ān?	كَم السَّاعَة الآن؟
Um wie viel Uhr?	fī ayyati sāʿah?	في أَيَّةِ ساعَة؟
Um sieben Uhr.	fī as-sāʿah as-sābiʿah.	في السَّاعَةِ السَّابِعَة.

DIE ZEIT - الوَقْت

Die Uhrzeit - السَّاعَة

vierzehn Uhr
الرَّابِعَة عَشَرَ
ar-rābiʿah ʿashar

fünfzehn Uhr
الخامِسَة عَشَرَ
al-khāmisah ʿashar

sechzehn Uhr
السَّادِسَة عَشَرَ
as-sādisah ʿashar

siebzehn Uhr
السَّابِعَة عَشَرَ
as-sābiʿah ʿashar

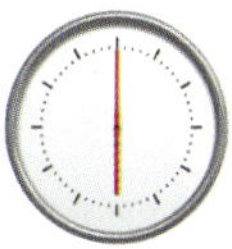

achtzehn Uhr
الثَّامِنَة عَشَرَ
ath-thāminah ʿashar

neunzehn Uhr
التَّاسِعَة عَشَرَ
at-tāsiʿah ʿashar

zwanzig Uhr
العِشْرون
al-ʿishrūn

einundzwanzig Uhr
الواحِدَة وَالعِشْرون
al-wāḥidah wa al-ʿishrūn

zweiundzwanzig Uhr
الثَّانِيَة وَالعِشْرون
ath-thāniah wa al-ʿishrūn

dreiundzwanzig Uhr
الثَّالِثَة وَالعِشْرون
ath-thāliithah wa al-ʿishrūn

Mitternacht
مُنْتَصَف اللَّيْل
muntaṣaf al-layl

fünf nach zwölf
الثَّانِيَّة عَشْرَة وَخَمْسُ دَقائِق
at-tāsiʿah ʿashrah wa khamsu daqāʾiq

halb elf	al-ʿāshirah wa an-niṣf	العاشِرَة وَالنِّصْف
zwanzig vor sieben	as-sābiʿah illā thulth	السَّابِعَة إِلَّا ثُلْث
Viertel vor zwölf	ath-thāniay ʿashrah illā rubʿ	الثَّانِيَّة عَشْرَة إِلَّا رُبْع
Wann?	matā?	مَتى؟
Vor/in zehn Minuten.	qabla/baʿda ʿashr daqāʾiq.	قَبْلَ/بَعْدَ عَشْر دَقائِق.
Seit wann?	mindhu matā?	مِنْذُ مَتى؟
Seit gestern.	mindhu al-bāriḥah.	مُنْذُ البارِحَة.

Viertel nach neun
التَّاسِعَة وَالرُّبْع
at-tāsiʿah wa ar-rubʿ

DIE ZEIT - الوَقْت

Tag und Nacht - النَّهار واللَّيْل

die Mitternacht
مُنْتَصَف اللَّيل
muntaṣaf al-layl

die Morgendämmerung
فَجْر
fajr

der Sonnenaufgang
طُلوع الشَّمْس
ṭulūʿ ash-shams

der Morgen
صَباح
ṣabāḥ

der Mittag
مُنْتَصَف النَّهار
muntaṣaf an-nahār

der Nachmittag
بَعْدَ الظُّهْر
baʿda aẓ-ẓuhr

der Sonnenuntergang
غُروب الشَّمْس
ghurūb ash-shams

die Abenddämmerung
شَفَق
shafaq

der Abend
مَساء
masāʾ

der Frühling
رَبيع
rabīʿ

der Sommer
صَيْف
ṣayf

der Herbst
خَريف
kharīf

der Winter
شِتاء
shitāʾ

heute	al-yaum	اليَوْم
morgen	ghadan	غَداً
übermorgen	baʿda ghad	بَعْد غَد
gestern	al-bāriḥah	البارِحَة
vorgestern	qabla al-bāriḥah	قَبْلَ البارِحَة
Welches Datum haben wir heute?	mā huwa tārīkh al-yaum?	ماهُوَ تاريخُ اليَوم؟
der 9. September 2017	at-tāsiʿ min aylūl 2017	التَّاسِع مِن أَيْلول 2017
der Feiertag	yawm ʿuṭlah	يَوْم عُطْلَة

DIE ZEIT - الوَقْت

Der Kalender - التَّقْويم

der Januar	kānūn ath-thānī	كانون الثّاني
der Februar	shubāṭ	شُباط
der März	āzār	آذار
der April	nīsān	نيسان
der Mai	ayyār	أَيّار
der Juni	ḥuzayrān	حُزَيْران
der Juli	tammūz	تَمّوز
der August	āb	آب
der September	aylūl	أَيْلول
der Oktober	tishrīn al-awwal	تِشْرين الأَوَّل
der November	tishrīn ath-thānī	تِشْرين الثّاني
der Dezember	kānūn al-awwal	كانون الأَوَّل

MASSE - مقاييس وأوزان وأكيال

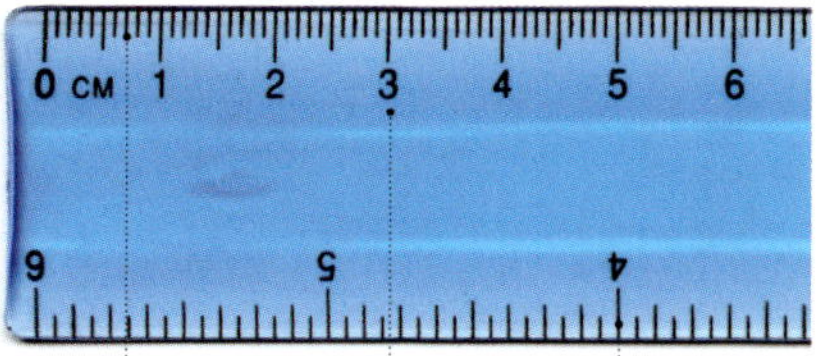

der/das Millimeter
مِلْليمِتْر
millīmitr

der Zoll
بوصَة
būṣah

der/das Zentimeter
سَنْتيمِتْر
santīmitr

der/das Liter
لِتْر
litr

der/das Milliliter
مِلْليلِتْر
millīlitr

die Unze
أونْصَة
ūnṣah

das Pint
باينت
bāynt

der Kilometer
كيلو مِتْر
kīlu mitr

die Meile
ميل
mīl

das Yard
يارْدَة
yārdah

der Acre/Morgen
فَدّان
faddān

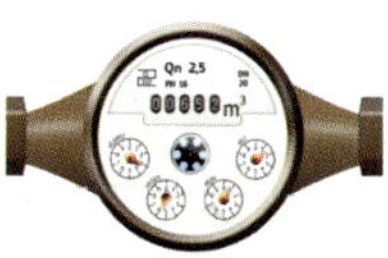

der/das Kubikmeter
مِتْر مُكَعَّب
mitr mukaʿʿab

der Fuß	qadam	قَدَم
der/das Meter	mitr	مِتْر
der/das Quadratmeter	mitr murabbaʿ	مِتْر مُرَبَّع
der/das Hektar	hiktār	هيكْتار
die Tasse	kaʾs	كَأْس
der Esslöffel	milʿaqat ṭaʿām	مِلْعَقَة طَعام
der Teelöffel	milʿaqah ṣaghīrah	مِلْعَقَة صَغيرَة

DAS GEWICHT – الوَزْن

die Tonne
طُن
ṭun

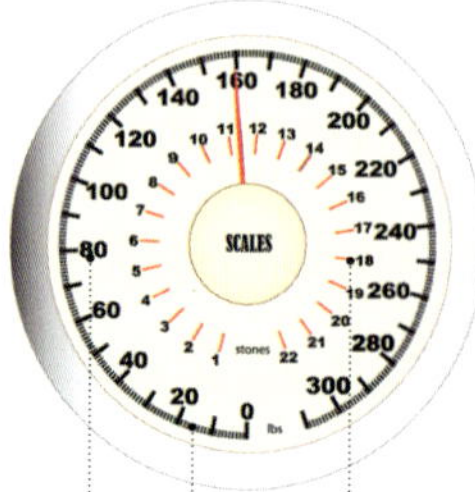

das Kilogramm
كيلو غرام
kīlu ghrām

das Gramm
غرام
ghrām

das Pfund
نِصْف كيلو غرام
raṭl niṣf kīlu ghrām

die Unze
أونْصَة
ūnṣah

das Stone
(= 6,35 kg)
ستون
stun

DIE WÄHRUNG – العُمْلَة

$

der Dollar
دولار
dulār

£

das Pfund
باونْد
bāwnd

€

der Euro
يورو
yūru

¥

der Yen
يَن
yan

der Baht	bāt	بات
die Rupie	rūbīyah	روبيَة
der Dinar	dīnār	دينار
der Franc	frank	فرنْك
die Krone	krunah	كرونَة

der Peso	bizū	بيزو
der Real	riāl	رِيَال
der Yuan	ywān	يوان
die Lira	līrah	ليرَة
der Rubel	rubil	روبِل

DIE WICHTIGSTEN SÄTZE – الجمل الأكثر أهمية

DIE VERBEN – الأفْعال

INDEX – الفهرس

DIE WICHTIGSTEN SÄTZE - الجمل الأكثر أهمية

Mit diesen nützlichen Wörtern und Sätzen drücken Sie sich in den wichtigsten und häufigsten Situationen mit Sicherheit aus.

IM GESPRÄCH - أثناء المحادثة

BEGRÜẞEN UND VERABSCHIEDEN - الترحيب والوداع

Guten Tag!	ṭāba yawmuk! طَابَ يومُك!
Guten Abend!	masāʾu al-khair! مَسَاءُ الخَير!
Hallo!	ahlan! أهلًا!
Auf Wiedersehen!	ilā al-liqāʾ! إلَى اللِّقَاء!
Tschüss!	wadāʿan! وَدَاعًا!

HÖFLICHKEIT - التأدب

bitte	rajāʾan رَجَاءً
danke	shukran شُكْرًا
bitte schön	عَلَى الرُّحْبِ وَالسِّعَة ʿalā ar-ruḥbi was-siʿah
Ja, bitte.	نَعَم، مِن فَضلِك. naʿam, min faḍlik.
Nein, danke.	kallā, shukran. كَلا، شُكرًا.
Keine Ursache!	lā ʿalik! لا عَليك!
Entschuldigung!	maʿdhirah! مَعذِرَة!
Entschuldigen Sie, …	أستَأذِنُك، … astaʾdhinuk, …
Das tut mir leid.	أنَا آسِف بِشَأن ذَلِك. anā ʾāsif bishaʾni dhalik.
Wie geht's?	كَيف حَالُك؟ kaifa ḥāluk?
Danke, gut. Und Ihnen/dir?	شُكرًا، أنَا بخَير، وَأنتم/وَأنت؟ shukran, ʾanā bikhair, wa ʾant?

KOMMUNIKATION - التواصل

Wie bitte?	maʿdhirah? مَعذِرَة؟
Ich verstehe.	afham. أَفْهَم.
Ich verstehe nicht.	أنَا لا أَفْهَم. anā lā ʾafham.
Könnten Sie das bitte wiederholen?	هَل يُمْكِنُك إعَادَة ذَلِك مِن فَضْلِك؟ hal yumkinuk ʾiʿādat dhalik min fadlik?
Könnten Sie bitte langsamer sprechen?	هَل يُمْكِنُك التَّحَدُّث بِبُطْء مِن فَضْلِك؟ hal yumkinuk at-taḥadduth bibuṭʾ min fadlik?
Könnten Sie das bitte aufschreiben?	هَل يُمكِنُك كِتَابَة ذَلِك مِن فَضْلِك؟ hal yumkinuk kitabat dhalik min fadlik?
Was bedeutet …?	مَاذَا يَعنِي …؟ madhā yaʿnī …?

SICH VORSTELLEN - قدّم نفسك

Wie heißt du?	mā ismuk? مَا اِسْمُك؟
Wie heißen Sie?	مَا اِسْم حَضْرَتُك؟ mā ism ḥaḍratuk?
Ich heiße …	ismī … اِسمِي …
Woher kommen Sie?	مِن أين حَضْرَتُك؟ min ʾain ḥaḍratuk?
Woher kommst du?	مِن أين أَنْت؟ min ʾain ʾant?
Ich komme aus …	anā min … أنَا مِن …
Das ist mein Mann.	هَذَا زَوْجِي. hadhā zawjī.
Das ist meine Frau.	هَذِهِ زَوْجَتِي. hadhihi zawjatī.
Das ist mein Partner.	هَذَا شَرِيكِي. hadhā sharikī.

Das ist meine Partnerin.	هَذِهِ شَرِيكَتِي. hadhihi sharīkatī.
Das ist mein Sohn.	هَذَا اِبنِي. hadhā ibnī.
Das ist meine Tochter.	هَذِهِ اِبنَتِي. hadhihi ibnatī.
Hier ist meine E-Mail-Adresse.	هَذَا هُوَ عُنْوَان بَرِيدِي الإِلِكْتْرُونِي. hadhā huwa ʿunwān barīdī al-iliktrunī.
Hier ist meine Telefonnummer.	هَذَا هُوَ رَقْم هَاتِفِي. hadhā huwa raqm hātifī.

BEIM TELEFONIEREN - أثناء الاتصال الهاتفي

Ich hätte gern eine SIM-Karte, bitte.	أَوَد الحُصُول عَلَى بِطَاقَة SIM، مِن فَضلِك. awad al-ḥuṣūl ʿlā biṭāqat SIM, min faḍlik.
Mein Akku ist leer.	بَطَّارِيَّتِي فَرَغَت. baṭṭārīyatī faraghat.
Hier spricht ...	يَتَحَدَّثُ إِلَيك ... yataḥaddathu ʾilayk ...
Mit wem spreche ich bitte?	مَع مَن أَتَحَدَّث مِن فَضْلِك؟ maʿ man ʾataḥaddath?
Kann ich bitte Herrn/Frau ... sprechen?	هَل يُمكِنُنِي التَّحَدُّث إِلَى السَّيِّد/السَّيِّدَة ... مِن فَضلِك؟ hal yumkinunī at-taḥadduth ʾilā as-saīd/as-saīdah?
Tut mir leid, er/sie ist nicht da.	يُؤسِفُنِي، أَنَّهُ/أَنَّهَا لَيسَت هُنَا. yuʾsifunī, ʾannahu/ʾannahā laīsat hunā.
Kann er/sie Sie zurückrufen?	هَل يُمكِنُهُ/يُمكِنُهَا مُعَاوَدَة الاتِّصَال بِحَضرَتِك؟ hal yumkinuhu/yumkinuhā muʿāwadat al-ittiṣāl biḥaḍratik?

UNTERWEGS - في الطريق

TOILETTE UND BAD - المرحاض والحمام

Wo ist bitte die Toilette?	أَين المِرْحَاض مِن فَضلِك؟ ain al-mirḥāḍ min faḍlik?
Damen	السَّيِّدَات as-saīdāt
Herren	الرِّجَال ar-rijāl
die Damentoilette	حَمَّام السَّيِّدَات ḥammām as-saīdāt
die Herrentoilette	حَمَّام الرِّجَال ḥammām ar-rijāl

BAHN - السكة الحديدية

Wann fährt der nächste Zug ab?	مَتَى يُغَادِر القِطَار التَّالِي؟ matā yughādir al-qiṭār at-tālī?
Wo muss ich umsteigen?	أَين يَجِب عَلَيَّ أَن أُغَيِّر وَسِيلَة المُوَاصَلات؟ ain yajib ʿalaīya ʾan ʾughaīr al-muāṣalāt?
Von welchem Gleis fährt der Zug nach ...?	مَا هُوَ الرَّصِيف الَّذِي يَتَحَرَّك مِنهُ القِطَار المُتَّجِه إِلَى ...؟ mā huwa ar-raṣīf al-ladhī yataḥarrak minhu al-qiṭār ʾilā ...?
Ist dieser Platz noch frei?	هَل هَذَا المَكَان لا يَزَال شَاغِرًا؟ hal hadhā al-makān lā yazāl shāghiran?
Hält dieser Zug in ...?	هَل يَتَوَقَّف هَذَا القِطَار فِي ...؟ hal yatawaqqaf al-qiṭār fī ...?

BUS - الحافلة

Welche Linie fährt nach ...?	مَا هُوَ الخَط الَّذِي يَتَحَرَّك إِلَى ...؟ mā huwa al-khaṭ al-ladhī ytaḥarrak ʾilā ...?

Welche Linie fährt zum Bahnhof?	مَا هُوَ الخَط الَّذِي يَتَحَرَّك إِلَى المَحَطَّة؟ mā huwa al-khaṭ al-ladhī yataḥarrak ʾilā al-maḥaṭṭah?
Wann fährt der nächste Bus nach …?	مَتَى تَتَحَرَّك الحَافِلَة التَّالِيَة إِلَى...؟ matā tataḥarrak al-ḥāfilah at-talīyah ʾilā …?
Wo muss ich aussteigen?	أَين يَجِب عَلَيَّ النُّزُول؟ ain yajib ʿalaīya an-nuzūl?
Wie viele Haltestellen sind es?	كَم عَدَد مَحَطَّات التَّوَقُّف؟ kam ʿadd maḥaṭṭāt at-tawaqquf?
Fährt dieser Bus nach …?	هَل تَتَحَرَّك هَذِهِ الحَافِلَة إِلَى ...؟ hal tataḥarrak hadhihi al-ḥāfilah ʾilā …?

AUTO - السيارة

der Führerschein	رُخصَة القِيَادَة rukhṣat al-qiyādah
Entschuldigen Sie bitte, wie komme ich nach …?	أَستَأذِنُك، كَيف أَصِل إِلَى ...؟ astaʾdhinuk, kaif ʾaṣil ʾilā …?
Entschuldigen Sie bitte, wo ist …?	أَستَأذِنُك، أَين ...؟ astaʾdhinuk, ʾain …?
Wie weit ist es?	كَم يَبْعُد هَذَا المَكَان؟ kam yabʿud hadhā al-makān?

BEIM ARZT - عند الطبيب

Ich bin krankenversichert.	أَنَا مُتَمَتِّع بِتَأمِين صِحِّي. anā mutamattiʿ bitaʾmīn siḥḥī.
Ich möchte von einer Ärztin behandelt werden, bitte.	أُرِيد أَن تُعَالِجُنِي طَبِيبَة، مِن فَضلِك. urīd ʾan tuʿālijunī ṭabībah, min faḍlik.
Es tut hier weh.	هَذَا المَوضِع يُؤلِمُنِي. hadhā al-mawḍiʿ yuʾlimunī.
Ich bin ohnmächtig geworden.	أَنَا فَاقِد الوَعي. anā fāqid al-waʿī.
Ich habe mich erbrochen.	تَقَيَّأت. taqaīyaʾt.
Ich habe Herzbeschwerden.	أَنَا مُصَاب بِأَلَم فِي القَلب. anā muṣāb biʾalam fī al-qalb.
Ich habe Atembeschwerden.	أُعَانِي مِن مَشَاكِل فِي التَّنَفُّس. uʿānī min mashākil fī at-tanaffus.
Ich habe Zahnschmerzen.	أُعَانِي مِن أَلَم فِي الأَسْنَان. uʿānī min ʾalam fī al-ʾasnān.
Ich habe eine Füllung verloren.	فَقَدتُ حَشوَة سِن. faqadtu ḥashwat sin.
Ich bin allergisch gegen Antibiotika.	لَدَيَّ حَسَاسِيَّة مِن المُضَادَّات الحَيَوِيَّة. ladaīya ḥasāsīyah min al-muḍāddāt al-ḥayawīyah.
Ich bin allergisch gegen Bienen.	لَدَيَّ حَسَاسِيَّة مِن النَّحل. ladaīya ḥasāsīyah min an-naḥl.
Ich bin allergisch gegen Pollen.	لَدَيَّ حَسَاسِيَّة مِن حُبُوب اللِّقَاح. ladaīya ḥasāsīyah min ḥubūb al-liqāḥ.
Ich bin Diabetiker/Diabetikerin.	أَنَا مَرِيض/ مَرِيضَة السُّكَّر. anā marīḍ/marīḍah as-sukkar.
Ist es ansteckend?	هَل هَذَا مُعدٍ؟ hal hadhā muʿdin?
Ich brauche ein Rezept für …	أَحْتَاج وَصفَة طِبِّيَّة لـ ... aḥtāj waṣfah ṭibbīyah …
Ich nehme Medikamente gegen …	أَتَنَاوَل أَدوِيَة لِعِلَاج ... atanāwal adwīyah liʿlāj …

DIE VERBEN - الأفْعال

Wenn es darum geht, eigene Sätze zu bilden, hilft Ihnen unsere ausführliche Verbliste, wo Sie auch abstrakte Verben, die sich nicht abbilden lassen, nachschlagen und übersetzen können.

A

abbeißen	qaḍama	قَضَمَ
abbiegen	inʿaṭafa	اِنْعَطَفَ
abbringen	ṣadda	صَدَّ
abfahren	ghadara	غَادَرَ
abfärben	taḥalla lawnuhu	تحلَّل لونُه
abfinden	iktashafa	اِكْتَشَفَ
abfragen	ikhtabara	اِخْتَبَرَ
abführen	naqala	نَقَلَ
abfüllen	mala'a	مَلأَ
abgeben	sallama	سَلَّمَ
abgewöhnen	aqlaʿa	أَقْلَعَ
abgrenzen	tanā'ā	تَنَاءَى
abhaken	taḥqqa min	تَحَقَّقَ مِنْ
abhalten	manaʿa	مَنَعَ
abhärten	ṣallaba	صَلَّبَ
abhauen	farra	فَرَّ
abheben	rafaʿa	رَفَعَ
abholen	aqalla	أَقَلَّ
abklären	awḍaḥa	أَوْضَحَ
abklingen	hada'a	هَدَأَ
abkochen	ghallā	غَلَّى
abkühlen	barrada	بَرَّدَ
abkürzen	ikhtaṣara	اِخْتَصَرَ
abladen	afragha	أَفْرَغَ
ablaufen	intahā	اِنْتَهَى
ablecken	laʿiqa	لَعِقَ
ablegen	ṭaraḥa	طَرَحَ
ablehnen	rafaḍa	رَفَضَ
ablenken	alhā	أَلْهَى
abmagern	hazula	هَزُلَ
abmalen	lawwana	لَوَّنَ
abmelden	alghā	أَلْغَى
abmessen	qasa	قَاسَ
abnehmen	ḍaʿufa	ضَعُفَ
abnutzen	talifa	تَلِفَ
abonnieren	ishtaraka	اِشْتَرَكَ
abprallen	wathaba	وَثَبَ
abputzen	naẓẓafa	نَظَّفَ
abraten	athnā ʿan	أَثْنَى عَنْ
abräumen	naẓẓafa	نَظَّفَ
abreagieren	hada'a	هَدَأَ
abrechnen	khaṣama	خَصَمَ
abregen	hada'a	هَدَأَ
abreisen	sāfara	سَافَرَ
abreißen	intazaʿa	اِنْتَزَعَ
abrunden	dawwara	دَوَّرَ
abrutschen	tazaḥlaqa	تَزَحْلَقَ
absagen	alghā	أَلْغَى
abschaffen	alghā	أَلْغَى
abschalten	abṭala	أَبْطَلَ
abschätzen	qaddara	قَدَّرَ
abschauen	qallada	قَلَّدَ

abschicken	arsala	أَرْسَلَ
abschleppen	jarra	جَرَّ
abschließen	aqfala	أَقْفَلَ
abschminken	azāla az-zīnah	أَزالَ الزِّينَة
abschneiden	qaṭaʿa	قَطَعَ
abschreiben	nasakha	نَسَخَ
abschwächen	khaffafa	خَفَّفَ
abschweifen	inḥarafa	اِنْحَرَفَ
abschwellen	inḥadara	انْحَدَرَ
absehen	tajannaba	تَجَنَّبَ
absenden	baʿtha	بَعَثَ
absetzen	anzala	أَنْزَلَ
absichern	ammana	أَمَّنَ
absinken	saqaṭa	سَقَطَ
abspeichern	ḥafiẓa	حَفِظَ
abspielen	ḥadatha	حَدَثَ
abspringen	qafaza	قَفَزَ
abspülen	ghasala	غَسَلَ
abstammen	inḥadara	اِنْحَدَرَ
abstehen	amsaka ʿan	أَمْسَكَ عَنْ
abstellen	waḍaʿa	وَضَعَ
absterben	māta	مَاتَ
abstimmen	ṣawwata	صَوَّتَ
abstoßen	qazzaza	قَزَّزَ
abstreiten	ankara	أَنْكَرَ
abstumpfen	akhmada	أَخْمَدَ
abstürzen	saqaṭa	سَقَطَ
abstützen	daʿama	دَعَمَ
absuchen	baḥatha	بَحَثَ
abtreiben	atʿaba	أَتْعَبَ
abtrocknen	jaffafa	جَفَّفَ
abtropfen	taqaṭṭara	تَقَطَّرَ
abverlangen	ṭalaba	طَلَبَ
abwägen	wāzana	وازَنَ
abwarten	intaẓara	اِنْتَظَرَ
abwaschen	ghasala	غَسَلَ
abwechseln	tanāwaba	تَنَاوَبَ
abwehren	tafādā	تَفَادَى
abweichen	inḥarafa	اِنْحَرَفَ
abweisen	rafaḍa	رَفَضَ
abwerten	ḥaṭṭa min qīmatihi	حَطَّ مِنْ قِيمَتِهِ
abwischen	maḥā	مَحَا
abzahlen	saddada	سَدَّدَ
abziehen	saḥaba	سَحَبَ
achten	iḥtarama	اِحْتَرَمَ
ächzen	ta'awwaha	تَأَوَّهَ
addieren	jamaʿa	جَمَعَ
adoptieren	tabannā	تَبَنَّى
adressieren	ʿanwana	عَنْوَنَ
agieren	taṣarrafa	تَصَرَّفَ
ähneln	shābaha	شَابَهَ
ahnen	ẓanna	ظَنَّ
aktivieren	nashshaṭa	نَشَّطَ
aktualisieren	ḥaddatha	حَدَّثَ
akzeptieren	qabila	قَبِلَ
alarmieren	andhara	أَنْذَرَ
amputieren	batara	بَتَرَ
amüsieren	tasallā	تَسَلَّى

analysieren	ḥallala	حَلَّلَ
anbauen	zaraʿa	زَرَعَ
anbeten	ʿabada	عَبَدَ
anbiedern	nāfaqa	نَافَقَ
anbieten	ʿaraḍa	عَرَضَ
anblicken	naẓara	نَظَرَ
anbrüllen	ṣarakha	صَرَخَ
andauern	istamarra	اسْتَمَرَّ
ändern	ghaīyara	غَيَّرَ
andeuten	almaḥa	أَلْمَحَ
androhen	haddada	هَدَّدَ
aneignen	tamallaka	تَمَلَّكَ
anekeln	ishma'azza	اشْمَأَزَّ
anerkennen	iʿtarafa	اعْتَرَفَ
anfangen	bada'a	بَدَأَ
anfassen	lamasa	لَمَسَ
anfertigen	aʿadda	أَعَدَّ
anfeuern	shajjaʿa	شَجَّعَ
anflehen	tawassala	تَوَسَّلَ
anfordern	ṭalaba	طَلَبَ
anfreunden	taṣādaqa maʿa	تَصَادَقَ مَعَ
anfühlen	jassa	جَسَّ
anführen	qāda	قَادَ
angeben	dhakara	ذَكَرَ
angehören	intamā	انْتَمَى
angeln	ṣāda	صَادَ
angewöhnen	taʿawwada	تَعَوَّدَ
angleichen	qarraba baina	قَرَّبَ بَيْنَ
angreifen	hājama	هَاجَمَ
ängstigen	akhāfa	أَخَافَ
angucken	naẓara	نَظَرَ
anhaben	labisa	لَبِسَ
anhalten	awqafa	أَوْقَفَ
anhängen	alḥaqa	أَلْحَقَ
anhimmeln	allaha	أَلَّهَ
anhören	istamaʿa ilā	اسْتَمَعَ إلى
anklagen	ittahama	اتَّهَمَ
ankleben	alṣaqa	أَلْصَقَ
anklicken	naqara	نَقَرَ
anklopfen	ṭaraqa	طَرَقَ
anknüpfen	rabaṭa	رَبَطَ
ankommen	waṣala	وَصَلَ
ankreuzen	waḍaʿa ʿalāmah	وضَع علامة
ankündigen	aʿlana	أَعْلَنَ
anlächeln	ibtasama li	ابْتَسَمَ لِـ
anlachen	ḍaḥika li	ضَحِكَ لِـ
anlehnen	ittaka'a ʿalā	اتَّكَأَ على
anleiten	wajjaha	وَجَّهَ
anlocken	jadhaba	جَذَبَ
anlügen	kadhiba ʿalā	كَذِبَ على
anmachen	shaghghala	شَغَّلَ
anmaßen	takabbara	تَكَبَّرَ
anmelden	aʿlana	أَعْلَنَ
anmerken	lāḥaẓa	لاحَظَ
annähern	iqtaraba	اقْتَرَبَ
annehmen	iftaraḍa	افْتَرَضَ
annullieren	alghā	أَلْغَى
anordnen	amara	أَمَرَ

anpacken	masaka	مَسَكَ
anpassen	kaīyafa	كَيَّفَ
anpflanzen	gharasa	غَرَسَ
anprobieren	qāsa	قاسَ
anreden	khāṭaba	خاطَبَ
anrufen	hātafa	هاتَفَ
ansagen	aʿlana	أعْلَنَ
ansammeln	jamaʿa	جَمَعَ
anschalten	shaghghala	شَغَّلَ
anschauen	naẓara ilā	نَظَرَ إلى
anschieben	dafaʿa	دَفَعَ
anschleichen	tasallā	تَسَلَّلَ
anschließen	iltaḥaqa bi	الْتحقَ بِـ
anschmiegen	iltaṣaqa bi	الْتَصَقَ بِـ
anschnallen	rabaṭa (ḥizām al-ʾamān)	رَبَطَ (حِزام الأمان)
anschnauzen	aghlaẓa al-qawl	أغْلَظَ القَوْل
anschreien	ṣarakha	صَرَخَ
anschuldigen	ittahama	اتَّهَمَ
anschweigen	katama	كَتَمَ
anschwellen	intafakha	انْتَفَخَ
anschwindeln	iḥtāla	احْتالَ
ansehen	naẓara	نَظَرَ
anspannen	shadda	شَدَّ
anspielen	lammaḥa ilā	لَمَّحَ إلى
anspitzen	shaḥadha	شَحَذَ
anspornen	shajjaʿa	شَجَّعَ
ansprechen	khāṭaba	خاطَبَ
anspringen	ishtaghala (al-muḥarrek)	اشْتَغَلَ (المُحرِّك)

anspucken	baṣaqa	بَصَقَ
anstarren	ḥaddaqa fī	حَدَّقَ في
anstecken	aʿdā	أعْدَى
anstehen	intaẓara	انْتَظَرَ
ansteigen	irtafaʿa	ارْتَفَعَ
anstellen	waqafa fi aṣ-ṣaffi	وقفَ في الصَّفِّ
anstimmen	badaʾa bil-ghināʾ	بَدَأ بِالغِناء
anstoßen	dafaʿa	دَفَعَ
anstrahlen	aḍāʾa	أضاءَ
anstreben	ṭamaḥa ilā	طَمَحَ إلى
anstreichen	dahana	دَهَنَ
anstrengen	ijtahada	اجْتَهَدَ
antreffen	iltaqā	الْتَقَى
antreiben	ḥaththa	حَثَّ
antreten	ibtadaʾa	ابْتَدَأ
antun	ādhā	آذى
antworten	ajāba	أجابَ
anvertrauen	iʾtamana	ائْتَمَنَ
anweisen	wajjaha	وَجَّهَ
anwenden	istakhdama	اسْتَخْدَمَ
anwidern	naffara	نَفَّرَ
anzeigen	ballagha ʿan	بَلَّغَ عنْ
anziehen	labisa	لَبِسَ
anzünden	ashʿala	أشْعَلَ
anzweifeln	shakkaka	شَكَّكَ
applaudieren	ṣaffaqa	صفَّقَ
arbeiten	ishtaghala	اشْتَغَلَ
ärgern	ḍāyaqa	ضايَقَ
atmen	tanaffasa	تَنَفَّسَ

aufarbeiten	anjaza	أنْجَزَ
aufatmen	tanaffasa aṣ-ṣuʿadāʾ	تَنَفَّسَ الصُّعَداء
aufbauen	banā	بَنَى
aufbewahren	iḥtafaẓa bi	احْتَفَظَ بِـ
aufblasen	nafakha	نَفَخَ
aufbleiben	sahira	سَهِرَ
aufbrauchen	istanfadha	اسْتَنْفَذَ
aufbrausen	fāra	فارَ
aufbrechen	raḥala	رَحَلَ
aufbringen	dabbara	دَبَّرَ
aufdecken	kashafa	كَشَفَ
aufdrängen	faraḍa	فَرَضَ
aufdrehen	fataḥa	فَتَحَ
aufeinanderfolgen	taʿāqaba	تَعاقَبَ
aufessen	akala (kulluhu)	أكَلَ (كُلَّه)
auffallen	lafta an-naẓar	لَفَتَ النَّظَر
auffangen	iltaqaṭa	الْتَقَطَ
auffassen	adraka	أدْرَكَ
auffordern	amara	أمَرَ
aufführen	ʿaraḍa	عَرَضَ
aufgeben	aqlaʿa ʿan	أقْلَعَ عن
aufgreifen	athāra	أثارَ
aufhaben	fataḥa ʾabwābahu	فَتَحَ أبْوابه
aufhalten	awqafa	أوْقَفَ
aufhängen	ʿallaqa	عَلَّقَ
aufheben	rafaʿa	رَفَعَ
aufhetzen	ḥarraḍa	حَرَّضَ
aufholen	tadāraka	تَدارَكَ

aufhören	tawaqqafa	تَوَقَّفَ
aufkleben	alṣaqa	أَلْصَقَ
aufladen	shaḥana	شَحَنَ
auflassen	tarka maftūḥan	تَرَكَ مفتوحًا
auflauern	taraṣṣada	تَرَصَّدَ
aufleben	intaʿasha	انْتَعَشَ
auflehnen	thāra	ثارَ
auflockern	arkhā	أرْخى
auflösen	ḥalla	حَلَّ
aufmachen	fataḥa	فَتَحَ
aufmuntern	shajjaʿa	شَجَّعَ
aufnehmen	sajjala	سَجَّلَ
aufpassen	intabaha	انْتَبَهَ
aufplatzen	tafaqqaʿa	تَفَقَّعَ
aufpumpen	nafakha	نَفَخَ
aufraffen	tashajjaʿa	تَشَجَّعَ
aufräumen	rattaba	رَتَّبَ
aufrechterhalten	ḥāfaẓa	حافَظَ
aufregen	aghḍaba	أغْضَبَ
aufrunden	qarraba (ʿadadan)	قَرَّبَ (عَدَدًا)
aufsammeln	iltaqaṭa	الْتَقَطَ
aufschieben	ajjala	أجَّلَ
aufschließen	fataḥa	فَتَحَ
aufschreiben	dawwana	دَوَّنَ
aufspringen	intafaḍa wāqifan	انتفَضَ واقِفًا
aufstacheln	ḥarraḍa	حرَّضَ
aufstehen	nahaḍa	نَهَضَ
aufstellen	aqāma	أقامَ
aufstützen	asnada	أسْنَدَ

aufsuchen	dhahaba ʾilā	ذَهَبَ إلى
auftauchen	ẓahara	ظَهَرَ
aufteilen	qassama	قَسَّمَ
auftragen	ṭalā	طلى
auftreiben	ḥaṣala ʿalā	حَصَلَ على
auftreten	ḥadatha	حدَثَ
aufwachen	istaiqaẓa	اسْتَيْقَظَ
aufwachsen	kabura	كَبُرَ
aufwärmen	sakhkhana	سخَّنَ
aufwecken	ayqaẓa	أيْقَظَ
aufweichen	naqaʿa	نَقَعَ
aufweisen	aẓhara	أظْهَرَ
aufwischen	masaḥa	مَسَحَ
aufwühlen	nabasha	نَبَشَ
aufzählen	ʿaddada	عدَّدَ
aufzeichnen	sajjala	سَجَّل
aufzeigen	ashāra	أشارَ
aufzwingen	ajbara	أجْبَرَ
ausarbeiten	aʿadda	أعَدَّ
ausatmen	zafara	زَفَرَ
ausbessern	ḥassana	حَسَّنَ
ausbleiben	ghāba	غابَ
ausbrechen	hariba	هرِبَ
ausbreiten	nashara	نَشَرَ
ausdehnen	maddada	مدَّدَ
ausdenken	ikhtalaqa	اخْتَلَقَ
auseinanderbre-chen	tafakkaka	تَفَكَّكَ
ausfallen	ulghiya	أُلْغِيَ
ausfragen	istajwaba	اسْتَجْوَبَ

ausfüllen	malaʾa	مَلأَ
ausgeben	ṣarafa	صَرَفَ
ausgehen	kharaja	خَرَجَ
ausgleichen	ʿawwaḍa	عَوَّضَ
aushaben	akmala	أكْمَلَ
aushalten	taḥammala	تَحَمَّلَ
aushelfen	sāʿada	ساعَدَ
auskennen	kāna ʿalā maʿrifah bi	كان على معرفة بِـ
auskommen	iktafā	اكْتفى
auslachen	sakhira	سَخِرَ
auslaufen	sāla	سالَ
ausleeren	afragha	أفْرَغَ
ausleihen	aʿāra	أعارَ
ausloggen	sajjala al-khurūj	سجَّل الخروج
auslösen	sabbaba	سبَّبَ
ausmachen	aṭfaʾa	أطْفَأَ
ausmalen	takhīyala	تخَيَّلَ
ausmessen	qāsa	قاسَ
ausnutzen	istaghalla	استَغَلَّ
auspacken	afragha	أفْرَغَ
ausplaudern	afshā	أفْشى
auspressen	ʿaṣara	عَصَرَ
ausprobieren	jarraba	جرَّبَ
ausrasten	faqada ʾaʿṣābahu	فقدَ أعْصابه
ausrauben	salaba	سَلَبَ
ausrechnen	ḥasaba	حَسَبَ
ausreden	taʿalla	تَعَلَّلَ
ausreichen	kafā	كَفَى

ausreisen	sāfara ʾilā al-khārij	سافر إلى الخارج
ausrichten	ablagha	أبْلَغَ
ausruhen	istarāḥa	اسْتَرَاحَ
ausrutschen	inzalaqa	انْزَلَقَ
ausschalten	aṭfa'a	أطْفَأَ
ausscheiden	insaḥaba	انْسَحَبَ
ausschimpfen	annaba	أنَّبَ
ausschlafen	shabiʿa nawman	شَبِعَ نوْمًا
ausschließen	istathnā	اسْتَثْنَى
ausschneiden	qaṣṣa	قصَّ
aussehen	badā	بَدَا
äußern	ʿabbara	عبَّرَ
aussetzen	awqafa	أوْقَفَ
aussprechen	lafaẓa	لَفَظَ
ausstehen	ta'akhkhara	تأخَّرَ
aussteigen	nazala	نَزَلَ
aussterben	inqaraḍa	انْقرَضَ
ausstrecken	madda	مدَّ
aussuchen	ikhtāra	اخْتارَ
austauschen	istabdala	اسْتَبْدَلَ
austeilen	wazzaʿa	وزَّعَ
austoben	tasakkaʿa	تسكَّعَ
austreten	kharaja min	خرَجَ مِنْ
austricksen	iḥtāla	احْتالَ
austrinken	shariba kullahu	شَرِبَ كُلَّه
ausüben	mārasa	مارَسَ
auswählen	ikhtāra	اخْتارَ
auswandern	hājara	هاجَرَ
auswaschen	ghasala	غسَلَ
auswechseln	istabdala	اسْتَبْدَلَ
ausweichen	tajannaba	تجنَّبَ
auswerten	qaīyama	قَيَّمَ
auswirken	aththara	أثَّرَ
auszählen	ʿaddada	عدَّدَ
auszeichnen	wassama	وَسَّمَ
ausziehen	ghādara sakanan	غادرَ سكنًا

B

babysitten	raʿā al-ʾaṭfāl	رَعى الأطفال
backen	khabaza	خَبَزَ
baden	sabaḥa	سَبَحَ
baggern	ḥafara	حَفَرَ
basteln	ṣanaʿa	صَنَعَ
bauen	banā	بَنَى
beabsichtigen	nawā	نَوى
beachten	raʿā	راعى
beängstigen	akhāfa	أخافَ
beanspruchen	ṭālaba	طالَبَ
beantragen	ṭalaba	طَلَبَ
beantworten	ajāba	أجابَ
bearbeiten	ʿālaja	عالَجَ
beatmen	asʿafa (bit-tanaffus al-iṣṭināʿī)	أسْعَفَ (بالتنفُّس الاصطناعي)
beaufsichtigen	ʾashrafa	أشْرَفَ
beauftragen	kallafa	كَلَّفَ
bedanken	shakara	شَكَرَ
bedauern	nadima	نَدِمَ
bedecken	ghaṭṭā	غطّى
bedenken	iʿtabara	اعْتَبَرَ
bedeuten	ʿanā	عَنَى
bedienen	khadama	خَدَمَ
bedrängen	ḍāyaqa	ضايَقَ
bedrohen	haddada	هَدَّدَ
bedrücken	aḥzana	أحْزَنَ
beeilen	asraʿa	أسْرَعَ
beeindrucken	abhara	أبْهَرَ
beeinflussen	aththara	أثَّرَ
beeinträchtigen	qallala	قَلَّلَ
beenden	anhā	أنْهى
beerdigen	dafana	دَفَنَ
befassen	taʿāmala	تعامَلَ
befehlen	amara	أمَرَ
befestigen	thabbata	ثَبَّتَ
befeuchten	ballala	بلَّلَ
befinden	ūjida	وُجِدَ
befolgen	ittabaʿa	اتَّبَعَ
befragen	istajwaba	اسْتَجْوَبَ
befreien	ḥarrara	حرَّرَ
befriedigen	arḍā	أرْضى
befruchten	laqqaḥa	لَقَّحَ
befürchten	khāfa	خافَ
befürworten	kāna maʿa	كانَ معَ
begegnen	iltaqā	الْتَقى
begehen	iqtarafa	اقْتَرَفَ
begehren	raghiba	رَغِبَ
begeistern	ḥammasa	حَمَّسَ
beginnen	ibtadaʾa	ابْتَدأ
begleiten	rāfaqa	رافَقَ
beglück-wünschen	hannaʾa	هَنَّأَ
begraben	dafana	دَفَنَ
begreifen	adraka	أدْرَكَ
begrenzen	ḥaddada	حَدَّدَ
begründen	ʿallala	عَلَّلَ
begrüßen	raḥḥaba	رَحَّبَ
begünstigen	āthara	آثَرَ

begutachten	ʿāyana	عايَنَ
behalten	iḥtafaẓa	احْتَفَظَ
behandeln	ʿāmala	عامَلَ
beharren	aṣarra	أصَرَّ
behaupten	iddaʿā	ادَّعى
beheben	azāla	أزالَ
behelfen	istaʿāna bi	اسْتعانَ بِـ
beherrschen	saiṭara	سَيْطَرَ
beherzigen	ihtamma	اهْتَمَّ
behindern	aʿāqa	أعاقَ
behüten	waqā	وَقى
beibehalten	iḥtafaẓa bi	احْتَفَظَ بِـ
beibringen	ʿallama	عَلَّمَ
beichten	iʿtarafa	اعْتَرَفَ
beifügen	aḍāfa	أضافَ
beinhalten	iḥtawā	احْتوى
beipflichten	jārā	جارى
beirren	ḥaīyara	حَيَّرَ
beißen	ʿaḍḍa	عَضَّ
beistehen	sānada	ساندَ
beitragen	sāhama	ساهَمَ
beitreten	inḍamma	انْضَمَّ
bejahen	radda bil-ʾījāb	رَدَّ بالإيجاب
bejubeln	iḥtafā bi	احتفى بِـ
bekämpfen	kāfaḥa	كافَحَ
bekehren	hadā	هَدى
bekennen	iʿtarafa	اعْتَرَفَ
beklagen	ishtakā	اشْتَكى
bekleckern	laṭṭakha	لَطَّخَ

bekommen	ḥaṣala ʿalā	حَصَلَ على
bekräftigen	akkada	أكَّدَ
beladen	ʿabbaʾa	عبَّأ
belasten	athqala	أثْقَلَ
belästigen	ḍāyaqa	ضايَقَ
belauschen	tanaṣṣata	تَنصَّتَ
beleidigen	ahāna	أهانَ
bellen	nabaḥa	نَبَحَ
belohnen	kāfaʾa	كافأ
belügen	kadhiba ʿalā	كَذِبَ على
bemerken	lāḥaẓa	لاحَظَ
bemitleiden	ʾashfaqa	أشْفَقَ
bemühen	ijtahada	اجْتَهَدَ
benachrichtigen	aʿlama	أعْلَمَ
benehmen	taṣarrafa	تَصَرَّفَ
beneiden	ḥasada	حَسَدَ
benennen	sammā	سَمَّى
benoten	aʿṭā darajah	أعْطى درجة
benötigen	iḥtāja	احْتاجَ
beobachten	rāqaba	راقَبَ
beraten	naṣaḥa	نَصَحَ
berechnen	ḥasaba	حَسَبَ
bereden	tabāḥatha	تَباحَثَ
bereiten	sabbaba	سَبَّبَ
bereithalten	jahhaza	جَهَّزَ
bereitmachen	aʿadda	أعَدَّ
bereuen	nadima	نَدِمَ
berichten	qaddama taqrīran	قَدَّمَ تقريرًا
berichtigen	ṣaḥḥaḥa	صَحَّحَ

berücksichtigen	akhadha bi-ʿayn al-iʿtibār	أخذ بعيْن الاعتبار
beruhigen	hadda'a	هَدَّأ
berühren	lamasa	لَمَسَ
beschädigen	atlafa	أتْلَفَ
beschaffen	waffara	وَفَّرَ
beschäftigen	shaghala	شَغَلَ
bescheinigen	shahida	شَهِدَ
beschenken	ahdā	أهْدى
beschimpfen	shatama	شَتَمَ
beschleunigen	sarraʿa	سَرَّعَ
beschließen	qarrara	قَرَّرَ
beschmutzen	lawwatha	لَوَّثَ
beschränken	ḥaddada	حَدَّدَ
beschreiben	waṣafa	وَصَفَ
beschuldigen	ittahama	اتَّهَمَ
beschützen	waqā	وَقَى
beschweren	ishtakā	اشْتَكَى
beseitigen	azāla	أزالَ
besetzen	shaghala	شَغَلَ
besichtigen	zāra	زارَ
besiegen	taghallaba	تَغَلَّبَ
besitzen	malaka	مَلَكَ
besorgen	waffara	وَفَّرَ
besprechen	nāqasha	ناقَشَ
bestätigen	akkada	أكَّدَ
bestatten	dafana	دَفَنَ
bestaunen	inbahara	انْبَهَرَ
bestehen	najaḥa	نَجَحَ
bestellen	ṭalaba	طَلَبَ
bestimmen	ḥaddada	حَدَّدَ
bestrafen	ʿāqaba	عاقَبَ
bestreiten	ankara	أنْكَرَ
besuchen	zāra	زارَ
betätigen	shaghghala	شَغَّلَ
betäuben	khaddara	خَدَّرَ
beteiligen	shāraka	شارَكَ
beten	ṣallā	صَلَّى
beteuern	akkada	أكَّدَ
betonen	shaddada ʿalā	شَدَّدَ على
betören	fatana	فَتَنَ
betrachten	ta'ammala	تأمَّلَ
betreuen	ihtamma bi	اهْتَمَّ بِـ
betrügen	khāna	خانَ
betteln	tasawwala	تَسَوَّلَ
beugen	aḥnā	أحْنى
beunruhigen	aqlaqa	أقْلَقَ
beurteilen	ḥakama ʿalā	حَكَمَ على
bevorzugen	faḍḍala	فَضَّلَ
bewachen	ḥarasa	حَرَسَ
bewaffnen	sallaḥa	سَلَّحَ
bewältigen	'anjaza	أنْجَزَ
bewegen	ḥarraka	حَرَّكَ
beweisen	athbata	أثْبَتَ
bewerben	tarashshaḥa	تَرَشَّحَ
bewerten	qaīyama	قَيَّمَ
bewirken	aḥdatha	أحْدَثَ
bewohnen	sakana	سَكَنَ
bewundern	inbahara	انْبَهَرَ

bezahlen	dafaʿa	دَفَعَ
bezeichnen	asmā	أسْمى
bezweifeln	shakkaka	شَكَّكَ
biegen	thanā	ثَنَى
bieten	atāḥa	أتاحَ
bilden	shakkala	شَكَّلَ
bitten	rajā	رَجا
blamieren	faḍaḥa	فَضَحَ
blasen	nafakha	نَفَخَ
bleiben	baqiya	بَقِيَ
blenden	aʿmā	أعْمى
blinken	raffa	رَفَّ
blinzeln	ramasha	رَمَشَ
blitzen	baraqa	بَرَقَ
blockieren	ʿarqala	عَرْقَلَ
blühen	azhara	أزْهَرَ
bluten	nazafa	نَزَفَ
bohren	thaqaba	ثَقَبَ
boxen	lākama	لاكَمَ
boykottieren	qāṭaʿa	قاطَعَ
braten	qalā	قلى
brauchen	iḥtāja	احْتاجَ
brechen	kasara	كَسَرَ
bremsen	kabaḥa	كَبَحَ
brennen	iḥtaraqa	احْتَرَقَ
bringen	aḥḍara	أحْضَرَ
bröckeln	tafattata	تَفَتَّتَ
brüllen	ṣarakha	صرَخَ
brummen	azza	أزَّ
brüten	ḥaḍana al-bayḍ	حَضَنَ البيض
buchen	ḥajaza	حَجَزَ
buchstabieren	hajjā	هَجَّى
bücken	inḥanā	انْحَنى
bügeln	kawā	كَوَى
bummeln	tafassaḥa	تَفَسَّحَ
bürsten	farrasha	فَرَّشَ

C

campen	khaīyama	خَيَّمَ
charakterisieren	maīyaza	مَيَّزَ
chatten	dardasha	دَرْدَش

D

dableiben	ẓalla fī makānihi	ظَلَّ في مكانه
danebenbenehmen	asā'a as-sulūk	أساءَ السُّلوك
danken	shakara	شكرَ
darstellen	ʿaraḍa	عَرَضَ
dastehen	waqafa hunāka	وقف هناك
dauern	dāma	دامَ
decken	ghaṭṭā	غطّى
dehnen	tamaṭṭā	تمطّى
dementieren	kadhdhaba	كَذَّبَ
demonstrieren	ʿaraḍa	عَرَضَ
demütigen	ahāna	أهانَ
denken	fakkara	فَكَّرَ
deprimieren	aḥzana	أحْزَنَ
desinfizieren	ʿaqqama	عَقَّمَ
deuten	fassara	فَسَّرَ
dienen	khadama	خَدَمَ
diskriminieren	mārasa at-tamyīz	مارَسَ التَّمييز
diskutieren	nāqasha	ناقَشَ
disqualifizieren	istabʿada	اسْتَبْعَدَ
distanzieren	ibtaʿada	ابْتَعَدَ
dividieren	qassama	قَسَّمَ
donnern	arʿada	أرْعَدَ
dosieren	ḥaddada al-miqdār	حَدَّدَ المِقدار
downloaden	nazzala	نَزَّلَ
dramatisieren	hawwala	هَوَّلَ
dranbleiben	tābaʿa hadafahu	تابَع هدفه

drängeln	zāḥama	زاحَمَ
drängen	dafaʿa	دَفَعَ
drankommen	jā'a dawruhu	جاء دَوْرُه
drehen	dāra	دارَ
drohen	haddada	هَدَّدَ
drucken	ṭabaʿ	طَبَعَ
drücken	ḍaghaṭa	ضَغَطَ
ducken	inḥanā	انْحَنى
duften	ʿabiqa	عَبِقَ
dulden	tasāmaḥa	تسامَحَ
durchdenken	fakkara malīyan	فكَّر مَلِيًّا
durcheinander-bringen	khalaṭa	خَلَطَ
durchführen	naffadha	نَفَّذَ
durchsagen	aʿlana	أعْلَنَ
durchschauen	faṭina	فَطِنَ
durchsetzen	faraḍa	فَرَضَ
durchsickern	tasarraba	تَسَرَّبَ
durchstöbern	nabasha	نَبَشَ
durchstreichen	shaṭaba	شَطَبَ
durchwühlen	nabasha	نَبَشَ
durchziehen	ijtāza	اجْتازَ
dürfen	sumiḥa lahu bi	سُمِح له بِـ
duschen	istaḥamma	اسْتحَمَّ
duzen	khāṭaba bi-ṣīghat al-maʿrifah	خاطب بصيغة المعرفة

E

ebnen	saṭṭaḥa	سطَّحَ
ehren	karrama	كَرَّمَ
eignen	ṣaluḥa li	صَلُحَ لِـ
eilen	istaʿjala	اسْتَعْجَلَ
einatmen	istanshaqa	اسْتَنْشَقَ
einbilden	tawahhama	تَوَهَّمَ
einbrechen	iqtaḥama	اقْتَحَمَ
einchecken	sajjala	سَجَّلَ
eincremen	ṭalā bil-kirīm	طلى بِالكِريم
eindringen	tasallala	تسلَّلَ
eindrücken	kasara	كَسَرَ
einengen	ḍaīyaqa	ضيَّقَ
einfädeln	laḍama	لَضَمَ
einfahren	waṣala	وصَلَ
einfallen	khaṭara bi-bālihi	خَطَر بباله
einfangen	iltaqaṭa	الْتَقَطَ
einfügen	adkhala	أدْخَلَ
einfühlen	aḥassa	أحَسَّ
einführen	adkhala	أدْخَلَ
eingeben	adkhala	أدْخَلَ
eingestehen	iʿtarafa	اعْتَرَفَ
eingreifen	tadakhkhala	تدَخَّلَ
eingrenzen	ḥaddada	حَدَّدَ
einholen	laḥiqa bi	لَحِقَ بِـ
einigen	ittafaqa	اتَّفقَ
einkaufen	ishtarā	اشْتَرى
einkleben	alṣaqa	ألْصَقَ
einklemmen	aṭbaqa	أطْبَقَ

einladen	daʿā	دعا
einleben	ta'aqlama	تأقْلَمَ
einlenken	adhʿana	أذْعَنَ
einleuchten	ittaḍaḥa	اتَّضَحَ
einliefern	sallama	سلَّمَ
einloggen	sajjala ad-dukhūl	سجَّل الدخول
einlösen	ṣarafa	صرَفَ
einmischen	tadakhkhala	تدَخَّلَ
einordnen	ṣannafa	صنَّفَ
einpacken	ḥazama al-ḥaqībah	حزَمَ الحقيبة
einparken	rakana	ركَنَ
einpflanzen	zaraʿa	زرَعَ
einplanen	khaṭṭaṭa	خطَّطَ
einprägen	ḥafiẓa fī dhākiratihi	حفِظ في ذاكرَتِه
einräumen	manaḥa	مَنَحَ
einreden	aqnaʿa	أقْنَعَ
einreiben	dalaka	دَلَكَ
einreisen	dakhala musāfiran	دخلَ مسافِرًا
einrosten	ṣadi'a	صدِئَ
einschalten	ashʿala	أشْعَلَ
einschätzen	qaīyama	قَيَّمَ
einschenken	ṣabba	صَبَّ
einschlafen	ghafā	غَفا
einschließen	taḍammana	تضمَّنَ
einschränken	ḥaddada	حدَّدَ
einschreiten	tadakhkhala	تدَخَّلَ
einschüchtern	khawwafa	خوَّفَ
einschulen	alḥaqahu bil-madrasah	ألْحقَهُ بالمدرسة
einsehen	aqarra bi	أقرَّ بِـ
einsetzen	tadakhkhala	تدَخَّلَ
einsperren	sajana	سَجَنَ
einspringen	ḥalla maḥallahu	حلَّ محلَّه
einstecken	waḍaʿ fī jaibihi	وضعَ في جيبه
einsteigen	rakiba (al-qiṭar)	ركِبَ (القطار)
einstellen	shaghghala	شغَّلَ
einstürzen	inhāra	انْهارَ
eintauchen	ghaṭasa	غَطَسَ
einteilen	wazzaʿa	وزَّعَ
eintragen	sajjala	سجَّلَ
eintreffen	waṣala	وَصَلَ
eintreten	ṭara'a	طرأ
einwandern	hātafa	هاجَرَ
einwechseln	abdala	أبْدَلَ
einweichen	naqaʿa	نَقَعَ
einweihen	iftataḥa	افْتَتَحَ
einweisen	wajjaha	وَجَّهَ
einwenden	iʿtaraḍa	اعْتَرَضَ
einwilligen	wāfaqa	وافقَ
einzahlen	awdaʿa (mālan)	أوْدَعَ (مالاً)
eitern	taqaīyaḥa	تَقَيَّحَ
ekeln	qazzaza	قزَّزَ
empfangen	istaqbala	اسْتَقْبَلَ
empfehlen	awṣā bi	أوْصى بِـ
empfinden	aḥassa	أحَسَّ
enden	intahā	انْتهى

entdecken	iktashafa	اكْتَشَفَ
entfachen	ashʿala	أشْعَلَ
entfallen	alghā	ألْغى
entfernen	abʿada	أبْعَدَ
entführen	khaṭafa	خطَفَ
entgegenbringen	qābala	قابَلَ
entgegnen	ajāba	أجابَ
entgleisen	ḥāda	حادَ
enthalten	iḥtawā	احْتَوى
entkommen	najā	نَجا
entlanggehen	mashā ʿalā ṭūl	مَشى على طول
entlassen	ʿazala	عَزَلَ
entlasten	aʿfā	أعْفى
entlaufen	hariba	هَرِبَ
entscheiden	qarrara	قَرَّرَ
entschließen	qarrara	قَرَّرَ
entschuldigen	iʿtadhara	اعْتَذَرَ
entsetzen	istā'a	اسْتاءَ
entsorgen	takhallaṣa min	تَخَلَّصَ مِنْ
entspannen	istarkhā	اسْتَرْخى
entsprechen	ṭābaqa	طابَقَ
entstehen	nasha'a	نَشَأَ
entstellen	shawwaha	شَوَّهَ
enttäuschen	khaīyaba 'amalahu	خَيَّبَ أمَلَه
entwaffnen	nazaʿa lahu silāḥahu	نزَعَ لهُ سِلاحهُ
entweichen	tasarraba	تَسَرَّبَ
entwerfen	ṣammama	صَمَّمَ

entwickeln	ṭawwara	طَوَّرَ
erben	waritha	وَرِثَ
erbrechen	taqaīya'a	تَقَيَّأَ
ereignen	waqaʿa	وَقَعَ
erfahren	ʿalima	عَلِمَ
erfinden	ikhtaraʿa	اخْتَرَعَ
erforschen	baḥatha	بَحَثَ
erfrieren	tajammada	تَجَمَّدَ
erfrischen	barrada	بَرَّدَ
erfüllen	taḥaqqaqa	تحَقَّقَ
ergänzen	akmala	أكْمَلَ
ergeben	nataja	نَتَجَ
erhalten	tasllama	تَسَلَّمَ
erhoffen	amala	أمَلَ
erhöhen	rafaʿa	رَفَعَ
erholen	istarāḥa	اسْتَراحَ
erinnern	tadhakkara	تَذَكَّرَ
erkälten	uṣība biz-zukām	أُصيبَ بِالزُّكام
erkennen	taʿarrafa ʿalā	تَعَرَّفَ على
erklären	waḍḍaḥa	وَضَّحَ
erkundigen	sa'ala	سَأَلَ
erlauben	samaḥa	سَمَحَ
erläutern	sharaḥa	شَرَحَ
erleben	ʿāsha	عاشَ
erledigen	anjaza	أنْجَزَ
erleichtern	sahhala	سَهَّلَ
erlösen	khallaṣa	خلَّصَ
ermahnen	ḥadhdhara	حَذَّرَ
ermitteln	ḥaqqaqa	حَقَّقَ

ermöglichen	makkana	مَكَّنَ
ermorden	qatala	قَتَلَ
ermuntern	shajjaʿa	شَجَّعَ
ermutigen	shajjaʿa	شَجَّعَ
ernähren	aṭʿama	أطْعَمَ
ernennen	ʿaīyana	عَيَّنَ
erneuern	jaddada	جَدَّدَ
ernten	ḥaṣada	حَصَدَ
eröffnen	iftataḥa	افْتَتَح
erpressen	ibtazza	ابْتَزَّ
erregen	athāra	أثارَ
erreichen	adraka	أدْرَكَ
erscheinen	ẓahara	ظَهَرَ
erschrecken	akhāfa	أخافَ
erschüttern	zaʿzaʿa	زَعْزَعَ
erschweren	ṣaʿʿaba	صَعَّبَ
ersetzen	ʿawwaḍa	عَوَّضَ
erstaunen	adhasha	أدْهَشَ
ersticken	ikhtanaqa	اخْتَنَقَ
ertappen	dāhama	دَاهَمَ
ertragen	taḥammala	تَحَمَّلَ
ertrinken	gharaqa	غَرَقَ
erwähnen	dhakara	ذَكَرَ
erwarten	intaẓara	انْتَظَرَ
erwidern	radda	رَدَّ
erwürgen	khanaqa	خَنَقَ
erzählen	rawā	رَوَى
erzeugen	antaja	أنْتَجَ
erziehen	rabbā	رَبَّى
erzwingen	ajbara	أجْبَرَ
essen	akala	أكَلَ
existieren	ūjida	وُجِدَ
explodieren	infajara	انْفَجَرَ

F

fahren	qāda as-saīyārah	قادَ السَّيّارَةَ
fallen	saqaṭa	سَقَطَ
fälschen	zawwara	زَوَّرَ
falten	ṭawā	طَوَى
fangen	ḍabaṭa	ضَبَطَ
färben	lawwana	لَوَّنَ
fassen	amsaka	أمْسَكَ
fasten	ṣāma	صامَ
faszinieren	fatana	فَتَنَ
faulen	taʿaffana	تَعَفَّنَ
faulenzen	takāsala	تَكاسَلَ
fechten	qātala	قاتَلَ
fegen	kanasa	كَنَسَ
fehlen	ghāba	غابَ
feiern	iḥtafala	احْتَفَلَ
feilen	barada	بَرَدَ
fernsehen	shāhada at-tilfāz	شاهَدَ التِّلْفاز
fernsteuern	taḥakkama ʿan buʿd	تَحَكَّمَ عن بُعْد
fertigmachen	anjaza	أنْجزَ
fesseln	qaīyada	قَيَّدَ
festhalten	masaka	مَسَكَ
festnehmen	awqafa	أوْقفَ
feststehen	thabata	ثَبَتَ
feststellen	ta'akkada	تأَكَّدَ
filmen	ṣawwara	صوَّرَ
filtern	ṣaffā	صفَّى
finanzieren	mawwala	موَّلَ
finden	wajada	وجَدَ
flehen	tawassala	تَوَسَّلَ
flicken	raqqaʿa	رقَّعَ
fliegen	ṭāra	طارَ
fliehen	hariba	هرِبَ
fließen	sāla	سالَ
flimmern	shaʿshaʿa	شَعْشَعَ
flirten	taghazzala	تغزَّلَ
fluchen	laʿana	لعَنَ
flüchten	hariba	هرِبَ
flüstern	hamasa	همَسَ
föhnen	jaffafa ash-shaʿr	جفَّفَ الشَّعْر
folgen	tabiʿa	تبِعَ
folgern	nataja	نتَجَ
foltern	ʿadhdhaba	عذَّبَ
fordern	ṭālaba	طالَبَ
fördern	shajjaʿa	شجَّعَ
formulieren	rakkaba ʿibārah	ركَّبَ عِبارة
forschen	baḥatha	بَحَثَ
fortbilden	tābaʿa takwīnahu	تابَعَ تكْوينه
fortfahren	wāṣala	واصَلَ
fortsetzen	wāṣala	واصَلَ
fotografieren	ṣawwara	صوَّرَ
fragen	sa'ala	سألَ
frankieren	waḍaʿa (ṭābiʿan barīdīyan)	وضَعَ طابعًا بريديًا
freigeben	sarraḥa	سرَّحَ
freihaben	ladahi waqt farāgh	لَدَيْهِ وقْت فراغ
freilassen	taraka sabīlahu	ترَكَ سبيله
freisprechen	ḥakama bi-barā'atihi	حَكَمَ ببراءته

fremdgehen	khāna	خانَ
fressen	iftarasa	افْتَرَسَ
freuen	saʿida	سعِدَ
frieren	barida	برِدَ
frühstücken	afṭara	أفْطرَ
frustrieren	aḥbaṭa	أحْبَطَ
fühlen	aḥassa	أحَسَّ
führen	qāda	قادَ
füllen	mala'a	ملأَ
funktionieren	ishtaghala	اشْتَغَلَ
fürchten	khāfa	خافَ

G

gähnen	thatāʾaba	تَثاءَبَ
garantieren	ḍamana	ضَمَنَ
geben	aʿṭā	أعْطَى
gefährden	ʿarraḍa lil-khaṭar	عرَّضَ للخَطر
gefallen	aʿjaba	أعْجَبَ
gehen	dhahaba	ذَهَبَ
gehorchen	aṭāʿa	أطَاعَ
gehören	intamā	انْتَمَى
gelangen	waṣala	وَصَلَ
gelingen	najaḥa	نَجَحَ
gelten	inṭabaqa ʿalā	انطبقَ على
genehmigen	rakhkhaṣa	رخَّصَ
genesen	taʿāfā	تعافى
genieren	istaḥā	استَحى
genießen	tamattaʿa	تمتَّعَ
genügen	kafā	كفى
geschehen	ḥadatha	حدَثَ
gestatten	samaḥa	سمَحَ
gestehen	iʿtarafa	اعْترَفَ
gestikulieren	takallama bil-ʾishārah	تكلّم بالإشارة
gewinnen	rabiḥa	رَبِحَ
gewittern	habbat ʿāṣifah raʿdīyah	هبَّتْ عاصفة رعدية
gewöhnen	taʿawwada ʿalā	تعوَّدَ على
gießen	saqā	سَقَى
glänzen	lamaʿa	لَمَعَ
glätten	ṣaqala	صقَلَ
glauben	iʿtaqada	اعْتَقَدَ

gleichen	shābaha	شابَهَ
gleiten	tazaḥlaqa	تزحْلقَ
gliedern	bawwaba	بوَّبَ
glitzern	tala'la'	تلألأَ
glühen	tawahhaja	توَهَّجَ
gönnen	fariḥa li-shakhṣin mā bi	فرِح لشخص ما بِـ
graben	ḥafara	حَفرَ
gratulieren	hanna'a	هنَّأَ
greifen	qabaḍa ʿalā	قبَضَ على
grenzen	tākhama	تاخَمَ
grillen	shawā	شَوَى
grinsen	ḍaḥika bistihzā'	ضَحِكَ باسْتِهْزاء
grübeln	aṭāla at-tafkīr	أطالَ التَّفْكير
gründen	assasa	أسَّسَ
grunzen	naʿara	نَعَرَ
gruseln	iqshaʿarra	اقْشَعَرَّ
grüßen	sallama	سَلَّمَ
gucken	naẓara	نَظَرَ
gurgeln	gharghara	غَرْغَرَ
gutmachen	faʿala ḥasanan	فعَلَ حسناً

H

haaren	tasāqaṭa shaʿruhu	تساقَطَ شَعْرُه
haben	malaka	مَلَكَ
hacken	qaṭaʿa	قَطَعَ
hadern	tashakkā	تشَكَّى
hageln	saqaṭa al-bard	سقطَ البَرَدُ
häkeln	ṣanaʿa bil-kurūshih	صنع بالكروشيه
halbieren	nāṣafa	ناصَفَ
halten	masaka	مَسَكَ
hämmern	ḍaraba bil-miṭraqah	ضرَبَ بالمِطْرقة
handeln	taṣarrafa	تصرَّفَ
handhaben	taʿāmala maʿa	تعامَلَ مع
hängen	ʿallaqa	علَّقَ
harmonieren	tanāghama	تناغَمَ
hassen	kariha	كَرِهَ
hauen	ḍaraba	ضَرَبَ
heben	rafaʿa	رَفَعَ
hecheln	lahatha	لَهَثَ
heften	shabaka	شَبَكَ
hegen	raʿā	رَعَى
heilen	dāwā	داوَى
heimfahren	rakiba ʿā'idan 'ilā baitihi	ركِبَ عائِدًا إلى بيْتِه
heimzahlen	intaqama	انْتَقَمَ
heiraten	tazawwaja	تَزَوَّجَ
heißen	yusammā	يُسمَّى
heizen	adfa'a	أدفأَ
helfen	sāʿada	ساعَدَ

herausfordern	taḥaddā	تَحَدَّى
herrschen	ḥakama	حَكَمَ
hervorrufen	athāra	أثارَ
hetzen	asraʿa	أسْرَعَ
heucheln	nāfaqa	نافَقَ
heulen	ʿawā	عَوَى
hinken	ʿarija	عَرِجَ
hinrichten	aʿdama	أعْدَمَ
hinterfragen	tasā'ala	تسائَلَ
hinweisen	ashāra 'ilā	أشارَ إلى
hinzufügen	aḍāfa	أضافَ
hobeln	saḥaja	سَحَجَ
hocken	qaʿada	قَعَدَ
hoffen	amala	أمَلَ
holen	jalaba	جَلَبَ
hören	samiʿa	سَمِعَ
humpeln	ʿarija	عَرِجَ
hungern	jāʿa	جاعَ
hupen	zammara	زَمَّرَ
hüpfen	naṭṭa	نَطَّ
husten	saʿala	سَعَلَ
hüten	ḥarasa	حَرَسَ
hypnotisieren	nawwama	نَوَّمَ

I

identifizieren	ʿaīyana huīyatahu	عيَّنَ هُوِيَّته
ignorieren	tajāhala	تجاهَلَ
impfen	laqqaḥa	لقَّحَ
infizieren	aʿdā	أعدَى
informieren	aʿlama	أعْلَمَ
innehaben	shaghala	شَغَلَ
inspirieren	alhama	ألْهَمَ
installieren	rakkaba	ركَّبَ
integrieren	admaja	أدْمَجَ
interessieren	ahamma	أهَمَّ
interpretieren	awwala	أوَّلَ
interviewen	ḥāwara	حاوَرَ
investieren	istathmara	اسْتَثْمَرَ
irreführen	ḍallala	ضَلَّلَ
irren	akhṭa'a	أخْطَأَ
irritieren	arbaka	أرْبَكَ
isolieren	ʿazala	عَزَلَ

J

jagen	iṣṭāda	اصْطادَ
jammern	nāḥa	ناحَ
joggen	rakaḍa	رَكَضَ
jubeln	hallala	هلَّلَ
jucken	harasha	هَرَشَ

K

kämmen	mashaṭa	مَشَطَ
kämpfen	ṣāraʿa	صارَعَ
kapitulieren	istaslama	اسْتَسْلَمَ
kaputtgehen	inksara	انْكَسَرَ
kassieren	ḥaṣṣala	حصَّلَ
kauen	maḍagha	مَضَغَ
kauern	qarfaṣa	قَرْفَصَ
kaufen	ishtarā	اشْتَرى
kehren	kanasa	كَنَسَ
kehrtmachen	ʿāda adrājahu	عادَ أدْراجَه
kennen	ʿarifa	عَرِفَ
kennzeichnen	ʿallama ʿalā	علَّمَ على
keuchen	lahatha	لَهَثَ
kichern	qahqaha	قَهْقَهَ
kidnappen	ikhtaṭafa	اخْتطَفَ
kitzeln	daghdagha	دَغْدَغَ
klaffen	infataḥa	انْفَتَحَ
klagen	shakā	شكَا
klammern	shabaka	شَبَكَ
klappen	najaḥa	نَجَحَ
klappern	qarqaʿa	قَرْقَعَ
klären	awḍaḥa	أوْضَحَ
klargehen	lā māniʿa minhu	لا مانِعَ مِنْهُ
klarkommen	dabbara ʾamrahu	دبَّرَ أمْرَهُ
klatschen	ṣaffaqa	صَفَّقَ
kleben	lazaqa	لَزَقَ
kleckern	insakaba	انْسَكَبَ
klettern	tasallaqa	تَسَلَّقَ

klicken	naqara	نَقَرَ
klingeln	ranna	رنَّ
klingen	ṭanna	طَنَّ
klopfen	ṭaraqa	طَرَقَ
knabbern	qaḍama	قَضَمَ
knacken	ṭaqṭaqa	طقْطَقَ
knallen	farqaʿa	فَرْقَعَ
kneifen	qaraṣa	قَرَصَ
kneten	ʿajana	عَجَنَ
knicken	ṭawā	طَوَى
knien	jathā	جَثَا
knirschen	ṣarra (ʿalā ʾasnānihi)	صَرَّ (على أسْنانِه)
knistern	khashkhasha	خشْخَشَ
knittern	tajaʿʿada	تَجَعَّدَ
knöpfen	zarrara	زَرَّرَ
knurren	harra	هَرَّ
kochen	ṭabakha	طَبَخَ
kombinieren	jamaʿa	جَمَعَ
kommen	atā	أتَى
kommentieren	ʿallaqa ʿalā	عَلَّقَ على
können	istaṭāʿa	اسْتطاعَ
konstruieren	ṣanaʿa	صَنَعَ
konsumieren	istahlaka	اسْتَهْلَكَ
kontrollieren	rāqaba	راقَبَ
konzentrieren	rakkaza	رَكَّزَ
kooperieren	taʿāwana	تَعاوَنَ
koordinieren	nassaqa	نَسَّقَ
kopieren	nasakha	نَسَخَ
korrigieren	ṣaḥḥaḥa	صَحَّحَ

kosten	kallafa	كَلَّفَ
krabbeln	zaḥafa	زَحَفَ
krankmelden	ballagha ʿan maraḍihi	بَلَّغَ عنْ مرَضِه
kratzen	ḥakka	حَكَّ
kraulen	dāʿaba	داعَبَ
kräuseln	jaʿʿada	جَعَّدَ
kreisen	dāra	دارَ
kreuzen	ʿabara	عَبَرَ
kribbeln	tanammala	تَنَمَّلَ
kriechen	zaḥafa	زَحَفَ
kriegen	nāla	نالَ
kritisieren	intaqada	انْتَقَدَ
krümeln	tafattata	تَفَتَّتَ
krümmen	ḥanā	حنَى
kühlen	barrada	بَرَّدَ
kümmern	iʿtanā bi	اعْتنَى بِـ
kündigen	alghā (ʿaqdan)	ألْغى (عَقْدًا)
kürzen	qaṣṣara	قَصَّرَ
kuscheln	ḥaḍana	حَضَنَ
küssen	qabbala	قَبَّلَ

L

lächeln	ibtasama	اِبْتَسَمَ
lachen	ḍaḥika	ضَحِكَ
laden	shaḥana	شَحَنَ
lagern	khazzana	خَزَّنَ
lähmen	shalla	شَلَّ
lahmlegen	ʿaṭṭala	عَطَّلَ
landen	ḥaṭṭa	حَطَّ
langweilen	ḍajira	ضَجِرَ
lassen	taraka	تَرَكَ
lästern	ightāba	اغْتابَ
lauern	tarabbaṣa bi	تربّصَ بِـ
laufen	jarā	جرَى
läuten	ranna	رَنَّ
leben	ʿāsha	عاشَ
lecken	laʿiqa	لَعِقَ
leeren	afragha	أفْرَغَ
legen	waḍaʿa	وَضَعَ
lehnen	ittaka'a	اتَّكأَ
lehren	ʿallama	عَلَّمَ
leiden	ʿānā	عانَى
leihen	aqraḍa	أقْرَضَ
leisten	anjaz	أنْجَزَ
leiten	qāda	قادَ
lenken	adāra	أدارَ
lernen	taʿallama	تَعَلَّمَ
lesen	qara'a	قَرَأَ
leugnen	ankara	أنْكَرَ
lieben	aḥabba	أحَبَّ
liebkosen	ʿānaqa	عانَقَ
liefern	sallama	سَلَّمَ
liegen	tamaddada	تمَدَّدَ
lispeln	lathigha	لَثِغَ
loben	imtadaḥa	امْتَدَحَ
locken	aghrā	أغْرَى
lockern	arkhā	أرْخَى
löffeln	gharafa	غَرَفَ
lohnen	istaḥaqa al-juhd	استحَقَ الجُهد
löschen	fasakha	فَسَخَ
lösen	ḥalla	حَلَّ
losfahren	inṭalaqa	انْطَلَقَ
loswerden	takhallaṣa min	تَخَلَّصَ مِنْ
lüften	hawwā	هَوَّى
lügen	kadhiba	كَذِبَ
lutschen	maṣṣa	مَصَّ

M

machen	faʿala	فَعَلَ
mahnen	andhara	أَنْذَرَ
mailen	rāsala	راسَلَ
malen	rasama	رَسَمَ
manipulieren	talāʿaba bi	تلاعَبَ بِـ
markieren	ashshsara ʿalā	أشَّرَ على
massieren	masada	مَسَدَ
meditieren	taʾammala	تأمَّلَ
meiden	taḥāshā	تَحاشى
meinen	iʿtaqada	اعْتَقَدَ
meistern	ajāda	أجادَ
melden	ʾaʿlama	أعْلَمَ
merken	lāḥaẓa	لاحَظَ
messen	qāsa	قاسَ
miauen	māʾa	ماءَ
mieten	istaʾjara	اسْتأجرَ
mindern	qallaṣa	قلَّصَ
mischen	khalaṭa	خَلَطَ
missachten	tajāhala	تجاهَلَ
missbilligen	istankara	اسْتنْكَرَ
missbrauchen	asāʾa al-istiʿmāl	أساء الاسْتِعمال
missen	iftaqada	افْتَقَدَ
missfallen	kariha	كرِهَ
missglücken	fashala	فَشَلَ
misshandeln	asāʾa al-muʿāmalah	أساء المُعامَلة
misslingen	fashala	فَشَلَ
misstrauen	shakka	شَكَّ
missverstehen	sāʾa al-fihm	أساءَ الفهْمَ
mitbekommen	adraka	أدْرَكَ
mitfahren	sāfara maʿa	سافَرَ معَ
mitfühlen	shārakahu al-ʾiḥsās	شارَكَه الإحساس
mitmachen	shāraka	شارَكَ
mitteilen	ʾaʿlama	أعْلَمَ
mixen	khalaṭa	خَلَطَ
mögen	uʿjiba bi	أُعْجِبَ بِـ
morden	qatala	قَتَلَ
motivieren	ḥammasa	حَمَّسَ
multiplizieren	ḍāʿafa	ضاعَفَ
murmeln	hamhama	هَمْهَمَ
müssen	wajaba	وَجَبَ
mutmaßen	khammana	خَمَّنَ

N

nachahmen	qallada	قَلَّدَ
nachdenken	fakkara fī	فكَّر في
nachgeben	tarājaʿa	تراجعَ
nachholen	tadāraka	تداركَ
nachkommen	jāʾa baʿdahu	جاء بعْدَه
nachtragen	ākhadhahu ʿlā	آخَذهُ على
nagen	qaraḍa	قَرَضَ
nahekommen	iqtaraba	اقْترَبَ
nahen	iqtaraba	اقْترَبَ
nähen	khāṭa	خاطَ
nähern	iqtaraba	اقْترَبَ
nahestehen	kāna qarīban min	كانَ قريبًا مِن
naschen	qarmasha	قرْمَشَ
necken	ʿākasa	عاكَسَ
nehmen	akhadha	أخَذَ
neiden	ḥasada	حسَدَ
neigen	māla ʾilā	مال إلى
nennen	sammā	سمَّى
nerven	aghḍaba	أغْضَبَ
nicken	hazza raʾsahu	هزَّ رأسه
niederknien	jathā	جثا
niederlassen	istaqarra	استَقَرَّ
nieseln	radhdha	رَذَّ
niesen	ʿaṭasa	عَطَسَ
nörgeln	tadhammara	تَذَمَّرَ
nummerieren	raqqama	رقَّمَ
nuscheln	ghamghama	غمْغَمَ

O

öffnen	fataḥa	فَتَحَ
ölen	zaīyata	زَيَّتَ
operieren	qāma bi-jirāḥah	قامَ بِجراحة
opfern	ḍaḥḥā bi	ضَحَّى بِـ
ordnen	naẓẓama	نَظَّمَ
organisieren	naẓẓama	نَظَّمَ
orientieren	tawajjaha	توَجَّهَ

P

packen	ḥazama	حَزَمَ
paddeln	jadhdhafa	جَذَّفَ
parken	rakana	رَكَنَ
passen	nāsaba	ناسبَ
passieren	ḥadatha	حدَثَ
petzen	washā	وَشَى
pfeffern	falfala	فَلْفَلَ
pfeifen	ṣaffara	صَفَّرَ
pflanzen	gharasa	غَرَسَ
pflegen	iʿtanā bi	اعْتَنَى بِـ
pflücken	qaṭafa	قَطَفَ
picknicken	akala fil-hawāʾ aṭ-ṭalq	أكَلَ في الهواء الطَّلْق
piepen	ṣaffara	صَفَّرَ
piepsen	zaqzaqa	زَقْزَقَ
plagen	ʿadhdhaba	عَذَّبَ
planen	khaṭṭaṭa	خَطَّطَ
planschen	laʿiba fī al-māʾ	لعِبَ في الماء
plappern	tharthara	ثَرْثَرَ
platzen	infajara	انْفَجَرَ
platzieren	waḍaʿa (fī makān muʿaīyan)	وَضَعَ (في مكَان مُعَين)
plaudern	taḥādth	تَحادَثَ
pleitegehen	aflasa	أَفْلَسَ
pokern	laʿiba al-būkir	لَعِبَ البُوكِرْ
posieren	ittakhadha (waḍʿn muʿaīyanan)	اتَّخَذَ (وضْعًا مُعَيَّنًا)
prägen	ṭabaʿ	طَبَعَ
prahlen	tabāhā	تَباهى
prallen	iṣṭadama	اصْطَدَمَ
präsentieren	qaddama	قَدَّمَ
pressen	ḍaghaṭa	ضَغَطَ
probieren	jarraba	جَرَّبَ
protestieren	iḥtajja	احْتَجَّ
provozieren	istafazza	اسْتَفَزَّ
prüfen	imtaḥana	امْتَحَنَ
prügeln	qātala	قاتَلَ
pupsen	fasā	فَسَا
pusten	nafakha	نَفَخَ
putzen	naẓẓafa	نَظَّفَ

Q

quaken	naʿaqa نَعَقَ
quälen	ʿadhdhaba عَذَّبَ
qualmen	dakhkhana دَخَّنَ
quengeln	anna أَنَّ
quieken	ṣarṣara صَرْصَرَ
quietschen	zaʿaqa زَعَقَ

R

rächen	intaqama اِنْتَقَمَ
radeln	qāda darrājatan قادَ دَرَّاجَةً
rascheln	ḥaffa حَفَّ
rasen	asraʿa أَسْرَعَ
rasieren	ḥalaqa حَلَقَ
rasseln	jaljala جَلْجَلَ
raten	takahhana تَكَهَّنَ
rätseln	khammana خَمَّنَ
rattern	khashkhasha خَشْخَشَ
rauben	saraqa سَرَقَ
rauchen	dakhkhana دَخَّنَ
rauschen	أَحْدَثَ ضَجيجًا aḥdatha ḍajījan
räuspern	tanaḥnaḥa تَنَحْنَحَ
rausschmeißen	ramā رَمَى
reagieren	tafāʿala تَفاعَلَ
realisieren	ḥaqqaqa حَقَّقَ
rebellieren	tamarrada تَمَرَّدَ
rechnen	aḥṣā أَحْصى
rechtfertigen	barrara بَرَّرَ
recyceln	raskala رَسْكَلَ
reden	takallama تَكَلَّمَ
regeln	rattaba رَتَّبَ
regen	ḥarraka حَرَّكَ
regieren	ḥakama حَكَمَ
registrieren	sajjala سَجَّلَ
regnen	amṭarat أَمْطَرَتْ
reiben	dalaka دَلَكَ
reichen	kafā كَفى

reimen	saja'a	سَجَعَ
reinigen	naẓẓafa	نَظَّفَ
reinlegen	khada'a	خَدَعَ
reisen	sāfara	سافَرَ
reißen	mazzaqa	مَزَّقَ
reiten	rakiba farasan	رَكِبَ فَرَسًا
reizen	haīyaja	هَيَّجَ
rekeln	tarākhā	تَراخَى
rennen	jarā	جَرى
renovieren	jaddada	جَدَّدَ
reparieren	aṣlaḥa	أصْلَحَ
reservieren	ḥajaza	حَجَزَ
respektieren	iḥtarama	احْتَرَمَ
retten	anqadha	أنْقَذَ
revanchieren	intaqama	انْتَقَمَ
richtigstellen	ṣaḥḥaḥa	صَحَّحَ
riechen	ishtamma	اشْتَمَّ
riskieren	jāzafa	جازَفَ
rollen	laffa	لَفَّ
röntgen	kashafa bil-'ashi''ah	كَشَفَ بالأشِعَّة
rosten	ṣadi'a	صَدِئَ
rubbeln	dalaka	دَلَكَ
rückerstatten	radda	رَدَّ
rudern	jaddafa	جَدَّفَ
rufen	nādā	نادَى
ruhen	istarāḥa	اسْتَراحَ
rühren	massa	مَسَّ
ruinieren	dammara	دَمَّرَ
rutschen	inzalaqa	انْزَلَقَ
rütteln	rajja	رَجَّ

S

sagen	qāla	قالَ
sägen	qaṭaʿa bi-minshār	قَطَعَ بمِنْشار
salzen	mallaḥa	مَلَّحَ
sammeln	jamaʿa	جَمَعَ
säubern	naẓẓafa	نَظَّفَ
saugen	imtaṣṣa	امْتَصَّ
schaden	ḍarra	ضَرَّ
schaffen	aḥdatha	أحْدَثَ
schälen	qashshara	قَشَّرَ
schalten	shaghghala	شَغَّلَ
schämen	khajila	خَجِلَ
schätzen	khammana	خَمَّنَ
schauen	naẓara	نَظَرَ
schaufeln	jarafa	جَرَفَ
schaukeln	taʾarjaḥa	تَأَرْجَحَ
schäumen	arghā	أرْغى
scheinen	badā	بَدَا
scheitern	akhfaqa	أخْفَقَ
schenken	ahdā	أهْدَى
scherzen	mazaḥa	مَزَحَ
scheuchen	ṭarada	طَرَدَ
scheuen	khajila	خَجِلَ
schicken	arsala	أرْسَلَ
schieben	dafaʿa	دَفَعَ
schiefgehen	akhṭaʾa	أخْطَأَ
schielen	inḥarafa	انْحَرَفَ
schießen	aṭlaqa an-nāra	أطْلَقَ النّارَ
schildern	waṣafa	وَصَفَ
schimmeln	taʿaffana	تَعَفَّنَ
schimpfen	shatama	شَتَمَ
schlafen	nāma	نامَ
schlagen	ḍaraba	ضَرَبَ
schlecken	laʿiqa	لَعِقَ
schleichen	tasalla	تَسَلَّلَ
schleppen	jarra	جَرَّ
schließen	aghlaqa	أغْلَقَ
schluchzen	nashaja	نَشَجَ
schlucken	balaʿa	بَلَعَ
schlüpfen	tasalla	تَسَلَّلَ
schmarotzen	taṭaffala	تَطَفَّلَ
schmatzen	maḍagha (muṣdiran ṣawtan)	مَضَغَ (مُصْدِرًا صوتًا)
schmecken	tadhawwaqa	تَذَوَّقَ
schmeißen	ramā	رَمَى
schmelzen	adhāba	أذابَ
schmerzen	ālama	آلَمَ
schminken	tazaīyan	تَزَيَّنَ
schmollen	ʿabasa	عَبَسَ
schmücken	zaīyana	زَيَّنَ
schmunzeln	ibtasama	ابْتَسَمَ
schnarchen	shakhara	شَخَرَ
schnauben	shakhara	شَخَرَ
schnaufen	lahatha	لَهَثَ
schneiden	qaṣṣa	قَصَّ
schneien	nazala ath-thalj	نَزَلَ الثَّلْجُ
schnurren	kharkhara	خَرْخَرَ
schocken	ṣadama	صَدَمَ
schockieren	ṣadama	صَدَمَ

schonen	ḥāfaẓa ʿalā	حَافَظَ على
schrauben	adāra burghīyan	أدارَ بُرغِيًا
schreiben	kataba	كَتَبَ
schreien	ṣarakha	صَرَخَ
schubsen	dafaʿa	دَفَعَ
schummeln	ghashsha	غَشَّ
schütteln	khaḍḍa	خَضَّ
schütten	sakaba	سَكَبَ
schützen	ḥamā	حَمَى
schwächen	aḍʿafa	أضْعَفَ
schwanken	tamāyala	تمايَلَ
schwänzen	taghaīyaba	تَغَيَّبَ
schwärmen	hāma bi	هامَ بِـ
schwarzfahren	rakiba bidūn tadhkirah	رَكِبَ بدون تَذكِرة
schweben	ṭafā	طفَا
schweigen	ṣamata	صَمَتَ
schwerfallen	kāna ṣaʿban ʿalihi	كانَ صعْبًا عليْه
schwimmen	sabaḥa	سَبَحَ
schwindeln	khadaʿa	خَدَعَ
schwingen	lawwaḥa bi	لَوَّحَ بِـ
schwirren	raffa	رَفَّ
schwitzen	taʿarraqa	تَعَرَّقَ
schwören	aqsama	أقْسَمَ
segeln	abḥara	أبْحَرَ
sehen	raʾā	رَأى
sehnen	ishtāqa	اشْتاقَ
sein	kāna	كانَ
senden	arsala	أرْسَلَ
senken	khaffaḍa	خفَّضَ
servieren	qaddama	قدَّمَ
setzen	jalasa	جَلَسَ
seufzen	tanahhada	تَنَهَّدَ
sichergehen	taʾakkada	تأكَّدَ
sichern	ammana	أمَّنَ
sicherstellen	ḍamana	ضَمَنَ
siegen	ghalaba	غَلَبَ
siezen	khāṭaba bi-ṣīghat al-iḥtirām	خاطَبَ بصيغة الاحترام
simsen	kataba (risālah qaṣīrah)	كَتَبَ (رسالة قصيرة)
singen	ghannā	غَنَّى
sinken	gharaqa	غَرَقَ
sitzen	kāna jālisan	كانَ جالِسًا
skaten	tazaḥlaqa (ʿalā al-lawḥ)	تزحْلَقَ (على اللَّوْح)
sollen	wajaba	وَجَبَ
sonnen	tashammasa	تَشَمَّسَ
sorgen	qaliqa ʿalā	قَلِقَ على
sortieren	faraza	فَرَزَ
sparen	waffara	وَفَّرَ
spaßen	mazaḥa	مَزَحَ
spazieren	tanazzaha	تَنَزَّهَ
speichern	khazzana	خَزَّنَ
speisen	akala	أكَلَ
spekulieren	rāhana	راهَنَ
spenden	tabarraʿa	تَبَرَّعَ
sperren	awṣada	أوْصَدَ
spiegeln	ʿakasa	عَكَسَ
spielen	laʿiba	لَعِبَ

spinnen	junna جُنَّ
spitzen	barā بَرَى
spotten	sakhira سَخِرَ
sprechen	takallama تكَلَّمَ
spreizen	basaṭa بَسَطَ
sprengen	fajjara فَجَّرَ
sprießen	nabata نَبَتَ
springen	qafaza قَفَزَ
spritzen	rashsha رَشَّ
sprudeln	fāra فارَ
sprühen	rashsha رشَّ
spucken	baṣaqa بَصَقَ
spuken	مَسْكون بالأرْواح maskūn bil-ˈarwāḥ
spülen	ghasala غَسَلَ
spüren	aḥassa أحَسَّ
stammen	inḥadara min انْحَدَرَ مِنْ
stapeln	kaddasa كَدَّسَ
stärken	qawwā قَوَّى
starren	ḥaddaqa حَدَّقَ
starten	inṭalaqa انْطَلَقَ
stattfinden	waqaʿa وَقَعَ
staunen	indahasha انْدهَشَ
stechen	wakhaza وَخَزَ
stecken	kāna fī كانَ في
stehen	kāna wāqifan كانَ واقِفًا
stehlen	saraqa سَرَقَ
steigen	ṣaʿida صَعِدَ
steigern	raffaʿa رَفَّعَ
stellen	waḍaʿa وَضَعَ
sterben	māta ماتَ
steuern	taḥakkama تَحَكَّمَ
stieren	ḥamlaqa حَمْلَقَ
stillen	arḍaʿa أرْضَعَ
stillhalten	لا يُحرِّكُ ساكِنًا lā yuḥarriku sākinan
stillliegen	كانَ خارِج الخِدْمة kāna khārija al-khidmah
stimmen	kāna ṣaḥīḥan كان صحيحًا
stinken	natana نَتَنَ
stöbern	nabasha نَبَشَ
stocken	taʿththara تَعَثَّرَ
stöhnen	taˈawwaha تأوَّهَ
stolpern	taʿaththara تعَثَّرَ
stoppen	awqafa أوْقَفَ
stören	azʿaja أزْعَجَ
stoßen	dafaʿa دَفَعَ
stottern	talaʿthama تَلَعْثَمَ
strafen	ʿāqaba عاقَبَ
straffen	shadda شَدَّ
strahlen	saṭaʿa سَطَعَ
strampeln	rafasa رَفَسَ
strapazieren	arhaqa أرْهَقَ
sträuben	ʿāraḍa عارَضَ
streben	saʿā سَعَى
strecken	madda مَدَّ
streicheln	rabbata رَبَّتَ
streichen	dahana دَهَنَ
streifen	massa مَسَّ
streiken	aḍraba أضْرَبَ

streiten	tashājara	تشاجَرَ
streuen	nathara	نَثَرَ
stricken	ḥāka	حاكَ
studieren	darasa	دَرَسَ
stürmen	hajama	هَجَمَ
stürzen	saqaṭa	سَقَطَ
stutzen	taraddada	ترَدَّدَ
stützen	asnada	أسْنَدَ
subtrahieren	ṭaraḥa	طَرَحَ
suchen	baḥatha	بَحَثَ
summen	ṭanna	طَنَّ
sündigen	athima	أثِمَ
surfen	taṣaffaḥa (al-internet)	تصفَّحَ (الإنترنت)
süßen	ḥallā	حلَّى

T

tadeln	ʿātaba	عاتَبَ
tanken	mala'a al-ūqūd	مَلأ الوَقود
tanzen	raqaṣa	رَقَصَ
tapezieren	kasā (al-jidār bil-waraq)	كسا (الجِدار بالوَرَق)
tappen	khaṭā bi-ḥadhar	خَطا بِحذَر
tarnen	mawwaha	مَوَّهَ
tasten	taḥassasa	تَحَسَّسَ
tauchen	ghāṣa	غاصَ
tauen	dhāba	ذابَ
taufen	ʿammada	عَمَّدَ
taugen	ṣaluḥa	صَلُحَ
taumeln	tarannaḥa	تَرَنَّحَ
tauschen	bādala	بادَلَ
täuschen	khadaʿa	خَدَعَ
teilen	qasam	قَسَمَ
teilnehmen	ishtaraka	اشْتَرَكَ
telefonieren	hātafa	هاتَفَ
testen	imtaḥana	امْتَحَنَ
ticken	takka	تَكَّ
tippen	raqana	رَقَنَ
toben	ṣakhiba	صَخِبَ
tolerieren	tasāmaḥa	تسامَحَ
töten	qatala	قَتَلَ
totfahren	qatala dahsan	قتلَ دَهْسًا
totschießen	qatala bir-raṣāṣ	قتلَ بالرَّصاص
totschlagen	qatal ḍarban	قتلَ ضرْبًا
tragen	ḥamala	حَمَلَ

trainieren	tadarraba	تدرَّبَ
trampeln	daqqa bi-qadamaihi	دقَّ بقدَمَيْه
tränen	damaʿa	دَمَعَ
transportieren	naqala	نَقَلَ
trauen	wathiqa bi	وَثِقَ بِـ
trauern	ḥazina	حَزِنَ
träumen	ḥalama	حَلَمَ
treffen	iltaqā	اِلْتَقى
trennen	faṣala	فَصَلَ
treten	rakala	رَكَلَ
trinken	shariba	شَرِبَ
trocknen	jaffafa	جفَّفَ
trödeln	tasakkaʿa	تسكَّعَ
trommeln	ṭabbala	طَبَّلَ
tröpfeln	qaṭara	قَطَرَ
tropfen	taqaṭṭara	تقطَّرَ
trösten	wasā	واسَى
trotzen	taḥaddā	تَحدَّى
trügen	khadaʿa	خَدَعَ
tun	faʿala	فَعَلَ
turnen	mārasa al-jumbāz	مارَسَ الجمباز
tyrannisieren	ṭaghā	طغَى

U

üben	tamarrana	تَمَرَّنَ
überanstrengen	ajhada	أجْهَدَ
überarbeiten	rājaʿa	راجَعَ
überblicken	aḥāṭa bihi ʿilman	أحاط به عِلْمًا
überbringen	ballagha	بَلَّغَ
überbrücken	takhaṭṭā	تخطَّى
überdenken	aʿāda at-tafkīr	أعاد التَّفْكير
übereinstimmen	taṭābaqa maʿa	تَطابَقَ معَ
überfahren	dahasa	دَهَسَ
überfallen	saṭā	سَطا
überfordern	ṭalaba minhu mā fawq ṭāqatihi	طلبَ منه ما فوْق طاقتِه
übergeben	taqaīya'a	تقيَّأ
überholen	tajāwaza	تجاوَزَ
überhören	lam yasmaʿ	لم يسْمَعْ
überlappen	tarākaba	تراكَبَ
überlassen	taraka lahu al-'amr	تَرَكَ لهُ الأمْر
überleben	najā	نَجا
überlegen	fakkara (malīyan)	فكَّرَ (مَلِيًّا)
überlisten	khadaʿa	خَدَعَ
übernachten	bāta	باتَ
übernehmen	tawallā	تَوَلَّى
überprüfen	rājaʿa	راجَعَ
überqueren	ʿabara	عَبَرَ
überraschen	fāja'a	فاجَأ
überreden	aqnaʿa	أقْنَعَ
überreichen	salama	سلَّمَ

überschatten	alqā bi-ẓillihi ʿalā	أَلْقى بِظِلِّه على
überschätzen	bālagha fī taqdīrihi	بالَغَ في تقْديرِه
überschlagen	inqalaba	انْقَلَبَ
überschnappen	uṣība bi-junūn	أُصيبَ بِجُنون
überschneiden	taqāṭaʿa	تقاطَعَ
überschütten	ghamara	غَمَرَ
überschwemmen	aghraqa	أغْرَقَ
übersehen	sahā ʿan	سَها عَنْ
übersetzen	tarjama	تَرْجَمَ
überspielen	ghaṭṭā	غطّى
übersteigen	tajāwaza	تَجاوَزَ
überstrapazieren	ajhada (kathīran)	أجْهَدَ (كثيرًا)
überstürzen	indafaʿa	انْدفَعَ
übertragen	naqala	نَقَلَ
übertreffen	fāqa	فاقَ
übertreiben	bālagha	بالَغَ
überwachen	ʾashrafa	أشْرَفَ
überwältigen	saiṭara	سيْطَرَ
überweisen	ḥawwala	حَوَّلَ
überwiegen	rajaḥa	رَجَحَ
überwinden	taghallaba ʿalā	تَغَلَّبَ على
überzeugen	aqnaʿa	أقْنَعَ
überziehen	ghaṭṭā	غَطّى
umarmen	ḥaḍana	حَضَنَ
umbauen	ghaīyara al-bināʾ	غيَّر البناء
umbenennen	ghaīyara at-tasmiyah	غيَّر التَّسْمِية
umblättern	taṣaffaḥa	تَصَفَّحَ
umbringen	qatala	قَتَلَ
umdrehen	istadāra	اسْتدارَ
umfallen	waqaʿa (ʿalā al-ʾarḍ)	وَقَعَ (على الأرْض)
umfassen	shamila	شَمِلَ
umgehen	tajannaba	تجَنَّبَ
umhängen	ʿallaqa	علَّقَ
umkehren	ʿāda adrājahu	عادَ أدْراجَه
umkippen	inqalaba	انْقَلَبَ
umklammern	aṭbaqa bi-dhrāʿihi	أطْبَقَ بِذِراعيْه
umkommen	māta	ماتَ
umleiten	ḥawwala (al-masār)	حوَّلَ (المسار)
umräumen	aʿāda at-tartīb	أعادَ التَّرْتيب
umreißen	rasama (bi-ʾījāz)	رَسَمَ (بإيجاز)
umrühren	ḥarraka	حرَّكَ
umschalten	ḥawwala	حوَّلَ
umsehen	naẓara ḥawlahu	نَظَرَ حوْلَه
umsetzen	ṭabbaqa	طَبَّقَ
umsteigen	ghaīyara (al-qiṭār)	غيَّر (القِطار)
umstimmen	thanā ʿan raʾīhi	ثنى عن رأيِه
umstürzen	qalaba	قَلَبَ
umtauschen	istabdala	اسْتَبْدَلَ
umwerfen	awqaʿa	أوْقَعَ
umziehen	ghaīyara sakanahu	غَيَّر سَكَنَه
unterbrechen	qāṭaʿa	قاطَعَ
unterdrücken	iḍṭahada	اضْطَهَدَ
untergehen	zāla	زالَ

unterhalten	taḥādatha	تحادَثَ
unterlassen	imtanaʿa	امْتَنَعَ
unternehmen	qāma bi	قامَ بِـ
unterrichten	darrasa	درَّسَ
untersagen	ḥarrama	حَرَّمَ
unterschätzen	istahān bi	اسْتَهانَ بِـ
unterscheiden	farraqa bain	فَرَّقَ بيْن
unterschreiben	waqqaʿa	وَقَّعَ
unterstellen	ittahama	اتَّهَمَ
unterstreichen	akkada ʿalā	أكَّدَ على
unterstützen	sānada	سانَدَ
untersuchen	faḥaṣa	فَحَصَ
untertauchen	ikhtabaʾa	اخْتَبأ
unterteilen	qassama	قَسَّمَ
urteilen	ḥakama	حَكَمَ

V

verabreden	tawāʿada	تواعَدَ
verabschieden	waddaʿa	وَدَّعَ
verachten	iḥtaqara	احْتَقَرَ
verallgemeinern	ʿammama	عَمَّمَ
verändern	ghaīyara	غَيَّرَ
verängstigen	rawwaʿa	روَّعَ
verantworten	taḥammala (masʾūlīyatahu)	تَحَمَّلَ (مسْؤوليته)
verarbeiten	ʿālaja (māddah)	عالجَ (مادة)
verärgern	aghḍaba	أغْضَبَ
verarzten	qāma bi-tamrīḍ	قام بتَمْريض
verbergen	akhfā	أخْفى
verbessern	ḥassana	حَسَّنَ
verbeugen	inḥanā	انْحَنى
verbiegen	thanā	ثَنى
verbieten	ḥarrama	حَرَّمَ
verbinden	rabaṭa	رَبَطَ
verbleiben	tabaqqā	تَبَقَّى
verbluten	nazafa (ḥattā al-mawt)	نزَفَ (حتّى المَوْت)
verbrauchen	istanfada	اسْتَنْفَدَ
verbreiten	nashara	نَشَرَ
verbrennen	aḥraqa	أحْرَقَ
verbringen	qaḍḍā	قَضَّى
verdächtigen	ittahama	اتَّهَمَ
verdanken	kāna madīnan lahu bi	كانَ مدينا له بـ
verdauen	haḍama	هَضَمَ
verdecken	ghaṭṭā	غَطَّى
verderben	afsada	أفْسَدَ

verdeutlichen	waḍḍaḥa	وَضَّحَ
verdienen	kasiba	كَسِبَ
verdoppeln	ḍāʿafa	ضاعَفَ
verdrängen	azāḥa	أزاحَ
verdursten	māta ʿaṭashan	ماتَ عَطَشًا
verehren	waqqara	وَقَّرَ
vereinbaren	ittafaqa	اتَّفَقَ
vereinen	waḥḥada	وَحَّدَ
vereinfachen	bassaṭa	بَسَّطَ
vereinheitlichen	waḥḥada	وَحَّدَ
vereinigen	ittaḥada	اتَّحَدَ
verfallen	inhāra	انْهارَ
verfälschen	zawwara	زَوَّرَ
verfassen	kataba	كَتَبَ
verfaulen	fasada	فَسَدَ
verfehlen	akhṭaʾa (al-hadaf)	أخْطأَ (الهَدَف)
verfeinern	ḥassana	حسَّنَ
verfluchen	laʿana	لَعَنَ
verfolgen	tābaʿa	تابَعَ
verfügen	amara bi	أَمَرَ بِـ
verführen	aghwā	أغْوَى
vergehen	maḍā	مَضَى
vergelten	jāzā	جازَى
vergessen	nasiya	نَسِيَ
vergeuden	aḍāʿa	أضاعَ
vergewaltigen	ightaṣaba	اغْتَصَبَ
vergewissern	taʾakkada min	تأكَّدَ مِنْ
vergiften	sammama	سَمَّمَ
vergleichen	qārana	قارَنَ
vergnügen	tasallā	تَسَلَّى
vergraben	dafana	دَفَنَ
vergrößern	kabbara	كَبَّرَ
verhaften	iʿtaqala	اعْتَقَلَ
verhalten	taṣarrafa	تَصَرَّفَ
verhandeln	fāwaḍa	فاوَضَ
verhängen	faraḍa	فَرَضَ
verharmlosen	hawwana	هَوَّنَ
verharren	aṣarra	أصَرَّ
verheilen	iltaʾama al-jurḥ	الْتأمَ الجرح
verheimlichen	akhfā sirran	أخْفَى سِرًّا
verherrlichen	majjada	مَجَّدَ
verhexen	saḥara	سَحَرَ
verhindern	manaʿa min	مَنَعَ مِن
verhören	istajwaba	اسْتَجْوَبَ
verhüllen	ḥajaba	حَجَبَ
verhungern	māta jūʿan	ماتَ جوعًا
verhüten	waqā min	وَقَى مِن
verirren	tāha	تاهَ
verjagen	ṭarada	طَرَدَ
verkaufen	bāʿa	باعَ
verklagen	ishtakā min	اشْتَكَى مِن
verkleiden	kasā	كَسَا
verkleinern	ṣaghghara	صَغَّرَ
verknoten	ʿaqada	عَقَدَ
verknüpfen	rabaṭa	رَبَطَ
verkommen	inḥaṭṭa	انْحَطَّ
verkörpern	jassada	جَسَّدَ
verkraften	taḥammala	تَحَمَّلَ

verkrampfen	taṣallaba	تَصَلَّبَ
verkümmern	iʿwajja	اعْوَجَّ
verkürzen	ikhtaṣara	اخْتَصَرَ
verlangen	ṭālaba	طالَبَ
verlängern	maddada	مَدَّدَ
verlangsamen	abṭa'a	أبْطَأ
verlassen	ghādara	غادَرَ
verlaufen	sāra	سارَ
verleihen	asbagha	أسْبَغَ
verlernen	nasiya (mā taʿallamahu)	نَسِيَ (ما تعلَّمه)
verletzen	jaraḥa	جَرَحَ
verleugnen	ankara	أنْكَرَ
verleumden	iftarā	افْتَرَى
verlieben	ʿashiqa	عَشِقَ
verlieren	khasira	خَسِرَ
verloben	khaṭaba	خَطَبَ
vermehren	takāthara	تكاثَرَ
vermeiden	tajannaba	تجنَّبَ
vermieten	ajjara	أجَّرَ
vermischen	khalaṭa	خَلَطَ
vermissen	iftaqada	افْتَقَدَ
vermitteln	tawassaṭa	تَوَسَّطَ
vermuten	tawaqqaʿa	تَوَقَّعَ
vernachlässigen	ahmala	أهْمَلَ
vernehmen	istanṭaqa	اسْتَنْطَقَ
verneigen	inḥanā	انْحَنى
verneinen	ajāba bir-rafḍ	أجاب بالرَّفْض
vernichten	atlafa	أتْلَفَ
veröffentlichen	nashara	نَشَرَ
verordnen	waṣafa (dawā'an)	وَصَفَ (دواءً)
verpacken	ghallafa	غَلَّفَ
verpassen	aḍāʿa	أضاعَ
verpflichten	alzama	ألْزَمَ
verprügeln	ḍaraba	ضَرَبَ
verraten	khāna	خانَ
verrechnen	akhṭa'a (al-ḥisāb)	أخطأ (الحِساب)
verreisen	sāfara	سافَرَ
verrenken	watha'a	وَثَأ
verriegeln	awṣada	أوْصَدَ
verringern	qallaṣa	قَلَّصَ
versagen	fashala	فَشَلَ
versammeln	ijtamaʿa	اجْتمعَ
versäumen	aḍāʿa (mawʿidan)	أضاعَ (مَوْعِدًا)
verschenken	ahdā	أهْدى
verschicken	arsala	أرْسَلَ
verschieben	ajjala	أجَّلَ
verschimmeln	taʿaffana	تعفَّنَ
verschlafen	nāma ṭawīlan	نامَ طويلاً
verschlechtern	sā'a	ساءَ
verschließen	aghlaqa	أغْلَقَ
verschlimmern	zāda sū'an	زادَ سُوءً
verschlucken	ibtalaʿa	ابْتلَعَ
verschmutzen	lawwatha	لَوَّثَ
verschonen	aʿfā	أعْفى
verschönern	jammala	جمَّلَ
verschütten	radama	رَدَمَ
verschweigen	katama	كَتَمَ

verschwenden	baddada	بدَّدَ
verschwimmen	aṣbaḥa ghayr wāḍiḥ	أصبحَ غيْرَ واضِح
verschwinden	ikhtafā	اخْتفَى
verschwören	ta'āmara	تآمرَ
versenden	arsala	أرْسَلَ
versetzen	ghaīyara makānahu	غيَّرَ مكانه
verseuchen	lawwatha	لَوَّثَ
versichern	ammana	أمَّنَ
versickern	tasarraba	تَسَرَّبَ
versinken	gharaqa	غرَقَ
versöhnen	ṣālaḥa	صالَحَ
versorgen	zawwada	زوَّدَ
verspäten	ta'akhkhara	تأخَّرَ
versperren	sadda	سَدَّ
verspotten	istahza'a	اسْتهْزأ
versprechen	waʿada	وَعَدَ
verspüren	shaʿura	شَعُرَ
verständigen	akhṭara	أخْطَرَ
verstärken	ʿazzaza	عَزَّزَ
verstauben	tarākama al-ghubār	تراكمَ الغُبار
verstauchen	watha'a	وَثَأ
verstecken	akhfā	أخْفَى
verstehen	fahima	فَهِمَ
versteigern	bāʿa fil-mazād	باعَ في المَزاد
verstellen	ʿaddal (waḍʿan)	عدَّلَ (وضْعًا)
verstopfen	sadda	سَدَّ
verstoßen	akhalla	أخَلَّ
verstreichen	inqaḍā	انْقَضَى
verstummen	ṣamata	صَمَتَ
versuchen	ḥāwala	حاوَلَ
versüßen	ḥallā	حلَّى
vertagen	ajjala	أجَّلَ
vertauschen	khalaṭa	خَلَطَ
verteidigen	dāfaʿa	دافَعَ
verteilen	wazzaʿa	وَزَّعَ
vertiefen	ʿammaqa	عَمَّقَ
vertragen	taḥammala	تَحَمَّلَ
vertrauen	wathiqa	وَثِقَ
vertreiben	ṭarada	طَرَدَ
vertreten	maththala	مثَّلَ
vertrocknen	jaffa	جَفَّ
vertrödeln	tasakkaʿa	تسكَّعَ
vertrösten	māṭala	ماطَلَ
vertuschen	tasattara ʿalā	تَستَّرَ على
verübeln	ākhadha ʿlā	آخَذَ على
verüben	iqtarafa	اقْترَفَ
verunglücken	māta fī ḥādith sair	ماتَ في حادث سيْر
verunsichern	jaʿalahu mutaraddidan	جعله مُتردِّدًا
verunstalten	shawwaha	شَوَّهَ
verursachen	tasabbaba fī	تسبَّبَ في
verurteilen	ḥakama ʿalā	حَكَمَ على
verwechseln	khalaṭa	خلَطَ
verweigern	rafaḍa	رَفَضَ
verwelken	dhabula	ذبُلَ

verwenden	istakhdama	اسْتَخْدَمَ
verwirklichen	ḥaqqaqa	حقَّقَ
verwirren	arbaka	أرْبَكَ
verwischen	ṭamasa	طَمَسَ
verwöhnen	dallala	دلَّلَ
verwunden	jaraḥa	جَرَحَ
verzaubern	saḥara	سَحَرَ
verzehren	istahlaka	اسْتَهْلَكَ
verzeichnen	sajjala	سجَّلَ
verzeihen	sāmaḥa	سامَحَ
verzerren	shawwaha	شوَّهَ
verzichten	istaghnā ʿan	اسْتَغْنى عنْ
verzieren	washshaḥa	وَشَّحَ
verzögern	ʿaṭṭala	عطَّلَ
verzweifeln	yaʾisa	يَئِسَ
voraussagen	tanabbaʾa	تنبَّأ
vorbeifahren	marra ʿalā	مرَّ على
vorbereiten	aʿadda	أعَدَّ
vorbeugen	taḥassaba	تحسَّبَ
vordrängeln	takhaṭṭā dawrahu	تخطَّى دَوْرَه
vorenthalten	ḥarama min	حَرَمَ من
vorfallen	ḥadatha	حَدَثَ
vorfinden	wajada	وَجَدَ
vorgeben	iddaʿā	ادّعى
vorhaben	nawā	نَوَى
vorhersehen	tanabbaʾa	تنبَّأ
vorkommen	ḥadatha	حَدَثَ
vorlesen	qaraʾa (bi-ṣawtin ʿālin)	قرأ (بصوْت عالٍ)
vormachen	arā	أرى
vornehmen	khaṭṭaṭa	خطَّطَ
vorschlagen	iqtaraḥa	اقْترَحَ
vorschreiben	amlā	أمْلى
vorsorgen	waffara	وفَّرَ
vorstellen	takhaīyala	تَخيَّلَ
vortäuschen	taṣannaʿa	تصنَّعَ
vortragen	ʿaraḍa	عَرَضَ
vorübergehen	marra	مَرَّ
vorweisen	abraza	أبْرَزَ
vorwerfen	lāma ʿalā	لامَ على
vorzeigen	arā	أرى
vorziehen	faḍḍala	فضَّلَ

W

wachsen	namā	نما
wackeln	tarannaḥa	تَرَنَّحَ
wagen	jaru'a	جَرُؤَ
wählen	ikhtāra	اخْتارَ
wahrnehmen	adraka	أدْرَكَ
wandern	tamashshā	تمشَّى
warnen	ḥadhdhara	حذَّرَ
warten	intaẓara	انْتظَرَ
waschen	ghasala	غسَلَ
wechseln	ghaīyara	غَيَّرَ
wecken	ayqaẓa	أيْقَظَ
wegfahren	ghādara	غادرَ
wegfallen	intafā	انْتفى
weggehen	ghādara	غادرَ
weglassen	taraka	ترَكَ
wegnehmen	iftakka	افْتكَّ
wegrennen	hariba	هرِبَ
wegschicken	arsala	أرْسَلَ
wegschmeißen	ramā	رمَى
wehren	dāfaʿa	دافَعَ
weigern	rafaḍa	رفَضَ
weinen	bakā	بكَى
welken	dhabula	ذبُلَ
wellen	tamawwaja	تمَوَّجَ
wenden	qalaba	قَلَبَ
werden	aṣbaḥa	أصْبَحَ
werfen	alqā bi	ألْقى بـِ
wetten	rāhana	راهَنَ
wickeln	laffa	لَفَّ
widerlegen	daḥaḍa	دَحَضَ
widersetzen	qāwama	قاوَمَ
widerspiegeln	inʿakasa	انْعَكَسَ
widerstehen	qāwama	قاوَمَ
widmen	ahdā	أهْدى
wiedergeben	radda	رَدَّ
wiederholen	karrara	كرَّرَ
wiederkehren	ʿāda	عادَ
wiederkommen	rajaʿa	رجَعَ
wiedersehen	iltaqā mujaddadan	الْتَقى مُجَدَّدًا
wiegen	wazana	وَزَنَ
wiehern	ṣahala	صَهَلَ
wimmeln	ʿajja bi	عَجَّ بِـ
wimmern	anna	أنَّ
winden	laffa	لَفَّ
winken	awma'a	أوْمأ
winseln	anna	أنَّ
wippen	ta'arjaḥa	تأرْجحَ
wirken	badā	بَدَا
wischen	masaḥa	مَسَحَ
wispern	hamasa	هَمَسَ
wissen	ʿarifa	عَرِفَ
wohnen	sakana	سَكَنَ
wollen	arāda	أرادَ
wundern	adhasha	أدْهَشَ
wünschen	tamannā	تمَنَّى
würdigen	ashāda	أشادَ

würfeln	ramā al-ḥaẓẓ	رمى الحظّ
würgen	khanaqa	خَنَقَ
würzen	tabbala	تَبَّلَ

Z

zahlen	dafaʿa	دَفَعَ
zählen	ʿadda	عَدَّ
zähmen	rawwaḍa	روَّضَ
zanken	tashājara	تشاجَرَ
zappeln	takhabbaṭa	تخَبَّطَ
zaubern	saḥara	سَحَرَ
zeichnen	rasama	رَسَمَ
zeigen	ʾarā	أرى
zelten	khaīyama	خيَّمَ
zerbrechen	kassara	كسَّرَ
zerdrücken	saḥaqa	سَحَقَ
zerfallen	tafakkaka	تفَكَّكَ
zerkleinern	jarasha	جَرَشَ
zerknüllen	kawwara	كَوَّرَ
zerkratzen	khadasha	خَدَشَ
zerkrümeln	fattata	فتَّتَ
zerreißen	mazzaqa	مزَّقَ
zerren	saḥala	سَحَلَ
zerschlagen	hashshama	هشَّمَ
zerspringen	inksara	انْكَسَرَ
zerstören	dammara	دمَّرَ
zertreten	daʿasa	دعَسَ
zertrümmern	hashshama	هشَّمَ
ziehen	saḥaba	سحَبَ
zielen	ṣawwaba	صوَّبَ
zieren	zaīyana	زيَّنَ
zischen	faḥḥa	فحَّ
zittern	irtaʿada	ارْتَعَدَ

zögern	taraddada	تَرَدَّدَ
zoomen	kabbara	كَبَّرَ
zubeißen	ʿaḍḍa	عضَّ
zubereiten	aʿadda	أعَدَّ
zubinden	rabaṭ	ربَطَ
zublinzeln	ghamaza	غَمَزَ
zucken	hazza (katifaihi)	هَزَّ (كتِفيه)
zücken	saḥaba	سَحَبَ
zudecken	ghaṭṭā	غطَّى
zudrehen	aghlaqa	أغْلَقَ
zufriedengeben	ʿabbara ʿan riḍāhu	عبَّر عن رضاه
zufriedenlassen	tarakahu rāḍiyan	تركه راضيًا
zufügen	sabbaba	سبَّبَ
zugeben	iʿtarafa	اعْترَفَ
zugreifen	intahaza	انْتهزَ
zugucken	shāhada	شاهدَ
zuhören	aṣghā	أصْغى
zujubeln	hallala	هلَّلَ
zuknöpfen	aghlaqa al-qifl	أغلَقَ القِفل
zulächeln	ibtasama li	ابْتَسمَ لِـ
zulassen	samaḥa	سَمَحَ
zumachen	aghlaqa	أغْلَقَ
zumuten	intaẓara	انْتَظرَ
zünden	awqada	أوْقَدَ
zunehmen	tazāyada	تزايَدَ
zunichtemachen	baddada	بدَّدَ
zunicken	awma'a bil-'ijāb	أوْمأ بالإيجاب
zuordnen	naẓẓama	نَظَّمَ
zupacken	masaka	مسَكَ
zupfen	natafa	نَتَفَ
zurechtfinden	tadabbara 'amrahu	تدبَّرَ أمْره
zurücknehmen	istarjaʿa	اسْترْجَعَ
zurufen	nādā	نادى
zusagen	qabila bi	قَبِلَ بِـ
zusammen-hängen	kāna mutarābiṭan	كانَ مترابطًا
zusammen-prallen	irtaṭama	ارَتطَمَ
zusammen-schreiben	jamaʿa (kitabit kalimatyn)	جَمَعَ (كِتابة كلِمتين)
zuschicken	arsala	أرْسَلَ
zuschlagen	aṭbaqa (al-bāb)	أطْبقَ (الباب)
zuschließen	aghlaqa	أغْلقَ
zuschrauben	aghlaqa al-burghī	أغْلَقَ البُرغي
zusehen	shāhada	شاهدَ
zusichern	ṭam'ana	طمْأنَ
zuspielen	marrara al-kurah	مرَّرَ الكرة
zuspitzen	tafāqama	تفاقَمَ
zustimmen	wāfaqa	وافَقَ
zustoßen	ḥadatha	حدَثَ
zutrauen	jaru'a	جرُؤَ
zutreffen	inṭabaqa ʿalā	انْطبقَ على
zuvorkommen	sabaqa	سَبَقَ
zuwenden	khaṣṣaṣa	خَصَّصَ
zuziehen	jarra	جَرَّ
zwängen	ajbara	أجْبَرَ

zweifeln	shakka	شَكَّ
zwicken	qaraṣa	قَرَصَ
zwingen	ajbara	أَجْبَرَ
zwinkern	ramasha	رَمَشَ

INDEX DEUTSCH –
فِهْرِس الأَلْماني

INDEX ARABISCH –
فِهْرِس العَرَبي

INDEX DEUTSCH - فِهْرِس الأَلْماني

3D-Film, der 241
7-Meter-Linie, die 197

A

Aal, der 70, 331
Abblendlicht, das 110
Abdeckband, das 61
Abdeckcreme, die 35
Abdeckfolie, die 61
Abend, der 342
Abenddämmerung, die 342
Abfahrtslauf, der 218
Abfalleimer, der 135
Abflug, der 126
Abfluss, der 54
abheben 184
Abitur, das 154
Ablage, die 172
Ablagetisch, der 41
abnehmende Mond, der 292
Abonnement, das 188
Absatz, der 33
Abschlag, der 204
abschleppen 107
Abschleppwagen, der 121
Abschlussball, der 157
abschuppen 71
Abseilen, das 220
Abseits, das 196
abseits der Piste 218
Absender, der 190
Absperrhahn, der 54
abspielen 185
abstrakte Malerei, die 236
Abtropfsieb, das 47
Abwehrspieler, der 197, 198
abwischen 57
Accessoires, die 32
Achillessehne, die 256
Achselhöhle, die 252
acht 336
acht Uhr 340
achte(r, s) 337
Achtel, ein 338
Achtersteven, der 211
Achtung, Gefahr! 289
achtzehn 336
achtzehn Uhr 341
achtzehnte(r, s) 337
achtzig 336
achtzigste(r, s) 338
Ackerbohne, die 78
Acre, der 344
Acrylfarbe, die 235
Acryllack, der 61
Adapter, der 62
addieren 339
Adler, der 329
Adrenalin, das 283
Adresse, die 190
Aerobic, das 223
Afghanistan 307
Afrika 304
Afrikanische Union, die 311
Ägypten 304
Ahorn, der 319
Ahornsirup, der 89
Aids, das 267
Aikido, das 213
Airbag, der 112
Akademie für darstellende Künste, die 164
Akkordeon, das 230
Akku, der 59, 183
Akkubohrer, der 59
Akte, die 172
Aktenschrank, der 172
Aktentasche, die 33
Aktenvernichter, der 172
Aktiengesellschaft (AG), die 170
Aktionär, der 170
Aktionärin, die 170
Aktmalerei, die 236
Akupunktur, die 278
akustisch 233
akustische Gitarre, die 229
Albanien 299
Albtraum, der 51
Algerien 304
alkoholfreie Bier, das 92
Alkoholische Getränke 94
alle 339
Allergie, die 265
Alles Gute zum Geburtstag! 20
Alligator, der 330
Allwetterreifen, der 113
Alpen, die 297
Als Vorspeise/Hauptgericht/Nachtisch nehme ich … 102
alt 24
Altbau, der 39
Alternativmedizin, die 278
Altglas, das 44
Altstadt, die 132
Alufolie, die 46
Alzheimer, der 267
Am Computer arbeiten 180
Amaretto, der 93
Amazonien 297
ambulante Patient, der 273
Ameise, die 333
Ameisenbär, der 327
American Football, der 200
Amethyst, der 318
Ampel, die 106, 135
Ampere, das 62
Amphibien, die 330
an Bord gehen 129
an der Ecke 135
Analogkamera, die 242
Ananas, die 80
Ananasguave, die 80
Anästhesist, der 274
Anbau, der 38
anbeißen 217
anbraten 95
Anden, die 297
Andorra 299
angeekelt 26
Angel, die 216
Angel auswerfen, die 217
Angelausrüstung, die 216
Angelhaken, der 216
Angeln, das 216
Angelrolle, die 216
Angelrute, die 216
Angelschein, der 217
Angelschnur, die 216
Angestellte, der 170
Angler, der 216
Anglerweste, die 216
Angola 304
angreifen 195
Angriffslinie, die 198
Angriffsspieler, der 197
Angriffszone, die 198
anhalten 107
Anhang, der 182
Anhänger, der 121
Anker, der 210
Anker werfen/lichten, den 129
Ankunft, die 126
Anlaufbahn, die 206
anlegen 129
Anrichte, die 43
Anrufbeantworter, der 184
anrufen, jemanden 19, 184
anschnallen, sich 125
Anstoßpunkt, der 194
Antarktis, die 298
Antenne, die 110, 187
Antigua und Barbuda 301
Antiquitätenladen, der 141
Anus, der 261
Anzeige, die 188
Anzeigetafel, die 127
Anzug, der 29
Aperitif, der 101
Apfel, der 79
Apfelsaft, der 92
Apfelschorle, die 92
Apfelstrudel, der 91
Apotheke, die 141, 276
Apothekerin, die 166, 276
App, die 183
Applaus, der 227
Après-Ski, das 219
Aprikose, die 79
April, der 343
Aquamarin, der 318
Aquarellmalerei, die 236
Aquarium, das 148
Äquator, der 298
Äquatorialguinea 304
Arabische Liga, die 311
Arabische Meer, das 296
arbeiten 52
Arbeitgeber, der 175
Arbeitnehmer, der 175
Arbeitsbedingungen, die 165
Arbeitsplatte, die 44
Arbeitsplatz, der 172
Arbeitsspeicher, der 179
Arbeitswelt, die 165
Arbeitszimmer, das 52
Architekt, der 167
Architektur, die 149
Argentinien 303
Arktis, die 298
Arm, der 252, 253
Arm ausrenken, sich den 269
Armaturenbrett, das 112
Ärmel, der 30
Ärmelkanal, der 296
Armenien 307
armer Ritter 97
Armlehne, die 52, 122, 268
Armzug, der 208
arrogant 26
Art déco, der/das 149
Arterie, die 259
Artikel, der 188
Artischocke, die 74
Arzt, der 166
Arztbesuch, der 264
Ärztin, die 264
Aschenbahn, die 206
Aschenbecher, der 147
Aserbaidschan 307
Asien 307
Asphalt, der 317
Ass, das 202, 244
Assel, die 333
Assistentin, die 175
Ast, der 319
Asteroid, der 294
Asthma, das 267
Astronaut, der 294
Astronomie, die 294
Atemnot, die 267
Äthiopien 304
Atlantische Ozean, der 296
Atmosphäre, die 295
Atmungssystem, das 259
attraktiv 24
Aubergine, die 77
auf der rechten/linken Seite 135
Auf der Straße 135
auf die Toilette gehen 53
Auf Wiedersehen! 19
Aufführung, die 226
Aufgang, der 207
aufgenommen werden 273
aufgeregt 25
Aufgusskübel, der 279
Auflauf, der 100
Auflaufförmchen, das 48
auflegen 184
Auflieger, der 120
aufnehmen 185
Aufsatz, der 154
Aufschlag, der 198
Aufschlaglinie, die 202
Aufschlagmittellinie, die 202
Aufschnitt, der 68
Aufsteckblitz, der 242
aufstehen 51
auftrennen 240
aufwachen 51
Aufwachraum, der 274
aufwärmen, sich 223
Aufzug, der 39
Auge, das 22, 272
Augenbraue, die 22
Augenbrauen zupfen, sich die 34
Augenoptiker, der 272
Augentropfen, die 272
August, der 343
Aula, die 154
aus biologischem Anbau 74
aus Freilandhaltung 69
aus heimischer Produktion 74
aus Kunstfaser 27
Ausbildung, die 164
Ausfahrt, die 107
Ausfallschritt, der 223

Ausflug, der 148
Ausgehviertel, das 133
Auslandsflug, der 127
auslaufen 129
Ausleihe, die 163
ausleihen 163
ausloggen, sich den 180
Auslöser, der 242
Auspuffrohr, das 111, 120
Ausritt, der 215
ausrollen 95
ausschlafen 51
ausschneiden 180
Ausschnitt, der 30
Außenangreifer, der 198
Außenansicht, die 110
Außendienst, der 171
Außenstürmer, der 195
Außentank, der 293
Außenverteidiger, der 195
Außenzelt, das 249
äußere Erdkern, der 295
äußere Erscheinung, die 24
Aussichtsplattform, die 148
ausstechen 95
Ausstechförmchen, das 46
aussteigen 123
Ausstellung, die 148
ausstemmen 59
Auster, die 71
Australian Football, der 221
Australien 310
Ausverkauf, der 142
Auswechselbank, die 197
Auswechsellinie, die 197
Auszeit, die 197
Auto, das 109
Autobahn, die 107
Autobahnkreuz, das 107
Automatikschaltung, die 109
Automatiktür, die 115
Autotransporter, der 120
Autotür, die 111
Autotypen, die 109
Avocado, die 77
Axt, die 286
Ayurveda, das 278

B

Baby, das 18
Babyartikel, die 145
Babydecke, die 27
Babyfäustling, der 27
Babyfon®, das 50
Babysachen, die 27
Babyschlafsack, der 27
Babyschühchen, das 27
Babytragetasche, die 50
Bachelor, der 162
Backblech, das 46
Backbordseite, die 128
backen 87
Bäcker, der 168
Bäckerei, die 140
Backgammon, das 244
Backofen, der 44
Backofenschalter, der 44
Backpapier, das 46
Backpflaume, die 82
Backpinsel, der 48
Backpulver, das 87
Backutensilien, die 46
Backwaren, die 145
Badeanzug, der 30
Badehose, die 29
Badekappe, die 209
Bademantel, der 28
Badematte, die 55
Bademeister, der 209
Bademeisterin, die 209
baden 55
Badewanne, die 53
Badezimmer, das 53
Badminton, das 201
Badmintonplatz, der 201
Badmintonschläger, der 201
Bagel, der 88
Bagger, der 121
baggern 198
Baguette, das/die 88
Bahamas, die 301
Bahn, die 206, 208
Bahnhof, der 123
Bahnhofshalle, die 123
Bahnsteig, der 123
Bahrain 307
Baht, der 345
Baiser, das 90
Balkendiagramm, das 174
Balkon, der 40, 226
Ball, der 50
Ball halten, den 196
Ballaststoffe, die 103
Ballerina, der 33
Ballett, das 221, 226
Balljunge, der 202
Ballsportarten, die 194, 201
Banane, die 80
Band, die 232
Bandage, die 283
Bandscheibenvorfall, der 269
Bandschleifer, der 59
Bangladesch 307
Bank, die 138, 222, 279
Bankdrücken, das 222
Bankkauffrau, die 169
Bankschließfach, das 139
Bar, die 136
Bär, der 325
Barbados 301
Bärenklau, der 320
Barhocker, der 147
Barista, der 147
Barkeeper, der 147
barock 149
Barren, der 207
Bars, die 147
Bart, der 24
Baseball, der 161, 200
Baseballhandschuh, der 200
Baseballschläger, der 200
Basilikum, das 83
Basisstation, die 184
Basketball, der 161, 199
Basketballkorb, der 161
Basmatireis, der 86
Bassgitarre, die 229
Bassist, der 232
Bassschlüssel, der 231
Basteln, das 235
Batterie, die 111, 158
Bauarbeiter, der 167
Bauch, der 252
Bauchmuskel, der 256
Bauchnabel, der 252
Bauchspeicheldrüse, die 258
Bauer, der 245
Bauhaus, das 149
Bauklötzchen, das 50
Baum, der 210
Baumarkt, der 141
Baumblüte, die 323
Bäume, die 319
Baumwolle, die 240
Baustelle, die 108
Bauxit, der 317
Beachvolleyball, der 198
Beamer, der 174
Beatmung, die 275
Becher, der 93
Becken, das 230, 257
bedeckt 312
Beerdigung, die 21
Beeren, die 79
Beförderung, die 175
Befruchtung, die 262
begrenzte Zone, die 199
Begrenzungsleuchte, die 110
Begrüßen 19
begrüßen, jemanden 19
Behälter, der 54
Behandlung, die 264
Behandlungslampe, die 270
behindert 268
Behindertenparkplatz, der 106
Behinderungen, die 268
beide 339
Beifahrerseite, die 110
Beifahrersitz, der 112
Beilage, die 101, 188
Beilagensalat, der 100
Bein, das 252
Beipackzettel, der 277
Beistellschrank, der 42
Beiwagen, der 117
Bekannte, der/die 18
Belag, der 203
belästigen 285
belegte Brötchen, das 88
Belgien 299
Belize 301
Benin 304
Benutzerkonto, das 182
Benzin, das 113
Benzintank, der 111, 117
bequem 30
Berg, der 315
Berghang, der 315
Bergpark, der 150
Bergwacht, die 287
Bericht, der 174
Berichterstatter, der 187
Berichterstatterin, die 187
Berliner, der 90
Bernstein, der 318
Beruf, der 154
Berufe, die 166
Berufseinstieg, der 21
Berufserfahrung, die 165
Berufsfachschule, die 164
Berufsverkehr, der 107
Beruhigungsmittel, das 277
Beschneidung, die 260
Besen, der 60
Besetzung, die 227
Bespannung, die 201
Besprechung, die 174
Besprechungsraum, der 174
Besprechungstisch, der 174
Besteck, das 102
bestellen 99
Bestellung, die 101
Besuchszeiten, die 273
Betonmischer, der 121
Betrag, der 139
Betriebsrat, der 171
Betriebssystem, das 181
Betriebswirtschaftslehre, die 162
Bett machen, das 51
Bettbezug, der 49
Bettdecke, die 49
Bettgestell, das 49
Bettruhe, die 274
Beweisstück, das 285
Bewerberin, die 165
Bewerbung, die 165
Bewerbungsgespräch, das 165
Bewerbungsunterlagen, die 165
bewusstlos 275, 282
bezahlen 145
Bezahlfernsehen, das 185
Bezahlung, die 102
Beziehungen, die 18
BH, der 30
Bhutan 307
Biathlon, das 218
Biberratte, die 327
Bibliothek, die 133, 163
Bibliothekar, der 163, 169
Bibliothekarin, die 163
Bibliotheksausweis, der 163
Biene, die 332
Bier, das 94
Bikini, der 30
Bild, das 188
Bildband, der 189
Bildbearbeitung, die 243
Bilderrahmen, der 42, 52
Bildhauer, der 169
Bildhauerei, die 234
Bildschirm, der 178
Bildschirm für das Bordprogramm, der 125
Bildung, die 154
Billion, eine 337
Bindehautentzündung, die 265
Bindung, die 219
Binnenmeer, das 295
Biobaumwolle, die 27
Bioladen, der 140
Biologie, die 156
Bioprodukt, das 69
Bioprodukte, die 145
Birdie, das 205
Birke, die 319
Birne, die 79
Birnenmelone, die 80
Biskuit, das 90
Bitte ein Glas ... 147
Bitte eine Tasse ... 147
Bitte hinterlassen Sie eine Nachricht nach dem Signalton. 184
bitter 75
Bizeps, der 256

Bizepsübung, die 222
Blase, die 269
Blasenentzündung, die 265
blass 24
Blatt, das 74, 244, 319, 321
Blattgemüse, das 76
Blau, das 237
blauen Augen, die 24
Blazer, der 31
Bleichmittel, das 56
bleifrei 113
Bleistift, der 155, 173
Bleistiftspitzer, der 173
Bleistiftzeichnung, die 236
Blendenregler, der 242
blind 268
Blinddarm, der 258
Blindenhund, der 268
Blindenstock, der 268
Blinker, der 117
Blinkerhebel, der 112
Blinklicht, das 110
Blitz, der 313
(ausklappbare) Blitz, der 242
Blitzschuh, der 242
blocken 198
blond 23
Blues, der 231
Bluetooth®-Headset, das 183
blühen 321, 323
Blumenbeet, das 63
Blumenkelle, die 64
Blumenkohl, der 76
Blumenladen, der 140
Blumenvase, die 43
Blumenwiese, die 323
Bluse, die 31
Blut, das 269
Blutdruck messen, den 264
Blutdruckmessgerät, das 264
Blüte, die 321
bluten 269
Blütenblatt, das 321
Blutkreislauf, der 259
Blutorange, die 81
Blutrot, das 237
Blutspende, die 283
Blutung, die 269
Blutvergiftung, die 266
Blutwurst, die 97
BMX-Rad, das 119
Bobfrisur, die 23
Bobsport, der 219
Bodenturnen, das 207
Body, der 27
Bodyboarden, das 212
Bodypump, das 223
Bogen, der 149, 229
Bogenschießen, das 221
Bogey, das 205
bohren 59
Bohrer, der 59
Boje, die 129
Bolivien 303
Bombenalarm, der 289
Bonbon, das/der 98
Bongos, die 230
Booster, der 293
Bootsrumpf, der 211
Bordkarte, die 126
Bordstein, der 106
Borke, die 319
Börse, die 139
Börsenkurs, der 139
Bosnien und Herzegowina 299
botanische Garten, der 150
Botschaft, die 134
Botswana 304
Boule, die/das 221
Boulevard, der 132
Boulevardzeitung, die 188
Boutique, die 141
Bowling, das 221
Boxball, der 213
Boxen, das 213
Boxershorts, die 29
Boxhandschuh, der 213
Brandbekämpfung, die 286
Brandung, die 247
Brandungsangeln, das 217
Brandwunde, die 269
Brasilien 303
braten 69, 77, 95
Bratengabel, die 48
Brathähnchen, das 100
Bratkartoffeln, die 100
Bratpfanne, die 48
Braun, das 237
braunen Augen, die 24
Brausetablette, die 276
Braut, die 21
Bräutigam, der 21
Brautkleid, das 21
bremsen 118
Bremshebel, der 118
Bremshebel für die Vorderradbremse, der 117
Bremsleuchte, die 111
Bremspedal, das 112
Brennnessel, die 320
Brettspiel, das 245
Brezel, die 88
Brie, der 72
Brief, der 190
Brief beantworten, einen 190
Brief einwerfen, einen 190
Brief erhalten, einen 190
Brief schicken, jemandem einen 190
Briefkasten, der 38, 190
Briefmarke, die 190
Briefmarken sammeln 234
Brieföffner, der 173
Brieftasche, die 33
Briefträgerin, die 167
Briefumschlag, der 173, 190
Brille, die 32, 272
Brillengestell, das 272
Brillenglas, das 272
Brise, die 313
Brokkoli, der 76
Brombeere, die 79
Bronchitis, die 265
Bronze, die 207
Bronzer, der 35
Brot, das 88, 96
Brotaufstriche, die 98
Brötchen, das 88, 96
Brotteller, der 102
Browser, der 182
Bruchzahlen, die 338
Brücke, die 106, 132
Bruder, der 17
Brunei 307
brünett 23
Brunnen, der 150
Brunnenkresse, die 74
Brust, die 69, 252
Brustbein, das 257
Brustkorb, der 252, 257
Brustmuskel, der 256
Brustschwimmen, das 208
Brustwarze, die 252
Brutkasten, der 263
B-Säule, die 111
Bube, der 244
Buch, das 146
Buchdeckel, der 189
Buche, die 319
Bücherregal, das 42, 51, 163
Bücherschrank, der 52
Buchhaltung, die 170
Buchladen, der 141
Buchrücken, der 189
buchstabieren 157
Bucht, die 295, 316
Buchungsnummer, die 127
Buchweizen, der 86
Bug, der 124, 128, 210, 211
Bügelbrett, das 56
Bügeleisen, das 56
bügeln 56
Bügelsäge, die 58
Bugfahrwerk, das 124
Bugwulst, der 128
Bühne, die 226
Bühnenbild, das 227
Bulgarien 299
Bulgur, der 86
Bullauge, das 128
Bungalow, der 38
Bungeespringen, das 220
Bunker, der 204
Bunsenbrenner, der 159
Buntstift, der 235
Burg, die 134
Bürgersteig, der 106
Burkina Faso 304
Büro, das 172
Büroalltag, der 175
Bürobedarf, der 173
Bürogebäude, das 134
Bürokauffrau, die 168
Büroklammer, die 173
Büromöbel, die 172
Bürostuhl, der 172
Bürste, die 57
Burundi 304
Bus, der 115
Busbahnhof, der 115
Busfahrer, der 168
Bushaltestelle, die 115, 135
Businessklasse, die 124
Büstenhalter, der 30
Butter, die 73, 96
Butterblume, die 320
Butterbrotdose, die 160
Buttermilch, die 73
Butternusskürbis, der 77

C

Cabrio, das 109
Caddie, der 205
Cafés, die 147
Camembert, der 73
Campingbus, der 248
Campingplatz, der 248
Campingstuhl, der 248
Campingtoilette, die 249
Campus, der 162
Capoeira, die 213
Cappuccino, der 93, 96
Carport, der 39
Cashewkern, der 82
CD/DVD auswerfen, eine 181
CD/DVD-Laufwerk, das 178
CD-ROM, die 179
CD-Spieler, der 233
Cello, das 229
Celsius 312
Chamäleon, das 330
Champagner, der 94
Champignon, der 74
Check-in-Automat, der 126
Check-in-Schalter, der 126
Cheddar, der 73
Chef, der 175
Chemie, die 156
Chemikalienhandschuh, der 158
Cherimoya, die 80
Chicorée, der/die 76
Chile 303
Chiliflocken, die 84
Chilischote, die 77, 84
China 307
chinesische Neujahr, das 20
Chipkartenterminal, das 138
chippen 205
Chips, die 98
Chirurg, der 166, 274
Chirurgie, die 274
Cholesterin, das 103
Chopper, der 116
Chor, der 228
Chrysantheme, die 322
Citrin, der 318
Clementine, die 81
Cockpit, das 116, 124, 210
Cocktail, der 94
Cocktailshaker, der 147
Cola, die/das 92
Collage, die 236
Comic, der/das 146
Commonwealth, das 311
Compact-Flash-Karte, die 243
Computer, der 178
Computergehäuse, das 178
Computerraum, der 154
Computertomografie, die 275
Concierge, der/die 137
Containerhafen, der 129
Containerlager, das 129
Containerschiff, das 129
Controlling, das 170
Cornflakes, die 96
Costa Rica 302
Couchtisch, der 42
Countrymusik, die 231
Couscous, der/das 86
Cousine, die 17
Crème brûlée, die 91
Crêpe, die 91
Crew, die 210
Croissant, das 88, 96
Crosstrainer, der 222
Curling, das 219
Curry, das 100

Currypulver, das 84
Cyan, das 237

D
Dach, das 40, 110
Dachboden, der 39
Dachdecker, der 167
Dachfenster, das 40
Dachgarten, der 63
Dachgaube, die 40
Dachrinne, die 40
Dachs, der 325
Dachziegel, der 40
Dame, die 244, 245
Damenabteilung, die 143
Damenkleidung, die 30
Damespiel, das 244
Dampfbad, das 279
Dampfgarer, der 45
Dampflok, die 122
Dänemark 299
Darlehen, das 138
Darmgrippe, die 265
Darts, das 221
Das Gleiche noch einmal. 147
Das passt gut, ich nehme es. 28
Datei, die 181
Datei ausdrucken, eine 180
Datei öffnen, eine 180
Datei verschieben, eine 180
Datenspeicher, der 183
Dattel, die 82
Datum, das 343
Daumen, der 254
Deck, das 128
Decke, die 42
Deckel, der 93
decken 199
Defibrillator, der 282
Dehnung, die 223
Delfin, der 327
Deltamuskel, der 256
Demenz, die 267
Demokratische Republik Kongo, die 304
Denkmal, das 135
Deo, das 34
Deodorant, das 277
Depression, die 267
der 9. September 2017 342
Der Motor springt nicht an. 114
Desinfektionsmittel, das 283
Desktop-Computer, der 178
Dessertlöffel, der 102
Desserts, die 91
Deutschland 299
Dezember, der 343
Dezimalpunkt, der 339
Diabetes, der 267
Diagnose, die 264
Diagnose stellen, eine 275
Dialyse, die 267
Diamant, der 318
Diaphragma, das 261
Diät, die 103
Dichtstoff, der 60
dick 24
Dickdarm, der 258
dickköpfig 26
Diebstahl, der 285
Diele, die 41
Dienstag, der 343
Dienstgürtel, der 284
Diesel, der 113
digitale Bilderrahmen, der 243
Digitalempfänger, der 185
Digitalkamera, die 242
Dill, der 83
Dinar, der 345
Dinkel, der 86
Diphtherie, die 266
Diplom, das 162
Dirigent, der 228
Dirigentenpult, das 228
Disko, die 231
Diskus- und Hammerwurf, der 206
Display, das 184
Disqualifikation, die 197
Dissertation, die 162
Distel, die 320
dividieren 339
DJ, der 187, 232
Dokumentarfilm, der 186
Dollar, der 345
Dom, der 132
Dominica 302
Dominikanische Republik, die 302
Dominostein, der 244
Döner, der 99
Donner, der 313
Donnerstag, der 343
Doppel, das 202
Doppelbett, das 49
Doppeldecker, der 115
Doppeldribbling, das 199
Doppelhaus, das 38
Doppelpaddel, das 211
doppelt 339
Doppelzimmer, das 136
Dorn, der 321
Dosenfisch, der 71
Dosenöffner, der 47
Dosierung, die 276
Download, der 182
Dozentin, die 162
Drachenfliegen, das 220
Draht, der 60
Drahtnetz, das 159
Drama, das 156
Drehstuhl, der 52
Drehzahlmesser, der 114
drei 336
drei Uhr 340
drei Viertel 338
Drei-/Vier-Sterne-Hotel, das 137
dreifach 339
Dreifuß, der 159
dreihundertste(r, s) 338
dreimal 339
Drei-Punkte-Linie, die 199
Dreirad, das 119
dreißig 336
dreißigste(r, s) 338
dreitürig 109
dreiundzwanzig 336
dreiundzwanzig Uhr 341
dreizehn 336
dreizehn Uhr 340
dreizehnte(r, s) 337
Dreizimmerwohnung, die 40
Dressurreiten, das 215
dritte(r, s) 337
Drittel, ein 338
driven 205
Drogerie, die 141
Druckluftflasche, die 211
Drüse, die 258
Dschibuti 304
Du bist dran. 245
Dudelsack, der 230
duften 321
düngen 65
Dünger, der 65
Dunk, der 199
dunkel 23
Dunkelblau, das 237
Dunkelkammer, die 243
dunkle Bier, das 94
Dünndarm, der 258
Dunstabzugshaube, die 44
Durchfall, der 265
Durchschwung, der 205
Dürre, die 314
Dusche, die 53
duschen 55
Duschen und Toiletten, die 248
Duschgel, das 34
Duschkabine, die 53
Duschkopf, der 55
Duschschwamm, der 55
Duschvorhang, der 55
Dutt, der 23
Duty-free-Laden, der 126
Dutzend, ein 339
DVD, die 185
DVD-Player, der 185
Dynamo, der 118

E
Ebbe, die 247
Ebene, die 316
E-Book-Reader, der 183
EC-Karte, die 138
Eckbogen, der 194
Eckstoß, der 195
Eckzahn, der 270
Eclair, das 90
Economyklasse, die 124
Ecuador 303
Edelsteine, die 318
Efeu, der/das 323
Ehefrau, die 16
ehemalige jugoslawische Republik Mazedonien 299
Ehemann, der 16
Ehepaar, das 17
Eiche, die 319
Eichel, die 260
Eichhörnchen, das 324
Eidechse, die 330
Eier, die 72
Eierkarton, der 73
Eierschale, die 72
Eierschneider, der 47
Eierstock, der 261
eifersüchtig 26
Eigelb, das 72
Eigenkapital, das 139
Eigentum, das 38
Eigentümer, der 40
Eigentümerin, die 40
Eigentumswohnung, die 38
Eilbrief, der 190
Eileiter, der 261
Eimer, der 57, 246
ein Uhr, ein 340
ein-/auschecken 137
Ein/Aus-Schalter, der 178
Einbahnstraße, die 106, 108
Einband, der 189
Einbauküche, die 44
Einbauleuchte, die 44
Einbiegen nach links verboten 108
Einbiegen nach rechts verboten 108
Einbruch, der 285
Eine einfache Fahrt nach ..., bitte. 123
Eine Portion Pommes rot-weiß, bitte. 99
eineiigen Zwillinge, die 263
einfach 339
Einfädler, der 239
Einfahrt, die 107
Einfahrt verboten 108
Einfamilienhaus, das 38
einfügen 180
Eingabetaste, die 178
Eingang, der 41
eingeben 180
einholen 217
einige 339
einjährig 323
Einkaufen, das 140
Einkaufskorb, der 144
Einkaufsliste, die 144
Einkaufstüte, die 143
Einkaufsviertel, das 133
Einkaufswagen, der 144
Einkaufszentrum, das 142
einlochen 204
einloggen, sich 180
einmal 339
Einrad, das 119
eins 336
Einsatzkraft, die 287
Einschienenbahn, die 122
einschlafen 51
Einschreiben, das 190
Einschulung, die 21
Einstand, der 202
einsteigen 123
einstellen, jemanden 165
Einstellrad, das 159
Einstellungen, die 181
Eintopf, der 100
eintopfen 65
Eintrittsgeld, das 148
Eintrittskarte, die 227
einundzwanzig 336
einundzwanzig Uhr 341
einundzwanzigste(r, s) 337
Einwegkamera, die 242
Einwurf, der 195
Einzel, das 202
Einzelbett, das 51
Einzelhaus, das 40
Einzelzimmer, das 136, 273
Eis, das 313
Eisbär, der 325
Eisbecher, der 91
Eisbergsalat, der 76
Eiscreme, die 91

Eisen, das 205
Eisenerz, das 317
Eishockey, das 200
Eiskaffee, der 92
Eiskugel, die 91
Eiskunstlauf, der 219
Eislutscher, der 98
Eisportionierer, der 47
Eisprung, der 261
Eisschnelllauf, der 219
Eisschokolade, die 92
Eistee, der 92
Eiswaffel, die 91
Eiweiß, das 72, 103
Eizelle, die 262
Ekzem, das 265
El Salvador 302
Elefant, der 326
Elektriker, der 167
elektrische Gitarre, die 229
elektrische Schlag, der 269
Elektrobohrer, der 59
Elektroboiler, der 54
Elektrofachmarkt, der 141
Elektrofahrrad, das 119
Elektrogrill, der 45
elf 336
elf Uhr 340
Elfenbeinküste, die 304
Elfmeter, der 196
Elfmeterpunkt, der 194
elfte(r, s) 337
Ellbogen, der 253
Elle, die 257
Eltern, die 17
Elternabend, der 157
Elternzeit, die 175
E-Mail-Adresse, die 182
Embryo, der/das 262
Emmentaler, der 73
empfangen 182
Empfänger, der 190
Empfängnis, die 262
Empfängnisverhütung, die 261
Empfangsbestätigung unterschreiben, die 190
Empfangsdame, die 136, 166
Endiviensalat, der 76
endokrine System, das 259
Energiesparlampe, die 62
eng 28
Enkel, der 16
Enkelin, die 16
Ente, die 69, 329
Entenfleisch, das 69
Entfernungstafel, die 107
Entführung, die 285
Entgiftung, die 278
Enthaarung, die 34
entlassen werden 175, 273
Entschuldigen Sie bitte, wie komme ich nach ...? 135
Entschuldigung, ich habe mich verwählt. 184
Entsorgungsstation, die 249
Entspannung, die 278
Entziehungskur, die 278
Entzündung, die 266
Epidemie, die 289
Epilepsie, die 267
Erdbeben, das 314
Erdbeere, die 79
Erde, die 292, 295
Erdgeschoss, das 40, 142
Erdkruste, die 295
Erdkunde, die 156
Erdmännchen, das 325
Erdmantel, der 295
Erdnuss, die 82
Erdnussbutter, die 89
Erdrutsch, der 314
Erdspeer, der 217
Erdung, die 62
Ereignisse im Leben, die 21
Erektion, die 260
Erfrischungsgetränke, die 92
Ergebnisse, die 264
Ergometer, das 222
Eritrea 304
Erkältung, die 266
Ermäßigung, die 148
Ermittlung, die 284
Ernährung, die 103
ernten 65
Ersatzreifen, der 114
Ersatzspieler, der 197
erste Etage, die 142
Erste Hilfe, die 282
erste Hilfe leisten 282
erste Klasse, die 122, 124
erste Liga, die 195
erste Rang, der 226
erste Stock, der 40
erste(r, s) 337
Erste-Hilfe-Kasten, der 283
Erste-Hilfe-Kurs, der 283
ertrinken 288
Erwachsene, der 18
Erzählliteratur, die 189
Es ist ein Unfall passiert! 289
Es ist schön/trüb/nasskalt. 312
Escapetaste, die 178
Esche, die 319
Esel, der 326
Espresso, der 93
Essen 68
Essen auftauen, das 44
Essensausgabe, die 160
Essig, der 85
Esslöffel, der 344
Essstörung, die 267
Essteller, der 102
Esstisch, der 43
Esszimmer, das 43
Estland 299
Estragon, der 83
Etagenbett, das 51
Ethikunterricht, der 156
etliche 339
etwas auf Rechnung setzen 147
Eukalyptus, der 319
Eule, die 329
Euro, der 345
Europa 299
Europäische Union (EU), die 311
Evakuierung, die 289
Exotische Früchte 80
Explosion, die 289

F

Fabrik, die 134
Fachbereich, der 164
Fächerfisch, der 331
Fäden, die 274
Faden einfädeln, einen 239
Fadenführung, die 238
Fadenhebel, der 238
Fagott, das 229
Fahne, die 204
Fähre, die 129
Fahrenheit 312
Fahrerseite, die 110
Fahrersitz, der 112, 116
Fahrkarte, die 115
Fahrkartenautomat, der 115, 123
Fahrkartenschalter, der 123
Fahrplan, der 115
Fahrpreis, der 115
Fahrrad, das 118
Fahrradhelm, der 118
Fahrradkorb, der 118
Fahrradschlauch flicken, einen 118
Fahrradschloss, das 119
Fahrradständer, der 119
Fahrradweg, der 106
Fahrspur, die 106
Fahrsteig, der 127
Fahrtrage, die 275
Fahrwerk, das 124
Fahrzeuge, die 121
Fahrzeugkran, der 121
Fahrziel, das 115
Fairway, das 204
Fallschirmspringen, das 220
Falte, die 22
Familie, die 16, 18
Familie gründen, eine 21
Familienzimmer, das 137
Fang, der 217
fangen 199, 217
Fangnetz, das 287
Fans, die 232
Farbdose, die 61
Farbe, die 61, 237
Farbmuster, das 61
Farbpalette, die 35
Farbroller, der 61
Farbwanne, die 61
Fassade, die 149
fasten 103
Fastfood, das 99
faulig 81
Faultier, das 327
Faxgerät, das 184
Februar, der 343
Fechten, das 221
Feder, die 328
Federball, der 161, 201
Federmäppchen, das 155
fegen 57
Fehler, der 202
Fehlermeldung, die 181
Fehlgeburt, die 263
Fehlstart, der 208
Feier, die 20
Feiertag, der 20, 342
Feige, die 80
feilen 59
Feinkost, die 145
Feldsalat, der 76
Feldspieler, die 197
Felge, die 111, 118
Felgenbremse, die 118
Fell, das 324
Felsen, der 315
Fenchel, der 74, 83, 84
Fenster, das 40, 124, 181
Fenster minimieren, ein 181
Fensterbank, die 51
Fensterbrett, das 43
Ferien, die 157, 246
Fernbedienung, die 185
Fernlicht, das 110
Fernsehbank, die 42
Fernsehen, das 185
fernsehen 185
Fernseher, der 185
Fernsehserie, die 185
Fernsehturm, der 132
Ferse, die 253, 254
Fersenbein, das 257
Festanstellung, die 165
Feste, die 20
festkochend 75
Festnahme, die 285
(externe) Festplatte, die 179
Feststelltaste, die 178
Feta, der 72
Fett, das 103
fettarm 73
feucht 312
Feuchtgebiet, das 316
Feuchtigkeitscreme, die 34
Feuchttuch, das 277
Feueranzünder, der 248
Feuerlöscher, der 113, 286
Feuerwache, die 133, 286
Feuerwehr, die 286
Feuerwehrfahrzeug, das 121
Feuerwehrhelm, der 286
Feuerwehrmann, der 286
Feuerwehrschlauch, der 286
Feuerwehrschutzjacke, die 286
Feuerzeug, das 146
Fichte, die 319
Fidschi 310
Fieber, das 266
Fieberthermometer, das/der 277
Film, der 243
Filme drehen 234
Filmplakat, das 241
Filter, der 242
Filzstift, der 235
Finanzberater, der 139
Fingerabdruck, der 284
Fingerhut, der 239, 320
Fingerknöchel, der 254
Fingerkuppe, die 254
Fingernagel, der 254
Finimeter, das 211
Fink, der 328
Finnland 299
Fisch, der 70
Fisch entgräten, einen 71
Fisch fangen, einen 216
Fisch mit Pommes, der 99
Fische, die 331
Fischer, der 167
Fischgeschäft, das 140
Fischkorb, der 217
Fischrogen, der 70

Fischschwarm, der 331
Fischsteak, das 70
Fischtheke, die 145
Fitness, die 194, 222
Fitnessball, der 222
Fitnessraum, der 136
Fitnessstudio, das 222
FKK-Strand, der 247
Flachbettauflieger, der 120
Flachpinsel, der 61
Flachrennen, das 215
Fladenbrot, das 88
Flamingo, der 329
Fläschchen, das 263
Flaschenöffner, der 48
Flatrate, die 183
flattern 328
Flauschdecke, die 50
Flechte, die 320
Fleckenentferner, der 56
Fledermaus, die 324
Fleisch, das 68
Fleisch und Geflügel, das 145
Fleischklopfer, der 47
Fleischtheke, die 144
Flickzeug, das 119
Flieder, der 321
Fliege, die 29, 332
fliegen 125
Fliegende Fisch, der 331
Fliegenfischen, das 217
fliehen 285
Fließhecklimousine, die 109
Flip-Flop®, der 33, 246
Floh, der 333
Flosse, die 331
Flug buchen, einen 127
Flugbegleiterin, die 125, 168
Flügel, der 69, 149, 230, 328
Fluggastbrücke, die 126
Fluggasttreppe, die 126
Fluggesellschaft, die 124
Flughafen, der 126
Fluglotse, der 126
Flugsteig, der 126
Flugzeug, das 124
Flugzeugtür, die 124
Flur, der 39
Fluss, der 132, 315
Flussfahrt, die 148
flüssige Honig, der 89
Flusskrebs, der 71
Flussmündung, die 315
Flut, die 247
Fock, die 210
Föhn, der 55
Folge, die 185
Folie, die 174
Food Court, der 142
Football, der 161
Forelle, die 70
Formel 1®, die 220
Formschnitt, der 323
Forschung, die 162
Forschungsinstitut, das 162
Fortschrittsbalken, der 181
Foto, das 52
Foto machen, ein 243
Fotoalbum, das 243
Fotograf, der 169
Fotografieren, das 242
fotografieren lassen, sich 243
Fotostudio, das 243
Foul, das 195
Foyer, das 226
Fracht, die 129
Franc, der 345
Frankreich 299
Frau, die 18, 252, 253
Frau ... 18
Free-TV, das 185
freie Jahr, das 164
freie Rippe, die 257
freilassen 217
Freilufttheater, das 226
Freiraum, der 198
Freistil, der 219
Freistoß, der 195
Freitag, der 343
Freiwurflinie, die 197, 199
Freizeit, die 226
Fremdenführerin, die 148
Fremdsprachen, die 156
Frequenz, die 187
Frettchen, das 324
Freund, der 18
Freunde, die 18
Freundin, die 18
freundlich 25
Friedhof, der 135
Frikadelle, die 100
Frisbee®, das 221
frisch 71, 81
frisch gepresste Grapefruitsaft, der 92
frische Obst, das 96
Frischhaltefolie, die 46
Frischkäse, der 73
Friseurin, die 168
Friseursalon, der 141
frittieren 95
Frontlader, der 56
Frontmann, der 232
Frosch, der 330
Frost, der 313
Frozen Yogurt, der 98
fruchtbar 261
Fruchtblase, die 262
Früchtejoghurt, der 96
Fruchtgemüse, das 77
Fruchtshake, der 97
Fruchtwasser, das 262
Frühchen, das 263
Frühgeburt, die 263
Frühling, der 342
Frühlingsblume, die 321
Frühlingszwiebel, die 75
Frühstück, das 96
Frühstücksbuffet, das 137
Frühstücksflocken, die 96, 145
Frühstückstheke, die 44
Fruktose, die 103
Fuchs, der 325
Führerstand, der 122
Füller, der 155
fünf 336
fünf nach zwölf 341
fünf Uhr 340
fünf und drei Achtel 338
fünffach 339
fünfte(r, s) 337
Fünftel, ein 338
fünfundfünfzigtausend 337
fünfzehn 336
fünfzehn Uhr 341
fünfzehnte(r, s) 337
fünfzig 336
fünfzigste(r, s) 338
fünfzigtausend 337
Funkantenne, die 128
Funkloch, das 183
Fürstentum, das 298
Fusilli, die 87
Fuß, der 159, 252, 254, 344
Fuß verstauchen/brechen, sich den 269
Fußabtreter, der 38
Fußball, der 161, 194, 196
Fußballschuh, der 196
Fußbodenheizung, die 62
Fußgängerampel, die 106, 135
Fußgängerzone, die 135
Fußgelenk, das 254
Fußgewölbe, das 254
Fußraste, die 116
Fußreflexzonenmassage, die 278
Fußrücken, der 254
Fußschalthebel, der 116
Fußsohle, die 254
Fußstütze, die 112, 268
Fußweg, der 150

G

Gabel, die 118
Gabelstapler, der 121
Gabun 304
Galaxie, die 294
Gallenblase, die 258
Galopp, der 215
Gambia 304
Gang, der 125, 144
Gans, die 69, 329
Gänseblümchen, das 320
Gänseei, das 72
Gänsefleisch, das 69
Garage, die 39
Garam masala, das 84
Garderobenständer, der 41
Garnele, die 71
Garnrollenstift, der 238
Garten, der 63
Gartenanlage, die 150
Gartenarbeit, die 65
Gartenbank, die 63
Gartenerbse, die 78
Gartengeräte, die 64
Gartenhandschuh, der 64
Gartenhaus, das 63
Gartenmauer, die 63
Gartenmöbel, die 63
Gartenpflanzen, die 323
Gartenschlauch, der 64
Gartenteich, der 63
Gartenweg, der 63
Gartenzaun, der 63
Gärtner, der 168
gärtnern 234
Gasbrenner, der 248
Gasdrehgriff, der 117
Gasflasche, die 248
Gaspedal, das 112
Gasse, die 132
Gast, der 101
Gastroenterologie, die 273
Gas-Wandheizgerät, das 54
Gaumen, der 255
Gebäck, das 90
gebackenen Bohnen, die 97
Gebärdensprache, die 268
Gebärmutter, die 261
Gebärmutterhals, der 261
Gebäude in der Innenstadt 134
Gebäudereiniger, der 167
geben 244
Gebirge, das 315
Gebirgsbach, der 316
Gebirgskette, die 295
gebratenen Nudeln, die 99
gebundene Buch, das 189
Geburt, die 21, 262
Geburtstag, der 20
Geburtstagskerze, die 90
Geburtstagskuchen, der 90
Gecko, der 330
gedämpfte Gemüse, das 74
Gedenkstätte, die 149
geduldig 25
Gefahr, die 289
Gefälle, das 108
Gefängnis, das 285
Geflügel, das 69
Gefrierbeutel, der 46
Gefrierschrank, der 44
Gefühle, die 25
(schräg) gegenüber 135
Gegenverkehr, der 108
gegrillte Tomate, die 97
Gehalt, das 175
Gehirn, das 255
Gehirnerschütterung, die 269
gehörlos 268
Gehweg, der 132
Geige, die 229
Geisteswissenschaften, die 162
gekocht 77
gekochte Ei, das 96
gelähmt 268
Geländemotorrad, das 116
Geländer, das 123
Geländewagen, der 109
gelangweilt 26
Gelb, das 237
gelbe Karte, die 195
Gelbgrün, das 237
Gelborange, das 237
Geld abheben 138
Geld einzahlen 138
Geldautomat, der 138
Geldschein, der 139
gemahlen 85
Gemälde, das 42
Gemeinschaftskunde, die 156
Gemüse, das 74
Gemüsegarten, der 63
Gemüseladen, der 140
Generalprobe, die 227
Genesung, die 274
geöffnet 148
geografische Breite, die 298
geografische Länge, die 298
Georgien 308
Gepäckablage, die 122, 137
Gepäckband, das 127
Gepäckfach, das 125
Gepäckkontrolle, die 127
Gepäckraum, der 115, 124
Gepäckträger, der 118

Gepard, der 325
geparkte Auto, das 106
gepolsterte Hocker, der 42
Geranie, die 322
geraspelt 85
geräuchert 69, 71
Gerbera, die 322
Gerichte, die 96
Gerichtsgebäude, das 133
geriebene Käse, der 73
geröstet 82
Gerste, die 86
Geruchssinn, der 259
gesalzen 82
Gesangstück, das 233
Gesäß, das 253
Gesäßbacke, die 253
Gesäßmuskel, der 256
Gesäßspalte, die 253
Geschäft, das 142
Geschäfte, die 140
Geschäftsfrau, die 174
Geschäftsführung, die 170
Geschäftsmann, der 174
Geschäftsreise, die 174
Geschäftsviertel, das 132
geschält 81
Geschenkeladen, der 141
Geschichte, die 156
geschieden 17
Geschirr, das 102
Geschirrtuch, das 44
Geschlechtskrankheit, die 260
Geschlechtsorgane, die 260
Geschlechtsverkehr, der 260
geschlossen 148
Geschmackssinn, der 259
Geschmacksverstärker, der 103
Geschwindigkeit, die 114
Geschwindigkeitsbegrenzung, die 108
Geschwindigkeitsüberschreitung, die 107
Geschwür, das 267
Gesellschaft mit beschränkter Haftung (GmbH), die 170
Gesellschafter, der 171
Gesicht, das 22
Gesichtsbehandlung, die 279
Gesichtscreme, die 34
Gesichtsmaske, die 279
gestern 342
gestresst 26
gesund 266
gesunde Ernährung, die 103
Gesundheit, die 252
Getränk, das 241
Getränke, die 92, 145
Getreide, das 86
Getriebe, das 111, 116
Gewächshaus, das 63
Gewalt, die 285
Gewebe, das 258
gewellt 23
Gewicht, das 191, 345
Gewichtsscheibe, die 222
gewinnen 245
Gewitter, das 313
Gewürze, die 83
Geysir, der 316
Ghana 304
Gibbon, der 327
gießen 65
Gießkanne, die 64
Gift, das 330
Giftzahn, der 330
Gin Tonic, der 94
Gipfel, der 315
Giraffe, die 326
Girokonto, das 138
Gitarrist, der 232
Gitterbettchen, das 50
Gitterstab, der 50
glänzend 243
Glas, das 89
glasieren 95
glatt 23
Glätteisen, das 55
Glatze, die 23
Gleisnummer, die 123
Gleitsichtbrille, die 272
Gletscher, der 315
Glück, das 245
glücklich 25
Glühbirne, die 62
Glühfaden, der 62
Glühwein, der 93
Glukose, die 103
glutenfrei 103
GmbH & Co. KG, die 170
Gold, das 207, 317
Goldfisch, der 331
Golf, das 204, 295
Golfball, der 204
Golfcart, das 205
Golfplatz, der 204
Golfschläger, die 205
Golfspieler, der 205
Golftasche, die 205
Golftrolley, der 205
Gong, der 228
Gorgonzola, der 72
Gorilla, der 327
gotisch 149
Gottesanbeterin, die 332
Gouache, die 235
Gouda, der 73
Grabmal, das 149
Grad, der 312
Graffiti, das 236
Grafikerin, die 169
Grafit, der 317
Gramm, das 345
Granat, der 318
Granatapfel, der 80
Granit, der 317
Grapefruit, die 81
Grasland, das 316
Gräte, die 71
Grau, das 237
grau meliert 23
Graubrot, das 88
graue Star, der 272
grauen Augen, die 24
gravieren 234
Great Barrier Reef, das 297
Greifreifen, der 268
Grenada 302
Griechenland 299
Griff, der 201, 203
Grille, die 332
grillen 69, 95
Grillpfanne, die 48
Grillplatz, der 151
Grillrost, der 248
Grimasse schneiden, eine 22
Grippe, die 266
Gros, ein 339
groß 24, 28
Größe, die 30
große Trommel, die 228
große Zeh, der 254
Großeltern, die 17
großformatige Zeitung, die 188
Großhirn, das 255
Großmutter, die 17
Großraumabteil, das 122
Großsegel, das 210
Großvater, der 17
Grübchen, das 22
Grün, das 204, 237
Grundierung, die 35
Grundlinie, die 198, 199, 202, 203
Grundriss, der 39
Grundschule, die 154
Grundstück, das 38
grüne Bohne, die 78
grüne Linse, die 78
grüne Star, der 272
grünen Augen, die 24
Grußkarte, die 146
Guatemala 302
Guave, die 80
Gugelhupf, der 90
Guinea 305
Guinea-Bissau 305
Gummibärchen, das 98
Gummihandschuh, der 57
Gummistiefel, der 33
Gummiwischer, der 57
Gurke, die 77
Gürtel, der 33
Gürtelrose, die 266
Guten Abend! 19
Guten Appetit! 102
Guten Morgen! 19
Güterzug, der 122
Guthaben, das 183
Guyana 303
Gymnasium, das 154
Gynäkologie, die 273

H

Haar, das 22, 23
Haarbürste, die 34
Haare föhnen, sich die 34
Haare glätten, sich die 34
Haargummi, der/das 34
Haarprodukt, das 34
Haarspange, die 34
Haben Sie das auch eine Nummer größer/kleiner? 28
Haben Sie ein Zimmer frei? 136
Habicht, der 328
Habilitation, die 162
Hacke, die 64
Hackfleisch, das 68
Hackmesser, das 47
Hafen, der 129
Hafer, der 86
Haferbrei, der 97
Haftnotiz, die 173
Haftstreifen, der 173
Hagel, der 313
Hahn, der 329
Hahn auf-/zudrehen, den 55
Hähnchen, das 69
Hähnchenkeule, die 69
Haiti 302
häkeln 240
halb elf 341
halbe Stunde, eine 340
Halbedelsteine, die 318
halber/halbes/eine halbe, ein 338
halbes Dutzend, ein 339
Halbfeld, das 202
Halbinsel, die 295
Halbmond, der 292
Halbpension, die 137
Halfpipe, die 219
Hallo! 19
Halloween, das 20
Hals, der 252
Halskette, die 32
Halsschmerzen, die 265
Halswirbel, der 257
Halteknopf, der 115
Halteschlaufe, die 115
Halteverbot, das 108
Haltung, die 204
Hamburger, der 99
Hammer, der 58
hämmern 59
Hamster, der 324
Hand, die 253, 254
Hand geben, sich die 19
Handball, der 161, 197
Handbremse, die 112
Handfeger, der 57
Handfläche, die 254
Handfunkgerät, das 284
Handgelenk, das 253, 254
Handgepäck, das 125
Handicap, das 205
Handrad, das 238
Handrechen, der 64
Handrührgerät, das 45
Handsäge, die 58
Handschaltung, die 109
Handschellen, die 284
Handschuh, der 32
Handschuhfach, das 112
Handstand, der 207
Handtasche, die 33
Handtuch, das 53
Handtuchhalter, der 53
Handwerker, der 61
Handy, das 183
Handytasche, die 32, 183
Hängelampe, die 51
Hangelgerüst, das 151
Hängematte, die 248
Hängeregister, das 173
Hängeschrank, der 44
Hanukkah, die 20
Hardware 179
Harfe, die 229
Harnblase, die 259, 260, 261
Harnleiter, der 259
Harnröhre, die 260, 261
Harnsystem, das 259
Harpune, die 217
Haselnuss, die 82
Hasenglöckchen, das 320

hässlich 24
Hauptgericht, das 101
Hauptmahlzeit, die 100
Hauptstadt, die 298
Haus, das 40
Hausarbeit, die 164
Hausaufgabe, die 157
Hausbriefkasten, der 191
Hausmeister, der 39
Hausnummer, die 38
Hauspost, die 172
Hausschlüssel, der 38
Hausschuh, der 28
Haustür, die 40
Hauswirtschaft, die 157
Haut, die 22
Hautausschlag, der 265
Hautpflege, die 277
Havarie, die 288
Heavy Metal, das 231
Hebamme, die 262
Heberglocke, die 54
Hechtabwehr, die 198
Heck, das 124, 210, 211
Hecke, die 63
Heckenschere, die 64
Heckscheibe, die 111
Hefe, die 87
Hefeweizen, das 94
heften 240
Heide, die 316
Heidekraut, das 320
Heidelbeere, die 79
Heilbutt, der 70
Heimtextilienabteilung, die 143
Heimwerkstatt, die 58
heiraten 21
Heiratsantrag machen, jemandem einen 21
heiß 312
heiße Schokolade, die 97
Heißgetränke, die 93
Heizdecke, die 49
Heizkörper, der 62
Heizung, die 62
Heizung anschalten/ausschalten, die 62
Heizungsregler, der 112
Hektar, der/das 344
Hellbraun, das 237
Hellgelb, das 237
Helm, der 287
Hemd, das 29
Herbst, der 342
Herd, der 44
Hering, der 249
Herr ... 18
Herrenabteilung, die 143
Herrenkleidung, die 29
Herz, das 74, 244, 258, 259
Herzdruckmassage, die 282
Herzinfarkt, der 267
Herz-Kreislauf-System, das 259
Herzlich willkommen! 19
Herzlichen Glückwunsch! 20
Herzmonitor, der 275
Herzmuschel, die 71
Heuschnupfen, der 266
Heuschrecke, die 332
heute 342
Hi-Hat, die/das 230
Hilfe! 289
Himalaja, der 297
Himbeere, die 79
Himmel und Hölle spielen 160
hin und zurück 123
hinken 268
hintere Aufschlaglinie Doppel, die 201
hintere Aufschlaglinie Einzel, die 201
hintere Backenzahn, der 270
Hinterrad, das 118
Hinterzwiesel, der 214
Hip-Hop, der 231
Hirnhautentzündung, die 266
Hirnstamm, der 255
Hirse, die 86
Hitparade, die 187
Hitzewelle, die 314
HIV-positiv/negativ 267
Hobbys, die 234
hobeln 59
Hochformat, das 243
Hochgeschwindigkeitszug, der 122
Hochschulabschluss, der 164
Hochseeangeln, das 217
Hochsprung, der 206
Hochstuhl, der 43
Hochzeit, die 20
Hochzeitstag, der 20
Hocker, der 49
Hockey, das 200
Hockeyschläger, der 200
Hoden, der 260
Hodensack, der 260
Hof, der 38
hohe Blutdruck, der 266
hohe Stiefel, der 33
Höhenleitwerk, das 124
Höhle, die 315
Hole-in-one, das 205
Holunderbeere, die 79
Holz, das 205
Holzboden, der 43
Holzbrett, das 60
Holzhammer, der 58
Holzkohle, die 248
homogenisiert 73
homöopathische Heilmittel, das 278
Honduras 302
Honig, der 89
Honigmelone, die 81
Hörer, der 184
Hörgerät, das 268
Hormon, das 260
Horn, das 229, 324
Hornhaut, die 272
Hornhecht, der 331
Hornisse, die 332
Horrorfilm, der 241
Hörsaal, der 162
Hörsinn, der 259
Hörspiel, das 187
Hortensie, die 322
Hose, die 29, 196
Hosenträger, die 32
Hot Dog, der/das 99
Hotel, das 136
Hotelanlage, die 136
hübsch 24
Huf, der 214, 324
Hufeisen, das 215
Hüfte, die 252
Hügel, der 316
Huhn, das 329
Hühnerei, das 72
Hülse, die 78
Hülsenfrüchte, die 78
Hummel, die 332
Hummer, der 71
Hummerfalle, die 217
Hund, der 324
hundert 336
Hundertfüßer, der 333
hundertste(r, s) 338
hunderttausend 337
Hundeschlittenfahren, das 219
Hürde, die 206
Hürdenlauf, der 206
Hurrikan, der 314
Husten, der 266
HustenBonbon, das/der/der 277
Hustensaft, der 276
Hut, der 32
Hüttenkäse, der 72
Hyazinthe, die 322
Hydrant, der 135, 286
Hypnose, die 278
Hypothek, die 138

I

Ich bin verärgert/froh/traurig. 25
Ich habe ein Zimmer unter dem Namen ... gebucht. 136
Ich habe eine Panne. 114
Ich habe empfindliche/trockene Haut. 279
Ich habe fettige/normale Haut. 279
Ich hätte gern ... 147
Ich hätte gerne die Rechnung, bitte. 102
Ich hätte gerne ein Doppelzimmer für eine Nacht. 136
Ich heiße ... 19
Ich möchte bitte ... sprechen. 184
Ich möchte gerne ein Konto eröffnen. 139
Igel, der 324
Ihr Flug ist jetzt zum Einsteigen bereit. 124
im Aus sein 199
im Chor singen 234
im Internet surfen 182
Imbissbereich, der 143
immergrüne Baum, der 319
Immobilienmaklerin, die 168
Impfung, die 263
Implantat, das 271
impotent 260
In den Bergen 287
in der Nähe (von) 135
in die Pedale treten 118
in einem Buch blättern 189
in einen höheren/niedrigeren Gang schalten 118
in Ohnmacht fallen 269
in Rente gehen 21, 175
in Seenot geraten 288
Inbusschlüssel, der 60
Index, der 189
Indianerzelt, das 248
Indie-Musik, die 231
Indien 308
Indische Ozean, der 296
Indonesien 308
Industriegebiet, das 133
Infekt, der 265
Informatik, die 156
Informatiker, der 166
Infusionsständer, der 273
Ingenieurin, die 167
Ingenieurwesen, das 162
Ingwer, der 84
Inhalator, der 267
Inhaltsverzeichnis, das 189
Inlandsflug, der 127
Inlineskaten, das 220
Innenausstattung, die 112
Innendienst, der 171
Innenhof, der 149
Innenstadt, die 131
Innenverteidiger, der 195
Innenzelt, das 249
innere Erdkern, der 295
Innereien, die 69
inneren Organe, die 258
ins Bett gehen 51
Insekten, die 332
Insektenspray, der/das 248
Insektenstich, der 269
Insel, die 295, 316
Instrument stimmen, ein 228
Instrumentalstück, das 233
Intensivstation, die 275
Internat, das 154
Internationale Organisationen 311
Internet, das 182
Interview, das 186
Interviewpartner, der 186
intolerant 26
Irak, (der) 308
Iran, (der) 308
Iris, die 272, 322
Irland 299
Irrgarten, der 151
ischiocruralen Muskeln, die 256
Island 299
Isomatte, die 249
Israel 308
Ist dieser Platz noch frei? 123
ist gleich 339
Italien 299
IT-Leitung, die 170

J

Jachthafen, der 210
Jade, der 318
Jagd, die 221
Jagdrennen, das 215
Jaguar, der 325
Jahr, das 343
Jahresurlaub, der 175
Jamaika 302
Januar, der 343
Japan 308
Jazz, der 231
Jeans, die 31

jeder/jede/jedes 339
Jemen, (der) 308
Jenga®, das 245
Jetski®, der 212
Jiu-Jitsu, das 213
jobben 164
Jochbein, das 257
Jockey, der 215
joggen 151
Joghurt, der 72
Joker, der 244
Jordanien 308
Journalistin, die 169
Judo, das 213
jugendfrei 241
Jugendliche, die 18
Jugendstil, der 149
Jugendzimmer, das 51
Juli, der 343
jung 24
Junge, der 18
Jungtier, das 327
Juni, der 343
Jupiter, der 293
Juweliergeschäft, das 141

K

Kabel, das 184
Kabelfernsehen, das 185
Kabeljau, der 70
Kabine, die 128
kacheln 61
Kaffee, der 93, 101
Kaffee zum Mitnehmen, der 93
Kaffeebohnen, die 93
Kaffeemaschine, die 45, 147
Kai, der 129
Kaiserschnitt, der 263
Kajak, der/das 211
Kajalstift, der 35
Kakadu, der 329
Kalbfleisch, das 68
Kalender, der 343
Kalkstein, der 317
Kalorien, die 103
Kalorien verbrennen 223
kalt 312
Kaltwasserzulauf, der 54
Kambodscha 308
Kamel, das 326
Kameragehäuse, das 242
Kameratasche, die 243
Kamerun 305
Kamille, die 320
Kamillentee, der 93
Kamin, der 42
Kaminofen, der 62
Kaminsims, der 42
Kamm, der 34
Kammmuschel, die 71
Kampfsport, der 213
Kanada 302
Kanadier, der 211
Kanal, der 133
Kanaldeckel, der 135
Kanarienvogel, der 328
Kandare, die 214
Känguru, das 327
Kaninchen, das 68, 324
Kann ich das bitte umtauschen? 142
Kann ich hier mein Zelt aufschlagen? 249
Kante, die 218
Kanter, der 215
Kap Verde 305
Kapitel, das 189
Kapsel, die 276
Kapuzenmuskel, der 256
Kapuzenpullover, der 28
Karabiner, der 287
Karaffe, die 102
Karamellpudding, der 91
Karate, das 213
Kardamom, der/das 84
Kardinalzahlen, die 336
Kardiologie, die 273
Karibische Meer, das 296
Karies, die 271
Karneval, der 20
Karo, das 244
Karotte, die 75
Karottensaft, der 92
Karpfen, der 70
Karriere, die 165
Karten mischen, die 244
Kartoffel, die 75
Kartoffelspalten, die 100
Kartoffelstampfer, der 47
Karton, der 236
Kartuschenpistole, die 60
Kasachstan 308
Käse, der 96
Käsekuchen, der 90
Käsemesser, das 101
Käseteller, der 101
Käsetheke, die 144
Kaspische Meer, das 296
Kasse, die 144
Kassenzettel, der 145
Kassette, die 233
Kassierer, der 144
Kassiererin, die 138
Kastagnetten, die 230
Kastanie, die 82
Katakomben, die 149
Katamaran, der 128, 210
Katar 308
Katze, die 324
Kaufhaus, das 143
kaufmännische Bereich, der 170
kaufmännische Leitung, die 170
Kaugummi, der/das 98, 146
Kaulquappe, die 330
Kaution, die 39
Kehle, die 255
Kehlkopf, der 255
Kehrschaufel, die 57
Keilabsatz, der 33
Keilbeinhöhle, die 255
Keilriemen, der 113
keimen 321
Keks, der 98
Keller, der 39
Kellner, der 101, 168
Kendo, das 213
Kenia 305
kentern 210, 288
Kern, der 78
kernlos 81
Kernspintomografie, die 275
Kerze, die 43
Kesselpauke, die 230
Ketchup, der/das 85
Kette, die 118
Kettenschutz, der 118
Keuchhusten, der 266
Keule, die 68
Key-Account-Management, das 171
Kfz-Mechanikerin, die 167
Kichererbse, die 78
Kickboxen, das 213
kicken 196
Kidneybohne, die 78
Kiemen, die 331
Kilogramm, das 345
Kilometer, der 344
Kilometerstand, der 114
Kind, das 18
Kinderabteilung, die 143
Kinderanhänger, der 119
Kinderbuch, das 189
Kindergarten, der 21, 154
Kinderkrankheit, die 266
Kinderlähmung, die 266
Kinderschaufel, die 246
Kindersitz, der 119
Kinderstation, die 273
Kinderwagen, der 50
Kinderzimmer, das 50
Kinn, das 22, 252
Kino, das 134, 241
Kinokasse, die 241
Kinoleinwand, die 241
Kinosaal, der 241
Kiosk, der 135, 146
Kipper, der 121
Kirche, die 134
Kirgisistan 308
Kiribati 310
Kirsche, die 79
Kirschtomate, die 77
Kissenbezug, der 49
Kitesurfen, das 212
Kittel, der 158
Kiwano, die 80
Kiwi, die 80
Klappe, die 186
Klapptisch, der 122
Klarinette, die 229
Klasse, die 154
Klassenarbeit, die 154
Klassenfahrt, die 157
Klassenzimmer, das 155
klassische Musik, die 231
klassizistisch 149
Klausur, die 163
Klebeband, das 191
Klebepistole, die 59
Klebstoff, der 235
Klee, der 320
Kleid, das 31
Kleiderbügel, der 41
Kleiderhaken, der 41
Kleiderschrank, der 49
Kleidung, die 27
klein 24, 28
klein/mittelgroß/groß 99
Kleinabteil, das 122
Kleinbus, der 115
kleine Finger, der 254
kleine Geschenk, das 19
kleine Trommel, die 228
kleine Zeh, der 254
Kleinhirn, das 255
Kleinstwagen, der 109
Kleintransporter, der 109
Kleinwagen, der 109
Klempner, der 167
Klettergerüst, das 151
Klettern, das 220
Kletterpflanze, die 323
klicken 180
Klimaanlage, die 109
Klimmzug, der 223
Klingel, die 136
klingeln 184
Klingelton, der 183
Klippe, die 315
Klitoris, die 261
Klobürste, die 53
klopfen 95
Kloschüssel, die 53
Klostein, der 53
Knabbereien, die 98
Knäckebrot, das 88
knackig 81
kneten 87
Knicks machen, einen 19
Knie, das 252
Kniebeuge, die 223
Kniekehle, die 253
Kniescheibe, die 257
Knirscherschiene, die 271
Knoblauch, der 75
Knoblauchknolle, die 75
Knoblauchpresse, die 47
Knoblauchzehe, die 75
Knöchel, der 253
Knochenbruch, der 269
Knock-out, der 213
Knopf, der 28, 239
Knopfloch, das 28
Knorpel, der 258
Knospe, die 321
Koala, der 325
Koch, der 168
köcheln lassen 95
Kochen, das 95
kochen 95, 234
Kochlöffel, der 48
Kochtopf, der 48
Kochutensilien, die 46
Köder, der 217
Koffer, der 32
Kofferkuli, der 123
Kofferraum, der 111
Kofferwagen, der 137
Kohle, die 317
Kohlenhydrat, das 103
Kohlrabi, der 74
Koi, der 331
Kokosnuss, die 80
Kolibri, der 328
Kollege, der 175
Kollegin, die 175
Kolonie, die 298
Kolumbien 303
Kolumne, die 188
Koma, das 275
Kombiwagen, der 109
Kombizange, die 58
Komet, der 294
Komiker, der 226

Kommanditgesellschaft (KG), die 170
Kommode, die 49
Kommunikation, die 178
Komödie, die 226, 241
Komoren, die 305
Komposition, die 233
Komposter, der 63
Kondensmilch, die 73
Konditorei, die 140
Kondom, das 261
Konfitüre, die 89
König, der 244, 245
Königreich, das 298
Können Sie mich bitte zurückrufen? 184
Könnte ich das mal anprobieren? 28
Könnten Sie bitte den Pannendienst anrufen? 114
Könnten Sie mir beim Reifenwechseln helfen? 114
Könnten Sie mir bitte ... zeigen? 142
Könnten Sie mir bitte sagen, wo ... ist? 135
Könnten Sie mir das bitte wechseln? 139
Könnten Sie uns bitte die Weinkarte bringen? 102
Konserven, die 145
Kontaktlinse, die 272
Kontaktlinsenbehälter, der 272
Kontinent, der 295
Kontonummer, die 138
Kontrollturm, der 126
konzentrieren, sich 52
Konzern, der 170
Konzert, das 232
Konzerthalle, die 232
Kopf, der 238, 252, 255
köpfen 196
Kopfhörer, der 184, 233
Kopfkeil, der 279
Kopfkissen, das 49
Kopflehne, die 122
Kopfsalat, der 76
Kopfschmerzen, die 265
Kopfschutz, der 213
Kopfstütze, die 112
Kopfteil, das 49
kopieren 180
Koppel, die 215
Korallenriff, das 316
Korb, der 199
Korbbrett, das 161, 199
Korbring, der 199
Koriander, der 83, 84
Korkenzieher, der 48, 147
Körper, der 252
Körperpflege, die 34
Körpersysteme, die 259
Körperverletzung, die 285
Kosmetikabteilung, die 143
Kosmetikerin, die 168, 279
Kotelett, das 68
Kraftstofftank, der 120
Krafttraining, das 222
Kragen, der 29
Krähe, die 328
Krake, der 71
Kralle, die 324, 328
Krampf, der 265
Kran, der 129
krank 266
Krankenhaus, das 133, 273
Krankenhausbett, das 273, 275
Krankenkasse, die 264
Krankenpfleger, der 166
Krankentisch, der 273
Krankenzimmer, das 273
Krankheiten, die 265
kraulen 208
Kräuter, die 83
Kräuterheilkunde, die 278
Kräutertee, der 93
Krawatte, die 29
Krawattennadel, die 32
kreative Schreiben, das 234
Krebs, der 71, 267
Kreditkarte, die 139
Kreide, die 155, 235, 317
Kreissäge, die 59
Kreißsaal, der 263
Kreisverkehr, der 106, 108
Kresse, die 74
Kreuz, das 231, 244
Kreuzfahrtschiff, das 128
Kreuzstich, der 240
Kreuzung, die 107
Kreuzworträtsel, das 247
Kricket, das 200
kriechen 330
Kriminalbeamte, der 284
Kriminalbeamtin, die 284
Kroatien 299
Krocket, das 221
Krokodil, das 330
Krokus, der 321
Krone, die 271, 319, 345
Kronleuchter, der 43
Kröte, die 330
Krücke, die 268
Kuba 302
Kubikmeter, der/das 344
Küche, die 44
Kuchen, der 90
Kuchendekoration, die 90
Küchengeräte, die 45
Küchenhocker, der 44
Küchenkräuter, die 63
Küchenmaschine, die 45
Küchenmesser, das 47
Küchenpapier, das 46
Küchensieb, das 47
Küchenwaage, die 45
Küchenwecker, der 46
Küchenzange, die 48
Kugelfisch, der 331
Kugelschreiber, der 173
Kuh, die 326
Kühler, der 111
Kühlergrill, der 110, 120
Kühlerhaube, die 120
Kühlmitteltemperaturanzeige, die 114
Kühlregal, das 145
Kühlschrank, der 44
Kuhmilch, die 73
Küken, das 328
Kulisse, die 226
Kulturbeutel, der 34
Kumquat, die 81
Kundenakquise, die 171
Kundendienst, der 142, 171
Kundin, die 144
Kung-Fu, das 213
Kunst, die 156, 235
Kunstfliege, die 216
Kunstgeschichte, die 162
Kunsthalle, die 134
Kunsthochschule, die 164
Künstlergarderobe, die 227
Kunstmalerin, die 169
Kunstspringen, das 209
Kunststoff, der 60
Kupfer, das 317
Kuppel, die 149
Kupplungshebel, der 116
Kupplungspedal, das 112
Kur, die 278
Kurbel, die 216
Kürbis, der 77
Kürbiskerne, die 86
Kurierdienst, der 191
Kurkuma, die 84
Kurpark, der 150
Kurs, der 164
Kurve, die 107
kurz 28
kurze Hose, die 29
Kurzhaarschnitt, der 23
Kurzhantel, die 222
kurzsichtig 272
Kurzwaren, die 143
Kurzwelle, die 187
Kuscheltier, das 50
Kuss geben, jemandem einen 19
Küste, die 246, 315
Küstenwachboot, das 288
Küstenwache, die 129
Kuwait 308

L

Labor, das 158
Laborausrüstung, die 158
Laborwaage, die 158
lächeln 25
lachen 19
Lachs, der 70
Lack, der 60
Lackfarbe, die 235
Lacrosse, das 221
Läden, die 140
Lageplan, der 142
Lagerfeuerstelle, die 248
Laib, der 89
Laken, das 49
Lakritze, die 98
laktosefrei 103
Lama, das 326
Lammfleisch, das 68
Lampe, die 42, 159
Lampensockel, der 62
Land, das 295, 298
landen 125
Landschaft, die 315
Landschaftsgärtner, der 167
Landschaftsmalerei, die 236
Landschaftspark, der 150
Landwirt, der 167
lang 28
Langhantel, die 222
Langlauf, der 218
Langlaufloipe, die 218
Langstreckenflug, der 127
Langwelle, die 187
LAN-Kabel, das 182
Laos 308
Lapislazuli, der 318
Laptop, der/das 52, 179
Laptoptasche, die 179
Lasagne, die 100
Laserdrucker, der 179
Lastkraftfahrzeug, das 120
Latte, die 206
Latte macchiato, der/die 93
Lätzchen, das 27
Latzhöschen, das 27
Latzhose, die 61
Laub, das 319
Laub rechen, das 65
Laubrechen, der 64
Lauch, der 75
Laufband, das 222
Läufer, der 245
Laufstall, der 50
Lautsprecher, der 179
Lautsprecherbox, die 233
Lautstärke, die 185
Lautstärkeregler, der 181, 233
Lavendel, der 83, 321
Lawine, die 287, 314
Lawinenschutz, der 287
Lawinenwarnschild, das 287
Lebenslauf, der 165
Lebensmittelabteilung, die 143
Lebensmittelgeschäft, das 140
Lebensmittelintoleranz, die 103
Lebensphasen, die 18
Leber, die 68, 258
Lebkuchen, der 90
Lederhandschuh, der 117
Lederjacke, die 33, 117
Lederwaren, die 33
ledig 17
Leertaste, die 178
leger 30
Leggings, die 30
Leguan, der 330
Lehrer, der 169
Lehrerin, die 154
Lehrerpult, das 155
Lehrplan, der 157
leicht ausgestellte Hose, die 31
Leichtathletik, die 206
Leihfahrrad, das 119
Leinen, das 240
Leinwand, die 236
Leiste, die 252
Leitartikel, der 188
Leiter, die 61
Leitung, die 62
Leitungswasser, das 92
Lende, die 253
Lendenwirbel, der 257
Lenker, der 117, 118
Lenkergriff, der 116
Lenkrad, das 112
Leopard, der 325
lernen 164
Lerngruppe, die 164
Lesebändchen, das 189
Lesebrille, die 272

Leselampe, die 125
lesen 157, 234
Lesesaal, der 163
Lesezeichen, das 182
Lesotho 305
Lettland 300
letzte(r, s) 338
Leuchtrakete, die 210
Leuchtturm, der 129
Leukoplast®, das 283
Libanon, (der) 308
Libelle, die 332
Liberia 305
Libero, der 195, 198
Libyen 305
Lichthof, der 142
Lichtjahr, das 294
Lichtleiste, die 285
Lichtmaschine, die 113
Lichttherapie, die 278
Lidschatten, der 35
Liebesfilm, der 241
Liebstöckel, das/der 83
Liechtenstein 300
Lied, das 232
Liedtext, der 232
liefern 99, 191
Lieferservice, der 99
Liegerad, das 119
Liegestuhl, der 246
Liegestütz, der 223
Liegewiese, die 150
Liga, die 195
Likör, der 94, 101
Lila, das 237
Lilie, die 322
Limabohne, die 78
Limette, die 81
Limonade, die 92
Limousine, die 109
Linde, die 319
Lineal, das 155
Linie, die 208
Linienbus, der 115
Liniennummer, die 115
Linienrichter, der 198, 202
linke Aufschlagfeld, das 201
linke Flügel, der 197
links abbiegen 135
Linse, die 272
Linzer Torte, die 90
Lipgloss, der/das 35
Lippe, die 22
Lippenpflegestift, der 277
Lippenstift, der 35
Lira, die 345
Litauen 300
Liter, der/das 344
Literanzeige, die 113
Litschi, die 80
Liveaufzeichnung, die 187
Livesendung, die 186
Lobby, die 136
Loch, das 204
Locher, der 173
Lockenstab, der 55
lockig 23
Loge, die 226
Lokalanästhesie, die 274
Longboardfahren, das 220
Lorbeerblatt, das 84
löschen 180
Löschfahrzeug, das 286
Lösungsmittel, das 61
löten 59
Lötkolben, der 60
Lottoschein, der 146
Lötzinn, das 60
Löwe, der 325
Löwenzahn, der 320
Luftdüse, die 125
Lufteinlass, der 117
Luftfilter, der 110
Lufthorn, das 120
Luftkanal, der 62
Luftmatratze, die 249
Luftpumpe, die 118, 249
Luftröhre, die 258
Lunchpaket, das 160
Lunge, die 258
Lungenautomat, der 211
Lupe, die 158
Lutscher, der 98
Luxemburg 300
LVS-Gerät, das 287
lymphatische System, das 259

M

Macadamianuss, die 82
Madagaskar 305
Mädchen, das 18
Magen, der 258
Magenschmerzen, die 265
Magnesia, die 207
Magnet, der 158
Mahlzeiten, die 96
Mähne, die 214
Mai, der 343
Maiglöckchen, das 320
Maikäfer, der 332
Mail weiterleiten, eine 182
Mais, der 77, 86
Maismehl, das 87
Majoran, der 83
Makrele, die 70
Makrone, die 90
Malawi 305
Malaysia 309
Malediven, die 309
Maler, der 167
Mali 305
Malta 300
Manager, der 170
Managerin, die 175
manche 339
manchmal 339
Mandel, die 82
Mangelerscheinung, die 266
Mango, die 80
Mangold, der 74
Mangostanfrucht, die 80
Maniküre, die 279
Mann, der 18, 252, 253
männliche Fortpflanzungssystem, das 259
männlichen Geschlechtsorgane, die 260
Mannschaft, die 200
Mannschaftsaufstellung, die 195
Manschette, die 264
Manschettenknopf, der 32
Marathon, der 206
Margarine, die 89
Marienkäfer, der 333
marinieren 85
mariniert 69
Markenemblem, das 110
Marker, der 155
Marketingabteilung, die 171
Marketingleitung, die 171
markieren 180
Markt, der 140
Marktstand, der 140
Marmelade, die 89, 96
Marmeladentörtchen, das 90
Marmor, der 317
Marokko 305
Mars, der 292
Marshallinseln, die 310
Martinshorn, das 285
März, der 343
Marzipan, das 90
Maschen, die 203
Masern, die 266
Massage, die 278
Maßband, das 58, 238
Maße 344
Mast, der 210, 212
Mastdarm, der 260
Master, der 162
Mathematik, die 156
Matratze, die 49
matt 243
Matte, die 206, 222
Maul, das 324
Maulwurf, der 324
Mauretanien 305
Mauritius 305
Maus, die 178, 324
Mauspad, das 179
Mauszeiger, der 181
Mautstelle, die 107
Mayonnaise, die 85
Medaille, die 207
Medien, die 185
Medikament, das 276
Meditation, die 278
Medizin, die 162
medizinische Nachversorgung, die 274
Meer, das 246, 288, 295
Meerenge, die 295
Meeresfrüchte, die 71
Meeresströmung, die 210
Meerschweinchen, das 324
Mehl, das 86
mehrfach 339
Mehrfachsteckdose, die 62
Mehrfamilienhaus, das 38
mehrjährig 323
Mehrkornbrot, das 88
mehrmals 339
Meile, die 344
Meisterschaft, die 195
melden, sich 157
Melodie, die 233
Melone, die 96
Melonen, die 81
Mensa, die 163
Mensch ärgere dich nicht®, das 245
Menschen, die 15
Menschen beschreiben 22
Menstruation, die 261
Merkur, der 292
Messbecher, der 48, 276
messen 59
Messerschärfer, der 46
Messlöffel, der 48, 263
Metall, das 60
Meteor, der 294
Meter, der/das 344
Metzgerei, die 140
Metzgerin, die 168
Mexiko 302
Miesmuschel, die 71
Miete, die 39
mieten 39
Mieter, der 39
Mieterin, die 39
Mietvertrag, der 39
Mietwohnung, die 38
Migräne, die 265
Mikrofasertuch, das 60
Mikrofon, das 184, 186, 232
Mikronesien 310
Mikroskop, das 159
Mikrowelle, die 45
Milch, die 72, 96
Milchkaffee, der 93
Milchprodukte, die 72, 145
Milchpulver, das 263
Milchpumpe, die 263
Milchschaum, der 93
Milchschokolade, die 98
Milchshake, der 92
Milchstraße, die 294
Milliarde, eine 337
Milliliter, der/das 344
Millimeter, der/das 344
Million, eine 337
millionste(r, s) 338
Milz, die 258
Mineralbad, das 279
Mineralien, die 317
Mineralwasser mit Kohlensäure, das 92
Minibar, die 137
Minute, die 340
Minze, die 83
Minztee, der 93
Mischpult, das 232
Mistgabel, die 64
mit dem Netz fangen 217
mit der Flasche füttern 263
mit Eis 94
mit kurzen/langen Ärmeln 28
mit Stretchanteil 30
mit Zahnseide reinigen 271
mitsingen 232
Mittag, der 342
Mittagspause, die 160
Mittelamerika 302
Mittelangreifer, der 198
Mittelfeldspieler, der 195
Mittelfinger, der 254
Mittelkonsole, die 112
Mittelkreis, der 194, 199
Mittellinie, die 194, 199, 201, 203
Mittelmeer, das 296
Mittelohrentzündung, die 265
Mittelstreifen, der 107
Mittelstürmer, der 195
Mitternacht 341, 342
mittlere Schulabschluss, der 154

Mittwoch, der 343
Mixer, der 45
Möbel restaurieren 234
Möbelgeschäft, das 141
Mobile, das 50
Mobile Endgeräte 183
möbliert 40
Modellbau, der 234
Modelleisenbahn, die 234
modellieren 234
Moderator, der 186
Moderatorin, die 169, 186
modisch 30
Mohnblume, die 323
Moldawien 300
Monaco 300
Monat, der 343
Monatskarte, die 115
Mondphasen, die 292
Mondsichel, die 292
Mongolei, die 309
Monopoly®, das 245
Monsun, der 314
Montag, der 343
Montenegro 300
Moos, das 320
Mord, der 285
Morgen, der 342, 344
morgen 342
Morgendämmerung, die 342
Mörser, der 47
Mosaik legen 234
Mosambik 305
Moschee, die 134
Moskitonetz, das 249
Motocross, das 220
Motor, der 111
Motorboot, das 128
Motorhaube, die 111
Motorjacht, die 128
Motorrad, das 116
Motorradgespann, das 117
Motorradhelm, der 117
Motorradkombi, die 117
Motorradrennen, das 220
Motorroller, der 116
Mountainbike, das 119
Mountainbiken, das 220
Mousse, die 91
Möwe, die 328
Mozzarella, der 73
MP3-Player, der 183, 233
Mückenspray, der/das 277
müde 26
Muffin, der 90
Muffinförmchen, das 46
Müllbeutel, der 60
Mullbinde, die 283
Mülleimer, der 44
Müllmann, der 167
Mülltrennung, die 44
Müllwagen, der 120
Multimedia-Abteilung, die 143
multiple Sklerose, die 267
multiplizieren 339
Mumps, der 266
Mund, der 22
Mundharmonika, die 230
Mundhygiene, die 271
mündliche Prüfung, die 163
Mundschutz, der 213, 270, 274
Mundspülbecken, das 270
Mundwasser, das 55, 271
Mund-zu-Mund-Beatmung, die 282
Münze, die 139
Museum, das 134
Musik, die 156, 228
Musik hören, das 233
Musikerin, die 169
Musikfestival, das 232
Musikhochschule, die 164
Musikinstrumente, die 229
Muskatnuss, die 84
Muskelkater, der 223
Muskeln, die 256
muskulös 24
Müsli, das 96
Müsliriegel, der 96
Mutter, die 17, 58
Muttermal, das 22
Mutterschaftsurlaub, der 175
Muttertag, der 20
Mütze, die 27, 32
Myanmar 309

N

Nabelschnur, die 262
Nachbar, der 18
Nachbarin, die 18
nachdenklich 25
Nachhilfe, die 155
Nachmittag, der 342
Nachricht, die 182
Nachrichten, die 186
Nachrichtensprecherin, die 186
Nachtblüher, der 321
Nachtfalter, der 332
Nachtisch, der 101
Nachttisch, der 49, 273
Nachttischlampe, die 49
Nacken, der 253
Nacktschnecke, die 333
Nadel, die 238
Nadelbaum, der 319
Nadelkissen, das 239
Nagel, der 58
Nagelfeile, die 34, 277
Nagelhaut, die 254
Nagellack, der 35
Nagellackentferner, der 34
Nagelschere, die 34
Nähen, das 238
nähen 240
Nähfuß, der 238
Nähfußdruckregler, der 238
Nähgarn, das 238
Nähkästchen, das 239
Nähmaschine, die 238
Nähnadel, die 239
Nahrungsergänzungsmittel, das 277
Naht, die 30
Nahtauftrenner, der 239
Namibia 306
Narbe, die 24, 274
Narzisse, die 322
Nase, die 22
Nasenbein, das 255
Nasenbluten, das 265
Nasenhöhle, die 255
Nasenloch, das 22
Nasenriemen, der 214
Nashorn, das 326
Nation, die 298
Nationalpark, der 150
Natrium, das 103
Natur, die 292
Naturkatastrophen, die 314
Naturreis, der 86
Naturwissenschaften, die 162
Nauru 310
Navigationsgerät, das 112
Nebel, der 294
Nebelscheinwerfer, der 110
Nebenwirkung, die 277
neblig 312
Neffe, der 17
neidisch 26
Nektarine, die 79
Nelke, die 322
Nelken, die 84
Nepal 309
Neptun, der 293
Nerv, der 271
Nervensystem, das 259
nervös 26
nett 25
Netz, das 198, 199, 202, 203
Netzhalter, der 203
Netzhaut, die 272
Netzkante, die 198
Netzoberkante, die 203
Neubau, der 40
Neugeborene, das 263
neugierig 25
neun 336
neun Uhr 340
neunte(r, s) 337
neunzehn 336
neunzehn Uhr 341
neunzehnte(r, s) 337
neunzig 336
neunzigste(r, s) 338
Neurologie, die 273
Neuseeland 310
Neustart, der 180
Nicaragua 302
Nicht knicken! 191
Nichte, die 17
Nichtraucherflug, der 125
Nichtschwimmerbecken, das 209
Niederlande, die 300
niedlich 25
niedrige Blutdruck, der 266
niemals 339
Niere, die 68, 258, 259
Niesen, das 266
nieten 59
Nietenzange, die 59
Niger, (der) 306
Nigeria 306
Nilpferd, das 326
Nordamerika 302
Nordhalbkugel, die 298
Nordkorea 309
nördliche Polarkreis, der 298
nördliche Wendekreis, der 298
Nordpol, der 295
Nordpolarmeer, das 296
Nordsee, die 296
Norwegen 300
Notarzt, der 282
Notärztin, die 282
Notation, die 231
Notaufnahme, die 275
Notausgang, der 125, 286
Note, die 154, 231
Noten, die 228
Notenlinie, die 231
Notenständer, der 228
Notfälle, die 282
Notizbuch, das 146, 173
Notlandung, die 125, 289
Notrufknopf, der 273
Notrufnummer, die 289
Notrufsäule, die 106
Notsituationen, die 289
November, der 343
Nudelholz, das 48
Nugget, das 99
nukleare Katastrophe, die 289
null 336
Nummernschild, das 110
Nuss knacken, eine 82
Nüsse, die 82
Nussknacker, der 82
Nussschale, die 82
Nylon®, das 240
oben 191

O

Oberarm, der 253
Oberärztin, die 275
Oberkiefer, der 255
Oberleitung, die 122
Oberschenkel, der 252
Oberschenkelknochen, der 257
Oberschenkelmuskel, der 256
Oberteil, das 31
Objektiv, das 159, 242
Objektivdeckel, der 242
Objektivrevolver, der 159
Objektklemme, die 159
Objekttisch, der 159
Objektträger, der 159
Oboe, die 229
Obst, das 79
Obst und Gemüse, das 145
Obstbaum, der 323
Obstsalat, der 91
Obsttorte, die 90
Ocker, das 237
Ofen, der 279
Ofen vorheizen, den 44
offen 25
offene Handelsgesellschaft (OHG), die 170
Öffnungszeiten, die 148
Offroadfahren, das 220
ohne Eier 103
ohne Sattel reiten 215
Ohr, das 22
Ohrring, der 32
Ohrstöpsel, der 277
Okraschote, die 77
Oktober, der 343
Okular, das 159
Oldtimer, der 109
Ölfarbe, die 235
Olive, die 77
Olivenöl, das 85
Olivgrün, das 237
Ölkreide, die 235
Ölmalerei, die 236
Ölmessstab, der 110
Oman 309

Omelett, das 97
Onkel, der 17
Onkologie, die 273
Onlinebanking, das 138
Online-Check-in, der/das 127
Online-Einkauf, der 182
Onyx, der 318
Opal, der 318
Oper, die 228
Operation, die 274
Operationsbesteck, das 274
Operationsleuchte, die 274
Operationssaal, der 274
Operationstisch, der 274
Opernhaus, das 134
Opernsängerin, die 228
OP-Mantel, der 274
OP-Schwester, die 274
Optiker, der 141
Optikerin, die 166, 272
Orange, die 81, 237
Orangensaft, der 92, 96
Orang-Utan, der 327
Orbiter, der 293
Orchester, das 228
Orchidee, die 322
Ordinalzahlen, die 337
Ordner, der 173, 180
Oregano, der 83
Organigramm, das 170
Organisation des Nordatlantikvertrags (NATO), die 311
organisieren 174
Organspende, die 283
Origami, das 234
Orthopäde, der 166
Orthopädie, die 273
örtliche Betäubung, die 271
Öse, die 216
Osteopathie, die 278
Ostern, das 20
Österreich 300
östliche Hemisphäre, die 298
Ostsee, die 296
Osttimor 309
Otter, der 327
Ouvertüre, die 228
Overlock, die 238
Ozeanien 310
Ozon, der 313
Ozonschicht, die 313

P

Paar, ein 339
paar, ein 339
Paar, das 18
Päckchen, das 191
Pädagogik, die 162
Paddelbrett, das 212
Paket, das 190
Paketzusteller, der 168
Pakistan 309
Palau 310
Palette, die 235
Palliativmedizin, die 278
Palme, die 323
Panama 302
Pandabär, der 325
Pandemie, die 314
Panflöte, die 230
Paniermehl, das 89
panierte Schnitzel, das 100
Panna cotta, die 91
Panzer, der 330
Papagei, der 329
Papaya, die 80
Papierkorb, der 172, 180
Paprika, der/die 77, 84
Papua-Neuguinea 311
Par, das 205
Paraguay 303
Paranuss, die 82
Parfüm, das 34
Parfümerie, die 141
Park, der 133, 150
Parkbank, die 150
Parkett, das 226
Parkinsonkrankheit, die 267
Parkour, der/das 221
Parkplatz, der 142
Parkscheinautomat, der 106
Parkverbot, das 108
Parmesan, der 73
Passah, das 20
Passionsfrucht, die 80
Pastellkreide, die 235
Pastete, die 100
pasteurisiert 73
Pastinake, die 75
Patchwork, das 240
Patenonkel, der 18
Patentante, die 18
Patientenumhang, der 270
Patientin, die 264, 270
Pauke, die 228
Pauschenpferd, das 207
Pause, die 160, 227
Pause machen, eine 52
Pausenbrot, das 160
Pausetaste, die 185
Pavian, der 327
Pavillon, der 150
Pazifische Ozean, der 296
Pech, das 245
Pedal, das 118
Pediküre, die 279
Peeling, das 279
Pekannuss, die 82
Penholdergriff, der 203
Penis, der 260
Penne, die 87
per Luftpost 191
Perle, die 318
Personal, das 175
Personalabteilung, die 171
Personalleitung, die 171
Personalreferentin, die 165
Persönlichkeit, die 25
Peru 303
Perücke, die 23
Peso, der 345
Petersilie, die 83
Petrischale, die 159
Petroleumlampe, die 249
Petunie, die 321
Pfahlwurzel, die 319
Pfannenwender, der 48
Pfannkuchen, der 91, 97
Pfau, der 329
Pfeffer, der 84, 85
Pfefferminzbonbon, der/das 146
Pfeffermühle, die 85
Pfeife, die 146
pfeifen 232
Pferd, das 214, 326
Pferdepfleger, der 215
Pferderennen, das 215
Pferdeschwanz, der 23
Pfifferling, der 74
Pfirsich, der 79
pflanzen 65
Pflanzen, die 319
Pflaster, das 283
Pflaume, die 79
pflücken 65
Pfote, die 324
Pfund, das 345
Philippinen, die 309
Physalis, die 80
Physik, die 156
Physiotherapeut, der 166
Pickel, der 22
Picknick, das 151
Pick-up, der 109
Pik, das 244
Pikkoloflöte, die 229
Pilates, das 223
Pille, die 261
Pilot, der 124, 168
Pilotin, die 124
Pils, das 94
Pilz, der 320
Pilze, die 97
Pinguin, der 329
Pinienkern, der 82
Pink, das 237
Pinne, die 210
PIN-Nummer, die 138
Pinnwand, die 172
Pinsel, der 235
Pint, das 344
Pinzette, die 34, 158, 277
Pipette, die 159
Piranha, der 331
Pistazie, die 82
Pistole, die 284
Pitahaya, die 80
Pizza, die 99
Planet, der 294
Planierraupe, die 121
Planschbecken, das 151
Plateau, das 316
Platte, die 295
Plattenspieler, der 233
Platz, der 133
Platzanweiserin, die 227
Platzverweis, der 194
Plazenta, die 262
Pokal, der 195
Poker spielen 244
Polen 300
polieren 57
Politikwissenschaft, die 162
Polizei, die 284
Polizeiabsperrung, die 285
Polizeiabzeichen, das 284
Polizeiauto, das 285
Polizeiwache, die 133
Polizeiwagen, der 121
Polizist, der 284
Polizistin, die 284
Pollenflug, der 313
Poller, der 129
Polo, das 215
Polohemd, das 29
Pommes frites, die 99
Pony, der 23
Pool, der 136
Poolbillard, das 221
Popcorn, das 98, 241
Popmusik, die 231
Portemonnaie, das 33
Porto, das 191
portofrei 190
Porträtmalerei, die 236
Portugal 300
Posaune, die 229
Pose, die 216
Post, die 133, 190
Postanweisung, die 191
Postausgang, der 182
Posteingang, der 182
Postfach, das 172, 190
Postkarte, die 190
Postleitzahl, die 190
Poststempel, der 190
potent 260
PR-Abteilung, die 171
Praktikum, das 164
Praline, die 98
Präsentation, die 174
Praxissemester, das 164
Preis, der 145
Preisanzeige, die 113
Preiselbeere, die 79
Preisschild, das 145
Premiere, die 227, 241
Prepaidkarte, die 183
pressen 262
primäre Geschäftsfeld, das 170
Primel, die 322
Printmedien, die 188
pritschen 198
Privatschule, die 154
Probe, die 227
Produktion, die 171
Produktionsleitung, die 171
Professor, der 162
Profisportler, der 169
Programm, das 181, 227
Programm deinstallieren, ein 181
Programm installieren, ein 181
Programmwählscheibe, die 242
Prokurist, der 171
Promotion, die 162
Propangas, das 248
Prostata, die 260
Prothese, die 268
protokollieren 174
Provinz, die 298
Provision, die 139
Prozent, das 339
Prozessor, der 179
Prüfung, die 154
Psychologin, die 166
Publikum, das 186, 227
Puck, der 161, 200
Puderdose, die 35
Pullunder, der 29
Puls, der 282
Pulsmessung, die 282
Pulsuhr, die 223
Pulverschnee, der 218
Puma, der 325
Pumps, der 33

pünktlich 123
Pupille, die 272
Puppe, die 50, 332
Püree, das 77
Pürierstab, der 45
püriert 77
Pusteblume, die 320
Pute, die 69
Putenfleisch, das 69
Putter, der 205
putzen 57
Putzlappen, der 46
Puzzle, das 244

Q
Quad, das 116
Quadratfuß, der 344
Quadratmeter, der/das 344
Quadratwurzel, die 339
quaken 330
Qualifikation, die 165
Quarantäne, die 273
Quark, der 72
Quartett, das 228
Quarz, der 318
Quecksilber, das 317
Querflöte, die 229
Querformat, das 243
Querlatte, die 196
Querruder, das 124
Quiche, die 100
Quinoa, die 86
Quitte, die 79
Quizshow, die 186

R
Rabe, der 328
Rachen, der 255
Rachitis, die 266
Raclettegrill, der 45
Raclettekäse, der 73
Racquetball, der 201
Rad, das 110
Radarantenne, die 128
Radaufhängung, die 110, 116
Radfahren lernen 118
Radiergummi, der 173
Radieschen, das 75
Radio, das 187, 233
Radiosender, der 187
Radioteleskop, das 294
Radkappe, die 111
Radmutternschlüssel, der 114
Radsport, der 220
Rafting, das 212
Rahmen, der 201
Rail, das 219
Rallyefahren, das 220
Ramadanfest, das 20
Rambutan, die 80
Rap, der 231
Rasen, der 323
Rasen mähen, den 65
Rasen sprengen, den 65
Rasenmäher, der 64
Rasensprenger, der 64
Rasentrimmer, der 64
Rasierapparat, der 55
rasieren, sich 55
Rasierer, der 55
Rasierschaum, der 55
Rasierwasser, das 55
Rassel, die 27, 230
Raststätte, die 107
Rathaus, das 133
Ratte, die 324
Raubüberfall, der 285
Räucherfisch, der 71
Rauchmelder, der 39, 286
Rauchverbot, das 113
Raumduft, der 53
Raumschiff, das 293
Raumstation, die 294
Raupe, die 332
Raureif, der 313
Rave, der/das 232
Ravioli, die 87
Reagenzglas, das 158
Real, der 345
Rebound, der 199
Rechen, der 64
rechnen 157
Rechner herunterfahren, den 181
Rechner hochfahren, den 181
Rechnung, die 139
Rechnung übernehmen, die 147
rechte Aufschlagfeld, das 201
rechte Flügel, der 197
rechts abbiegen 135
Rechtsabteilung, die 171
Rechtsanwalt, der 166
Rechtswissenschaft, die 162
Reck, das 207
Referat halten, ein 163
Reflektor, der 118
Reflektorstreifen, der 117
Reflexstreifen, der 286
Refrain, der 233
Regen, der 313
Regenbogen, der 313
Regenhaut®, die 249
Regenjacke, die 28
Regenschirm, der 32
Region, die 298
Regisseur, der 227
Regler, der 54
regnerisch 312
Reh, das 326
Rehabilitation, die 274
Reibe, die 47
reiben 95
reif 81
Reifen, der 111, 118
Reifen wechseln, den 114
Reifendruck, der 113
Reifenfüllgerät, das 113
Reifenpanne, die 114
Reifenprofil, das 110
Reihenhaus, das 38
Reiki, das 278
reinigen 279
Reinigungsartikel, der 57
Reinigungsmittel, das 57, 145
Reis, der 86
Reisebus, der 115
Reiseführer, der 148
Reisende, der 123
Reisepass, der 126
Reisescheck, der 139
Reisetasche, die 32
Reiseziel, das 127
Reiskocher, der 45
Reisnudeln, die 87
Reißverschluss, der 32, 240, 249
Reißzwecke, die 173
Reiterin, die 214
Reitgerte, die 215
Reithelm, der 214
Reithose, die 214
Reitsport, der 214
Reitstiefel, der 214
Rekord brechen, einen 206
Religionsunterricht, der 156
Renaissance, die 149
Rennmaschine, die 116
Rennpferd, das 215
Rennrad, das 119
Rennrodeln, das 219
Renovieren, das 61
Rentier, das 326
Reportage, die 186
Reporterin, die 186
Reptilien, die 330
Republik, die 298
Republik Kongo, die 306
Reservebank, die 198
Reserverad, das 114
Restaurant, das 101, 136
retten 289
Rettungsboje, die 288
Rettungsboot, das 128, 210, 288
Rettungsdienst, der 282
Rettungseinsatz, der 287
Rettungshubschrauber, der 287
Rettungshund, der 287
Rettungsring, der 210, 288
Rettungsschlitten, der 287
Rettungsschwimmer, der 288
Rettungstau, das 288
Rettungswagen, der 282
Rezept, das 264
Rezeption, die 136
Rhabarber, der 74
Rheuma, das 267
rhythmische Sportgymnastik, die 221
Richterin, die 166
Riemen, der 33
Rigatoni, die 87
Rindfleisch, das 68
Ring, der 32
Ringe, die 161, 207
Ringelblume, die 322
Ringen, das 213
Ringfinger, der 254
Rinnstein, der 106
Rippe, die 257
Rochen, der 331
Rock, der 31, 231
Rockkonzert, das 232
Rocky Mountains, die 297
Rodeo, der/das 215
Rogen, der 331
Roggenmehl, das 87
roh 75, 77
Röhrenglocken, die 228
Röhrenhose, die 31
Rohrzange, die 58
Rokoko, das 149
Rollator, der 268
Rollcontainer, der 52
Rollkoffer, der 127
Rollkragenpullover, der 29
Rollo, das 43
Rollrasen verlegen 65
Rollstuhl, der 268
Rolltreppe, die 123, 142
Roman, der 189
romanisch 149
Römersalat, der 76
Röntgenaufnahme, die 271
Röntgenbild, das 275
Röntgengerät, das 275
Rosa, das 237
Rose, die 321
Rosenkohl, der 76
Rosenquarz, der 318
Rosenschere, die 64
Rosenstrauch, der 322
Roséwein, der 94
Rosine, die 82
Rosmarin, der 83
rösten 95
rostfreie Stahl, der 60
Rösti, die 97
Rot, das 237
Rote Bete, die 75
rote Karte, die 194
rote Linse, die 78
Rote Meer, das 296
rote Zwiebel, die 75
Rote-Augen-Effekt, der 243
Röteln, die 266
roten Johannisbeeren, die 79
rothaarig 23
Rotkehlchen, das 328
Rotkohl, der 76
Rotwein, der 94
Rotweinglas, das 101
Rouge, das 35
Rough, das 204
Router, der 182
Ruanda 306
Rübe, die 75
Rubel, der 345
Rubin, der 318
Rücken, der 253
Rückenlehne, die 52
Rückenmuskel, der 256
Rückenschwimmen, das 208
Rückfahrscheinwerfer, der 111
Rückgabedatum, das 163
rückgängig machen 181
Rückhand, die 202
Rückleuchte, die 111, 116
Rücklöschtaste, die 178
Rucksack, der 32, 127, 249
Rückspiegel, der 110, 116
Rückwärtsnähtaste, die 238
Rucola, der 76
Ruder, das 210
Rudergerät, das 222
Rudern, das 212
Rufen Sie die Feuerwehr! 289
Rufen Sie die Polizei! 289
Rufen Sie einen Rettungswagen! 289
Rufknopf, der 275
Rugby, das 200
Ruheraum, der 279
Rührei, das 97
Rührschüssel, die 46
Ruine, die 134

Rum, der 94
Rumänien 300
Rumpf, der 124, 128, 210
Rumpfbeuge, die 223
Rupie, die 345
Rüsche, die 30
Russland 300
Rutsche, die 151

S

Sachbuch, das 189
Sachliteratur, die 189
säen 65
Safe, der 172
saftig 81
Saftpresse, die 92
Sägeblatt, das 59
sägen 59
Sahara, die 297
Sahne, die 72
Sakko, der/das 29
Salamander, der 330
Salami, die 68
Salat, der 101
Salatsoße, die 85
Salbe, die 276
Salbei, der 83
Salomonen, die 311
Salsa, die 85
Salto, der 207
Salz, das 85
Salzbrezel, die 98
salzen 95
salzig 99
Salzstreuer, der 85
Sambia 306
Samen, der 78
Samenbläschen, das 260
Samenerguss, der 260
Samenleiter, der 260
Sämling, der 65
Sammelpunkt, der 288
Samoa 311
Samstag, der 343
sämtliche 339
San Marino 300
Sand, der 246
Sandale, die 33
Sandburg, die 247
Sandkasten, der 151
Sandsack, der 213
Sandstein, der 317
Sanduhr, die 46, 181
Sandwich, das 89
Sandwichgrill, der 45
Sängerin, die 169
Sangria, die 94
Sanitäre Anlagen, die 54
Sanitäter, der 168, 282
Sanitäterin, die 282
São Tomé und Príncipe 306
Saphir, der 318
Sardine, die 70
Satellit, der 294
Satellitenschüssel, die 185
Sattel, der 118, 214
Sattelgurt, der 214
Sattelschlepper, der 120
Sattelstütze, die 118
Satteltasche, die 119
Sattelzug, der 120
Saturn, der 293
Satz, der 202
Saudi-Arabien 309
sauer 26, 81
Sauerstoffmaske, die 125, 282
Sauerteigbrot, das 88
Säugetiere, die 324
Säugling, der 263
Säule, die 149
Sauna, die 223, 279
Saxofon, das 229
Scanner, der 144, 179
Schabe, die 333
Schach, das 245
Schachbrett, das 245
Schädel, der 257
Schaf, das 326
Schaffnerin, die 123
Schaft, der 201
Schal, der 32
Schale, die 81
schälen 77, 95
Schäler, der 47
Schallplatte, die 233
Schalotte, die 75
Schalter, der 62, 138
Schalthebel, der 112, 118
Schamgegend, die 252
Schamlippe, die 261
scharf 75
Scharlach, der/das 266
Schaufenster, das 140
Schaufensterpuppe, die 143
Schaukel, die 151
Schauspieler, der 186, 227
Schauspielerin, die 169, 227
Scheck ausstellen, einen 138
Scheibe, die 89
Scheibenwischer, der 110
Scheide, die 261
scheiden lassen, sich 21
Scheidung, die 21
Scheinwerfer, der 111, 120, 232
Schellenrassel, die 230
Schenkel, der 69
Schere, die 58, 173, 239
Schichtarbeit, die 165
schick 30
Schiebegriff, der 268
Schiedsrichter, der 194, 202
Schiedsrichterin, die 202
Schiefer, der 317
Schienbein, das 252
Schienbeinschoner, der 196
Schiene, die 122
schießen 196
Schiff, das 128
Schiffbruch, der 288
Schilddrüse, die 258
Schilddrüsenkrankheit, die 267
Schildkröte, die 330
Schimpanse, der 327
Schinken, der 68, 96
Schirmständer, der 38, 41
Schlafanzug, der 28
Schlafbrille, die 49
Schlafcouch, die 42
Schläfe, die 22
schlafen 51
Schlafkabine, die 120
Schlafsack, der 249
Schlafstörung, die 267
Schlaftablette, die 277
Schlafzimmer, das 49
Schlaganfall, der 267
schlagen 95
Schlagfläche, die 203
Schlagholz, das 200
Schlaghose, die 31
Schlagsahne, die 91
Schlagstock, der 284
Schlagwurf, der 197
Schlagzeile, die 188
Schlagzeug, das 230
Schlagzeuger, der 232
Schlagzeugstock, der 230
Schlange, die 330
schlank 24
Schleife, die 31
Schleifpapier, das 58
Schleudertrauma, das 269
Schlitten fahren 219
Schlittschuh laufen 219
Schloss, das 134
Schlosspark, der 150
Schlucht, die 316
Schlüsselbein, das 257
Schlüsselbrett, das 41
Schlüsselkarte, die 136
Schmerzmittel, das 277
Schmetterling, der 332
Schmetterlingsschwimmen, das 208
schmettern 198
schminken, sich 55
Schminksachen, die 35
schmoren 69
Schmortopf, der 48
Schmuck herstellen 234
Schmutzwäschekorb, der 56
Schnabel, der 328
Schnalle, die 33
Schnaps, der 94
schnarchen 51
Schnecke, die 333
Schnee, der 313
Schnee- oder Eisglätte, die 108
Schneeanzug, der 27
Schneebesen, der 47
Schneefräse, die 120
Schneeglöckchen, das 321
Schneehose, die 28
Schneekette, die 113
Schneemobil, das 287
Schneeschuhwandern, das 219
Schneesturm, der 314
Schneidebrett, das 47
schneiden 59, 77, 95, 240
Schneiderei, die 141
Schneiderin, die 169
Schneiderpuppe, die 239
Schneidezahn, der 270
Schnellkochtopf, der 45
Schnittlauch, der 83
Schnittmuster, das 239
Schnittwunde, die 269
Schnitz, der 81
schnitzen 234
Schnorchel, der 211
schnorcheln 247
Schnuller, der 27
Schnupfen, der 266
schnurlose Telefon, das 184
Schnurrbart, der 24
Schnurrhaar, das 324
Schnürschuh, der 33
Schnürsenkel, der 33
Schock, der 283
Schokoladenaufstrich, der 89
Schokoladentorte, die 90
Schokoriegel, der 98, 146
Scholle, die 70
schön 24
Schöpfkelle, die 47
Schornstein, der 40, 128
Schote, die 78
Schothorn, das 212
Schraube, die 58
schrauben 59
Schraubenschlüssel, der 58
Schraubenzieher, der 58
schreiben 157
Schreibtisch, der 51, 52, 172
Schreibtischlampe, die 51, 172
Schreibunterlage, die 172
Schreibwarenabteilung, die 143
Schreibwarengeschäft, das 140
Schreiner, der 167
Schriftart, die 181
Schritt, der 215
schrubben 57
Schubkarre, die 64
Schublade, die 44, 51, 172
schüchtern 25
Schuhabteilung, die 143
Schuhe, die 33
Schuhgeschäft, das 141
Schuhlöffel, der 41
Schulabschlussball, der 21
Schulbuch, das 155
Schulbus, der 115
Schule, die 133, 154
Schüler, der 155
Schülerin, die 155
Schulfach, das 157
Schulfächer, die 156
Schulglocke, die 160
Schulheft, das 155
Schulhof, der 160
Schulleiterin, die 154
Schulranzen, der 50
Schultasche, die 155
Schulter, die 252
Schulterblatt, das 253
Schulterpolster, das 31
Schuluniform, die 154
Schuppe, die 71
Schuppen, die 330
Schuppenflechte, die 266
Schürfwunde, die 269
Schürze, die 46
Schüssel, die 102
Schutzblech, das 116, 118
Schutzbrille, die 60, 158
Schutznetz, das 206
Schutzumschlag, der 189
Schwager, der 16
Schwägerin, die 16
Schwalbe, die 328
Schwamm, der 57
Schwammtuch, das 55
Schwan, der 329
schwanger 262
Schwangerschaft, die 21, 262

Schwangerschaftsabbruch, der 261
Schwangerschaftstest, der 262
Schwanz, der 324
Schwarz, das 237
Schwarzaugenbohne, die 78
Schwarzbraun, das 237
Schwarzbrot, das 88
schwarze Bohne, die 78
schwarze Brett, das 164
schwarze Feld, das 245
schwarze Gürtel, der 213
schwarze Loch, das 294
Schwarze Meer, das 296
schwarzen Johannisbeeren, die 79
schwarzfahren 123
Schwarztee, der 93
Schwarzwälder Kirschtorte, die 90
Schwebebalken, der 207
Schweden 301
Schwefel, der 317
Schwein, das 326
Schweinefleisch, das 68
Schweiz, die 301
schwerbehindert 268
schwerhörig 268
Schwerkraft, die 294
Schwertwal, der 327
Schwester, die 17
Schwiegermutter, die 16
Schwiegersohn, der 16
Schwiegervater, der 16
Schwimmanzug, der 209
Schwimmbrett, das 209
Schwimmbrille, die 209
Schwimmen, das 208
schwimmen 209
Schwimmerbecken, das 209
Schwimmerin, die 209
Schwimmflosse, die 211
Schwimmflügel, der 209
Schwimmleine, die 208
Schwimmnudel, die 209
Schwimmring, der 209
Schwimmweste, die 209, 288
schwingen 205
Science-Fiction-Film, der 241
Scrapbooking, das 234
Scrollbalken, der 181
scrollen 180
Scrollrad, das 178
sechs 336
sechs Uhr 340
sechsfach 339
sechste(r, s) 337
sechzehn 336
sechzehn Uhr 341
sechzehnte(r, s) 337
sechzig 336
sechzigste(r, s) 338
See, der 150, 295, 315
Seebarsch, der 70
Seefisch, der 331
Seegang, der 210
Seehund, der 327
Seelöwe, der 327
Seepferdchen, das 331
Seerose, die 321
Seetang, der 247
Seeteufel, der 70
Seewetterbericht, der 288
Seezunge, die 70
Segel, das 212
Segelboot, das 128
Segeln, das 210
Segler, der 210
Sehenswürdigkeiten, die 148
Sehne, die 258
Sehnerv, der 272
Sehsinn, der 259
Sehtest, der 272
Seide, die 30, 240
Seife, die 34
Seifenspender, der 53
Seil, das 287
Seilbahn, die 218
sein Studium abschließen 163
seine Stelle kündigen 175
Seit gestern. 341
Seit wann? 341
Seite, die 189
Seitenfenster, das 111
Seitenleitwerk, das 124
Seitenlinie, die 194, 198, 199, 203
Seitenlinie Doppel, die 201
Seitenlinie Einzel, die 201
Seitenlinie für das Doppelspiel, die 202
Seitenlinie für das Einzelspiel, die 202
Seitenschneider, der 59
Seitenschutzleiste, die 111
Seitenspiegel, der 111, 112
Seitenständer, der 116
Seitenstraße, die 132
Seitenwurzel, die 319
Seitenzahl, die 189
Sekretariat, das 170
Sekt, der 94
sekundäre Geschäftsfeld, das 170
Sekunde, die 340
Selbstauslöser-Lichtsignal, das 242
Selbstbedienungskasse, die 144
selbstbewusst 25
selbstständig sein 52
Selbstverteidigung, die 213
Semester, das 164
Seminar, das 163
senden 182, 187
Sendung, die 187
Senegal, (der) 306
Senf, der 85
sensibel 26
September, der 343
Serbien 301
Servierlöffel, der 48
Serviette, die 102
Sessel, der 41, 42, 52
Set, das 186
Seychellen, die 306
Shakehandgriff, der 203
Shampoo, das 34
Sherry, der 94
Shorts, die 31
Sicherheitsanweisung, die 125
Sicherheitsdienst, der 142
Sicherheitsgurt, der 112, 125
Sicherheitskontrolle, die 126
Sicherheitsnadel, die 239
Sicherheitsventil, das 54
Sicherung, die 62
Sicherungskasten, der 62
Sicherungskopie erstellen, eine 180
Sichtverpackung, die 276
Siebdruck, der 236
sieben 87, 95, 336
sieben Uhr 340
siebeneinhalb 338
Siebenmeter, der 197
siebte(r, s) 337
siebzehn 336
siebzehn Uhr 341
siebzehnte(r, s) 337
siebzig 336
siebzigste(r, s) 338
Sieger, der 200
Sierra Leone 306
Silber, das 207, 317
Silvester, der/das 20
Simbabwe 306
SIM-Karte, die 183
Sinfonieorchester, das 228
Singapur 309
singen 232
Siphon, der 54
Sit-up, der 223
Sitz, der 122, 211
Sitzabstand, der 125
Sitzbein, das 257
Sitznummer, die 125
Sitzplatz, der 125, 226
Sitzplatzreservierung, die 122
Sitzreihe, die 125, 226, 241
Sitzung, die 174
Skalpell, das 158
Skateboardfahren, das 220
Skelett, das 257
Ski, der 218
Skianzug, der 218
Skibrille, die 219
Skifahren, das 219
Skihang, der 218
Skihütte, die 219
Skiläufer, der 218
Skipiste, die 218
Skispringen, das 218
Skistiefel, der 218
Skistock, der 218
Skizze, die 236
Skorpion, der 333
Slacklining, das 151
Slalom, der 218
Slip, der 30
Slipeinlage, die 277
Slowakei, die 301
Slowenien 301
Smaragd, der 318
Smaragdgrün, das 237
Smartphone, das 183
Smog, der 313
SMS, die 183
Snackbar, die 241
Snacks, die 98
Snooker, das 221
Snowboard, das 219
Snowboardfahrer, der 219
Snowboarding, das 219
Social Media, die 182
Söckchen, das 27
Socke, die 33
Sofa, das 42
Sofakissen, das 42
Sofortbildkamera, die 242
Softball, der 200
Sohle, die 33
Sohn, der 16
Sojabohne, die 78
Sojamilch, die 73
Sojasoße, die 85
Sojasprossen, die 78
Solarheizung, die 62
Solarium, das 279
Soldatin, die 167
Solistin, die 228
Somalia 306
Sommer, der 342
Sommerreifen, der 113
Sommersprossen, die 22
Sonate, die 228
Sonderangebot, das 144
Sonne, die 292
sonnen, sich 247
Sonnenaufgang, der 342
Sonnenblume, die 322
Sonnenblumenkerne, die 86
Sonnenbrand, der 247, 269
Sonnenbrille, die 32
Sonnencreme, die 34, 247
Sonnenfinsternis, die 294
sonnengebräunt 24
Sonnenhut, der 27, 32
Sonnenschein, der 313
Sonnenschirm, der 247
Sonnenschutzmittel, das 277
Sonnensystem, das 292
Sonnenterrasse, die 147
Sonnenuntergang, der 246, 342
sonnig 312
Sonntag, der 343
Sorbet, der/das 101
Soßen, die 85
Soul, der 231
Souvenir, das 148
Soziussitz, der 116
Spachtel, der/die 61
spachteln 61
Spagat, der/das 207
Spaghetti, die 87
Spaghetti Bolognese, die 100
Spammail, die 182
Spanien 301
Spannung, die 62
Spanplatte, die 60
Spargel, der 74
Sparkonto, das 138
spastische Lähmung, die 268
Spaten, der 64
Spatz, der 328
spazieren gehen 151
Specht, der 328
Speck, der 97
Speerfischen, das 217
Speerwurf, der 206
Speiche, die 118, 257
Speicherkarte, die 243
speichern 180
Speisekarte, die 101
Speiseröhre, die 255
Speisesaal, der 160
Spermium, das 262

Spiegel, der 35, 41, 42, 53
Spiegelei, das 97
Spiegelreflexkamera, die 242
Spiele, die 244
Spielfeld, das 194
Spielkarte, die 244
Spielpatz, der 150
Spielplatz, der 151
Spielstand, der 200
Spielzeug, das 50
Spielzeugladen, der 141
Spieß, der 47
Spinat, der 76
Spind, der 160
Spinne, die 333
Spinnennetz, das 333
Spinnerkasten, der 217
Spinning®, das 223
Spirale, die 261
Spitze, die 30, 74, 218
Spitze klöppeln 240
Sport, der 156, 194
Sportabteilung, die 143
Sportarten, die 220
Sport-BH, der 30
Sportfest, das 157
Sporthalle, die 161
Sportplatz, der 154
Sportwagen, der 109
Spray, der/das 276
Sprechanlage, die 38
Sprechstunde, die 264
Sprechzimmer, das 264
springen 209
Springer, der 245
Springform, die 46
Springreiten, das 215
Springseil, das 161
Sprint, der 206
Spritzbeutel, der 46
Spritze, die 276
Spritze bekommen, eine 265
Spritze geben, jemandem eine 265
spritzen 65
Sprossenwand, die 161
Sprühflasche, die 57
Sprung, der 214
Sprungball, der 199
Sprungbrett, das 209
Sprunggrube, die 206
Sprungtisch, der 207
Sprungturm, der 209
Sprungwurf, der 197
Spülbecken, das 44
Spule, die 216, 238
Spuler, der 238
Spülkasten, der 53, 54
Spüllappen, der 47
Spülmaschine, die 44
Spülmaschine laufen lassen, die 44
Spülmittel, das 57
Spülung, die 34
Squash, das 201
Sri Lanka 309
St. Kitts und Nevis 302
St. Lucia 302
St. Vincent und die Grenadinen 303
Staat, der 298
Stab, der 206
Stäbchen, das 101
Stabhochsprung, der 206
stabile Seitenlage, die 282
Stachelbeere, die 79
Stadion, das 194
Stadt, die 132
Stadtbesichtigung, die 148
Stadtmauer, die 149
Stadtplan, der 148
Stadtrundfahrt, die 148
Staffellauf, der 206
Stall, der 215
Stamm, der 319
Stammbaum, der 16
stampfen 95
Standstreifen, der 107
Stängel, der 321
Stangensellerie, der/die 74
Start- und Landebahn, die 125
Startblock, der 206, 208
starten 125
Starthilfekabel, das 114
Startlinie, die 206
Startpistole, die 206
Startsprung, der 208
Station, die 273
stationäre Patient, der 273
Stativ, das 159, 242
Stau, der 107, 108
Staubsauger, der 57
Staubwedel, der 57
Stauraum, der 120
Steak, das 68, 100
Steakmesser, das 102
Stechmücke, die 332
Stechpaddel, das 211
Steckdose, die 62
Stecker, der 62
Stecknadel, die 239
Steg, der 247
Steigbügel, der 214
Steine, die 317
Steingarten, der 63
Steinobst, das 79
Steinpilz, der 74
Steinstrand, der 247
Steißbein, das 257
Stellenanzeige, die 165
Stellenmarkt, der 188
stellvertretende Geschäftsführung, die 171
Stemmeisen, das 59
Steppbrett, das 223
sterben 21
Stereoanlage, die 112, 233
steril 261, 283
Stern, der 294
Sternanis, der 84
Sternfrucht, die 80
Sternwarte, die 294
Stethoskop, das 264
Steuerbordseite, die 128
Steuererklärung, die 52
Steuerungstaste, die 178
Stich, der 240
Stichbreitenwähler, der 238
Stichplatte, die 238
Stichsäge, die 59
Stichwähler, der 238
sticken 240
Stiefbruder, der 18
Stiefelette, die 31
Stiefmutter, die 18
Stiefmütterchen, das 322
Stiefschwester, die 18
Stiefvater, der 18
Stiel, der 321
Stier, der 326
Stiftehalter, der 173
stille Mineralwasser, das 92
stillen 263
Stillleben, das 236
Stinktier, das 325
Stinkwanze, die 333
Stipendium, das 164
Stirn, die 22
Stirn runzeln, die 26
Stirnhöhle, die 255
Stirnlampe, die 248
Stirnmuskel, der 256
Stirnriemen, der 214
Stockteller, der 218
Stockwerk, das 40
Stoff, der 239
Stoffwindel, die 27
Stollen, der 196
stolz 25
Stone (= 6,35 kg), das 345
stopfen 240
Stopptaste, die 185
Stoppuhr, die 158, 206
Storch, der 329
Stößel, der 47
Stoßfänger, der 120
Stoßstange, die 110
Strafraum, der 194
Straftat, die 285
Strafzettel, der 107
Strahlung, die 275
Strähnchen, die 23
Strampler, der 27
Strand, der 246
Strandbar, die 247
Stranddüne, die 246
Strandgut, das 247
Strandhäuschen, das 247
Strandkorb, der 246
Strandmuschel, die 247
Strandpromenade, die 246
Strandresort, das 247
Strandtuch, das 246
Straße, die 106, 132
Straßenbahn, die 122
Straßenbeleuchtung, die 132
Straßencafé, das 147
Straßenkehrmaschine, die 120
Straßenkünstler, der 148
Straßenlaterne, die 106, 135
Straßenmarkierung, die 106
Straßenmusiker, der 148
Stratosphäre, die 313
Strauß, der 329
streichen 59
Stretchlimousine, die 109
streuen 95
Strichcode, der 144
Stricken, das 238
stricken 240
Strickjacke, die 31
Strickleiter, die 161
Stricknadel, die 239
Strom, der 62
Stromanschluss, der 248
Stromkabel, das 179
Stromnetz, das 62
Stromstärke, die 62
Strömung, die 247
Stromzähler, der 62
Strumpf, der 30
Strumpfhose, die 30
Strunk, der 74
Stück Pizza, das 99
Student, der 163
Studentenausweis, der 164
Studentenwohnheim, das 163
Studienabschluss, der 21
Stufenbarren, der 207
Stufenschnitt, der 23
Stuhl, der 43, 51
stumm schalten 185
Stunde, die 340
Stundenplan, der 157
Sturm, der 288, 314
stürmisch 312
Sturzhelm, der 218
stutzen 65
Stutzen, der 196
Styroporflocken, die 191
subtrahieren 339
Suche, die 288
suchen 180
Suchmannschaft, die 289
Sucht, die 267
Südafrika 306
Südamerika 303
Sudan, der 306
Südhalbkugel, die 298
Südkorea 309
südliche Polarkreis, der 298
südliche Wendekreis, der 298
Sudoku, das 247
Südpol, der 295
Südpolarmeer, das 296
Südsudan, der 306
Suite, die 137
Sultanine, die 82
Supermarkt, der 140, 144
Suppe, die 100, 101
Suppenlöffel, der 102
Surfbrett, das 212
Surfen, das 212
surfen 212
Surfer, der 212
Surfstick, der 183
Suriname 303
Sushi, das 99
süß 99
Süßigkeiten, die 145
Süßkartoffel, die 75
Süßspeisen, die 91
Süßwasserangeln, das 217
Süßwasserfisch, der 331
Swasiland 306
sympathisch 25
Symptome, die 265
Synagoge, die 134
Synchronschwimmen, das 209
Syrien 309
Szene, die 186

T

Tabak, der 146
Tablet-Computer, der 183
Tablett, das 46, 147, 160
Tablette, die 276
Tabloidformat, das 188

Tabulatortaste, die 178
Tachometer, der/das 114, 117
Tacker, der 173
Taco, der 99
Tadschikistan 309
Taekwondo, das 213
Tafel, die 155
Tafelgabel, die 102
Tafelmesser, das 102
Tafelwasser, das 92
Tag, der 343
Tag und Nacht 342
Tagesdecke, die 49
Tageslicht, das 52
Tagesordnung, die 174
Tageszeitung, die 188
Tagliatelle, die 87
Tai-Chi, das 213, 278
Taille, die 253
tailliert 30
Takelage, die 210
Taktangabe, die 231
Taktstock, der 228
Taktstrich, der 231
Tal, das 315
Talkshow, die 186
Tamburin, das 230
Tampon, der 277
Tandem, das 119
Tankanzeige, die 114
Tankdeckel, der 113, 117
tanken 113
Tankleuchte, die 114
Tankstelle, die 113
Tankwagen, der 120
Tanne, die 319
Tansania 307
Tante, die 17
Tante-Emma-Laden, der 140
Tänzer, der 169
Tapete entfernen, die 61
Tapetenrolle, die 61
tapezieren 61
Tapeziertisch, der 61
Taschenabteilung, die 143
Taschenbuch, das 189
Taschendiebstahl, der 285
Taschenlampe, die 211, 249
Taschenmesser, das 60, 248
Taschenrechner, der 155, 339
Taschentuch, das 55
Tasse, die 344
Tastatur, die 178
Tastenfeld, das 138, 184
Tastsinn, der 259
Tatort, der 284
Taube, die 328
Tauchanzug, der 211
Tauchen, das 211
Tauchmaske, die 211
Tauchstiefel, der 211
Taufe, die 20
tausend 337
tausendste(r, s) 338
Taxi, das 121
Taxi herbeiwinken, ein 121
Taxifahrer, der 168
Taxistand, der 121
Team, das 170
Teamleiter, der 174
Teamleitung, die 170
technische Zeichnen, das 157
Techno, der/das 231
Teddy, der 50
Tee, das 204
Teebeutel, der 93
Teeblätter, die 93
Teekanne, die 93
Teeküche, die 172
Teelöffel, der 344
Teig, der 87
Teigrad, das 46
Teigschaber, der 48
Teilkreis am Strafraum, der 194
Teilnehmer, der 174, 186
Teilzeit, die 165
Teint, der 279
Telefon, das 184
Telefonbuch, das 184
Telefonhörer, der 184
Teleprompter®, der 186
Tellerlinse, die 78
Tempel, der 134
Temperatur, die 312
Tennis, das 202
Tennisball, der 161, 202
Tennisschläger, der 202
Teppich, der 49
Teppich knüpfen, einen 240
Teppichboden, der 42, 51
Teppichmesser, das 58
Tequila, der 94
Termin, der 172, 264
Terminal, das 126
Terminkalender, der 172
Termite, die 333
Terrasse, die 40, 63
Territorium, das 298
Terrorangriff, der 289
Tesafilm®, der 173
Textmarker, der 173
Thailand 310
Thanksgiving, das 20
Theater, das 134, 226
Theaterkasse, die 227
Theaterkostüm, das 227
Theaterstück, das 227
Theke, die 147
Therapie, die 278
Thermalquelle, die 316
Thermometer, das 158
Thermoskanne®, die 47
Thermostat, das 54
Thermowäsche, die 249
Thriller, der 241
Thunfisch, der 70
Thymian, der 83
Ticketkontrolle, die 126
Tiebreak, der/das 202
tief schlafen 51
Tiefenmesser, der 211
Tiefgarage, die 135
tiefgefroren 71
Tiefkühlkost, die 145
Tiefseetier, das 331
Tierarzt, der 166
Tiere, die 324
Tierfutter, das 145
Tierhandlung, die 140
Tierische Produkte 68
Tiger, der 325
Tigerauge, das/der 318
Tigerhai, der 331
Tintenfisch, der 71
Tintenpatrone, die 179
Tintenstrahldrucker, der 179
tippen 180
Tipp-Ex®, das 173
Tiramisu, das 91
Tisch für zwei Personen, der 101
Tischdecke, die 102
Tischdekoration, die 43
Tischläufer, der 43
Tischtennis, das 203
Tischtennisball, der 203
Tischtennisschläger, der 203
Tischtennistisch, der 203
Titelseite, die 188
Toastbrot, das 88, 97
Toaster, der 45
Tochter, die 16
Tod, der 274
Todesanzeige, die 188
Togo 307
Toilette, die 53
Toilettenartikel, die 137
Toilettenbrille, die 53
Toilettendeckel, der 53
Toilettenpapier, das 53
Toilettenspülung, die 53
tolerant 25
Tomate, die 77
Tomatensaft, der 92
Tonaufnahme, die 187
Tonerkartusche, die 179
Tonga 311
Tonhöhe, die 228
Tonicwater, das 92
Tonne, die 345
Topas, der 318
Töpfchen, das 50
töpfern 234
Topfhandschuh, der 46
Topfpflanze, die 64
Tor, das 195
Torlinie, die 194
Tornado, der 314
Tornetz, das 196
Torpfosten, der 196
Torraum, der 194, 197
Torraumlinie, die 197
Törtchenform, die 46
Tortellini, die 87
Tortendiagramm, das 174
Tortilla, die 88
Tortilla-Chips, die 99
Torwart, der 195
Torwartgrenzlinie, die 197
Torwarthandschuh, der 196
tot 274
Touchscreen, der 183
Tourenfahrrad, das 119
Tourer, der 117
Touristeninformation, die 148
Trabrennen, das 215
Trabrennsport, der 215
traditionelle chinesische Medizin, die 278
Trage, die 282
trägerlos 30
Trägertop, das 31
Tragfläche, die 124
Tragödie, die 226
Trainer, der 200
Trainerin, die 200
trainieren 222
Trainingsanzug, der 28
Traktor, der 121
Trampolin, das 161
Transplantation, die 267
traumatisiert 283
träumen 51
traurig 26
Trekkingsandale, die 33
Trekkingstock, der 249
Trennvorhang, der 273
Treppe, die 41, 132
Treppenabsatz, der 41
Treppengeländer, das 41
Treppenhaus, das 39
Treppenstufe, die 41
Tresor, der 137, 139
Triangel, die/der/das 230
Triathlon, das 221
Trichter, der 48
Trieb, der 323
Triebwerk, das 124
Trikot, das 196
Trillerpfeife, die 200
Trinidad und Tobago 303
Trinken 68
Trinkgeld, das 102
Trittstufe, die 120
Trizeps, der 256
Trockenobst, das 82
Trompete, die 229
Tropen, die 298
Tropfen, die 276
Troposphäre, die 313
Trüffel, die/der 74
Truthahn, der 329
Tschad, der 307
Tschechien 301
Tschüss! 19
T-Shirt, das 29
Tsunami, der 288, 314
Tuba, die 229
Tuberkulose, die 266
Tubus, der 159
Tukan, der 328
Tulpe, die 322
Tunesien 307
Tunnel, der 106, 108
Türanhänger "Bitte nicht stören", der 137
Turbulenzen, die 125
Türgriff, der 111
Türkei, die 310
Türkis, der 318
Türklingel, die 38
Turkmenistan 310
Turm, der 132, 245
Turmalin, der 318
Turnanzug, der 207
Turnen, das 207
Turnerin, die 207
Turnhalle, die 207
Turnier, das 200
Turnschuh, der 28, 33, 223
Türöffner, der 112
Türschloss, das 38
Türschwelle, die 40
Tusche, die 235
Tuschezeichnung, die 236
Tuvalu 311

U
U-Bahn, die 122
Übelkeit, die 265
überbelichtet 243
Überfall, der 285
Überführung, die 107
Übergepäck, das 127
Überholspur, die 107
Überlauf, der 54
überleben 283
übermorgen 342
überrascht 25
Überschwemmung, die 314
Überstunde, die 52
Überwachungskamera, die 289
Überweisung, die 264
Überweisungsschein, der 139
U-Boot, das 129
Übung, die 157
Uganda 307
Uhr, die 32
Uhrzeit, die 340
Ukraine, die 301
Ulme, die 319
Ultraschallaufnahme, die 262
Ultraschalluntersuchung, die 262
um eine Stelle bewerben, sich 165
Um sieben Uhr. 340
Um wie viel Uhr? 340
umarmen, sich 19
umgraben 65
Umkleidekabine, die 142, 223
Umlaufbahn, die 294
umschalten 185
Umschalttaste, die 178
Umstandsmode, die 30
umsteigen 123
umziehen 21
Unentschieden, das 196
UNESCO, die 311
Unfall, der 282
Unfallopfer, das 282
Unfallort, der 282
Unfallstation, die 275
Ungarn 301
ungeduldig 26
Uniform, die 284
Unisex-Kleidung, die 28
Universität, die 133, 162
Universum, das 294
Unkraut, das 323
Unkraut jäten 65
Unkrautvernichter, der 65
UN-Mitgliedsstaaten 299
unscharf 243
unsympathisch 26
Unterarm, der 253
unterbelichtet 243
Unterfangkescher, der 216
Unterführung, die 107
Unterhose, die 29
Unterkiefer, der 22, 255
Unterlage, die 52
Unternehmensberaterin, die 166
Unterschenkel, der 252
Untersetzer, der 48
Untersuchungsliege, die 264
Unterwäsche, die 143
Unterwegs 105
Unze, die 344, 345
Uranus, der 293
Uruguay 303
Usbekistan 310
USB-Schnittstelle, die 178, 233
USB-Stick, der 179
UV-Strahlen, die 313

V
Valentinstag, der 20
Vanuatu 311
Varieté, das 226
Vater, der 17
Vatertag, der 20
vegan 103
vegetarisch 103
Vene, die 259
Venezuela 303
Ventilator, der 42, 111
Venus, die 292
Venusmuschel, die 71
verabschieden, sich 19
verabschieden 19
Verandatür, die 52
verängstigt 26
verärgert 26
Verband, der 283
Verbandschere, die 283
Verbandszeug, das 283
verbeugen, sich 19
verbleit 113
Verbrecher, der 284
Verbrecherin, die 284
Verbrennung, die 269
Verdächtige, der/die 284
Verdauungssystem, das 259
verdienen 175
Verdünnungsmittel, das 61
Vereinigte Königreich, das 301
Vereinigten Arabischen Emirate, die 310
Vereinigten Staaten, die 303
Vereinten Nationen (UN), die 311
vereist 312
Verfallsdatum, das 277
Vergewaltigung, die 285
Vergiftung, die 269
Vergnügungspark, der 151
Vergrößerung, die 243
verheiratet 17
Verkäufer, der 168
Verkäuferin, die 142
Verkehr, der 106
Verkehrsflugzeug, das 124
Verkehrsnachrichten, die 187
Verkehrspolizist, der 107
Verkehrsschilder, die 108
Verkehrsunfall, der 114
verlängern 163
Verlängerung, die 196
Verlängerungskabel, das 62
verlegen 25
Verletzte, der 289
Verletzung, die 289
Verletzungen, die 269
verlieben, sich 21
verliebt 25
verlieren 245
Verlierer, der 200
verloben, sich 21
verlobt 17
vermieten 39
Vermieter, der 39
Vermisste, der/die 288, 289
Verpackung, die 44
verputzen 61
verrühren 87
versandkostenfrei 191
Verschlüsselung, die 182
verschneit 312
Versiegelungsmittel, das 61
Verspätung, die 123
Verstärker, der 232
Verstauchung, die 269
Versuch, der 158
Vertäuung, die 129
Verteidigung, die 195
Verteidigungszone, die 198
Vertrag, der 174
Vertretung, die 175
Vertrieb, der 171
Vertriebsleitung, die 171
Verwandte, der/die 17
Verwarnung, die 197
verwelken 321, 323
verwirrt 25
verwitwet 17
verzweifelt 26
Videospiel, das 185
viele 339
vielfach 339
vier 336
vier Uhr 340
vierfach 339
viermal 339
vierte(r, s) 337
Viertel, ein 338
Viertel nach neun 341
Viertel vor zwölf 341
viertürig 109
vierzehn 336
vierzehn Uhr 341
vierzehnte(r, s) 337
vierzig 336
vierzigste(r, s) 338
Vietnam 310
Violett, das 237
Violinschlüssel, der 231
Virus, das 265
Visier, das 117, 286
Visitenkarte, die 175
Visum, das 127
Vitamintablette, die 276
Vitrine, die 42, 43
Vögel, die 328
Vögel beobachten 234
Volleyball, der 161, 198
volljährig werden 21
Vollkornbrot, das 88
Vollkornmehl, das 87
Vollmilch, die 73
Vollmond, der 292
Vollnarkose, die 274
Vollpension, die 137
Vollzeit, die 165
Volontariat, das 164
Volt, das 62
von Bord gehen 129
vor Nässe schützen 191
Vor/in zehn Minuten. 341
Voraufführung, die 241
vorbestellen 163
vordere Aufschlaglinie, die 201
vordere Backenzahn, der 270
vordere Schienbeinmuskel, der 256
Vorderrad, das 118
Vordersteven, der 211
Vorderzwiesel, der 214
Vorfahrt, die 107
Vorfahrt gewähren! 108
vorgestern 342
Vorhand, die 202
Vorhang, der 42, 226
Vorlesung, die 163
vorletzte(r, s) 338
Vorschule, die 154
Vorspann, der 188
Vorspeise, die 101
vorspulen 185
Vorstadt, die 132
Vorstand, der 171
vorstellen, jemanden 19
Vorzeichen, das 231
Vulkan, der 316
Vulkanausbruch, der 314

W
Waage, die 191
wach sein 51
Wachsenthaarung, die 279
Wachsmalstift, der 235
Wachtel, die 69, 329
Wachtelei, das 72
Wachtelfleisch, das 69
Wachturm, der 288
Wackelpudding, der 91
Wade, die 253
Wadenmuskel, der 256
Waffel, die 97
Waffeleisen, das 45
Wagenheber, der 113
Waggon, der 122
wählen 184
Währung, die 139, 345
Währungsumtausch, der 127
Wahrzeichen, das 149
Wakeboarden, das 212
Wald, der 315
Waldbrand, der 314
Waldhonig, der 89
Walnuss, die 82
Walross, das 327
Wandern, das 220
Wanderschuh, der 249
Wanderstiefel, der 33
Wandmalerei, die 236
Wanduhr, die 43
Wange, die 22
Wann? 341
Ware, die 144
Warenregal, das 144
Warentransportband, das 144
warm 312
Wärmflasche, die 49
Warmwasserablauf, der 54
Warnblinkschalter, der 112
Wartehäuschen, das 115
Warteraum, der 275
Warteschlange, die 148
Wartezimmer, das 264
Was kostet das Zimmer, bitte? 136
Waschbär, der 325

Waschbecken, das 53, 54
Waschbeckenunterschrank, der 53
Wäsche waschen, die 56
Wäsche zum Trocknen aufhängen, die 56
Wäscheklammer, die 56
Wäschekorb, der 56
Wäscheleine, die 56
waschen, sich 55
Wäscheständer, der 56
Wäschetrockner, der 56
Waschküche, die 56
Waschlappen, der 55
Waschmaschine, die 56
Waschmaschine füllen, die 56
Waschmittelkammer, die 56
Waschpulver, das 56
Wasser, das 92, 208
Wasserball, der 209, 246
Wasserfall, der 315
Wasserfarbe, die 235
Wasserglas, das 102
Wasserhahn, der 53
Wasserhindernis, das 204
Wasserkanister, der 249
Wasserkocher, der 45
Wasserläufer, der 333
Wassermelone, die 81
Wasserpark, der 209
Wasserschildkröte, die 330
Wasserski, das 212
Wasserspender, der 172
Wassersport, der 208
Wasserwaage, die 58
Watstiefel, der 216
Watt, das 62
Wattepad, das 55
Wattestäbchen, das 55
wattieren 240
WC-Reiniger, der 57
Webcam, die 179
weben 240
Wechselkurs, der 139
Wechselstube, die 139
Weckanruf, der 137
Wecker, der 49
Wecker stellen, den 49
Wedge, der 205
Wegweiser, der 123
Wegwerfwindel, die 27
Wehen, die 262
weibliche Fortpflanzungssystem, das 259
weiblichen Geschlechtsorgane, die 261
Weichspüler, der 56
Weide, die 319
Weihnachten, das 20
Weinbrand, der 94
weinen 19
Weinglas, das 102
Weinhandlung, die 140
Weinkühler, der 147
Weinschorle, die 94
Weintraube, die 79
Weisheitszahn, der 270
Weiß, das 237
Weißbrot, das 88
weiße Feld, das 245
Weiße Hai, der 331
weiße Schokolade, die 98
Weißkohl, der 76
Weißrussland 301
Weißwein, der 94
weit 28
Weit- und Dreisprung, der 206
weiterführende Schule, die 154
weitsichtig 272
Weizen, der 86
Weizenkeime, die 96
Weizenmehl, das 87
Welches Datum haben wir heute? 342
Welle, die 212
Wellness 279
Wels, der 331
Weltkarte, die 296
Weltmeister, der 200
Weltraum, der 292
Wende, die 208
Wendehinweis für Rückenschwimmer, der 208
Wendeltreppe, die 39
Wenden verboten 108
Wendepunkte, die 21
wenige 339
Wer ist dran? 245
Werbeprospekt, der 188
Werbespot, der 187
werfen 199
Werkbank, die 60
Werkunterricht, der 156
Werkzeugkasten, der 60
Wertpapier, das 139
Wesakfest, das 20
Wespe, die 332
Weste, die 29
westliche Hemisphäre, die 298
Wetter, das 312
Wetterbedingungen, die 288
Wetterbericht, der 187
Wettervorhersage, die 312
Wettkampf, der 207
Wettkampfbecken, das 208
Whisky, der 94
Wickelauflage, die 50
Wickelraum, der 142
Wickeltasche, die 50
Wickeltisch, der 50
Widerhaken, der 216
Wie heißen Sie? 19
Wie heißt du? 19
Wie ist das Wetter? 312
Wie ist der aktuelle Wechselkurs? 139
Wie viel kostet es? 142
Wie viel Uhr ist es? 340
wieder gesund werden 275
wieder zu Bewusstsein kommen 275
Wiederbelebung, die 282
wiederherstellen 181
Wiese, die 316
Wildpark, der 150
Wildpflanzen, die 320
Wildreis, der 86
Wimper, die 22
Wimperntusche, die 35
Wimpernzange, die 35
Wind, der 210, 313
Windgeschwindigkeit, die 313
windig 312
Windpocken, die 266
Windsack, der 124
Windschutzscheibe, die 110, 120
Windsurfen, das 212
Windsurfer, der 212
Wing Chun, das 213
Winkelmesser, der 155
winken 19
Winter, der 342
Winter-Fünfkampf, der 219
Wintermantel, der 28
Winterreifen, der 113
Wintersport, der 218
Wippe, die 151
Wirbel ausrenken, sich einen 269
Wirbelsäule, die 257
(tropische) Wirbelsturm, der 314
Wirsing, der 76
Wirtschaftsprüfer, der 166
wischen 183
Wischmopp, der 57
Wissenschaftler, der 169
WLAN, das 182
Wo sind bitte die Toiletten? 147
Wobbler, der 217
Woche, die 343
Wochenende, das 343
Wochentag, der 343
Wochenzeitung, die 188
Wodka, der 94
Wohnblock, der 132
Wohngebiet, das 133
Wohnmobil, das 121, 248
Wohnung, die 38
Wohnungstür, die 41
Wohnwagen, der 121, 248
Wohnzimmer, das 42
Wok, der 48
Wolf, der 325
Wolkenkratzer, der 134
wolkig 312
Wolle, die 239
Wörterbuch, das 155
Wrap, der 99
Wunde, die 269
Wundstarrkrampf, der 266
Würfel, der 245
würfeln 245
Wurfkreis, der 206
Wurm, der 333
Wurmfortsatz, der 258
Wurst, die 68, 97
Wurzel, die 75, 319
Wurzelbehandlung, die 271
Wurzelbürste, die 57
Wurzelgemüse, das 75
würzen 85
Würzmittel, die 85
Wüste, die 316
wütend 26

X

Xylophon, das 228

Y

Yard, das 344
Yen, der 345
Yoga, das 278
Yuan, der 345

Z

Zahlen, die 336
zählen 157
Zahlwörter 339
Zahn, der 22, 271
Zahn ziehen, einen 271
Zahnarzt, der 166, 270
Zahnarztbesteck, das 270
Zahnarzthelferin, die 270
Zahnarztstuhl, der 270
Zahnbelag, der 271
Zahnbürste, die 55
Zähne putzen, sich die 55
Zahnfleisch, das 271
Zahnfüllung, die 271
Zahnpasta, die 34
Zahnprothese, die 271
Zahnrad, das 118
Zahnschmelz, der 271
Zahnschmerzen, die 265
Zahnseide, die 55
Zahnspange, die 24, 271
Zahnstocher, der 102
Zahnwurzel, die 271
Zander, der 70
Zäpfchen, das 276
Zapfhahn, der 147
Zapfpistole, die 113
Zapfsäule, die 113
Zapfschlauch, der 113
zappen 185
Zartbitterschokolade, die 98
Zauberkünstler, der 226
Zaumzeug, das 214
Zebra, das 326
Zebrastreifen, der 106
Zecke, die 333
Zehennagel, der 254
zehn 336
zehn Uhr 340
zehnmillionste(r, s) 338
zehntausend 337
zehntausendste(r, s) 338
zehnte(r, s) 337
Zeichendreieck, das 155
Zeichenkohle, die 235
Zeichentrickfilm, der 241
zeichnen 157
Zeigefinger, der 254
Zeit, die 340
Zeitarbeit, die 165
Zeitnehmer, der 197
Zeitschrift, die 146
Zeitschriftenregal, das 146
Zeitung, die 146, 188
Zeitungsspalte, die 188
Zelt, das 248
Zelt aufschlagen, ein 249
Zeltboden, der 249
Zelteingang, der 249
Zelten, das 248
Zeltplatz, der 248
Zeltstange, die 249
Zentimeter, der/das 344
Zentralafrikanische Republik, die 307
Zentralheizung, die 62
zerbrechlich 191
zerstoßen 85, 95
Zeuge, der 284
Zeugin, die 284
Zeugnis, das 157

Ziege, die 326
Ziegenkäse, der 72
Ziegenmilch, die 73
Ziel, das 208
zielen 199
Ziellinie, die 206
Zierblumen, die 321
Ziffer, die 339
Zigarette, die 146
Zigarettenanzünder, der 112
Zigarre, die 146
Zikade, die 332
Zimmer mit Frühstück, das 137
Zimmermädchen, das 137
Zimmernummer, die 137
Zimmerpflanze, die 43, 52
Zimmerservice, der 137
Zimtrinde, die 84
Zinssatz, der 138
Zirkeltraining, das 223
zischen 330
Zitrone, die 81
Zitronenaufstrich, der 89
Zitronenmelisse, die 83
Zitrusfrüchte, die 81
Zoll, der 126, 344
Zone, die 298
Zoo, der 150
Zoom, der/das 242
Zopf, der 23
Zu Hause 37
zu verkaufen 38
Zubereitung, die 95
Zucchini, die 77
züchten 65
Zucker, der 103
Zuckererbse, die 78
zuckerfrei 103
Zuckermelone, die 81
Zug, der 122, 245
Zugabe, die 232
Zügel, der 214
Zuleitung, die 54
Zum Wohl! 102
Zündung, die 109
zunehmende Mond, der 292
Zunge, die 255
zurückschneiden 65
zurückspulen 185
zusammengelegte Wäsche, die 56
Zuschauer, die 194
Zuschauertribüne, die 194
Zustellbett, das 137
Zustellung, die 191
zwanzig 336
zwanzig Uhr 341
zwanzig vor sieben 341
zwanzigste(r, s) 337
zwanzigtausend 337
zwei 336
zwei Fünftel 338
zwei Siebzehntel 338
zwei Uhr 340
Zweibettzimmer, das 136
zweieiigen Zwillinge, die 263
zweifach 339
Zweigstelle, die 170
zweihunderterste(r, s) 338
zweihundertfünfundzwanzigste(r, s) 338
zweihundertzweiundzwanzig 337
zweijährig 323
zweimal 339
zweite Etage, die 142
zweite Klasse, die 122
zweite Rang, der 226
zweite(r, s) 337
zweitürig 109
zweiundzwanzig 336
zweiundzwanzig Uhr 341
zweiundzwanzigste(r, s) 337
Zwerchfell, das 258
Zwetschgenkuchen, der 90
Zwiebel, die 75
Zwillinge, die 18
Zwischenlandung, die 127
zwitschern 328
zwölf 336
zwölf Uhr mittags 340
zwölfte(r, s) 337
Zypern 301

نَفْخ مِن الفَم لِلْفَم 282
نَفَق 106، 108
نَفْل 320
نَقّار الخَشَب 328
نَقّالَة 64، 275، 282
نَقَر 180
نَقْش 234
نُقْطَة تَجَمُّع 288
نُقْطَة مُنْتَصَف المَرْمى 194
نُقْطَة نِصْف خَط الوَسَط 194
نَقْنَق 330
نَكّاشات تَنْظيف الآذان 55
نَكّاشَة أَسْنان 102
نِكاف 266
نَمِر 325
نِمْس 324
نَمَش 22
نَمْلَة 333
نَمْلَة بَيْضاء 333
نَموذَج قِصَّة 239
نَموذَج قِطار 234
نِهايَة الأُسْبوع 343
نَهْر 132، 315
نَهْر جَليدي 315
نَواة خارِجيَّة 295
نَواة داخِليَّة 295
نَوبَة قَلْبيَّة 267
نوتَة موسيقيَّة 228
نَوْرَس 328
نَوع الإيقاع 231
نَوع الخَط 181
نَوْم وَ قيمَة أَكْل كامِلَة 137
نَوْم وَ نِصْف قيمَة الأَكْل 137
نيابَة الإدارَة العامَّة 171
نيبال 309
نيجيريا 306
نيسان 343
نيكاراجوا 302
نيوزيلَنْدا 310
نِيئ 75، 77

ه

هاتِف جَوّال 183
هاتِف داخِلي 38
هاتِف ذَكي 183
هاتِف طَوارِئ 106
هاتِف لاسِلْكي 184
هاجَم 195
هارمونيكا 230
هامستر 324
هاون 47
هايتي 302
هَبَط 125
هُبوط اِسْتِراحَة 127
هُبوط اِضْطِراري 125، 289
هُبوط بِحَبْل مُثَبَّت 220
هُجوم إرهابي 289
هَدَف 195، 208
هَدِيَّة صَغيرَة 19
هَذا مَقاسُهُ مُناسِب، سَآخُذُه 28
هَذَب 215
هَرّاسَة بَطاطا 47
هَرّاسَة ثوم 47
هَرّاسَة كَهْرَبائيَّة 45
هِراوَة شُرْطي 284
هَرَب 285
هَرَس 95
هَرِسَة 77
هُرْمون 260
هَرْوَلَة 215
هَزَّة أَرْضيَّة 314
هَضَبَة 316
هَل تَسْتَطيعُ الاتِّصال بِخِدْمَة الصِّيانَة؟ 114
هَل تَسْتَطيع مُساعَدَتي في تَغْيير العَجَلَة؟ 114
هَل لَدَيْكَ غُرْفَة فارِغَة؟ 136
هَلْ لَدَيْكَ هَذا بِمَقاسٍ أَكْبَر / أَصْغَر؟ 28
هَل هَذا المَكان فارِغ؟ 123
هَل يُمْكِنُكَ إِخْباري، أَيْن ...؟ 135
هَل يُمْكِنُكَ الاتِّصال بي مَرَّة أُخْرى؟ 184
هَل يُمْكِنُكَ أَن تُريني ...، مِن فَضْلِك؟ 142
هَل يُمْكِنُكَ أَن تَصْرِف لي؟ 139
هَل يُمْكِنُني إِسْتِبْدال هَذا؟ 142
هَل يُمْكِنُني أَن أُجَرِّب هَذا؟ 28
هِلال 292
هَلْيون 74
هَمْبُرْغَر 99
هِنْدِباء 76
هَنْدَسَة 162
هِنْدوراس 302
هَوائي 110، 187
هَوائي رادار 128
هَوائي راديو 128
هوكي 200
هوكي جَليد 200
هولَنْدا 300
هيب هوب 231
هيت هات 230
هيكْتار 344
هَيْكَل 210
هَيْكَل القارِب 211
هَيْكَل سَرير 49
هَيْكَل نَظّارَة 272

و

واثِق مِن نَفْسِه 25
واجِب مَدْرَسي 157
واجِب مَنْزِلي 164
واجِهَة 140، 149
واحِد 336
واحِد وَعِشْرون 336
وادي 315
واسِع 28
واط 62
وافِل 97
واقي السّاق 196
واقي السَّلاسِل 118
واقي الوَجْه 286
واقي أُنْثَوي 261
واقي جَبَ الأَسْنان 271
واقي ذَكَري 261
واقي رَأْس 213
واقي فَم 213، 270، 274
واقي مِن الشَّمْس 277
واقي مِن الطّين 116، 118
واقي مِن المَطَر 249
والِدان 17
واي فاي 182
وَباء 289
وَتَد 249
وَتَر 258
وَتَر عَقِبي 256
وَثْب حَواجِز 206
وَثْب طَويل وَوَثْب ثُلاثي 206
وَثْب عالي 206
وَثيقَة 52
وَجْبَة بَطاطا مَعَ كَتْشَب ومايونيز، مِن فَضْلِك. 99
وَجْه المِضْرَب 203
وَجْه كِتاب 189
وِجْهَة السَّفَر 115
وِحْدَة أَدْراج عَلى عَجَلات 52
وَحيد القَرْن 326
وَخْز بِالإبَر 278
وَداعاً! 19
وَدَع 19
وَدود 25
وَرْدَة 321
وَرْدي 237
وَرَق الألْمِنيوم 46
وَرَق خُبْز 46
وَرَق زُجاج 58
وَرَق غار 84
وَرَق مِرْحاض 53
وَرَق مُقَوّى 236
وَرَق مُلاحَظات لاصِق 173
وَرَقَة 74، 319، 321
وَرَقَة الزَّهْرَة 321
وَرَقَة لَعِب 244
وَرِك 69، 252
وَرْنيش 60
وَريد 259
وِزَّة 69
وِزَّة نَيِّئَة 69
وَزَع 244
وَزَغ 330
وَزْن 191
وَزْن زائِد 127
وَزير 245
وِسادَة تَغْيير 50
وَسائِل إعْلام اِجْتِماعيَّة 182
وُسْطى 254
وِشاح 32، 295
وَصْفَة 264
وَصَّل 99
وَصْلَة 62
وُصول 126
وَضْع الإفاقَة 282
وَضَع شَيْئاً عَلى الفاتورَة 147
وَضَع ماكياج عَلى وَجْهِه 55
وَضْعيَّة الجِسْم 204
وَظَّف شَخْصاً 165
وِعاء خَلْط 46
وِعاء فُرْن صَغير 48
وَقْت إضافي 52
وَقْت مُسْتَقْطَع 197
وَقَّع إقْرار بِالاسْتِلام 190
وَقَع في الحُب 21
وُقوف عَلى اليَدَيْن 207
وَكيل 171
وِلادَة 21، 262
وِلادَة قَيْصَريَّة 263
وِلادَة مُبَكِّرَة 263
وَلّاعَة 146
وَلّاعَة سَجائِر 112
وَلَد 18
وَنْش 129
ويسْكي 94
وينغ تشون 213

ي

يارْدَة 344
ياقَة 29
ياقوت أَحْمَر 318
ياقوت أَزْرَق 318
يانسون نَجْمي 84
يائِس 26
يَحْتَوي جُزْء مَطاطي 30
يَخْت 128
يَد 253
يَد الهاوِن 47
يُدْخِل خَيْط بِالإبْرَة 239
يُرْجى تَرْك رِسالَة بَعْدَ سَماع الصّافِرَة. 184
يَرَقَة 332
يُساوي 339
يَشْب 318
يَعْسوب 332
يُعَمِّر لِسَنَتَين 323
يَغور 325
يِن 345
يوان 345
يوجا 278
يورو 345
يوم 343
يَوم المِيلاد 20
يَوم عُطْلَة 20، 342
يَوم عَمَل 343
يونِسْكو 311

مُنْدَهِش 25
مَنْدوبَة شُؤون العامِلين 165
مِنْديل مائِدَة 102
مِنْديل مُبَلَّل 277
مِنْديل وَرَقي 55
مُنْذ البارِحَة. 341
مُنْذ مَتى؟ 341
مَنْزِل لِعائِلَة واحِدَة 38
مَنْزِل لِعائِلَتَيْن 38
مَنْزِل مُلْتَصِق 38
مَنْزِل مِن طابِق واحِد 38
مِنْشار تَخْريم 59
مِنْشار دائِري 59
مِنْشار مُقَوَّص 58
مِنْشار يَدَوي 58
مِنْشَفَة شاطِئ 246
مِنْشَفَة يَد 53
مَنْصَب شِواء 248
مَنْصَب غَسيل 56
مِنَصَّة 159
مِنَصَّة عَرْض 148
مِنَصَّة قائِد الأوركِسْترا 228
مِنَصَّة قَفْز 207، 209
مَنْطِقَة 298
مَنْطِقَة إرْسال يُسْرى 201
مَنْطِقَة إرْسال يُمْنى 201
مَنْطِقَة الأمازون 297
مَنْطِقَة العانَة 252
مَنْطِقَة المَرْمى 197
مَنْطِقَة بِدايَة 204
مَنْطِقَة تِجارِيَّة 132
مَنْطِقَة تَسَوُّق 133
مَنْطِقَة جَزاء 194
مَنْطِقَة حُرَّة 198
مَنْطِقَة خَضْراء حَوْلَ الحُفْرَة 204
مَنْطِقَة دِفاعِيَّة 198
مَنْطِقَة سَكَنِيَّة 133
مَنْطِقَة صِناعِيَّة 133
مَنْطِقَة غَيْر مَقْصوصَة 204
مَنْطِقَة قُطْبِيَّة جَنوبِيَّة 298
مَنْطِقَة قُطْبِيَّة شَمالِيَّة 298
مَنْطِقَة لَهو 133
مَنْطِقَة مَحْظورَة 199
مَنْطِقَة مَرْمى 194
مَنْطِقَة مُشاة 135
مَنْطِقَة هُجوم 198
مَنْطِقَة وَجَبات خَفيفَة 143
مُنَظِّف 57
مُنَظِّف مِرْحاض 53، 57
مُنَظِّم 54
مُنَظِّم الصَّوْت 233
مُنَظِّم تَدْفِئَة 112
مُنَظِّم تَنَفُّس 211
مُنَظِّم صَوْت 181
مُنَظِّم فَتْحَة العَدَسَة 242
مُنَظَّمَة حِلْف شَمال الأطْلَسي (النّاتو) 311
مُنْعَطَف 107
مَنْغوليا 309
مُنْفَتِح 25
مَنْفَث هَواء 125
مَنْفَذ USB 178، 233
مِنْفَضَة غُبار 57
مُنْفَعِل 25
مِنْقار 328
مَنْقِذ 209، 287، 288
مُنْقِذَة 209
مَنْقَلَة 155
مَنْهَج دِراسَة 157
مُهاجِم 195
مُهاجِم جَناح 195، 198
مُهاجِم خَط وَسَط 198
مِهْبَل 261
مَهْد 50
مُهَدِّئ 277
مَهْروس 77
مُهَنْدِس 167
مُهَنْدِس مِعْماري 167
مَواد تَنْظيف 145
مُوازِن الطّائِرَة 124
مَواعيد العِيادَة 264
مَوْت 274
مَوْجَة 212
مَوْجَة حَر شَديد 314
مَوْجَة طَويلَة 187
مَوْجَة قَصيرَة 187
مُوَجِّر 39
مُوَجِّه الخَيْط 238
مُؤَخِّرَة 211
مُؤَخِّرَة 210
مُؤَخِّرَة القارِب 211
مُؤَخِّرَة شِراع 212
موريتانيا 305
موريشيوس 305
مَوْز 80
موزامبيق 305
مُوَزِّع صابون 53
مُوَزِّع ماء 172
موسْلي 96
موسيقى 156
موسيقى اِفْتِتاحِيَّة 228
موسيقى صاخِبَة 231
موسيقى كْلاسيكِيَّة 231
موسيقى هادِئَة 231
موسيقي رُباعِيَّة 228
موسيقِي شَوارِع 148
موسيقِيَّة 169
مُؤَشِّر اِتِّجاه الرِّياح 124
مُؤَشِّر الفارَة 181
مُؤَشِّر كَمِيَّة الوَقود 113
مُؤَشِّر السِّعْر 113
مُؤَشِّر تَصْوير ذاتي 242
مُؤَشِّر حَرارَة المُبَرِّد 114
مُؤَشِّر وَقود 114
موصِل USB 179
مَوْصِّل طاقَة 248
مُوَصِّل طُرود 168
موضَة لِلحَوامِل 30
مَوْضِع نار المُخَيِّم 248
مُوَظَّف 170
مُوَظَّفَة اِسْتِقْبال 136، 166
مُوَظَّفَة بَنْك 169
مَوْعِد 172، 264
مَوْقِد 44
مَوْقِد بِنْزين 159
مَوْقِد غاز 248
مَوْقِف حافِلات 135
مَوْقِف حافِلَة 115
مَوْقِف سَيّارات 142
مَوْقِف سَيّارَة 39
مَوْقِف مُعاقين 106
مَوْلِد 113
مُوَلِّد كَهْرُبائي 118
مولدافيا 300
مُولَع نار 248
موناكو 300
مونْتينيغْرو 300
مونوبولي 245
مُؤَهِّلات 165
مَيِّت 274
ميدالِيَّة 207
مَيْدان 133
ميزان 191
ميزان زِئْبَقي 58
ميزان مَخْبَري 158
ميزان مَطْبَخ 45
ميكانيكي سَيّارات 167
ميكروفون 184، 186، 232
ميكرونيزيا 310
ميل 344
ميناء 271
ميناء حاوِيات بَضائِع 129
ميناء يُخوت 210

ن

ناب 270، 330
نادِل 101، 147، 168
نادي لِياقَة بَدَنِيَّة 222
ناضِج 81
ناطِحَة سَحاب 134
نافِذَة 40
نافِذَة 124، 128، 181
نافِذَة بارِزَة من سَقْف مائِل 40
نافِذَة جانِبِيَّة 111
نافِذَة سَقْف 40
ناقِلَة سَيّارات 120
ناقوس 228
نامَ 51
نامَ بِعُمْق 51
ناميبيا 306
ناورو 310
ناي 229
ناي بان 230
نايْلون 240
نايْلون حِفْظ المأكولات 46
نَبات الهَرْقَلِيَّة 320
نَبات شائِك 320
نَباتِي 103
نَباتِي صَرْف 103
نَبْت 321
نَبْتَة اِصِّيص 64
نَبْتَة مُتَسَلِّقَة 323
نَبْتَة مَنْزِلِيَّة 43، 52
نِبْتون 293
نَبْض 282
نَبْع ماء حار 316
نَبيذ أَبْيَض 94
نَبيذ أَحْمَر 94
نَبيذ ساخِن 93
نَبيذ سانجريا 94
نَبيذ مَع صودا 94
نَبيذ وَرْدي 94
نَتائِج 264
نَتيجَة مَبْدَئِيَّة 200
نَجا 283
نَجّار 167
نَجْدَة الجِبال 287
نَجَر 59
نَجْم 294
نَحّات 169
نُحاس 317
نَحام وَرْدي 329
نَحْت 234
نَحْلَة 332
نَحْلَة طَنّانَة 332
نَحيف 24
نَخْلَة 323
نَدَبَة 24
نَدَبَة 274
نَرْجِس 322
نَزّاعَة سَدّادات 147
نَزْع وَرَق الحائِط 61
نَزْف 269
نَزَل 123، 129
نُزْهَة 151
نَزيف 269
نَزيف أَنْفي 265
نِسْبَة مِئَوِيَّة 339
نَسَج 240
نَسْج سِجّاد 240
نَسَخ 180
نَسْر 329
نَسيم 313
نَشَر 59
نَشْر الغَسيل 56
نَشْرَة 277
نَشْرَة تَرْويج مَبيعات 188
نَشْرَة جَوِيَّة 312
نَشْل 285
نَص أُغْنِيَّة 232
نُصُب تِذْكاري 135، 149
نَصَب خَيْمَة 249
نِصْف 338
نِصْف الكُرَة الجَنوبي 298
نِصْف الكُرَة الشَّرْقي 298
نِصْف الكُرَة الشَّمالي 298
نِصْف الكُرَة الغَرْبي 298
نِصْف المَيْدان 202
نِصْف دَزينَة 339
نِصْف دَوام 165
نِصْف ساعَة 340
نِصْف كيلو غرام 345
نَصْل مِنْشار 59
نَظّارات واقِيَة 219
نَظّارَة 32، 272
نَظّارَة سِباحَة 209
نَظّارَة شَمْسِيَّة 32
نَظّارَة قِراءَة 272
نَظّارَة لِلقُرْب وَالبُعْد 272
نَظّارَة نَوْم 49
نَظّارَة واقِيَة 60، 158
نَظافَة الفَم 271
نِظام تَشْغيل 181
نَظَّف 57، 279
نَظَّفَ الأَسْنان بِالخَيْط 271
نَظْم 174
نَعامَة 329
نَعْل 33
نَعْناع 83

مُعالَجَة 264
مُعالَجَة إدْمان 278
مُعالَجَة الْوَجْه 279
مُعالَجَة صورَة 243
مَعْبَد 134
مَعْبَر مُشاة 106
مُعْجَبون 232
مَعْجَن 61
مُعَجَّنات 90
مَعْجون أَسْنان 34
مُعِدّات صَيْد 216
مُعِدّات مَخْتَبَر 158
مَعِدَة 258
مُعَدَّل فائِدَة 138
مَعْدَن 60
مَعْرِض 148
مَعْرِفَة 18
مَعْز 293
مِعْصَم 254
مُعَطِّر جَو 53
مِعْطَف شَتوي 28
مُعَقِّم 283
مَعْكَرونَة الأَرُز 87
مَعْكَرونَة بيني 87
مَعْكَرونَة تاغْلِيافيلا 87
مَعْكَرونَة ريجاتوني 87
مَعْكَرونَة فوسيلي 87
مَعْكَرونَة مَقْلِيَّة 99
مُعَلَّبات 145
مَعْلَم 149
مُعَلِّم 169
مُعَلِّمَة 154
مَعْلومات سِياحِيَة 148
مُعَمَّر 323
مَعْهَد بُحوث عِلْمِيَّة 162
مَغْبَن 252
مِغْرَفَة 47
مِغْرَفَة أَطْفال 246
مِغْرَفَة آيس كريم 47
مِغْرَفَة زُهور 64
مُغْلَق 148
مِغْناطيس 158
مُغَنِّيَة 169
مُغَنِّيَة أوبرا 228
مِفْتاح 62
مِفْتاح «صُول» 231
مِفْتاح «فا» 231
مِفْتاح إدْخال 178
مِفْتاح الْبَيْت 38
مِفْتاح الْخِياطَة لِلْوَراء 238
مُفْتاح الْمَوْقِد 44
مِفْتاح أمان 62
مِفْتاح بَراغي 58
مِفْتاح تاب 178
مِفْتاح تَغْيير 178
مِفْتاح ضَوْء التَّحْذير 112
مِفْتاح عَزَقات العَجَلَة 114
مِفْتاح كابس لوك 178
مِفْتاح كونترول 178
مِفْتاح مَحي 178
مِفْتاح مَسافَة 178
مِفْتاح مُسَدَّسي 60
مِفْتاح هُروب 178
مُفَتِّشَة تَذاكِر 123
مَفْتوح 148

مَفْتولُ العَضَلات 24
مَفْروش 40
مِفْصَل اليَد 253
مَفْقودون 288، 289
مِفَك بَراغي 58
مُفَكِّرَة مَواعيد 172
مُقابَلَة 186
مُقابَلَة تَرَشُّح لِلْعَمَل 165
مَقاس 30
مُقاطَعَة 298
مَقاعِد أَمامِيَّة 226
مَقال 154
مَقالَة 188
مَقالَة اِفْتِتاحِيَّة 188
مَقْبَرَة 135
مِقْبَس 62
مِقْبَس مُتَعَدِّد 62
مَقْبِض 203
مِقْبَض 201
مِقْبَض الباب 112
مِقْبَض القِيادَة 116
مِقْبَض باب 111
مِقْبَض دَفْع 268
مُقَبِّلات 101
مُقَدِّم بَرامِج 186
مُقَدِّمَة 124، 188، 210، 211
مُقَدِّمَة السَّفينَة 128
مُقَدِّمَة القارِب 211
مُقَدِّمَة بَرامِج 169، 186
مَقْدونيا 299
مِقْراب راديَوي 294
مُقَرْمَشَة 81
مُقَشَّر 81
مِقْشَطَة مَطاطِيَّة 48
مِقَص 58، 173، 239
مِقَص أَظافِر 34
مِقَص تَضْميد 283
مِقَص زُهور 64
مِقَص سِياج 64
مَقْصَد الرِّحْلَة 127
مَقْصَف وَجَبات خَفيفَة 241
مَقْصورَة 128، 226
مَقْصورَة تَشَمُّس
اِصْطِناعي 279
مَقْصورَة صَغيرَة 122
مَقْصورَة قِيادَة 210
مَقْصورَة قِيادَة الطائِرَة 124
مَقْصورَة كَبيرَة 122
مَقْصورَة نوم 120
مَقْطورَة 120، 121
مَقْطورَة أَطْفال 119
مَقْعَد 122، 125، 211، 226، 279
مَقْعَد 49، 222
مَقْعَد اِحْتِياط 198
مَقْعَد إِضافي 116
مَقْعَد أَطْفال 119
مَقْعَد التَّبْديل 197
مَقْعَد السّائِق 116
مَقْعَد المُرافِق 112
مَقْعَدُ المِرْحاض 53
مَقْعَد بار 147
مَقْعَد بِزِراعَيْن 52
مَقْعَد حَديقَة 63، 150
مَقْعَد شاطِئ 246
مَقْعَد شاطِئ كَصَدَفَة 247

مَقْعَد صَغير مُنَجَّد 42
مَقْعَد مَطْبَخ 44
مَقْعَدالسّائِق 112
مِقْلاة 48
مِقْلاة لِلشِواء 48
مِقْلاة ووك 48
مِقْلَمَة 155
مَقْهى 136
مَقْهى شاطِئ 247
مَقْهى عَلى تِراس 147
مَقْهى عَلى رَصيف 147
مِقْوَد 117، 118
مِقْياس الزَّيْت 110
مِقْياس حَرارَة 158، 277
مِقْياس ضَغْط 211
مِقْياس ضَغْط الدَّم 264
مِقْياس عُمْق 211
مِقْياس مَسافات 114
مُكافَحَة الحَريق 286
مَكان الأَمْتِعَة 111
مَكان الحادِث 282
مَكان الخَيْمَة 248
مَكان السّائِق 122
مَكان تَحْضير الطَّعام 44
مَكان تَخْزين 120
مَكان تَخْييم 248
مَكان خارِج التَّغْطِيَة 183
مَكان شِواء 151
مَكان عَمَل 172
مُكَبِّر صَوْت 179، 232
مِكْبَس رُموش 35
مَكْتَب 51، 52، 172
مَكْتَب صِرافَة 139
مَكْتَبَة 42، 52، 133، 141، 163
مُكَسَّم 30
مِكْشَطَة 61
مُكَعَّبات 50
مُكَمِّل غِذائي 277
مِكْنَسَة 60
مِكْنَسَة كَهْرُبائِيَّة 57
مِكْواة 56
مَكوك فَضائي 293
مُكَيِّف هَواء 109
مَلأ الغَسّالَة 56
مَلابِس جِلْدِيَّة 117
مَلابِس داخِلِيَّة 143
مَلابِس داخِلِيَّة حَرارِيَّة 249
مُلاكَمَة 213
مُلاكَمَة بِالأَرْجُل 213
مُلَبَّد بِالغُيوم 312
مَلِح 95
مِلْح 85
مُلْحَق 182، 188
مَلْخ ذِراعَة/ عَمودَة الفَقْري 269
مَلِس شَعْرَة 34
مَلْعَب 194
مَلْعَب أَطْفال 151
مَلْعَب بِقُضْبان مُتَنَقِّل 50
مَلْعَب جولْف 204
مَلْعَب رِياضي 154
مَلْعَب كُرَة الرّيشَة 201
مِلْعَقَة تَقْديم 48
مِلْعَقَة تَقْليب 48
مِلْعَقَة حِساء 102

مِلْعَقَة حَلْوى 102
مِلْعَقَة خَشَبِيَّة 48
مِلْعَقَة صَغيرَة 344
مِلْعَقَة طَعام 344
مِلْعَقَة قِياس 48، 263
مَلَف 172، 181
مَلْفوف 76
مَلْفوف أَحْمَر 76
مِلْقَط 34، 48، 158، 277
مِلْقَط غَسيل 56
مَلِك 244، 245
مَلَكِيَّة 38
مِلّيلِتْر 344
مِلّيمِتْر 344
مُلَمِّع شِفاه 35
مِلْيار 337
مَلِيسَة 83
مِلْيون 337
مُلَبّي بِالعَصير 81
مُمَثِّل 186
مُمَثِّل 227
مُمَثِّلَة 169، 227
مِمْحاة 173
مَمَر 39، 63، 125، 144، 204
مَمَر جَبَلي 316
مَمَر سُفْلي 107
مُمَرِّض 166
مُمَرِّضَة عَمَلِيّات 274
مَمَر مُشاة 150
مَمْسَحَة 46
مِمْسَحَة أَرْض 57
مِمْسَحَة جِلْي 47
مِمْسَحَة زُجاج 57
مَمْشى مُتَحَرِّك 127
مُمَلَّح 82
مَمْلَحَة 85
مُمَلِّس شَعْر 55
مَمْلَكَة 298
مَمْنوع الاِنْعِطاف لِلْيَسار 108
مَمْنوع الاِنْعِطاف لِلْيَمين 108
مَمْنوع التَّدْخين 113
مَمْنوع التَّوَقُّف 108
مَمْنوع الدُّخول 108
مَمْنوع الدَّوَران 108
مَمْنوع صَفّ السَّيّارات 108
مُمَوَّج 23
مُمَوِّج شَعْر 55
مَناديل مَطْبَخ 46
مَنارَة 129
مُنَبِّه 49
مُنَبِّه مَطْبَخ 46
مُنْتَج عُضْوي 69
مُنْتَج لِلشَّعْر 34
مُنْتَجات أَلْبان 145
مُنْتَجات عُضْوِيَّة 145
مُنْتَجات مَخْبَز 145
مُنْتَجَع 136
مُنْتَجَع الشّاطِئ 247
مُنْتَجَع صِحّي 279
مُنْتَصَف اللَّيْل 341
مُنْتَصَف اللَّيْل 342
مُنْتَصَف النَّهار 342
مِنْحَة جامِعِيَّة 164
مُنْحَدَر تَزَلُّج 218
مُنْخُل 47

مَدْرَسَة اِبْتِدائِيَّة 154
مَدْرَسَة إعْدادِيَّة 154
مَدْرَسَة ثانَوِيَّة 154
مَدْرَسَة خاصَّة 154
مَدْرَسَة مِهَنِيَّة 164
مَدْغَشْقَر 305
مِدْفَأَة حَطَب 42، 62
مُدير 170
مُديرَة 175
مُديرَة مَدْرَسَة 154
مُديرَة مَكْتَب 168
مَدينَة قَديمَة 132
مِذْراة 64
مُذَنَّب 294
مُذيعَة أَخْبار 186
مَرّ 75
مَرَّ بِنَظَرِهِ بِسُرْعَة عَلى صَفْحَة 189
مِرْآب 39
مِرْآب تَحْت الأَرْض 135
مِرْآة 35، 41، 42، 53
مِرْآة جانِبِيَّة 111، 112
مِرْآة خَلْفِيَّة 116
مِرْآة رُؤْيَة خَلْفِيَّة 110
مَرارَة 258
مُراسِل صَحَفِي 187
مُراسِلَة صَحَفِيَّة 186، 187
مُراقِب الحَرَكَة الجَوِّيَّة 126
مُراقَبَة 170
مُران عالي 319
مَرْبَط حِبال 129
مُرَبّى 89، 96
مَرَّة واحِدَة 339
مَرَّتان 339
مُرَتَّب 175
مُرْتَبِك 25
مَرْج 150، 316
مَرْج زُهور 323
مِرْحاض 53
مِرْحاض مُخَيَّم 249
مَرْحَبا! 19
مَرْدَقوش 83
مِرْساة 210
مُرْسَل 190
مَرْسى 129
مِرَش 64
مِرَش سَقْي 64
مُرَشَّحَة لِلْعَمَل 165
مُرْشِد سِياحي 148
مِرْشَفَة 159
مَرْصَد 294
مَرَض الخُناق 266
مَرَض السِّل 266
مَرَض الصَّدَفِيَّة 266
مَرَض الغُدَّة الدَّرَقِيَّة 267
مَرَض باركِنسون 267
مَرَض جِنْسي 260
مَرَض طُفولَة 266
مَرْعى 316
مِرْقاق عَجين 48
مَرْكَبَة جولْف 205
مَرْكَبَة شِراعِيَّة 128
مَرْكَز نِفايات 249
مَرْلين شِراعي 331
مَرْهَم 276
مَرْو 318
مَرْو وَرْدي 318
مِرْوَحَة 42، 111
مَرْئِيّ 255
مُريح 30
مَريض 266
مَريض خارِجي 273
مَريض داخِلي 273
مَريضَة 264، 270
مَرْيَلَة 27، 46، 158، 270
مَرْيَمِيَّة 83
مِرّيخ 90
مُزارِع 167
مُزْدَوَج 339
مِزْراب 40، 106
مَزْرَعَة تَرْويض 215
مَزْروع عُضْوِيًّا 74
مِزْلاج 218
مِزْمار القِرْبَة 230
مَزْهَرِيَّة 43
مَزيد 232
مُزيل بُقَع 56
مُزيل دُروز 239
مُزيل رائِحَة العَرَق 277
مُزيل طِلاء الأَظافِر 34
مُزيل عَرَق 34
مَساء 342
مَساءُ الخَيْر! 19
مُسابَقَة 200
مُسابَقَة 207
مَسّاحَة زُجاج 110
مَسار تَزَلُّج 218
مَسار تَزَلُّج مُجَهَّز 218
مُساعِد طِبِّي 168، 282
مُساعِد لِلْمَشْي 268
مُساعِدَة 175
مُساعِدَة طَبيب أَسْنان 270
مُساعِدَة طِبِّيَّة 282
مَسافَة بَيْن المَقاعِد 125
مُسافِر 123
مَسامير 196
مُساهِم 170
مُساهِمَة 170
مَسْبَح 136
مَسْبَح تَرْفيهي 209
مُسْتَأجِر 39
مُسْتَأجِرَة 39
مُسْتَشار أَعْمال 166
مُسْتَشار مالي 139
مُسْتَشْفى 133
مُسْتَعْرِض ويب 182
مُسْتَعْمَرَة 298
مُسْتَقِل بِعَمَلِه 52
مُسْتَقيم 260
مُسْتَلْزَمات رُضَّع 145
مُسْتَلْزَمات مَلابِس 143
مُسْتَنَدات تَرَشُّح لِلْعَمَل 165
مُسْتَوْدَع حاوِيات 129
مُسْتَيْقِظ 51
مَسْجِد 134
مَسْح 57، 183
مَسْحوق غَسيل 56
مُسَدَّس 284
مُسَدَّس الانْطِلاق 206
مُسَدَّس تَعْبِئَة 113
مُسَدَّس خَرْطوش 60
مُسَدَّس غِراء 59
مَسْرَح 134
مَسْرَح الجَريمَة 284
مَسْرَح مَكْشوف 226
مَسْرَحِيَّة 227
مِسْطَرَة 155
مَسْك الكُرَة 196
مَسْكَرَة 35
مُسَكِّن أَلَم 277
مُسَلْسَل إذاعي 187
مُسَلْسَل تِلِفِزْيوني 185
مِسْمار 58
مُسْمِر 35
مُسْمَر بِالشَّمْس 24
مَسْموح لِلْمُراهِقين 241
مُسِن 24
مِسْنَد القَدَمين 112
مِسْنَد جانِبي 116
مِسْنَد ذِراع 122، 268
مِسند ذِراع 52
مِسْنَد رَأْس 122، 279
مِسند ظَهْر 52
مِسْنَد قَدَم 268
مِسْنَد قَدَمَين 116
مِسند لِلرَّأس 49
مُسَيِّر خَلَوِي 183
مُشاهَدَة مَدينَة 148
مِشْبَك تَثْبيت 159
مِشْبَك رِباط العُنُق 32
مِشْبَك شَعْر 34
مِشْبَك وَرَق 173
مُشْتَبَه فيه 284
مُشْتَرِك 174، 186
مُشَجَّب 41
مِشْرَط 158
مِشْرَط سَجّاد 58
مَشْروب كُحولي 94
مَشْروبات 145
مُشْط 34، 64
مُشْط لَم الوَرَق 64
مُشْط يَدَوي 64
مِشْعاع 62
مُشَغِّل 233
مَشْغولُ الفِكْر 25
مَشْلول 268
مُشَمَّس 312
مِشْمِش 79
مُشْمَئِز 26
مَشْهَد 186
مَشْي 215
مَشيمَة 262
مُصابون 289
مُصارَعَة 213
مِصّاصَة 27، 98
مِصّاصَة مُثَلَّجَة 98
مَصَب نَهْر 315
مِصْباح 42، 51، 62، 159
مِصْباح أَمامي 120
مِصْباح جَنْب 211، 249
مِصْباح سَرير 49
مِصْباح شارِع 135
مِصْباح طَريق 106
مِصْباح عاكِس 270
مِصْباح عَلى الرَّأْس 248
مِصْباح عَمَلِيّات 274
مِصْباح قِراءَة 125
مِصْباح كيروسين 249
مِصْباح مُرَكَّب 44
مِصْباح مَكْتَب 51، 172
مِصَد 120
مَصَدّ 110
مَصْدوم نَفْسِيًّا 283
مِصْر 304
مِصْران أَعْوَر 258
مَصْرِف 54
مِصْعَد 39
مَصَفّ دَرّاجات 119
مِصْفاة 47
مُصَمِّمَة جْرافيك 169
مَصْنَع 134
مُصَنَّف 173، 180
مُصَنَّف قابِل لِلتَّعْليق 173
مُصَنْفِرَة 59
مُصَوِّب عَدَسات 159
مُصَوِّر 169
مِصْيَدَة جَراد البَحْر 217
مُضاءَة أَقَلّ مِنَ اللُّزوم 243
مُضاءَة أَكْثَر مِنَ اللُّزوم 243
مَضارِب جولْف 205
مِضَخَّة بِنْزين 113
مِضَخَّة ثَدْي 263
مِضَخَّة جِسْم 223
مِضَخَّة هَواء 118، 249
مِضْرَب إسْفين 205
مِضْرَب حَديد 205
مِضْرَب خَشَب 205
مِضْرَب خَشَبي 200
مِضْرَب كُرَة التِّنِس 202
مِضْرَب كُرَة الرّيشَة 201
مِضْرَب كُرَة تِنِس الطّاوِلَة 203
مِضْرَب مُسْقِط 205
مِضْمار 206
مُضيفَة 125
مُضيفَة طَيَران 168
مَضيق 295
مَطاطَة شَعْر 34
مَطْبَخ 172
مَطْبَخ مُجَهَّز 44
مَطْبوخ 77
مَطْحون 85
مَطَر 313
مُطْرِب رَئيسي 232
مِطْرَقَة 58
مِطْرَقَة خَشَبِيَّة 58
مِطْرَقَة لَحْم 47
مُطَرّي غَسيل 56
مَطْعَم 136
مَطْعَم الجامِعَة 163
مُطْلَق 17
مُطَهِّر 283
مَظاهِر نَقْص 266
مِظَلَّة 32
مِظَلَّة شَمْس 247
مَع ثَلْج 94
مُعادَلَة 205
مُعافى 266
مُعاق 268
مُعالِج 179
مُعالِج فيزيائي 166

لَوْحَة مَفاتيح 138، 178، 184
لَوز 82
لوكسمبورغ 300
لَوْلَب 261
لُؤْلُؤَة 318
لَوْن 61، 237
لَوْن أَكْريلي 235
لَوْن زَيْتي 235
لَوْن مائي 235
لَوى رِجْلَه 269
ليبيا 305
ليبيريا 305
ليتشي 80
ليختنشتاين 300
لِيرَة 345
ليسوتو 305
لِيفَة اِسْتِحْمام 55
ليكور 94، 101
لَيْلَك 321
لَيْلَكي 237
ليموزين 109
ليمون 81
لَيْمون أَخْضَر 81
لَيموناضَة 92

م
ما اسْمُ حَضْرَتِك؟ 19
ما اسْمُك؟ 19
ما سِعْرُ الصَّرْف اليَوْم؟ 139
ماء 92، 208
ماء أَبْيَض 272
ماء أَزْرَق 272
ماء تونِك 92
ماء مُعَبَّأ 92
ماء مَعْدَني بدون صودا 92
ماء مَعْدَني مع صودا 92
ماء من الصُنبور 92
مابعْدَ التَزَلُّج 219
مات 21
مادَّة تَلْصيق 235
مادَّة دِراسة 157
مادَّة عازِلَة 61
مادَّة مانِعَة لِلتَسَرُّب 60
مادَّة مُذيبَة 61
مادَّة مُمَيِّعَة 61
ماراثون 206
ماس 318
ماستَر 162
ماسِحَة 179
ماسْك لِلوَجْه 279
ماسورَة إمْداد 54
ماسورَة عادِم 111
ماطِر 312
ماعِز 326
مأكولات فاخِرَة 145
ماكينَة المَطْبَخ 45
ماكينَة حِلاقَة كَهْرُبائيَّة 55
ماكينَة حِلاقَة يَدَويَّة 55
ماكينَة حِياكَة 238
ماكينَة خِياطَة 238
ماكينَة قَهْوَة 45، 147
مالاوي 305
مالِح 99
مالطا 300
مالِك 40
مالِكَة 40
مالي 305
ماليزيا 309
مانجا 80
مانِع حَمْل 261
مانغوستين 80
مانيكير 279
ماهُوَ تاريخ اليَوم؟ 342
ماهُوَ حالُ الطَقْس؟ 312
مأوى الحافلات 115
مائَة 336
مائَة أَلْف 337
مائَتان وَاِثْنان وَعِشْرون 337
مايونيز 85
مُباراة زَوْجيَّة 202
مُباراة فَرْديَّة 202
مُبارَزَة 221
مُبَرِّد 110
مِبْرَد أَظافِر 34، 277
مِبرد سَكاكين 46
مَبْروش 85
مُبَسْتَر 73
مِبْشَرَة 47
مِبقاتي 197
مَبْلَغ 139
مَبْلَغ ضَمان 39
مَبْنى البَلَديَّة 133
مَبْنى أوبرا 134
مَبْنى مَكاتِب 134
مَبْوَلَة 50
مُبيد الأَعْشاب الضّارَة 65
مِبْيَض 261
مُبَيِّض 56
مَبيعات 171
مُتابَعَة الرَّعايَة الطِّبيَّة 274
مُتَبَّل 69
مُتَجانِس 73
مَتْجَر 142
مَتْجَر أَدَوات بِناء 141
مَتْجَر أَنْتيكات 141
مَتْجَر بَيْع خُمور 140
مَتْجَر حَيَوانات أَليفَة 140
مَتْجَر سوق حُرَّة 126
مَتْجَر هَدايا 141
مَتْجَر أَثاث 141
مَتْجَر أَدوات كَهْرُبائيَّة 141
مَتْجَر أَلْعاب 141
مَتْجَر بَيْع قُرطاسيَّة 140
مَتْجَر صَغير 140
مَتْجَر عُطور 141
مُتَجَمِّد 312
مُتْحَف 134
مِتْر 344
مِتْر مُرَبَّع 344
مِتْر مُكَعَّب 344
مُتَزَلِّج 218
مُتَزَلِّج على لَوْح 219
مُتَزَوِّج 17
مُتَسامِح 25
مُتَضايِق 26
مُتْعَب 26
مُتَعَدِّد الأَضْعاف 339
مُتَعَفِّن 81
مُتَفَرِّجون 194
مُتَكَبِّر 26
مُتَلَقّي 190
مُتَنَزَّه 150
مُتَنَزَّه وَطَني 150
مُتَوَتِّر 26
مُتَوَسِّط 99
مَتى؟ 341
مَثانَة 259، 260، 261
مُثَبِّت 219
مِثْقاب 59
مِثْقاب بَطّاريَّة 59
مِثْقاب كَهْرُبائي 59
مِثْل 339
مُثَلَّث لِلرَسْم 155
مُثَلَّج سورْبيه 101
مَجال العَمَل الرَّئيسي 170
مَجال عَمَل ثانَوي 170
مِجْداف كانو 211
مِجْداف مُزْدَوِج 211
مِجْراف 64
مَجَرَّة 294
مِجْرَفَة 57
مُجْرِم 284
مُجْرِمَة 284
مُجَعَّد 23
مُجَفِّف شَعْر 55
مُجَفِّفَة غَسيل 56
مَجَلّات 146
مَجْلِس إدارَة 171
مَجْلِس العُمّال 171
مُجَمَّد 71
مُجَمِّد 44
مُجَمَّع شُقَق 132
مَجْموعَة 202
مَجْموعَة أَدْراج 49
مَجْموعَة أَلْوان 35
مَجْموعَة تَعَلُّم 164
مَجْموعَة شَرِكات 170
مَجْموعَة طُبول 230
مُجْهَد 26
مِجْهَر 159
مَحا 180
مَحار 71
مَحار مَرْوَحي 71
مُحاسِب 166
مُحاضِر 162
مُحاضَرَة 163
مُحامي 166
مُحْبَرَة 179
مُحْتَوي عَلى الرَّصاص 113
مُحْتَوَيات 189
مُحَدِّد ضَغْط قَدَم الخِياطَة 238
مُحَدِّد عَرْض الدَّرْز 238
مُحَدِّد نَوع الدَّرز 238
مُحْرَج 25
مُحَرِّك 111، 124
مُحَرِّك السَّيارَة لا يَعْمَل 114
مُحَرِّك قُرْص مَضْغوط/قُرْص رَقمي 178
مَحَطَّة 126
مَحَطَّة إطْفاء 133
مَحَطَّة إطْفائيَّة 286
مَحَطَّة تاكْسي 121
مَحَطَّة حافِلات 115
مَحَطَّة فَضائيَّة 294
مِحْفَظَة 33
مِحْفَظَة نُقود 33
مَحْكَمَة 133
مَحَل بِقالَة 140
مَحَل بَيْع أَحْذيَة 141
مَحَل بَيْع زُهور 140
مَحَل بَيْع سَمَك 140
مَحَل جِزارَة 140
مَحَل حَلْواني 140
مَحَل خُضْراوات 140
مَحَل خِياطَة 141
مَحَل مُجَوهَرات 141
مَحَل مُسْتَحْضَرات نَظافة وَ تَجْميل 141
مَحَل مُنْتَجات عُضْويَّة 140
مَحَلّي الإنْتاج 74
مُحَمَّص 82
مُحَمِّصَة خُبْز 45
مِحْوَر كِتاب 189
مُحيط مُتَجَمِّد جَنوبي 296
مُحيط مُتَجَمِّد شَمالي 296
مُخ 255
مُخالَفَة سَيْر 107
مُخْبِر 284
مَخْبَز 140
مُخْتَلِط بالشَّيْب 23
مِخَدَّة 42، 49
مَخْرَج 107
مَخْرَج 227
مَخْرَج الفائِض 54
مَخْرَج الماء السّاخِن 54
مَخْرَج طَوارِئ 125، 286
مَخْزَن الأَمْتِعَة 115
مَخْزَن أَمْتِعَة 124
مُخَزِّن بَيانات 183
مُخَطَّط 39
مُخَطَّط دائري 174
مَخْطوب 17
مِخْلَب 324، 328
مُخَلَّفات 69
مُخَيْخ 255
مَد 223، 247
مَدَّ بِساط العُشْب 65
مَدار 294
مَدار الجَدْي 298
مَدار السَّرَطان 298
مُدافِع خارِجي 195
مُدافِع داخِلي 195
مُدافِع قَشّاش 195، 198
مُداهَمَة 285
مُداهَمَة سَرِقَة 285
مِدْبَسَة 239
مَدْخَل 107
مَدخَل الماء البارِد 54
مُدْخِل خَيْط 239
مَدْخَل خَيْمَة 249
مَدْخَل هَواء 117
مُدَخِّن 69، 71
مِدْخَنَة 40
مِدْخَنَة 128
مِدْخَنَة العادِم 120
مَدَد 163
مُدَرِّب 200
مُدَرِّبَة 200
مُدَرَّج 125، 194
مَدْرَسَة 133

كُرْسي دَوَّار 52
كُرْسي شاطِئ 246
كُرْسي طَعام لِلأَطْفال 43
كُرْسي مُتَحَرِّك 268
كُرْسي مُعالَجة الأَسْنان 270
كُرْسي مَكْتَب 172
كَرَفْس 74
كُرْكُم 84
كَرَمَنْتينَة 81
كُرُنْب 74
كُرُنْب بروكْسل 76
كُرُنْب مَلْفوف 76
كَرْنَفال 20
كرواتْيا 299
كَرواسان 88، 96
كَرْوس سْتْيتِش 240
كروكيت 221
كُرونَة 345
كْرَيْب فْروْت 81
كْريكيت 200
كريم أَساس 35
كريم تَرْطيب 34
كريم تَغْطِيَة لِلوَجْه 35
كْريم كارامِل 91
كْريم واقي مِن الشَّمْس 34، 247
كْريم وَجْه 34
كْريمَة مَخْفوقَة 91
كْرِيمَة موس 91
كُزاز 266
كُزْبَرَة 83
كُزْبَرَة يابِسَة 84
كَساح 266
كَسَّارَة جَوز 82
كَسِب 175
كَسْتَناء 82
كَسَّرَ 82
كَسْر 269
كَسَر رِجْلَه 269
كُسْكُس 86
كُسوف 294
كسيلوفون 228
كَشَّاف 111، 232
كَشَّاف الرُّجوع لِلْخَلْف 111
كُشْتبان 239
كُشْك بَيْع 135
كَشْكَشَة 30
كِشْمِش 82
كِشْمِش أَحْمَر 79
كِشْمِش أَسْوَد 79
كِشْمِش شائِك 79
كَطَبَق مُقَبِّلات/كَطَبَق رَئيسي/
كَطَبَق تَحْلِيَة، سَآخُذ... 102
كَعْب 33
كَعْب عَريض 33
كُعْبُرَة 257
كَعْكَة 90
كَعْكَة الغابات السَّوداء 90
كَعْكَة جُبْن 90
كَعْكَة شَعْر 23
كَعْكَة شوكولاتَة 90
كَعْكَة عيد ميلاد 90
كَعْكَة مافِن 90
كُفْتَة 100
كُل 339
كُل أَحَد 339
كُلُّ عام وَأَنْتَ بِخَيْر 20
كَلا 339
كلارِيْنيت 229
كِلاسيكي مُحَدَّث 149
كْلاكيت 186
كَلْب 324
كَلْب إنْقاذ 287
كَلْب مُرافَقَة المَكْفوفين 268
كَلِمات مُتَقاطِعَة 247
كُلْيَة 68، 258، 259
كُلِّيَّة فُنون 164
كُلِّيَّة موسيقى 164
كَم 30
كَم السَّاعَة الآن؟ 340
كَم ثَمَن الغُرْفَة، مِن
فَضْلِك؟ 136
كَمْأَة 74
كَماشَة أَنابيب 58
كَماشَة بَراشِيم 59
كَمان 229
كَمْبودْيا 308
كُمْبيوتَر لَوْحي 183
كُمْبيوتَر مَحْمول 179
كَناري 328
كَنَبَة مُفْرَدَة 41، 42
كَنَدا 302
كَنْزَة 29
كَنْزَة بِحَمَّالات 31
كَنْزَة بِقَبَّة 29
كَنْزَة بِقَبَّة عالِيَة 29
كَنْزَة بِقُبَّعَة 28
كَنْزَة بَلا أَكْمام 31
كَنَس 57
كَنْغَر 327
كَنيسَة 134
كَنيسَة يَهودِيَّة 134
كَهْرُبائي 167
كَهْرَمان 318
كَهْف 315
كوالا 325
كَواليس 226
كوب 93
كوب قِياس 48
كوبا 302
كوتيل 94
كوخ شاطِئ 246
كورال 228
كورْن فلِيْكس 96
كورنيش الشاطِئ 246
كوريا الجَنوبِيَّة 309
كوريا الشمالِيَّة 309
كوسا 77
كوستاريكا 302
كوع 54، 253
كَوْكَب 294
كوكتيل حَليب 92
كوكتيل فاكِهَة 97
كولا 92
كولِسترول 103
كولومْبيا 303
كولونْيا 55
كومَكْوات 81
كومودينة جانِبية 42، 43
كوميدْيا 226
كَوْن 294
كَوَّنَ عائِلَة 21
كونفو 213
كَوى 56
كِوي 331
كُوَيْكِب 294
كيب 327
كيرلِنْج 219
كيريباتي 310
كيس الصَّفَن 260
كيس تَجْميد الطَّعام 46
كيس تَزْيين المُعَجَّنات 46
كيس تَسَوُّق 143
كيس رَمْلي لِلتَدْريب 213
كيس سَلوي 262
كيس قِمامَة 60
كيس نَوْم 249
كيس هَواء 112
كيلو غرام 345
كيلو مِتْر 344
كيمْياء 156
كينيا 319
كيندو 213
كينوا 86
كينيا 305
كيوانو 80
كِيوي 80

ل

لا تَثْني! 191
لاب توب 52
لاتفِيا 300
لاته ميشياتو 93
لازانيه 100
لازَوَرْد 318
لاصِق 199
لاصِق تَصحيح 173
لاصِق طِبِّي 283
لاعِب إحْتِياط 197
لاعِب جُولف 205
لاعِب خَط وَسَط 195
لاعِب دِفاع 197، 198
لاعِب هُجوم 197
لاعِبَة جُمْباز 207
لاعِبَة قَفْز 209
لاعِبون 197
لاكْروس 221
لاما 326
لامِع 243
لاوس 308
لائِحَة أَشْهَر الأغاني 187
لائِحَة الثَمَن 145
لُب 78
لِباس ثَلْج 27
لِباس داخِلي 29
لِباس داخِلي لِلْنِساء 30
لِباس رَضيع 27
لِباس سِباحَة 30
لُبان 98، 146
لِبلاب 323
لَبَن 72
لَبَن بالفَواكِه 96
لَبَن مُثَلَّج 98
لُبْنان 308
لُبَيسَة حِذاء 41
لِتر 344
لِتوانْيا 300
لِثَة 271
لِجام 214
لِحاف بشَكْل كيس 27
لَحَمَ 59
لَحْم بَقَر 68
لَحْم خِنْزير 68
لَحْم خِنْزير مُمَلَّح 97
لَحْم ديك رومي 69
لَحْم عِجْل 68
لَحْم غَنَم 68
لَحْم فَخْذ خِنْزير 68، 96
لَحْم مَطْبوخ 68
لَحْم مَفْروم 68
لَحْن 233
لُحوم وَدَواجِن 145
لِحْيَة 24
لَدْغَة حَشَرَة 269
لَدَيَّ بَشَرَة حَسَّاسَة/جافَّة. 279
لَدَيَّ بَشَرَة عادِيَّة/دُهْنِيَّة. 279
لِسان 255
لَطيف 25
لَعِبَ بوكَر 244
لَعِبَ لُعْبَة قَفْز 160
لُعْبَة 50
لُعْبَة الرَّشْق بالسِّهام 221
لُعْبَة أَلْواح 245
لُعْبَة تَوازُن 151
لُعْبَة فيديو 185
لُعْبَة مُتَحَرِّكَة 50
لُعْبَة مُحَبَّبَة 50
لُغات أَجْنَبِيَّة 156
لُغَة الإشارَة 268
لُفافَة مِن وَرَق الحائِط 61
لِفْت 75
لَفْحَة شَمْس 269
لَقَد حَجَزْتُ غُرْفَة بِاسْم... 136
لَقَد وَقَعَ حادِث! 289
لَقْلَق 329
لِلْبَيْع 38
لَمَّ وَرَق الشَّجَر 65
لَمْبَة 62
لَمَّعَ 57
لوبِيا 78
لوتُس 321
لَوْح 19
لَوْح 212
لَوْح إعْلانات 164، 172
لَوْح الثَّلْج 219
لَوْح الكَتِف 253
لَوْح تَقْطيع 47
لَوْح خَشَبي 60
لَوْح رُكوب الأَمْواج 212
لَوْح سِباحَة 209
لَوْحَة إرْشادات 123
لَوْحَة أَلْوان 235
لَوْحَة تَحْذير مِن انْهِيار
الثَّلْج 287
لَوْحَة حائِط 236
لَوْحَة خَلْفِيَّة 161، 199
لَوْحَة رَقْم السَّيَّارَة 110
لَوْحَة شَطْرَنج 245
لَوْحَة فَنِّيَّة 42
لَوْحَة قِيادَة 112
لَوْحَة مَسافات 107

قِرغيزسْتان 308
قِرْمِزي 237
قِرْميد 40
قَرْن 78، 324
قَرْن فُلْفُل حار 84
قَرْن هَواء 120
قَرَنْفُل 84، 322
قَرْنِيَّة 272
قُزَحِيَّة 272
قَسَم 339
قِسْم 164
قِسْم أَحْذِيَّة 143
قِسْم أَطْفال 143
قِسْم أَقْمِشَة مَنْزِلِيَّة 143
قِسْم التَّسْويق 171
قِسْم الحِسابات 170
قِسْم الشُّؤون القانونِيَّة 171
قِسْم العامِلين 171
قِسْم العِلاقات العامَّة 171
قِسْم إلِكْتْرونِيّات 143
قِسْم تِجاري 170
قِسْم تَجْميل 143
قِسْم حَقائِب 143
قِسْم رِجال 143
قِسْم رِياضَة 143
قِسْم شُرْطَة 133
قِسْم غِذاء 143
قِسْم قُرْطاسِيَّة 143
قِسْم نِساء 143
قُشارَة 47
قِشْدَة 72
قِشْر 77، 95
قِشْرَة 78، 81، 82، 319
قِشْرَة أَرْضِيَّة 295
قِشْرَة بَيْضَة 72
قَص 180، 240
قُصاصات تَعْليم 173
قَصَبَة السّاق 252
قَصَبَة صِنّارَة 216
قَصَبَة هَوائِيَّة 258
قَصَّة بوب 23
قَصَّة شَعْر قَصيرَة 23
قَصَّة شَعْر مُتَدَرِّجَة 23
قِصَّة مُصَوَّرَة 146
قَصْر 134
قِصَر نَظَر 272
قَصير 24، 28
قُضاعَة 327
قُضْبان 319
قَضيب 50، 260
قَضيب سِباحَة مُتَحَرِّك 209
قَضيب عَجَلَة 118
قَضيب قَصدير لِلِّحام 60
قِطار 122
قِطار أَنْفاق 122
قِطار بُخاري 122
قِطار عالي السُّرْعَة 122
قِطار على قَضيب أُحادي 122
قِطار بَضائِع 122
قِطاعَة بَيْض 47
قُطْب 274
قُطْب الجَبين 26
قُطْب جَنوبي 295
قُطْب شَمالي 295
قِطَّة 324
قَطَر 308
قَطْرَة 276
قَطْرَة عَيْن 272
قَطْع 59، 77، 95
قَطْع اتِّصال 184
قَطْع بِالقالِب 95
قِطَع دَجاج مَقْلِيَّة 99
قِطْعَة بيتْزا 99
قِطْعَة شوكولاتَة 98
قِطْعَة غِنائِيَّة 233
قِطْعَة قُماش إسْفَنْجِيَّة 55
قِطْعَة موسيقِيَّة 228، 233
قَطْف ثِمار 65
قُطْن 240
قُطْن طِبّي 55
قُطْن طَبيعي 27
قُفّاز 32
قُفّاز الثَّعْلَب 320
قُفّاز بيسْبول 200
قُفّاز رَضيع 27
قُفّاز فُرْن 46
قُفّاز مَطاطي 57
قُفّازات جِلْدِيَّة 117
قُفّازات حارِس مَرْمى 196
قُفّاز حَديقَة 64
قُفّاز مُلاكَمَة 213
قُفّاز مَواد كيماوِيَّة 158
قَفْز 214
قَفْز بِالخَيْل 215
قَفْز بِالزّانَة 206
قَفْز بِالمِظَلَّة 220
قَفْز بَنْجي 220
قَفْز تَزَلُّجي 218
قَفْزَة البِدايَة 208
قَفَص صَدْري 252، 257
قُفْل الباب 38
قُفْل دَرّاجَة 119
قَلّاب 121
قَلْب 74، 244، 258، 259
قَلْب قَنَوات 185
قِلَّة 339
قَلِّص وَجْهَهُ 22
قَلْع سِن 271
قَلْعَة 134، 245
قَلْعَة رَمْلِيَّة 247
قَلَم 65
قَلَم تَخْطيط 235
قَلَم تَرْطيب الشِّفاه 277
قَلَم تَعْليم 155، 173
قَلَم تَلْوين 235
قَلَم تَلْوين شَمْع 235
قَلَم حِبْر 155
قَلَم حِبْر جاف 173
قَلَم رَصاص 155، 173
قَلَم كُحْل 35
قَلي 69، 95
قَليل الدَّسَم 73
قُماش 239
قُماش لِلرَّسْم 236
قُماشَة لِلغَسْل 55
قُماشَة مِيكروفازر 60
قِمَّة 315، 319
قَمْح 86
قَمَر صِناعي 294
قُمْرَة القِيادَة 116
قَمْع 48
قَمْل الخَشَب 333
قَميص 29
قَميص داخِلي 27
قَناة 133
قَناة البَوْل 260، 261
قَناة المانْش 296
قَناة فالوب 261
قِناع أوكسِجين 125، 282
قِناع غَوْص 211
قِناع واقي 117
قُنْفُذ 324
قِنينَة غاز 248
قَهْوَة 93، 101
قَهْوَة إسْبْريسو 93
قَهْوَة بِالحَليب 93
قَهْوَة عالماشي 93
قَهْوَجي 147
قَوالِب تَقْطيع كَعْك 46
قَوالِب خَبْز المافينز 46
قَوْس 149، 229
قَوْس القَدَم 254
قَوْس تَقْويم الأَسْنان 271
قَوْس زاوِيَة 194
قَوْس قُزَح 313
قَوْس مِنْطَقَة الجَزاء 194
قوطي 149
قِياس النَّبْض 282
قيثارَة 229
قَيْقَب 319

ك

كابَتْشينو 93
كابَتْشينو 96
كابل تَمْديد 62
كابوس 51
كابويرا 213
كابينَة تَبْديل مَلابِس 223
كابينَة دُش 53
كاتاماران 210
كاتامَران 128
كاجو 82
كاحِل 253، 254
كارِثَة ذَرِّيَّة 289
كارِي 84، 100
كازاخْسْتان 308
كاس 344
كأس 195
كأس آيس كريم 91
كأس قِياس 276
كأس ماء 102
كأس نَبيذ 102
كأس نَبيذ أَحْمَر 101
كأس...، مِن فَضْلِك. 147
كاسْتانيت 230
كاسيت 233
كاشِف دُخان 39
كاشِم 83
كاكادو 329
كامِل الدَّسَم 73
كاميرا أُحادِيَّة الاسْتِخْدام 242
كاميرا أنالوج 242
كاميرا رَقَمِيَّة 242
كاميرا عاكِسَة 242
كاميرا فَورِيَّة 242
كاميرا ويب 179
كاميرَة مُراقَبَة 289
كان خارِج الحُدود 199
كانو كَنَدي 211
كانون الأَوَّل 343
كانون الثّاني 343
كاياك 211
كَبِد 68، 258
كِبْريت 317
كَبْس الكُرَة مِن الأَعلى 199
كَبْسولَة 276
كَبْل 184
كَبْل كَهْرُباء 179
كَبْل لان 182
كَبْل مُساعَدَة تَشْغيل 114
كَبير 28، 99
كِتاب 146
كِتاب أَطْفال 189
كِتاب جَيْب 189
كِتاب غَيْر روائي 189
كِتاب مَدْرَسي 155
كِتاب مُصَوَّر 189
كِتاب مُغَلَّف 189
كِتابَة إبْداعِيَّة 234
كَتافِيَّة 31
كَتّان 240
كُتُب 157، 180
كَتَب شيك 138
كَتِدْرائِيَّة 132
كَتْشَب 85
كَتِف 252
كُتْلَة البِدايَة 206، 208
كَتْم الصَّوْت 185
كَثير 339
كَثير الأَضْعاف 339
كَراتيه 213
كُرّاث 75
كُرّاث أَنْدَلُسي 75
كَرْبوهيدْرات 103
كُرَة 50
كُرَة التِّنِس 202
كُرَة الرّاح 201
كُرَة الرِّيشَة 201
كُرَة القَدَم الأُسْترالِيَّة 221
كُرَة الماء 209
كُرَة آيس كريم 91
كُرَة بيسْبول 161
كُرَة تَمْرين 222
كُرَة تِنِس 161
كُرَة تِنِس الطّاوِلَة 203
كُرَة جولف 204
كُرَة ريشَة 161
كُرَة سَلَّة 161
كُرَة شاطِئ 246
كُرَة طائِرَة 161
كُرَة قَدَم 161، 196
كُرَة قَدَم أَمْريكِيَّة 161، 200
كُرَة قَفْز 199
كُرَة لِلمُلاكَمَة 213
كُرَة لَيِّنَة 200
كُرَة يَد 161
كُرَة يَد الشّاطِئ 198
كَرَز 79
كُرْسي 43، 51
كُرْسي تَخْييم 248

غَنَّى مَع 232
غواتيمالا 302
غَوَّاصَة 129
غوريلا 327
غويانا 303
غَيْبوبَة 275
غَيْر 123
غَيْر العَجَلَة 114
غَيْر لامِع 243
غَيْر مُتَسامِح 26
غَيْر القَناة 185
غينيا 305
غينيا الاِسْتِوائيَّة 304
غينيا بيساو 305
غَيور 26

ف

فاتورَة 139، 145
فاحَ بِعِطْره 321
فار 324
فارَة 178
فارِس سِباق خُيول 215
فارِسَة 214
فَأس 286
فاصِلَة عَشْرِيَّة 339
فاصولْياء بَيْضاء صَغيرَة 78
فاصولْياء بَيْضاء عَريضَة 78
فاصولْياء حَمْراء 78
فاصولْياء خَضْراء 78
فاصولْياء سَوداء 78
فاصولْياء مَطْهوَّة بالفُرْن 97
فاكِهَة التِّنين 80
فاكِهَة النَّجْمَة 80
فاكِهَة طازِجَة 96
فانواتو 311
فاهرنهايت 312
فاول 195
فائِز 200
فَتّاحَة زُجاجات 48
فَتّاحَة سَدّادات 48
فَتّاحَة عُلَب 47
فَتْح التَّدفِئَة 62
فَتْح الحَنَفِيَّة 55
فَتْح مَلَف 180
فَتْحَة الأَنْف 22
فَتْحَة الرَّقَبَة 30
فَتْحَة السَّرْج 261
فَتْق 240
فَتيلَة 62
فَجْر 342
فِجْل 75
فِجْل أَبْيَض 75
فَخّ 330
فَحْص 154
فَحْص التَّذاكِر 126
فَحْص حَمْل 262
فَحْص نَظَر 272
فَحْم 248، 317
فَحْم تَلْوين 235
فَخْذ 68، 69، 252
فَخور 25
فَدّان 344
فِراش 49
فِراش قابِل لِلَّف 249
فِراش قابِل لِلنَّفْخ 249
فَراشَة 332
فَرامِل العَجَلات 118
فَرامِل اليَد 112
فَراوْلَة 79
فَرْد 95
فَرَس البَحْر 331
فَرَس النَّبي 332
فَرَس النَّهْر 326
فُرْشاة 57
فُرْشاة أَسْنان 55
فُرْشاة شَعْر 34
فُرْشاة لِفَرْك الأَرْض 57
فُرْشاة مِرْحاض 53، 57
فُرْشاة مُسَطَّحَة 61
فُرْشاة مُعَجَّنات 48
فَرْشَخَة 207
فَرْشى أَسْنانَه 55
فَرْع 170
فِرْقَة موسيقِيَّة 232
فَرَك 57
فَرْمَل 118
فُرْن 44، 279
فُرْن ميكروويف 45
فَرَنْسا 299
فَرَنْك 345
فَرو 324
فَريسبس 221
فَريق 200
فَريق بَحْث 289
فَريق عَمَل 170
فُسْتان 31
فُسْتان زَفاف 21
فُسْتُق حَلَبي 82
فَشار 241
فَصْل 189
فَصْل القُمامَة 44
فَصْل دِراسي 164
فَصْل عَمَلي 164
فِضَّة 207، 317
فُضولي 25
فَطائِر مُرَبَّى صَغيرَة 90
فِطْر 97
فِطْر 74، 320
فِطْر حَجَري 74
فَطيرَة 100، 91
فَطيرَة بان كيك 97
فَطيرَة تُفاح 91
فَطيرَة خَوْخ 90
فَطيرَة فاكِهَة 90
فَطيرَة فَرَنْسِيَّة 100
فَطيرَة لينز 90
فَظ 327
فُقاعَة جِلْدِيَّة 269
فَقَرات عُنُقِيَّة 257
فَقَرات قَطَنِيَّة 257
فِقْرَة مُتَكَرِّرَة 233
فُقْمَة 327
فَكّ تَجميد الطَّعام 44
فَك سُفْلي 22، 255
فَك عُلْوي 255
فْلاش 242
فْلاش مُنْفَصِل 242
فِلْتَر 242
فِلْتَر هَواء 110
فُلْفُل 85
فُلْفُل أَسْوَد 84
فُلْفُل حار 77
فُلْفُل حُلْو 84
فُلَيْفِلَة 77
فَم 22، 324
فَن 156
فَن عاري 236
فَن قَص الشَّجَر 323
فَنان شَوارِع 148
فَنان هَزْلي 226
فِنْجان... ،مِن فَضْلِك. 147
فُنْدُق تَزَلُّج 219
فُنْدُق ثَلاث/أَرْبَع نُجوم 137
فَنِزويلا 303
فِنْلَنْدا 299
فَهْد 325
فَهْد صَيَّاد 325
فِهْرِس 189
فَواشات ذِراع 209
فودكا 94
فوشار 98
فوطَة مَطْبَخ 44
فوطَة نِسائِيَّة 277
فَوْق السَّوِيَّة 205
فول سوداني 82
فول صويا 78
فولت 62
في السّاعَة السّابِعَة. 340
في الوَقْت المُحَدَّد 123
في أَيَّة ساعَة؟ 340
فيتْنام 310
فيجي 310
فَيْروز 318
فَيْروس 265
فيزا 127
فيزْياء 156
فَيَضان 314
فيل 245، 326
فيلم 243
فيلم إثارَة 241
فيلم ثُلاثي الأَبْعاد 241
فيلم خَيال عِلْمي 241
فيلم رُسوم مُتَحَرِّكَة 241
فيلم رُعْب 241
فيلم غَرامي 241
فيلم فُكاهي 241
فيلم وَثائِقي 186
فيليه 68

ق

قابِس 62
قابِل لِلْكَسْر 191
قابِلَة 262
قادِر 260
قارِب إنْقاذ 288
قارِب خَفَر السَّواحِل 288
قارِب سَريع 128
قارِب نَجاة 128
قارِب نَجاة 210
قارَّة 295
قارِئ كُتُب إلِكْتْروني 183
قاس 59
قاس ضَغْط الدَّم 264
قاضِيَة 166
قاطِرَة ومَقْطورَة 120
قاطِعَة أَسْلاك 59
قاعَة اِحْتِفالات 154
قاعَة الطَّعام 142
قاعَة حَفَلات موسيقِيَّة 232
قاعَة مُحاضَرات 162
قاعِدَة 159
قاعِدَة العَصا 218
قاعِدَة الفَلاش 242
قاعِدَة المِصْباح 62
قاعِدَة ثابِتَة 184
قاعِدَة قِدْر 48
قاعِدَة كُرَة الجولْف 204
قاعِدَة لِلْفَأرَة 179
قاعِدَة لِلْكِتابَة 172
قامَ 51
قاموس 155
قائِد أوركِسْترا 228
قائِد فَريق 174
قائِمَة الطَّعام 101
قائِمَة مَرْمى 196
قائِمَة مُشْتَرَيات 144
قُبَّة 149
قُبْرُص 301
قَبْضَة المُصافَحَة 203
قَبْضَة الوَقود 117
قَبْضَة حامِل القَلَم 203
قُبَّعَة 32
قُبَّعَة رُكوب 214
قُبَّعَة سِباحَة 209
قُبَّعَة شَمْس 27
قُبَّعَة شَمْسِيَّة 32
قُبَّعَة صوفِيَّة 27، 32
قُبَّعَة واقِيَة 218
قَبْل الأَخير 338
قَبْل البارِحَة 342
قَبْل عَشْر دَقائِق 341
قَبو 39
قَبيح 24
قَتْل 285
قَحْط 314
قِدْر ضَغْط 45
قِدْر طَهي 48
قَدَم 344
قَدَم إسْعافات أَوَّلِيَّة 282
قَدَم الخِياطَة 238
قَدَم حَيَوان 324
قَدَم مرَبَّع 344
قَذَف 260
قَرَأ 157، 234
قُرّاد 333
قُرّاص 320
قِرْبَة ماء ساخِن 49
قَرَبوس مُقَدِّمَة السَّرْج 214
قَرَبوس مُؤَخِّرَة السَّرْج 214
قُرْحَة 267
قِرْش بَبَري 331
قُرْص 200
قُرْص تَحْديد البَرْنامَج 242
قُرْص صَلْب خارِجي 179
قُرْص فَوّار 276
قُرْص لُعْبَة الهوكي 161
قُرْص مَضْغوط 179
قَرْض 138
قَرْع جَوْز 77
قَرْع عَسَلي 77

عَرَّاب 18
عَرَّابَة 18
عَرَبَة 122
عَرَبَة إضافيَّة 117
عَرَبَة أطفال 50
عَرَبَة الأَمْتِعَة 123
عَرَبَة أمْتِعَة 137
عَرَبَة تِسَوُّق 144
عَرَبَة ثَلْج 287
عَرَبَة جُولْف 205
عَرَبَة كارافان 121، 248
عَرَج 268
عَرْض 174، 226
عَرْض افْتِتاح 227
عَرْض خاص 144
عَرْض مُسْبَق 241
عَرْض موسيقي مُتَنَوِّع 226
عُرْف 214
عَرَفَ (عَلى) 19
عِرْق سوس 98
عُرْوَة 28
عَروس 21
عَريس 21
عَزْقَة 58
عَسَل 89
عَسَل بَرِّي 89
عَسَل سائِل 89
عُشْب 323
عُشْب بَحْري 247
عُشْبَة ضارَّة 323
عَشَرَة 336
عَشَرَة آلاف 337
عِشْرون 336
عِشْرونَ ألْف 337
عَصا المَكْفوفين 268
عَصا بيسْبول 200
عَصا تَزَلُّج 218
عَصا رُكوب 215
عَصا قِيادَة 228
عَصا مَشْي 249
عَصا هوكي 200
عَصّارَة 92
عَصَب 271
عَصَب بَصَري 272
عُصْعُص 257
عَصير بُرْتُقال 92
عَصير بُرْتُقال 96
عَصير تُفّاح 92
عَصير تُفّاح مع صودا 92
عَصير جريب فروت
طازج 92
عَصير جَزَر 92
عَصير طَماطِم 92
عَضّ 217
عَضُد 253
عَضَلات أوتار الرُّكْبَة 256
عَضَلَة الجَبْهَة 256
عَضَلَة الظَّهْر 256
عَضَلَة الفَخْذ 256
عَضَلَة ألْوِيَّة كُبْرى 256
عَضَلَة بَطْن السّاق 256
عَضَلَة بَطْنِيَّة 256
عَضَلَة دالِّيَّة 256
عَضَلَة شِبْه مُنْحَرِفَة 256
عَضَلَة صَدْرِيَّة 256
عَضَلَة ظُنْبوبِيَّة أَماميَّة 256
عُضو اِصْطِناعي 268
عُطارِد 292
عُطاس 266
عَطِب بِالعَجَلَة 114
عِطْر 34
عُطْلَة 157
عَظْم الإسْك 257
عَظْم الأنْف 255
عَظْم عَقِبي 257
عَظْم فَخْذ 257
عَظْم وَجْني 257
عَظْمَة القَصّ 257
عَقِب 253، 254
عَقْد 174
عِقْد 32
عَقْد إيجار 39
عُقْدَة 31
عَقْرَب 333
عُقْلَة 207
عَقيق 318
عَقيق يَماني 318
عَقيم 261
عُكّاز 268
عِلاج 278
عِلاج بِالضَّوْء 278
عِلاج مِثْلي 278
عَلّاقَة باب «رَجاءً عَدَم
الإزْعاج» 137
عَلّاقَة ثِياب 41
عَلّاقَة قابِلَة لِلإغْلاق 287
عَلّاقَة مَفاتيح 41
عَلامات الطَّريق 106
عَلامَة رَفْع 231
عَلامَة قِراءَة 189
عَلامَة موسيقيَّة 231
عُلْبَة الصَّوْت 233
عُلْبَة العَدَسات 272
عُلْبَة بودْرَة 35
عُلْبَة خِياطَة 239
عُلْبَة طَعام 160
عُلْبَة طِلاء 61
عَلَم 180
عِلْم 204
عِلْم الأحْياء 156
عِلْم الفَلَك 294
عُلوم اجْتِماعيَّة 156
عُلوم إنْسانيَّة 162
عُلوم سِياسيَّة 162
عُلوم طَبيعيَّة 162
عُلوم كُمْبيوتَر 156
عَلى الجانِب المُقابِل 135
عَلى الجانِب اليَميني/
اليَساري 135
عَلى الزّاوِيَة 135
عَلى الموضَة 30
عَمّ 17
عِمارَة 38
عُمان 309
عَمَّة 17
عَمَل 52، 164
عَمَل بِالتَّناوُب 165
عَمَل في الحَديقَة 234
عَمَل مَكْتَبي 171
عَمَل مُؤَقَّت 165
عَمَل مَيْداني 171
عَمَل نُسْخَة اِحْتِياطيَّة 180
عُمْلَة 139
عُمْلَة مَعْدَنيَّة 139
عُمْلَة وَرَقيَّة 139
عَمَلي 30
عَمَليَّة 274
عَمَليَّة إنْقاذ 287
عَمود السَّرْج 118
عَمود خَيْمَة 249
عَمود فَقَري 257
عُمولَة 139
عِنان 214
عِنايَة بِالبَشَرَة 277
عِنايَة مُرَكَّزَة 275
عِنَب 79
عِنَب أحْراش 79
عِنَب الثَّوْر 79
عُنْف 285
عُنُق 253
عُنُق الرَّحِم 261
عَنْكَبوت 333
عُنْوان 190
عُنْوان بَريد اِلكتْروني 182
عُنْوان رَئيسي 188
عَنيد 26
عَوّامَة 129، 288
عود الطَّبْل 230
عيدُ الأب 20
عيدُ الأم 20
عيدُ التَّدْشين 20
عيدُ الحُب 20
عيدُ الشُّكْر 20
عيدُ الفِصْح 20
عيدُ الفِصْح لِلْيَهود 20
عيدُ الفِطْر 20
عيدُ الهالووين 20
عيدُ رَأس السَّنَة 20
عيدُ ميلادِ المَسيح 20
عيدُ ميلاد بوذا 20
عَيْن 22، 216، 272
عَيْن النَّمِر 318
عَيِّنَة مِن الألْوان 61
عُيون الشَّبَكَة 203
عُيون بُنِّيَّة 24
عُيون خَضْراء 24
عُيون رَماديَّة 24
عُيون زَرْقاء 24

غ

غابَة 315
غارام ماسالا 84
غاز بروبان 248
غاضِب 26
غامْبيا 304
غامِق 23
غانا 304
غائِب عَن الوَعي 275، 282
غائِم 312
غَثَيان 265
غَداً 342
غُدَّة 258
غُدَّة دَرَقيَّة 258
غُراب 328
غرافيت 317
غرام 345
غرانيت 317
غِرْبَال 95، 87
غُرْزَة 23
غَرَد 328
غَرْزَة 240
غُرْفَة اِسْتِرْخاء 279
غُرْفَة الطَّوارِئ 275
غُرْفَة المَرْضى 273
غُرْفَة الوِلادَة 263
غُرْفَة اِنْتِظار 264، 275
غُرْفَة إنْعاش 274
غُرْفَة بِسَريرَيْن 136
غُرْفَة تَبْديل مَلابِس
المُمَثِّلين 227
غُرْفَة تَجْرِبَة مَلابس 142
غُرْفَة تَغْيير حِفاضات 142
غُرْفَة عائِليَّة 137
غُرْفَة عَمَليّات 274
غُرْفَة كُمْبيوتَر 154
غُرْفَة لِياقَة بَدَنيَّة 136
غُرْفَة مُزْدَوِجَة 136
غُرْفَة مُظْلِمَة 243
غُرْفَة مَع إفْطار 137
غُرْفَة مُعايَنَة 264
غُرْفَة مُفْرَدَة 136، 276
غَرَق 288
غَرَق سَفينَة 288
غُروب الشَّمْس 246، 342
غَرير 325
غَسّالَة 56
غَسّالَة صُحون 44
غَسَلَ الغَسيل 56
غُسول الفَم 55
غُسول فَم 271
غَسيل الكِلى 267
غَسيل مَطْوي 56
غُصْن 319
غُضْروف 258
غِطاء 93، 203
غِطاء الخَزّان 117
غِطاء العَدَسَة 242
غِطاء المُحَرِّك 120
غِطاء المِرْحاض 53
غِطاء بالوعَة 135
غِطاء خَزّان الوَقود 113
غِطاء خَفيف 49
غِطاء رَضيع 27
غِطاء سَرير 49
غِطاء طاوِلَة 43
غِطاء عَجَلَة 111
غِطاء مائِدَة 102
غِطاء مُحَرِّك 111
غِطاء مِخَدَّة 49
غِطاء واقي 61
غَطْس 209
غَفا 51
غِلاف جَوِّي 295
غِلاف كِتاب 189
غِلاف واقي 189
غَلّايَة ماء 45
غَلْيون 146
غَمّازَة 22
غَنّى 232
غَنّى في جَوْقَة 234

ضَرْبَة حُرَّة 195
ضَرْبَة خَلْفِيَّة 202
ضَرْبَة دِفاع 198
ضَرْبَة رُكْنِيَّة 195
ضَرْبَة طَوِيلَة 205
ضِرْس العَقْل 270
ضِرْس ضاحِكَة 270
ضِرْس طاحِنَة 270
ضَرَم 321
ضَرِيح 149
ضِعْفَيْن 339
ضَغْط 262
ضَغْط الإطار 113
ضَغْط دَم مُرْتَفِع/مُنْخَفِض 266
ضِفْدَع 330
ضِفْدَع الطِّين 330
ضَفِيرَة 23
ضِلْع 257
ضِلْع كاذِب 257
ضِمادَة 283
ضَمان أَفْضَلِيَّة المُرور! 108
ضَوْء الشَّمْس 313
ضَوْء الفَرْمَلَة 111
ضَوْء جانِبِي 110
ضَوْء خافِت 110
ضَوْء خَزّان الوَقود 114
ضَوْء خَلْفِي 111، 116
ضَوْء ضَباب 110
ضَوْء عالِي 110
ضَوْء غَمّاز 117
ضَوْء غَمّاز 110
ضَوْء نَهار 52
ضَيْف 101
ضَيِّق 28
ضيق تَنَفُّس 267

ط

طابِع بَرِيدِي 190
طابِعَة لِيزَر 179
طابِعَة نافِثَة لِلْحِبْر 179
طابَق 40
طابَق أَرْضِي 40، 142
طابَق أَوَّل 40، 142
طابَق ثانِي 142
طاجِيكِسْتان 309
طاحُونَة فِلْفِل 85
طار 125
طارَة إِنْقاذ 210، 288
طارَة سِباحَة 209
طازَج 71، 81
طاقِم مِلاحَة 210
طالِب 163
طاهِي أُرُز 45
طاهِي طَعام بِالبُخار 45
طاوِلَة اِجْتِماعات 174
طاوِلَة الزَّهْر 244
طاوِلَة الطَّلَب 147
طاوِلَة الفَحْص 264
طاوِلَة المَرِيض 273
طاوِلَة بَيْع جُبْن 144
طاوِلَة بَيْع سَمَك 145
طاوِلَة بَيْع لَحْم 144
طاوِلَة تَغْيِير 50
طاوِلَة تِلْفاز 42
طاوِلَة جانِبِيَّة 41، 273
طاوِلَة سَرِير جانِبِيَّة 49
طاوِلَة طَعام 43
طاوِلَة عُدَّة 60
طاوِلَة عَمَلِيّات 274
طاوِلَة غُرْفَة الجُلوس 42
طاوِلَة فُطور 44
طاوِلَة قابِلَة لِلْطَّي 122
طاوِلَة كَوِي 56
طاوِلَة لِشَخْصَيْن 101
طاوِلَة لِصْق وَرَق الحائِط 61
طاوِلَة مُعَلِّم 155
طاووس 329
طائِرَة إِنْقاذ مَرْوَحِيَّة 287
طائِرَة رُكّاب 124
طائِرَتُك جاهِزَة لِلإِقْلاع. 124
طِب 162
طِب الأَعْشاب 278
طِب الأَعْصاب 273
طِب الجِهاز الهَضْمِي 273
طِب السَّرَطان 273
طِب العِظام 273
طِب القَلْب 273
طِب النِّساء وَالتَّوْلِيد 273
طِب صِينِي تَقْلِيدِي 278
طَبّاخ 168
طَباشِير 155، 235
طَباشِير زَيْتِيَّة 235
طِباعَة بِالشّاشَة الحَرِيرِيَّة 236
طَبّال 232
طَبْخ 95، 234
طَبْشُور 207، 317
طَبَع مَلَف 180
طَبَق اِسْتِقْبال فَضائِيّات 185
طَبَق تَحْلِيَة 101
طَبَق جانِبِي 101
طَبَق رَئِيسِي 101
طَبَق زُجاجِي 159
طَبَقَة الأَوزون 313
طَبَقَة الصَّوْت 228
طَبْل صَغِير 228
طَبْل كَبِير 228
طَبْلَة 228، 230
طَبْول بُونْجو 230
طَبِيب 166
طَبِيب أَسْنان 166، 270
طَبِيب بَيْطَرِي 166
طَبِيب تَخْدِير 274
طَبِيب طَوارِئ 282
طَبِيب عَظْمِيَّة 166
طَبِيب نَفْسِي 166
طَبِيبَة 264
طَبِيبَة مُشْرِفَة 275
طَبِيعَة صامِتَة 236
طَحال 258
طُحْلُب 320
طِراز النَّهْضَة 149
طَرْح 339
طَرْخَشْقون 320
طَرْخون 83
طَرْد 194
طَرْد بَرِيدِي 190
طَرْد صَغِير 191
طَرْز 240
طَرَف 218
طَرِيق دَرّاجات 106
طَرِيق سَرِيع 107
طَرِيق عُلْوِي 107
طَرِيق مُشاة 132
طَعام اِسْتِراحَة 160
طَعام مَطْهو بِالفُرْن 100
طَعام مَطْهو بِالمَرَق 100
طُعْم 217
طُعْم صِناعِي 217
طَفّايَة حَرِيق 113، 286
طَفّايَة سَجائِر 147
طَفْح جِلْدِي 265
طِفْل 18
طَقْم أَسْنان 271
طِلاء 235
طِلاء أَظافِر 35
طِلاء زَيّاتِي 61
طَلاق 21
طَلَب 101
طَلَب 99
طَلَب اليَد 21
طَلَب رَقَماً 184
طَلْق 21
طَلْق 262
طُلوع الشَّمْس 342
طَلِي 59
طَلِيق في المَراعِي 69
طَماطِم 77
طَماطِم صَغِيرَة 77
طَماطِم مَشْوِيَّة 97
طِن 345
طَنّان 328
طَهْيا على نار هادِئَة 95
طَوّافَة 216
طَوْق الأَنْف 214
طَوْق الجَبْهَة 214
طَوْق السَّلَّة 199
طَوْق عَجَلَة 118
طَوْق مَعْدَنِي 111
طَوْقان 328
طَوِيل 24
طَوِيل 28
طَي الوَرَق 234
طَيّار 124، 168
طَيّارَة 124
طَيَران شِراعِي 220
طِين 61

ظ

ظاهِر القَدَم 254
ظَرْبان 325
ظَرْف 173
ظَرْف بَرِيدِي 190
ظَرْف شاي 93
ظُروف جَوِّيَّة 288
ظَرِيف 25
ظُفْر 254
ظِل عُيون 35
ظَهْر 253

ع

عاجِز 260
عارِضَة 196، 206، 210
عارِضَة تَوازُن 207
عازِب 17
عازِف بِيس 232
عازِف جِيتار 232
عازِف مُنْفَرِد 228
عاشِر 337
عاشِق 25
عاصِف 312
عاصِفَة 288، 314
عاصِفَة ثَلْجِيَّة 314
عاصِمَة 298
عاكِس 118
عالِم 169
عامِل 175
عامِل بِناء 167
عامِل تَنْظِيف 167
عامِل قُمامَة 167
عامِلون 175
عامود 149، 188
عامود صَحِيفَة 188
عانِق 19
عائِق 219
عائِق رَمْلِي 204
عائِق مائِي 204
عَبّأ بِنْزِين 113
عَبّارَة 129
عَتَبَة البَيْت 40
عُثَّة 332
عِجَّة بَيْض 97
عَجَلات تَحْرِيك الكُرْسِي 268
عَجَلات شَتَوِيَّة 113
عَجَلات صَيْفِيَّة 113
عَجَلات لِكُل طَقْس 113
عَجَلات هُبوط أَمامِيَّة 124
عَجَلَة 110
عَجَلَة اِحْتِياطِيَّة 114
عَجَلَة أَمامِيَّة 118
عَجَلَة بَدِيلَة 114
عَجَلَة تَدْوِير 178
عَجَلَة تَعْيِين 159
عَجَلَة تَوازُن 238
عَجَلَة خَلْفِيَّة 118
عَجَلَة صِنّارَة 216
عَجَلَة قِيادَة 112
عَجَن 87
عَجول 26
عَجِين 87
عَدّ 157
عَدّاد الدَّوْرات 114
عَدّاد سُرْعَة 114، 117
عَدّاد كَهْرُباء 62
عِدَّة 339
عِدَّة التَّضْمِيد 283
عُدَّة تَرْقِيع 119
عِدَّة مَرّات 339
عَدَد صَفَحات 189
عَدَس أَحْمَر 78
عَدَس أَخْضَر 78
عَدَس بُنّي 78
عَدَسَة 159، 242، 272
عَدَسَة زُجاجِيَّة 272
عَدَسَة عَيْنِيَّة 159
عَدَسَة لاصِقَة 272
عَدَسَة مُكَبِّرَة 158
عَدو 206
عَدْوى 265
عُذْراً، أَخْطَأْت الاِتِّصال. 184
عُذْراً، كَيْف أَصِل إِلى...؟ 135

شَخْصِيات العَرْض 227
شَدّ البُرْغي 59
شِدَّة التَّيار 62
شِدَّة الصَّوْت 185
شَذَب 65
شَراب 241
شَراب سُعال 276
شَراب شوكولاتَة بارِدَة 92
شَراب فاتِح شَهيَّة 101
شَراب قَيْقَب 89
شِراع 212
شِراع أَمامي 210
شِراع رَئيسي 210
شَرْشَف 49
شُرْطي 284
شُرْطي مُرور 107
شُرْطيَّة 284
شُرْغوف 330
شُرْفَة 40، 226
شُرْفَة دائِرِيَّة 226
شَرِكَة تِجارَة حُرَّة 170
شَرِكَة طَيَران 124
شَرِكَة مَحْدودَة 170
شَرِكَة مَحْدودَة المَسْؤولِيَّة 170
شَرِكَة مُساهَمَة 170
شَرْنَقَة 332
شُروط العَمَل 165
شِرْيان 259
شَريحَة 89
شَريحَة SIM 183
شَريحَة زُجاجيَّة 159
شَريحَة سَمَك 70
شَريحَة كوتْليت 68
شَريحَة لَحْم 68، 100
شَريط تَسْيير الأَمْتِعَة 127
شَريط تَسْيير البَضائِع 144
شَريط تَقَدُّم 181
شَريط تَمْرير 181
شَريط حِمايَة جانِبِيَّة 111
شَريط عاكِس 117، 286
شَريط عاكِس لِلضَّوْء 285
شَريط قِياس 58، 238
شَريط لاصِق 173، 191
شَريط واقي 61
شَريطَة تَمَسُّك 115
شَريك 171
شَريك في حِوار 186
شِطْرَنْج 245
شَطْف المِرْحاض 53
شِعاب مُرْجانِيَّة 316
شِعار ماركَة السَّيّارَة 110
شُعاع 118
شَعْر 22
شَعْر مُسْتَعار 23
شُعْلَة ضَوئيَّة 210
شَعير 86
شُغْل 185
شُغْل الكُمْبيوتَر 181
شَغِّل غَسّالَة الصُّحون 44
شِفاء 274
شَفّاط بُخار 44
شَفَة 22
شَفْر 261
شَفَق 342
شَفْنين 331
شُفِيَ 275
شَقّ بَيْن الأَرْداف 253
شُقَّة إيجار 38
شُقَّة تَمْليك 38
شُقَّة ثَلاث غُرَف 40
شَكّالَة 239
شَكْل 234
شَكيمَة 214
شَلّال 315
شَلَل أَطْفال 266
شَلَل تَشَنُّجي 268
شَمّاعَة 41
شَمّام 81، 96
شَمام عَسَلي 81
شِمْبانْزي 327
شَمْس 292
شَمْعَة 43
شَمْعَة عيد ميلاد 90
شَنابِس 94
شَنْطَة سَفَر 32
شَنْطَة مَدْرَسَة 155
شِهاب 294
شَهادَة 157
شَهادَة جامِعِيَّة 164
شَهادة دِراسَة إعْدادِيَّة 154
شَهادة دِراسَة ثانَوِيَّة 154
شَهْر 343
شَوا 69
شَوّايَة راكْليت 45
شَوّايَة سَنْدويتْش 45
شَوّايَة كَهْرَبائيَّة 45
شَوّايَة وافِل 45
شوْح 319
شورْت 29، 31، 196
شورْت داخِلي 29
شورْت سِباحَة 29
شَوْط كَسْر التَّعادُل 202
شوفان 86
شوفان مَطْبوخ 97
شَوْكَة 102، 321
شَوْكَة طَهي 48
شوكولاتَة بِالحَليب 98
شوكولاتَة بَيْضاء 98
شوكولاتَة ساخِنَة 97
شوكولاتَة مُرَّة 98
شومَر 74، 83، 84
شَوَنْدَر 75
شَوى 95
شيبْس 98
شيري 94
شيريموِيا 80
شيفْرَة خَيْطيَّة 144
شيك سِياحي 139
شيلي 303

ص

صابون 34
صاحِب العَمَل 175
صادَ 217
صاد سَمَكَة 216
صافَح 19
صالَة تَدْريب 207
صالَة سينِما 241
صالَة طَعام 160
صالَة فُنون 134
صالون حِلاقَة 141
صامٍ 103
صَباح 342
صَباح الخَيْر! 19
صَبور 25
صَبي جَمْع الكُرات 202
صَحْراء 316
صَحَفيَّة 169
صَحْن 102
صَحْن الإِبْرَة 238
صَحْن جُبْن 101
صَحْن خُبْز 102
صَحيفَة 188
صَحيفَة أُسْبوعيَّة 188
صَحيفَة شَعْبيَّة 188
صَحيفَة كَبيرَة الأَبْعاد 188
صَحيفَة يَوْمِيَّة 188
صَخْرَة 315
صُداع 265
صُداع نِصْفي 265
صَدْر 69
صَدْرِيَّة 29
صَدْرِيَّة سِباحَة 209
صَدْرِيَّة صَيّاد 216
صُدْغ 22
صَدَفَة 330
صَدْمَة 283
صَدْمَة كَهْرُبائيَّة 269
صَديق 18
صَديقَة 18
صَرّاف آلي 138
صِرافَة عُمْلَة 127
صِرْبْيا 301
صَرْصور 333
صَرَع 267
صَعَد 129
صَغير 28، 99
صَغير السِّن 24
صَفّ 154
صَفّ اِنْتِظار 148
صَفّ تَحْضيري 154
صَفّ مَقاعِد 125، 226، 241
صَفار بَيْض 72
صَفّارَة 200
صَفّارَة إِنْذار 285
صَفْحَة 189
صَفْحَة رَئيسيَّة 188
صَفَد بَيْض 73
صَقْر 232
صِفْر 336
صَفْصاف 319
صَفيحَة 295
صَقيع 313
صَلْصَة 85
صَلْصَة سَلَطَة 85
صَلْصَة صَويا 85
صَلْعَة 23
صَمّام أَمان 54
صَمّام إيقاف 54
صَمَّم كِتاب صوَر 234
صِنّارَة 216
صِناعَة مُجَوهَرات 234
صِناعَة نَماذِج 234
صُنْبور 135، 286
صَنْج 230
صَنْدَل 33
صَنْدَل رِحْلات 33
صُنْدوق إِسْعافات أَوَّليَّة 283
صُنْدوق التّابْلوه 112
صُنْدوق التُّروس 111
صُنْدوق العُدَّة 60
صُنْدوق الكُمْبيوتَر 178
صُنْدوق المَفاتيح 62
صُنْدوق بَريد 38
صُنْدوق بَريد مَنْزِلي 191
صُنْدوق تُروس 116
صُنْدوق رَمْل 151
صُنْدوق عِدَّة 217
صُنْدوق غَداء 160
صُنْدوق مُحاسَبَة 144
صُنْدوق مُحاسَبَة ذاتي 144
صُنْدوق وَدائِع 139
صَنَع أَفْلام 234
صَنَع خَزَف 234
صُنْع دانْتيل 240
صَنَوبَر 82
صُنْبور بيرَة 147
صَوَّب 199
صوديوم 103
صَوَّر صورَة 243
صورَة 52، 188
صورَة أَشِعَّة إِكْس 271
صورَة أَشِعَّة إِكْس 275
صورَة بِالمَوجات فَوْق الصَّوْتِيَّة 262
صوص 328
صوف 239
صَيّاد 216
صَيّاد سَمَك 167
صَيْد 217، 221
صَيْد بِالرُّمْح 217
صَيْد بِذُباب اِصْطِناعي 217
صَيْد في أَعْماق البَحْر 217
صَيْد في ماءٍ حُلو 217
صَيْد مِن الشّاطِئ 217
صَيْدَلانِيَّة 276
صَيْدَلِيَّة 141، 166
صَيْف 342
صينِيَّة 46، 147، 160
صينِيَّة خُبْز 46
صينِيَّة طِلاء 61
صينِيَّة قَوالِب الكَعْك 46
صينِيَّة كَعْك 46

ض

ضاحِيَة 132
ضَبابي 312
ضَبْخان 313
ضَبْط آلَة موسيقيَّة 228
ضَبْط المُنَبِّه 49
ضَجِر 26
ضَحِكَ 19
ضَحِيَّة حادِث 282
ضَرَب 339
ضَرْب بِالرَّأْس 196
ضَرْب بِعُنْف 198
ضَرْبَة إِرْسال 198
ضَرْبَة إِرْسال رابِحَة 202
ضَرْبَة أَمامِيَّة 202
ضَرْبَة جَزاء 196

سَدَّ 198
سَدّادات أُذُن 277
سَدَّد 196
سَديم 294
سَراديب مَوتى 149
سِرْب سَمَك 331
سُرَّة 252
سَرْج 240
سِرْج 118، 214
سَرْدين 70
سَرَطان 71، 267
سَرَطان النَهْر 71
سُرْعَة 114
سُرْعَة الرِّياح 313
سُرْقاط 325
سَرِقَة 285
سَرير إضافي 137
سَرير رَضيع بِقُضْبان 50
سَرير مُزْدَوِج 49
سَرير مُسْتَشْفى 273، 275
سَرير مُفْرَد 51
سَريربطابَقَيْن 51
سريلانْكا 309
سَطْح 128
سَطو 285
سُعال 266
سُعال ديكي 266
سِعْر الصَّرْف 139
سِعْر مُوَحَّد 183
سُعْرات حَرارِيَّة 103
سِعْر السُوق 139
سَعيد 25
سِفارَة 134
سَفْح جَبَل 315
سَفَرجَل 79
سَفينَة حاويات 129
سَفينَة سِياحِيَّة 128
سَفينَة فَضاء 293
سَقْف 40، 42، 110
سَقى 65
سَقي العُشْب 65
سَقيفَة 39
سَكاكِر 98
سَكاكِر بالنَّعْناع 146
سَكاكِر خاصَّة بالسُّعال 277
سِكَّة 122
سَكْتَة دِماغِيَّة 267
سُكَّر 103
سُكَّر العِنَب 103
سُكَّر الفاكِهَة 103
سِكْرِيتارْيَة 170
سَكَن جامِعي 163
سكواش 201
سكوتر 116
سِكّين 102
سِكّين تَقْطيع اللَّحْم 102
سِكّين جَيْب 60، 248
سِكّين فَتْح رَسائِل 173
سِكّين مَطْبَخ 47
سِكّينَة جُبْن 101
سَلَّة 144، 172، 199
سَلَّة دَرّاجَة 118
سَلَّة سَمَك 217
سَلَّة غَسيل 56
سَلَّة غَسيل مُتَّسِخ 56
سَلَّة قُمامَة 44، 135
سَلَّة كُرَة السَّلَّة 161
سَلَّة مُهْمَلات 180
سَلَّة نِفايات 172
سُلَحْفاة 330
سُلَحْفاة بَحْرِيَّة 330
سِلْسِلَة 118
سِلْسِلَة ثَلْج 113
سِلْسِلَة جَبَلِيَّة 295، 315
سَلَطَة 101
سَلَطَة فاكِهَة 91
سَلَطَة مَع الطَّعام 100
سِلْق 74
سِلْك 60
سَلَّم 61
سَلَّم حَبْل 161
سَلْمون 70
سَلْمون مُرَقَّط 70
سلوفاكيا 301
سلوفينيا 301
سَمّ 330
سَماد 63، 65
سَمّاعَة 184، 264
سَمّاعَة أُذُن 268
سَمّاعَة الرَّأْس 233
سَمّاعَة بلوتوث 183
سَمّاعَة هاتِف 184
سَمّاعَة هاتِف 184
سَمان 329
سَمّان 69
سَمّان نَيِّئ 69
سَماوي 237
سُمِحَ لَهُ بالخُروج 273
سَمَّد 65
سِمْسار عَقارات 168
سَمْعي 233
سَمَك أسْقُمْري 70
سَمَك البَكَلاه 70
سَمَك الضَّفادِع 70
سَمَك ثُعْبان الماء 70
سَمَك ذَهَبي 331
سَمَك زَنْدَر 70
سَمَك شَبّوط 70
سَمَك مُدَخَّن 71
سَمَك مَع بَطاطا مَقْلِيَّة 99
سَمَك مُعَلَّب 71
سَمَك مُفَلْطَح 70
سَمَك موسى 70
سَمَكَة الخِرْمان 331
سَمَكَة السِّلور 331
سَمَكَة بَحْر 331
سَمَكَة بَخاخَة 331
سَمَكَة بيرانا 331
سَمَكَة طائِرَة 331
سَمَكَة مِياه عَذْبَة 331
سَمْن صِناعي نَباتي 89
سَمَنْدَر 330
سَمين 24
سِنّ 22، 271
سِنّ ثوم 75
سِنّ قاطِع 270
سَنَة 343
سَنَة ضَوْئِيَّة 294
سَنَة عَمَل تَطَوُّعي 164
سَنْتيمِتْر 344
سِنْجاب 324
سَنْدويش 89
سَنْدويش بِخُبْز مَكْسيكي 99
سَنْدويش صَغير 88
سَنْدويشَة سُجُق 99
سِنْدِيان 319
سِنْغافورَة 309
سِنوكَر 221
سُنونو 328
سَنَوي 323
سَهْل 316
سوء حَظ 245
سِوار 264
سوازيلَنْد 306
سوبَرمارْكيت 140
سودوكو 247
سور 123
سور حَديقَة 63
سور مَدينَة 149
سوريا 309
سورينام 303
سَوسَن 322
سوشي 99
سوق 140
سوق عَمَل 188
سَوِيَّة 205
سويسرا 301
سُوَيْقَة 321
سِياج عُشْبي 63، 64
سَيّارَة إزاحَة الثَّلْج 120
سَيّارَة أسْتَيْشن 109
سَيّارَة إسْعاف 282
سَيّارَة إطْفاء 121، 286
سَيّارَة بِدون صُنْدوق 109
سَيّارَة جَبَلِيَّة 109
سَيّارَة رِياضِيَّة 109
سَيّارَة سَحْب سَيّارات 121
سَيّارَة شُرْطَة 121، 285
سَيّارَة صالون 109
سَيّارَة صَغيرَة 109
سَيّارَة صَغيرَة جِدّاً 109
سَيّارَة عَتيقَة 109
سَيّارَة قُمامَة 120
سَيّارَة كَنْس الطَريق 120
سَيّارَة مَصْفوفَة 106
سَيّارَة مَكْشوفَة 109
سَيّارَة مَنْزِل مُتَنَقِّل 121
سَيّارَة مَنْزِل مُتَنَقِّل 248
سَيّارَة نَقْل صَغيرَة 109
سيتَرين 318
سيجار 146
سيخ 47
سَيِّد 18
سَيِّدَة 18
سَيِّدَة أعْمال 174
سَيْر 205
سَيْر الحَياة المِهَنِيَّة 165
سَيْر مُعاكِس 108
سيراليون 306
سيرَة ذاتِيَّة 165
سيشِل 306
سيلَزيوس 312
سينِما 134

ش

شابَّة 18
شاحِب 24
شاحِنَة بيك آب 109
شاحِنَة حِمْل مَقْطورَة 120
شاحِنَة نَقْل صَهْريجِيَّة 120
شارِب 24، 324
شارَة الشُّرْطَة 284
شارِع 132
شارِع بِاتِّجاه واحِد 106، 108
شارِع جانِبي 132
شارَك 157
شاش طِبّي 283
شاشَة 125، 178
شاشَة تَلْقين 186
شاشَة سينَما 241
شاشَة عَرْض 184
شاشَة لَمْس 183
شاشَة مُراقَبَة القَلْب 275
شاشَة مَعْلومات 127
شاطِئ 246
شاطِئ حَجَري 247
شامْبانيا 94
شامْبو 34
شامْبو الجِسم 34
شامَة 22
شاهِد 284
شاهَدَ تِلْفاز 185
شاهِدَة 284
شاوَرما 99
شاي أسْوَد 93
شاي أعْشاب 93
شاي بابونَج 93
شاي نَعْناع 93
شَبّ 244
شُباط 343
شُبّاك 138
شُبّاك 196
شُبّاك تَذاكِر 241
شُبّاك تَذاكِر 123
شُبّاك تَسْجيل 126
شُبّاك قَطْع التَّذاكِر 227
شَبَّت 83
شِبْشِب 28
شِبْشِب شاطِئ 33، 246
شَبِع نَوْماً 51
شَبَكَة 198، 199، 202، 203
شَبَكَة أسْلاك 159
شَبَكَة المُبَرِّد 120
شَبَكَة أمان 287
شَبَكَة حِمايَة مِن الحَشَرات 249
شَبَكَة صَيْد 216
شَبَكَة عَنْكَبوت 333
شَبَكَة كَهْرَبائِيَّة 62
شَبَكَة واقِيَة 206
شَبَكِيَّة 272
شِبْه جَزيرَة 295
شِتاء 342
شَتْلَة 65
شَجَرَة دائِمَة الخُضْرَة 319
شَجَرَة صَنَوْبَرِيَّة 319
شَجَرَة فاكِهَة 323
شُجَيْرَة وَرْد 322
شَحْن مَجّاني 191
شَخَر 51

رَقْم الرَّصيف 123
رَقْم الغُرْفَة 137
رَقْم حَجْز 127
رَقْم حِساب 138
رَقْم خَط السَّيْر 115
رَقْم سِري 138
رَقْم طَوارِئ 289
رَقْم مَقْعَد 125
رِكاب 214
رَكِبَ 123
رَكِبَ بدونِ تَذْكَرَة 123
رَكِبَ بَرْنامَج 181
رَكِبَ بلا سَرْج 215
رَكِبَ بَلاط 61
رَكِبَ زَلّاقَة 219
رَكِبَ فَسَيْفساء 234
رُكْبَة 252
رَكَز 52
رَكَضَ 151
رَكَلَ 196
رُكوب الأَمْواج 212
رُكوب الأمواج بالتَمَدُّد 212
رُكوب الأَمْواج بالطَّوافَة 212
رُكوب أَمْواج 247
رُكوب أَمْواج شِراعي 212
رُكوب دَراجَة جَبَلِيَّة 220
رُكوب سكيت بورد 220
رُكوب لوح بِعَجَلات 220
رَم 94
رَمادي 237
رُمّان 80
رُمْح لِصَيْد الحيتان 217
رَمْز بَريدي 190
رَمْز صَنْدوق البَريد 190
رِمْش 22
رَمْل 246
رَمى 199
رَمى الزَّهْر 245
رَمى الصِّنارَة 217
رَمي الرُّمْح 206
رَمي القُرْص وَالمِطْرَقَة 206
رَمي بالقَوْس وَ السَّهْم 221
رَمْيَة بِيَد واحِدَة 197
رَمْيَة تَماس 195
رَمْيَة قَفْز 197
رَنَّ 184
رَنَّة 183، 326
رَهْن عَقاري 138
رِواق رَدْهَة 41
رواندا 306
رِوايَة 189
روبِل 345
روبِيَة 345
روديو 215
روستي 97
روسْيا 300
روسْيا البَيْضاء 301
رَوْضَة أَطْفال 154
رَوْضَة أطفال 21
روك 231
روكوكو 149
روماتِزم 267
رومانِسكي 149
رومانيا 300
رِياح مَوْسِمِيَّة 314
رِياضَة 156
رِياضَة دَراجَة 220
رِياضي مُحْتَرِف 169
رِياضِيات 156
رِيال 345
رِئَة 258
رِيح 210، 313
رَيْحان 83
ريش 328
ريشَة 235
ريفِيَّة أَمْريكِيَّة 231
رَئيس 175

ز

زامْبيا 306
زان 319
زانَة 206
زائِدَة دودِيَّة 258
زُبْدَة 73، 96
زُبْدَة فُسْتُق العَبيد 89
زُبْدِيَّة 102
زَبونَة 144
زَبيب 82
زُجاج أَمامي 120، 110
زُجاج خَلْفي 111
زُجاج قَديم 44
زُجاجَة رَضاعَة 263
زُجاجَة هَواء مَضْغوط 211
زَحافات ثَلْجِيَّة 219
زَحَفَ 330
زُحَل 293
زُحْليقَة 151
زِر 28، 115، 239
زِر اِسْتِدْعاء 275
زِر اِسْتِراحَة 185
زِر اِلْتِقاط الصُّورَة 242
زِر إيْقاف 185
زِر تَشْغيل/إطْفاء 178
زِر طَوارِئ 273
زِر كُم مَعْدَني 32
زِراعَة أَسْنان 271
زِراعَة الأَعْضاء 267
زَرافَة 326
زَرَعَ 65
زَرَعَ في أَصيص 65
زَعْتَر 83
زَعْتَر بَرّي 83
زَعْفَران 321
زَعْنَفَة 331
زَعْنَفَة سِباحَة 211
زِفاف 20
زُكام 266
زَلّاجَة إِنْقاذ 287
زُمُرُّد 318
زُمُرُّدي 237
زَميل 175
زَميلَة 175
زَنْبَق 322
زَنْبَق الوادي 320
زُنْبور 332
زَنْجَبيل 84
زَنْد 257
زَهْر 245
زَهْرَة 76، 321
زَهْرَة إِبْرَة الرَّاعي 322
زَهْرَة الجَوْذان 320
زَهْرَة الشَّجَر 323
زَهْرَة اللَّبَن 321
زَهْرَة رَبيع 321، 322
زَهْرَة كوب الماء 322
زَهْرَة لَيْلِيَّة 321
زَهْرَة هِنْدِباء 320
زَهْري 237
زَوْبَعَة 314
زَوْبَعَة (اِسْتِوائِيَّة) 314
زَوْج 16، 339
زَوْج اِبْنَة 16
زَوْج أم 18
زَوْجان 17، 18
زَوْجَة 16
زَوْجَة أَب 18
زَوْجَة أَخ 16
زِي كُرَة قَدَم 196
زِي مَدْرَسي 154
زِي مَسْرَح 227
زِي مُوَحَّد 284
زِئْبَق 317
زَيْت زَيْتون 85
زَيْتونَة 77
زَيْتي 237
زير 332
زَيْزَفون 319
زَيْل حِصان 23
زيمبابوي 306
زينَة الطّاوِلَة 43
زينَة الكَعْكَة 90

س

سابِع 337
سابِع عَشَر 337
ساحِر 226
ساحِل 246، 315
ساحِل العاج 304
سادِس 337
سادِس عَشَر 337
سارِيَة 210، 212
ساطور 47
ساعَة 32
ساعَة 340
ساعَة توقيف 206
ساعَة تَوْقيف 158
ساعَة حائِط 43
ساعَة رَمْلِيَّة 46، 181
ساعَة نَبْض 223
ساعِد 253
ساعِيَّة بَريد 167
ساق 74، 201، 252، 321
ساكسافون 229
ساموا 311
سان ماريو 300
سانْت فنسِنت والجرينادين 303
سانْت كيتْس ونيفيس 302
سانْت لوسيا 302
ساو تومي وَبرينْسيب 306
ساونا 223، 279
سائِق تاكْسي 168
سائِق حافِلَة 168
سائِل جَلي 57
سائِل سَلَوي 262
سَبّابَة 254
سَبّاحَة 209
سِباحَة حُرَّة 208
سِباحَة صَدْر 208
سِباحَة ظَهْر 208
سِباحَة فَراشَة 208
سِباحَة مُتَزامِنَة 209
سْباغيتي 87
سِباق الحُبَب 215
سِباق الخُماسي الشَّتَوي 219
سِباق الطُّرُق الوَعِرَة 220
سِباق الفورمولا وان 220
سِباق تَتابُع 206
سِباق ثُلاثي 221
سِباق جَوائِل 215
سِباق خُيول 215
سِباق دَرّاجات نارِيَّة 220
سِباق سَيّارات جَبَلي 220
سِباق موتو كروس 220
سَبّاك 167
سْباكيتي بِصَلْصَة بولونيز 100
سَبانِخ 76
سَبَح 209
سَبْعَة 336
سَبْعَة عَشَر 336
سَبْعَة وَنِصْف 338
سَبْعون 336
سَبّورَة 155
سِتار فاصِل 273
سِتارَة 42، 226
سِتارَة الدُّش 55
سِتار على بَكَرَة 43
سِتانْلِس سْتيل 60
سِتَّة 336
سِتَّة أَضْعاف 339
سِتَّة عَشَر 336
سِتراتوسْفير 313
سُتْرَة جِلْدِيَّة 33، 117
سُتْرَة صوفِيَّة 31
سُتْرَة مَطَر 28
سُتْرَة نَجاة 288
سُتْرَة واقِيَة مِن الحَريق 286
سِتّون 345
سِتّون 336
سْتيريو 233
سَجّادَة 42، 49، 51
سَجّادَة الباب 38
سَجّادَة حَمّام 55
سَجائِر 146
سُجُق 97
سُجُق 68
سُجُق الدَّم 97
سُجُق مُدَخَّن 68
سِجِل 185
سِجِل الخُروج 180
سِجِل الدُّخول 180
سِجْن 285
سَحاب 32، 240، 249
سَحَبَ سَيّارَة 107
سَحَبَ لِلْخارِج 217
سَحَبَ نُقود مِن حِسابِه 138
سَحَق 85، 95
سِحْلِيَّة 330
سَخّان غاز حائِطي 54
سَخّان كَهْرَبائي 54
سَخَّنَ عَضَلاتَه 223

دَجاجَة 69، 329
دَحْرَج 180
دَحْرِيج 71
دُخْن 86
دُخول إلى المَدْرَسَة 21
دُخول في مَجال العَمل 21
دَرابْزين الدَّرَج 41
دَرّاجَة اسْتِلْقاء 119
دَرّاجَة بِأَرْبَع عَجَلات 116
دَرّاجَة بِثَلاث عَجَلات 119
دَرّاجَة بِعَجَلَة واحِدَة 119
دَرّاجَة بي إم إكس 119
دَرّاجَة تَجْوال 119
دَرّاجَة جَبَلِيَّة 119
دَرّاجَة سِباق 116، 119
دَرّاجَة عَجين 46
دَرّاجَة كَهْرُبائِيَّة 119
دَرّاجَة لِراكِبَيْن 119
دَرّاجَة لِلاسْتِعارَة 119
دَرّاجَة لِلطُّرُق الوَعِرَة 116
دَرّاجَة نارِيَّة بِمَقْطورَة 117
دَرّاجَة نارِيَّة سِياحِيَّة 117
دُرّاق 79
دُرّاق أَمْلَس 79
دْراما 156
دَرْب التَّبانَة 294
دَرَج 41، 132
دُرْج 44، 51، 172
دَرَج المُسافِرين 126
دُرْج أَمْتِعَة 125
دَرَج لَوْلَبي 39
دَرَج مُتَحَرِّك 123
دَرَج مُتَحَرِّك 142
دَرَجات 41
دَرَجَة 154
دَرَجَة أولى 122، 124
دَرَجَة ثانِيَة 122
دَرَجَة حَرارَة 312
دَرَجَة رِجال أَعْمال 124
دَرَجَة سِياحِيَّة 124
دَرَجَة صُعود 120
دَرَجَة لِلتَّدْريب 223
دَرْدار 319
دَرْزَة 30
دَرْس تَقْوِيَة 155
دَزينَة 339
دُش 53
دَعامَة وُسْطى 111
دَعْسوقَة 333
دِفاع 195
دِفاع عَن النَّفْس 213
دَفَّة 210
دَفْتَر 146
دَفْتَر مَدْرَسي 155
دَفْتَر مُلاحَظات 173
دَفَع 145
دَفْع 102
دَفْع الفاتورَة 147
دَفْع عَن قُرْب 205
دَفْع قَبل كُل مُشاهَدَة 185
دَفْن 21
دَق 59، 95
دَقيق أَبْيَض 87
دَقيق الجاوْدار 87
دَقيق بُقْسُمات 89
دَقيق ذُرَة 87
دَقيق مِن حُبوب كامِلَة 87
دَقيقَة 340
دُكْتوراه 162
دَلْفين 327
دَلو 57، 246
دَلو تَبريد النَّبيذ 147
دَلو صَب الماء 279
دَليل 285
دَليل سِياحي 148
دَليل مَقام 231
دَليل هاتِف 184
دَليلَة 227
دَم 269
دِماغ 255
دُمْيَة 50
دُمْيَة خَيّاط 239
دُمْيَة دُب 50
دُمْيَة عَرْض 143
دَهّان 167
دَهَن 95
دُهْن 103
دَهْنَة شوكولاتَة 89
دَهْنَة لَيْمون 89
دَواء 276
دَوّار 106، 108
دَوّار الشَّمس 322
دَوّاسَة 118
دَوّاسَة تَشْغيل 116
دَوّاسَة دِبْرِياج 112
دَوّاسَة سُرْعَة 112
دَوّاسَة فَرامِل 112
دَوام كامِل 165
دودَة 333
دَوْر مَن؟ 245
دَوَران 208
دَوَران الدَّم 259
دَوْرَة 164
دَوْرَة إِسْعاف أَوَّلي 283
دَوْر عُلْوي 226
دَوْرَك. 245
دوري 328
دَوْري 195
دَوْري أَوَّل 195
دَوْس الدَّوّاسات 118
دُوَل الكومَنْولث 311
دولار 345
دَوْلَة 298
دومينيكا 302
دي جي 187، 232
دي في دي 185
ديزِل 113
ديسْكو 231
ديك 329
ديك رومي 69، 329
ديكور مَسْرَح 227
دينار 345
ديناري 244

ذ

ذات الرَّأْسَيْن 256
ذاكِرَة كُمْبيوتَر 179
ذُبابَة 332
ذُبابَة اصْطِناعِيَّة 216
ذَبُل 321، 323
ذِراع 252، 253
ذِراع الدَّفَّة 210
ذِراع الضَّوء الغَمّاز 112
ذِراع الفَرامِل 118
ذِراع تَدْوير 216
ذِراع تَعْشيق 112
ذِراع تَغْيير التَعشيق 118
ذِراع دِبرِياج 116
ذِراع فَرامِل العَجَلات الأَمامِيَّة 117
ذُرَة 77، 86
ذَقْن 22، 252
ذِكْرى يَومُ الزَّواج 20
ذِهاب وَإِياب 123
ذَهَب 207، 317
ذَهَبَ إلى السَّرير 51
ذَهَبَ إلى المِرْحاض 53
ذَنْب 325
ذَيْل 124، 324
ذَيْل تَوازُن أُفُقي 124
ذَيْل تَوازُن عامودي 124

ر

راب 231
رابِع 337
رابِع عَشَر 337
راحَة اليَد 254
راحَة في الفِراش 274
رادْيو 187، 233
رَأْس 74، 238، 252
رَأْس الدُّش 55
رَأْس السَّنَة الصِّينِيَّة 20
رَأْس المال 139
رَأْس ثوم 75
راعي خَيْل 215
رافِعَة 54، 113، 121
رافِعَة الخَيْط 238
رافِعَة ذات شَوْكَة 121
رافيولي 87
راقِب الطُّيور 234
راقِص 169
راقِص صاخِب 232
راكِب أَمْواج 212
راكِب أَمْواج شِراعي 212
راكون 325
رامبوتان 80
راوِتِر 182
راوَنْد 74
راي كي 278
رائِد فَضاء 294
رَباح 327
رِباط حِذاء 33
رِباط عُنُق 29
رِبْح 245
رُبْع 338
رَبْو 267
رُبى 65
رَبيع 342
رَتِّب السَّرير 51
رَتْق 240
رُجْبي 200
رِجْل 18
رِجْل 252
رِجْل 252
رَجُل 253
رَجُل إِطْفاء 286
رَجُل أَعْمال 174
رَحِّب (بِ) 19
رِحْلَة 148
رِحْلَة طَيَران داخِلِيَّة 127
رِحْلَة طَيَران دُوَلِيَّة 127
رِحْلَة طَيَران طَويلَة 127
رِحْلَة عَمَل 174
رِحْلَة غَير مُدَخِنين 125
رِحْلَة مَدْرَسِيَّة 157
رِحْلَة نَهْرِيَّة 148
رَحِم 261
رُخام 317
رَدَّ (عَلى) 184
رِداء عَمَلِيّات 274
رِدْف 253
رَدْهَة 142
رَدْهَة 226
رَسا 129
رِسالَة 182، 190
رِسالَة مُسْتَعْجِلَة 190
رِسالَة نَصِّيَة قَصيرَة 183
رَسّامَة 169
رَسَمَ 157
رَسْم أَشْخاص 236
رَسْم الطَّبيعَة 236
رَسْم بِالرِّيشَة 236
رَسْم بِقَلَم رَصاص 236
رَسْم بَياني 174
رَسْم تَجْريدي 236
رَسْم تَخْطيطي 236
رَسْم دُخول 148
رَسْم زَيْتي 236
رَسْم عَلى الحائِط 236
رَسْم مائي 236
رَسْم هَنْدَسي 157
رَشَّ 65، 95
رَشّاد 74
رَشْح 266
رَصيد 183
رَصيف 106، 123، 129
رَضْفَة 257
رَضيع 18، 263
رُطَب 312
رِعايَة تَلْطيفِيَّة 278
رَعْد 313
رَغْوَة حِلاقَة 55
رَغْوَة حَليب 93
رَف أَمْتِعَة 122
رَف بَرّاد 145
رَف بَضائِع 144
رَف كُتُب 51، 163
رَف مَجَلّات 146
رَف مِدْفَئَة الحَطَب 42
رَفْرَف 328
رَق 230
رُقاقَة 174
رُقائِق إِفْطار 145
رُقائِق بوليسْترين 191
رُقائِق تورْتيلا 99
رُقائِق فُلْفُل حار 84
رَقَبَة 252
رُقَع الإطار الدّاخِلي 118
رَقْم 339
رَقْم البَيْت 38

حَلوى جيلاتين 98
حَلوى زَنْجَبيل 90
حَلوى كِرِب 91
حَلوى لوز 90
حَلَوِيّات 145
حَليب 72، 96
حَليب بِالزُبْدَة 73
حَليب بَقَر 73
حَليب بودْرَة 263
حَليب صويا 73
حَليب ماعِز 73
حَليب مُكَثَّف 73
حَم 16
حَماة 16
حِمار 326
حِمار وَحْشي 326
حَمَّال مُعِدات 205
حَمّالة بَنْطَلون 32
حَمّالة صَدْر 30
حَمّالة صَدْر رِياضيَّة 30
حَمّام بُخار 279
حَمّامات وَمَراحيض 248
حَمامة 328
حِمايَة مِن اِنْهِيار الثَّلْج 287
حَمَّة 316
حمَّر 69، 77، 95
حَمَّص 95
حُمُّص 78
حَمْل 21
حُمَّى 266
حَمَّى الفُرن مُسْبَقاً 44
حُمَّى قُرْمُزِيَّة 266
حَمي مِن الرُّطوبَة 191
حِمْيَة 103
حَنْجَرَة 255
حِنْطَة 86
حِنْطَة سَوْداء 86
حَنَفِيَّة 53
حَنَك 255
حِوالَة بَريدِيَّة 191
حوت أبْيَض 331
حوت قاتِل 327
حَوْض 44، 257
حَوْض اِسْتِحْمام 53
حَوْض المِرْحاض 53
حَوْض المُسابَقَة 208
حَوْض زُهور 63
حَوْض سَبّاحين 209
حَوْض سَمَك 148، 331
حَوْض غَسْل 53، 54
حَوْض غَسْل الفَم 270
حَوْض غَيْر السَّبّاحين 209
حَوْض لَعِب بِالماء 151
حُوَيْصِلَة مَنَوِيَّة 260
حَيْض 261
حَيَوان أَعْماق البَحْر 331
حَيَوان مَنَوي 262

خ

خاتِم 32
خادِمة 137
خارِج اليُؤْرَة 243
خارِج طَريق التَّزَلُّج 218
خاسِر 200
خال 17
خالَة 17
خالي مِن البَيْض 103
خالي مِن الرَّصاص 113
خالي مِن السُّكَّر 103
خالي مِن الغلوتين 103
خالي مِن اللاكتوز 103
خام حَديد 317
خامِس 337
خامِس عَشَر 337
خائِف 26
خَبّاز 168
خَبَب 215
خِبْرَة عَمَل 165
خُبْز 87
خُبْز 96
خُبْز أَبْيَض 88
خُبْز أَسْمَر 88
خُبْز أَسْوَد 88
خُبْز أَفْرَنْجي 96
خُبْز بِحبوب مُتَعَدِّدَة 88
خُبْز بَكيت 88
خُبْز تورتيلا 88
خُبْز توسْت 88، 97
خُبْز سَنْدويش صَغير 88
خُبْز عِبْري 88
خُبْز عَجين مُخَمَّر 88
خُبْز عَرَبي 88
خُبْز فِرَنْسي مُحَمَّص 97
خُبْز كامِل 89
خُبْز مُجَفَّف سويدي 88
خُبْز مُمَلَّح 88
خُبْز مِن حُبوب كامِلَة 88
خَبيرَة تَجْميل 168، 279
خَبير كُمْبيوتَر 166
خِتان 260
خَتْم بَريدي 190
خَجول 25
خَد 22
خَدْج 263
خَدْش 269
خَدَمات مَصْرِفِيَّة
عَبْرَ الإِنْتَرْنِت 138
خِدْمَة اِتِّصال لِلإيقاظ 137
خِدْمَة إِسْعاف 282
خِدْمَة الغُرَف 137
خِدْمَة أَمْن 142
خِدْمَة تَوْصيل 99
خِدْمَة تَوْصيل 191
خِدْمَة زَبائِن 142
خِدْمَة عُمَلاء 171
خَرّازَة 173
خَرْدَل 85
خَرْطوشَة حِبْر 179
خُرْطوم إِطْفاء 286
خُرْطوم تَعْبِئَة 113
خُرْطوم رَي 64
خَرْف 267
خَروف 326
خَريطَة مَدينَة 148
خَريطَة مَوْقِع 142
خَريف 342
خُزامى 83، 322
خَزّان 54
خَزّان بَنْزين 117
خَزّان ماء الشَّطْف 53
خَزّان ماء الشَّطْف 54
خَزّان وَقود 111، 120
خَزّان وَقود خارِجي 293
خِزانَة 160
خِزانَة بِواجِهَة زُجاجِيَّة 42
خِزانَة بِواجِهَة زُجاجِيَّة 43
خِزانَة تَحْتَ الحَوْض 53
خِزانَة مُصَنَّفات 172
خِزانَة مُعَلَّقَة 44
خِزانَة مَلابِس 49
خَزَن 180
خَزْنَة 137، 139، 172
خَس أَفْرَنْجي 76
خَس الهِنْدَب 76
خَس ايزبيرغ 76
خَس روماني 76
خَسِرَ 245
خَشَب مَضْغوط 60
خَشَبَة مَسْرَح 226
خَشْخاش 323
خَشْخاشَة 27
خَشْخاشَة سَريعَة 230
خَشْخاشَة ماراكِس 230
خِصْر 253
خُصْل 23
خَصيب 261
خِصْيَة 260
خُضار مَطْبوخَة بِالبُخار 74
خُضار وَفَواكِه 145
خُضاضَة كوكْتيل 147
خَط 208
خَط إِرْسال 202
خَط إِرْسال أَمامي 201
خَط إِرْسال خَلْفي مُزْدَوَج 201
خَط إِرْسال خَلْفي مُنْفَرِد 201
خَط ال7 مِتر 197
خَط الإِرْسال الأَوْسَط 202
خَط الاِسْتِواء 298
خَط البِدايَة 206
خَط التَّبْديل 197
خَط الرَّمْيَة الحُرَّة 197
خَط الرَّمْيَة الحُرَّة 199
خَط السِّباحَة 208
خَط القاعِدَة 199، 202، 203
خَط النِّقاط الثَّلاث 199
خَط النِّهايَة 206
خَط تَماس 194
خَط جانِبي 198، 199، 203
خَط جانِبي لِلَّعِب الزَّوجي 202
خَط جانِبي لِلَّعِب الفَرْدي 202
خَط جانِبي مُزْدَوَج 201
خَط جانِبي مُنْفَرِد 201
خَط حارِس المَرْمى 197
خَط رَئيسي 198
خَط طول 298
خَط عَرْض 298
خَط كَهْرَبائي 62
خَط مَرْمى 194
خَط مَنْطِقَة المَرْمى 197
خَط موسيقي 231
خَط هُجوم 198
خَط وَسَط 194، 199، 201، 203
خَطَأ 202
خُطّاف صِنّارَة 216
خُطّاف مَعْقوف 216
خَطَب 21
خَطِر 289
خُفّاش 324
خَفّاق كَهْرُبائي 45
خَفّاقَة 47
خَفَق 95
خَل 85
خَلّاط 45
خَلّاط إِسْمَنْت 121
خُلْد 324
خَلَط 87
خَلَط الأَوْراق 244
خَلَنْج 320
خَليج 295، 316
خِمان 79
خُمْس 338
خَمْسَة 336
خَمْسَة أَضْعاف 339
خَمْسَة عَشَر 336
خَمْسَة وَثَلاثَة أَثْمان 338
خَمْسَة وَخَمْسون أَلْف 337
خَمْسون 336
خَمْسون أَلْف 337
خَمْسين 338
خَميرَة 87
خَميرَة الخُبْز 87
خِنْزير 326
خِنْصَر 254
خُنْفُساء 332
خوخ 79
خوخ مُجَفَّف 82
خوذَة 286، 287
خوذَة دَرّاجَة 117، 118
خِيار 77
خَياشيم 331
خَيّاطَة 169
خَيْط 240
خَيْط 238
خَيْط تَنْظيف الأَسْنان 55
خَيْط صَيْد 216
خَيْمَة 248
خَيْمَة الهُنود الحُمْر 248
خَيْمَة خارِجِيَّة 249
خَيْمَة داخِلِيَّة 249

د

داء الزَّهايمَر 267
داء السُّكَّري 267
دافِئ 312
دامَّة 244
دانِمارْك 299
دائِرَة الوَسَط 194
دائِرَة رَمي 206
دائِرَة قُطْبِيَّة جَنوبِيَّة 298
دائِرَة قُطْبِيَّة شَمالِيَّة 298
دائِرَة وَسَط 199
دُب 325
دُب باندا 325
دُب قُطْبي 325
دُب كَسْلان 327
دَبابيس تَعْليق 173
دِبْلوم 162
دَبّور 332
دَبّوس 239
دَجاج مَقْلي 100

جهاز قياس قدرة الجسم 222
جهاز لاسلكي محمول 284
جهاز لمفاوي 259
جهاز مراقبة الطفل 50
جهاز مزج الألحان 232
جهاز مزيل الرجفان 282
جهاز مسح 144
جهاز مشي 222
جهاز ملاحة 112
جهاز نفخ الإطارات 113
جهاز هضمي 259
جهاز إتلاف ورق 172
جهاز الدوران 259
جهاز تبريد 111
جهاز ستيريو 112
جهاز لحم كهربائي 60
جهة السائق 110
جهة المرافق 110
جهد التيار 62
جوارب 196
جوارب صغيرة 27
جواز سفر 126
جوافة 80
جوافة الأناناس 80
جورب 30، 33
جورجيا 308
جوز 82
جوز الطيب 84
جوز بيكان 82
جوز هند 80
جوف الأنف 255
جوكر 244
جولة في مدينة 148
جيب جبهي 255
جيب وتدي 255
جيبوتي 304
جيبون 327
جيتار بيس 229
جيتار صوتي 229
جيتار كهربائي 229
جيدو 213
جير الأسنان 271
جيله 91
جينجا 245
جينز 31
جيو جيتسو 213

ح

حاجب 22
حاجز 206
حاجز الإيقاع 231
حاجز شرطة 285
حادث 282
حادث سيارة 114
حادث في البحر 288
حادي عشر 337
حاذى الرصيف 129
حار 75، 312
حارة 106، 132، 206، 208
حارة تجاوز 107
حارة تخمية 206
حارة توقف 107
حارة وسطى 107
حارس مرمى 195
حاسة بصر 259
حاسة تذوق 259
حاسة سمع 259
حاسة شم 259
حاسة لمس 259
حاسوب مكتبي 178
حاضنة صناعية 263
حافة 218
حافة الشبكة 198
حافة الشبكة العليا 203
حافة نافذة 51
حافة نافذة 43
حافر 214، 324
حافلة تخييم 248
حافلة سفر 115
حافلة صغيرة 115
حافلة مدرسية 115
حافلة من طابقين 115
حافلة نقل 115
حاكمة 202
حالب 259
حالة الطقس 187
حامض 81
حامل 159، 262
حامل أقلام 173
حامل الأمتعة 118
حامل البكرة 238
حامل الشبكة 203
حامل الصنارة 217
حامل المنشفة 53
حامل النوتة الموسيقية 228
حامل أمتعة 137
حامل ثلاثي 242
حامل ثلاثي قوائم 159
حامل دراجة 110
حامل سيرون 273
حامل مظلات 38، 41
حاملة مركزية 112
حاوية ماء 249
حائط حديقة 63
حائط ذو عوارض 161
حب هال 84
حبار 71
حباكة 240
حبال تثبيت 210
حبة 276
حبة فتامين 276
حبة منومة 277
حبر 235
حبك صوف 240
حبل 287
حبل السرة 262
حبل إنقاذ 288
حبل غسيل 56
حبل قفز 161
حبوب قهوة 93
حبوب منع الحمل 261
حجاب حاجز 258
حجر دومينو 244
حجر رملي 317
حجر [illegible] 273
حجر كلسي 317
حجرة مسحوق الغسيل 56
حجز 163
حجز رحلة 127
حجز مقعد 122
حدث عطب لسيارتي 114
حدقة 272
حدوة 215
حديث الولادة 263
حديقة استجمام 150
حديقة جبلية 150
حديقة حجرية 63
حديقة حيوانات 150
حديقة حيوانات سفاري 150
حديقة خضراوات 63
حديقة طبيعية 150
حديقة عامة 133
حديقة على السطح 63
حديقة قصر 150
حديقة متاهة 151
حديقة ملاهي 151
حديقة نباتية 150
حذاء برباط 33
حذاء بكعب عالي 33
حذاء تمرين 223
حذاء ذو كعب مسطح 33
حذاء رضيع 27
حذاء رياضي 28
حذاء رياضي 33
حذاء كرة قدم 196
حذاء مشي 33، 249
حرارة 312
حراشف 71، 330
حرباء 330
حرث 65
حرس سواحل 129
حرفي 61
حرق 269
حرق وحدات حرارية 223
حركة 245
حركة ذراع 208
حرم الجامعة 162
حرنكش 80
حروق شمس 247
حرير 30، 240
حريق غابات 314
حز 81
حزام 33
حزام أسود 213
حزام الخدمة 284
حزام أمان 112، 125
حزام سرج 214
حزام مروحة 113
حزام ناري 266
حزيران 343
حزين 26
حساء 100، 101
حساب توفير 138
حساب جاري 138
حساب شخصي 182
حساس 26
حساسية 265
حساسية الأنف 266
حساسية من الأطعمة 103
حسب 157
حسكة 71
حسود 26
حسون 328
حشفة القضيب 260
حشو 271
حصان 214، 245، 326
حصان المقابض 207
حصان سباق 215
حصبة 266
حصبة ألمانية 266
حصة أشغال يدوية 156
حصة تربية أخلاقية 156
حصة تربية دينية 156
حصيرة 206، 222
حطام سفينة 247
حطم رقم قياسي 206
حظ 245
حفارة 121
حفاض قماشي 27
حفاض لمرة واحدة 27
حفر بالإزميل 59
حفر بالخشب 234
حفرة 204
حفرة القفز 206
حقل 20
حقل رياضي 157
حفل موسيقى الروك 232
حفل موسيقي 232
حفلة تخرج من المدرسة 157
حفلة تخرج من المدرسة 21
حفيد 16
حفيدة 16
حقائب يد 125
حقل أبيض 245
حقل أسود 245
حقوق 162
حقيبة أدوات 34
حقيبة بعجلات 127
حقيبة تغيير 50
حقيبة سرج 119
حقيبة سفر 32
حقيبة ظهر 32، 127، 249
حقيبة كاميرا 243
حقيبة كمبيوتر محمول 179
حقيبة مدرسة 50
حقيبة مضارب 205
حقيبة موبايل 32
حقيبة هاتف جوال 183
حقيبة وثائق 33
حقيبة يد 33
حكم 194، 202
حكم الخطوط 198، 202
حلاقة 168
حلزون 333
حلزون صدفي 71
حلق 32، 207
حلق 55
حلق 255
حلقات 161
حلقة 185
حلقة دراسية 163
حلم 51
حلمة 252
حلو 99
حلوى إكلير 90
حلوى باللوز 90
حلوى باناكوتا 91
حلوى برلينر 90
حلوى بروله 91
حلوى تيراميسو 91

تَمارين بيلاتْس 223
تَمْثيل 175
تَمْديد 196
تَمْرير رِسالة 182
تَمْرين 157
تَمْرين الضَّغْط 223
تَمْرين الضَّغْط عَلى المِقْعَد 222
تَمْرين المَعِدَة 223
تَمْرين اِنْحِناء إِلى الأَمام 223
تَمْرين سُقوط لِلأَمام 223
تَمْرين عَضَلَة الذِّراع 222
تَمْرين قُرْفُصاء 223
تِمْساح 330
تِمْساح اِسْتِوائي 330
تَمَشّى 151
تَمّوز 343
تَنَبُّؤ بِأَجْواء البَحْر 288
تَنْتَنَة 30
تَنْزانْيا 307
تَنْزيلات 142
تِنِس الطّاوِلَة 203
تَنْطيط مُزْدَوَج 199
تَنَفُّس صِناعي 275
تَنّوب 319
تَنّورَة 31
تَنْويم مِغْناطيسي 278
تَهانينا القَلْبيَّة! 20
تَهَجّى 157
تَوازُن عَلى حَبْل 151
تَوْأَم 18
تَوْأَم حَقيقي 263
تَوْأَم غَيْر حَقيقي 263
توبا 229
توباز 318
توت أَحْمَر 79
توت أَسْوَد 79
تورتوليني 87
تورْمالين 318
تَوْزيع طَعام 160
تَوْظيف ثابِت 165
توغو 307
توفالو 311
تَوَقَّف 107
توليب 322
تونَة 70
تونِس 307
تونغا 311
تي شيرت 29
تَيّار بَحْري 210
تيشنو 231
تيكوندو 213
تيكيلا 94
تيمور الشَّرْقيَّة 309
تين 80

ث

ثالِث 337
ثالِث عَشَر 337
ثامِن 337
ثامِن عَشَر 337
ثاني 337
ثاني عَشَر 337
ثانِيَة 340
ثَدْي 252
ثُرَيّا 43
ثُعْبان 330
ثُعْبان الماء 331
ثَعْلَب 325
ثَقّابَة 173
ثَقْب 59
ثَقْب أَسْوَد 294
ثِقْل 222
ثَقيل السَّمْع 268
ثَقيل الظِّل 26
ثَلاث مَرّات 339
ثَلاثَة 336
ثَلاثَة أَرْباع 338
ثَلاثَة أَضْعاف 339
ثَلاثَة عَشَر 336
ثَلاثَة وَعِشْرون 336
ثَلاثون 336
ثُلاثيَّة الرُّؤوس 256
ثَلّاجَة 44
ثُلْث 338
ثَلْج 313
ثَلْج ناعِم 218
ثَلْج وَصَقيع 108
ثَلْجي 312
ثَمانون 336
ثَمانِيَة 336
ثَمانِيَة عَشَر 336
ثَمَرَة الآلام 80
ثُمْن 338
ثَمَن 145
ثَمَن الطَّوابِع 191
ثُنائيَّة الرِّمايَة وَ التَّزَلُّج لِمَسافات بَعيدَة 218
ثَوْر 326
ثَوران بُرْكاني 314
ثوم 75
ثوم مُعَمَّر 83

ج

جادَّة 132
جاذِبيَّة أَرْضيَّة 294
جار 18
جارَة 18
جاز 231
جاكيت 29، 31
جامايْكا 302
جامِعَة 133
جامِعَة الدُّوَل العَرَبيَّة 311
جانِب أَيْسَر 128
جانِب أَيْمَن 128
جانِب عُلْوي 191
جانِحَة 314
جِبال الأَلْب 297
جِبال الأَنْديز 297
جِبال الهيمالايا 297
جِبال روكي 297
جَبَل 315
جُبْن 96
جُبْن طازَج 73
جُبْن قَريش 72
جُبْن مَبْشور 73
جُبْنَة إيمِنْتالار 73
جُبْنَة بَرْمازان 73
جُبْنَة بري 72
جُبْنَة جورجونْزولا 72
جُبْنَة راكْليت 73
جُبْنَة شيدَر 73
جُبْنَة غاودا 73
جُبْنَة فيتا 72
جُبْنَة كاميمبيرت 73
جُبْنَة ماعِز 72
جُبْنَة موزاريلا 73
جَبْهَة 22
جَد 17
جَد وَ جَدَّة 17
جَدَّة 17
جُدْجُد 332
جِذْري الماء 266
جَدْوَل أَعْمال 174
جَدْوَل المَواعيد 115
جَدْوَل جَبَلي 316
جَدْوَل مَواعيد الحِصَص 157
جَذّاب 24
جِذْر 75، 247، 271، 319
جِذْر تَرْبيعي 339
جِذْر رَئيسي 319
جِذْر فَرْعي 319
جِذْع 319
جَرّاح 166، 274
جَراد البَحْر 71
جَرّار 121
جَرّار نِصْف المَقْطورَة 120
جَرّافَة 121
جُرافيتي 236
جَرْبارَة 322
جَرْجير 76
جَرْجير الماء 74
جُرْح 269
جُرَذ 324
جَرَس 136
جَرَس الباب 38
جَرَس مَدْرَسَة 160
جُرْعَة 276
جُرْف 315
جِرْم 285
جَرْو الثَّعْلَب 327
جَريدَة 146
جَريس 320
جِرينادا 302
جَز العُشْب 65
جَزّارَة 168
جَزّازَة عُشْب 64
جَزَر 75
جُزُر البَهاما 301
جُزُر القَمَر 305
جُزُر المالْديف 309
جُزُر سُلَيْمان 311
جُزُر مارْشال 310
جَزْمَة تَزَلُّج 218
جَزْمَة خَوْض 216
جَزْمَة رُكوب 214
جَزْمَة عالِيَة 33
جَزْمَة غَوْص 211
جَزْمَة قَصيرَة 31
جَزْمَة مَطّاطيَّة 33
جَزيرَة 295، 316
جِسْر 106، 132
جِسْر عُبور 247
جِسْر عُبور المُسافِرين 126
جِسْم 128
جِسْم الطّائِرَة 124
جِسْم الكاميرا 242
جُغْرافيا 156
جَفَّف شَعْرَهُ 34
جِلْد 22
جِلْد الظُّفْر 254
جَلْسَة 174
جَليد 313
جَمارِك 126
جِماع 260
جُمْباز أَرْضي 207
جُمْباز إيقاعي 221
جَمْبَري 71
جُمْجُمَة 257
جَمَع 339
جَمْع طَوابِع 234
جَمَل 326
جُمْهور 186، 227
جُمْهوريَّة 298
جُمْهوريَّة أَفْريقيا الوُسْطى 307
جُمْهوريَّة الدومينيكان 302
جُمْهوريَّة الكونْغو 306
جُمْهوريَّة الكونْغو الدّيمُقْراطيَّة 304
جَميع 339
جَميل 24
جِن تونِك 94
جَناح 137، 149، 273، 328، 69، 124
جَناح أَطْفال 273
جَناح أَيْسَر 197
جَناح أَيْمَن 197
جُنْدُب 332
جُنْدي 245
جُنْديَّة 167
جَنوب أَفْريقيا 306
جَنوب السّودان 306
جَنى 65
جَنين 262
جِهاز اِسْتِقْبال رَقَمي 185
جِهاز اِسْتِقْبال وَإِرْسال 287
جِهاز اِسْتِنْشاق 267
جِهاز إِسْقاط فيديو 174
جِهاز أَشِعَّة إِكْس 275
جِهاز التَّكاثُر الأُنْثوي 259
جِهاز التَّكاثُر الذَّكَري 259
جِهاز الرَّد عَلى المُكالَمات 184
جِهاز الغُدَد الصُّم 259
جِهاز إِم بي ثْري 183، 233
جِهاز إِنْذار الدُّخان 286
جِهاز بَوْلي 259
جِهاز تَجْديف 222
جِهاز تَحَكُّم عَن بُعْد 185
جِهاز تَذاكِر الصَّف الآلي 106
جِهاز تَذاكِر آلي 115، 123
جِهاز تَسْجيل آلي 126
جِهاز تَسَلُّق 151
جِهاز تَكاثُر أُنْثوي 261
جِهاز تَكاثُر ذَكَري 260
جِهاز تَمْرين شامِل 222
جِهاز تَنَفُّسي 259
جِهاز دَفْع بِالبِطاقَة 138
جِهاز دي في دي 185
جِهاز سي دي 233
جِهاز عَصَبي 259
جِهاز فاكْس 184

بِنْطال رُكوب 214
بَنْطَلون 29
بَنْطَلون أُسْطواني 31
بَنْطَلون بِحَمّالات 27
بَنْطَلون ثَلْج 28
بَنْطَلون جَوْرَبي 30
بَنْطَلون مَطّاطي 30
بَنْطَلون واسِعُ القَدَمَيْن 31
بَنْطلون واسِع قَليلاً 31
بَنْغلادِش 307
بَنَفْسَجي 237
بَنْكِرْياس 258
بَينَما 302
بُنّي 237
بُنّي الشَّعْر 23
بُنّي غامِق 237
بُنّي فاتِح 237
بَهو 38، 136
بَهو المَحَطَّة 123
بَهو داخِلي 149
بَوّاب 39
بَوّاب/ة 137
بَوّابَة 126
بَوّابَة الرُّسوم 107
بوب 231
بوتان 307
بوتسوانا 304
بوتيك 141
بورْصَة 139
بوركينا فاسو 304
بورْما 309
بوروندي 304
بوري آيس كريم 91
بوصَة 344
بوفيه إفْطار 137
بوق 229
بوق فَرَنْسي 229
بوكسيت 317
بول 221
بولَندا 300
بولو 215
بوليفيا 303
بولينج 221
بومَة 329
بُوَيْضَة 262
بَياض بَيْض 72
بَياضات سَرير 49
بَيان ضَريبي 52
بيانو 230
بَيْت الدَّرَج 39
بَيْت بلاستيكي 63
بَيْت خَشَبي صَغير 63
بَيْت شاطِئ صَغير 247
بَيْت مُنْفَرِد 40
بيتزا 99
بيتونيا 321
بيجامَة 28
بِئْر 150
بيرَة 94
بيرَة خالِيَة مِن الكُحول 92
بيرَة داكِنَة 94
بيرَة قَمْح 94
بيرو 303
بيزو 345
بيسبول 200
بَيْض سَمَك 70، 331
بَيْض مَخْفوق 97
بَيْضَة دَجاجَة 72
بَيْضَة سَمّان 72
بَيْضَة مَسْلوقَة 96
بَيْضَة مَقْلِيَّة 97
بَيْضَة وَزَّة 72
بيكولو 229
بيكيني 30
بينَسة 58
بينين 304

ت

تأثير العين الحمراء 243
تاج 271
تأخير 123
تاريخ 156
تاريخ 343
تاريخ الإرْجاع 163
تاريخ الفنون 162
تاريخ اِنْتِهاء صَلاحيَّة 277
تأريض 62
تاسِع 337
تاسِع عَشَر 337
تاكْسي 121
تايكو 99
تأليف موسيقي 233
تامبون 277
تَأمُّل 278
تأمين صِحِّي 264
تاي تْشي 278
تاي تْشي 213
تايْلانْدا 310
تَبَخْتُر 215
تَبَرُّع بالأعْضاء 283
تَبَرُّع بالدَّم 283
تَبَضُّع بالإنْتَرْنِت 182
تَبْغ 146
تَبَّل 85
تَبَّل بالصَّلْصَة 85
تَبليغ عَن خَطأ 181
تَجاوُز إلى الأمام 185
تَجاوُز سُرْعَة 107
تَجْديف 212
تَجْرُبَة 158
تَجْعيدَة 22
تَجَوُّل بأحْذِيَّة الثَّلْج 219
تَجَوُّل بالحِصان 215
تَجَوُّل عَلى الجِبال 220
تَحْت السَّوِيَّة 205
تحديد السُّرْعَة 108
تَحْذير مِن وُجود قُنْبُلَة 289
تَحْقيق 284
تَحَمَّم 55
تَحْميل 182
تَحْميلَة 276
تَحْويل 264
تَخْدير عَام 274
تَخْدير مَوْضِعي 271، 274
تَخَرَّج مِن الجامِعَة 163
تَخَرُّج مِن الجامِعَة 21
تَخْفيض 148
تَدَرَّب 222
تَدْريب 164
تَدْريب جَماعي عَلى دَرّاجات ثابِتَة 223
تَدْريب عَلى عارضَة أُفُقيَّة 223
تَدْريب قُوَّة 222
تَدْريب مُتَسَلْسِل 223
تَدْريبات رياضيَّة إيقاعيَّة 223
تَدَفُّق 247
تَدْفِئَة بالطّاقَة الشَّمسِيَّة 62
تَدْفِئَة تَحْت البَلاط 62
تَدْفِئَة مَرْكَزيَّة 62
تَدْليك 278
تَدْليك القَدَم العِلاجي 278
تَدْليك قَلْبي 282
تَدْوين موسيقي 231
تِذْكار 148
تَذْكَرَة دُخول 227
تَذْكَرَة ذَهاب إلى...،مِن فَضْلِك 123
تَذْكَرَة رُكوب الحافِلَة 115
تَذْكَرَة شَهْرِيَّة 115
تَذْكَرَة يانَصيب 146
تْراجيدْيا 226
تِرْاس 40، 63
تْرام 122
تْرامبولين 161
تُرْبَة 295
تَرْبِيَة 162
تَرْبيع 292
تَرَدُّد 187
تُرْس 118
تَرْقُوَة 257
تَرْقِيَّة 175
تَرْقيع 240
تُرْكمانِسْتان 310
تُرْكِيّا 310
تِرْمُس 47
تِرْموسْتات 54
تَرْميم أثاث 234
تْرومبون 229
تَرْويض 215
تْرينيداد وَتوباجو 303
تَزَلُّج بالشَّد مِن طائِرَة شِراعِيَّة 212
تَزَلُّج بالشَّد مِن قارِب 212
تَزَلُّج بالعَجَلات 220
تَزَلُّج بلَوْح الثَّلْج 219
تَزَلُّج بِمَرْكَب نَفّاث 212
تَزَلُّج حُر 219
تَزَلُّج سَريع 219
تَزَلُّج عَلى الثَّلْج 219
تَزَلُّج عَلى الجَليد 219
تَزَلُّج عَلى الماء 212
تَزَلُّج فَنّي عَلى الجَليد 219
تَزَلُّج في زَلّاجَة جَماعيَّة 219
تَزَلُّج لِمَسافات طَويلَة 218
تَزَلُّج مُتَعَرِّج 218
تَزَلُّج نَحْوَ الأسْفَل 218
تَزَوَّج 21
تَسْجيل بالإنْتَرْنِت 127
تَسْجيل حَي وَ مُباشَر 187
تَسْجيل صَوْت 187
تَسْجيل وَقائِع 174
تِسْعَة 336
تِسْعَة عَشَر 336
تِسْعون 336
تَسَلُّق 220
تَسَلُّل 196
تَسْليم 191
تَسَمُّم 269
تَسَمُّم الدَّم 266
تَسَوُّس 271
تسونامي 288، 314
تشاد 307
تَشْخيص 264
تِشْرين الأوَّل 343
تِشْرين الثاني 343
تَشْغيل 109
تَشْفير 182
تَشَقُّلَب 207
تَشْكيلَة فَريق 195
تَشَمُّس 247
تَشَنُّج 265
تَشَنُّج عَضَلي 223
تشوبر 116
تشيك 301
تشيلو 229
تَصْريح رُكوب 126
تَصْريح صَيْد 217
تَصْغير نافِذَة 181
تَصَفُّح الانْتَرنِت 182
تَصَفُّح كِتاب 189
تَصْفيق 227
تَصَلُّب مُتَعَدِّد 267
تَصْميم مَنْظَر العَرْض 186
تَصَوَّر 243
تَصْوير بالرَّنين المِغْناطيسي 275
تَصْوير بالموجات فَوْق الصَّوْتِيَّة 262
تَضاريس الإطار 110
تَطْبيق 183
تَطْبيق عَمَلي 164
تَعادُل 196، 202
تَعَلَّم 164
تَعَلُّم رُكوب الدَّراجَة 118
تَعْليم مِهْنَة 164
تَعْليمات سَلامَة 125
تعميد 20
تَغْذِيَة صِحِّيَّة 103
تَغْليف 44
تَغْليف شَفّاف 276
تَغْيير يَدَوي 109
تُفاح 79
تَفْتيش أمْتِعَة 127
تَفْتيش أمْني 126
تَقاطُع 107
تَقاطُع طُرُق 107
تَقاعُد 21، 175
تَقْرير 174، 186
تَقْشير 279
تِقْنِيَّة تَقْويم العِظام يَدَوِيّاً 278
تَقْويم أسْنان 24
تَكْبير 242، 243
تَل 316
تِلْفاز 185
تِلْفِريك 218
تَلَقّى رِسالَة 190
تَلْقيح 262، 263
تِلْميذ 155
تِلْميذَة 155

أُوزون 313
أُوصِل 191
أُوغَنْدَة 307
أَوقات دَوام 148
أَوقات زِيارَة 273
أُوكْرانيا 301
أَوَّل 337
أَوَّل عَرْض 241
أُونصَة 344، 345
أَيّار 343
إيجار 39
أَيدز 267
إيران 308
إيرلَندا 299
آيس تي شاي مُثَلَّج 92
آيس كْريم 91
آيس كوفيه قَهْوَة مُثَلَّجَة 92
آيسلَندا 299
إيطاليا 299
أَيكيدو 213
أَيِّل 326
أَيْلول 343
أَيْنَ دَورات المِياه، مِن فَضْلِك؟ 147
أيورفيدا 278

ب

باب البَيْت 40
باب الشُرْفَة 52
باب الشَقَّة 41
باب الطائِرَة 124
باب أوتوماتيكي 115
باب سَيّارَة 111
باب غَسّالَة أمامي 56
بابايا 80
بابوا غينيا الجَديدة 311
بابونَج 320
بابيون 29
بات 345
باحَة مَدْرَسَة 160
باديكيير 279
باذِنجان 77
باراغواي 303
باربادوس 301
بأَربَعَة أَبْواب 109
بارِد 312
بارَصَغير 137
باركور 221
باروك 149
باز شَمالي 328
بازِل 244
بازِلّاء خَضْراء 78
بازِلّاء خَضْراء حُلْوَة 78
باستيل 235
باسون 229
باطِن الرُكْبَة 253
بافيليون 150
بِأَكمام قَصيرَة/طَويلَة 28
بالاو 310
بالبَريد الجَوّي 191
بالِغ 18
بالقُرْب (مِن) 135
بالهَناء والشِفاء! 102
باليه 221، 226
بامِيَة 77

بانسي 322
باوند 345
باوهاوس 149
بائِع 168
بائِع نَظّارات 141
بائِعَة 142
باينت 344
بِبابَين 109
بَبَغاء 329
بَثّ 187
بَثّ حَيّ و مُباشَر 186
بَثّ عَبْر كَبْل 185
بَثّ مَجّاني 185
بَثْرَة 22
بِثَلاثَة أَبْواب 109
بَجَعَة 329
بَحّار شِراعي 210
بَحث 180
بَحْث 288
بَحْر 246، 295، 315
بَحْر البَلْطيق 296
بَحْر الشَمال 296
بَحْر العَرَب 296
بَحْر الكاريبي 296
بَحْر داخِلي 295
بَحْر قَزوين 296
بُحوث عِلمِيَّة 162
بُحَيْرَة 150، 295
بَخّاخ 276
بَخّاخ حَشَرات 277
بَخّاخ طارِد لِلحَشَرات 248
بَخّاخَة 57
بِدايَة خاطِئَة 208
بَدر 292
بَدْلَة 29
بَدْلَة تَدريب 28، 207
بَدْلَة تَزَلُّج 218
بَدْلَة سِباحَة 209
بَدْلَة غَوص 211
بَذْر 65
بُذور 78
بُذور قَمْح 96
بَراعِم صويا 78
بَرانْدي 94
بَرايَة 173
بُرتُقال 81
بُرتُقال أَحْمَر 81
بُرتُقالي 237
بُرج 132
بُرج تَحَكُّم 126
بُرج تِلفاز 132
بُرج قَفْز 209
بُرج مُراقَبَة 288
بَرجَمَة 254
بَرجيس 245
بَرْد 313
بَرَد 59
بُرشَم 59
بُرعُم 321، 323
بُرغُل 86
بُرغوث 333
بُرغي 58
بَرْق 313
بَرْق وَرَعْد 313
بُرْكان 316

بِرْكَة ماء 63
بَرنامَج 181، 187، 227
بَرنامَج إذاعي 187
بَرنامَج حِواري 186
بَرنامَج مُسابَقات 186
بُرنُس حَمّام 28
بُروتين 103
بُروز 128
بُروستات 260
بُروفَة 227
بُروفَة قَبْل الافْتِتاح 227
بُروفيسور 162
بُروكولي 76
بروناي 307
برونز 207
بَريد 133
بَريد داخِلي 172
بَريد صادِر 182
بَريد غَيْر مَرْغوب فيه 182
بَريد مَدْفوع 190
بَريد مُسَجَّل 190
بَريد وارِد 182
بُزاق 333
بُزور عَبّاد الشَمس 86
بُزور قَرْع 86
بُستاني 168
بُستاني أَراضي عامِة 167
بُستوني 244
بَسْطَة 140
بَسْطَة دَرَج 41
بَسكوت مالِح 98
بَسكويت 98
بَسكويت أماريتو 93
بَشَر 95
بَشَرَة 279
بِشَكل أُفُقي 243
بِشَكل عامودي 243
بِصِحَّتك! 102
بَصَل 75
بَصَل أَحْمَر 75
بَصَل أَخْضَر 75
بَصَلَة سيسانِيَّة 255
بَصْمَة الإصبَع 284
بِضاعَة 144
بَضائِع 129
بَطّارِيَّة 59، 111، 158، 183
بَطّارِيَّة 59
بَطّارِيَّة 158
بَطّارِيَّة 183
بَطاطا 75
بَطاطا حُلْوَة 75
بَطاطا لِلسَّلْق 75
بَطاطا مُحَمَّرَة 100
بَطاطا مَقْلِيَّة 99
بَطاطا مَقْلِيَّة 100
بِطاقَة ائْتِمان 139
بِطاقَة بَريدِيَّة 190
بِطاقَة تَهْنِئَة 146
بِطاقَة جامِعِيَّة 164
بِطاقَة حَمراء 194
بِطاقَة خَصم مُباشَر 138
بِطاقَة ذاكِرَة 243
بِطاقَة صَفراء 195
بِطاقَة عَمَل 175
بِطاقَة فلاش مُدْمَج 243

بِطاقَة مُسْبَقَة الدَّفْع 183
بِطاقَة مِفْتاح 136
بِطاقَة مَكْتَبَة 163
بَطّانِيَّة صوفِيَّة ناعِمَة 50
بَطّانِيَّة كَهْرَبائِيَّة 49
بَطَّة 69، 329
بَطَّة الرِّجْل 253
بَطَّة نَيِّئَة 69
بِطْريق 329
بَطَل العالَم 200
بَطْن 252
بَطْن بِالقُطْن 240
بُطولَة 195
بَطّيخ أَحْمَر 81
بَطّيخَة الإجاص 80
بَظْر 261
بَعْدَ الظُهْر 342
بَعْدَ عَشر دَقائِق 341
بَعْدَ غَد 342
بَعْدَ نَظَر 272
بَعْض 339
بَعوض الماء 333
بَعوضَة 332
بَقَّة 333
بَقْدونِس 83
بَقَرَة 326
بَقْشيش 102
بَقْلَة 76
بَكالوريوس 162
بَكَرَة 216، 238
بَكَرَة الخَيْط 238
بَكَرَة طِلاء 61
بَكْلَة 33
بِكَم هَذا؟ 142
بَكْتيرية طِبِّيَّة 322
بُكَى 19
بِلا بُذور 81
بِلا حَمّالات 30
بَلاسْتَر 283
بِلاسْتيك 60
بَلْجيكا 299
بَلَح 82
بَلَح البَحْر 71
بَلَد 298
بَلِز 94
بَلْسَم 34
بَلْعوم 255
بُلْغاريا 299
بَلوز 231
بَلوزَة 31
بِلياردو 221
بَليز 301
بَليس مُعَمَّر 320
بَلْيون 337
بَناء أَسْقُف 167
بِناء جَديد 40
بِناء قَديم 39
بِناء مُلحَق 38
بَنان 254
بِنْت 18، 244
بُنْدُق 82
بُنْدُق المَكاداميا 82
بُنْدُق برازيلي 82
بَنْزين 113
بِنْصَر 254

أَعَدَّ الكُرَة مِن فوق الرأس 198
إِعْدادات 181
أَعْراض جانِبِيَّة 277
أَعْشاب مَنْزِلِيَّة 63
إِعْصار 314
أَعْطى إِبْرَة 265
أَعْطى قُبْلَة 19
إعْلان 188
أَعْلان تِجاري 187
أَعْلان عَن وَظيفَة 165
أَعلان فيلم 241
أَعْلان وَفِيات 188
أَعْمال إِصلاح 108
أَعْمى 268
أَعْواد الطَعام 101
أَعْواد قِرفَة 84
اِغْتَسَلَ 55
إِغْتِصاب 285
أَغْذِيَة 145
أَغْلَبِيَّة 339
أَغْلَقَ التَّدفِئَة 62
أَغْلَقَ الحَنَفِيَّة 55
أَغْلَقَ الكُمْبيوتَر 181
أُغْمِيَ عَلَيْه 269
أُغْنِيَة 232
إِغْوانا 330
أفارول عَمَل 61
أَفْضَلِيَّة مُرور 107
أَفْغانِسْتان 307
أفوكادو 77
أقارب 17
إِقْتِصاد 157
أَقْحوان 322
إِقْلاع 126
أَقْلَعَ 125
إِقْليم 298
أَقيلَ 175
أَكاديمِيَّة فُنون مَسْرَحِيَّة 164
اِكْتِساب عُمَلاء 171
إِكْتِئاب 267
أَكْزيما 265
آكِل النَّمْل 327
إِكْليل الجَبَل 83
أَكوامارين 318
أَكورديون 230
الاِتِّحاد الأَفْريقي 311
الاِتِّحاد الأوروبي 311
الاِثْنَيْن 343
الأَحَد 343
الأَخير 338
الأَرْبِعاء 343
الأَرْبَعون 338
الأُرْدُن 308
الأَرْض 292
الإِكْوادور 303
الأَلْف 338
الإِمارات العَرَبِيَّة المُتَّحِدَة 310
الأُمَم المُتَّحِدَة 311
الأوروغواي 303
البارِحَة 342
الباكِسْتان 309
أَلْبانْيا 299
البَحْر الأَبْيَض المُتَوَسِّط 296
البَحْر الأَحْمَر 296
البَحْر الأَسْوَد 296
البَحْرَين 307
البَرازيل 303
البُرْتُغال 300
إلبوسنة وَالهِرْسِك 299
أَلْبوم صُوَر 243
آلَة جَز عُشب 64
آلَة حاسِبَة 155، 339
آلَة مُثَلَّث 230
التَّاسِع مِن أَيْلول 2017 342
التَّاسِعَة 340
التَّاسِعَة عَشَرَ 341
التَّاسِعَة وَالرُّبع 341
التِّسْعون 338
اِلْتِهاب 266
اِلْتِهاب الأُذُن الوُسْطى 265
اِلْتِهاب السَّحايا 266
اِلْتِهاب المُلْتَحِمَة 265
اِلْتِهاب أَمْعاء 265
اِلْتِهاب قَصَبات 265
اِلْتِهاب مَثانَة 265
اِلْتِواء 269
اِلْتِواء الرَّقَبة 269
الثَّالِثَة 340
الثَّالِثَة عَشَرَ 340
الثَّالِثَة وَالعِشْرون 341
الثَّامِنَة 340
الثَّامِنَة عَشَرَ 341
الثَّاني وَالعِشْرون 337
الثَّانِيَة 340
الثَّانِيَة عَشْرَة إِلَّا رُبْع 341
الثَّانِيَة عَشْرَة ظُهْراً 340
الثَّانِيَة عَشْرَة وَخَمْسُ دَقائِق 341
الثَّانِيَة وَالعِشْرون 341
الثُّلاثاء 343
الثَّلاثمائَة 338
الثَّلاثون 338
الثَّمانون 338
الجُزْء السُّفْلي مِن السَّاق 252
الجَزائِر 304
الجُمْعَة 343
الحادي وَالعِشْرون 337
الحادِيَة عَشَرَة 340
الحَذَر، خَطَر! 289
الحَيِّد المَرْجاني العَظيم 297
الخامِسَة 340
الخامِسَة عَشَرَ 341
الخَمْسون 338
الخَميس 343
الرَّابِعَة 340
الرَّابِعَة عَشَرَ 341
الرَّأس الأَخْضَر 305
الزُهَرَة 292
السَّابِعَة 340
السَّابِعَة إِلَّا ثُلْث 341
السَّابِعَة عَشَرَ 341
السَّادِسَة 340
السَّادِسَة عَشَرَ 341
السَّبْت 343
السَّبْعون 338
السِّتّون 338
السُّعودِيَّة 309
السَلْفادور 302
السِّنْغال 306
السُّودان 306
السُّوَيْد 301
الصَّحْراء الكُبْرى 297
أَلْصِق وَرَق الحائِط 61
الصُّومال 306
الصِّين 307
الطَلَب نَفْسُه مَرَة أُخْرى. 147
العاشِر أَلْف 338
العاشِر مِليون 338
العاشِرَة 340
العاشِرَة وَالنِّصْف 341
العِراق 308
العِشْرون 337، 341
الغابون 304
أَلْغى 181
أَلْغى بَرْنامَج 181
أَلْف 337
الفِليبين 309
أَلْقى رِسالَة في صُنْدوق البَريد 190
أَلْقى مُحاضَرَة 163
الكاميرون 305
الكُوَيْت 308
أَلَم أَسْنان 265
أَلَم الحَلْق 265
أَلَم في المَعِدَة 265
أَلْمانْيا 299
المائَة 338
المُتَوازي 207
المُتَوازي مُخْتَلِف الاِرْتِفاع 207
المَجَر 301
المُحيط الأَطْلَسي 296
المُحيط الهادِئ 296
المُحيط الهِنْدي 296
المَريخ 292
المُشْتَري 293
المَغْرِب 305
المَكْسيك 302
المِلْيون 338
المَمْلَكَة المُتَّحِدَة 301
المَنْطِقَة الاِسْتِوائِيَّة 298
المِئَتان 338
المِئَتان وَالخامِس وَالعِشْرون 338
النَّجْدَة! 289
النَّرْويج 300
النِّظام الشَّمْسي 292
النَّمْسا 300
النيجِر 306
الهِنْد 308
الواحِدَة 340
الواحِدَة وَالعِشْرون 341
أَلْوان جواش 235
الوِلايات المُتَّحِدَة 303
إِلى اللِّقاء! 19
اليابان 308
أَلْياف صِناعِيَّة 27
أَلْياف غِذائِيَّة 103
آلِيَّة تَعْليق 116
اليَمَن 308
اليَوْم 342
اليونان 299
أم 17
أم أَرْبَعَة وَأَرْبَعين 333
أماتيست 318
إِمارَة 298
أَمْبير 62
أُمَّة 298
اِمْتِحان 154، 163
اِمْتِحان شَفَهي 163
اِمْرَأة 18، 252، 253
أَمْسَكَ 199
أَمْعاء دَقيقَة 258
أَمْعاء غَليظَة 258
أَمْغَر 237
أَمْلَس 23
أَمين صُنْدوق 138، 144
أَمين مَكْتَبَة 163، 169
أَمينَة مَكْتَبَة 163
أنا مَتَضايق/فَرِح/حَزين 25
إِناء 89
أَناناس 80
أُنْبوب 159
أُنْبوب تَنَفُّس 247
أُنْبوب هَواء 62
أُنْبوب هَواء 211
أُنْبوبَة اِخْتِبار 158
إِنْتاج 171
إِنْتَرْنِت 154
اِنْتِشار غُبار الطَّلْع 313
اِنْتِصاب 260
اِنْتَقَلَ 21
أَنْتيغا وَبارْبودا 301
اِنْحِدار 108
اِنْحَنى 19
إِنْدورا 299
أَنْدونيسيا 308
إِنْدي 231
إِنْذار 197
اِنْزِلاق غُضْروفي 269
إِنْسان الغابَة 327
أَنْسِجَة 258
إِنْعاش 282
اِنْعَطَفَ نَحْوَ اليَمين/اليَسار 135
إِنْغولا 304
أَنْف 22
اِنْفِجار 289
إِنْفِلُونْزا 266
أَنْقَذَ 289
اِنْقَلَبَ 210
اِنْقَلَبَ 288
إِنَّهُ لَطيف/مُعَكَّر/بارِد رَطِب. 312
اِنْهِيار أَرْضي 314
اِنْهِيار ثَلْجي 287
اِنْهِيار ثَلْجي 314
أَنيق 30
أَهْلاً وَسَهْلاً! 19
أوبال 318
أوبِرا 228
أوبُوا 229
أَوْتار 201
أوتوماتيك 109
أَوْدَعَ نُقود في حِسابِه 138
أَوْراق 319
أَوْراق شاي 93
أَوراق مالِيَّة 139
أورْكِسْترا سيِنْفونِيَّة 228
أوركيد 322
أوزْبَكِسْتان 310
أَوَزة 329

INDEX ARABISCH – فِهْرِس العَرَبي

7متر 197
ا
إأرض عُشْبِيَّة 316
أب 17
آب 343
إباضَة 261
أبْتَسَمَ 25
أبْحَرَ 129
أبْحَرَ 129
أبَدًا 339
إبْرَة 238
إبْرَة 276
إبْرَة حِياكَة 239
إبْرَة خِياطَة 239
إبْريق 102
إبْريق شاي 93
إبْط 252
أبْعاد الصَّحيفَة 188
إبْن 16
إبْن أخ/أخت 17
إبْنَة 16
إبْنَة أخ/أخت 17
إبْنَة عَمّ/ة، ابنة خال/ة 17
إبْهام 254
أبو الحِنّاء الأوروبي 328
أبْيَض 237
إتَّصَلَ (ب) 19
إتَّصِل بالإطْفاء! 289
إتَّصِل بالشُّرْطَة! 289
إتَّصِل بِسَيّارَة الاسْعاف! 289
إتَّصَلَ بِشَخْصٍ ما 184
أثاث حَديقَة 63
أثاث مَكْتَب 172
آثار 134
أثْقال طَويلَة 222
أثْقال قَصيرَة 222
اِثْنا عَشَر 336
اِثْنان 336
اِثْنان عَلى سَبْعَة عَشَر 338
اِثْنان وَعِشْرون 336
أثْيوبْيا 304
أجابَ عَلى رِسالَة 190
إجازَة أُمومَة 175
إجازَة تَرْبِيَة طِفْل 175
إجازَة سَنَوِيَّة 175
إجاص 79
إجْتِماع 174
إجْتِماع أهْل مَسائي 157
أجْر 39
أجْراس أنْبوبِيَّة 228
أجْرَة رُكوب الحافِلَة 115
أجْرى تَشْخيص 275
إجْهاض 261
إجْهاض تِلْقائي 263
أجْهِزَة هُبوط 124
اِحْتِراق 269
أحْجار حافَة الرَّصيف 106
أحَدَ عَشَر 336
أحْدَب مُتَزايد 292
أحْدَب مُتَناقِص 292
أحْضِر لنا قائِمَة النَّبيذ، مِن فَضْلِك 102
أحْمَر 237
أحْمَر الشَّعْر 23
أحْمَر خُدود 35
أحْمَر شِفاه 35
أحْيانًا 339
أخ 17
أخ غَيْر شَقيق 18
إخْبار 186
إخْبار حَرَكَة المَرور 187
أخْت 17
أخْت غَيْر شَقيقَة 18
إخْتِطاف 285
أخَذ إبْرَة 265
أخَذ إسْتِراحَة 52
أخَذ دُش 55
أخْرَج 213
أخْرج قُرْص مَضْغوط/قُرْص رَقْمي 181
إخْصاب 262
إخْصائي نَظّارات 166
إخْصائِيَّة نَظّارات 272
أخْضَر 237
أخْضَر فاتِح 237
أخْطَبوط 71
إخْلاء 289
أخو زَوْج 16
إدارَة أعْمال 162
إدارَة الإنْتاج 171
إدارَة الحِسابات الرَّئيسيَّة 171
إدارَة الشُّؤون التِّجارِيَّة 170
إدارَة المَبيعات 171
إدارَة تِقْنِيَّة المَعْلومات 170
إدارَة شُؤون العامِلين 171
إدارَة عامَّة 170
إدارَة فَريق العَمَل 170
إدارَة قِسْم التَّسْويق 171
أدَب روائي 189
أدَب غَير روائي 189
أدْخَلَ 180
أدْخَلَ لِلْعِلاج 273
أدْرينالين 283
إدْمان 267
أدَوات حَمام 137
أدَوات طَبيب الأسْنان 270
أدَوات عَمَلِيّات 274
إذار 343
أذْرَبيجان 307
أذُن 22
إرانوس 293
أرْبَع مَرّات 339
أرْبَعَة 336
أرْبَعَة أضْعاف 339
أرْبَعَة عَشَر 336
أرْبَعون 336
أرت ديكو 149
أرت نوفو 149
إرْتِجاج دِماغ 269
إرْتِداد 199
إرْتِفاع 207
إرْتِفاع المَوْج 210
أرْجَح 205
أرْجِع إلى الوَراء 185
أرْجَنْتين 303
أرْجوحَة 151
أرْجوحَة شَبَكِيَّة 248
أرْدواز 317
أرز 86
أرز باسْماتي 86
أرز بَرّي 86
أرز بُنّي 86
أرْسَل 182
أرْسَل رِسالَة لِشَخْصٍ ما 190
أرْض 295
أرْض الخَيْمَة 249
أرْض المَلْعَب 194
أرْض عَقار 38
أرْضَعَت 263
أرْضي شوكي 74
أرْضِيَّة خَشَبِيَّة 43
أرَق 267
أرْمَل 17
أرْمينيا 307
أرْنَب 68، 324
أرْنَب هِنْدي 324
إريتريا 304
أريد أن أدْفَع، مِن فَضْلِك 102
أريد أن أكلِّم...مِن فَضْلِك. 184
أريد... 147
أريكَة 42
أريكَة سَرير 42
أزاح مَلَف 180
أزال الأعْشاب الضّارَّة 65
أزال الحَراشِف 71
أزال حَسَك السَّمَك 71
أزال شَعْر الحاجِب 34
إزالَة السُّموم 278
إزالَة الشَّعْر 34
إزالَة الشَّعْر بالشَّمْع 279
إزْدِحام 107، 108
إزْدِحام العَمَل 107
أزْرَق 237
أزْرَق غامِق 237
أزْعَج 285
إزْميل خَشَب 59
أزْهَر 321، 323
إسْباتي 244
إسْبانْيا 301
أسْبوع 343
إسْتَأجَر 39
إسْتِبْعاد 197
إسْتِراحَة 107، 160، 227
إسْتِراحَة الظَّهيرَة 160
أسْتُراليا 310
إسْتِرْخاء 278
إسْتِشْفاء 278
إسْتِعادَ وَعْيه 275
إسْتَعار 163
إسْتِعارَة 163
إسْتِقال مِن عَمَلِه 175
إسْتِقْبال 136
إسْتَقْبَل 182
إسْتوديو تَصْوير 243
إسْتونيا 299
إسْتَيْقَظ 51
أسَد 325
أسَد البَحْر 327
أسَد الجَبَل 325
إسْرائيل 308
إسْطَبْل 215
إسْطوانَة موسيقِيَّة 233
إسْطوانَة نِصْف دائِرِيَّة 219
أسْفَل الظَّهْر 253
أسْفَل القَدَم 254
أسْفَلْت 317
إسْفَنْجَة 57
إسْقاط بِضَرْبَة واحِدَة 205
أسْقَط في حُفْرَة 204
إسْكالوب 100
أسْلاك هَوائِيَّة 122
اسْمي 19
إسْهال 265
أسْهَر 260
أسْوَد 237
أشار لِتاكْسي 121
إشارَة الدَّوَران لِسَبّاحي الظَّهْر 208
إشارَة مَرْجِعِيَّة 182
إشارَة مُرور 106، 135
إشارَة مُرور لِلْمُشاة 135
إشارَة مُرور لِلْمُشاة 106
إشْتِراك 188
إشْعار تَحْويل 139
إشْعاع 275
أشِعَّة فَوْق البَنَفْسَجِيَّة 313
أشْقَر 23
أشْنَة 320
أص 244
إصابَة جَسَدِيَّة 285
أصابِع بَسْكَويت إسْفَنْجِيَّة 90
أصابِع موسْلي 96
إصْبَع شوكولاتَة 146
إصْبَع شوكولاتَة 98
إصْبَع صَغير 254
إصْبَع كَبير 254
أصْدِقاء 18
إصْطادَ بِشَبَكَة 217
إصْفاد 284
أصْفَر 237
أصْفَر بُرْتُقالي 237
أصْفَر فاتِح 237
أصَم 268
إضاءَة شَوارِع 132
أضافَ 180
إضْطِرابات 125
إضْطِرابات في الأكْل 267
إطار 52، 201
إطار صوَر 42
إطار صورَة رَقْمي 243
إطار عَجَلَة مَطّاطي 118
إطار مَطّاطي 111
أطْروحَة بَحْث عِلْمي 162
أطْعَمَ بِزُجاجَة رِضاعَة 263
أطْعِمَة حَيَوانات 145
أطْلَق سَراح 217
أطْوار القَمَر 292
أعادَ 181
إعادَة تَأهيل 274
إعادَة تَشْغيل 180
إعْتِقال 285
أعَدَّ الكُرَة مِن السُّقوط 198

BILDNACHWEIS

* - © Fotolia.com

14 */Csaba Peterdi, **16** */Alexander Raths, **16** */Jeanette Dietl, **16** */Forgiss, **16** */paulmz, **16** */fotodesign-jegg.de, **16** */mimagephotos, **16** */Syda Productions, **16** */iko, **16** */Jeanette Dietl, **16** */drubig-photo, **16** */oocoskun, **17** */damato, **17** */vbaleha, **17** */Rido, **17** */Ljupco Smokovski, **17** */Jeanette Dietl, **17** */Janina Dierks, **17** */Valua Vitaly, **17** */Rido, **17** */Andres Rodriguez, **17** */Syda Productions, **17** */Valua Vitaly, **18** */Dmitry Lobanov, **18** */Samuel Borges, **18** */DenisNata, **18** */Pavel Losevsky, **18** */Gabriel Blaj, **18** */WONG SZE FEI, **18** */vgstudio, **18** */Picture-Factory, **18** */Ariwasabi, **19** */endostock, **19** */mma23, **19** */Jasmin Merdan, **19** */Tom Wang, **19** */Michael Gray, **19** */JanMika, **19** */BeTa-Artworks, **19** */michaeljung, **19** */Savannah1969, **19** */patpitchaya, **19** */Sabphoto, **19** */Cello Armstrong, **19** */eyetronic, **20** */Danilo Rizzuti, **20** */Ruth Black, **20** */Smileus, **20** */chesterF, **20** iStockphoto/Catherine Yeulet, **20** */DenisNata, **20** */Melinda Nagy, **20** */Kaarsten, **20** */MISHELA, **20** */Eray, **20** */Unclesam, **20** */satin_111, **20** */Michael Fritzen, **21** */yanlev, **21** */BeTa-Artworks, **21** */Margit Power, **21** */Brenda Carson, **21** */Africa Studio, **21** */Piotr Marcinski, **21** */Fotowerk, **21** */AVRORA, **21** */stockyimages, **21** */Tyler Olson, **21** */ExQuisine, **21** */Glenda Powers, **21** Thinkstock/iStockphoto, **22** */Valua Vitaly, **22** */codiarts, **23** */Jaimie Duplass, **23** */krimar, **23** */magann, **23** */Stefan Balk, **23** */Kaponia Aliaksei, **23** */koji6aca, **23** */yuriyzhuravov, **23** */yuriyzhuravov, **23** */Ermolaev Alexandr, **23** */V.R.Murralinath, **23** */badmanproduction, **23** */Anton Zabielskyi, **23** */auremar, **23** */koji6aca, **24** */mimagephotos, **24** */Tiler84, **24** */velazquez, **24** */giorgiomtb, **24** */apops, **24** */dusk, **24** */Knut Wiarda, **24** */stokkete, **24** */Taiga, **24** */Taiga, **24** */Taiga, **24** */Taiga, **25** */Karramba Production, **25** */Robert Kneschke, **25** */cantor pannatto, **25** */Garrincha, **25** */Picture-Factory, **25** */bevangoldswain, **25** */WavebreakMediaMicro, **25** */Rido, **25** */Minerva Studio, **25** */cantor pannatto, **25** */Fotowerk, **25** */Fotowerk, **26** */Gelpi, **26** */stockyimages, **26** */WavebreakmediaMicro, **26** */pathdoc, **26** */Ilike, **26** */pathdoc, **26** */Andres Rodriguez, **26** */Garrincha, **26** */cantor pannatto, **26** */pressmaster, **26** */vladimirfloyd, **26** */Elnur, **26** */Klaus Eppele, **27** */boumenjapet, **27** */Vera Anistratenko, **27** */carol_anne, **27** */Andrey Armyagov, **27** Thinkstock/NikolayK, **27** */srdjan111, **27** */Zbyszek Nowak, **27** */Pamela Uyttendaele, **27** */Michaela Pucher, **27** */Katrina Brown, **28** */ghoststone, **28** */nito, **28** */zhekos, **28** */chiyacat, **28** */Alexandra Karamyshev, **28** */BEAUTYofLIFE, **28** */Lucky Dragon, **29** */Karramba Production, **29** */BEAUTYofLIFE, **29** */Khvost, **29** */Khvost, **29** */Elnur, **29** */Popova Olga, **29** */Artem Gorohov, **29** */Elnur, **29** */Ruslan Kudrin, **29** */Gordana Sermek, **29** */Alexandra Karamyshev, **30** */alaterphotog, **30** */Elnur, **30** */Elnur, **30** */Ruslan Kudrin, **30** */Alexandra Karamyshev, **30** */Alexandra Karamyshev, **30** */Oliver Preißner, **30** */Robert Lehmann, **30** */Alexandra Karamyshev, **31** */mimagephotos, **31** */Alexandra Karamyshev, **31** */Alexandra Karamyshev, **31** */ludmilafoto, **31** */okinawakasawa, **31** Thinkstock/Alexandru Chiriac, **31** */cedrov, **31** */Khvost, **31** */hifashion, **31** */Alexandra Karamyshev, **31** */Alexandra Karamyshev, **32** */Little_wine_fly, **32** */Jiri Hera, **32** */rangizzz, **32** */Jiri Hera, **32** */Andrew Buckin, **32** Thinkstock/Danny Chan, **32** */Artem Merzlenko, **32** */Cobalt, **32** */fotomatrix, **32** */Rozaliya, **32** */adisa, **32** */Kira Nova, **32** */Shariff Che'Lah, **32** */venusangel, **32** */Unclesam, **32** */srki66, **33** */adisa, **33** */adisa, **33** */lalouetto, **33** */PRILL Mediendesign, **33** */Africa Studio, **33** */adisa, **33** */Andrey Bandurenko, **33** */Nadinelle, **33** */design56, **33** */Sergey Rusakov, **33** */Jiri Hera, **33** */gemenacom, **33** */Andre Plath, **33** */Alexander Raths, **33** */Liaurinko, **33** */thaikrit, **33** */humbak, **34** */wiedzma, **34** */kontur-vid, **34** */Tharakorn, **34** */picsfive, **34** */pattarastock, **34** */NilsZ, **34** */picsfive, **34** */picsfive, **34** */ksena32, **34** */cristi180884, **34** */bpstocks, **34** */nito, **34** */Tarzhanova, **34** */bpstocks, **34** */terex, **34** */ibphoto, **35** */Gennadiy Poznyakov, **36** */stockone, **38** */JSB, **38** */stocker1970, **38** */photo 5000, **38** */Tiberius Gracchus, **38** */Ralf Gosch, **38** */visivasnc, **38** */Lasse Kristensen, **38** */Speedfighter, **38** */Bokicbo, **38** */typomaniac, **38** */O.M., **38** */designsstock, **38** */Tatty, **39** */Kurhan, **39** */selensergen, **39** */Brilliant Eagle, **39** */Iriana Shiyan, **39** */terex, **39** */Sashkin, **39** */bcdesign, **39** */pyzata, **39** */Thomas Aumann, **39** */Tiberius Gracchus, **39** */Igor Kovalchuk, **39** */Maksym Yemelyanov, **39** */pabijan, **40** */Magda Fischer, **41** */Kasia Bialasiewicz, **41** */bennnn, **41** */Bert Folsom, **41** */Aleksandar Jocic, **41** */yevgenromanenko, **41** */Aleksandr Ugorenkov, **42** */Iriana Shiyan, **42** */luchshen, **42** */sokrub, **42** */sokrub, **42** */okinawakasawa, **43** */pics721, **43** */Delphimages, **43** */arteferretto, **43** */Kitch Bain, **43** */Chris Brignell, **44** */stock_for_free, **44** */kornienko, **45** */mrgarry, **45** */mariocigic, **45** Thinkstock/Hemera, **45** */Alexander Morozov, **45** */Denis Gladkiy, **45** */Sergii Moscaliuk, **45** */sutsaiy, **45** */sutsaiy, **45** */okinawakasawa, **45** */Alexander Morozov, **45** */venusangel, **45** */bergamont, **45** */Alexander Morozov, **45** */sutsaiy, **45** */manipulateur, **45** */kmiragaya, **46** */fotyma, **46** */Denisa V, **46** */jonnysek, **46** */Kitch Bain, **46** */pholien, **46** */Alona Dudaieva, **46** */M.R. Swadzba, **46** Thinkstock/iStockphoto, **46** */bennyartist, **46** */Nikola Bilic, **46** */cretolamna, **46** */Igor Syrbu, **46** */Piotr Pawinski, **47** */cretolamna, **47** */Harald Biebel, **47** */gavran333, **47** */M.R. Swadzba, **47** */IrisArt, **47** */Diana Taliun, **47** */cretolamna, **47** */M S, **47** */nito, **47** */Bombaert Patrick, **47** */scol22, **47** */cretolamna, **47** */picsfive, **48** */Sunshine Pics, **48** */VRD, **48** */petrsalinger, **48** */cretolamna, **48** */gavran333, **48** */Uwe Landgraf, **48** */nito, **48** */Schwoab, **48** */cretolamna, **48** */Stefan Balk, **48** */karandaev, **48** */Lucky Dragon, **48** */PhotoSG, **49** */2mmedia, **50** */Andres Rodriguez, **50** */simmittorok, **50** */Liliia Rudchenko, **50** */venusangel, **50** */Ljupco Smokovski, **50** */Maksim Kostenko, **50** Thinkstock/Stockbyte, **50** */Xuejun li, **50** */Ljupco Smokovski, **50** */Coprid, **50** */Yingko, **51** */poligonchik, **52** */arsdigital, **53** */adpePhoto, **53** */Africa Studio, **53** */Tiler84, **53** */NilsZ, **53** */Africa Studio, **53** */Coprid, **54** */magraphics.eu, **54** */sommersby, **54** */ermess, **54** */AndG, **55** */ILYA AKINSHIN, **55** */Lusoimages, **55** */HamsterMan, **55** */jlcst, **55** */Foto-Ruhrgebiet, **55** */Dmytro Akulov, **55** */picsfive, **55** */ibphoto, **55** */Jonathan Stutz, **55** */Jackin, **55** */ganko, **55** */artmim, **55** */Klaus Eppele, **56** */Sashkin, **56** */Creatix, **56** */Andreja Donko, **56** */Katrina Brown, **56** */Ljupco Smokovski, **57** */Okea, **58** */kmit, **58** */luckylight, **58** */tuja66, **58** */tuja66, **58** */corund, **58** */tuja66, **58** */Rynio Productions, **58** */mick20, **58** */Denis Dryashkin, **58** */tuja66, **58** */claudio, **58** */CE Photography, **58** */tuja66, **58** */Бурдюков Андрей, **58** */vav63, **59** */Rynio Productions, **59** */Rynio Productions, **59** */Rynio Productions, **59** */PRILL Mediendesign, **59** */fefufoto, **59** */antonsov85, **60** */andersphoto, **60** */scis65, **60** */venusangel, **60** */Coprid, **60** */f9photos, **60** */tuja66, **60** */Konovalov Pavel, **60** */Freer, **60** */Nik, **60** */chungking, **60** */mariusz szczygieł, **61** */auremar, **61** */Africa Studio, **61** */ankiro, **61** */Ionescu Bogdan, **61** */piai, **61** */Denys Rudyi, **62** */Nomad_Soul, **62** */gradt, **62** */twister025, **62** */egorovvasily, **62** */womue, **62** Thinkstock/

iStockphoto, **62** Thinkstock/iStockphoto, **62** */cherezoff, **62** */by-studio, **63** */coco, **63** */D. Ott, **63** */D. Ott, **63** */federicofoto, **63** */babsi_w, **63** */Stibat Studio, **63** */Kara, **63** */Jeanette Dietl, **63** */sonne fleckl, **63** */keller, **63** */miket, **63** */WoGi, **63** */M. Schuppich , **63** */Marco Becker , **63** */kobra78 , **63** */Kalle Kolodziej, **64** */mallivan, **64** */Zbyszek Nowak, **64** */opasstudio, **64** */hsagencia, **64** */photka , **64** */photka , **64** */photka , **64** */photka , **64** */Gerald Bernard , **64** */Jaimie Duplass , **64** */steamroller , **64** */tompet80 , **64** */schankz, **64** */keerati, **65** */hopfi23, **65** */Alex Petelin, **65** */Patryssia, **65** */D. Ott, **65** */Horticulture, **65** */Kasia Bialasiewicz, **65** */mopsgrafik, **65** */B. Wylezich, **65** */fotoschab, **65** */Miredi, **65** */udra11, **65** */NinaMalyna, **65** */rupbilder, **66** */mates, **68** */unpict, **68** */Teamarbeit, **68** */Christian Jung, **68** Dreamstime/Christianjung, **68** */HLPhoto, **68** */ExQuisine , **68** */rdnzl, **68** */uckyo, **68** */ExQuisine, **68** */lefebvre_jonathan, **68** */Cornerman, **68** */Mara Zemgaliete, **68** iStockphoto/Vasko, **68** */Diana Taliun, **68** Thinkstock/Alena Dvorakova, **68** Shutterstock/marco mayer, **69** */ExQuisine, **69** */ExQuisine, **69** */fotomaster, **69** */Eric Isselée, **69** */boguslaw, **69** */Eric Isselée, **69** */nito, **69** */Irina Khomenko, **69** */Viktor, **69** */Oran Tantapakul, **69** */lightpoet, **70** */Rémy MASSEGLIA, **70** */Natalia Merzlyakova, **70** Dreamstime/Witoldkr1, **70** */Picture Partners, **70** */antonio scarpi, **70** */Gaetan Soupa, **70** */o.meerson, **70** */ExQuisine, **70** Dreamstime/Pipa 100, **70** */lunamarina, **70** */HelleM, **70** */Dalmatin.o , **70** */Witold Krasowski, **70** */Andrei Nekrassov, **70** */Dionisvera, **70** */Dionisvera, **71** */angorius, **71** */Dani Vincek, **71** */felinda, **71** */Andrey Starostin, **71** */pedrolieb, **71** */ExQuisine, **71** Dreamstime/Onepony, **71** */dulsita, **71** */Giuseppe Lancia, **71** */margo555, **71** */BSANI , **71** */womue, **71** */Jiri Hera, **72** */ExQuisine, **72** Dreamstime/Sethislav, **72** */volff , **73** */dimakp, **73** Shutterstock/Multiart, **73** Shutterstock/Krzysztof Slusarczyk, **73** */Daddy Cool, **73** */Brad Pict, **73** Dreamstime/Jack14, **73** */cynoclub, **73** */Picture Partners, **73** */Lsantilli , **73** */Coprid, **73** */Fotofermer, **73** */Brad Pict, **73** */Mara Zemgaliete, **74** */Dani Vincek , **74** */Natika, **74** */Luis Carlos Jiménez, **74** */angorius, **74** */marrfa, **74** */Natika, **74** */fotogal, **74** */Shawn Hempel, **74** */Jessmine, **74** */Daorson, **74** */Jérôme Rommé, **74** */gcpics, **74** */Picture Partners, **75** */valeriy555, **75** */valeriy555, **75** */Barbara Pheby, **75** */volga1971, **75** Dreamstime/Robynmac, **75** */Anna Kucherova, **76** */jerome signoret, **76** */boguslaw, **76** */fotomatrix, **76** */World travel images, **76** */margo555 , **76** */margo555 , **76** */margo555 , **76** */margo555 , **76** */Wolfgang Jargstorff, **77** */valeriy555, **77** */silencefoto, **77** */valeriy555, **77** */valeriy555, **77** */silencefoto, **77** */valeriy555, **77** */photocrew, **77** */valeriy555, **77** */Anna Kucherova, **77** */valeriy555, **77** */Malyshchyts Viktar, **77** */charlottelake, **77** */valeriy555, **78** */tycoon101, **78** */Zbyszek Nowak, **78** */M.R. Swadzba, **78** */Schlierner, **78** */Ekaterina Lin, **78** */Andrey Starostin, **79** */azureus70, **79** */azureus70, **79** */valeriy555, **79** */Dionisvera, **79** Thinkstock/anna1311, **79** */valeriy555, **79** */Andrea Wilhelm, **79** */valeriy555, **79** */valeriy555, **79** */valeriy555, **79** */valeriy555, **79** */valeriy555, **79** */valeriy555, **79** */Anna Kucherova, **80** */Malyshchyts Viktar, **80** */Malyshchyts Viktar, **80** */Malyshchyts Viktar, **80** */Malyshchyts Viktar, **80** */Malyshchyts Viktar, **80** */Malyshchyts Viktar, **80** */Malyshchyts Viktar, **80** */Malyshchyts Viktar, **80** */Malyshchyts Viktar, **80** */Malyshchyts Viktar, **80** */Natika, **80** */Malyshchyts Viktar, **80** */Malyshchyts Viktar, f9photos, **80** */Malyshchyts Viktar, **80** */Oleksiy Ilyashenko, **80** */Tim UR, **80** */valeriy555, **80** */valeriy555, **80** */Natika, **80** */valeriy555, **81** Dreamstime/Skyper1975, **81** */Werner Fellner, **81** */marilyn barbone, **81** */nblxer, **81** */goodween123, **82** */Popova Olga, **82** */Popova Olga, **82** */mates, **82** */Popova Olga, **82** */Popova Olga, **82** */Popova Olga, **82** */Popova Olga, **82** */Popova Olga, **82** */pimponaco, **82** */Schlierner, **82** */svl861, **82** */svl861, **82** Dreamstime/Margouillat, **83** */Team 5, **83** MDB/seli8, **83** */unpict, **83** */Tomboy2290, **83** */nbriam, **83** */Vera Kuttelvaserova, **83** */Vesna Cvorovic, **83** */Maceo, **83** */scis65, **84** Thinkstock/iStockphoto, **84** Thinkstock/iStockphoto, **84** Thinkstock/iStockphoto, **84** Thinkstock/iStockphoto, **84** Thinkstock/iStockphoto, **84** Thinkstock/iStockphoto, **84** Thinkstock/iStockphoto, **84** Thinkstock/iStockphoto, **84** */Popova Olga, **84** Thinkstock/iStockphoto, **84** Thinkstock/iStockphoto, **84** Thinkstock/iStockphoto, **84** Thinkstock/iStockphoto, **84** Thinkstock/iStockphoto, **84** Thinkstock/iStockphoto, **84** Thinkstock/iStockphoto, **85** Dreamstime/Sergioz, **85** */Africa Studio, **85** */Orlando Bellini, **85** */Inga Nielsen, **85** */Inga Nielsen, **85** */Inga Nielsen, **85** */Boris Ryzhkov, **86** */Popova Olga, **86** */Popova Olga, **86** */Popova Olga, **86** */Popova Olga, **86** */Popova Olga, **86** */Popova Olga, **86** */Popova Olga, **86** */Popova Olga, **86** */Popova Olga, **86** */Popova Olga, **86** */Popova Olga, **86** */Popova Olga, **86** */Popova Olga, **86** */Popova Olga, **86** */Elena Schweitzer, **86** */Picturefoods.com, **87** Dreamstime/Jirkaejc, **87** Dreamstime/Glasscuter, **87** */Andrzej Tokarski, **87** Dreamstime/Pryzmat, **87** */Stefano Neri , **87** */Roxana, **87** */enzo4, **87** */Stefano Neri, **87** */akulamatiau, **87** */zorandim75, **87** */marilyn barbone, **88** */pico, **88** */Sergejs Rahunoks, **88** Dreamstime/Givaga, **88** */Piovanello, **88** */Piovanello, **88** */the_pixel, **88** */Liaurinko, **88** */nemez210769, **88** */midosemsem, **88** */Jiri Hera, **88** */juri semjonow, **88** */Brad Pict, **88** Dreamstime/Travelling-light, **88** Dreamstime/Synchronista, **88** */Julian Weber, **88** */IrisArt , **89** */BeTa-Artworks, **89** */Sergii Moscaliuk, **89** */Diana Taliun, **89** */Daniel Wiedemann, **89** Dreamstime/Nagme, **89** */lantapix, **89** */Olegich, **89** */scis65, **89** */Vidady, **89** */komar.maria, **90** */Petrov Vadim, **90** */unpict, **90** */Smart7, **90** */tycoon101, **90** */M. Schuppich, **90** */digifood, **90** */Schwoab, **90** */photocrew, **90** */chrisdorney, **90** */anakondasp, **90** */unpict, **90** */sorcerer11, **90** */Lucky Dragon, **91** */MarFot, **91** */ppi09, **91** */Kesu, **91** */Andrea Wilhelm, **91** */kehr design, **91** */gtranquillity, **91** */Corinna Gissemann, **91** */Lucky Dragon, **91** */Jiri Hera, **91** */sergojpg, **91** */Daryl Musser, **91** */robysaba, **91** */unpict, **92** */Jiri Hera, **92** */Nitr, **92** */Nitr, **92** */ExQuisine, **92** */Natika , **92** */Inga Nielsen, **92** */Nitr, **92** */Nitr, **92** */Taffi, **92** */karandaev, **92** */unpict, **92** */baibaz, **92** */Africa Studio, **93** */pabijan, **93** */amenic181, **93** */Viktor, **93** */blende40, **93** */Fotofermer, **93** */Rob Stark, **93** */gtranquillity, **93** */gtranquillity, **93** */gtranquillity, **93** */gtranquillity, **93** */gtranquillity, **93** */Inga Nielsen, **94** Thinkstock/puchkovo48, **94** */neirfy, **94** */Nitr, **94** */Nitr, **94** */Nitr, **94** */Taffi, **94** */Taffi, **94** */Taffi, **94** */Taffi, **94** */karandaev, **94** */karandaev, **94** */karandaev, **95** */Hemeroskopion, **95** */Hemeroskopion, **95** */Hemeroskopion, **95** */Hemeroskopion, **95** */Hemeroskopion, **95** */Hemeroskopion, **95** */Hemeroskopion, **95** */Hemeroskopion, **95** */Hemeroskopion, **95** */Hemeroskopion, **95** */Hemeroskopion, **95** */Hemeroskopion, **95** */Hemeroskopion, **96** */kab-vision, **96** Shutterstock/Multiart - Shutterstock.com, **96** */Volodymyr Shevchuk, **96** */Sergejs Rahunoks, **96** */sspice, **96** */Corinna Gisseman, **96** */azureus70, **96** */Popova Olga, **96** */baibaz, **97** */Whitebox Media, **97** */angorius, **97** */Andrea Wilhelm, **97** Dreamstime/Margouillat, **97** */Viktor, **97** */Kesu, **97** */Peredniankina, **97** */margo555, **97** */Aleksandar Jocic, **98** */Jiri Hera, **98** */victoria p., **98** */djama, **98** */vagabondo, **98** */Jiri Hera, **98** */scis65, **98** */blende40, **98** */MUNCH!, **98** */Africa Studio, **98** */arinahabich, **98** */Marius Graf, **98** */Marius Graf, **98** */Marius Graf, **98** */Liaurinko, **98** */Brad Pict, **98** */juniart, **99** */Dmytro Sukharevskyy, **99** */Dmytro Sukharevskyy, **99** */Dmytro Sukharevskyy, **99** */Sergejs Rahunoks, **99** */canoncam, **99** */uckyo, **99** */torsakarin, **99** */Thibault Renard, **99** */eyewave, **99** */Orlando Bellini, **99** */Blue Wren, **99** */Dmytro Sukharevskyy, **99** */Dmytro Sukharevskyy, **100** */Jacek

Chabraszewski, **100** */Inga Nielsen, **100** */dusk, **100** */Road King, **100** */Jack Jelly, **100** Dreamstime/Tomislav Pinter, **100** */Jacek Chabraszewski, **100** */ExQuisine, **100** */aktifreklam, **100** */zhekos , **100** */Jess Yu, **100** */illustrez-vous, **100** */Andrea Wilhelm, **101** */Minerva Studio, **101** */Boris Ryzhkov, **101** */Nitr, **101** */unpict, **101** */Jacek Chabraszewski, **101** */photocrew, **101** */Viktor, **101** */eyewave, **101** Dreamstime/Lightzoom, **101** iStockphoto/Gordana Sermek, **102** */Africa Studio, **102** */Vitaly Korovin, **102** */Coprid, **102** */Schlierner, **102** */Fotofermer, **103** */ashka2000, **103** */womue, **103** */EM Art, **103** */ExQuisine, **103** */photocrew, **103** */jeehyun, **103** */reineg, **103** */reineg, **103** */reineg, **103** */reineg, **103** */Subbotina Anna, **103** */rangizzz, **103** */sjhuls, **104** */Fotofermer, **106** Thinkstock/Keith Levit Photography, **106** Thinkstock/iStockphoto, **106** Thinkstock/iStockphoto, **106** Thinkstock/iStockphoto, **106** Thinkstock/iStockphoto, **106** Thinkstock/iStockphoto, **106** Thinkstock/iStockphoto, **106** Thinkstock/iStockphoto, **106** Thinkstock/Fuse, **107** Thinkstock/Fuse, **107** Thinkstock/iStockphoto, **107** Thinkstock/iStockphoto, **107** Thinkstock/iStockphoto, **107** Thinkstock/Comstock, **107** */Alexandra Gl, **108** */leremy, **108** */leremy, **108** */leremy, **108** */leremy, **108** */leremy, **108** */leremy, **108** */mrtimmi, **108** */mrtimmi, **108** */mrtimmi, **108** */mrtimmi, **108** */mrtimmi, **108** */mrtimmi, **108** */Bobo, **108** */leremy, **108** */leremy, **108** */FelixCHH, **109** Thinkstock/iStockphoto, **109** */Eisenhans, **109** Thinkstock/iStockphoto, **109** Thinkstock/iStockphoto, **109** Thinkstock/Hemera, **109** Thinkstock/Hemera, **109** Thinkstock/Hemera, **109** */Bombaert Patrick, **109** */algre, **109** Thinkstock/Hemera, **109** Thinkstock/iStockphoto, **109** Thinkstock/Hemera, **110** */Vladimir Kramin, **110** */algre, **111** */algre, **111** */apttone, **112** Thinkstock/iStockphoto, **112** */Jenny Thompson, **112** */Aaron Amat, **112** */overthehill, **112** */eldadcarin, **112** */Michael Seidel, **113** Thinkstock/iStockphoto, **113** */gradt, **113** */Lasse Kristensen, **113** */Željko Radojko, **113** */golandr, **114** Thinkstock/iStockphoto, **114** Thinkstock/Stockbyte, **115** Thinkstock/iStockphoto, **115** Thinkstock/Hemera, **115** Thinkstock/iStockphoto, **115** Thinkstock/iStockphoto, **115** Thinkstock/iStockphoto, **115** */Bikeworldtravel, **116** */Idelfoto, **116** Thinkstock/iStockphoto, **116** Thinkstock/Hemera, **116** Thinkstock/Hemera, **116** Thinkstock/Hemera, **117** Thinkstock/iStockphoto, **117** Thinkstock/iStockphoto, **117** Thinkstock/iStockphoto, **118** Thinkstock/iStockphoto, **119** Thinkstock/Hemera, **119** Thinkstock/iStockphoto, **119** Thinkstock/iStockphoto, **119** Thinkstock/iStockphoto, **119** Thinkstock/iStockphoto, **119** Thinkstock/iStockphoto, **119** Thinkstock/iStockphoto, **119** Thinkstock/iStockphoto, **119** Thinkstock/iStockphoto, **119** Thinkstock/iStockphoto, **119** Thinkstock/iStockphoto, **119** Thinkstock/iStockphoto, **119** Thinkstock/iStockphoto, **119** Thinkstock/iStockphoto, **119** Thinkstock/Hemera, **119** Thinkstock/iStockphoto, **120** Thinkstock/iStockphoto, **120** Thinkstock/Hemera, **120** Thinkstock/Photos.com, **120** Thinkstock/iStockphoto, **120** */photo 5000, **120** Thinkstock/iStockphoto, **120** Thinkstock/iStockphoto, **120** Thinkstock/Hemera, **120** Thinkstock/Hemera, **121** */Eisenhans, **121** Thinkstock/iStockphoto, **121** Thinkstock/iStockphoto, **121** Thinkstock/Stockbyte, **121** Thinkstock/Hemera, **121** Thinkstock/iStockphoto, **121** Thinkstock/Julio de la Higuera Rodrigo, **121** */DeVIce, **121** */Artem Gorohov, **121** */Lukas Sembera, **121** Thinkstock/iStockphoto, **121** Thinkstock/iStockphoto, **121** */Eisenhans, **121** Thinkstock/iStockphoto, **121** Thinkstock/iStockphoto, **121** */auremar, **122** */laurenthuet, **122** */Nikolai Sorokin, **122** */Dmitry Vereshchagin, **122** */Ettore, **122** */tr3gi, **122** */12ee12, **122** Thinkstock/Vladimir Arndt, **123** */Fotito, **123** */mschick, **123** */BlueSkyImages, **123** */contrastwerkstatt, **123** Thinkstock/iStockphoto, **123** Thinkstock/Hemera Technologies, **124** */Okea, **124** */Marcus Lindström - iStockphoto.com, **125** */CandyBox Images, **125** */TMAX, **125** */michaeljung, **125** */Maygutyak, **125** */Steve Mann, **125** */nui7711, **125** */Jörg Hackemann, **126** */Sashkin, **126** */virtabo, **126** Thinkstock/iStockphoto, **126** */Ben Chams, **126** */Ben Chams, **126** */Ben Chams, **126** */mindscanner , **126** */swx, **126** */michaeljung, **126** */alexmillos, **126** Thinkstock/iStockphoto, **126** */Bergringfoto, **126** Thinkstock/iStockphoto, **126** */chalabala, **126** */Ben Burger, **127** */Tupungato, **127** */Pink Badger, **127** */HappyAlex, **127** */monticellllo, **127** */monticellllo, **127** */monticellllo, **128** */Masyanya, **128** */Dmitry Vereshchagin, **128** */Dmitry Vereshchagin, **128** */Dmitry Vereshchagin, **128** */Photobank kiev, **129** */vichie81, **129** */Uschi Hering, **129** */skampixelle, **129** */DOC RABE Media, **129** */Nadine Klabunde, **129** */AndreasJ. **130** */Farinoza, **132** */Marco2811, **132** */phant, **132** */Crobard, **132** */A.Karnholz, **132** */ermess, **133** */sborisov, **133** */XtravaganT, **133** */Mihai-Bogdan Lazar, **133** */jacek_kadaj, **133** */ArTo, **133** */hansenn, **133** */Marcel Schauer, **133** Thinkstock/iStockphoto, **133** */Jörg Lantelme, **133** */vaitekune, **133** */apops, **133** */motivation1965, **133** */steschum, **133** Thinkstock/iStockphoto, **133** Thinkstock/iStockphoto, **133** */HaywireMedia, **134** */Scanrail, **134** */anshar73, **134** */XtravaganT, **134** Thinkstock/iStockphoto, **134** Thinkstock/iStockphoto, **134** */A_Lein, **134** Thinkstock/iStockphoto, **134** */jovannig, **134** */Patryk Kosmider, **134** */Max, **134** Thinkstock/Getty Images, **134** */miket, **134** */Ciaobucarest, **134** */Paul Liu, **134** Thinkstock/iStockphoto, **134** */Adrian v. Allenstein, **135** */Pabkov, **135** Thinkstock/iStockphoto, **135** Thinkstock/iStockphoto, **135** Thinkstock/photodisc/David De Lossy, **135** */Anchels, **135** Thinkstock/Ingram Publishing, **135** */Ichbins11, **135** */MIMOHE, **135** */blas, **135** */Franz Pfluegl, **135** */Petra Beerhalter, **135** */davidundderriese, **136** */contrastwerkstatt, **136** */Berni, **136** */Berni, **136** */Berni, **136** */slava296, **136** */Berni, **136** */Berni, **136** */xy, **136** */lunamarina, **136** */Berni, **137** Thinkstock/Hemera, **137** */oranhall, **137** */Kzenon, **137** Thinkstock/iStockphoto, **137** */Margo Harrison, **137** Thinkstock/iStockphoto, **137** Thinkstock/iStockphoto, **137** */JackF, **137** */Africa Studio, **137** */Hirurg, **137** */stockyimages, **138** */qech, **138** */contrastwerkstatt, **138** Thinkstock/iStockphoto, **138** Thinkstock/iStockphoto, **138** Thinkstock/photodisc/Keith Brofsky, **138** */LVDESIGN, **138** */Santiago Cornejo, **139** */eyewave, **139** */jogyx, **139** */Joop Hoek, **139** */T. Michel, **139** Thinkstock/iStockphoto, **139** */dextroza, **139** Thinkstock/iStockphoto, **139** */lowtech24, **139** Thinkstock/iStockphoto, **139** Thinkstock/iStockphoto, **139** Thinkstock/Comstock, **139** */Picture-Factory, **139** Thinkstock/iStockphoto, **140** Thinkstock/iStockphoto, **140** Thinkstock/iStockphoto, **140** */zhu difeng, **140** */Gina Sanders, **140** */Bauer Alex, **140** */Andres Rodriguez, **140** */Kzenon, **140** */Alex Tihonov, **140** */Alex Tihonov, **140** */Christophe Fouquin, **140** */Sven Weber, **140** */mediagram, **140** */bradleyhebdon, **140** */Africa Studio, **140** */paul prescott, **140** */Tyler Olson, **141** */shotsstudio, **141** */luanateutzi, **141** */adisa, **141** */scaliger, **141** Thinkstock/Fuse, **141** Thinkstock/Andrey Burmakin, **141** Thinkstock/Digital Vision/RL Productions, **141** */Pumba, **141** */lightpoet, **141** Thinkstock/Fuse, **141** Thinkstock/iStockphoto, **141** */chamillew, **141** */gemenacom, **141** */mangostock, **141** */Tyler Olson, **141** */Kzenon, **142** */photocreo, **142** Thinkstock/photodisc/Siri Stafford, **142** */T. Michel, **142** */filtv, **142** */apops, **142** */Monkey Business, **143** */JJAVA, **143** */JJAVA, **143** */JackF, **143** */Pavel Losevsky, **143** */Pavel Losevsky, **143** */erwinova, **143** */JJAVA, **143** */Art Allianz, **143** */Sam Spiro, **143** */adisa, **143** */JackF, **143** */JackF, **143** */rufeh, **143** Thinkstock/Hemera, **143** */M. studio, **143** Thinkstock/iStockphoto, **144** */Minerva Studio, **144** */eyetronic, **144** */paul prescott, **144** */corepics, **144** */AlienCat, **144** */Thomas Francois, **144** */ag visuell, **144** */Minerva Studio, **144** */contrastwerkstatt, **145** */Art Allianz, **145** */adisa, **145** */Pumba, **145** */adisa, **145** */Vitaly Maksimchuk, **145** Thinkstock/iStockphoto, **145** */amlet, **145** Thinkstock/Brand X Pictures, **145** */

Joshhh, **145** */karandaev, **145** */808isgreat, **145** Thinkstock/iStockphoto, **145** */Andres Rodriguez, **146** */ruigsantos, **146** */Pixel & Création, **146** Thinkstock/iStockphoto, **146** */robert, **146** Thinkstock/Ingram Publishing, **146** */by-studio, **146** Thinkstock/Digital Vision, **146** */viperagp, **146** */OlegDoroshin, **146** */Pixelwolf2, **146** */VL@D, **146** */rekemp, **146** */Natalia Merzlyakova, **146** */ spaxiax, **146** */Sunshine Pics, **146** */eyewave, **147** */nicknick_ko, **147** Thinkstock/iStockphoto, **147** Thinkstock/iStockphoto, **147** */ Mingis, **147** */nyul, **147** Thinkstock/iStockphoto, **147** */Africa Studio, **147** */Minerva Studio, **147** Thinkstock/iStockphoto, **147** */ fottoo, **147** */Africa Studio, **147** Thinkstock/iStockphoto, **147** */Digitalpress, **148** Thinkstock/Hemera, **148** Thinkstock/iStockphoto, **148** */cottonfioc, **148** */goodluz, **148** */Alen Ajan, **148** */Artur Bogacki, **148** */leungchopan, **148** */Paul Vinten, **148** Thinkstock/ Jupiterimages, **148** */amarok17wolf, **148** */Scott Griessel, **148** */fxegs, **148** */terex, **149** */kameraauge, **149** */LianeM, **149** */ XtravaganT, **149** */vom, **149** */dbvirago, **149** */Stuart Monk, **149** */legeartispics, **149** */phant, **149** */ArTo, **149** */Sorry, **149** */ bbourdages, **149** */Furan, **149** */bluclementine, **150** Thinkstock/iStockphoto, **150** */AV, **150** Thinkstock/Mikhail Markovskiy, **150** */ DragonImages, **150** */piccaya, **150** */Leonid Tit, **150** */ArtHdesign, **150** */womue, **150** */Maurizio Malangone, **151** */alex200464, **151** Thinkstock/iStockphoto, **151** */Arkady Chubykin, **151** Thinkstock/iStockphoto, **151** */djama, **151** */Schulz-Design, **151** */Martinan, **151** */Ammentorp, **151** */Gerhard Seybert, **151** Thinkstock/Digital Vision, **151** */travis manley, **152** */Nika Novak, **154** */Gennadiy Poznyakov, **154** */sdenness, **154** */contrastwerkstatt, **154** */Monkey Business, **154** */Robert Kneschke, **154** */shock, **154** */ Monkey Business, **154** Thinkstock/iStockphoto, **154** */Cozyta, **154** Thinkstock/Comstock, **154** */tiero, **154** */contrastwerkstatt, **154** */hues, **155** */Gennadiy Poznyakov, **155** */kritchanut, **156** */luminastock, **156** */robert, **156** */yeyen, **156** */auremar, **156** */Javier Castro, **156** */peshkova, **156** */Gennadiy Poznyakov, **156** */Kzenon, **156** */sunabesyou, **156** */gemenacom, **156** */shock, **156** */ Jürgen Fälchle, **156** */Nosvos, **156** */luminastock, **156** */kartos, **156** */peshkova, **157** */Olga Galushko, **157** */AVAVA, **157** */Tyler Olson, **157** */Sven Bähren, **157** */alco81, **157** */paylessimages, **157** */Robert Kneschke, **157** */auremar, **157** */ayutaroupapa, **157** */ Aiwendyl, **157** */kmiragaya, **157** */contrastwerkstatt, **157** */Tomasz Trojanowski, **158** Thinkstock/iStockphoto, **158** */Africa Studio, **158** */Zerbor, **158** */dkimages, **158** */babimu, **158** */phloxii, **158** */Africa Studio, **158** */Vlad Ivantcov, **158** */Vladyslav Danilin, **159** */ ThorstenSchmitt, **159** Thinkstock/PhotoObjects.net, **159** */lily, **160** Thinkstock/iStockphoto, **160** */leszekglasner, **160** */Mat Hayward, **160** */Konstantin L, **160** */josje71, **160** */xy, **160** */Creativa, **160** */Monkey Business, **160** */Monkey Business, **160** */ aidaricci, **161** Thinkstock/iStockphoto, **161** */Marius Graf, **161** */muro, **161** */BEAUTYofLIFE, **161** */ia_64, **161** */lu-photo, **162** */Jörg Lantelme, **162** */Berni, **162** */Jeanette Dietl, **162** Thinkstock/Brand X Pictures, **162** */Randall Reed, **162** */Minerva Studio, **162** */ trotzolga, **162** */johannesspreter, **162** */Africa Studio, **162** */Alexander Raths, **162** */contrastwerkstatt, **162** */agenturfotografin, **162** */lightpoet, **163** Thinkstock/James Woodson, **163** */CandyBox Images, **163** */Igor Mojzes, **163** */WavebreakmediaMicro, **163** */Africa Studio, **163** */Andres Rodriguez, **163** */xy, **163** */apops, **163** */pearl, **163** */Robert Kneschke, **163** */Markus Haack, **163** */ lightpoet, **164** */Minerva Studio, **164** */WavebreakmediaMicro, **164** */goodluz, **164** */lightpoet, **164** */goodluz, **164** */Kzenon, **164** */CandyBox Images, **164** */Fuse, **164** */goodluz, **164** */pearl, **164** */mangostock, **164** Thinkstock/iStockphoto, **164** Thinkstock/ Digital Vision, **165** */contrastwerkstatt, **165** */A_Bruno, **165** */WavebreakmediaMicro, **165** */Geo Martinez, **165** */Geo Martinez, **165** */endostock, **166** */Minerva Studio, **166** */apops, **166** */bevangoldswain, **166** */Adam Gregor, **166** */Kzenon, **166** */Kzenon, **166** */michaeljung, **166** */ontrastwerkstatt, **166** */Tyler Olson, **166** */Valentina R., **166** */contrastwerkstatt, **166** */Iurii Sokolov, **166** */Kzenon, **166** */Picture-Factory, **166** */Rido, **166** */nyul, **167** */goodluz, **167** */Kadmy, **167** */Peter Atkins, **167** */jörn buchheim, **167** */Kadmy, **167** */Kurhan, **167** */krizz7, **167** */Kadmy, **167** */ikonoklast_hh, **167** */Marén Wischnewski, **167** */apops, **167** */ goodluz, **167** */Cyril Comtat, **167** Thinkstock/Andriy Fomenko, **167** */manu, **167** */petert2, **168** */Monika Wisniewska, **168** Thinkstock/iStockphoto, **168** */goodluz, **168** */Minerva Studio, **168** */Kzenon, **168** */Kzenon, **168** Thinkstock/Photodisc, **168** */Kzenon, **168** */Claudia Nagel, **168** */Minerva Studio, **168** */Kzenon, **168** */contrastwerkstatt, **168** */CandyBox Images, **168** */Kzenon, **168** */ Kzenon, **168** */Kurhan, **169** */goodluz, **169** */contrastwerkstatt, **169** */Igor Mojzes, **169** */mezzotint, **169** */claudiaveja, **169** */ Andrey Kiselev, **169** */WavebreakmediaMicro, **169** */Elnur, **169** */diego cervo, **169** */Africa Studio, **169** */Africa Studio, **169** */berc, **169** */Natali_ua, **169** Thinkstock/Fuse, **169** */lightpoet, **169** */contrastwerkstatt, **172** */terex, **172** Thinkstock/iStockphoto, **172** */ nikkytok, **172** */marcoprati, **172** */eyewave, **172** */Africa Studio, **173** */Africa Studio, **173** */Diana Taliun, **173** */Rulan, **173** */interklicks, **173** Thinkstock/iStockphoto, **173** Thinkstock/iStockphoto, **173** */Corwin, **173** */rangizzz, **173** */monstersparrow, **174** */ Picture-Factory, **174** */Carlos Caetano, **174** */vda_82, **174** */vetkit, **174** */Jacek Fulawka, **174** */masterzphotofo, **175** */Viorel Sima, **175** */Mi.Ti., **175** */Brian Jackson, **175** */juniart, **175** */Oksana Kuzmina, **175** */Marcin Sadlowski, **176** */Gelpi, **178** */TAlex, **178** */ karandaev, **179** */Maksym Yemelyanov, **179** */Vitas, **179** */romantiche, **179** */rawcaptured, **179** */AVD, **179** */Sergey Dashkevich, **179** Thinkstock/iStockphoto, **179** */Artur Synenko, **179** */dimakp, **179** */heigri, **179** */Lusoimages, **179** */Apart Foto, **179** */sonne fleckl, **179** */Manuela Fiebig, **179** */Klaus Eppele, **179** */Artur Synenko, **180** */Gina Sanders, **180** */snyfer, **180** */snyfer, **180** */Iurii Timashov, **180** */Iurii Timashov, **180** */Iurii Timashov, **180** */Iurii Timashov, **180** */Iurii Timashov, **180** */Iurii Timashov, **180** */ WonderfulPixel, **180** */Iurii Timashov, **180** */Iurii Timashov, **180** */Iurii Timashov, **181** */WonderfulPixel, **181** */WonderfulPixel, **181** */WonderfulPixel, **181** */WonderfulPixel, **181** */WonderfulPixel, **181** */vasabii, **181** */grgroup, **181** */Skipio, **181** */vector_master, **181** */Scanrail, **181** */Vectorhouses, **181** */Vectorhouses, **181** */Vectorhouses, **182** */Metin Tolun, **182** */inal09, **182** */electriceye, **182** */ Do Ra, **182** */Do Ra, **182** */Do Ra, **182** */Do Ra, **182** */Do Ra, **182** */Do Ra, **182** */Do Ra, **182** */Palsur, **182** */marog-pixcells, **182** */ Palsur, **183** */mtkang, **183** */Taffi, **183** */pizuttipics, **183** */by-studio, **183** */Scanrail, **183** */RTimages, **183** */Aleksandr Bryliaev, **183** */JcJg Photography, **183** */Coprid, **183** */tanatat, **183** */Palsur, **183** */Andrew Barker, **184** */ashumskiy, **184** */Gewoldi, **184** */Vitas, **184** */singkham, **185** */Sebalos, **185** */tomispin, **185** */manaemedia, **185** */Niceregionpics, **185** */thanomphong, **185** */Lusoimages, **186** Thinkstock/Alexander Podshivalov, **186** */wellphoto, **186** */Stefan Körber, **186** */Pavel Losevsky, **187** */TrudiDesign, **187** */ WavebreakmediaMicro, **187** */ArtHdesign, **187** */valdis torms, **187** */cirquedesprit, **187** */Alexandra Gl, **187** */Sergey Nivens, **187** */ imkenneth, **187** */WavebreakMediaMicro, **188** */jfv, **188** */pressmaster, **188** */jminso679, **188** */Marco2811, **188** */Johanna Mühlbauer, **188** */A_Bruno, **189** */pedrosala, **189** */fotomatrix, **189** */Uwe Bumann, **189** */robert, **189** */Milan Surkala, **189** */the_builder, **189** */reich, **190** */Scanrail, **190** */Dron, **190** */drubig-photo, **190** */mirabella, **190** */gradt, **191** */gradt, **191** Thinkstock/ iStockphoto, **191** */JiSIGN, **191** */JiSIGN, **191** */JiSIGN, **191** */Rido, **191** */auremar, **192** */Elenathewise, **194** */mirpic, **194** */KB3, **194** Thinkstock/Stockbyte, **195** */lesniewski, **195** */Lario Tus, **195** */Melinda Nagy, **195** */kostasaletras, **195** */contrastwerkstatt, **195** */

beachboyx10, **196** Thinkstock/iStockphoto, **196** */Val Thoermer, **197** Thinkstock/Dorling Kindersley RF, **197** */snaptitude, **198** */ Pavel Losevsky, **198** */.shock, **198** */Nicholas Piccillo, **198** Thinkstock/Photodisc, **198** Thinkstock/Photodisc, **198** Thinkstock/ Photoobjects.net, **198** */.shock, **198** */micromonkey, **199** */kromkrathog, **199** Thinkstock/Fuse, **199** */Stian Iversen, **200** */Tan Kian Khoon, **200** */modestil, **200** */Igor Sokolov, **200** */piai, **200** */Will Hughes, **200** */Actionpics, **200** */Kelpfish, **200** */Africa Studio, **200** */Brocreative, **200** */karaboux, **200** */Lance Bellers, **200** */Sean Gladwell, **200** */by-studio, **201** */kanate, **201** */ by-studio, **201** */Michael Pettigrew, **201** Thinkstock/Ingram Publishing, **202** */Katya Constantine, **202** */Nicholas Piccillo, **203** */ Dmitry Vereshchagin, **203** */PinkBlue, **203** */PinkBlue, **203** */PinkBlue, **204** */Kris Strach, **204** */Kzenon, **204** */Kzenon, **205** */ Quasarphoto, **205** */sumnersgraphicsinc, **205** */sumnersgraphicsinc, **205** */Veniamin Kraskov, **205** */Apart Foto, **205** */RTimages, **206** */zozulinskyi, **206** */Stefan Schurr, **206** */berc, **206** */mezzotint, **206** */ekarin, **206** Thinkstock/Digital Vision, **207** */Sportlibrary, **207** */lilufoto, **207** */roibu, **207** Thinkstock/TongRo Images, **207** */lilufoto, **207** Thinkstock/iStockphoto, **207** Thinkstock/iStockphoto, **207** */Michael Rosskothen, **207** */Oscar Brunet, **207** */Oscar Brunet, **207** Thinkstock/Comstock/ JupiterImages, **208** */alessandro0770, **208** */Stefan Schurr, **208** */Maridav, **208** Thinkstock/moodboard, **208** */endostock, **208** */lightpoet, **208** */yanlev, **208** Thinkstock/Fuse, **208** */Wong Hock Weng, **209** */Andres Rodriguez, **209** */goldenangel, **209** */ wellphoto, **209** Thinkstock/Digitial Vision, **209** */wellphoto, **209** */Cpro, **209** */Cpro, **209** */Birgit Reitz-Hofmann, **209** */Kitch Bain, **209** */Tony Taylor Stock, **209** */xy, **210** */marsyk, **210** */Sportlibrary, **210** */agentur2728.de, **210** Thinkstock/Hemera @ Getty Images, **211** Thinkstock/iStockphoto, **211** Thinkstock/iStockphoto, **211** Thinkstock/Comstock, **212** Thinkstock/iStockphoto, **212** */dima266f, **212** */Maridav, **212** */Anion, **212** */beatrice prève, **212** Thinkstock/Hemera, **212** */EpicStockMedia, **212** Thinkstock/iStockphoto, **212** Thinkstock/iStockphoto, **212** Thinkstock/Monkey Business, **213** Thinkstock/Fuse, **213** Thinkstock/iStockphoto, **213** Thinkstock/Pixland, **213** */attltibi, **213** */attltibi, **213** */belinka, **213** */Andrey Kiselev, **213** */auremar, **213** */tunedin, **213** Thinkstock/Hemera, **213** */Dmitry Vereshchagin, **213** */Elnur, **214** */Kseniya Abramova, **215** */Thierry RYO, **215** */Kseniya Abramova, **215** */Kseniya Abramova, **215** Thinkstock/Thomas Northcut @ Getty Images, **215** */Margo Harrison, **215** */fifranck, **215** */ hosphotos, **215** */Heike und Hardy, **215** Thinkstock/iStockphoto, **215** */PackShot, **215** */auremar, **216** */Ljupco Smokovski, **216** */ SS1001, **216** */Vadim Bukharin, **216** */Dmitry DG, **217** */ftlaudgirl, **217** */U. Woell, **217** */Anton Gvozdikov, **217** */project1photography, **217** */Volker Skibbe, **217** */Marcelo Dufflocq, **217** Thinkstock/iStockphoto, **217** */roblan, **217** */andreshka, **217** */stoonn, **217** */ daseaford, **217** */sablin, **217** */garry_images, **218** */dell, **218** */Silvano Rebai, **218** */dell, **218** */victor zastol'skiy, **218** */mradlgruber, **218** Thinkstock/iStockphoto, **218** */© Olympixel, **218** */Val Thoermer, **218** */terranova_17, **219** Thinkstock/iStockphoto, **219** Thinkstock/moodboard, **219** */Galina Barskaya, **219** Thinkstock/Hemera, **219** */Dreef, **219** */Steeve ROCHE, **219** Thinkstock/ iStockphoto, **219** Thinkstock/Photodisc/Ryan McVay, **219** */corepics, **219** */Lsantilli, **220** Thinkstock/iStockphoto, **220** */Netzer Johannes, **220** */Stefan Schurr, **220** */inigocia, **220** */Netzer Johannes, **220** */Jan Kranendonk, **220** */monster85, **220** */Avantgarde, **220** */photomag, **220** */storm, **220** */Fotoimpressionen, **220** */Marco2811, **220** */yanlev, **220** */lassedesignen, **220** */ Stefan Schurr, **220** */Grigorenko, **221** */lilufoto, **221** */3dmentat, **221** */maxoidos, **221** */Bergringfoto, **221** */Marin Conic, **221** */ Dimitar Marinov, **221** */just2shutter, **221** Thinkstock/iStockphoto, **221** */Shmel, **221** */olly, **221** Thinkstock/iStockphoto, **221** Thinkstock/Cameron Spencer @ Getty Images, **221** */ChantalS, **221** */Felix Mizioznikov, **221** Thinkstock/Digital Vision, **221** */ artjazz, **222** Thinkstock/iStockphoto, **222** */okinawakasawa, **222** */VIPDesign, **222** */okinawakasawa, **222** */starush, **222** */ Hetizia, **223** Thinkstock/Wavebreak Media, **223** */Lerche & Johnson, **223** */Lerche & Johnson, **223** */Lerche & Johnson, **223** */ Lerche & Johnson, **223** Thinkstock/iStockphoto, **223** Thinkstock/iStockphoto, **223** */Lerche & Johnson, **223** */Wisky, **223** */nito, **223** */Kzenon, **224** */Africa Studio, **226** Thinkstock/iStockphoto, **226** Thinkstock/Digital Vision, **226** Thinkstock/iStockphoto, **226** Thinkstock/Purestock, **226** Thinkstock/iStockphoto, **226** */Andrey Burmakin, **226** */Andrey Burmakin, **226** */Nejron Photo, **226** Thinkstock/JupiterImages © Getty Images, **227** Thinkstock/Digital Vision, **227** Thinkstock/Digital Vision, **227** Thinkstock/Digital Vision, **228** Thinkstock/iStockphoto, **228** */Africa Studio, **228** */Kalim, **228** Thinkstock/iStockphoto, **228** */ysbrandcosijn, **229** */ Klaus Eppele, **229** */scalaphotography, **229** */cynoclub, **229** */Brian Jackson, **229** */mekcar, **229** */by-studio, **229** */Henry Schmitt, **229** */Henry Schmitt, **229** */alephcomo1, **229** */Henry Schmitt, **229** */deusexlupus, **229** */apops, **229** */MUE, **229** */ MUE, **229** */MUE, **229** thinkstock/Hemera (Cagri Oner), **230** */ReMuS, **230** */soerenkuhrt, **230** */Maruba, **230** */cjansuebsri, **230** Thinkstock/iStockphoto, **230** */Constantinos, **230** */ILYA AKINSHIN, **230** */dvs71, **230** */Jürgen Fälchle, **230** */Uros Petrovic, **230** */Distrikt3, **230** */Lucky Dragon USA, **230** */Denis Ivatin, **230** */photlook, **230** */Klaus Eppele, **230** */venusangel, **231** Thinkstock/iStockphoto, **231** */visivasnc, **231** */sumnersgraphicsinc, **231** */ArtFamily, **231** Thinkstock/iStockphoto, **231** */ysbrandcosijn, **231** */jehafo, **232** */Andrey Armyagov, **232** Thinkstock/iStockphoto, **232** */G.Light, **232** Thinkstock/Digital Vision/A J James, **232** Thinkstock/iStockphoto, **232** */bizoo_n, **233** */Bombaert Patrick, **233** */tuja66, **233** */Giuseppe Porzani, **233** */ILYA AKINSHIN, **233** */jiggo, **234** */starman963, **234** */Kirill Zdorov, **234** */tobago77, **234** */Steve Mann, **234** */Michael Flippo, **234** Thinkstock/ iStockphoto, **234** */Martina Berg, **234** */st-fotograf, **234** */imagika, **234** Thinkstock/iStockphoto, **234** */WavebreakMediaMicro, **234** */jillchen, **234** */Alexander Raths, **235** */Warren Millar, **235** Thinkstock/Stockbyte, **235** Thinkstock/iStockphoto, **235** Thinkstock/iStockphoto, **235** Thinkstock/iStockphoto, **235** Thinkstock/iStockphoto, **235** */ksena32, **235** Thinkstock/iStockphoto, **235** */AllebaziB, **235** */Barbara Pheby, **235** Thinkstock/Hemera, **235** */womue, **235** */Liliia Rudchenko, **235** Thinkstock/iStockphoto, **235** */jogyx, **235** */Marius Graf, **236** */Regina Jersova, **236** */bittedankeschön, **236** Thinkstock/iStockphoto, **236** */franzgustincich, **236** */openlens, **236** */bruniewska, **236** */Amid, **236** Thinkstock/iStockphoto, **236** */Gino Santa Maria , **236** Thinkstock/ iStockphoto, **236** */krimzoya46, **236** */sandis94, **236** */tsaplia, **236** */tigger11th, **236** */neirfy, **236** */bahrialtay, **237** */akekoksom, **238** Thinkstock/iStockphoto, **238** Thinkstock/iStockphoto, **238** */Sergiogen, **238** Thinkstock/iStockphoto, **238** */babimu, **239** */ uckyo, **239** */RTimages, **239** */Africa Studio, **239** */Africa Studio, **239** */luiscarceller, **239** */Neyro, **239** */kornienko, **239** Thinkstock/thinstock Ablestock.com @ Getty Images, **239** */Mushy, **239** */maestria_diz, **239** Thinkstock/iStockphoto, **239** */U. Hardberck, **239** */Andreja Donko, **239** */koosen, **239** Thinkstock/iStockphoto, **239** Thinkstock/Hemera @ Getty Images, **240** */ Printemps, **240** */Africa Studio, **240** Thinkstock/iStockphoto, **240** */shooarts, **240** */Vyacheslav Plyasenko, **240** */Artranq, **240** Thinkstock/JupiterImages © Getty Images, **240** */Firma V, **240** */ronstik, **240** */lunamarina, **240** */iampuay, **240** */Kuzmick, **240** */marysa03, **241** Thinkstock/Fuse, **241** Thinkstock/Creatas Images, **241** Thinkstock/Fuse, **241** */Kzenon, **241** */nyul, **241** */

Sergey Nivens, **241** */Nejron Photo, **242** */Robert Neumann, **242** */ratana_k, **242** */Marius Graf, **242** Thinkstock/iStockphoto, **242** */Unclesam, **242** */indigolotos, **242** */Birgit Reitz-Hofmann, **242** */fotomanu21, **242** */Hamik, **243** */Lichtmaler, **243** */Cmon, **243** Thinkstock/iStockphoto, **243** */DoraZett, **243** */NoName, **243** */RTimages, **243** */avtor_ep, **243** Thinkstock/Comstock, **243** */Dan Race, **243** Thinkstock/Digital Vision/Ryan McVay, **243** Thinkstock/Ingram Publishing, **243** Thinkstock/iStockphoto, **243** */seen, **244** Thinkstock/Zoonar, **244** */donfiore, **244** Thinkstock/iStockphoto, **244** */eldadcarin, **244** */eldadcarin, **244** */Anja Roesnick, **244** */Anja Roesnick, **244** */Anja Roesnick, **244** */Africa Studio, **244** */Foto-Ruhrgebiet, **244** Thinkstock/Zoonar, **244** */eldadcarin, **244** */STUDIO12, **245** Thinkstock/iStockphoto, **245** */sergign, **245** */schoki_01, **245** */aleciccotelli, **245** */Fyle, **245** */frank peters, **245** */Christer Tvedt, **246** */benjaminnolte, **246** Thinkstock/iStockphoto, **246** Thinkstock/Digital Vision/Alexander Hassenstein, **246** */Aleksandar Todorovic, **247** Thinkstock/iStockphoto, **247** */f9photos, **247** Thinkstock/iStockphoto, **247** */photocrew, **247** Thinkstock/iStockphoto, **247** */Aleksandar Todorovic, **247** */mikesch112, **247** */rangizzz, **247** */chulja, **247** Thinkstock/iStockphoto, **247** */pressmaster, **247** Thinkstock/iStockphoto, **247** */arnau2098, **248** */B. Wylezich, **248** */philipus, **248** */Angus , **248** */od - pictureworks, **248** */bergamont , **248** */risto0, **248** */full image, **248** */Coprid, **248** */f9photos, **248** */sss78, **248** */federicofoto, **249** */Africa Studio, **249** */Ljupco Smokovski, **249** */Danicek, **249** Thinkstock/iStockphoto, **249** */Alexey Potapov, **249** */scphoto48 , **249** */tolism, **250** */babimu, **252** */CLIPAREA.com, **252** */CLIPAREA.com, **253** */CLIPAREA.com, **253** */CLIPAREA.com, **254** Thinkstock/Zoonar, **254** Thinkstock/Hemera @ Getty Images, **254** Thinkstock/iStockphoto, **255** */mrgarry, **255** */turhanerbas, **256** */adimas, **257** */adimas, **258** */pixelcaos, **259** */3drenderings, **259** */3drenderings, **259** */3drenderings, **259** */3drenderings, **259** */3drenderings, **259** */3drenderings, **259** */arsdigital, **259** */pixelcaos, **260** */pixelcaos, **261** */pixelcaos, **261** */Diana Taliun, **262** */vectorus, **262** */Lsantilli, **262** */Sven Bähren, **262** */Tyler Olson, **262** */GordonGrand, **262** */iStockphoto, **263** */reflektastudios, **263** Thinkstock/oksun70, **263** */Robert Angermayr, **263** */silverrobert, **263** */Popova Olga, **263** */gradt, **264** */Alexander Raths, **264** */fhmedien_de, **264** */Creativa, **264** */ISO K° - photography, **264** */Sashkin, **264** */Africa Studio, **265** */Monkey Business, **265** */dalaprod, **265** */drubig-photo, **265** */drubig-photo, **265** */vladimirfloyd, **266** */Africa Studio, **266** */iko, **266** */DoraZett, **266** */Creativa, **266** */Gina Sanders, **266** */Subbotina Anna, **266** */drubig-photo, **266** */Ocskay Bence, **266** */detailblick, **266** */Kurhan, **267** */Creativa, **267** */underdogstudios, **267** */Dmitry Lobanov, **267** */rangizzz, **267** */Dan Race, **267** */Eisenhans, **267** */smikeymikey1, **268** Thinkstock/iStockphoto, **268** */Guido Grochowski, **268** */Dmitry Vereshchagin, **268** */HBK, **268** */treetstreet, **268** */Peter Atkins, **268** */Bandika, **268** */wckiw, **269** */ksena32, **269** */Igor Mojzes, **269** */st-fotograf, **269** */Vidady, **269** */Maridav, **269** Thinkstock/iStockphoto, **269** Thinkstock/iStockphoto, **269** */Kondor83, **269** */Gelpi, **269** */Volker Witt, **269** */apops, **269** */juefraphoto , **269** */Joss, **270** */CandyBox Images, **270** */alswart, **270** */hitdelight, **270** */unclepodger, **271** */Igor Zakowski, **271** */Rade Lukovic, **271** */draw05, **271** */blende40, **271** */Kurhan, **271** */Jessmine, **271** */contrastwerkstatt, **271** */apops, **272** */Alexandr Mitiuc, **272** Thinkstock/iStockphoto, **272** */Tyler Olson, **272** */Africa Studio, **273** */malajscy, **273** */Gerhard Brée, **273** */ep stock, **273** */ksl, **274** */Gennadiy Poznyakov, **274** */Tobilander, **274** */malajscy, **274** */starman963, **274** */Jim Vallee, **275** */danutelu, **275** */spotmatikphoto, **275** */Robert Kneschke, **275** */Dmitry Vereshchagin, **275** */itsmejust, **275** */Robert Kneschke, **275** */WONG SZE FEI, **276** */Africa Studio, **276** */Africa Studio, **276** */contrastwerkstatt, **276** */khuntapol, **276** */Coprid, **276** */Anatoly Repin, **276** */adisa, **276** */Borys Shevchuk, **276** */Manuel Schäfer, **276** */Nataraj, **277** */Gordon Saunders, **277** */seen, **277** */only4denn, **277** Thinkstock/Hemera, **277** */Coprid, **277** */blondina93, **277** */by-studio, **277** */Jiri Hera, **277** */Johanna Goodyear, **277** */Nazzu, **277** */Tharakorn, **277** */Tarzhanova, **277** */terex, **278** */Tatjana Balzer, **278** */Tyler Olson, **278** */Schlierner, **278** */Kzenon, **278** */modul_a, **278** */Nikki Zalewski, **278** */Khorzhevska, **278** */bertys30, **278** */Tran-Photography, **278** */Zdenka Darula, **278** */WONG SZE FEI, **278** */pearl, **278** */Taffi, **279** */Gennadiy Poznyakov, **279** */ecobo, **279** */pukall-fotografie, **279** */goodluz, **279** Thinkstock/Dorling Kindersley RF, **279** Thinkstock/iStockphoto, **279** */Artem Merzlenko, **280** */Han van Vonno, **282** */CandyBox Images, **282** */Roman Milert, **282** */Volker Witt, **282** */AK-DigiArt, **282** */Dario Lo Presti, **282** */benjaminnolte, **283** */Michael Schütze, **283** */brozova, **283** */Rodja, **283** Thinkstock/iStockphoto, **283** */cristi180884, **283** */Lisa F. Young, **284** Thinkstock/iStockphoto, **284** Thinkstock/Photodisc, **284** */VRD, **284** */Andre Bonn, **284** */shutswis, **285** */Lukas Sembera, **285** Thinkstock/liquidlibrary, **285** */marog-pixcells, **285** Thinkstock/iStockphoto, **285** */koszivu, **285** */Photographee.eu, **285** Thinkstock/iStockphoto, **285** */Monkey Business, **285** */Photographee.eu, **285** */Gerhard Seybert, **285** */Artem Furman, **286** */PictureArt, **286** */Pavel Losevsky, **286** */davis, **286** */Arcady, **286** */playstuff, **286** */beermedia, **286** */Lucky Dragon USA, **286** */Igor Kovalchuk, **287** */Christa Eder, **287** */Svetlana Gryankina, **287** */creAtive, **287** */Berry, **287** */Maygutyak, **287** */WoGi, **287** */Tobboo, **287** */jogyx, **287** */rouakcz, **287** */Silvano Rebai, **288** */Fiedels, **288** */nupsik284, **288** */Birgit Reitz-Hofmann, **288** */Claudio Divizia, **288** */GP, **288** */S.Kobold, **288** */amorfati.art, **288** */CPJ Photography, **288** */Zacarias da Mata, **288** */Hugh McKean, **288** */aquapix, **288** */Eric Gevaert, **289** */andrewburgess, **289** Thinkstock/iStockphoto, **289** */lassedesignen, **289** */Heinz Waldukat, **289** */Sergey Kamshylin, **289** */Nazzalbe, **289** */Kalle Kolodziej, **289** */Roy Pedersen, **289** */MacX, **289** */reeel, **289** */marqs, **289** */william87, **290** */Igor Kovalchuk, **292** Thinkstock/iStockphoto, **292** */Artenauta, **293** */fergregory, **294** */Jürgen Fälchle, **294** */peresanz, **294** */magann, **294** */vencav, **294** */virtua73, **294** */Kovalenko Inna, **294** */creatifixus, **294** */cbpix, **294** */Florent DIE, **294** */ping han, **294** */peresanz, **294** */kevron2001, **294** */peresanz, **295** */jeremyculpdesign, **297** */Arid Ocean, **298** */artalis, **299** */jokatoons, **299** */Thomas Röske, **299** */jokatoons, **299** */jokatoons, **299** */jokatoons, **299** */jokatoons, **299** */jokatoons, **299** */jokatoons, **299** */jokatoons, **299** */jokatoons, **299** */jokatoons, **299** */jokatoons, **299** */jokatoons, **299** */jokatoons, **299** */jokatoons, **299** */jokatoons, **300** */jokatoons, **300** */jokatoons, **300** */jokatoons, **300** */jokatoons, **300** */jokatoons, **300** */jokatoons, **300** */jokatoons, **300** */jokatoons, **300** */jokatoons, **300** */jokatoons, **300** */jokatoons, **300** */jokatoons, **300** */jokatoons, **300** */jokatoons, **300** */jokatoons, **300** */jokatoons, **301** */jokatoons, **301** */jokatoons, **301** */Thomas Röske, **301** */jokatoons, **301** */jokatoons, **301** */Pekchar, **301** */jokatoons, **301** */jokatoons, **301** */jokatoons, **301** */jokatoons, **301** */jokatoons, **301** */jokatoons, **301** */jokatoons, **302** Thinkstock/Hemera, **302** Thinkstock/Hemera, **302** Thinkstock/Hemera, **302** Thinkstock/Hemera, **302** Thinkstock/Hemera, **302** Thinkstock/Hemera, **302** Thinkstock/Hemera, **302** Thinkstock/Hemera, **302** Thinkstock/Hemera, **302** Thinkstock/Hemera, **302** Thinkstock/Hemera, **302** Thinkstock/Hemera, **302** Thinkstock/Hemera, **302** */Route66, **302** Thinkstock/Hemera, **302** Thinkstock/Hemera, **303** Thinkstock/Hemera, **303** Thinkstock/Hemera, **303** Thinkstock/Hemera, **303** Thinkstock/Hemera, **303**

Thinkstock/Hemera, **303** Thinkstock/Hemera, **303** Thinkstock/Hemera, **303** Thinkstock/iStockphoto, **303** Thinkstock/iStockphoto, **303** Thinkstock/iStockphoto, **303** Thinkstock/iStockphoto, **303** Thinkstock/iStockphoto, **303** Thinkstock/iStockphoto, **303** Thinkstock/iStockphoto, **303** Thinkstock/iStockphoto, **304** Thinkstock/iStockphoto, **304** Thinkstock/iStockphoto, **304** Thinkstock/iStockphoto, **304** Thinkstock/iStockphoto, **304** */romantiche, **304** */romantiche, **304** */romantiche, **304** */romantiche, **304** */romantiche, **304** */romantiche, **304** */romantiche, **304** */romantiche, **304** */romantiche, **304** */romantiche, **304** */romantiche, **304** */romantiche, **305** */romantiche, **305** */romantiche, **305** */romantiche, **305** */romantiche, **305** */romantiche, **305** */romantiche, **305** */romantiche, **305** */romantiche, **305** */romantiche, **305** */romantiche, **305** */romantiche, **305** */romantiche, **305** */romantiche, **305** */romantiche, **305** */romantiche, **306** */romantiche, **306** */romantiche, **306** */romantiche, **306** */romantiche, **306** */romantiche, **306** */romantiche, **306** */romantiche, **306** */romantiche, **306** */romantiche, **306** */romantiche, **306** */romantiche, **306** */romantiche, **306** */romantiche, **306** */romantiche, **306** */romantiche, **306** */romantiche, **307** */romantiche, **307** */romantiche, **307** */romantiche, **307** */romantiche, **307** */romantiche, **307** */romantiche, **307** */romantiche, **307** */romantiche, **307** */romantiche, **307** */romantiche, **307** */petra b., **307** */petra b., **307** */petra b., **307** */petra b., **308** */petra b., **308** */petra b., **308** */petra b., **308** */petra b., **308** */petra b., **308** */petra b., **308** */petra b., **308** */petra b., **308** */petra b., **308** */petra b., **308** */petra b., **308** */petra b., **308** */petra b., **308** */petra b., **308** */petra b., **308** */petra b., **309** */petra b., **309** */petra b., **309** */petra b., **309** */petra b., **309** */petra b., **309** */petra b., **309** */petra b., **309** */Yotama, **309** */petra b., **309** */petra b., **309** */petra b., **309** */petra b., **309** */petra b., **309** */petra b., **309** */petra b., **309** */petra b., **310** */petra b., **310** */petra b., **310** */petra b., **310** */petra b., **310** */petra b., **310** */petra b., **310** */petra b., **310** */petra b., **310** */Pekchar, **310** */megastocker, **310** Thinkstock/iStockphoto, **310** */Thomas Röske, **310** Thinkstock/iStockphoto, **310** Thinkstock/iStockphoto, **310** Thinkstock/iStockphoto, **310** Thinkstock/iStockphoto, **311** Thinkstock/iStockphoto, **311** */Thomas Röske, **311** Thinkstock/iStockphoto, **311** Thinkstock/iStockphoto, **311** Thinkstock/iStockphoto, **311** Thinkstock/iStockphoto, **311** Thinkstock/iStockphoto, **311** */jokatoons, **311** */yannik LABBE, **311** */Dream Cursor, **311** */sunt, **311** Thinkstock/iStockphoto, **311** */Andreas Meyer, **311** */DomLortha, **312** */Elena Petrova, **312** */Christian Pedant, **312** */Tomas Sereda, **312** Thinkstock/Fuse, **312** */Masson, **312** */Alliance, **312** */marog-pixcells, **312** */byheaven, **312** */joda, **312** */Miredi, **312** */momanuma, **312** */pictureguy32, **312** */bugphai, **313** */Nathan Jaskowiak, **313** */Vera Kuttelvaserova, **313** */rangizzz, **313** Thinkstock/Image Source, **313** */Leonid Tit, **313** */hjschneider, **313** */tiplyashina, **313** */Serg Zastavkin, **313** */Vera Kuttelvaserova, **313** */Vera Kuttelvaserova, **313** */RyszardStelmachowicz, **313** */Hamik, **313** */rangizzz, **314** */Sunny Forest, **314** Thinkstock/iStockphoto, **314** */Minerva Studio, **314** Thinkstock/iStockphoto, **314** */steffendia, **314** */FrankBirds, **314** */Sunshine Pics, **314** */Christophe Fouquin, **314** Thinkstock/iStockphoto, **314** */lassedesignen, **314** Thinkstock/iStockphoto, **314** Thinkstock/iStockphoto, **314** */Maygutyak, **314** */mario beauregard, **314** */victor zastol'skiy, **314** */macky_ch, **315** */scattomatto74, **315** */Sabine Kipus, **315** */Cmon, **315** */Dario Bajurin, **315** */jacare35, **315** */kohy, **316** */nni94, **316** Thinkstock/Ingram Publishing, **316** */ollirg, **316** */Martin M303, **316** */mrks_v, **316** */doris oberfrank-list, **316** Thinkstock/iStockphoto, **316** */steffus, **316** */smereka, **316** */Ben Burger, **316** */kentauros, **316** */Bernd S., **316** */Dario Bajurin, **316** */acceleratorhams, **316** */Fyle, **316** */Alena Stalmashonak, **317** */siimsepp, **317** */siimsepp, **317** */siimsepp, **317** */siimsepp, **317** */siimsepp, **317** */Tyler Boyes, **317** */siimsepp, **317** */Tyler Boyes, **317** */vvoe, **317** */wlad074, **317** */Tyler Boyes, **317** */iraries, **317** */Ekaterina Fribus, **317** */Ekaterina Fribus, **317** */marcel, **317** */siimsepp, **318** */boykung, **318** */Alexander Hoffmann, **318** */Alexander Hoffmann, **318** */Atiketta Sangasaeng, **318** */byjeng, **318** */Alexander Hoffmann, **318** */Alexander Hoffmann, **318** */apttone, **318** */Alexander Hoffmann, **318** */bigjo, **318** */Rozaliya, **318** */VL@D, **318** */Alexander Hoffmann, **318** */Alex Shadrin, **318** */Alexander Hoffmann, **318** */Alexander Hoffmann, **318** */Digipic, **318** */volff, **318** */Alexander Hoffmann, **318** */Alexander Hoffmann, **319** */Alexander Potapov, **319** */Tiler84, **319** */Tiler84, **319** */Tiler84, **319** */Tiler84, **319** */lamax, **320** */vladimirkim3722, **320** */k_kron, **320** Thinkstock/iStockphoto, **320** */iko, **320** */ürgen Fälchle, **320** */ondrej83, **320** */Heinz Waldukat, **320** */termis1983, **320** */Tom, **320** */mubus, **320** */veneratio, **320** */Roman Pyshchyk, **320** */Picture-Factory, **320** */Omika, **320** */funnycreature, **320** */Almgren, **321** */Nik, **321** */Tonanakan, **321** */motorlka, **321** */Pavlo Vakhrushev, **321** */Miroslawa Drozdowski, **321** */pia-pictures, **322** */Gang, **322** */Africa Studio, **322** */felinda, **322** */sergio37_120, **322** */eyetronic, **322** */sergio37_120, **322** */VICUSCHKA, **322** */tr3gi, **322** */Tim UR, **322** */alfastudiofoto, **322** */sergio37_120, **322** */lenkusa, **322** */sergio37_120, **322** */Friedberg, **322** */Africa Studio, **322** */Roxana, **323** */anankkml , **323** */Daniel Strauch, **323** */Stefan Körber, **323** */hans klein, **323** */juiceteam2013, **323** */audioscience, **323** */keller , **323** */flucas , **323** */ijacky , **323** */Tomashko , **323** */Serghei Velusceac , **323** */Andrea Wilhelm, **323** */tab62, **323** */Ichbins11, **323** */Studio Barcelona, **323** */volkerr, **324** */Farinoza, **324** */Eric Isselée, **324** */jagodka, **324** */Azaliya Elya Vatel, **324** */Eric Isselée, **324** */Uros Petrovic, **324** */Katrina Brown, **324** */eastmanphoto, **324** */nn-fotografie, **324** */cynoclub, **324** */biglama, **324** */Eric Isselée, **324** */grafikplusfoto, **325** Thinkstock/iStockphoto, **325** */Eric Isselée, **325** */JackF, **325** */Eric Isselée, **325** */Eric Isselée, **325** */Aaron Amat, **325** */Eric Isselée, **325** */Eric Isselée, **325** */anekoho, **325** */Christian Musat, **325** */Eric Isselée, **325** */Eric Isselée, **325** */Christian Musat, **325** */ILYA AKINSHIN, **325** */Eric Isselée, **325** */Eric Isselée, **326** */Eric Isselée, **326** */StarJumper, **326** */Eric Isselée, **326** */Anatolii, **326** */Vera Kuttelvaserova, **326** */Eric Isselée, **326** */Coprid, **326** */Eric Isselée, **326** */JackF, **326** */nexusseven, **326** */EwaStudio, **326** */cynoclub, **326** */anankkml, **326** */tiero, **326** */Taalvi, **326** */Eric Isselée, **327** */Alexander Potapov, **327** */Eric Isselée, **327** */Eric Isselée, **327** */Eric Isselée, **327** Thinkstock/iStockphoto, **327** Thinkstock/iStockphoto, **327** */Mike Price, **327** */Roman Samokhin, **327** */Eric Isselée, **327** */Eric Isselée, **327** Thinkstock/iStockphoto, **327** */maz12, **327** */Eric Isselée, **327** */Smileus, **327** */XK, **327** */anankkml, **328** */Eric Isselée, **328** */Steve Byland, **328** */Eric Isselée, **328** */Eric Isselée, **328** */Eric Isselée, **328** */Eric Isselée, **328** */Eric Isselée, **328** */fotomaster, **328** */jakgree, **328** */Farinoza, **328** */Farinoza, **328** Thinkstock/iStockphoto, **328** */Eric Isselée, **329** */Uryadnikov Sergey, **329** */phant, **329** */Eric Isselée, **329** */Eric Isselée, **329** */ILYA AKINSHIN, **329** */Janis Smits, **329** */Aaron Amat, **329** */ILYA AKINSHIN, **329** */Eric Isselée, **329** */fotomaster, **329** */Roman Samokhin, **329** */shishiga, **329** */Nicolette Wollentin, **329** */sval7, **329** */Eric Isselée, **329** */Eric Isselée, **330** */eastmanphoto, **330** */eastmanphoto, **330** */Smileus, **330** */Daniel Nimmervoll, **330** */kurapy, **330** */Eric Isselée, **330** */jagodka, **330** */Richard Carey, **330** */Anatolii, **330** */antpkr, **330** Thinkstock/iStockphoto, **330** */Eric Isselée, **330** */eastmanphoto, **331** */Irochka, **331** */Giuseppe Porzani, **331** */eyeblink, **331** */manuart, **331** */Eric Isselée, **331** */lunamarina, **331** */pistol7, **331** */Richard Carey, **331** */Witold Krasowski, **331** Thinkstock/Hemera, **331** Thinkstock/

iStockphoto, **331** */Coprid, **331** */tongdang, **332** */Oliver Klimek, **332** */Valeriy Kirsanov, **332** */defun, **332** */Alekss, **332** */JPS, **332** */Gewoldi, **332** */Henrik Larsson, **332** */vnlit, **332** */Klaus Eppele, **332** */xiaoliangge, **332** */VRD, **332** */Alekss, **332** */Marco Uliana, **332** */morelia1983, **332** */Zbyszek Nowak, **332** */npps48, **333** Thinkstock/iStockphoto, **333** */defun, **333** */Cosmin Manci, **333** Thinkstock/Hemear, **333** */fancyfocus, **333** */gertrudda, **333** */xjbxjhxm, **333** Thinkstock/iStockphoto, **333** */defun, **333** */emer, **333** */chungking, **333** */Coprid, **333** Thinkstock/iStockphoto, **333** */eastmanphoto, **333** */Carola Schubbel, **333** */natara, **334** */tescha555, **336** */DDRockstar, **336** */Denys Prykhodov, **336** */Denys Prykhodov, **336** */Denys Prykhodov, **336** */Denys Prykhodov, **336** */Denys Prykhodov, **336** */Denys Prykhodov, **336** */Africa Studio, **336** */Africa Studio, **336** */Africa Studio, **336** */DB, **339** */robert, **340** */magann, **340** */magann, **340** */magann, **340** */magann, **340** */magann, **340** */magann, **340** */magann, **340** */magann, **340** */magann, **340** */magann, **340** */magann, **340** */magann, **340** */magann, **341** */magann, **341** */magann, **341** */magann, **341** */magann, **341** */magann, **341** */magann, **341** */magann, **341** */magann, **341** */magann, **341** */magann, **341** */magann, **341** */vvoe, **341** */Lucky Dragon, **342** */tomreichner, **342** */Marco2811, **342** */merydolla, **342** */in-foto-backgrounds, **342** */Reicher, **342** */ARochau, **342** */Yahya Idiz, **342** */motorradcbr, **342** */Beboy, **342** */Dmytro Smaglov, **342** */Anton Gvozdikov, **342** */sborisov, **342** */Netzer Johannes, **343** */Maria Vazquez, **344** */Juulijs, **344** */m.u.ozmen, **344** */lucato, **344** */www.strubhamburg.de, **344** */guynamedjames, **344** */Jörg Hackemann, **344** */MaxWo, **345** */Al, **345** */hayo, **345** */ufotopixl10, **345** */vector icon, **345** */vector icon, **345** */vector icon, **345** */vector icon

PONS

Bildwörterbuch Arabisch – Deutsch

Bearbeitet von: Anette Dralle, Néji El Mejri, eLocalize for Technology SAE

Entwickelt auf der Basis des PONS Bildwörterbuchs Arabisch
ISBN 978-3-12-517927-1

Bearbeitet von: Lanna Altakleh, Ines Balcik, Anette Dralle, Georgina Moore, Gregor Vetter, Dr. Christiane Wirth

1. Auflage 2017 (1,01 – 2017)

www.pons.de
E-Mail: info@pons.de

Projektleitung: Helen Schmidt
Gestaltung: Petra Michel, Essen
Umschlaggestaltung: Anne Helbich, Stuttgart
Satz: Satzkasten, Stuttgart
Umschlagfotos von links nach rechts: Shutterstock/r.classen, Shutterstock/Maks Narodenko, Shutterstock/Nata-Lia, Shutterstock/Dedyukhin Dmitry
Logoentwurf: Erwin Poell, Heidelberg
Logoüberarbeitung: Sabine Redlin, Ludwigsburg
Druck: L.E.G.O. S.p.A., Lavis (TN)
Printed in Europe

ISBN: 978-3-12-516084-2